Da Alemanha

FUNDAÇÃO EDITORA DA UNESP

Presidente do Conselho Curador
Mário Sérgio Vasconcelos

Diretor-Presidente
Jézio Hernani Bomfim Gutierre

Editor-Executivo
Tulio Y. Kawata

Superintendente Administrativo e Financeiro
William de Souza Agostinho

Conselho Editorial Acadêmico
Carlos Magno Castelo Branco Fortaleza
Henrique Nunes de Oliveira
Jean Marcel Carvalho França
João Francisco Galera Monico
João Luís Cardoso Tápias Ceccantini
José Leonardo do Nascimento
Lourenço Chacon Jurado Filho
Paula da Cruz Landim
Rogério Rosenfeld
Rosa Maria Feiteiro Cavalari

Editores-Assistentes
Anderson Nobara
Leandro Rodrigues

MADAME DE STAËL

Da Alemanha

Tradução e apresentação
Edmir Míssio

© 2016 Editora Unesp

Título original: *De l'Allemagne*

Direitos de publicação reservados à:

Fundação Editora da Unesp (FEU)
Praça da Sé, 108
01001-900 – São Paulo – SP
Tel.: (0xx11) 3242-7171
Fax: (0xx11) 3242-7172
www.editoraunesp.com.br
www.livrariaunesp.com.br
feu@editora.unesp.br

CIP – Brasil. Catalogação na publicação
Sindicato Nacional dos Editores de Livros, RJ

S776d

Staël (Anne-Louise-Germaine), Madame de, 1766-1817
 Da Alemanha / Madame de Staël; tradução Edmir Míssio. – 1.ed. – São Paulo: Editora Unesp, 2016.

 Tradução de: *De l'Allemagne*
 ISBN 978-85-393-0648-0

 1. Literatura alemã – História e crítica.   2. Características nacionais alemãs.   3. Alemanha.   4. Alemanha – Vida intelectual.   I. Míssio, Edmir.   II. Título.

16-36595
CDD: 914.3
CDU: 913(430)

Editora afiliada:

Sumário

Apresentação . *XI*

Prefácio . *1*

Observações gerais . *9*

Primeira parte – Da Alemanha e dos costumes dos alemães

Capítulo I – Do aspecto da Alemanha . *15*

Capítulo II – Dos costumes e do caráter dos alemães . *19*

Capítulo III – As mulheres . *29*

Capítulo IV – Da influência do espírito de cavalaria sobre
o amor e a honra . *33*

Capítulo V – Da Alemanha Meridional . *39*

Capítulo VI – Da Áustria . *41*

Capítulo VII – Viena . *47*

Capítulo VIII – Da sociedade . *53*

Capítulo IX – Dos estrangeiros que querem imitar o espírito francês . *57*

Capítulo X – Da bobice desdenhosa e da mediocridade benevolente . 63

Capítulo XI – Do espírito de conversação . 65

Capítulo XII – Da língua alemã em suas relações com o espírito de conversação . 75

Capítulo XIII – Da Alemanha do Norte . 79

Capítulo XIV – A Saxônia . 83

Capítulo XV – Weimar . 87

Capítulo XVI – A Prússia . 91

Capítulo XVII – Berlim . 97

Capítulo XVIII – Das universidades alemãs . 101

Capítulo XIX – Das instituições particulares de educação e beneficência . 107

Capítulo XX – A festa de Interlaken . 117

Segunda parte – A literatura e as artes

Capítulo I – Por que os franceses não fazem justiça à literatura alemã? . 125

Capítulo II – Do julgamento formado na Inglaterra acerca da literatura alemã . 131

Capítulo III – Das principais épocas da literatura alemã . 135

Capítulo IV – Wieland . 141

Capítulo V – Klopstock . 145

Capítulo VI – Lessing e Winckelmann . 153

Capítulo VII – Goethe . 159

Capítulo VIII – Schiller . 163

Da Alemanha

Capítulo IX – Do estilo e da versificação na língua alemã . *167*

Capítulo X – Da poesia . *175*

Capítulo XI – Da poesia clássica e da poesia romântica . *181*

Capítulo XII – Dos poemas dos alemães . *185*

Capítulo XIII – Da poesia alemã . *201*

Capítulo XIV – Do gosto . *219*

Capítulo XV – Da arte dramática . *223*

Capítulo XVI – Dos dramas de Lessing . *233*

Capítulo XVII – *Os bandoleiros e Dom Carlos* de Schiller . *239*

Capítulo XVIII – *Wallenstein e Maria Stuart* . *249*

Capítulo XIX – *Joana d'Arc* e *A noiva de Messina* . *271*

Capítulo XX – *Guilherme Tell* . *285*

Capítulo XXI – *Götz de Berlichingen* e *O conde de Egmont* . *291*

Capítulo XXII – *Ifigênia em Táuris, Torquato Tasso* etc. . *303*

Capítulo XXIII – *Fausto* . *313*

Capítulo XXIV – *Lutero, Átila, Os filhos do vale, A cruz do Báltico, O vinte e quatro de fevereiro*, por Werner . *333*

Capítulo XXV – Diversas peças do teatro alemão e dinamarquês . *345*

Capítulo XXVI – Da comédia . *357*

Capítulo XXVII – Da declamação . *367*

Capítulo XXVIII – Dos romances . *383*

Capítulo XXIX – Dos historiadores alemães, e de J. de Müller em particular . *399*

Capítulo XXX – Herder . *407*

Capítulo XXXI – Das riquezas literárias da Alemanha e de seus críticos mais renomados, August Wilhelm e Friedrich Schlegel . *411*

Capítulo XXXII – Das belas-artes na Alemanha . *421*

Terceira parte – A filosofia e a moral

Capítulo I – Da filosofia . *435*

Capítulo II – Da filosofia inglesa . *441*

Capítulo III – Da filosofia francesa . *453*

Capítulo IV – Da zombaria introduzida por certo gênero de filosofia . *461*

Capítulo V – Observações gerais sobre a filosofia alemã . *467*

Capítulo VI – Kant . *475*

Capítulo VII – Dos filósofos mais célebres da Alemanha antes e depois de Kant . *489*

Capítulo VIII – Influência da nova filosofia alemã sobre o desenvolvimento do espírito . *503*

Capítulo IX – Influência da nova filosofia alemã sobre a literatura e as artes . *507*

Capítulo X – Influência da nova filosofia sobre as ciências . *513*

Capítulo XI – Da influência da nova filosofia sobre o caráter dos alemães . *525*

Capítulo XII – Da moral baseada no interesse pessoal . *529*

Capítulo XIII – Da moral baseada no interesse nacional . *535*

Capítulo XIV – Do princípio da moral na nova filosofia alemã . *543*

Capítulo XV – Da moral científica . *549*

Capítulo XVI – Jacobi . 553

Capítulo XVII – Woldemar . 559

Capítulo XVIII – Da disposição romanesca nas afeições do coração . 561

Capítulo XIX – Do amor no casamento . 565

Capítulo XX – Dos escritores moralistas da velha escola na Alemanha . 571

Capítulo XXI – Da ignorância e da frivolidade de espírito em suas relações com a moral . 577

Quarta parte – A religião e o entusiasmo

Capítulo I – Considerações gerais sobre a religião na Alemanha . 585

Capítulo II – Do protestantismo . 591

Capítulo III – Do culto dos irmãos morávios . 599

Capítulo IV – Do catolicismo . 603

Capítulo V – Da disposição religiosa chamada misticismo . 611

Capítulo VI – Da dor . 621

Capítulo VII – Dos filósofos religiosos chamados teósofos . 629

Capítulo VIII – Do espírito de seita na Alemanha . 633

Capítulo IX – Da contemplação da natureza . 639

Capítulo X – O entusiasmo . 649

Capítulo XI – Da influência do entusiasmo sobre as Luzes . 653

Capítulo XII – Influência do entusiasmo sobre a felicidade . 657

Índice onomástico . 665

Apresentação

Annie-Luise-Germaine Necker nasceu em Paris em 1766 e, sob o título de madame de Staël,[1] tornou-se a mulher mais famosa do século XIX na Europa,[2] tanto por seus escritos quanto por sua participação nos caminhos políticos da França. Corajosa e ousada na ação e na vida pessoal, bem como ambiciosa na esfera intelectual e política, também buscava difundir a moderação e o entendimento por meio da crítica literária.

Germaine era filha única de Jacques Necker, famoso banqueiro de Genebra cuja carreira nos negócios e na vida política da corte de Paris elevara-o a ministro das Finanças de Luís XVI. Calvinista, o sr. Necker contudo não era puritano ou dogmático,[3] o mesmo ocorrendo com sua esposa, Suzane Curchod, responsável por um dos últimos grandes salões literários parisienses do século XVIII, frequentado por escritores como Diderot, D'Alembert e Bernardin de Saint-Pierre, entre outros.

---

1 Em 1786, aos 20 anos, mlle. Necker torna-se a baronesa de Staël-Holstein quando da assinatura de seu contrato de casamento com o barão Erik Magnus Staël Von Holstein.

2 Sua fama também se estenderia para a América Latina, e no Brasil, mesmo ao final do século XIX, ela ainda seria lembrada em periódicos como a *Gazeta de Campinas*, em artigos de 12 set. 1878 e 16 mar. 1879. Pesquisado no Arquivo Edgar Leuenroth (AEL) – Unicamp.

3 Mortier, Philosophie et religion dans la pensée de Madame de Staël, *Rivista di Letterature Moderne e Comparate*, v.20, p.166.

Frequentando esse ambiente desde os 11 anos, e sendo iniciada, no ano seguinte, na leitura de Montesquieu, Voltaire e Rousseau,[4] Germaine dedicou-se desde cedo à produção e à crítica literárias, enveredando ainda pelo ensaísmo político e dedicando-se alternadamente a esses temas.

Este livro representa o ápice de suas obras de crítica literária, nas quais já podiam ser vistas sua preocupação com a formação moral do público leitor, a valorização intelectual da mulher, a relação entre a obra literária e as instituições sociais que a propiciaram e, ainda, a tese do aperfeiçoamento do espírito humano, possível apenas com a liberdade de expressão a ser garantida pelas instituições republicanas, bem como por um cristianismo não dogmático. Vale notar que pelo termo "literatura" compreendia-se tanto a ficção quanto a eloquência, a história e a filosofia.[5]

A mediação cultural promovida na obra *Da Alemanha* conflui com sua posição moderada na política. A contínua defesa de um meio-termo, em uma época de ânimos exaltados e posições extremadas, angariou-lhe um grande e contínuo descontentamento de ambos os lados, culminando em um choque direto com Napoleão, que não via com bons olhos o variado círculo político que frequentava seu salão.

Desse antagonismo resultou uma ordem de exílio em 1803, que a levou a uma vida algo errante, transformada em uma sequência de viagens cuja base durante muito tempo foi Coppet, na Suíça, onde seu pai se refugiara havia alguns anos.

A ida aos Estados germânicos surgiu como a primeira de suas viagens, já com o objetivo de conhecer as paisagens, o ambiente social, os escritores e os artistas a fim de retratá-los. Ainda sem dominar a língua alemã, suas informações provinham especialmente de Benjamin Constant e Charles de Villers, mas também da correspondência com Schiller, além da leitura das obras já traduzidas para o francês desde a segunda metade do século XVIII, como as de Voss, Klopstock, Goethe e Schiller.[6]

---

4 Balayé, *Madame de Staël: Lumières et liberté*, p.13.

5 Van Tieghem, Discours préliminaire. In: Staël, *De la littérature considerée dans ses rapports avec les institutions sociales*, p.47.

6 De Pange, *Mme. de Staël et la découvert de l'Allemagne*, p.43.

Da Alemanha

Essa primeira viagem foi interrompida em 1804 devido à morte de seu pai, o que a obrigou a retornar a Coppet. Mas logo partiu para a Itália, onde tomou anotações para seu principal romance, *Corina ou a Itália*, editado em 1807. Nesse mesmo ano, torna a viajar pelos Estados germânicos; tratou-se, porém, de uma viagem bem menos expressiva do que a anterior. Schiller já havia falecido e ela não chega a rever Goethe.

De volta a Coppet, foi alçada à posição de símbolo de resistência ao reunir pessoas de toda a Europa contrárias ao imperador; dentre elas, destacavam-se Benjamin Constant, Talleyrand, August Schlegel, Zacharias Werner, Sismonde de Sismondi e Vincenzo Monti. Esse círculo ficaria conhecido sob a denominação de Grupo de Coppet, notabilizando-se por suas produções no campo da tradução, das ficções e especialmente da história.

Em 1810, a fim de tentar sair de seu confinamento em Coppet e conseguir chegar a Paris para publicar *Da Alemanha*, mme. de Staël preparou uma viagem aos Estados Unidos. Todavia, seu plano fracassou e a primeira edição do livro foi confiscada sob a acusação de conter ideias antipatrióticas. A publicação ocorreria apenas em 1813, em Londres, realizada por John Murray, que também editou a tradução para o inglês de 1814.[7] Nesse último ano, ocorreria a queda de Napoleão e o retorno de mme. de Staël a Paris, onde viria a falecer pouco tempo depois, em 1817.

Da Alemanha é uma obra ambiciosa de caráter compósito, que traz resumos e trechos traduzidos das obras comentadas, bem como descrições das paisagens naturais, das cidades, dos costumes locais e do caráter dos escritores e demais artistas germânicos, especialmente daqueles com os quais a autora teve a oportunidade de conversar; adentrando ainda no plano da educação, da filosofia e das instituições e expressões religiosas.

Como obra de divulgação de conhecimentos e de crítica, buscam-se exposições claras; e, para compor essa clareza, os comentários são por vezes ilustrados por meio de trechos traduzidos, bem como de resumos das obras tratadas. Essa mistura está na base da censura da autora à crítica desenvolvida pelos alemães, tomada como "metafísica", voltada ao que é imutável,

---

7 Cf. Wight, Editor's preface. In: Staël-Holstein, *On Germany*, p.5.

XIII

e não ao que está submetido à sucessão do tempo, resultando em "ideias gerais [que] pairam sobre todos os assuntos sem caracterizar nenhum".

O recurso à contraposição entre obra e comentário rebate em outras contraposições pelas quais a Alemanha é reconhecida e exposta especialmente em relação à França, mas também, por vezes, em relação à Inglaterra e à Itália. A contraposição entre Alemanha e França se perfaz em mediação, sendo voltada ao entendimento, logo, ao bem comum.

Quanto ao uso das contraposições binárias, a autora não deixa de advertir seus(uas) leitores(as) dos limites desse tipo de recurso argumentativo, o qual promove inevitáveis reduções e generalizações para dar conta da multiplicidade dos objetos abordados.[8]

A até então inexistente Alemanha é apresentada em quatro partes, e como que em uma via ascensional, partindo da realidade do ambiente e dos costumes, passando à imaginação das ficções poéticas, seguindo pela razão das obras filosóficas, até terminar com o sentimento de âmbito religioso; ainda é claro que todas essas esferas se misturem.

A primeira parte traz um relato de sua viagem, o que promove um apelo especial ao sentimento do leitor (francês), pelo estranhamento compartilhado em relação às novas paisagens e costumes. O grande contraponto em relação à natureza da Alemanha é a "ensolarada" Itália, de clima temperado mais propício "à convivência social do que à poesia", enquanto a hostil natureza germânica levaria seus habitantes a um esforço para melhorá-la e defender-se dela, promovendo a dedicação, a seriedade e a meditação pela própria inexistência de prazeres fáceis, e desenvolvendo assim a imaginação. Apesar dessa contraposição, dada a evidente abundância e qualidade das produções artísticas italianas, conclui-se por fim que a imaginação seria agitada tanto "pelas delícias do Sul [quanto] pelos rigores do Norte".

---

8 Tendo analisado os manuscritos da obra, Manfred Gsteiger destaca algumas formas pelas quais se operaram essas reduções, seja na comparação desses textos que revelam determinadas opções da autora ao tomar a parte pelo todo, seja em razão de um critério nacionalista, quando, por exemplo, a peça *Miss Sara Simpson* de Lessing não é contabilizada por não ser alemã, mas de "um espírito filosófico esclarecido". Cf. Gsteiger, Réalité et utopie de l'Allemagne staëlienne, *Cahiers Staëliens*, n.37, p.10-22.

A variedade de religiões, governos e povos acaba por ser postulada como principal causa da fértil imaginação e do gênio dos escritores alemães, de modo que a falta de centralização política e, logo, de convivência em uma "alta sociedade" – aos moldes de Paris, a reunir pensadores e artistas de todo o país –, possibilitaria a liberdade de pensamento e a introspecção, cultivadas e partilhadas pelos escritores germânicos.

Composto o cenário, a segunda parte (a maior delas) traz as personagens de destaque do quadro, especialmente escritores, mas também atores, pintores e músicos; por vezes retratados em seus aspectos psicológicos e morais, com base em encontros e conversações. O destaque é dado a Goethe e Schiller; uma ausência notável é a de Hegel, para o que Georges Solovieff aponta duas razões principais: primeiro, sua discordância com os irmãos Schlegel, em especial com Friedrich, cujo curso sobre filosofia transcendental Hegel criticara duramente como sendo "bastante medíocre"; segundo, o fato de a maior parte de suas obras ter sido lançada depois da composição de *Da Alemanha*.[9]

É nessa segunda parte que aparece a célebre contraposição entre poesia clássica e romântica – com o termo poesia a abarcar todo produto poético, não só poemas –, a qual aparece concomitantemente, mas com algumas diferenças, em Charles de Villers, Sismondi e Schlegel.[10] Tomada como poesia da *nova era*, da *era cristã*, a poesia romântica é valorizada em relação à clássica, *pagã*, considerada como poesia "transplantada", que se tornou estéril pela mudança das condições sociopolíticas e religiosas que a formaram, provocando um divórcio entre o público e o espetáculo.

O romance e o teatro são os gêneros poéticos nos quais mme. de Staël mais se detém; já a poesia lírica não recebe ampla apreciação. O próprio termo poesia é utilizado em acepções oscilantes, sendo tomado ora em

---

9 O crítico Georges Solovieff nota ainda que não foram citados os autores da chamada segunda geração romântica, como Brentano, Görres e Creuzer, nem os de tendências "populares, patrióticas, nacionalistas e até beligerantes e religiosas, suscitadas pelo estado de guerra". Dentre os autores do Primeiro Romantismo, as ausências mais notáveis seriam Wackenroder, Hölderlin e Kleist. Cf. Solovieff, *L'Allemagne de Mme. de Staël*, p.38-45.

10 Cf. Eggli, *Le débat romantique en France: 1813-1830*, p.26.

XV

um sentido mais amplo de ficção, ora em um sentido mais específico de poema. A autora admite sua impotência na definição do termo, atendo-se a uma "concepção religiosa", digamos, pela qual a poesia é tomada como "a linguagem natural de todos os cultos", reconhecendo nesse gênero poético o lugar próprio do sentimento. A questão do sentimento, contudo, vai além da recepção e diz respeito também à sinceridade dos autores a ser percebida em suas obras; "sinceridade raríssima", nota a própria autora; como, por exemplo, nos primeiros escritos de Goethe, "quando ele próprio sofria pelo coração", em especial de *Werther*.

A sinceridade aparece como a marca do escritor inspirado, entregue até certo ponto a um estado mental fora do controle racional e social, alçado a instrumento divino, livre das amarras de regras pretensamente absolutas. A verificação da sinceridade dos escritores seria demonstrada pela comparação entre sua conversação e suas obras. Nesse sentido, mme. de Staël propõe retratá-los "sobretudo por suas obras, pois seus livros se assemelham perfeitamente ao seu caráter e à sua conversação". Na base dessa concordância, estaria a intenção do autor em não ter como "primeiro objetivo causar efeito sobre os outros", fim mais propriamente retórico, mas sim o de "satisfazer à inspiração interior de que a alma está tomada", fim mais propriamente filosófico-religioso.

O gênio poético seria aquele que toca nos mistérios, diferentemente do poeta produzido pela influência da filosofia iluminista, que estaria voltado a questões da ordem do finito, terrenas. É portanto o infinito, inacessível pela razão, que surge como matéria do poeta-divino.

As considerações sobre o infinito fazem a ponte para a terceira parte do livro, na qual são abordados os sistemas filosóficos da Inglaterra, França e Alemanha, com particular atenção às teorias de Kant, Fichte e Schelling.[11] Kant recebe uma atenção proporcional à dada a Goethe e Schiller. Sobre essa exposição, André Monchoux acentua a importância histórica da abordagem staëliana, resgatando-lhe o valor contestado à época, apesar de reconhecê-la

---

11 Segundo Pierre Macherey, a base dessa parte estaria em Gérando, que em 1802 havia escrito um ensaio intitulado *La génération des connaissances humaines* [A geração dos conhecimentos humanos]. Cf. Macherey, Corinne philosophe, *Europe*, n.693-4, p.22-37.

Da Alemanha

ultrapassada por análises mais finas.[12] A exposição sobre Kant participa de uma preocupação mais geral da autora acerca da questão da moral baseada no interesse pessoal, cujo combate tem lugar especialmente nessa terceira parte. Uma anterior reprovação da literatura "licenciosa" conflui aqui com a refutação dos sistemas filosóficos materialistas e sensualistas tomados como produtos daninhos das Luzes. No entanto, sendo absolutamente contrária à censura, mme. de Staël prescreve como remédio a esse suposto "mal" o uso das próprias Luzes por meio de seus "bons livros".

A questão da moral fundada no interesse pessoal estende-se para a quarta e última parte do livro, que traz o elogio das instituições religiosas, do misticismo e principalmente do entusiasmo, destacando sua tradução como "Deus em nós". A seu ver, o entusiasmo estaria em contraste com o "egoísmo da razão", preocupado apenas com a saúde, o dinheiro e o poder, e em íntima relação com a contemplação da natureza e o sentimento do infinito.

Mme. de Staël não deixa de advertir seu leitor de que não tinha intencionado uma análise exaustiva, haja vista que a própria análise, ao "examinar senão dividindo", se lhe afigurava "como o escalpelo" que se aplica "à natureza morta", e não à realidade viva ali tratada. Sua crítica mistura assim à análise elementos de persuasão, visando estimular a simpatia do leitor para com o objeto tratado, pressupondo que o reconhecimento e a admiração por diferentes artistas e obras de outra "região intelectual" exigiriam uma atitude de entusiasmo por parte do próprio leitor.[13]

Esta tradução tem como base a edição de John Murray de 1813, recorrendo-se ainda às traduções inglesa e italiana, ambas de 1814 (cf. referências bibliográficas). A pontuação original de modo geral foi mantida, com o uso de ponto e vírgula a indicar enumerações, contraposições ou manutenção do tópico tratado. Diversamente do original, porém, os títulos dos livros citados pela autora seguem aqui em itálico.

Edmir Míssio

---

12 Monchoux, Madame de Staël interprète de Kant, *Revue d'histoire littéraire de la France*, v.LXVI.

13 Essa introdução tomou como base minha dissertação de mestrado feita junto ao IEL-Unicamp, por meio de bolsa da Capes e sob orientação do prof. Luis Carlos da Silva Dantas.

XVII

Madame de Staël

Referências bibliográficas

BALAYÉ, S. *Madame de Staël:* Lumières et liberté. Paris: Klincksieck, 1979.

DE PANGE, Ctesse. *Mme. de Staël et la découvert de l'Allemagne.* Paris: Edgar Malfere, 1929.

EGGLI, E. *Le débat romantique en France:* 1813-1830. t.I, Paris: PUF, 1933.

GSTEIGER, M. Réalité et utopie de l'Allemagne staëlienne. *Cahiers Staëliens,* n.37, p.10-22, 1985-6.

MACHEREY, P. Corinne philosophe. *Europe,* ano 64, n.693-4, p.22-37, jan.-fev. 1987.

MONCHOUX, A. Madame de Staël interprète de Kant. *Revue d'histoire littéraire de la France,* ano 66, v.LXVI, p.71-84, 1966.

MORTIER, R. Philosophie et religion dans la pensée de Madame de Staël. *Rivista di Letterature Moderne e Comparate,* v.20, fasc.3-4, p.165-76, 1967.

SOLOVIEFF, G. *L'Allemagne de Mme. de Staël.* Paris: Klincksieck, 1990.

STAËL, Mme. de. *De l'Allemagne.* 3t. (Paris: H. Nicole, à la Librairie Stéréotype, 1810), Londres: reimp. John Murray, 1813.

_____. *Essai sur les fictions.* Paris: Ramsay, [1795] 1991.

_____. *Germany* [trad. publicada por John Murray, 1814]. 2v. Boston: Houghton, Mifflin and Company, 1859.

_____. *L'Alemagna.* 3t. Milano: Giovanni Silvestri, 1814.

_____. *Lettres sur les écrits et le caractère de J.-J. Rousseau.* [S.l.: s.n.], 1788.

VAN TIEGHEM, P. Discours préliminaire. In: STAËL, Mme. de. *De la littérature considerée dans ses rapports avec les institutions sociales.* t.I. Genebra: Droz, 1959. p.17-45.

WIGHT, O. W. Editor's preface. In: STAËL-HOLSTEIN, Mme. de. *On Germany.* v.I. Boston: Houghton, Mifflin and Company, 1859. p.5-10.

Prefácio

1º de outubro de 1813.

Em 1810, entreguei o manuscrito desta obra sobre a Alemanha ao livreiro que havia impresso *Corina*. Uma vez que ali manifestava as mesmas opiniões e guardava o mesmo silêncio acerca do atual governo dos franceses que em meus escritos precedentes, estava persuadida de que obteria igual permissão para publicá-la: todavia, poucos dias depois de ter enviado meu manuscrito, surgiu um decreto de natureza muito singular sobre a liberdade da imprensa, o qual declarava "que nenhuma obra poderia ser impressa sem ter sido examinada pelos censores". Muito bem, sob o Antigo Regime, era usual submeter-se à censura na França; o espírito público caminhava então no sentido da liberdade, e tornava esse incômodo pouco temível; mas um pequeno artigo, ao final do novo regulamento, declarava que "quando os censores tivessem examinado uma obra e permitido sua publicação, os livreiros estariam efetivamente autorizados a imprimi-la, mas que o ministro da polícia teria então o direito de suprimi-la por completo, se julgasse conveniente assim o fazer", o que equivale a dizer que certas regras seriam adotadas enquanto fosse considerado oportuno segui-las: não era preciso uma lei para decretar a ausência das leis; teria sido melhor ter se apoiado simplesmente no poder absoluto.

Meu livreiro, entretanto, tomara para si a responsabilidade pela publicação de meu livro, submetendo-o à censura, e assim fora concluído nosso acordo. Eu chegara a residir a quarenta léguas de Paris com a finalidade de seguir a impressão desta obra, e foi lá que respirei o ar da França pela última vez. Entretanto, como se verá, tinha evitado neste livro qualquer reflexão sobre a situação política da Alemanha; supunha-me distante cinquenta anos do presente tempo, mas o tempo presente não permite ser esquecido. Vários censores examinaram meu manuscrito; eles suprimiram as diversas frases que restabeleci, indicando-as por meio de aspas; salvo essas frases, enfim permitiram a impressão do livro tal como o publico agora, pois não acreditei que devesse alterá-lo minimamente. Parece-me curioso mostrar o tipo de obra que na França de hoje pode granjear a mais cruel perseguição à cabeça de seu autor.

No momento em que esta obra ia ser lançada, e quando já haviam sido impressos os 10 mil exemplares da primeira edição, o ministro da polícia, conhecido sob o nome de general Savary, enviou seus guardas à casa do livreiro, com ordem de despedaçar toda a edição, e de colocar sentinelas nas diversas saídas da loja, no temor de que um só exemplar do perigoso escrito pudesse escapar. Um comissário de polícia foi encarregado de fiscalizar essa diligência, na qual o general Savary obteve fácil vitória; e esse pobre comissário, dizem, ficou morto de cansaço por ter se assegurado com demasiada minúcia da destruição de tão grande número de volumes, ou antes, de sua transformação em um papelão completamente limpo, sobre o qual não restou nenhum vestígio da razão humana; o valor intrínseco desse papelão, estimado em vinte luíses, foi a única indenização que o livreiro chegou a obter do general ministro.

No momento em que meu livro estava sendo aniquilado em Paris, eu recebia no campo uma ordem para entregar a cópia a partir da qual a impressão havia sido feita e de deixar a França em 24 horas. Como sabia que apenas aos recrutados bastavam 24 horas para se prepararem para viajar, escrevi pois ao ministro da polícia dizendo-lhe que precisaria de oito dias até que o dinheiro e minha carruagem me fossem trazidos. Eis a carta que ele me escreveu em resposta:

POLÍCIA GERAL
Gabinete do Ministro

Paris, 3 de outubro de 1810.

Recebi, senhora, a carta que me fizestes a honra de escrever. O senhor vosso filho vos deve ter comunicado que eu não via inconveniente em que retardás-

Da Alemanha

seis vossa partida por sete ou oito dias: espero que bastem para as medidas que vos restam tomar, pois é o máximo que vos posso conceder.

Seria um erro buscar a causa da ordem que vos notifiquei no silêncio que observastes a respeito do imperador em vossa última obra; não há nela nenhum lugar digno de encontrá-lo citado; vosso exílio é uma consequência natural do caminho que seguistes constantemente há vários anos. Pareceu-me que o ar deste país não vos convinha, e que ainda não chegamos ao ponto de buscar modelos nos povos que admirais.

Vossa última obra não é francesa; coube a mim impedir que fosse impressa. Lamento a perda que o livreiro irá sofrer, mas não me foi possível deixar que fosse lançada.

Vós sabeis, senhora, que vossa saída de Coppet só havia sido permitida pelo desejo que havíeis exprimido de seguir para a América. Se meu predecessor vos deixou habitar o departamento[1] de Loir-et-Cher, vós não deveríeis ter visto essa tolerância como uma revogação das disposições que haviam sido decretadas a vosso respeito. Hoje vós me obrigais a fazer que sejam estritamente executadas.

Participo ao sr. Corbigny[2] que cuide da execução da ordem dada, quando o prazo que vos concedo tiver expirado.

Estou pesaroso, senhora, por me haverdes obrigado a começar minha correspondência convosco por uma medida de rigor; ter-me-ia sido mais agradável vos ter oferecido apenas testemunhos da alta consideração para com quem tenho a honra de ser,

Senhora,
Vosso muito humilde e muito
obediente servo,
(Assinado) O duque de Rovigo.

P.S. Tenho razões, senhora, para vos indicar os portos de Lorient, La Rochelle, Bordeaux e Rochefort, como sendo os únicos portos nos quais podeis embarcar; convido-vos a me fazer ciente daquele que tiverdes escolhido.[3]

---

1 O território francês foi dividido em departamentos a partir de 1789, cada qual estando sob a autoridade de um prefeito e sendo assistida por um Conselho Geral. (N. T.)

2 Prefeito de Loir-et-Cher. (Todas as notas sem indicação são da autora. [N. E.])

3 O objetivo deste *post-scriptum* era impedir meu acesso aos portos da Mancha.

Irei acrescentar algumas reflexões a essa carta, a meu ver, por si só já bastante curiosa. "Pareceu-me", disse o general Savary, "que *o ar deste país não vos convinha*"; que maneira graciosa de anunciar a uma mulher, então, ai de mim!, mãe de três crianças, à filha de um homem que serviu a França com tanta lealdade, que está sendo banida para sempre do lugar de seu nascimento, sem que lhe seja permitido protestar de modo algum contra uma pena reputada a mais cruel, depois da condenação à morte! Existe um vaudevile francês no qual um meirinho, gabando-se de sua polidez para com aqueles que conduz à prisão, diz:

Como sou amado por todos aqueles que prendo.

Não sei se era essa a intenção do general Savary.

Ele acrescenta que *os franceses não chegaram ao ponto de tomar por modelos os povos que eu admiro*; esses povos são os ingleses primeiro, e sob vários aspectos os alemães. Todavia, não creio que eu possa ser acusada de não amar a França. Mostrei em demasia meu sentimento por um lugar onde conservo tantos objetos de minha afeição, onde estão aqueles que me são caros e me comprazem tanto! Mas desse apego talvez muito vivo por uma região tão esplêndida e por seus espirituosos habitantes não se seguia que devesse ser proibida de admirar a Inglaterra. Tal como um cavaleiro armado em defesa da ordem social, ela foi vista a preservar a Europa da anarquia durante dez anos e do despotismo durante outros dez. No início da Revolução, sua feliz constituição foi objeto das esperanças e dos esforços dos franceses; minha alma permaneceu ali onde a deles então estava.

Ao retornar à terra natal de meu pai, o prefeito de Genebra proibira-me de me afastar de lá por mais de quatro léguas. Eu me atrevera um dia ir até dez léguas apenas com o simples objetivo de passear; imediatamente os guardas correram ao meu encalço, os chefes de posta[4] foram proibidos de me prover cavalos, como se a segurança do Estado dependesse de uma existência tão frágil quanto a minha. Entretanto, ainda me resignava a esse

---

4 Encarregados de estações de trocas de cavalos, as quais eram encontradas nas grandes estradas da Europa continental à época e distavam por volta de doze quilômetros umas das outras. (N. T.)

tipo de cárcere em todo o seu rigor, quando um último golpe tornara-o completamente insuportável para mim. Alguns de meus amigos foram exilados por terem tido a generosidade de vir me ver – isso já era demais. Trazer consigo o contágio da infelicidade, não ousar aproximar-se das pessoas amadas, temer escrever para elas, pronunciar seus nomes; ser o objeto a cada momento, ou das provas de afeição que causam frêmitos por aqueles que as dão, ou das baixezas refinadas que o terror inspira, era uma situação da qual se fazia necessário escapar caso se quisesse ainda viver!

Para amenizar meu sofrimento, diziam-me que essas perseguições contínuas eram uma prova da importância que me davam. Eu poderia ter respondido, que não havia merecido

Nem esse excesso de honra, nem essa indignidade;[5]

mas não me deixava levar pelas tentativas de conforto feitas ao meu amor--próprio, pois sabia que no momento não havia ninguém na França, dos mais ricos aos mais pobres, que não pudesse ser considerado digno de ser feito infeliz. Fora atormentada em todos os interesses de minha vida, em todos os pontos sensíveis de meu caráter, e a autoridade condescendera em dar-se ao trabalho de bem me conhecer para melhor me fazer sofrer. Não podendo portanto desarmar essa autoridade pelo simples sacrifício de meu talento, e resolvida a não me colocar a seu serviço, acreditara sentir no fundo do coração qual seria o conselho de meu pai, e assim partira.

Creio que é meu dever dar a conhecer ao público este livro caluniado, este livro, origem de tantas dores; e ainda que o general Savary tenha declarado em sua carta que minha obra *não era francesa*, uma vez que me abstenho de vê-lo como representante da França, é aos franceses, tais como os conheci, que dirigirei com confiança um escrito no qual tratei, o melhor que pude, de assinalar a glória dos trabalhos do espírito[6] humano.

---

5 Ato II, cena III da peça *Britannicus* de Racine (1639-1699), peça representada pela primeira vez em 1669 e editada em 1670. (N. T.)

6 *Esprit* [espírito] aqui devendo ser entendido na acepção geral de "mente", "intelecto", em outros momentos podendo significar mais especificamente "engenho", "agudeza". (N. T.)

A Alemanha, por sua situação geográfica, pode ser considerada como o coração da Europa, e a grande associação continental somente poderia conseguir sua independência com a desse país. A diferença das línguas, os limites naturais, as lembranças de uma mesma história, tudo contribui para criar entre os homens esses grandes indivíduos chamados nações; certas proporções lhes são necessárias para existir, certas qualidades as distinguem; e se a Alemanha estivesse unida à França, decorreria disso que a França estaria unida à Alemanha, e que os franceses de Hamburgo, tal como os franceses de Roma, alterariam gradualmente o caráter dos compatriotas de Henrique IV: os vencidos com o tempo modificariam os vencedores, e todos acabariam por perder com isso.

Disse em minha obra que os alemães *não formavam uma nação*; hoje eles certamente dão ao mundo heroicos desmentidos no que diz respeito a esse temor. Mas, ao combaterem contra seus compatriotas, não se veem alguns países germânicos expor-se ao desprezo de seus próprios aliados, os franceses? Esses auxiliares, cujo nome hesita-se pronunciar, como se ainda houvesse tempo de escondê-los da posteridade, esses auxiliares, repito, não são levados nem pela opinião, nem mesmo pelo interesse, ainda menos pela honra; antes, um medo imprevidente lançou seus governos na direção do mais forte, sem refletir que eles mesmos eram a causa da força diante da qual se prostravam.

Os espanhóis, aos quais é possível aplicar este belo verso inglês de Southey:

And those who suffer bravely save mankind,[7]

— *e aqueles que sofrem bravamente salvam a espécie humana* —, viram-se reduzidos a possuir apenas Cádiz, não consentido mais o jugo dos estrangeiros, desde que alcançaram a barreira dos Pirineus, e que foram defendidos pelo caráter antigo e o gênio moderno de lorde Wellington. Mas, para realizar

---

7 Verso extraído do poema épico *The curse of Kehama* [A maldição de Kehama], canto XII, "The sacrifice completed", editado em 1810 e escrito por Robert Southey (1774-1843). (N. T.)

essas grandes coisas, era preciso uma perseverança que não pudesse ser desencorajada pelos acontecimentos. Os alemães frequentemente cometeram o erro de se deixar convencer pelos reveses. Os indivíduos devem resignar-se ao destino, mas as nações jamais, pois apenas elas podem comandar o destino: uma vontade a mais e a infelicidade será domada.

A submissão de um povo a outro é contra a natureza. Quem acreditaria hoje na possibilidade de cindir a Espanha, a Rússia, a Inglaterra, a França? Por que não ocorreria o mesmo com a Alemanha? Se os alemães ainda pudessem ser subjugados, seu infortúnio dilaceraria o coração; mas haveria sempre a tentação de lhes dizer, tal como a srta. de Mancini[8] a Luís XIV: "Vós sois rei, Sire, e chorais". Vós sois uma nação, e chorais!

O quadro da literatura e da filosofia parece bem alheio ao momento presente; entretanto será talvez agradável a essa pobre e nobre Alemanha lembrar-se de suas riquezas intelectuais em meio à devastação da guerra. Há três anos eu designava a Prússia e os países do Norte que a cercam como a *pátria do pensamento*; em quantas ações generosas esse pensamento não se transformou! Aquilo que os filósofos colocavam como sistema realiza-se, e a independência da alma fundará a dos Estados.

---

8 Objeto da paixão de Luís XIV, Anna Maria Mancini (1639-1715) era a terceira das cinco sobrinhas do cardeal Giulio Mazzarino, então primeiro-ministro da França, as quais, levadas para a corte francesa, ficaram conhecidas como *mazzarinettes*. (N. T.)

Observações gerais

A origem das principais nações da Europa pode ser relacionada a três grandes raças diferentes: a latina, a germânica e a esclavona. Os italianos, os franceses, os espanhóis e os portugueses receberam dos romanos sua civilização e sua língua; os alemães, os suíços, os ingleses, os suecos, os dinamarqueses e os holandeses são povos teutônicos; enfim, entre os esclavões, os poloneses e os russos ocupam a primeira posição. As nações cuja cultura intelectual é de origem latina foram civilizadas muito antes das outras; e, na maior parte, herdaram a hábil sagacidade dos romanos no manejo dos negócios deste mundo. Diversas instituições sociais, baseadas na religião pagã, precederam nessas nações o estabelecimento do cristianismo; e quando os povos do Norte vieram a conquistá-las, esses povos adotaram, sob muitos aspectos, os costumes do país que haviam vencido.

Certamente, essas observações devem ser modificadas segundo os climas, os governos e os fatos da história de cada nação. O poder eclesiástico deixou traços indeléveis na Itália. As longas guerras contra os árabes fortaleceram os hábitos militares e o espírito empreendedor dos espanhóis; mas em geral essa parte da Europa, cujas línguas derivam do latim, e que desde cedo foi iniciada na política de Roma, mantém o caráter de uma velha civilização, que na origem era pagã. Encontra-se nelas um menor pendor pelas ideias abstratas do que nas nações germânicas; tem-se mais trato ali com os prazeres e os interesses terrenos; e esses povos, tal como seus instituidores, os romanos, são os únicos a saberem praticar a arte da dominação.

Madame de Staël

As nações germânicas quase sempre resistiram ao jugo dos romanos; elas foram civilizadas mais tarde, e somente pelo cristianismo; e passaram imediatamente de uma espécie de barbárie ao cultivo das maneiras cristãs: os tempos da cavalaria, o espírito da Idade Média são suas recordações mais vivas; e embora os doutos desses países tenham estudado os autores gregos e latinos mais até mesmo do que o fizeram as nações latinas, o gênio natural dos escritores alemães tem uma cor medieval mais do que da Antiguidade. Sua imaginação se compraz com as velhas torres, com as ameias, em um ambiente de guerreiros, bruxas e espectros; os mistérios de uma natureza sonhadora e solitária formam o principal encanto de suas poesias.

A analogia existente entre as nações teutônicas não poderia ser ignorada. A dignidade social que os ingleses devem à sua constituição lhes assegura, é verdade, uma firme superioridade entre essas nações; não obstante, os mesmos traços de caráter são constantemente encontrados entre os diversos povos de origem germânica. A independência e a lealdade distinguiram esses povos em todos os tempos; eles foram sempre bons e fiéis, e talvez seja justamente por isso que seus escritos trazem uma marca de melancolia; pois ocorre com frequência às nações, tal como aos indivíduos, sofrer por causa das próprias virtudes.

Uma vez que a civilização dos esclavões desenvolveu-se muito mais tarde e cresceu de modo mais rápido do que a dos outros povos, observa-se neles até o presente mais imitação do que originalidade: o que têm de europeu é francês; o que têm de asiático é bem pouco desenvolvido, para que seus escritores já possam manifestar o verdadeiro caráter que lhes seria natural. Portanto, há na Europa literária apenas duas grandes divisões bem marcadas: a literatura imitada dos antigos e aquela que deve seu nascimento ao espírito da Idade Média; a literatura que, em sua origem, recebeu do paganismo sua cor e seu encanto, e a literatura cujo impulso e desenvolvimento pertencem a uma religião essencialmente espiritualista.

Poder-se-ia dizer com razão que os franceses e os alemães estão nas duas extremidades da cadeia moral, visto que uns consideram os objetos exteriores como a causa de todas as ideias, e os outros, as ideias como a causa de todas as impressões. Entretanto, embora essas duas nações concordem muito bem sob o aspecto social, não há nada mais oposto que seus sistemas literário e filosófico. A Alemanha intelectual quase não é conhecida pela França; pouquíssimos homens de letras entre nós ocuparam-se dela. Por certo um número bem maior a julga. Essa agradável leviandade, que dá ensejo a pronunciamentos sobre o que se ignora, pode ter elegância quando se fala, mas não quando se escreve. Os alemães cometem o erro de incluir frequentemente na conversação aquilo que convém somente aos livros; os franceses algumas vezes também erram ao incluir nos livros aquilo que convém apenas à conversação; e esgotamos tanto tudo o que é superficial, que me parece que, fosse pela graça, fosse sobretudo pela variedade, seria preciso tentar um pouco mais de profundidade.

Acreditei portanto que podia haver algumas vantagens em dar a conhecer o país da Europa onde o estudo e a meditação foram levados tão longe, que pode ser considerado como a pátria do pensamento. As reflexões que o país e os livros me sugeriram serão divididas em quatro seções. A primeira tratará da Alemanha e dos costumes dos alemães; a segunda, da literatura e das artes; a terceira, da filosofia e da moral; a quarta, da religião e do entusiasmo. Esses diversos assuntos entrelaçam-se necessariamente uns com os outros. O caráter nacional influi sobre a literatura; a literatura e a filosofia sobre a religião; e somente o conjunto pode dar a conhecer por inteiro cada parte; mas era preciso entretanto submeter-se a uma divisão aparente para reunir ao fim todos os raios no mesmo foco.

Reconheço que vou expor, tanto em termos de literatura quanto de filosofia, opiniões estranhas às que reinam na França; mas, pareçam justas ou não, sejam adotadas ou combatidas, elas sempre instigam o pensamento. "Pois não queremos, imagino, erigir em torno da França literária a grande muralha da China, para impedir a penetração de ideias externas."[1]

---

1 As aspas indicam as frases cuja supressão foi exigida pelos censores de Paris. No segundo volume, eles nada encontraram de repreensível, mas os capítulos sobre o entusiasmo da quarta parte e sobretudo a última frase da obra não obtiveram sua aprovação. Estava pronta para me submeter às suas críticas de um modo negativo, isto é, cortando sem jamais acrescentar; mas os guardas enviados pelo ministro da polícia fizeram o ofício dos censores de um modo mais brutal, despedaçando todo o livro.

É impossível que os escritores alemães, os homens mais instruídos e meditativos da Europa, não mereçam que se lhes conceda um momento de atenção à sua literatura e à sua filosofia. Opõe-se a uma que não é de bom gosto, e à outra que é repleta de loucuras. É possível que uma literatura não esteja de acordo com nossa legislação do bom gosto, e mesmo assim contenha ideias novas com as quais possamos nos enriquecer modificando--as à nossa maneira. Foi desse modo que os gregos nos valeram Racine, e Shakespeare, várias tragédias de Voltaire. A esterilidade que ameaça nossa literatura levaria a crer que o próprio espírito francês tem hoje necessidade de ser renovado por uma seiva mais vigorosa; e uma vez que a elegância da sociedade[2] sempre nos preservará de certas faltas, importa-nos sobretudo reencontrar a origem das grandes belezas.

Depois de ter repudiado a literatura dos alemães em nome do bom gosto, acreditamos também ser possível nos livrar de sua filosofia em nome da razão. O bom gosto e a razão são palavras sempre agradáveis de proferir, mesmo ao acaso; mas é possível de boa-fé persuadir-se de que escritores de uma erudição imensa, e que conhecem todos os livros franceses tão bem quanto nós mesmos, dediquem-se há vinte anos a puros absurdos?

Os séculos supersticiosos acusam facilmente as novas opiniões de impiedade, e os séculos incrédulos as acusam com a mesma facilidade de loucura. No século XVI, Galileu foi entregue à Inquisição por ter dito que a Terra girava, e, no XVIII, alguns quiseram fazer que Jean-Jacques Rousseau fosse considerado um devoto fanático. As opiniões que diferem do espírito dominante, seja ele qual for, escandalizam sempre o vulgo: apenas o estudo e o livre exame podem dar a liberalidade de julgamento, sem a qual é impossível adquirir novas luzes ou mesmo conservar as existentes; pois nos submetemos a certas ideias consagradas, não como a verdades, mas como ao poder; e é assim que a razão humana habitua-se à servidão até mesmo no campo da literatura e da filosofia.

---

2 Isto é, a alta sociedade, as altas rodas. (N. T.)

Primeira parte
Da Alemanha e dos costumes dos alemães

Capítulo I
Do aspecto da Alemanha

O número e a extensão das florestas indicam uma civilização ainda nova: o velho solo do Sul da Europa praticamente já não conserva mais suas árvores, e o sol cai a pino sobre a terra desnudada pelos homens. A Alemanha ainda oferece alguns vestígios de uma natureza não habitada. Dos Alpes ao mar, entre o Reno e o Danúbio, podeis ver uma região coberta de carvalhos e pinheiros, atravessada por rios de uma imponente beleza e entrecortada por montanhas cujo aspecto é muito pitoresco; mas vastos pântanos, terrenos arenosos, estradas frequentemente abandonadas, um clima severo enchem inicialmente a alma de tristeza; e é somente com o tempo que descobrimos algo que possa despertar nossa atenção nessas paragens.

O Sul da Alemanha é altamente cultivado; entretanto, as mais belas regiões do país sempre apresentam uma seriedade que leva a pensar mais no trabalho do que nos prazeres, nas virtudes dos habitantes do que nos encantos da natureza.

As ruínas dos castelos fortificados avistados no alto das montanhas, as casas feitas de barro, as janelas estreitas, a neve que, durante o inverno, cobre as planícies a perder de vista causam uma triste impressão. Um não sei quê de silencioso na natureza e nos homens aflige de início o coração. Parece que o tempo ali avança mais lentamente do que em outros lugares, que a vegetação demora a penetrar no solo assim como as ideias na cabeça dos homens, e que os sulcos regulares do lavrador são traçados em uma terra difícil.

Não obstante, quando superamos essas sensações irrefletidas, o lugar e os habitantes oferecem algo de interessante e poético à observação: vós podeis sentir que almas e imaginações ternas embelezaram essas terras. As grandes estradas têm árvores frutíferas, plantadas ali para refrescar o viajante. As paisagens que cercam o Reno são soberbas em quase todos os trechos; dir-se-ia que esse rio é o gênio tutelar da Alemanha; suas águas são puras, rápidas e majestosas como a vida de um herói da Antiguidade: o Danúbio divide-se em vários braços; as águas do Elba e do Spree agitam-se facilmente com a tempestade; somente o Reno permanece praticamente inalterável. As regiões que atravessa parecem ao mesmo tempo tão sérias e tão variadas, tão férteis e tão solitárias que ficaríamos tentados a crer que ele mesmo as cultivou, e que os homens de hoje não têm nada a ver com isso. Ao passar, esse rio conta os altos feitos dos tempos idos, e a sombra de Armínio[1] parece ainda vagar por essas margens escarpadas.

Os monumentos góticos são os únicos notáveis na Alemanha; esses monumentos lembram os séculos da cavalaria; em quase todas as cidades, os museus públicos conservam os vestígios daquela época. Dir-se-ia que os habitantes do Norte, vencedores do mundo, ao partirem da Germânia, deixaram ali suas lembranças sob diversas formas, e que o país inteiro assemelha-se à morada de um grande povo que a deixou há muito tempo. A maior parte dos arsenais das cidades alemãs possui figuras de cavaleiros em madeira pintada, vestidos com sua armadura; o capacete, o escudo, os coxotes, as esporas, tudo está de acordo com o costume antigo, e passeamos em meio a esses mortos em pé, cujos braços erguidos parecem prontos a golpear os adversários, os quais também mantêm suas lanças em riste. Essa imagem imóvel de ações outrora tão vivas causa uma dolorosa impressão. Foi assim que, após alguns tremores de terra, foram encontrados esses homens soterrados que durante longo tempo ainda mantiveram o último gesto de seu último pensamento.

---

1 Nos *Anais*, Tácito (*c.* 55-*c.* 120) retrata Armínio em oposição a Segest, o primeiro sendo famoso por sua perfídia, o segundo, por sua fidelidade aos invasores romanos; Arminius é elogiado como "libertador da Germânia", tendo desafiado o poder do povo romano em seu auge, e passando a ser cantado junto às "gentes bárbaras". Note-se que o nome germânico de Armínio é *Hermann*. (N. T.)

A arquitetura moderna, na Alemanha, não oferece nada que mereça ser citado; mas em geral as cidades são bem construídas, e os proprietários as embelezam com uma espécie de cuidado repleto de bonomia. Em várias cidades, as casas são pintadas por fora com diversas cores: veem-se nelas figuras de santos, ornamentos de todo tipo, cujo gosto não é por certo perfeito, mas que variam o aspecto das habitações e parecem indicar um desejo benevolente de agradar a seus concidadãos e aos estrangeiros. O brilho e o esplendor de um palácio servem ao amor-próprio de quem o possui; mas a decoração cuidadosa, o adorno e a boa intenção das pequenas residências têm algo de hospitaleiro.

Em algumas partes da Alemanha, os jardins são quase tão belos quanto os da Inglaterra; o luxo dos jardins supõe sempre que se ame a natureza. Na Inglaterra, casas muito simples foram construídas em meio aos mais magníficos bosques; o proprietário negligencia sua morada e cuida com esmero das terras que a circundam. Essa magnificência e simplicidade reunidas seguramente não existem no mesmo grau na Alemanha; entretanto, em meio à falta de recursos e ao orgulho feudal, percebe-se em tudo certo amor ao belo que, cedo ou tarde, deve produzir gosto e graça, porquanto lhes é a verdadeira fonte. Com frequência, em meio aos soberbos jardins dos príncipes alemães, são colocadas algumas harpas eólicas próximas de grutas cercadas de flores, para que o vento carregue juntos pelo ar sons e perfumes. A imaginação dos habitantes do Norte esforça-se assim para compor uma natureza tal como a da Itália; e durante os esplêndidos dias de um breve verão, ela consegue nos enganar algumas vezes.

Capítulo II
Dos costumes e do caráter dos alemães

Apenas uns poucos traços principais podem convir igualmente a toda a nação alemã, pois a diversidade desse país é tanta que não há como reunir sob um mesmo ponto de vista religiões, governos, climas e mesmo povos tão diferentes. A Alemanha do Sul é, sob muitos aspectos, completamente diversa da do Norte; as cidades comerciais não se parecem em nada com as cidades célebres por suas universidades; os pequenos Estados diferem sensivelmente das duas grandes monarquias, a Prússia e a Áustria. A Alemanha era uma federação aristocrática; esse Império não tinha um centro comum de luzes e de espírito público, não formava uma nação compacta, faltando amarra ao feixe. Essa divisão da Alemanha, funesta à sua força política, era entretanto muito favorável a todo tipo de experimentações do gênio e da imaginação. Havia uma espécie de anarquia terna e pacífica, no que concerne às opiniões literárias e metafísicas, que permitia a cada homem o completo desenvolvimento de sua maneira individual de ver.

Uma vez que não existe uma capital onde a boa companhia de toda a Alemanha possa se reunir, o espírito de sociedade exerce pouco poder: o império do gosto e a arma do ridículo não têm influência. A maioria dos escritores e dos pensadores trabalha na solidão, ou somente cercados de um pequeno círculo sobre o qual reinam. Cada um deles em separado entrega-se a tudo o que uma imaginação sem limites lhes inspira; e se é possível perceber uns poucos vestígios da ascendência da moda na Alemanha, isso ocorre pelo desejo que cada um sente de mostrar-se totalmente diferente dos outros. Na França, ao contrário, cada qual aspira a merecer o que Montesquieu dizia de Voltaire: "Ele tem mais do que ninguém o espírito[1] que todo mundano tem". Os escritores alemães imitariam com mais gosto aos estrangeiros do que a seus compatriotas.

Na literatura, tal como na política, os alemães têm demasiada consideração pelos estrangeiros, carecendo de preconceitos nacionais. Nos indivíduos, a renúncia a si mesmo e a estima pelos outros são qualidades; mas o patriotismo das nações deve ser egoísta. A altivez dos ingleses é extremamente útil à sua existência política; a boa opinião que os franceses têm deles mesmos sempre contribuiu muito para sua ascendência sobre a Europa; o nobre orgulho dos espanhóis tornou-os outrora soberanos de uma parcela do mundo. Os alemães são saxônios, prussianos, bávaros, austríacos; mas o caráter germânico, sobre o qual a força de todos deveria estar fundada, está tão dividido quanto a própria terra submetida a tantos senhores diferentes.

Examinarei separadamente a Alemanha do Sul e a do Norte, mas agora irei limitar-me às reflexões que convêm à nação inteira. Os alemães em geral são sinceros e fiéis; raramente faltam com a palavra, sendo-lhes alheio o embuste; se esse defeito algum dia se introduzisse na Alemanha, isso somente ocorreria pelo desejo de imitar os estrangeiros, de mostrar-se tão hábil quanto eles, e sobretudo de não ser enganado por eles. Mas o bom senso e o bom coração logo levariam os alemães a perceberem que somente se é forte pela própria natureza, e que o hábito da honestidade leva à total incapacidade de empregar o ardil, mesmo quando se deseja isso. Para tirar proveito da imoralidade é preciso estar inteiramente armado de leviandade, e não trazer em si mesmo uma consciência e escrúpulos que vos detenham na metade do caminho, e vos façam lamentar cada vez mais o abandono da antiga via, sendo-vos impossível avançar resolutamente pela nova.

Creio que é fácil demonstrar que, sem a moral, tudo é acaso e trevas. Não obstante, entre as nações latinas observou-se com frequência uma política

---

1 Veja a definição de *esprit* de Montesquieu que mme. de Staël proverá no capítulo VIII da terceira parte. (N. T.)

singularmente hábil na arte de desvincular-se de todos os deveres; mas, para a glória da nação alemã, pode-se dizer que ela é praticamente incapaz da ousada flexibilidade que faz vergar todas as verdades a todos os interesses, e sacrifica todos os compromissos a todos os cálculos. Seus defeitos, bem como suas qualidades, submetem-na à honrosa necessidade da justiça.

A capacidade de trabalho e reflexão também é um dos traços distintivos da nação alemã. Ela é naturalmente literária e filosófica; todavia, a separação dos grupos sociais, que é mais pronunciada na Alemanha do que em qualquer outro lugar, porquanto a sociedade não ameniza as diferenças, prejudica em alguns aspectos o espírito propriamente dito. Os nobres têm ideias bastante escassas, e os literatos são pouquíssimo habituados aos negócios. O espírito é uma mistura do conhecimento das coisas e dos homens; e a sociedade na qual os homens agem sem objetivo, e contudo com interesse, é precisamente a que melhor desenvolve as faculdades mais opostas. É a imaginação, mais do que o espírito, que caracteriza os alemães. Johann Paul Richter,[2] um de seus escritores mais notáveis, disse que "o domínio do mar cabia aos ingleses, o da terra aos franceses e o do ar aos alemães": com efeito, na Alemanha, seria preciso estabelecer um centro e limites a essa eminente faculdade de pensar que se eleva e se perde na vagueza, penetra e desaparece nas profundezas, aniquila-se por força da imparcialidade, confunde-se por força da análise, enfim carece de certos defeitos que poderiam servir de circunscrição às suas qualidades.

Quando se sai da França, é muito difícil acostumar-se com a lentidão e a inércia do povo alemão; este jamais se apressa, encontrando obstáculos em tudo; na Alemanha, ouvireis dizer *é impossível* cem vezes contra uma na França. Quando se trata de agir, os alemães não sabem lutar contra as dificuldades; e seu respeito pelo poder deve-se muito mais à semelhança entre o poder e o destino do que a algum motivo calculado. As pessoas do povo têm modos muito grosseiros, sobretudo quando alguém quer afrontar sua habitual maneira de ser; eles teriam naturalmente, mais do que os nobres, essa santa antipatia pelos usos, pelos costumes e pelas línguas dos estrangeiros, que fortalece o laço nacional em todos os países. Mesmo que

---

2 Johann Paul Friedrich Richter (1763-1825), autor de *Titan*, 1800. (N. T.)

se lhes ofereça dinheiro, eles não alteram o modo de agir, o medo não os demove; eles são bastante aptos enfim a essa fixidez em todas as coisas, o que é um excelente dado para a moral; pois o homem que é continuamente movido pelo temor, e mais ainda pela esperança, passa facilmente de uma opinião a outra quando seu interesse o exige.

Um pouco acima da camada mais baixa da população na Alemanha, percebe-se facilmente aquela vida íntima, aquela poesia da alma que caracteriza os alemães. Os habitantes das cidades e dos campos, os soldados e os lavradores, quase todos sabem música; ocorreu-me entrar em casas pobres, enegrecidas pela fumaça do tabaco, e subitamente ouvir não apenas a dona, mas o dono da casa, improvisar no cravo, tal como os italianos improvisam em versos. Nos dias de feira, por quase todos os lugares, cuida-se que existam pessoas que toquem instrumentos de sopro no balcão da prefeitura que domina a praça pública: os camponeses das cercanias participam assim do terno gozo da primeira das artes. No domingo, os estudantes passeiam pelas ruas cantando os salmos em coro. Conta-se que Lutero[3] fizera parte frequentemente desse coro em sua primeira juventude. Eu me encontrava em Eisenach, pequena cidade da Saxônia, em um dia de inverno tão frio que as ruas estavam cobertas pela neve, quando vira um longo séquito de jovens de manto negro que atravessavam a cidade celebrando os louvores de Deus. Não havia mais ninguém na rua; pois o rigor da geada espantava a todos; e essas vozes, quase tão harmoniosas quanto as do Sul da Europa, ao se fazerem ouvir em meio a uma natureza tão severa, causavam ainda mais enternecimento. Os habitantes da cidade não ousavam abrir as janelas devido ao frio terrível; mas era possível perceber, atrás das vidraças, rostos tristes ou serenos, jovens ou velhos, que recebiam com alegria o conforto religioso oferecido por essa doce melodia.

Os pobres boêmios, quando viajam seguidos de suas mulheres e de seus filhos, levam nos ombros uma harpa tosca, em madeira grosseira, da qual tiram sons harmoniosos. Eles a tocam quando descansam ao pé de uma

---

3 Martinho Lutero (1483-1546), um dos fundadores do protestantismo, foi monge agostiniano, tendo sido excomungado por Leão X, em 1520, e considerado fora da lei por Carlos V, em 1521. (N. T.)

árvore, nas estradas, ou quando junto dos albergues de posta buscam atrair os viajantes pelo concerto ambulante de sua família errante. Na Áustria, os rebanhos são guardados por pastores que tocam árias encantadoras em instrumentos simples e sonoros. Essas árias combinam perfeitamente com a doce e sonhadora impressão produzida pelo campo.

A música instrumental é tão amplamente cultivada na Alemanha quanto a música vocal na Itália; a natureza fez mais a esse respeito, como em tantas outras coisas, pela Itália do que pela Alemanha; é preciso trabalho para a música instrumental, ao passo que o céu do Mediterrâneo basta para tornar as vozes belas: não obstante, os trabalhadores jamais poderiam dispensar à música o tempo necessário para aprendê-la, se não estivessem organizados para isso. Os povos musicais por natureza recebem pela harmonia, pelas sensações e pelas ideias aquilo que sua condição limitada e suas ocupações triviais não permitiriam conhecer de outro modo.

As camponesas e as serviçais, que não têm dinheiro suficiente para se enfeitar, adornam a cabeça e os braços com algumas flores, para que ao menos a imaginação tome parte em sua vestimenta: outras um pouco mais abastadas colocam nos dias de festa uma touca bordada a ouro, de muito mau gosto, contrastando com a simplicidade do resto da roupa; mas essa touca, usada também por suas mães, lembra os antigos costumes; e o atavio cerimonioso com que as mulheres do povo honram o domingo tem algo de grave que depõe a favor delas.

Deve-se ainda reconhecer nos alemães a boa vontade que testemunham por meio das respeitosas reverências e da polidez repleta de formalidades, que os estrangeiros com muita frequência ridicularizaram. Eles poderiam ter facilmente substituído a graça e a elegância, de que são julgados incapazes, por maneiras frias e indiferentes: o desdém sempre impõe silêncio à zombaria, pois é sobretudo aos esforços inúteis que esta se apega; mas os caracteres benevolentes preferem expor-se aos gracejos do que se preservarem com o ar altivo e contido que toda gente de corte tem facilidade em adotar.

Na Alemanha, surpreende continuamente o contraste existente entre os sentimentos e os hábitos, entre os talentos e os gostos. A civilização e a natureza parecem não estar ainda bem amalgamadas. Algumas vezes, homens muito francos alteram suas expressões e sua fisionomia como se tivessem algo a esconder; outras vezes, ao contrário, a docilidade da alma não impede a aspereza nas maneiras: com frequência essa oposição vai ainda mais longe, e a fraqueza do caráter mostra-se através de uma linguagem e modos rudes. O entusiasmo pelas artes e pela poesia une-se a hábitos bastante vulgares na vida social. Não há país no qual os homens de letras, bem como os jovens que estudam nas universidades, conheçam melhor as línguas antigas e a Antiguidade; mas isso não ocorre, todavia, onde os usos arcaicos subsistem ainda mais amplamente. As lembranças da Grécia e o gosto pelas belas-artes parecem ter chegado ali por correspondência; mas as instituições feudais e os velhos costumes dos germânicos são sempre prestigiados, embora, infelizmente para o poder militar do país, já não tenham a mesma força.

Não há união mais estranha do que o aspecto guerreiro de toda a Alemanha, os soldados encontrados a cada passo, e o gênero de vida solitária e indolente que ali se leva. Temem-se as fadigas e as intempéries do ar, como se a nação fosse composta apenas de negociantes e homens de letras; contudo, todas as instituições tendem e devem tender a dar hábitos militares à nação. Quando os povos do Norte enfrentam os inconvenientes do clima, tornam-se singularmente resistentes a todo tipo de males: o soldado russo é a prova disso. Mas quando o clima não é inteiramente rigoroso, e ainda é possível escapar das intempéries do céu por precauções domésticas, essas próprias precauções tornam os homens mais sensíveis aos sofrimentos físicos da guerra.

Os fogareiros, a cerveja e a fumaça do tabaco formam ao redor das pessoas do povo, na Alemanha, um tipo de atmosfera pesada e quente da qual não gostam de sair. Essa atmosfera prejudica a atividade, que é ao menos tão necessária à guerra quanto a coragem; as resoluções são lentas, o desânimo é fácil, pois uma existência em contínua tristeza não traz muita confiança no destino. O hábito de uma maneira de ser pacífica e regrada prepara tão mal para as múltiplas possibilidades do acaso que as pessoas se submetem de mais bom grado à morte que chega sem tropeços do que à vida aventurosa.

A demarcação dos grupos sociais, muito mais positiva na Alemanha do que na França, devia aniquilar o espírito militar entre os burgueses; essa demarcação de fato não tem nada de ofensiva; pois, repito, a bonomia mistura-se a tudo na Alemanha, mesmo ao orgulho aristocrático; e as diferenças de posição reduzem-se a alguns privilégios de corte, a algumas reuniões que não dão suficiente prazer para que se lamente sua falta: nada é amargo, sob qualquer aspecto, quando as altas rodas e, por meio delas, o ridículo têm pouco poder. Os homens só podem ferir realmente a alma pela falsidade ou pela zombaria: em um país sério e autêntico, há sempre justiça e felicidade. Mas a barreira que, na Alemanha, separava os nobres dos cidadãos tornava a nação inteira necessariamente menos belicosa.

A imaginação, que é a qualidade predominante do mundo artístico e literário da Alemanha, inspira o temor ao perigo, se esse movimento natural não é combatido pela influência da opinião e a exaltação da honra. Na França, mesmo nos tempos idos, o gosto pela guerra era universal; e as pessoas do povo arriscavam de bom grado a vida como um meio de movimentá-la e de sentir menos seu peso. É uma grande questão saber se as afeições domésticas, o hábito da reflexão e até a doçura da alma não levam a temer a morte; mas se toda a força de um Estado consiste em seu espírito militar, importa examinar quais são as causas que enfraqueceram esse espírito na nação alemã.

Três motivos principais levam comumente os homens ao combate: o amor pela pátria e pela liberdade, o amor pela glória e o fanatismo religioso. Não há um grande amor pela pátria em um império dividido há vários séculos, no qual alemães combatiam contra alemães, quase sempre instigados por algum impulso estrangeiro: o amor pela glória não tem muita vivacidade onde não há nem centro nem sociedade. A espécie de imparcialidade, luxo da justiça, que caracteriza os alemães torna-os muito mais suscetíveis a se inflamarem pelos pensamentos abstratos do que pelos interesses da vida; o general que perde uma batalha está mais seguro de obter indulgência do que aquele que ganha de ser vivamente aplaudido; entre os êxitos e os reveses, não há bastante diferença em meio a tal povo para animar vivamente a ambição.

A religião, na Alemanha, vive no fundo dos corações, mas nesse momento ela tem ali um caráter de devaneio e independência, que não inspira a energia necessária aos sentimentos exclusivos. O mesmo isolamento de opiniões, indivíduos e Estados, tão prejudicial à força do Império Germânico, também é encontrado na religião: um grande número de seitas diversas divide a Alemanha; e a própria religião católica, que por sua natureza exerce uma disciplina uniforme e severa, é entretanto interpretada por cada um à sua maneira. O laço político e social dos povos, um mesmo governo, um mesmo culto, as mesmas leis, os mesmos interesses, uma literatura clássica, uma opinião dominante, nada disso existe entre os alemães; cada Estado é mais independente, cada ciência mais bem cultivada; mas a nação inteira está tão subdividida que não se sabe a qual parte do Império a denominação de nação deva ser concedida.

O amor pela liberdade não se acha desenvolvido entre os alemães; eles não aprenderam nem pelo gozo nem pela privação o valor que se lhe pode conceder. Há vários exemplos de governos federativos que proveem ao mesmo tempo força ao espírito público e unidade no governo; mas são associações de Estados iguais e de cidadãos livres. A federação alemã era composta de fortes e fracos, de cidadãos e servos, de rivais e até mesmo de inimigos; sendo velhos elementos combinados pelas circunstâncias e respeitados pelos homens.

A nação é perseverante e justa; e sua equidade e lealdade impedem que alguma instituição, mesmo que viciosa, possa vir a prejudicá-la. Luís da Baviera, ao partir com sua armada, confiou a administração de seus Estados ao rival Frederico, o Belo, então seu prisioneiro,[4] e fora considerada natural essa confiança, que na época não espantara a ninguém. Com tais virtudes, não se temiam os inconvenientes da fraqueza, ou da complicação das leis; a probidade dos indivíduos compensava tudo isso.

A própria independência que se gozava na Alemanha, sob quase todos os aspectos, tornava os alemães indiferentes à liberdade: a independência é um bem; a liberdade, uma garantia; e precisamente porque ninguém era ofendido nem em seus direitos nem em seus prazeres, não se sentia a necessidade de uma ordem de coisas que mantivesse essa felicidade. Os tribunais do Império prometiam uma justiça segura, ainda que lenta, contra todo ato arbitrário; e a moderação dos soberanos e a sabedoria de seus

---

4 Frederico I (*c.* 1286-1330), da casa dos Habsburgo, tornou-se prisioneiro de Luís da Baviera (1282-1347), da casa dos Wittelsbacher, na Batalha de Müldorf em 1322. (N. T.)

povos raramente davam lugar a reclamações: não se acreditava, portanto, na necessidade de garantias constitucionais, quando não se viam agressores.

Há razão para espantar-se com o fato de o código feudal ter subsistido quase sem alterações entre homens tão esclarecidos; mas uma vez que na execução dessas leis, em si mesmas defeituosas, nunca havia injustiça, a igualdade na aplicação remediava a desigualdade no princípio. As velhas cartas régias, os antigos privilégios de cada cidade, toda essa história de família que faz o encanto e a glória dos pequenos Estados era singularmente cara aos alemães; mas eles descuidavam do grande poder nacional que tanto importava fundar em meio aos colossos europeus.

Os alemães, com algumas poucas exceções, são praticamente incapazes de ter êxito em tudo o que exige destreza e habilidade: tudo os inquieta, tudo os embaraça, e eles têm tanta necessidade de método nas ações quanto de independência nas ideias. Os franceses, ao contrário, consideram as ações com a liberdade da arte, e as ideias com a sujeição do costume. Os alemães, que não podem padecer o jugo das regras na literatura, gostariam que tudo lhes fosse traçado de antemão em termos de conduta. Eles não sabem tratar com os homens; e, sob esse aspecto, quanto menos se lhes dá a ocasião de decidirem por si mesmos, mais ficam satisfeitos.

Apenas as instituições políticas podem formar o caráter de uma nação; a natureza do governo da Alemanha estava praticamente em oposição com as luzes filosóficas dos alemães. Daí reunirem a maior audácia de pensamento ao caráter mais obediente. A preeminência do poder militar e as distinções de posição os acostumaram à submissão mais pontual nas relações da vida social; a obediência entre eles não é servilismo, é regularidade; eles são escrupulosos no cumprimento das ordens que recebem, como se toda ordem fosse um dever.

Os homens esclarecidos da Alemanha disputam vivamente entre si o domínio das especulações, e nesse ponto não padecem nenhum entrave; mas abandonam de bom grado aos poderosos da Terra tudo o que é da ordem do real na vida. "Esse real, tão desdenhado por eles, encontra contudo adquiridores que logo tumultuam e incomodam o império da imaginação."[5]

---

5 Frase suprimida pelos censores.

O espírito dos alemães e seu caráter parecem não ter nenhuma comunicação conjunta: um não pode suportar limites, o outro se submete a todos os jugos; um é muito empreendedor, o outro muito tímido; enfim, as luzes de um raramente dão força ao outro, e isso é facilmente explicado. Nos tempos modernos, a extensão dos conhecimentos apenas enfraquece o caráter, quando ele não está fortalecido pelo hábito dos negócios e o exercício da vontade. Tudo ver e tudo compreender é uma grande razão de incerteza; e a energia da ação desenvolve-se apenas nessas regiões livres e poderosas, nas quais os sentimentos patrióticos estão para a alma tal como o sangue para as veias, enregelando-se apenas com a morte.[6]

---

6 Não preciso dizer que era a Inglaterra que eu desejava designar com essas palavras; mas quando os devidos nomes não são proferidos, a maioria dos censores, homens esclarecidos, fica satisfeita em não compreendê-los. Não ocorre o mesmo com a polícia; ela tem uma espécie de instinto realmente notável contra as ideias liberais sob qualquer forma que se apresentem, e, nesse ponto, como um hábil cão de caça, descobre tudo o que poderia revelar no espírito dos franceses seu antigo amor pelas luzes e pela liberdade.

Capítulo III
As mulheres

A natureza e a sociedade fazem que as mulheres se acostumem com o sofrimento, e parece-me que não seria possível negar que em nossos dias elas geralmente valham mais do que os homens. Em uma época na qual o mal universal é o egoísmo, os homens, aos quais concernem todos os interesses positivos, devem necessariamente ter menos generosidade, menos sensibilidade do que as mulheres; elas se conduzem na vida apenas pelos laços do coração, e quando se perdem, isso ainda se deve a um sentimento que as arrebatou: sua personalidade é sempre voltada a dois objetos, ao passo que a do homem visa apenas a si próprio por objetivo. Elas são homenageadas pelas afeições que inspiram, mas as que concedem são quase sempre sacrifícios. A mais bela das virtudes, o devotamento, é seu gozo e seu destino; apenas atingem a felicidade pelo reflexo da glória e da prosperidade de outrem; enfim, viver fora de si mesmo, seja pelas ideias, seja pelos sentimentos, seja sobretudo pelas virtudes, proporciona à alma um sentimento habitual de elevação.

Nos países onde os homens são chamados pelas instituições políticas a exercer todas as virtudes militares e civis inspiradas pelo amor à pátria, eles retomam a superioridade que lhes cabe; recobram com brilho seus direitos de senhores do mundo: mas quando são condenados de algum modo à ociosidade, ou à servidão, caem tanto quanto deviam elevar-se. O destino das mulheres permanece sempre o mesmo, é apenas sua alma que o faz, as circunstâncias políticas não lhe têm nenhuma influência. Quando os homens não sabem, ou não podem empregar digna ou nobremente sua vida, a natureza vinga-se deles pelos mesmos dons que receberam dela; a atividade do corpo não serve mais senão à indolência do espírito; a força da alma torna-se rudeza; e o dia passa-se em exercícios e diversões vulgares, os cavalos, a caça, os banquetes que conviriam como distração, mas que embrutecem como ocupações. Durante esse tempo, as mulheres cultivam o espírito, e o sentimento e o devaneio conservam-lhe na alma a imagem de tudo o que é nobre e belo.

As mulheres alemãs têm um encanto que lhes é inteiramente peculiar, um som de voz tocante, cabelos loiros, uma tez deslumbrante; elas são modestas, mas menos tímidas que as inglesas; vê-se que tiveram menos ocasião de encontrar homens que lhes fossem superiores, e que, além disso, têm menos a temer os julgamentos severos do público. Elas procuram agradar pela sensibilidade, interessar pela imaginação; conhecem a linguagem da poesia e das belas-artes; sua coquetaria é feita com entusiasmo, tal como se faz na França de modo espirituoso e divertido. A lealdade perfeita que distingue o caráter dos alemães torna o amor menos perigoso à felicidade das mulheres, e talvez elas se aproximem desse sentimento com mais confiança, pois ele é revestido de cores romanescas, sendo que o desdém e a infidelidade são menos temidos ali do que em outros lugares.

O amor é uma religião na Alemanha, mas uma religião poética que tolera com muito boa vontade tudo aquilo que a sensibilidade pode desculpar. Não se poderia negar que a facilidade do divórcio nas províncias protestantes agride a santidade do casamento. Um esposo é tão calmamente trocado como se fosse o caso de arranjar os incidentes de um drama; a bondade natural dos homens e das mulheres faz que a amargura não se misture a essas rupturas fáceis. Uma vez que entre os alemães há mais imaginação do que verdadeira paixão, os acontecimentos mais estranhos transcorrem em meio a uma tranquilidade singular, sendo entretanto assim que os costumes e o caráter perdem toda consistência; o espírito paradoxal abala as instituições mais sagradas, e não há regras bastante fixas sobre nenhum assunto.

Pode-se zombar com razão dos ares ridículos de algumas mulheres alemãs que se exaltam continuamente até a afetação, e cujas expressões melosas fazem que desapareça tudo aquilo que o espírito e o caráter podem ter de marcante e pronunciado; elas não são francas, sem contudo serem falsas; somente não veem nem julgam nada corretamente, e os acontecimentos reais passam diante de seus olhos como fantasmagoria. Mesmo quando são levianas, ainda conservam o verniz da *sentimentalidade* que tem lugar de honra em seu país. Uma mulher alemã dizia com uma expressão melancólica: "Não sei a que isso se deve, mas os ausentes me privam da alma". Uma francesa teria exprimido essa ideia de modo mais divertido, mas no fundo teria sido o mesmo.

Essas ridículas afetações, que são exceções, não impedem que entre as mulheres alemãs existam muitas cujos sentimentos sejam verdadeiros e as maneiras, simples. A educação cuidadosa e a pureza de alma que lhes é natural tornam o domínio que exercem terno e firme; elas inspiram cada dia mais interesse por tudo o que é grande e generoso, mais confiança em todos os tipos de esperança, e sabem repudiar a árida ironia que sopra um vento de morte sobre os gozos do coração. Não obstante, encontra-se muito raramente entre as alemãs a rapidez de espírito que anima a conversa e coloca em movimento todas as ideias; esse tipo de prazer é facilmente encontrado somente nas rodas sociais mais agudas e espirituosas de Paris. É preciso a elite de uma capital francesa para promover esse raro divertimento: em todos os outros lugares encontra-se habitualmente apenas eloquência em público, ou encanto na intimidade. A conversação, como talento, existe apenas na França; em outros países serve apenas à polidez, à discussão ou à amizade: na França, é uma arte na qual a imaginação e a alma são decerto muito necessárias, mas que também tem, quando se quer, segredos para compensar a ausência de uma e da outra.

Capítulo IV
Da influência do espírito de cavalaria
sobre o amor e a honra

A cavalaria é para os modernos o que os tempos heroicos eram para os antigos; todas as nobres lembranças das nações europeias lhe dizem respeito. Em todas as grandes épocas da história os homens tiveram por princípio universal de ação um entusiasmo qualquer. Aqueles que eram chamados de heróis nos séculos mais remotos tinham por objetivo civilizar a Terra; as tradições confusas pelas quais nos são representados, subjugando os monstros das florestas, decerto fazem alusão aos primeiros perigos que ameaçavam a sociedade nascente, a qual era preservada pelas bases de sua organização ainda nova. Viera em seguida o entusiasmo pela pátria; ele inspirara tudo o que se fez de grande e belo entre os gregos e os romanos: esse entusiasmo enfraquecera-se quando não houvera mais pátria, e poucos séculos depois a cavalaria o sucedera. A cavalaria consistia na defesa do fraco, na lealdade dos combates, no desprezo do ardil, nessa caridade cristã que buscava misturar a humanidade até mesmo à guerra, em todos os sentimentos, enfim, que substituíram o espírito feroz das armas pelo culto da honra. A cavalaria nasceu no Norte, mas foi no Sul da França que se tornou bela pelo encanto da poesia e do amor. Os germânicos em todos os tempos respeitaram as mulheres, mas foram os franceses que procuraram agradá-las: os alemães também tinham seus cantores de amor (*Minnesinger*), mas nada pode ser comparado com nossos troveiros e

Madame de Staël

trovadores,[1] e talvez fosse dessa origem que devêssemos extrair uma literatura realmente nacional. O espírito da mitologia do Norte tinha muito mais relações com o cristianismo do que o paganismo dos antigos gauleses e, não obstante, não há país no qual os cristãos tenham sido os mais nobres cavaleiros e os cavaleiros os melhores cristãos do que na França.

As cruzadas reuniram os gentis-homens de todos os países, e fizeram do espírito de cavalaria uma espécie de patriotismo europeu que impregnava todas as almas com o mesmo sentimento. O regime feudal, essa instituição política triste e severa, mas que, sob certos aspectos, consolidava o espírito da cavalaria transformando-o em leis; o regime feudal, repito, manteve-se na Alemanha até nossos dias: na França, ele foi destruído pelo cardeal Richelieu,[2] e, desde essa época até a Revolução, os franceses sentiram falta de uma fonte de entusiasmo. Eu sei que se dirá que o amor a seus reis dava no mesmo; mas supondo que esse sentimento pudesse bastar a uma nação, ele está de tal modo preso à pessoa do soberano que, durante o reino do regente e de Luís XV,[3] teria sido difícil, penso, que ele levasse os franceses a fazer algo grandioso. O espírito de cavalaria que ainda brilhava por algumas centelhas na época de Luís XIV extinguira-se posteriormente, sendo subs-

---

1 Poetas ambulantes que cantavam seus versos em feiras; trovador é a denominação provençal, do Sul da França, e troveiro a do Norte; os trovadores cantavam versos em língua d'oc e os troveiros, em língua d'oil. (N. T.)

2 Armand Jean du Plessis (1585-1642) foi primeiro-ministro de Luís XIII de 1628 a 1642; de um lado combateu os protestantes na França, em geral aliados dos ingleses, de outro, aliou-se aos protestantes alemães para combater os Habsburgo católicos que governavam a Espanha e os Estados austríacos, na chamada Guerra dos Trinta Anos (1618-1648); entre outras ações, arquitetou o absolutismo real, fundou a Academia Francesa e apoiou revoltas antiespanholas em Portugal em 1640. (N. T.)

3 Luís XV de Bourbon (1710-1774), rei da França desde os 5 anos, de 1715 a 1774; o período regencial foi divido entre os duques de Orleans e de Bourbon até 1743; em seu governo propriamente dito, dissolveu-se a Companhia de Jesus (1764) e foram perdidas as possessões francesas na Índia e no Canadá; ocorreram as Guerras Franco-Indígena na América do Norte e dos Sete Anos (1756-1763) na Europa, na qual França, Áustria, Saxônia, Rússia, Suécia e Espanha uniram-se contra Inglaterra, Portugal, Prússia e Hannover. (N. T.)

tituído, tal como disse um historiador agudo e espirituoso,[4] pelo *espírito de fatuidade*, que lhe é inteiramente oposto; longe de proteger as mulheres, a fatuidade busca perdê-las. Longe de desdenhar o ardil, a fatuidade serve-se dele contra os seres fracos aos quais se orgulha de enganar, propiciando a profanação do amor em lugar do culto.

A própria coragem, que outrora servia de garantia à lealdade, não passou de um brilhante meio para livrar-se dela; pois não importava que fosse verdadeira, sendo preciso apenas matar em duelo quem tivesse pretendido o que não lhe cabia; o império da sociedade no grande mundo fizera desaparecer a maior parte das virtudes da cavalaria. A França encontrava-se então sem nenhuma espécie de entusiasmo; e uma vez que algum ânimo é necessário às nações para não se corromperem e se dissolverem, fora certamente essa necessidade natural que, desde a metade do último século, orientara todos os espíritos rumo ao amor pela liberdade.

O percurso filosófico do gênero humano parece, portanto, dividir-se em quatro eras diferentes: os tempos heroicos, que fundaram a civilização; o patriotismo, que fizera a glória da Antiguidade; a cavalaria, que fora a religião guerreira da Europa; e o amor pela liberdade, cuja história começou próximo da época da Reforma.

A Alemanha, com exceção de algumas cortes ávidas por imitar a França, não fora atingida pela fatuidade, pela imoralidade e pela incredulidade, que, desde a regência, tinham alterado o caráter natural dos franceses. A feudalidade ainda conservava algumas máximas da cavalaria entre os alemães. É verdade que menos pessoas batiam-se em duelo lá do que na França, pois a nação germânica não é tão viva quanto a nação francesa, e que todas as classes do povo participam, como na França, do sentimento da bravura; mas a opinião pública era em geral mais severa sobre tudo o que concernia à probidade. Se um homem tivesse faltado de algum modo às leis da moral, dez duelos por dia não o elevariam na estima de ninguém. Foram vistos muitos homens de boa companhia, na França, que, acusados de uma ação

---

4 Sr. de Lacretelle. [Referência a Jean Charles Dominique de Lacretelle, o Jovem (1766-1855), ou ao seu irmão Pierre Louis de Lacretelle (1751-1824), ambos historiadores. (N. T.)]

condenável, respondiam: "É possível que isso seja mau, mas ninguém, ao menos, ousará dizê-lo na minha frente". Não há propósito que suponha uma depravação maior; pois onde estaria a sociedade humana, se bastasse às pessoas matarem-se umas às outras para terem o direito de fazer alhures todo o mal possível?, de faltar à palavra, de mentir, visto que não se ousasse dizer: "Vós mentistes", enfim, de separar a lealdade da bravura, e de transformar a coragem em um meio de impunidade social?

Depois que o espírito de cavalaria foi extinto na França, quando já não havia um Godofredo, um São Luís, um Bayard, que protegessem os fracos, e se acreditassem presos à palavra dada como a correntes indissolúveis, eu ousaria dizer, contra a opinião corrente, que, de todos os países do mundo, a França foi talvez aquele no qual as mulheres foram as menos felizes pelo coração. A França era chamada de paraíso das mulheres, pois ali elas gozavam de uma grande liberdade; mas essa mesma liberdade vinha da facilidade com que eram descartadas. O turco que mantém sua mulher enclausurada prova-lhe ao menos por isso que ela é necessária à sua felicidade: o homem galanteador, tal como o último século nos forneceu tantos exemplos, escolhe as mulheres como vítimas de sua vaidade; e essa vaidade não consiste somente em seduzi-las, mas em abandoná-las. É preciso que ele possa indicar com palavras sutis e inatacáveis em si mesmas que certa mulher o amou e que ele não se preocupa mais com isso. "Meu amor-próprio me suplica: 'Faça-a morrer de infelicidade'", dizia um amigo do barão de Bezenval,[5] e esse amigo pareceu-lhe muito deplorável quando uma morte prematura o impediu de seguir esse belo desígnio. "Cansa-se de tudo, meu anjo", escreve o sr. De Laclos em um romance[6] que provoca frêmitos pelos refinamentos de imoralidade que revela. Enfim, nesses tempos em que se afirmava que o amor reinava na França, parece-me que a galantaria colocava as mulheres, por assim dizer, fora da lei. Quando seu reinado momentâneo passava, não havia para elas nem generosidade,

---

5 Pierre Victor Joseph de Brunstadt (1720-1791) escreveu suas *Mémoires*, editadas em 1805 e 1807 pelo visconde de Ségur, seu amigo e herdeiro. (N. T.)

6 Alusão à famosa obra *As ligações perigosas* (1782), do escritor e general do exército Pierre-Ambroise-François Choderlos de Laclos (1741-1803). (N. T.)

nem reconhecimento, nem mesmo piedade. As entonações do amor eram contrafeitas para levá-las a cair na armadilha, como o crocodilo, que imita a voz das crianças para atrair suas mães.

Luís XIV, tão vangloriado por sua galantaria cavaleiresca, não se mostrara o mais duro dos homens em sua conduta para com a mulher que mais o amara, a sra. De La Vallière?[7] Os detalhes que podem ser lidos a esse respeito nas *Memórias* desta senhora são atrozes. Ele ferira dolorosamente a alma desafortunada que não tinha respirado senão por ele, e vinte anos de lágrimas ao pé da cruz dificilmente puderam cicatrizar as feridas provocadas pelo cruel desdém do monarca. Nada é tão bárbaro quanto a vaidade; e como a sociedade, o bom-tom, a moda, o sucesso, colocam singularmente em jogo essa vaidade, não há nenhum país no qual a felicidade das mulheres esteja mais em perigo do que naquele onde tudo depende da chamada opinião, e onde cada um ensina aos outros o que é de bom gosto sentir.

É preciso confessá-lo, as mulheres terminavam por tomar parte na imoralidade que destruía seu verdadeiro império: valendo menos, padeceram menos. Entretanto, com algumas poucas exceções, a virtude das mulheres sempre depende da conduta dos homens. A pretensa leviandade das mulheres decorre do medo que têm de serem abandonadas: elas se precipitam na vergonha, por temor do ultraje.

O amor é uma paixão muito mais séria na Alemanha do que na França. A poesia, as belas-artes, a própria filosofia e a religião fizeram desse sentimento um culto terreno que lança um nobre encanto sobre a vida. Não houve nesse país, como na França, escritos licenciosos que circulassem em todas as classes e destruíssem o sentimento entre as pessoas de sociedade, e a moralidade entre as pessoas do povo. Entretanto, é preciso convir que os alemães têm mais imaginação do que sensibilidade; e apenas sua lealdade responde por sua constância. Em geral, os franceses respeitam os deveres

---

7 Françoise Louise de la Baume le Blanc, duquesa De La Vallière (1644-1710): amante de Luís XIV, com quem teve quatro filhos; o rei a impôs perante a esposa, Maria Teresa da Áustria; foi substituída pela marquesa de Montespan, a qual por sua vez entrou em disputa com a duquesa de Fontanges, querela que será aludida no nono capítulo. (N. T.)

positivos; os alemães acreditam-se mais comprometidos pelas afeições do que pelos deveres. Aquilo que dissemos sobre a facilidade do divórcio é a prova disso; entre eles o amor é mais sagrado do que o casamento. Sem dúvida, é antes por uma honrosa delicadeza que são fiéis às promessas que as leis não garantem: mas aquelas que as leis garantem são mais importantes para a ordem social.

Entre os alemães, o espírito de cavalaria ainda reina passivamente, por assim dizer; eles são incapazes de enganar, e sua lealdade encontra-se em todas as relações íntimas; mas essa energia severa que submetia os homens a tantos sacrifícios, as mulheres a tantas virtudes e fazia da vida inteira uma obra santa, sempre com o predomínio do mesmo pensamento; essa energia cavaleiresca dos tempos idos deixou na Alemanha apenas uma marca desbotada. Daqui em diante, nada de grande será feito senão pelo impulso liberal que sucedeu à cavalaria na Europa.

Capítulo V
Da Alemanha Meridional

A opinião geral era de que não havia literatura senão no Norte da Alemanha, e que os habitantes do Sul entregavam-se aos gozos da vida física, enquanto os das regiões setentrionais apreciavam mais exclusivamente os da alma. Muitos homens de gênio nasceram no Sul, mas se formaram no Norte. Não distante do Báltico, encontram-se as mais belas instituições, os doutos e os homens de letras mais notáveis; e de Weimar a Königsberg, e de Königsberg a Copenhague, as neblinas e as geadas parecem o elemento natural dos homens de uma imaginação forte e profunda.

Não há país que tenha maior necessidade de ocupar-se da literatura do que a Alemanha; pois uma vez que sua sociedade oferece poucos encantos, e a maior parte dos indivíduos não tem a graça e a vivacidade providas pela natureza dos países quentes, segue que os alemães são amáveis apenas quando são superiores, necessitando de gênio para terem muito espírito.

A Francônia, a Suábia e a Baviera, antes do ilustre estabelecimento da atual Academia em Munique, eram regiões singularmente enfadonhas e monótonas: nenhuma arte, exceto a música; pouca literatura; um sotaque rude que dificilmente se prestava à pronúncia das línguas latinas; nenhuma sociedade; grandes reuniões que mais pareciam cerimoniais do que diversões; uma polidez obsequiosa em relação a uma aristocracia sem elegância; bondade, lealdade em todas as classes; mas um certo acanhamento sorridente que rouba ao mesmo tempo a naturalidade e a dignidade. Portanto, não devem causar espanto os julgamentos que foram produzidos, os gracejos que foram feitos sobre o tédio da Alemanha. Apenas as cidades literárias podem realmente interessar em um país no qual a sociedade não é nada e a natureza pouca coisa.

As letras talvez pudessem ter sido cultivadas no Sul da Alemanha com tanto sucesso quanto no Norte, se os soberanos tivessem realmente ficado interessados nesse tipo de estudo; entretanto, é preciso convir, os climas temperados são mais apropriados à vida em sociedade do que à poesia. Quando o clima não é nem severo nem bom, quando se vive sem ter nada a temer nem a esperar do céu, tem-se por ocupação quase tão somente os interesses positivos da existência. A imaginação é fortemente tocada pelas delícias do Sul ou pelos rigores do Norte. Seja no lutar contra a natureza, seja no inebriar-se com seus dons, o poder da criação não é menos forte, e desperta em nós o sentimento das belas-artes ou o instinto dos mistérios da alma.

A Alemanha Meridional, temperada sob todos os aspectos, mantém-se em um monótono estado de bem-estar, singularmente prejudicial tanto à atividade dos negócios quanto à do pensamento. O desejo mais vivo dos habitantes dessa região amena e fecunda é o de continuar a existir como existem; e o que se faz com esse único desejo? Ele não basta nem mesmo para conservar aquilo com que nos contentamos.

Capítulo VI
Da Áustria[1]

Os literatos do Norte da Alemanha acusaram a Áustria de negligenciar as ciências e as letras; chegou-se mesmo a um grande exagero quanto ao tipo de incômodo que a censura estabelecia ali. Se não houve grandes homens na carreira literária na Áustria, isso deve ser atribuído antes à falta de emulação do que ao constrangimento.

Por ser um país tão calmo, um país cujo conforto é tão tranquilamente assegurado a todas as classes de cidadãos, não há quem pense muito nos gozos intelectuais. A isso se dedicam mais pelo dever do que pela glória; as recompensas da opinião são tão insípidas e suas punições tão leves que, sem o móbil da consciência, não haveria razão para atuar vivamente em nenhum sentido.

As façanhas militares deviam ser o principal interesse dos habitantes de uma monarquia que se tornou célebre pelas contínuas guerras, e entretanto a nação austríaca estava de tal forma entregue ao repouso e aos prazeres da vida que os próprios acontecimentos públicos não causavam grande alarde enquanto não chegavam a despertar o patriotismo; e esse sentimento é calmo em um país onde há apenas felicidade. Encontram-se na Áustria muitas coisas excelentes, mas poucos homens realmente superiores, pois não há ali grande utilidade em valer mais do que um outro; não se é invejado

---

1 Este capítulo sobre a Áustria foi escrito no ano de 1808.

por isso, mas esquecido, o que desanima ainda mais. A ambição persiste no desejo de obter postos, o gênio cansa-se de si mesmo; o gênio, em meio à sociedade, é uma dor, uma febre interior que precisaria ser tratada como se fosse um mal se as recompensas da glória não amenizassem suas dores.

Na Áustria e no resto da Alemanha advoga-se sempre por escrito, e jamais a viva voz. Os pregadores são seguidos, pois as práticas da religião são observadas; mas eles não atraem por sua eloquência; os espetáculos são extremamente descuidados, sobretudo a tragédia. A administração é conduzida com muita sabedoria e justiça; mas há tanto método em tudo que dificilmente se pode perceber alguma influência dos homens. Os negócios são tratados segundo uma certa ordem numérica que nada no mundo pode desarranjar. Algumas regras invariáveis os decidem, e tudo se passa em um silêncio profundo; esse silêncio não é o efeito do terror, pois o que temer em um país onde as virtudes do monarca e os princípios da equidade dirigem tudo? Mas o profundo repouso dos espíritos e das almas subtrai todo o interesse pela palavra. O crime ou o gênio, a intolerância ou o entusiasmo, as paixões ou o heroísmo não perturbam nem exaltam a existência. No último século, o gabinete austríaco foi visto como muito astucioso; o que não está muito de acordo com o caráter alemão em geral; mas, com frequência, toma-se por uma política profunda aquilo que é apenas a alternância de ambição e fraqueza. A história quase sempre atribui aos indivíduos e aos governos mais tramas do que realmente existiram.

A Áustria, reunindo em seu seio povos muito diversos, tais como os boêmios, os húngaros etc., não tem a unidade tão necessária a uma monarquia; não obstante, há muito tempo, a grande moderação dos chefes de Estado criou para todos um laço de união a apenas um indivíduo. O imperador da Alemanha era ao mesmo tempo soberano de seu próprio país e chefe constitucional do Império. Sob esse último aspecto, ele devia cuidar dos diversos interesses, e das leis estabelecidas, e tomava, como magistrado imperial, um hábito de justiça e prudência, que repassava depois ao governo de seus Estados hereditários. A nação boêmia e a húngara, os tiroleses e os flamengos, que outrora compunham a Monarquia, têm todos mais vivacidade natural do que os verdadeiros austríacos; estes se ocupam continuamente da arte de moderar em lugar da de encorajar. Um governo equitativo, uma terra fértil, uma nação rica e comportada, tudo lhes fazia crer que para estar bem tinham apenas de manter-se, e que não havia necessidade de qualquer tipo de ajuda extraordinária dos talentos superiores. Com efeito, pode-se abrir mão deles nos tempos tranquilos da história; mas o que fazer sem eles nas grandes lutas?

O espírito do catolicismo que predominava em Viena, embora sempre com moderação, tinha entretanto afastado, sob o reino de Maria Teresa,[2] as chamadas luzes do século XVIII. José II[3] viera em seguida e prodigalizara todas essas luzes em um Estado que não estava preparado nem para o bem nem para o mal que elas podem fazer. Ele fora momentaneamente bem--sucedido naquilo que queria, pois não encontrara na Áustria nenhuma paixão viva nem contra nem a favor de seus desejos; "mas depois de sua morte não restara nada do que ele havia estabelecido",[4] pois nada dura a não ser o que vem paulatinamente.

O trabalho, o bem viver e os gozos domésticos são os principais pontos de interesses da Áustria; apesar da glória adquirida pela perseverança e pelo valor de suas tropas, o espírito militar não penetrou realmente em todas as classes da nação. Suas armadas são para ela como fortalezas ambulantes, mas não há mais emulação nessa carreira do que em qualquer outra; os oficiais mais probos são ao mesmo tempo os de maior bravura; eles têm tanto mérito que raramente avançam brilhante e rapidamente. Na Áustria, chega-se praticamente a ter escrúpulo em favorecer os homens superiores, e poder-se-ia crer algumas vezes que o governo gostaria de levar a equida-de mais longe do que a natureza, tratando do mesmo modo o talento e a mediocridade.

A ausência de emulação decerto tem uma vantagem, que é a de apaziguar a vaidade; mas, com frequência também, a própria altivez sente o efeito

---

2 Maria Teresa da Áustria (1717-1780): única mulher da casa dos Habsburgo a ter governado; foi contrária à tolerância religiosa. (N. T.)

3 José II de Habsburgo-Lorena (1741-1790): filho de Maria Teresa; junto com Catarina II da Rússia e Frederico II da Prússia, foi considerado um dos três mo-narcas do Iluminismo; entre outras ações, ampliou o acesso à educação, secularizou as terras da Igreja e promoveu o uso da língua germânica. (N. T.)

4 Suprimido pela censura.

dessa ausência, e acaba-se por não se ter mais do que um orgulho cômodo ao qual o exterior apenas basta em tudo.

A meu ver, proibir a entrada de livros estrangeiros também era um mau sistema. Se fosse possível conservar em um país a energia dos séculos XIII e XIV, garantindo-lhe os escritos do XVIII, talvez isso fosse um grande bem; porém, como é preciso que as opiniões e as luzes da Europa penetrem em meio a uma monarquia que está no próprio centro dessa Europa, torna-se inconveniente deixá-las chegar ali apenas pela metade; pois são os piores escritos vindos à luz. Os livros repletos de gracejos imorais e de princípios egoístas divertem o vulgo, e são sempre conhecidos dele; e as leis proibitivas têm todo o seu efeito apenas contra as obras filosóficas, que elevam a alma e expandem as ideias. O limite que essas leis impõem é exatamente aquilo que é preciso para favorecer a indolência do espírito, mas não para conservar a inocência do coração.

Em um país onde todo movimento é difícil; em um país onde tudo inspira uma tranquilidade profunda, o mais leve obstáculo basta para nada fazer, nada escrever e, se se quiser, nada pensar. O que há de melhor do que a felicidade?, alguém dirá. Não obstante, é preciso saber o que se entende por essa palavra. A felicidade consiste nas faculdades desenvolvidas ou nas que são sufocadas? Sem dúvida, um governo é sempre digno de estima quando não abusa de seu poder, e não sacrifica jamais a justiça ao seu interesse; mas a felicidade do sono é enganosa, grandes reveses podem perturbá-la; e para manter as rédeas de modo mais fácil e tranquilo, não é preciso entorpecer os cavalos.

Uma nação pode muito facilmente se contentar com os bens comuns da vida, o repouso e o conforto; pensadores superficiais pretenderão que toda a arte social se limita a dar ao povo esses bens. Entretanto, são necessários bens mais nobres para que se acredite ser uma pátria. O sentimento patriótico é composto das lembranças que os grandes homens deixaram, da admiração inspirada pelas obras-primas do gênio nacional, enfim, do amor sentido pelas instituições, pela religião e pela glória de seu país. Todas essas riquezas da alma são as únicas que poderiam fazer frente ao jugo estrangeiro; mas se alguém se ativesse unicamente aos prazeres materiais, o próprio solo, qualquer que fosse seu senhor, não poderia sempre fornecê-los?

Da Alemanha

Na Áustria, durante o último século, havia um temor infundado de que o cultivo das letras enfraquecesse o espírito militar. Rodolfo de Habsburgo retirara a corrente de ouro que trazia ao pescoço, a fim de adornar um poeta então célebre. Maximiliano ordenara que se escrevesse um poema sob seu ditado. Carlos V sabia e cultivava quase todas as línguas.[5] Outrora, na maior parte dos tronos da Europa, existiram soberanos com toda sorte de instrução, os quais encontravam nos conhecimentos literários uma nova fonte de grandeza da alma. Nem as letras nem as ciências irão prejudicar algum dia a energia do caráter. A eloquência produz mais bravura, a bravura produz mais eloquência; tudo o que faz o coração bater por uma ideia generosa redobra a verdadeira força do homem, sua vontade: mas o egoísmo sistemático, pelo qual algumas vezes sua família é compreendida como um apêndice de si mesmo, mas a filosofia, de matéria vulgar, por mais elegante que seja nas formas, que leva a desdenhar todas as chamadas ilusões, isto é, o devotamento e o entusiasmo; eis o gênero de luzes temíveis para as virtudes nacionais; eis aquelas que a censura não poderia afastar de um país cercado pela atmosfera do século XVIII: não se pode escapar daquilo que há de perverso nos escritos senão deixando chegar de todas as partes aquilo que contêm de grande e livre.

Em Viena, era proibido representar *Dom Carlos*,[6] pois não se desejava tolerar ali seu amor por Elisabeth. Em *Joana d'Arc*,[7] de Schiller, fazia-se

---

5 Pertencentes à casa dos Habsburgo, Rodolfo II, Maximiliano II e Carlos V foram imperadores do Sacro Império Romano-Germânico, organização de reinos da Europa Central sob um imperador coroado pelo papa, que teve início com Carlos Magno em 800; denominado então Sacro Império Romano, tornou-se Germânico a partir do século XV; o Sacro Império acabou em 1806, com as Guerras Napoleônicas, tendo sido governado na maior parte do tempo pelos Habsburgo; Carlos V reinou de 1519 a 1558; Maximiliano II, de 1564 a 1576; e Rodolfo II, de 1576 a 1612. (N. T.)

6 Dom Carlos apaixonou-se por Elisabeth de Valois, a terceira esposa de seu pai, o rei Felipe II da Espanha, fato que o levou a ser preso e morto aos 23 anos; a peça de Schiller sobre esse tema histórico, intitulada *Don Carlos Infant Von Spanien* [Dom Carlos infante de Espanha], é de 1787. (N. T.)

7 *Die Jungfrau Von Orleans* [A donzela de Orleans], peça de 1801. (N. T.)

Madame de Staël

de Agnès Sorel[8] a mulher legítima de Carlos VII. Não era permitido à biblioteca pública franquear *O espírito das leis*[9] para leitura: mas, em meio a esse incômodo, os romances de Crébillon[10] circulavam pelas mãos de todos; as obras licenciosas entravam, as obras sérias eram as únicas apreendidas.

O mal que os maus livros podem fazer é corrigido apenas pelos bons, os inconvenientes das luzes são evitados apenas por um nível mais alto de luzes. Há dois caminhos a tomar em todas as coisas: suprimir o que é perigoso ou dar novas forças para resistir a esse perigo. O segundo meio é o único que convém à época em que vivemos; pois nestes dias em que a ignorância não pode ser acompanhada da inocência, aquela provoca apenas o mal. Tantas palavras foram ditas, tantos sofismas repetidos, que é preciso saber muito para julgar corretamente, e foi-se o tempo em que de fato as ideias limitavam-se ao patrimônio paterno. Portanto, deve-se cogitar não em repudiar as luzes, mas em torná-las completas, para que seus raios interrompidos não apresentem falsos brilhos. Um governo não deveria pretender furtar a uma grande nação o conhecimento do espírito que reina em seu século; esse espírito encerra elementos de força e grandeza, que podem ser usados com sucesso quando não se teme abordar com ousadia todas as questões; encontram-se então nas verdades eternas os recursos contra os erros passageiros, e na própria liberdade a manutenção da ordem e o aumento do poder.

---

8 Agnès Sorel (1421-1450) foi considerada amante oficial do rei Carlos VII de França (1403-1461), com quem teve quatro filhos, rompendo a habitual discrição dessa condição. (N. T.)

9 Famosa obra de Montesquieu publicada em 1748. (N. T.)

10 Claude Prosper Jolyot de Crébillon (1707-1777): dramaturgo e romancista francês, filho do poeta trágico Crébillon; de formação jesuítica, compôs sátiras eróticas e políticas; chegou a ser preso por conta da peça *Tanzaï et Néadarné, histoire japonaise* (1734), e com *Le Sopha, conte moral* (1742) foi forçado a ficar fora de Paris por vários meses. (N. T.)

Capítulo VII
Viena

Viena está situada em uma planície em meio a várias colinas pitorescas. O Danúbio que a atravessa e a circunda divide-se em vários braços que formam ilhas bastante agradáveis; mas o próprio rio perde sua dignidade em todos esses desvios, e não produz a impressão prometida por sua antiga fama. Viena é uma velha cidade bem pequena, mas cercada de arrabaldes muito extensos: acredita-se que a cidade, contida nas fortificações, não é maior do que era quando Ricardo Coração de Leão[1] fora aprisionado não longe de suas portas. Os caminhos ali são estreitos como na Itália, os palácios lembram um pouco os de Florença; enfim, nada ali se parece com o resto da Alemanha, a não ser por alguns edifícios góticos que recuperam a Idade Média à imaginação.

O primeiro desses edifícios é a catedral de Santo Estevão: ela se ergue acima de todas as igrejas de Viena, e domina majestosamente a boa e tranquila cidade, cujas glórias e gerações ela viu passar. Dizem que foram necessários dois séculos para terminar essa catedral, começada em 1100; toda a

---

1 Ricardo I (1157-1199): rei da Inglaterra entre 1189 e 1199; foi capturado em 1192, perto de Viena, sendo solto em 1194 por meio de pagamento; sua prisão teve como motivo a acusação de ter tramado a morte de Corrado di Monferrato, nobre italiano, um dos principais participantes da Terceira Cruzada, eleito rei de Jerusalém contra a vontade de Ricardo. (N. T.)

história dos austríacos está ligada a ela de algum modo. Nenhum edifício pode ser tão patriótico quanto uma igreja; trata-se do único no qual se reúnem pessoas de todas as classes da nação, o único a lembrar não somente os acontecimentos públicos, mas os pensamentos secretos, as afeições íntimas trazidas ao seu recinto por governantes e cidadãos. O templo da divindade parece presente, tal como ela própria, nos séculos transcorridos.

O túmulo do príncipe Eugênio foi o único, há muito tempo, erigido nessa igreja; está à espera de outros heróis. Quando me aproximei dele, vi um bilhete fixado em uma das colunas que o cercavam, no qual estava escrito "que uma moça pedia que se orasse por ela durante sua doença". O nome dessa moça não estava indicado; era um ser infeliz que se dirigia a seres desconhecidos, não por socorro, mas por orações, e tudo isso se passava ao lado de um morto ilustre que talvez também tivesse piedade da pobre vivente. Deixar as igrejas sempre abertas é um costume piedoso dos católicos que deveríamos imitar; há tantos momentos em que sentimos a necessidade desse abrigo, e jamais entramos ali sem sentirmos uma emoção benfazeja à alma, que lhe restitua, como que por uma ablução santa, sua força e sua pureza.

Não há grande cidade que não tenha um edifício, um passeio, uma maravilha qualquer da arte ou da natureza, a que as lembranças da infância não se liguem. Parece-me que o Prater[2] deve ter para os habitantes de Viena um encanto desse gênero; não se encontra em nenhum lugar, tão próximo de uma capital, um passeio no qual se possa gozar assim das belezas de uma natureza ao mesmo tempo agreste e cuidada. Uma floresta majestosa prolonga-se até as margens do Danúbio: avistam-se ao longe alguns bandos de cervos a percorrer a pradaria; eles aparecem a cada manhã e somem a cada entardecer, quando a afluência dos caminhantes vem perturbar sua solidão. O espetáculo que ocorre em Paris apenas três dias ao ano, na via de Longchamp,[3] renova-se cotidianamente em Viena, na bela estação.[4] Essa

---

2 Grande área verde que abarca ilhas no Rio Danúbio. (N. T.)

3 O passeio anual de Longchamp, então uma pequena vila nos arredores de Paris, era um dos grandes eventos da sociedade parisiense e ocorria na quarta, quinta e sexta-feira da Paixão. (N. T.)

4 Período que se inicia na primavera e se estende até o início do outono. (N. T.)

caminhada diária à mesma hora é um costume italiano. Tanta regularidade seria impossível em um lugar de prazeres tão variados como Paris; mas os vienenses, não importa o que aconteça, dificilmente poderiam desacostumar-se disso. É preciso convir que se trata de uma visão encantadora a reunião de toda essa nação citadina sob a sombra de magníficas árvores e sobre gramados cujo verdor é mantido pelo Danúbio. A boa companhia de carruagem e o povo a pé reúnem-se a cada entardecer. Nessa comportada região, os prazeres são tratados como deveres, e tem-se mesmo a imensa vantagem de não se cansar jamais deles, por mais uniformes que sejam. Aplica-se tanta exatidão na dissipação quanto nos negócios, e o tempo é desperdiçado tão metodicamente quanto é empregado.

Se entrardes em um dos redutos onde ocorrem bailes para os burgueses nos dias de comemorações, vereis homens e mulheres a executar gravemente, frente a frente, os passos de um minueto cujo divertimento eles mesmos se impuseram; a multidão com frequência separa o casal dançante, e contudo ele continua, como se dançasse para estar quite com sua consciência; cada um dos dois prossegue inteiramente só à direita e à esquerda, para a frente, para trás, sem se preocupar com o outro que figura também escrupulosamente a seu lado; apenas de vez em quando lançam um pequeno grito de alegria, retomando imediatamente a seriedade de seu prazer.

É sobretudo no Prater que ficamos impressionados com o conforto e a prosperidade do povo de Viena. Essa cidade tem a reputação de consumir em alimentação mais do que qualquer outra cidade de igual população, e essa espécie de superioridade um pouco vulgar não lhe é contestada. Veem-se famílias inteiras de burgueses e artesãos, que saem às cinco horas da tarde para irem ao Prater fazer uma merenda ao ar livre tão substanciosa quanto o jantar de outro país, e o dinheiro que podem despender nisso é prova suficiente do quanto são trabalhadores e tranquilamente governados. Ao entardecer, chegam milhares de homens, trazendo pela mão suas mulheres e crianças; nenhuma desordem, nenhuma querela tumultua essa multidão cuja voz dificilmente é ouvida, tanto seu gozo é silencioso! Contudo, esse silêncio não vem de nenhuma disposição triste da alma, sendo antes um certo bem-estar físico, que, no Sul da Alemanha, leva ao devaneio das sensações, tal como no Norte ao das ideias. A existência vegetativa do

Sul da Alemanha tem algumas relações com a existência contemplativa do Norte: há repouso, indolência e reflexão em ambas.

Se supuserdes uma reunião tão numerosa de parisienses em um mesmo lugar, o ar cintilaria de ditos espirituosos, de gracejos, de disputas, e jamais um francês teria um prazer no qual o amor-próprio de alguma maneira não tivesse lugar.

Os grandes senhores passeiam em cavalos e carruagens magníficos e de muito bom gosto; todo divertimento deles consiste em reconhecer em uma aleia do Prater aqueles que acabam de deixar em um salão; mas a diversidade dos objetos impede que se siga algum pensamento, e a maior parte dos homens se compraz em dissipar assim as reflexões que os importunam. Esses grandes senhores de Viena, os mais ilustres e ricos da Europa, não abusam de nenhuma de suas vantagens, deixando miseráveis fiacres interromperem suas suntuosas carruagens. O imperador e seus irmãos ficam tranquilamente na fila, e querem ser considerados, em suas diversões, como simples particulares; eles utilizam seus direitos apenas quando exercem seus deveres. Com frequência, em meio a toda essa multidão, percebem-se vestes orientais, húngaras e polonesas que despertam a imaginação; e de tempos em tempos uma música harmoniosa dá a esse agrupamento o ar de uma festa tranquila, na qual cada um goza consigo mesmo sem se inquietar com seu vizinho.

Jamais se encontra um mendicante em meio a essa reunião, não se vê nenhum em Viena; as instituições de caridade são administradas com muita ordem e liberalidade, a beneficência, tanto a particular quanto a pública, é dirigida com grande senso de justiça, e o próprio povo, sendo em geral mais industrioso e tendo mais tino comercial do que no resto da Alemanha, conduz bem seu próprio destino. Há bem poucos exemplos na Áustria de crimes que mereçam a morte; tudo enfim nesse país traz a marca de um governo paternal, sábio e religioso. As bases do edifício social são boas e respeitáveis, mas falta "um pináculo e colunas para que a glória e o gênio possam ter um templo".[5]

---

5 Suprimido pela censura.

Da Alemanha

Eu estava em Viena, em 1808, quando o imperador Francisco II[6] desposara sua prima, a filha do arquiduque de Milão e da arquiduquesa Beatriz, a última princesa da casa D'Este que Ariosto e Tasso tanto celebraram.[7] O arquiduque Fernando e sua nobre esposa viram-se ambos privados de seus Estados pelas vicissitudes da guerra, e a jovem imperatriz, educada "nestes tempos cruéis",[8] reunia sobre sua cabeça o duplo interesse da grandeza e do infortúnio. Era uma união que a inclinação tinha determinado, e na qual nenhuma conveniência política tinha entrado, embora não se pudesse contrair aliança mais honrosa. Sentia-se ao mesmo tempo simpatia e respeito pelos laços de família que aproximavam esse casamento de nós e pelo grau ilustre que o afastava. Um jovem príncipe, arcebispo de Waizen, dava a bênção nupcial à sua irmã e ao seu soberano; a mãe da imperatriz, cujas virtudes e luzes exercem o mais poderoso domínio sobre seus filhos, tornou-se subitamente súdita de sua filha e caminhava atrás dela com uma mistura de deferência e dignidade, que lembrava ao mesmo tempo os direitos da Coroa e os da natureza. Os irmãos do imperador e da imperatriz, todos empregados na armada ou na administração, em diversos postos, igualmente devotados ao bem público, acompanhavam-na ao altar, e a igreja encontrava-se repleta de grandes do Estado, de mulheres, filhos e mães dos mais antigos gentis-homens da nobreza teutônica. Nada de novo havia sido feito para a festa; bastava à sua pompa mostrar aquilo que cada um possuía. As próprias joias das mulheres eram hereditárias, e os diamantes legados em cada família consagravam as lembranças do passado ao adorno da juventude: os tempos antigos estavam presentes em tudo, e gozava-se de uma magnificência preparada pelos séculos, a qual contudo não custava novos sacrifícios ao povo.

As diversões que sucederam à consagração do casamento tinham quase tanta dignidade quanto a própria cerimônia. Os particulares não deviam dar

---

6 Francisco II (1768-1835): último imperador do Sacro Império Romano-Germânico. (N. T.)

7 Maria Luísa de Áustria-Este (1787-1816), com quem Francisco II contraiu seu terceiro casamento. (N. T.)

8 Suprimido pela censura.

Madame de Staël

festas dessa maneira, mas convém talvez encontrar em tudo o que fazem os reis as marcas severas de seu augusto destino. Não distante dessa igreja, em torno da qual os canhões e as fanfarras anunciavam a aliança renovada da casa D'Este com a casa de Habsburgo, via-se o abrigo que encerra há dois séculos os túmulos dos imperadores da Áustria e de sua família. Foi ali, na catacumba dos capuchinhos, que Maria Teresa, durante trinta anos, ouvia a missa em presença do sepulcro que tinha mandado preparar para si mesma ao lado de seu marido. Essa ilustre Maria Teresa sofrera tanto em seus primeiros tempos de juventude que o piedoso sentimento da instabilidade da vida não a deixara jamais, até mesmo em meio às suas grandezas. Há muitos exemplos de uma devoção séria e constante entre os soberanos da Terra; como se somente obedecessem à morte, cujo irresistível poder os impressiona sobremaneira. As dificuldades da vida colocam-se entre nós e o túmulo; tudo está aplainado para os reis até o fim, e isso o torna mais visível aos olhos deles.

As festas naturalmente conduzem a reflexões sobre os túmulos; em todos os tempos a poesia gostou de aproximar essas imagens, e o acaso também é um terrível poeta que as reuniu inúmeras vezes.

Capítulo VIII
Da sociedade

Os ricos e os nobres habitam quase tão somente os arrabaldes de Viena, e mantêm-se próximos uns dos outros como que em uma pequena cidade, não obstante, sob outros aspectos, tenham todas as vantagens de uma grande capital. As comunicações fáceis, em meio aos prazeres da fortuna e do luxo, tornam a vida cotidiana bastante cômoda, e o arcabouço da sociedade, se se pode dizer assim, isto é, os hábitos, os costumes e as maneiras, é extremamente agradável. Comenta-se no estrangeiro acerca da etiqueta severa e do orgulho aristocrático dos grandes senhores austríacos; essa acusação não tem fundamento; há simplicidade, polidez, e sobretudo lealdade na boa companhia de Viena; e o mesmo senso de justiça e regularidade que dirige os negócios importantes é encontrado ainda nas mais pequenas circunstâncias. As pessoas são pontuais nos almoços e nos jantares, tal como nos compromissos essenciais; e os falsos ares que fazem a elegância consistir no desprezo pelas considerações não foram introduzidos ali. Entretanto, uma das principais desvantagens da sociedade de Viena diz respeito ao fato de os nobres e os homens de letras não se misturarem. O orgulho dos nobres não é a causa disso; uma vez que Viena não conta com muitos escritores notáveis, e que se lê bem pouco ali, cada um vive em sua panelinha, pois há apenas panelinhas em meio a um país onde as ideias gerais e os interesses públicos têm tão pouca ocasião para se desenvolver. Dessa separação das classes resulta que as pessoas letradas careçam de graça, e que as pessoas de sociedade raramente adquiram instrução.

Madame de Staël

A exatidão da polidez, que sob alguns aspectos é uma virtude, já que frequentemente exige sacrifícios, introduziu em Viena os costumes mais aborrecidos possíveis. Toda a boa companhia desloca-se em massa de um salão a outro três ou quatro vezes por semana. Perde-se certo tempo para os preparativos necessários a essas grandes reuniões, perde-se na rua, perde-se nas escadas à espera da vez de sua carruagem, perde-se ficando três horas à mesa; e, nessas numerosas reuniões, é impossível ouvir algo que saia do âmbito das frases convenientes. Essa exibição diária de todos os indivíduos, uns aos outros, é uma hábil invenção da mediocridade para anular as faculdades do espírito. Se fosse reconhecida a necessidade de considerar o pensamento como uma doença contra a qual é necessário um regime regular, não se poderia imaginar nada melhor do que uma espécie de distração ao mesmo tempo atordoante e insípida: tal distração não permite seguir nenhuma ideia, e transforma a linguagem em um gorjeio que pode ser ensinado aos homens bem como aos pássaros.

Vi em Viena a representação de uma peça na qual Arlequim chegava vestido com um grande manto e uma magnífica peruca, e, subitamente, escamoteava a si mesmo, deixava em pé o manto e a peruca para figurar em seu lugar, e ia embora viver em outras paragens; haveria a tentação de propor esse passe de mágica àqueles que frequentam as grandes reuniões. Não se vai ali para encontrar a pessoa a quem se desejaria agradar; a severidade dos costumes e a tranquilidade da alma, na Áustria, concentram as afeições ao seio da própria família. Não se vai ali por ambição, pois tudo se passa com tanta regularidade nesse país que a intriga tem pouca influência ali, e apenas em meio à sociedade poderia ser exercida. Essas visitas e esses círculos são imaginados para que todos façam a mesma coisa à mesma hora; prefere-se assim o aborrecimento partilhado com seus semelhantes ao divertimento que se estaria obrigado a criar na própria casa.

As grandes reuniões e os grandes jantares também ocorrem em outras cidades; mas uma vez que é muito comum encontrar nessas ocasiões todos os indivíduos notáveis do lugar onde se está, há mais meios para escapar dessas fórmulas de conversação, que, em tais reuniões, sucedem às reverências, e as continuam em palavras. A sociedade na Áustria não serve, como na França, para desenvolver o espírito ou para animá-lo; ela não deixa na

Da Alemanha

cabeça senão ruído e vazio; assim os homens de mais espírito do país, em sua maioria, cuidaram de afastar-se dela; somente as mulheres comparecem, e fica-se espantado com o espírito que têm, apesar do tipo de vida que levam. Os estrangeiros apreciam o atrativo de suas conversas; mas o que menos se encontra nos salões da capital da Alemanha são os alemães.

A sociedade de Viena agrada pela segurança, elegância e nobreza das maneiras impostas pelas mulheres; mas falta algo a dizer, algo a fazer, um fim, um interesse. Seria de desejar que o dia seguinte fosse diferente do anterior, sem que entretanto essa variedade rompesse a cadeia das afeições e dos hábitos. A monotonia, no retiro, tranquiliza a alma; a monotonia, no grande mundo, cansa o espírito.

Capítulo IX
Dos estrangeiros que querem imitar o espírito francês

A destruição do espírito feudal, e por conseguinte da antiga vida de castelo, introduziu bastante ócio entre os nobres; esse ócio tornou muito necessário o divertimento da sociedade; e uma vez que os franceses são reputados mestres na arte de conversar, tornaram-se soberanos da opinião europeia, ou antes da moda, que contrafaz tão bem a opinião. Desde o reinado de Luís XIV, toda a boa companhia do continente, com exceção da Espanha e da Itália, colocou seu amor-próprio na imitação dos franceses. Na Inglaterra, há um tema constante de conversação, os interesses políticos, que são os interesses de cada um e de todos; no Sul da Europa não há sociedade: o sol, o amor e as belas-artes preenchem a vida. Em Paris, é bastante comum conversar sobre literatura, e os espetáculos que se renovam continuamente dão lugar a observações engenhosas e espirituosas. Mas na maior parte das outras grandes cidades, o único assunto sobre o qual se tem ocasião de falar diz respeito a anedotas e observações diárias sobre as pessoas que compõem a boa companhia. Trata-se de um mexerico enobrecido pelos grandes nomes que são pronunciados, mas que é composto da mesma matéria que aquele das pessoas do povo; pois, em formas um tanto elegantes, fala-se igualmente durante o dia todo de seus vizinhos e de suas vizinhas.

As ideias e as ações de um interesse universal são o tema realmente liberal da conversação. A maledicência habitual, que o ócio dos salões e a esterilidade do espírito transformam em uma espécie de necessidade, pode ser mais ou menos modificada pela bondade do caráter, mas resta sempre o bastante para que a cada passo, a cada palavra, possamos ouvir à nossa volta o burburinho dos mexericos que, como as moscas, poderiam inquietar até mesmo o leão. Na França, recorremos à terrível arma do ridículo para nos combatermos mutuamente e conquistarmos o terreno sobre o qual são efetuados os sucessos do amor-próprio; em outros lugares, uma certa tagarelice indolente consome o espírito e desanima quaisquer esforços enérgicos.

Uma conversa amável, mesmo quando mantida sobre ninharias, e cujo encanto deve-se unicamente à graça das expressões, causa ainda grande prazer; pode-se afirmar sem impertinência que os franceses são praticamente os únicos capazes desse tipo de conversação. Trata-se de um exercício perigoso, mas estimulante, no qual é necessário tocar em todos os assuntos como em uma bola lançada que deve retornar oportunamente para as mãos do jogador.

Os estrangeiros, quando querem imitar os franceses, afetam mais imoralidade e são mais frívolos do que eles, com medo de que a seriedade careça de graça e de que os sentimentos ou os pensamentos não tenham o acento parisiense.

Os austríacos geralmente têm ao mesmo tempo muito acanhamento e sinceridade para buscarem as maneiras de ser estrangeiras. Entretanto, ainda não são bastante alemães, não conhecem suficientemente a literatura alemã. Em Viena, acredita-se em demasia que é de bom gosto falar apenas em francês; ao passo que a glória e mesmo o atrativo de cada país consistem sempre no caráter e no espírito nacional.

Os franceses atemorizaram a Europa, mas sobretudo a Alemanha, por sua habilidade na arte de perceber e mostrar o ridículo: havia não sei qual poder mágico nas palavras elegância e graça que irritava singularmente o amor-próprio. Dir-se-ia que os sentimentos, as ações, a vida enfim, deviam antes de tudo ser submetidos a essa legislação muito sutil do uso das rodas sociais, que é como um pacto entre o amor-próprio dos indivíduos e o da própria sociedade, um pacto em que as respectivas vaidades erigiram uma constituição republicana, no qual o ostracismo é exercido contra tudo o que é forte e destacado. Essas formas, essas conveniências frívolas na aparência, e despóticas no fundo, dispõem de toda existência; elas minaram gradual-mente o amor, o entusiasmo, a religião, tudo, salvo o egoísmo que a ironia não pode atingir, pois esse não se expõe à zombaria, mas apenas à censura.

O espírito alemão combina muito menos do que todos os outros com essa frivolidade calculada; ele é praticamente nulo à superfície; tem a ne-cessidade de aprofundar para compreender; nada pega no ar, e seria em vão os esforços dos alemães em se desiludir das qualidades e dos sentimentos de que são dotados, o que certamente seria bem prejudicial, pois a perda do conteúdo não os tornaria mais leves nas formas, e seriam antes alemães sem mérito do que franceses amáveis.

Não se deve concluir disso que a graça lhes seja proibida; eles a alcan-çam pela imaginação e pela sensibilidade, quando se entregam às suas disposições naturais. A jocosidade que realmente possuem, sobretudo na Áustria, não tem a mínima semelhança com a jocosidade francesa: as farsas tirolesas, que em Viena divertem tanto os grandes senhores quanto o povo, assemelham-se antes com a bufonaria dos italianos do que com a zombaria dos franceses. Elas consistem em cenas cômicas fortemente caracterizadas, que representam a natureza humana com verdade, mas não a sociedade com sutileza. Todavia, essa jocosidade, tal como é, vale ainda mais do que a imitação de uma graça estrangeira: pode-se passar muito bem sem essa graça, para a qual somente a perfeição tem algum valor. "A ascendência das maneiras dos franceses talvez tenha predisposto os estrangeiros a crê-los invencíveis. Há somente um meio para resistir a essa ascendência: com hábitos e costumes nacionais muito demarcados."[1] Quando se procura parecer com os franceses, eles sempre levam a melhor sobre todos. Os ingleses, não temendo o ridículo que os franceses sabem tão bem imputar, atreveram-se algumas vezes a fazer que a zombaria se voltasse contra seus mestres; e longe de as maneiras inglesas parecerem desajeitadas mesmo na França, os franceses tão imitados imitavam por sua vez, e a Inglaterra durante muito tempo esteve tão à moda em Paris quanto Paris em todos os outros lugares.

---

1 Suprimido pela censura.

Madame de Staël

Os alemães poderiam criar para si uma sociedade muito instrutiva e totalmente análoga aos seus gostos e ao seu caráter. Viena, sendo a capital da Alemanha, aquela onde se encontra mais facilmente reunido tudo o que faz o atrativo da vida, poderia ter prestado, sob esse aspecto, grandes serviços ao espírito alemão, se os estrangeiros não tivessem praticamente dominado a boa companhia. Quase todos os austríacos, que não sabiam adequar-se à língua e aos costumes franceses, nunca participavam das rodas sociais, por conseguinte não se suavizavam pela conversa com as mulheres, permanecendo ao mesmo tempo tímidos e rudes, desdenhando tudo o que é considerado graça e, contudo, temendo em segredo carecer dela: sob pretexto das ocupações militares, não cultivavam o espírito e descuidavam frequentemente dos próprios afazeres, pois jamais ouviam algo que lhes pudesse fazer sentir o valor e o encanto da glória. Acreditavam mostrar-se bons alemães afastando-se de uma sociedade cuja vantagem cabia apenas aos estrangeiros, e jamais sonhavam em formar outra sociedade capaz de desenvolver seu espírito e sua alma.

Os poloneses e os russos, que faziam o encanto da sociedade de Viena, falavam apenas em francês e contribuíam para o distanciamento da língua alemã. As polonesas têm maneiras muito sedutoras; elas misturam a imaginação oriental à maleabilidade e vivacidade do espírito francês. Não obstante, mesmo entre as nações esclavonas, as mais flexíveis de todas, a imitação do tipo francês é com muita frequência cansativa: os versos franceses dos poloneses e dos russos assemelham-se, com algumas poucas exceções, aos versos latinos da Idade Média. Uma língua estrangeira sob muitos aspectos é sempre uma língua morta. Fazer versos franceses é ao mesmo tempo o que há de mais fácil e mais difícil. Ligar hemistíquios tão bem acostumados a se encontrar juntos é apenas um trabalho de memória; mas é preciso ter respirado o ar de um país, ter pensado, gozado, sofrido em sua língua, para pintar na poesia aquilo que se sente. Os estrangeiros, que colocam o amor-próprio sobretudo no falar corretamente o francês, não ousam julgar nossos escritores diferentemente do que são julgados pelas autoridades literárias, de medo de passar por alguém que não as compreende. Gabam-se mais do estilo do que das ideias, pois as ideias pertencem a todas as nações, e apenas os franceses são juízes do estilo em sua língua.

60

Da Alemanha

Se encontrardes um verdadeiro francês, tereis prazer em falar com ele sobre a literatura francesa; ireis sentir-vos em casa a conversar de assuntos comuns; mas um estrangeiro *afrancesado* não se permite uma opinião nem uma frase que não seja ortodoxa, tratando-se, o mais das vezes, de uma velha ortodoxia que ele toma pela opinião do dia. Em vários países do Norte, ainda são contadas anedotas da corte de Luís XIV. Os estrangeiros, imitadores dos franceses, contam as querelas da srta. Fontanges e da sra. De Montespan[2] com uma riqueza de detalhes que seria cansativa mesmo que se tratasse de um acontecimento do dia anterior. Essa erudição de alcova, esse vínculo obstinado a algumas ideias aceitas, uma vez que não se saberia muito como renovar sua provisão nesse gênero, tudo isso é fatigante e mesmo prejudicial; pois a verdadeira força de um país está em seu caráter natural; e a imitação dos estrangeiros, sob qualquer aspecto que seja, é uma falta de patriotismo.

Os franceses, homens de espírito,[3] quando viajam, não gostam de encontrar, entre os estrangeiros, o espírito francês, e buscam sobretudo homens que reúnam a originalidade nacional à originalidade individual. Os mercadores de roupas, na França, enviam às colônias, na Alemanha e no Norte, o que chamam vulgarmente de *sobras de estoque*; e, contudo, eles pesquisam com muito cuidado os trajes nacionais desses mesmos países, e os olham com razão como modelos muito elegantes. O que é verdadeiro para o atavio o é igualmente para o espírito. Temos uma provisão de madrigais, calemburgos, vaudeviles, que repassamos ao estrangeiro quando não estão mais em uso na França; mas os próprios franceses somente estimam nas literaturas estrangeiras as belezas nativas. Não há natureza nem vida na imitação; em geral, poder-se-ia aplicar a todos esses espíritos, a todas essas obras imitadas do francês, o elogio que Orlando, em Ariosto, faz da jumenta que ele arrasta. "Ela reúne", diz ele, "todas as qualidades imagináveis, mas tem contudo um defeito, está morta."[4]

---

2 Marquesa de Montespan (1640-1707): uma das favoritas mais famosas de Luís XIV, substituída pela duquesa de Fontanges (1661-1681). (N. T.)

3 Argutos, dotados de agudeza. (N. T.)

4 Referência ao episódio do canto 29 do poema épico *Orlando furioso* (1516), de Ludovico Ariosto. (N. T.)

Capítulo X
Da bobice desdenhosa
e da mediocridade benevolente

A superioridade de espírito e de alma é muito rara em qualquer país, por isso mesmo ela conserva o nome de superioridade; assim, portanto, deve-se examinar a massa comum para julgar o caráter de uma nação. As pessoas de gênio são sempre compatriotas entre elas; mas para sentir realmente a diferença entre franceses e alemães é preciso deter-se no conhecimento da multidão que compõe as duas nações. Um francês ainda sabe falar, mesmo que não tenha ideias; um alemão tem sempre em mente algo mais que não saberia exprimir. Há como divertir-se com um francês, até mesmo quando carece de espírito. Ele vos conta tudo o que fez, tudo o que viu, as coisas boas que pensa de si, os elogios que recebeu, os grandes senhores que conhece, os sucessos que espera; um alemão, se não refletir, não consegue dizer nada, e embaraça-se nas formas que gostaria de tornar polidas, provocando um desconforto nos outros e nele. A bobice, na França, é animada mas desdenhosa. Ela se vangloria de não compreender por medo de que se lhe exija alguma atenção, e crê prejudicar-se com o que não entende, ao afirmar que aquilo é obscuro. Uma vez que a opinião do país decide inteiramente o sucesso, mesmo os bobos, na qualidade de espectadores, creem influir no mérito intrínseco das coisas quando deixam de aplaudi-las, para assim darem-se mais importância. Na Alemanha, os homens medíocres, ao contrário, são cheios de boa vontade; eles enrubesceriam se não pudes-

Madame de Staël

sem elevar-se à altura dos pensamentos de um escritor célebre; e longe de considerarem-se juízes, aspiram a tornarem-se discípulos.

Há na França tantas frases feitas para cada assunto que um tolo, com o auxílio delas, fala muito bem por algum tempo e parece, ainda que momentaneamente, um homem de espírito; na Alemanha, um ignorante não ousaria anunciar seu parecer sobre nada com confiança, pois quando nenhuma opinião é admitida como incontestável, não se pode avançar sem estar em condições de defendê-la; assim, a maioria das pessoas medíocres é silenciosa e não propaga outro atrativo na sociedade além de uma amável benevolência. Na Alemanha, apenas os homens notáveis sabem conversar, ao passo que na França todos se arranjam. Os homens superiores na França são indulgentes, os homens superiores na Alemanha são muito severos; mas em compensação os bobos entre os franceses são denegridores e invejosos, e os alemães, por mais limitados que sejam, ainda sabem mostrar-se encorajadores e admiradores. As ideias que circulam na Alemanha sobre diversos assuntos são novas e com frequência estranhas; decorre disso que quem as repita pareça ter durante algum tempo uma espécie de profundidade usurpada. Na França, é pelas maneiras que se promove a ilusão daquilo que se vale. Essas maneiras são agradáveis, mas uniformes, e a disciplina do bom-tom acaba por lhes subtrair o que poderiam ter de variado.

Um homem de espírito contou-me que, certa noite, em um baile de máscaras, ele passara diante de um espelho, e que, não sabendo como distinguir-se em meio a todos os que vestiam um dominó semelhante ao dele, fizera um sinal de cabeça para se reconhecer; pode-se dizer o mesmo do atavio usado pelo espírito na boa sociedade. Em meio a ela, as pessoas praticamente se confundem umas com as outras, tão pouco o caráter verdadeiro de cada um é mostrado! A bobice sente-se bem nessa confusão, e gostaria de aproveitar isso para contestar o verdadeiro mérito. A bestialidade e a bobice diferem essencialmente nisto: que as bestas se submetem de bom grado à natureza, e os bobos sempre se gabam de dominar a sociedade.

Capítulo XI
Do espírito de conversação

No Oriente, quando os homens não têm nada a dizer, fumam juntos tabaco de rosa, e de tempos em tempos fazem saudações com os braços cruzados sobre o peito em testemunho de amizade; mas, no Ocidente, tem-se o desejo de falar a todo momento, e o calor da alma frequentemente se dissipa nessas conversas em que o amor-próprio está em contínuo movimento para causar efeito imediato e de acordo com o gosto do momento e do círculo em que se está.

A meu ver, Paris é reconhecidamente a cidade do mundo onde o espírito e o gosto pela conversação encontram-se mais amplamente disseminados; e aquilo que se chama saudade, esse lamento indefinível pela pátria, que independe até mesmo dos amigos ali deixados, aplica-se particularmente ao prazer de conversar que os franceses não encontram em parte alguma com a mesma intensidade do que entre eles. Volney[1] conta que, durante a Revolução, alguns franceses emigrados queriam estabelecer uma colônia e desbravar terras na América; mas de tempos em tempos deixavam todas as suas tarefas para ir à cidade no intuito, diziam eles, de *prosear na cidade*; e essa cidade, Nova Orleans, ficava a seiscentas léguas de onde moravam. Na França, a necessidade de prosear é sentida em todas as classes: diferentemente

---

1 Constantin François de Chassebœuf, conde de Volney (1757-1820): filósofo, historiador, político. (N. T.)

de outros lugares, a palavra lá não é apenas um meio para comunicar ideias, sentimentos e ocorrências, mas sim um instrumento cujo uso é apreciado e que reanima os espíritos, tal como a música entre alguns povos, e os licores fortes entre alguns outros.

O tipo de bem-estar proporcionado por uma conversação animada não consiste propriamente no assunto dessa conversação; nem as ideias nem os conhecimentos que nela podem ser desenvolvidos são seu principal interesse; importa certa maneira de agir uns sobre os outros, de ter um prazer recíproco e rápido, de falar tão logo se pense, de comprazer-se imediatamente consigo mesmo, de ser aplaudido sem esforço, de manifestar seu espírito em todas as nuanças pela entonação, pelo gesto, pelo olhar, enfim, de produzir à vontade uma espécie de eletricidade que solta faíscas, aliviando uns do próprio excesso de sua vivacidade, e despertando outros de uma dolorosa apatia.

Nada é mais estranho a esse talento do que o caráter e o gênero de espírito dos alemães; eles querem um resultado sério em tudo. Bacon disse que "a conversação não era um caminho que levava para casa, mas uma trilha por onde se passeava prazerosamente ao acaso".[2] Os alemães dão a cada coisa o tempo necessário, mas o necessário em matéria de conversação é a diversão; ultrapassada essa medida cai-se na discussão, no colóquio sério, que é mais uma ocupação útil do que uma arte agradável. É preciso também confessar que o gosto e a embriaguez do espírito de sociedade provocam uma singular incapacidade para a aplicação e o estudo, e as qualidades dos alemães talvez se devam, sob certos aspectos, à própria ausência dessa agudeza.

As antigas fórmulas de polidez, que ainda vigoram em quase toda a Alemanha, opõem-se à naturalidade e à familiaridade da conversação; o título mais medíocre e contudo o mais longo a ser pronunciado é declarado e repetido vinte vezes na mesma refeição; é preciso oferecer todos os pratos, todos os vinhos com um cuidado e uma instância que deixam os estrangeiros mortalmente cansados. Há bonomia na base de todos esses costumes; mas eles não sobreviveriam um instante sequer em um país onde não se

---

2 *Essays or counsels civil and moral*, cap. XXXII, "Of discourse"; ensaio datado de 1597. (N. T.)

Da Alemanha

pudesse arriscar uma pilhéria sem ofender a suscetibilidade: não obstante, como é possível haver graça e encanto em sociedade, sem que se permita essa terna zombaria que distrai o espírito e confere à própria benevolência um modo vivaz de exprimir-se?

Há um século, o curso das ideias passou a ser totalmente dirigido pela conversação. Pensava-se para falar, falava-se para ser aplaudido, e tudo o que não podia ser dito parecia importunar a alma. O desejo de agradar é uma disposição bastante aprazível; mas difere muito da necessidade de ser amado: o desejo de agradar provoca uma dependência da opinião, a necessidade de ser amado liberta disso: poder-se-ia desejar agradar até mesmo àqueles a quem se visasse muito prejudicar, e é isso precisamente o que se chama coqueteria; essa coqueteria não pertence apenas às mulheres, ela existe em todas as maneiras que servem para testemunhar mais afeição do que realmente se sente. A lealdade dos alemães não lhes permite nada parecido; eles tomam a graça ao pé da letra, considerando o encanto da expressão como um compromisso com a conduta, e daí decorre sua suscetibilidade; pois não ouvem uma palavra sem tirar dela uma consequência, e não concebem que se possa tratar a palavra como arte liberal, isto é, sem objetivo ou resultado além do prazer que se encontra nela. O espírito de conversação tem algumas vezes o inconveniente de alterar a sinceridade do caráter; isso não é um engodo calculado, mas improvisado, se se pode dizer assim. Os franceses imprimiram nesse gênero uma jocosidade que os torna amáveis, mas não é menos certo que aquilo que há de mais sagrado neste mundo foi comprometido pela graça, ao menos por aquela que não dá importância a nada e torna tudo ridículo.

Os ditos espirituosos dos franceses foram citados de uma ponta à outra da Europa: em todos os tempos, eles mostraram seu esplêndido valor e aliviaram suas mágoas de um modo vivo e incisivo; em todos os tempos, tiveram necessidade uns dos outros, como ouvintes alternados que se encorajavam mutuamente: em todos os tempos, exceleram na arte daquilo que se deve dizer, e mesmo daquilo que se deve calar, quando um grande interesse suplanta sua vivacidade natural: em todos os tempos, tiveram o talento de respirar rapidamente, de abreviar os longos discursos, de ceder lugar aos sucessores ávidos por sua vez de falar; em todos os tempos, enfim, souberam extrair do sentimento e do pensamento apenas o que era preciso para animar a conversação, sem cansar o frívolo interesse que as pessoas comumente têm umas pelas outras.

Os franceses falam sempre com leveza de suas desgraças, no temor de aborrecer seus amigos; advinham o cansaço que poderiam causar por aquele de que seriam suscetíveis; apressam-se em mostrar com elegância uma despreocupação com sua própria sorte, para obter essa honra em lugar de receber esse exemplo. O desejo de parecer amável aconselha a tomar uma expressão bem-humorada, qualquer que seja a disposição interior da alma; a fisionomia influi gradativamente sobre o que se sente, e o que se faz para agradar aos outros logo amortece o próprio sofrimento.

Uma mulher espirituosa disse que Paris "era o lugar do mundo onde melhor se podia abrir mão da felicidade":[3] é sob esse aspecto que ela convém tão bem à pobre espécie humana; mas nada poderia fazer que uma cidade da Alemanha se tornasse Paris, ou que os alemães pudessem, sem se corromper inteiramente, receber como nós o benefício da distração. Por força de escapar deles mesmos, terminariam por não mais se encontrar.

O talento e o hábito da sociedade são muito úteis para conhecer os homens: para ter êxito ao falar, é preciso observar com perspicácia a impressão que se produz a cada instante sobre eles, aquela que querem esconder de nós, aquela que buscam exagerar para nós, a satisfação contida de uns, o sorriso forçado de outros; vemos passar na fronte daqueles que nos escutam censuras meio delineadas que podemos evitar apressando-nos em dissipá-las antes que o amor-próprio seja comprometido. Também vemos nascer ali a aprovação que deve ser fortalecida, sem contudo exigirmos dela mais do que quer dar. Não há arena na qual a vaidade se mostre sob formas mais variadas do que na conversação.

Conheci um homem a quem os elogios agitavam tanto que, quando os recebia, exagerava no que acabava de dizer e empenhava-se de tal modo em completar seu sucesso que terminava por arruiná-lo. Não ousava aplaudi-lo, com medo de levá-lo à afetação e de que se tornasse ridículo pela ani-

---

3 Suprimido pela censura com o protesto de que agora havia tanta felicidade em Paris que não era necessário abrir mão dela.

Da Alemanha

mação de seu amor-próprio. Um outro temia tanto ter o ar de quem deseja causar efeito que soltava suas palavras negligente e desdenhosamente. Sua simulada indolência traía somente uma pretensão a mais, a de não tê-la. Quando a vaidade se mostra, ela é benevolente; quando se esconde, o temor de ser descoberta a torna amarga, e ela afeta indiferença, saciedade, enfim, tudo aquilo que pode persuadir os outros de que ela não necessita deles. Essas diferentes combinações são divertidas para o observador, e sempre nos causa espanto que o amor-próprio não tome o caminho tão simples de confessar naturalmente o desejo de agradar, e de empregar tanto quanto possível a amabilidade e a verdade para chegar a isso.

O tato exigido pela sociedade, a necessidade que ela confere de estar ao alcance de diferentes espíritos, todo esse trabalho do pensamento em suas relações com os homens seria certamente útil, sob muitos aspectos, aos alemães, dando-lhes mais medida, refinamento e habilidade; mas nesse talento para conversar há um tipo de destreza que sempre faz que se perca algo da inflexibilidade da moral: se fosse possível abrir mão de tudo o que depende da arte de tratar com os homens, o caráter teria seguramente mais grandeza e energia.

Os franceses são os diplomatas mais hábeis da Europa, e esses homens acusados de indiscrição e impertinência sabem melhor do que ninguém esconder um segredo e cativar aqueles de que precisam. Jamais desagradam a não ser quando querem, isto é, quando sua vaidade crê tirar melhor proveito pelo desdém que pelo obséquio. O espírito de conversação desenvolveu singularmente nos franceses o espírito mais sério das negociações políticas. Não há embaixador estrangeiro que possa lutar contra eles nessa matéria, a menos que, colocando absolutamente de lado toda pretensão ao refinamento, fosse diretamente ao assunto como quem fosse a um embate sem saber esgrimir.

As relações entre as diferentes classes também eram muito apropriadas para desenvolver, na França, a sagacidade, a medida e a conveniência do espírito de sociedade. As posições ali não estavam marcadas de uma maneira positiva, e as pretensões agitavam-se continuamente no espaço incerto que cada um podia sucessivamente conquistar ou perder. Os direitos do Terceiro Estado,[4] dos parlamentos, da nobreza, o próprio poder do rei, nada era determinado de um modo invariável; tudo se dava, por assim dizer, pela habilidade de conversação: as dificuldades mais graves eram contornadas pelas nuanças delicadas das palavras e das maneiras, e raramente alguém chegava a se ofender ou se rebaixar, tanto uma coisa e outra eram cuidadosamente evitadas! As grandes famílias também tinham entre elas pretensões jamais declaradas e sempre subentendidas, e essa indeterminação estimulava muito mais a vaidade do que as posições marcadas poderiam ter feito. Era preciso estudar tudo o que compunha a existência de um homem ou de uma mulher, para saber a espécie de consideração que se lhes devia; o arbitrário sob todas as formas esteve sempre nos hábitos, nos costumes e nas leis da França; daí ocorre que os franceses tenham desenvolvido, se se pode dizer assim, uma frivolidade tão imensamente pedante: uma vez que as bases principais não eram firmes, desejava-se dar consistência aos menores detalhes. Na Inglaterra, permite-se a originalidade aos indivíduos, tanto a massa é bem regrada! Na França, parece que o espírito de imitação é como um laço social, e que tudo estaria em desordem se esse laço não compensasse a instabilidade das instituições.

Na Alemanha, cada um se mantém em sua posição, em seu lugar, como em seu posto, e não há a necessidade de torneados hábeis, de parênteses, de meias palavras, para exprimir as vantagens de nascimento ou de título que se acredita ter sobre o vizinho. Na Alemanha, a boa companhia é a corte; na França, consistia de todos aqueles que pudessem se colocar em pé de igualdade com ela, e todos podiam esperar por isso, e todos também podiam temer jamais chegar a isso. Resultava assim que cada um queria ter as maneiras daquela sociedade. Na Alemanha, um diploma vos fazia entrar ali; na França, uma falta de gosto vos fazia sair; e havia uma avidez muito maior de parecer com a gente de sociedade do que de distinguir-se nessa mesma companhia por seu valor pessoal.

Um poder aristocrático, o bom-tom e a elegância sobrepunham-se à energia, à profundidade, à sensibilidade e mesmo ao espírito. Esse poder

---

4 O Terceiro Estado abarcava camponeses, artesãos, comerciantes, profissionais liberais e burgueses. (N. T.)

dizia à energia: "Vós tendes muito interesse pelas pessoas e pelas coisas"; à profundidade: "Vós me tomais muito tempo"; à sensibilidade: "Vós sois muito exclusiva"; ao espírito, enfim: "Vós sois uma distinção muito individual". Eram necessárias vantagens que se ligassem mais às maneiras do que às ideias, e importava reconhecer em um homem antes a classe a que pertencia do que o mérito que possuía. Essa espécie de igualdade na desigualdade é muito favorável às pessoas medíocres, pois deve necessariamente destruir toda originalidade no modo de ver e exprimir-se. O modelo escolhido é nobre, agradável e de bom gosto, mas é o mesmo para todos. Esse modelo é um ponto de união; cada um que se conforma a ele se crê mais em sociedade com seus semelhantes. Um francês ficaria entediado de estar a sós com suas opiniões como de estar a sós em seu quarto.

Seria um engano acusar os franceses de adular o poder pelos cálculos comuns que inspiram essa adulação; eles vão para onde todo mundo vai, desgraça ou prestígio, não importa: se alguns se fazem passar pela massa, eles acreditam com convicção que ela realmente chegará lá. Em 1789, fez-se a Revolução da França enviando-se um mensageiro que, de um vilarejo a outro, gritava: "Armai-vos, pois o vilarejo vizinho se armou", e todos acabaram por se levantar contra todos, ou antes contra ninguém. Se se espalhasse o rumor de que certa maneira de ver é universalmente aceita, obter-se-ia a unanimidade, apesar do sentimento íntimo de cada um; o segredo da comédia estaria então, por assim dizer, guardado, pois cada um confessaria separadamente que todos estavam errados. Nos escrutínios secretos foram vistos deputados dando a bola branca ou preta contra a própria opinião, somente porque acreditavam que a maioria seguia em um sentido diferente do deles, e *não queriam*, diziam eles, *perder os votos*.

É por essa necessidade social de pensar como todo mundo que foi possível explicar, durante a Revolução, o contraste da coragem na guerra e da pusilanimidade na carreira civil. Há apenas uma maneira de ver a coragem militar; mas a opinião pública pode ser enganada em relação à conduta a seguir nas questões políticas. A censura daqueles que vos cercam, a solidão, o abandono vos ameaçam quando não seguis o partido dominante; ao passo que nas armadas não há senão as alternativas da morte e do êxito, situação encantadora para os franceses que não temem a primeira e amam apaixonadamente a segunda. Estabeleci a moda, isto é, os aplausos, do lado do perigo, e vereis os franceses afrontando-o sob todas as formas; na França, o espírito de sociabilidade é encontrado desde a mais alta posição até a mais baixa: precisamos ouvir a aprovação de quem está à nossa volta; não há quem queira se expor, por nenhum preço, à censura ou ao ridículo, pois em um país onde a tagarelice tem tanta influência, o ruído das palavras frequentemente encobre a voz da consciência.

É conhecida a história do homem que começara por louvar com enlevo uma atriz que havia acabado de ver; ao perceber um sorriso nos lábios dos assistentes, ele modificara seu elogio; o obstinado sorriso não cessara, e o temor da zombaria acabara por levá-lo a dizer: "Creiam-me! A pobre-diaba fez o que pôde". Os triunfos da zombaria renovam-se continuamente na França; em um momento convém ser religioso, em outro não o ser; em um momento amar sua mulher, em outro não se mostrar com ela. Houve ainda momentos em que temíamos passar por néscios se mostrássemos humanidade, e esse terror do ridículo, que, nas classes altas, não se manifesta comumente senão pela vaidade, foi traduzido em ferocidade nas baixas.

Que mal esse espírito de imitação não faria entre os alemães! Sua superioridade consiste na independência do espírito, no amor pelo retiro, na originalidade individual. Os franceses são todo-poderosos apenas em massa, e mesmo seus homens de gênio sempre se apoiam nas opiniões aceitas quando querem lançar-se além. Enfim, a impaciência do caráter francês, tão agudo na conversação, subtrairia dos alemães o encanto principal de sua imaginação natural, esse devaneio calmo, essa visão profunda que se vale do tempo e da perseverança para tudo descobrir.

Essas qualidades são praticamente incompatíveis com a vivacidade de espírito; e entretanto é essa vivacidade, acima de tudo, que torna amável a conversação. Quando uma discussão começa a se tornar pesada, quando um conto se alonga, não sei qual impaciência vos toma, semelhante àquela que se sente quando um músico diminui muito o ritmo de uma ária. Não obstante, pode-se ser cansativo por força da vivacidade, tal como por demasiada lentidão. Conheci um homem de muito espírito, mas de tal modo impaciente, que provocava em todos os que conversavam com ele a inquietude que deviam sentir as pessoas prolixas quando percebem que estão fatigando. Esse homem remexia-se na cadeira enquanto lhe falávamos, acabava as frases dos outros temendo que se prolongassem, inquietava de início e terminava por cansar, aturdindo: pois, por mais rápido que se seja em matéria de conversação, quando não há mais meios de limitar-se ao necessário, os pensamentos e os sentimentos oprimem pela falta de espaço para exprimi-los.

Todas as maneiras de abreviar o tempo não o poupam, e podemos tornar uma única frase arrastada se a deixamos vazia; o talento de resumir seu pensamento brilhante e rapidamente é o que mais triunfa na sociedade; não há tempo para esperar nada ali. Nenhuma reflexão, nenhuma complacência pode fazer que alguém se divirta com aquilo que não diverte. É preciso exercitar ali o espírito de conquista e o despotismo do sucesso, pois se o princípio e o fim forem pouca coisa, não há como consolar-se do fracasso pela pureza dos motivos, e a boa intenção não é nada em termos de espírito.

O talento de narrar, um dos grandes encantos da conversação, é bastante raro na Alemanha; os ouvintes são muito complacentes, não se aborrecendo muito rapidamente, e os narradores, fiando-se na paciência dos ouvintes, colocam-se muito à vontade nas narrações. Na França, aquele que fala é um usurpador que se sente cercado de rivais invejosos, e quer se manter por força do sucesso; na Alemanha, trata-se de um proprietário legítimo que pode usar tranquilamente seus reconhecidos direitos.

Os alemães saem-se melhor nos contos poéticos do que nos contos epigramáticos: quando é preciso falar à imaginação, os detalhes podem agradar, pois tornam o quadro mais verdadeiro; mas quando se trata de exprimir um dito espirituoso, nunca é demais abreviar os preâmbulos. O gracejo alivia por um momento o peso da vida: vós apreciais ver um homem, vosso semelhante, brincar com o fardo que vos oprime, e logo, animado por ele, vós o ergueis por vossa vez; mas quando sentis esforço ou lentidão naquilo que deveria ser um divertimento, ficais mais fatigados do que se se tratasse de algo sério, cujos resultados ao menos interessam.

A boa-fé do caráter alemão talvez seja também um obstáculo à arte de narrar contos; os alemães têm antes de tudo a jocosidade do caráter do que a do espírito; eles são jocosos tal como são honestos, para a satisfação de sua própria consciência, e riem daquilo que dizem, muito antes mesmo de terem sonhado em fazer os outros rirem.

Em contrapartida, nada poderia igualar-se ao encanto de uma narração feita por um francês espirituoso e de bom gosto. Ele prevê tudo, arranja tudo, e entretanto não sacrifica o que poderia estimular o interesse. Sua fisionomia, menos pronunciada do que a dos italianos, indica a alegria, sem nada fazer perder à dignidade da postura e das maneiras; ele para quando é preciso e jamais chega a esgotar o divertimento; anima-se, e não obstante mantém sempre nas mãos as rédeas de seu espírito para conduzi-lo com segurança e rapidez: logo os ouvintes misturam-se à conversa; ele então por sua vez valoriza os que acabam de aplaudi-lo, não deixa passar uma expressão feliz sem destacá-la, uma brincadeira mordaz sem senti-la, e ao menos por um momento as pessoas se comprazem e se regozijam mutuamente, como se tudo fosse concórdia, união e simpatia nas rodas sociais.

Os alemães fariam bem em aproveitar, nas questões essenciais, algumas das vantagens do espírito social encontrado na França: deveriam aprender dos franceses a se mostrarem menos irritáveis nas pequenas circunstâncias, a fim de reservar toda a sua força para as grandes; deveriam aprender com os franceses a não confundirem obstinação com energia, rudeza com firmeza; também deveriam, uma vez que são capazes do inteiro devotamento de sua vida, não se apegar a cada detalhe dela por uma espécie de personalidade minuciosa, o que nem o genuíno egoísmo admitiria; enfim, deveriam extrair da própria arte da conversação o hábito de disseminar em seus livros a clareza que os colocaria ao alcance de um maior número, o talento de abreviar, inventado pelas pessoas que se divertem mais do que pelos atarefados, e o respeito por certas conveniências que não levam a um sacrifício da natureza, mas apenas a uma contenção da imaginação. Eles aperfeiçoariam seu modo de escrever por algumas das observações originadas do talento de falar: mas errariam ao almejarem esse talento tal qual os franceses o possuem.

Uma grande cidade que servisse de ponto de encontro seria útil à Alemanha para concentrar os meios de estudo, aumentar os recursos das artes, estimular a emulação; mas se essa capital desenvolvesse nos alemães o gosto pelos prazeres da sociedade em toda a sua elegância, eles perderiam com isso a boa-fé escrupulosa, o trabalho solitário, a independência audaciosa que os distingue na carreira literária e filosófica; enfim, eles mudariam seus hábitos de recolhimento em favor de um movimento exterior cuja graça e destreza jamais iriam adquirir.

Capítulo XII
Da língua alemã em suas relações com o espírito de conversação

Ao estudar o espírito e o caráter de uma língua, aprende-se a história filosófica das opiniões, dos costumes e dos hábitos nacionais, e as modificações sofridas pela linguagem devem lançar considerável luz sobre a marcha do pensamento; mas tal análise seria necessariamente muito metafísica e exigiria uma massa de conhecimentos que quase sempre nos falta nas línguas estrangeiras, e com frequência até mesmo na nossa. É preciso portanto basear-se na impressão geral produzida pelo idioma de uma nação em seu estado atual. O francês, tendo sido mais falado do que qualquer dialeto europeu, é ao mesmo tempo polido pelo uso e afiado para o fim a que se destina. Nenhuma língua é mais clara e mais rápida, indica mais prontamente e explica mais claramente aquilo que se quer dizer. O alemão presta-se muito menos à precisão e à rapidez da conversação. Pela própria natureza de sua construção gramatical, o sentido não é comumente compreendido senão ao final da frase. Assim, o prazer de interromper, que torna a discussão tão animada na França, e força a dizer bem rapidamente aquilo que importa ser ouvido, esse prazer não pode existir na Alemanha, pois o começo das frases não significa nada sem o fim; é preciso deixar a cada um todo o espaço que lhe convém ocupar; isso é melhor para chegar ao âmago das questões, é também mais civil, mas menos agudo.

A polidez alemã é mais cordial, mas menos nuançada do que a polidez francesa; há mais consideração para com a posição social e mais precauções em tudo. Na França, há mais adulação do que reserva, e, como existe a arte de imiscuir-se em tudo, os assuntos mais delicados são abordados com muito mais facilidade. O alemão é uma língua muito brilhante na poesia, muito abundante na metafísica, mas muito positiva na conversação. A língua francesa, ao contrário, só é realmente rica nos torneamentos que exprimem as relações mais delicadas da sociedade. Ela é pobre e circunscrita em tudo o que se refere à imaginação e à filosofia. Os alemães temem mais afligir do que têm desejo de agradar. Daí ocorre terem submetido tanto quanto possível a polidez às regras; e sua língua, tão ousada nos livros, é singularmente servil na conversação por todas as fórmulas que a sobrecarregam.

Lembro-me de ter assistido, na Saxônia, a uma aula de metafísica de um célebre filósofo que sempre citava o barão de Leibniz, e jamais o ímpeto do discurso podia levá-lo a suprimir o título de barão, que não condizia muito com o nome de um grande homem morto há quase um século.

O alemão é mais conveniente à poesia do que à prosa, e à prosa escrita do que à prosa falada; é um instrumento que serve muito bem quando se quer tudo pintar ou tudo dizer: mas, diferentemente da língua francesa, a língua alemã não permite deslizar pelos diversos assuntos que se apresentam. Se quiséssemos fazer que as palavras alemãs seguissem o caminho da conversação francesa, iríamos suprimir-lhe toda graça e dignidade. O mérito dos alemães é o de preencher bem o tempo; o talento dos franceses é o de fazer que seja esquecido.

Embora o sentido dos períodos alemães com frequência se explique apenas ao final, a construção nem sempre permite terminar uma frase pela expressão mais aguda; e entretanto, esse é um dos grandes meios para causar efeito na conversação. Raramente ouvimos entre os alemães os chamados ditos agudos: são os próprios pensamentos e não o brilho que se lhes dá que é preciso admirar.

Os alemães veem na expressão brilhante uma espécie de charlatanismo, e preferem a expressão abstrata, pois é mais escrupulosa e aproxima-se mais da própria essência da verdade; mas a conversação não deve dar nenhum trabalho, nem para compreender nem para falar. Quando o colóquio não se assenta sobre os interesses comuns da vida, e entra-se na esfera das ideias, a conversação na Alemanha se torna muito metafísica; não há suficiente intermediação entre o que é comum e o que é sublime; entretanto, é nesse espaço intermediário que se exerce a arte de conversar.

A língua alemã tem uma jocosidade que lhe é própria, a sociedade não a tornou tímida, e os bons costumes mantiveram-na pura; mas trata-se de uma jocosidade nacional ao alcance de todas as classes. Os sons estranhos das palavras, sua milenar ingenuidade, dão ao gracejo algo de pitoresco com que tanto o povo quanto as pessoas de sociedade podem se divertir. Os alemães se embaraçam menos do que nós na escolha das expressões, pois uma vez que sua língua não foi empregada com muita frequência na conversação do grande mundo, ela não é composta, como a nossa, de palavras que um acaso, uma aplicação, uma alusão tornam ridículas, de palavras enfim que, tendo sofrido todas as desventuras da sociedade, são proscritas talvez injustamente, mas não poderiam mais ser admitidas. A cólera é frequentemente exprimida em alemão, mas não se fez disso a arma do escárnio. As palavras utilizadas têm ainda toda a sua verdade e força; é uma facilidade a mais: mas também é possível exprimir com o francês mil observações sutis, e permitir-se mil meandros de que a língua alemã até o momento presente é incapaz.

É preciso confrontar-se com as ideias em alemão, com as pessoas em francês; é preciso examinar a fundo com ajuda do alemão, e chegar ao objetivo falando francês; um deve retratar a natureza, o outro a sociedade. Goethe, em seu romance *Wilhelm Meister*, faz uma mulher alemã dizer que percebera que seu amante queria deixá-la porque ele lhe escrevia em francês. Com efeito, há muitas frases em nossa língua para falar sem falar nada ao mesmo tempo, para fazer esperar sem prometer, e até mesmo para prometer sem se obrigar. O alemão é menos flexível, e faz bem em permanecer assim; pois nada inspira mais repugnância pela língua tedesca do que quando é empregada em mentiras, de qualquer natureza que sejam. Sua construção arrastada, suas múltiplas consoantes, sua gramática complicada não lhe permitem nenhuma graça na maleabilidade; dir-se-ia que ela se enrijece contra a intenção de quem a fala, desde que se queira fazê-la servir para trair a verdade.

Capítulo XIII
Da Alemanha do Norte

As primeiras impressões recebidas quando se chega ao Norte da Alemanha, sobretudo em meio ao inverno, são extremamente tristes; não me surpreende que essas impressões tenham impedido a maioria dos franceses, que o exílio levou a esse país, de observá-lo sem prevenção. Essa fronteira do Reno é solene; ao atravessá-la, teme-se escutar esta frase terrível: "Estais fora da França". É em vão que o espírito julga com imparcialidade o país que nos viu nascer, nossas afeições nunca se desprendem dele; e quando se é forçado a deixá-lo, a existência parece desenraizada, a pessoa se torna estranha a si mesma. Os usos mais simples, bem como as relações mais íntimas, os interesses mais sérios, bem como os menores prazeres, tudo se relacionava com a pátria; nada disso mais existe. Não se encontra ninguém que vos possa falar de outrora, ninguém que vos ateste a identidade dos dias passados com os atuais; o destino recomeça, sem que a confiança dos primeiros anos se renove; muda-se de mundo, sem ter mudado de coração. Assim o exílio condena a sobreviver sem sua própria vida; as despedidas, as separações, tudo se passa como no instante da morte, e entretanto assiste-se a tudo isso com todas as forças da vida.

Há seis anos, encontrava-me às margens do Reno, esperando a barca que devia conduzir-me à outra margem; fazia frio, o céu estava escuro, e tudo me parecia um presságio funesto. Quando a dor agita violentamente nossa alma, não há como nos persuadirmos de que a natureza seja indiferente a isso; é permitido ao homem atribuir algum poder aos seus sofrimentos; isso não é orgulho, é confiança na piedade celeste. Eu me inquietava por meus filhos, ainda que não tivessem idade suficiente para sentirem essas emoções da alma que lançam o terror sobre todos os objetos externos. Meus criados franceses impacientavam-se com a lentidão alemã, e ficavam espantados por não serem compreendidos quando falavam a única língua que acreditavam ser admitida nos países civilizados. Havia em nossa balsa uma velha alemã, sentada em uma carroça; e ela não queria nem descer dela para atravessar o rio. "Como estais tranquila!", eu lhe dissera. "Sim", ela me respondera, "de que serve fazer alarde?" Essas palavras simples me tocaram; com efeito, *de que serve fazer alarde?* No entanto, ainda que gerações inteiras atravessassem a vida em silêncio, a infelicidade e a morte não os perderiam de vista, e poderiam atingi-los da mesma forma.

Ao chegar à margem oposta, eu ouvira a trompa dos postilhões cujos sons agudos e dissonantes pareciam anunciar uma triste partida rumo a uma triste estada. A terra estava coberta de neve; das casas pontilhadas de pequenas janelas assomavam as cabeças de alguns habitantes arrancados de suas monótonas ocupações pelo barulho de uma carruagem; uma espécie de contrapeso, que faz mover a trave com que se fecha a barreira, dispensa aquele que pede a peagem aos viajantes de sair de sua casa para receber o dinheiro que se lhe deve pagar. Tudo é calculado para ficar imóvel; e o homem que pensa, bem como aquele cuja existência é apenas material, ambos menosprezam igualmente a distração externa.

Os campos desertos, as casas enegrecidas pela fumaça, as igrejas góticas, tudo parece arranjado para os contos de bruxas ou de fantasmas. As cidades de comércio, na Alemanha, são grandes e bem construídas, mas não dão nenhuma ideia daquilo que faz a glória e o interesse desse país, o espírito literário e filosófico. Os interesses mercantis bastam para desenvolver a inteligência dos franceses, e pode-se encontrar ainda algum divertimento de sociedade em uma cidade francesa voltada estritamente para o comércio; mas os alemães, eminentemente capazes nos estudos abstratos, tratam dos negócios, quando se ocupam deles, com tanto método e fadiga, que praticamente jamais extraem deles alguma ideia geral. Eles levam ao comércio a lealdade que os distingue; mas entregam-se de tal forma e tão inteiramente

Da Alemanha

ao que fazem que não buscam na sociedade nada além de uma distração jovial, e fazem de tempos em tempos algumas brincadeiras grosseiras, somente para sua própria diversão. Tais brincadeiras cumulam os franceses de tristeza; pois é mais fácil ficar resignado ao aborrecimento sob formas graves e monótonas do que a esse tédio folgazão que vem pesada e familiarmente apoiar *a pata* sobre o ombro.

Os alemães têm muita universalidade de espírito na literatura e na filosofia, mas nenhuma nos negócios, considerando-os sempre parcialmente, e ocupando-se deles de um modo quase mecânico. Ocorre o contrário na França: o espírito dos negócios ali é muito mais amplo, mas não se permite a universalidade na literatura ou na filosofia. Se um sábio fosse poeta, ou um poeta fosse sábio, tornar-se-ia suspeito entre nossos sábios e poetas; mas não é raro encontrar no mais simples negociante ideias brilhantes sobre os interesses políticos e militares do país. Daí decorre que na França exista um maior número de pessoas de espírito, e um menor número de pensadores. Na França, estudam-se os homens; na Alemanha, os livros. Algumas faculdades comuns bastam para causar interesse ao se falar dos homens; é preciso praticamente gênio para encontrar a alma e o movimento nos livros. Apenas aqueles que se dedicam aos fatos passados e às ideias abstratas podem afeiçoar-se à Alemanha. O presente e o real pertencem à França; e, até nova ordem, ela não parece disposta a renunciar a isso.

Creio que não procuro dissimular os inconvenientes da Alemanha. Mesmo as pequenas cidades do Norte, onde são encontrados homens de alto entendimento, com frequência não oferecem nenhuma espécie de diversão; nenhum espetáculo, pouca sociedade; o tempo lá cai gota a gota, e nenhum ruído interrompe a reflexão solitária. As menores cidades da Inglaterra aderem a um Estado livre, enviando deputados para tratar dos interesses da nação. As menores cidades da França mantêm relações com a capital, onde tantas maravilhas estão reunidas. As menores cidades da Itália gozam do céu e das belas-artes, cujos raios atingem toda a península. Ao norte da Alemanha não há nenhum governo representativo, nenhuma grande capital; e a severidade do clima, a mediocridade da sorte, a gravidade do caráter, tornariam a existência muito enfadonha, se a força do pensamento não estivesse livre de todas as circunstâncias insípidas e limitadas.

Os alemães souberam criar para si uma república das letras animada e independente. Eles substituíram o interesse pelos fatos pelo interesse pelas ideias. Eles abrem mão de um centro, pois todos tendem para um mesmo objetivo, e sua imaginação multiplica o pequeno número das belezas que as artes e a natureza lhes podem oferecer.

Os cidadãos dessa república ideal, na maior parte desembaraçados de toda espécie de relações com os negócios públicos e particulares, trabalham na escuridão como os mineiros; e situados como estes em meio a tesouros sepultados, exploram em silêncio as riquezas intelectuais do gênero humano.

Capítulo XIV
A Saxônia

Depois da Reforma, os príncipes da casa de Saxônia sempre concederam às letras a mais nobre das proteções, a independência. Pode-se ousar dizer que não há nenhum lugar da Terra com tanta instrução quanto na Saxônia e no Norte da Alemanha. Ali nasceu o protestantismo, e o espírito de livre exame foi mantido desde então com vigor.

Durante o último século, os eleitores da Saxônia[1] foram católicos; e, ainda que tenham permanecido fiéis ao juramento que os obrigava a respeitar o culto de seus súditos, a diferença de religião entre o povo e seus senhores deu menos unidade política ao Estado. Os reis eleitores da Polônia prezavam mais as artes do que a literatura, com a qual não se incomodavam, mas que lhes era alheia. A música é amplamente cultivada na Saxônia, a galeria de Dresden reúne obras-primas que devem animar os artistas. A natureza, nos arredores da capital, é muito pitoresca, mas sua sociedade não oferece vivos prazeres, não tendo a elegância de uma corte; apenas a etiqueta pode estabelecer-se facilmente ali.

---

1 Os eleitores ou príncipes eleitores tinham a função de eleger o rei dos romanos, a ser preparado para ascender a imperador do Sacro Império Romano-Germânico; inicialmente, os eleitores eram escolhidos entre os mais importantes proprietários de terras do império; depois, pelos principais duques e bispos; por fim, pelos príncipes, cujo estatuto foi regulado pelo imperador Carlos IV por meio da Bula Dourada de 1356. (N. T.)

Madame de Staël

Pela quantidade de obras que são vendidas em Leipzig, pode-se julgar quantos leitores tenham os livros alemães; trabalhadores de todas as classes, até mesmo canteiros,[2] descansam de seus trabalhos com um livro à mão. Na França ninguém conseguiria imaginar até que ponto as luzes difundiram-se na Alemanha. Vi estalajadeiros e encarregados de barreiras que conheciam a literatura francesa. Até nas vilas são encontrados professores de grego e latim. Não há pequena cidade que não tenha uma biblioteca bastante boa, e em quase todos os lugares podem ser citados alguns homens recomendáveis por seu talento e seus conhecimentos. Se, sob esse aspecto, as províncias da França fossem comparadas com as da Alemanha, seria de acreditar que os dois países estão a três séculos de distância um do outro. Paris, reunindo em seu seio a elite do Império, suprime totalmente o interesse por todo o resto.

Picard[3] e Kotzebue[4] compuseram duas peças muito bonitas, ambas intituladas *O vilarejo*. Picard representa os habitantes da província tentando continuamente imitar os parisienses, e Kotzebue os burgueses de um vilarejo, encantados e orgulhosos do lugar que habitam, e que julgam incomparável. A diferença dos ridículos sempre dá a ideia da diferença dos costumes. Na Alemanha, cada morada é um império para quem nela reside; sua imaginação, seus estudos, ou unicamente sua bonomia, engrandecem-na aos seus olhos. Cada um sabe tirar de si mesmo o melhor proveito possível. A importância que se concede a tudo presta-se ao gracejo; mas essa mesma importância confere valor aos pequenos expedientes. Na

---

2 Artífices que lavram pedras de cantaria usadas em construções. (N. T.)

3 Louis-Benoît Picard (1769-1828): poeta, romancista, autor de comédias, ator e diretor; *La Petite Ville* (1801) é considerada a melhor de suas comédias. (N. T.)

4 August Friedrich Ferdinand von Kotzebue (1761-1819): prolífico dramaturgo, com mais de duzentas peças entre tragédias e sátiras; estudou na Universidade de Iena; foi secretário do general Bauer em São Petersburgo e juiz de corte em Reval (hoje Tallinn, na Estônia), onde estabeleceu um teatro amador; entrou em confronto com Goethe e os irmãos Schlegel; tornou-se célebre com a peça *Misantropia e arrependimento* (1790), traduzida para o português em 1840 por Ayres António Teixeira de Aguiar; Kotzebue havia traduzido a peça de Picard, e depois escreveu sua *Die deutschen Kleinstädter* [Pequena vila alemã], que data de 1803. Mme. de Staël tratará de suas obras no capítulo XXV, segunda parte. (N. T.)

França, apenas Paris desperta interesse, e com razão, pois é toda a França; e quem tivesse vivido apenas na província não teria a menor ideia daquilo que caracteriza esse ilustre país.

Uma vez que os homens notáveis da Alemanha não vivem em uma mesma cidade, eles raramente se encontram, comunicando-se apenas por escrito; cada um faz seu próprio caminho e descobre continuamente novas paisagens na vasta região da Antiguidade, da metafísica e da ciência. Na Alemanha, o que se chama estudar é algo realmente admirável: quinze horas por dia de solidão e trabalho, durante anos inteiros, parece-lhes uma maneira de existir completamente natural; o próprio tédio da sociedade leva ao amor pela vida retirada.

Na Saxônia havia a mais ilimitada liberdade de imprensa; mas isso não oferecia nenhum perigo para o governo, pois o espírito dos homens de letras não se voltava ao exame das instituições políticas: a solidão leva as pessoas a se entregarem às especulações abstratas ou à poesia; é preciso viver em meio às paixões humanas para sentir a necessidade de servir-se delas, e de dirigi-las. Os escritores alemães dedicavam-se apenas às teorias, à erudição, às investigações literárias e filosóficas; e os poderosos deste mundo nada têm a temer disso tudo. Ademais, ainda que o governo da Saxônia não fosse livre de direito, isto é, representativo, ele o era de fato pelos hábitos do país e pela moderação dos príncipes.

A boa-fé dos habitantes era tanta, que em Leipzig um proprietário, tendo colocado um letreiro na macieira que ele tinha plantado ao largo de um passeio público, pedindo que não lhe pegassem os frutos, não teve um sequer roubado durante dez anos. Vi essa macieira com um sentimento de respeito; tivesse sido a árvore das Hespérides[5] e seu ouro não teria sido mais tocado do que suas flores.

A Saxônia gozava de uma profunda tranquilidade; às vezes ocorria algum tumulto por força de algumas ideias, que entretanto ninguém imaginava aplicar. Poder-se-ia dizer que o pensamento e a ação não deviam ter

---

5 As ninfas eram divindades que personificavam as forças da natureza; as ninfas da noite possuíam um jardim com árvores que produziam maçãs de ouro, as quais eram guardadas por Ladon, um dragão de cem cabeças. (N. T.)

nenhuma relação conjunta, e que, entre os alemães, a verdade parecia-se com a estátua de Mercúrio, chamada de Hermes,[6] sem mãos para segurar nem pés para caminhar. Contudo, não há nada tão respeitável quanto as conquistas tranquilas da reflexão a que homens isolados dedicavam-se continuamente, sem fortuna, sem poder, e ligados entre si unicamente pelo culto ao pensamento.

Na França, quase ninguém se dedicou às verdades abstratas, salvo em sua relação com a prática. Aperfeiçoar a administração, encorajar a população por uma sábia política econômica, esse era o objeto dos trabalhos dos filósofos, principalmente no último século. Essa maneira de empregar o tempo também é muito respeitável; mas, na escala dos pensamentos, a dignidade da espécie humana tem maior importância do que sua felicidade e, sobretudo, do que seu crescimento: multiplicar os nascimentos sem enobrecer o destino é somente preparar uma festa mais suntuosa para a morte.

As cidades literárias da Saxônia são aquelas nas quais se vê reinar o máximo de benevolência e simplicidade. Por qualquer outra parte as letras foram consideradas como um apanágio do luxo; na Alemanha, elas parecem que o excluem. Os gostos que inspiram promovem uma espécie de candura e timidez que leva ao amor pela vida doméstica: isso não quer dizer que a vaidade do autor não tenha um caráter muito pronunciado entre os alemães, mas ela não se prende aos sucessos de sociedade. O menor dos escritores deseja-os para a posteridade; e, desenvolvendo-se à vontade no espaço das meditações sem limites, ele é menos melindrado pelos homens, amargurando-se menos com eles. Todavia, os homens de letras e os homens de negócios estão muito separados na Saxônia, para que ali se manifeste um verdadeiro espírito público. Resulta dessa separação que uns têm uma grande ignorância das coisas para exercer alguma ascendência sobre o país, e que outros se vangloriam de um certo maquiavelismo dócil, que sorri aos sentimentos generosos, tal como às crianças, parecendo indicar-lhes que não são deste mundo.

---

6 Deus grego que, entre outros atributos, era conhecido como mensageiro dos deuses, senhor da Arcádia e dos rebanhos de ovelhas. (N. T.)

Capítulo XV
Weimar

De todos os principados da Alemanha, não há um melhor do que Weimar para fazer sentir as vantagens de um pequeno país, quando seu governante é um homem de muito espírito, e que em meio aos súditos pode procurar divertir-se sem deixar de ser obedecido. Esse Estado tem assim uma sociedade peculiar, na qual todos estão ligados uns aos outros por relações íntimas. A duquesa Luísa de Saxônia-Weimar[1] é o verdadeiro modelo de uma mulher destinada pela natureza à posição mais ilustre: sem pretensão, mas também sem fraqueza, ela inspira igualmente confiança e respeito; e o heroísmo dos tempos da cavalaria entrou em sua alma, sem nada subtrair da amabilidade de seu sexo. Os talentos militares do duque são universalmente estimados, e sua conversação aguda e ponderada lembra continuamente que ele foi formado pelo grande Frederico;[2] foi por seu espírito e pelo de sua mãe que os mais notáveis homens de letras foram atraídos para Weimar. A Alemanha, pela primeira vez, teve uma capital literária; mas como essa capital era ao mesmo tempo uma cidade muito pequena, sua ascendência

---

1 Luísa Augusta de Hesse-Darmstadt (1757-1830). (N. T.)
2 Frederico II (1712-1786): rei da Prússia entre 1740 e 1786, conhecido como "o Grande" ou "o Único"; exemplo de déspota esclarecido, foi amigo de Voltaire e atraiu para sua corte cientistas e escritores; iniciou-se na maçonaria em 1738 em Brunswich; defendeu o princípio de que o soberano devia ser um servidor do Estado; fundou a Academia das Ciências de Berlim. (N. T.)

dava-se apenas por suas luzes; pois a moda, que sempre traz a uniformidade em tudo, não podia partir de um círculo tão restrito.

Herder havia acabado de morrer quando cheguei a Weimar; mas Wieland, Goethe e Schiller ainda estavam lá. Na próxima parte, pintarei cada um desses homens separadamente; irei pintá-los sobretudo por suas obras, pois seus livros se assemelham perfeitamente ao seu caráter e à sua conversação. Essa raríssima concordância é uma prova de sinceridade: quando o escritor tem por primeiro objetivo causar efeito sobre os outros, nunca se mostra como realmente é; mas quando escreve para satisfazer à inspiração interior de que a alma está tomada, revelam-se por seus escritos, mesmo sem o querer, até as menores nuanças de sua maneira de ser e de pensar.

Residir temporariamente em pequenas cidades sempre me pareceu muito enfadonho. Nelas, o espírito dos homens retrai-se e o coração das mulheres arrefece; vive-se de tal modo na presença uns dos outros, que cada um fica oprimido por seus semelhantes: não há mais essa opinião à distância, que vos anima e ressoa ao longe como o burburinho da glória; há um exame minucioso de todas as ações de vossa vida, uma observação de cada detalhe, que impossibilita a compreensão do conjunto de vosso caráter; e quanto mais se tem independência e elevação, menos se consegue respirar através de todas essas estreitas grades. Esse doloroso incômodo não existia em Weimar, que não era uma pequena cidade, mas um grande castelo; um círculo seleto discutia com interesse sobre cada nova produção das artes. Algumas mulheres, discípulas amáveis de certos homens superiores, dedicavam-se continuamente às obras literárias tal como a acontecimentos públicos da maior importância. Convocava-se o universo para si pela leitura e pelo estudo; escapava-se dos limites das circunstâncias pela amplitude do pensamento; refletindo frequentemente juntos sobre as grandes questões nascidas do destino comum a todos, esquecia-se das anedotas particulares de cada um. Não se encontravam ali nenhum desses prodígios provincianos, os quais tomam tão facilmente o desdém por graça e a afetação por elegância.

No mesmo principado, ao lado da primeira reunião literária da Alemanha, encontrava-se Iena, um dos mais notáveis centros de ciência. Um espaço bem limitado reunia assim espantosas luzes de todo gênero.

A imaginação, constantemente estimulada em Weimar pela conversação dos poetas, sentia uma menor necessidade das distrações exteriores; essas distrações aliviam o fardo da existência, mas frequentemente dissipam as forças. Nesse campo, chamado cidade, levava-se uma vida regular, ocupada e séria; isso às vezes podia cansar, mas o espírito não era atormentado por interesses fúteis e vulgares; e se faltavam prazeres, ao menos não se sentia a decadência das faculdades.

O único luxo do príncipe consiste em um adorável jardim, e sabia-se que ficava grato em partilhar esse gozo popular com todos os habitantes da cidade. O teatro, do qual falarei na segunda parte desta obra, é dirigido pelo maior poeta da Alemanha, Goethe; e o espetáculo interessa a todos o bastante para se preservarem dessas reuniões que evidenciam os tédios ocultos. Weimar era tida como a Atenas da Alemanha, e, com efeito, tratava--se do único lugar onde o interesse pelas belas-artes foi por assim dizer nacional, servindo de laço fraternal entre as pessoas de diversos níveis. Uma corte liberal buscava habitualmente a sociedade dos homens de letras; e a literatura ganhava singularmente com a influência do bom gosto que reinava nessa corte. Podia-se julgar, por esse pequeno círculo, o bom efeito que produziria na Alemanha essa mistura, se fosse amplamente adotada.

Capítulo XVI
A Prússia

É preciso estudar o caráter de Frederico II quando se deseja conhecer a Prússia. Um homem criou esse império que a natureza não tinha favorecido, e que somente se tornou uma potência por ter tido um guerreiro como chefe. Há dois homens muito distintos em Frederico II: um alemão por natureza, e um francês pela educação. Tudo o que o alemão fez em um reino alemão deixou ali vestígios duráveis; tudo o que o francês tentou não chegou a germinar de modo fecundo.

Frederico II tinha sido formado pela filosofia francesa do século XVIII: essa filosofia é prejudicial às nações, pois esgota-lhes a fonte do entusiasmo; mas quando há algo como um monarca absoluto, é de desejar que princípios liberais temperem nele a ação do despotismo. Frederico introduziu a liberdade de pensamento no Norte da Alemanha; a Reforma havia levado para lá o livre exame, mas não a tolerância: e, por uma contradição singular, o livre exame somente era permitido se seu resultado fosse forçosamente determinado de antemão. Frederico colocara em voga a liberdade de falar e escrever, seja pelos gracejos agudos e espirituosos que têm tanto poder sobre os homens quando advêm de um rei, seja por seu exemplo, ainda mais poderoso; pois ele jamais puniu aqueles que diziam ou imprimiam maledicências a seu respeito, demonstrando em quase todas as suas ações a filosofia cujos princípios professava.

Madame de Staël

Apesar de todas as desvantagens naturais, ele estabeleceu uma ordem e uma economia na administração que constituíram a força interna da Prússia. Não houve um rei que se tenha mostrado tão simples na vida privada, e mesmo na corte: ele acreditava estar encarregado de poupar tanto quanto possível o dinheiro de seus súditos. Ele tinha em tudo um sentimento de justiça que os infortúnios de sua juventude e o rigor de seu pai haviam gravado em seu coração. Esse sentimento talvez seja o mais raro de todos nos conquistadores; pois eles preferem ser generosos a justos; posto que a justiça supõe uma relação qualquer de igualdade com os outros.

Frederico havia tornado os tribunais tão independentes que, durante sua vida, e sob o reinado de seus sucessores, com frequência se decidia em favor dos súditos contra o rei nos processos ligados a interesses políticos. É verdade que seria quase impossível introduzir a injustiça nos tribunais da Alemanha. Os alemães têm grande disposição para fazer sistemas nos quais a política é abandonada ao arbitrário. Mas quando se trata de jurisprudência ou de administração, não se lhes pode inculcar outros princípios senão os da justiça. Seu espírito metódico, sem falar da retidão de seu coração, exige a equidade para o estabelecimento da ordem em tudo. Não obstante, deve-se louvar Frederico por sua probidade no governo interno de seu país: trata-se de um de seus primeiros títulos à admiração da posteridade.

Frederico não era sensível, mas tinha bondade; ora, as qualidades universais são as que melhor convêm aos soberanos. Não obstante, essa bondade de Frederico era inquietante como a do leão, e sentia-se a garra do poder mesmo em meio à mais amável graça e coqueteria do espírito. Os homens de um caráter independente tiveram de sofrer para se submeter à liberdade que esse governante acreditava dar, à familiaridade que acreditava permitir; e, admirando-o inteiramente, sentiam que respiravam melhor longe dele.

A grande infelicidade de Frederico fora a de não ter bastante respeito pela religião e pelos costumes. Seus gostos eram cínicos. Ainda que o amor pela glória tenha dado elevação a seus pensamentos, sua maneira licenciosa de exprimir-se sobre os assuntos mais sagrados dava motivo para desconfiar até mesmo de suas virtudes: apreciadas e aprovadas, eram contudo consideradas como cálculos. Tudo parecia dever ser da ordem da política em Frederico; assim pois, aquilo que fazia de bom melhorava a situação do país, mas não aperfeiçoava a moralidade da nação. Ele alardeava a incredulidade e zombava da virtude das mulheres; e nada estava menos de acordo com o caráter alemão do que essa maneira de pensar. Frederico, ao libertar seus súditos do que ele chamava de preconceitos, extinguia-lhes o patriotismo: pois, para manter unidos países naturalmente sombrios e estéreis, é preciso que neles reinem opiniões e princípios de uma grande severidade. Nessas regiões arenosas, onde a terra produz apenas pinheiros e urzes, a força do homem reside em sua alma; e se lhe for retirado o que constitui a vida dessa alma, os sentimentos religiosos, ele sentirá apenas repugnância por sua triste pátria.

O pendor de Frederico para a guerra pode ser desculpado por grandes motivos políticos. Seu reino, tal como o recebera de seu pai, não podia subsistir; e foi praticamente para conservá-lo que o aumentara. Havia 2,5 milhões de súditos ao chegar ao trono, ele deixara 6 milhões à sua morte. A necessidade que tinha da armada o impedira de infundir na nação um espírito público cuja energia e unidade fossem imponentes. O governo de Frederico estava baseado na força militar e na justiça civil: ele conciliava as duas com sua sabedoria; mas era difícil misturar dois espíritos de natureza tão oposta. Frederico queria que seus soldados fossem máquinas militares, cegamente submissos, e que seus súditos fossem cidadãos esclarecidos capazes de patriotismo. Ele não estabelecera nas cidades da Prússia autoridades secundárias, municipalidades tais como havia no resto da Alemanha, com medo de que pudessem deter a ação imediata do serviço militar: entretanto, desejava que existisse suficiente espírito de liberdade em seu império para que a obediência parecesse voluntária. Ele queria que o estado militar fosse o primeiro de todos, pois era-lhe o mais necessário; mas teria desejado que o estado civil se mantivesse independente ao lado da força. Frederico, enfim, queria encontrar apoios por toda parte, mas obstáculos em parte alguma.

A mistura maravilhosa de todas as classes da sociedade somente é obtida de algum modo pela força da lei, a mesma para todos. Um homem pode fazer que elementos opostos andem juntos, mas "à sua morte eles se separam".[1] A ascendência de Frederico, mantida pela sabedoria de seus

---

1 Suprimido pela censura.

sucessores, manifestou-se ainda por algum tempo; entretanto, na Prússia, percebiam-se sempre as duas nações que mal se compunham como uma só: a armada e o estado civil. Os preconceitos nobiliários subsistiam ao lado dos princípios liberais mais pronunciados. Enfim, a imagem da Prússia, tal como a de Janus,[2] oferecia uma dupla face: uma militar e outra filosófica.

Um dos maiores erros de Frederico fora consentir na partilha da Polônia. A Silésia[3] havia sido adquirida pelas armas, a Polônia fora uma conquista maquiavélica, "e jamais se podia esperar que súditos assim furtados fossem fiéis ao escamoteador que lhes dizia ser o soberano".[4] Ademais, os alemães e os esclavões não poderiam unir-se por laços indissolúveis; e quando uma nação admite estrangeiros inimigos em seu seio como súditos, ela se prejudica quase tanto quanto aos aceitá-los como senhores: pois não há mais no corpo político o conjunto que personifica o Estado e constitui o patriotismo.

Essas observações sobre a Prússia são todas respeitantes aos meios que ela tinha para se manter e se defender: pois nada no governo interno prejudicava sua independência e sua segurança; tratava-se de um dos países da Europa onde as luzes eram mais honradas; onde a liberdade de fato, se não direito, era a mais escrupulosamente respeitada. Não encontrei em toda a Prússia um único indivíduo que se lamentasse de atos arbitrários no governo, e entretanto não teria havido o menor perigo em se lamentar disso; mas quando em um estado social a própria felicidade é, por assim dizer, apenas um feliz acidente, não estando baseada em instituições duráveis que garantam à espécie humana sua força e sua dignidade, o patriotismo tem pouca perseverança, e as vantagens que se acredita dever apenas a ele são facilmente abandonadas ao acaso. Frederico II, um dos mais belos presentes desse acaso que parecia velar pela Prússia, soubera fazer-se amar sinceramente em seu país, e mesmo depois de sua morte foi tão querido quanto em vida. Todavia, a sorte da Prússia apenas ensinou em demasia

---

2 Deus romano de duas faces, a presidir as escolhas a serem feitas no início do ano, em janeiro (*januarius*). (N. T.)

3 A Silésia ficava abaixo da Prússia, compreendendo hoje a região da Polônia fronteiriça à República Tcheca. (N. T.)

4 Suprimido pela censura.

Da Alemanha

o que é a influência própria de um grande homem, quando, durante seu reinado, não trabalha generosamente a fim de tornar-se inútil: a nação inteira apoiava-se em seu rei, seu princípio de existência, parecendo que devia terminar com ele.

Frederico II teria desejado que a literatura francesa fosse a única em seus Estados. Ele não fazia nenhum caso da literatura alemã. Sem dúvida, esta não era tão notável em sua época quanto no presente; mas é preciso que um príncipe alemão encoraje tudo o que é alemão. Frederico tinha o projeto de tornar Berlim um pouco semelhante a Paris, e vangloriava-se de encontrar nos refugiados franceses alguns escritores bastante notáveis para ter uma literatura francesa. Tal esperança devia necessariamente ser frustrada; as culturas factícias nunca prosperam; alguns indivíduos podem lutar contra as dificuldades apresentadas pelas coisas; mas as grandes massas seguem sempre o pendor natural. Frederico realmente prejudicou seu país ao professar o desprezo pelo gênio dos alemães. O resultado disso é que o corpo germânico frequentemente concebeu injustas suspeitas contra a Prússia.

Vários escritores alemães, legitimamente célebres, deram-se a conhecer próximo ao final do reinado de Frederico; mas a opinião desfavorável que esse grande monarca havia concebido em sua juventude contra a literatura de seu país não se desfizera, e poucos anos antes de sua morte ele chegara a compor um pequeno escrito, no qual propôs, entre outras mudanças, acrescentar uma vogal no final de cada verbo para suavizar a língua tedesca. Esse alemão mascarado de italiano produziria o efeito mais cômico do mundo; mas nenhum monarca, nem mesmo no Oriente, teria bastante poder para influir assim, não sobre o sentido, mas sobre o som de cada palavra a ser pronunciada em seu império.

Klopstock[5] reprovou nobremente Frederico por abandonar as musas alemãs, que, sem seu conhecimento, tentavam proclamar sua glória. Frederico de modo algum adivinhou o que são os alemães na literatura e na filosofia, não lhes dando crédito como inventores. Ele queria disciplinar os homens de letras como fez com suas armadas. "É preciso", escrevia em

---

5 Friedrich Gottlieb Klopstock (1724-1803): o famoso poeta passou grande parte da vida na Dinamarca, recebendo uma pensão do rei Frederico. (N. T.)

mau alemão, em suas instruções à Academia, "adequar-se ao método de Boerhaave[6] na medicina, ao de Locke[7] na metafísica e ao de Thomasius[8] para a história natural."[9] Seus conselhos não foram seguidos. Ele praticamente não duvidava que, de todos os homens, os alemães fossem os que tivessem menos possibilidade de sujeitar-se à rotina literária e filosófica: nada neles anunciava a ousadia que depois mostraram no campo da abstração.

Frederico considerava seus súditos como estrangeiros, e os homens de espírito francês como seus compatriotas. Nada era mais natural, é preciso convir, do que se deixar seduzir por tudo o que havia de brilhante e sólido nos escritores franceses daquela época; não obstante, Frederico teria contribuído de maneira ainda mais eficaz para a glória de seu país, se tivesse compreendido e desenvolvido as faculdades específicas da nação que governava. Mas como resistir à influência de seu tempo? E qual é o homem cujo próprio gênio não é sob muitos aspectos obra de seu século?

---

6 Herman Boerhaave ou Boerhaaven (1668-1738): médico, anatomista, botânico e humanista dos Países Baixos; estudioso de Hipócrates. (N. T.)

7 John Locke (1632-1704): filósofo inglês empirista, ideólogo do liberalismo; rejeitava a doutrina das ideias inatas, defendendo sua origem pelos sentidos. (N. T.)

8 Christian Thomasius (1655-1728): jurista e filósofo, foi professor de lei natural, atacou preconceitos tradicionais na teologia e na jurisprudência; em 1685, publicou uma dissertação sobre a bigamia, na qual argumenta que esta era permitida sob a lei natural. (N. T.)

9 Carta sobre a educação atribuída a Frederico II, escrita em francês, *Lettre sur l'Éducation*, de 1760; a citação não é literal, mas um resumo. (N. T.)

Capítulo XVII
Berlim

Berlim é uma grande cidade de ruas muito largas, perfeitamente bem alinhadas, de belas casas e um conjunto regular: mas como foi reconstruída há pouco tempo, não se vê ali nada que relembre os tempos passados. Nenhum monumento gótico subsiste em meio às habitações modernas; e essa cidade recentemente construída não é incomodada pelo passado sob nenhum aspecto. O que pode haver de melhor, dir-se-á, seja para os edifícios, seja para as instituições, do que não ser atrapalhado por ruínas? Creio que na América eu apreciaria as novas cidades e as novas leis: lá a natureza e a liberdade falam suficientemente à alma para que se tenha a necessidade de lembranças; mas em nossa velha terra o passado é necessário. Berlim, essa cidade inteiramente moderna, por mais bela que seja, não provoca uma impressão bastante grave; não se percebe nela a marca da história do país nem do caráter dos habitantes, e as magníficas habitações recentemente construídas parecem destinadas apenas às reuniões cômodas dos prazeres e do trabalho. Os mais belos palácios de Berlim foram construídos com tijolos; dificilmente seria encontrada uma pedra lavrada nos arcos de triunfo. A capital da Prússia assemelha-se à própria Prússia; seus edifícios e suas instituições têm a idade do homem, e nada mais, pois foram obras de um único homem.

A corte, presidida por uma rainha bela e virtuosa, era ao mesmo tempo imponente e simples; a família real, que circulava de bom grado pela sociedade, sabia misturar-se nobremente à nação, e identificava-se em todos

Madame de Staël

os corações com a pátria. O rei soubera fixar, em Berlim, J. de Müller,[1] Ancillon,[2] Fichte,[3] Humboldt,[4] Iffland,[5] uma multidão de homens notáveis nos mais diversos assuntos; enfim, todos os elementos de uma sociedade encantadora e de uma nação forte encontravam-se lá: mas esses elementos não estavam ainda combinados nem reunidos. Entretanto, o espírito, de modo geral, sobressaía mais em Berlim do que em Viena: o herói do país, Frederico, tendo sido um homem prodigiosamente espirituoso, fez que o reflexo de seu nome provocasse gosto por tudo o que lhe fosse semelhante. Maria Teresa não deu um impulso semelhante aos vienenses, e o que em José parecia-se com o espírito lhes repugnou.

Nenhum espetáculo na Alemanha igualava-se ao de Berlim. Essa cidade, estando no centro do Norte da Alemanha, pode ser considerada como o foco irradiador de suas luzes. Nela são cultivadas as ciências e as letras, e nos jantares de homens, nas casas dos ministros e em outros lugares, não se está restrito à separação de posições tão prejudicial à Alemanha, e sabe--se reunir pessoas talentosas de todos os grupos sociais. Não obstante, essa feliz mistura não chega à sociedade das mulheres: há algumas cujas qualidades e encantos atraem em torno delas todos os que se distinguem; mas, geralmente, em Berlim como no resto da Alemanha, a sociedade das mulheres não está bem misturada à dos homens. O grande encanto da vida social na França consiste na arte de conciliar perfeitamente juntas as vanta-

---

1 Johannes von Müller (1752-1809): historiador e professor de grego, além de livreiro; estudou teologia em Göttingen; atuou como secretário de Estado do reino da Westfália. (N. T.)

2 Jean Pierre Frédéric Ancillon (1767-1837): historiador e político de família de origem francesa; publicou, em 1803, *Quadro das revoluções do sistema político da Europa.* (N. T.)

3 Johann Gottlieb Fichte (1762-1814): foi preceptor em Leipzig e depois em Zurique, onde conheceu Johana Rahn (sobrinha do poeta Klopstock), com quem veio a se casar. (N. T.)

4 Friedrich Heinrich Alexander, barão de Humboldt, ou Alexander von Humboldt (1769-1859): geógrafo, naturalista e explorador; irmão mais novo do linguista prussiano Wilhelm von Humboldt. (N. T.)

5 August Wilhelm Iffland ou Hufeland (1759-1814): ator e dramaturgo, promoveu um estilo simples e não declamatório na representação teatral. (N. T.)

Da Alemanha

gens que o espírito das mulheres e o dos homens reunidos podem trazer na conversação. Em Berlim, os homens praticamente conversam apenas entre eles; o estado militar lhes dá certa rudeza que lhes inspira a necessidade de não se incomodarem com as mulheres.

Quando há, como na Inglaterra, grandes interesses políticos a ser discutidos, as sociedades de homens são sempre animadas por um nobre interesse comum; mas nos países onde não há governo representativo, a presença das mulheres é necessária para manter todos os sentimentos de delicadeza e pureza, sem os quais o amor do belo deve perder-se. A influência das mulheres é mais salutar aos guerreiros do que aos cidadãos; o reino da lei mantém-se melhor sem elas do que o da honra; pois são elas que conservam o espírito cavaleiresco em uma monarquia puramente militar. Todo o brilho da antiga França foi resultante do poder da opinião pública, a qual tinha a ascendência das mulheres como causa.

Havia apenas um número muito pequeno de homens na sociedade de Berlim, o que quase sempre estraga os que ali se encontram, privando-os da inquietação e do desejo de agradar. Os oficiais que obtinham dispensa para passar alguns meses na cidade buscavam apenas a dança ou o jogo. A mistura das duas línguas prejudicava a conversação, e as grandes reuniões não ofereciam maior interesse em Berlim do que em Viena; deve-se encontrar em tudo o que diz respeito às maneiras mais traquejo social em Viena do que em Berlim. Não obstante, a liberdade da imprensa, a reunião dos homens de espírito, o conhecimento da literatura e da língua alemã, que se havia expandido amplamente nos últimos tempos, faziam de Berlim a verdadeira capital da nova Alemanha, da Alemanha esclarecida. Os refugiados franceses enfraqueciam um pouco o ímpeto totalmente alemão de que Berlim é suscetível; eles conservavam ainda um respeito supersticioso pelo século de Luís XIV; suas ideias sobre a literatura feneciam e petrificavam com o distanciamento do país de onde haviam sido extraídas; mas em geral Berlim teria conseguido uma grande ascendência sobre o espírito público na Alemanha, se não tivesse conservado, reafirmo, um ressentimento contra o desdém que Frederico havia mostrado pela nação germânica.

Os escritores filósofos frequentemente tiveram injustos preconceitos contra a Prússia; eles a consideravam apenas como uma vasta caserna, e era

Madame de Staël

sob esse aspecto que ela valia menos: o que deve interessar nesse país são as luzes, o espírito de justiça e os sentimentos de independência encontrados em uma multidão de indivíduos de todas as classes; mas o laço dessas belas qualidades ainda não havia sido formado. O Estado, recentemente constituído, não se apoiava nem no tempo nem no povo.

As punições humilhantes, geralmente admitidas entre as tropas alemãs, melindram a honra na alma dos soldados. Os hábitos militares mais prejudicaram do que serviram ao espírito guerreiro dos prussianos: esses hábitos estavam baseados em velhos métodos que separavam a armada da nação, ao passo que, em nossos dias, não há verdadeira força senão no caráter nacional. Esse caráter na Prússia é mais nobre e mais exaltado do que os últimos acontecimentos poderiam fazer supor; "e o ardente heroísmo do desafortunado príncipe Luís[6] ainda deve lançar alguma glória sobre seus companheiros de armas".[7]

---

6 Príncipe Christian Ludwig Michael Friedrich Ferdinand da Prússia (1772-1806), morto na guerra contra Napoleão; antes de ser soldado, foi músico e compositor. (N. T.)

7 Suprimido pela censura. Lutei durante vários dias para obter a liberdade de prestar essa homenagem ao príncipe Luís, argumentando que se tratava antes de realçar a glória dos franceses do que de louvar a bravura daqueles que eles haviam vencido, mas parecera mais simples aos censores não permitir nada desse gênero.

Capítulo XVIII
Das universidades alemãs

Todo o Norte da Alemanha é repleto das mais doutas universidades da Europa. Não há em nenhum país, nem mesmo na Inglaterra, tantos meios para se instruir e aperfeiçoar suas capacidades. A que se deve então a falta de energia da nação, que em geral faz que ela pareça pesada e limitada, embora congregue um pequeno número de homens que talvez sejam os de mais espírito da Europa? É à natureza dos governos, e não à educação, que se deve atribuir esse singular contraste. A educação intelectual é perfeita na Alemanha, mas limita-se inteiramente à teoria: a educação prática depende unicamente dos negócios; é somente pela ação que o caráter adquire a firmeza necessária para se guiar na condução da vida. O caráter é um instinto; ele concerne muito mais à natureza do que ao espírito e, não obstante, apenas as circunstâncias dão aos homens a ocasião de desenvolvê-lo. Os governos são os verdadeiros preceptores dos povos; e a própria educação pública, por melhor que seja, pode formar homens de letras, mas não cidadãos, guerreiros ou homens de Estado.

Na Alemanha, o gênio filosófico vai mais além do que em qualquer outro lugar; nada o detém, e a própria ausência de carreira política, tão funesta à massa, dá ainda mais liberdade aos pensadores. Mas uma imensa distância separa os espíritos de primeira e de segunda ordem, pois não há interesse, nem objeto de esforço, para os homens que não se elevam à altura das mais vastas concepções. Na Alemanha, quem não se ocupa do universo não tem realmente nada a fazer.

As universidades alemãs têm uma antiga reputação que data de vários séculos antes da Reforma. Desde aquela época, as universidades protestantes são incontestavelmente superiores às católicas, e toda a glória literária da Alemanha diz respeito a essas instituições.[1] As universidades inglesas contribuíram singularmente para difundir entre os ingleses o conhecimento das línguas e da literatura antigas, o que propicia aos oradores e aos homens de Estado na Inglaterra uma instrução tão liberal e tão brilhante. É de bom gosto saber outras coisas além dos assuntos de negócios, quando se lhes sabe bem: e, ademais, a eloquência das nações livres liga-se à história dos gregos e dos romanos, como a de antigos compatriotas. Mas as universidades alemãs, ainda que fundadas sobre princípios análogos aos da Inglaterra, diferem sob muitos aspectos: a multidão de estudantes que se reunia em Göttingen, Halle, Iena etc., formava praticamente um corpo livre dentro do Estado; estudantes ricos e pobres distinguiam-se entre si apenas pelo mérito pessoal, e os estrangeiros, que acorriam de todos os cantos do mundo, submetiam-se com prazer a essa igualdade que apenas a superioridade natural podia alterar.

Havia independência, e mesmo espírito militar, entre os estudantes; e se, ao saírem da universidade, tivessem tido a oportunidade de devotar-se aos interesses públicos, sua educação teria sido muito favorável à energia do caráter: mas eles retornavam aos hábitos monótonos e sedentários que predominam na Alemanha, e perdiam gradualmente o ímpeto e a resolução que a vida da universidade lhes havia inspirado; restando-lhes apenas uma instrução muito extensa.

Em cada universidade alemã, vários professores eram concorrentes em cada ramo de ensino; assim, a emulação dava-se entre os próprios mestres, interessados que estavam em suplantar uns aos outros na busca de um maior número de estudantes. Aqueles que se dedicassem a uma carreira em particular, à Medicina, ao Direito etc., encontravam-se naturalmente chamados a se instruir sobre outros assuntos; e daí decorre a universali-

---

1 Pode-se ver o esboço dessa questão na obra que o sr. Villers acaba de publicar sobre esse ponto. Encontra-se sempre o sr. Villers à testa de todas as opiniões nobres e generosas; e ele me parece convocado, pelo dom de seu espírito e a profundidade de seus estudos, a representar a França na Alemanha, e a Alemanha na França.

dade de conhecimentos que se nota em quase todos os homens instruídos da Alemanha. As universidades possuíam bens próprios, tal como o clero; tinham uma jurisdição própria; e foi uma bela ideia de nossos ancestrais tornar os estabelecimentos de educação totalmente livres. A idade madura pode submeter-se às circunstâncias; mas na entrada da vida, ao menos, o jovem deve extrair suas ideias de uma fonte não corrompida.

O estudo das línguas, que constitui a base da instrução na Alemanha, é muito mais favorável aos progressos das faculdades na infância do que o das matemáticas ou das ciências físicas. O próprio Pascal, esse grande geômetra, cujo pensamento profundo pairava sobre a ciência a que especialmente se dedicava, assim como sobre todas as outras, chegou a reconhecer os defeitos inseparáveis dos espíritos formados de início pelas matemáticas: esse estudo, na primeira idade, apenas exercita o mecanismo da inteligência; as crianças, ao ficarem ocupadas tão prematuramente em calcular, perdem toda a seiva da imaginação, ainda tão bela e tão fecunda, e não adquirem no lugar uma justeza de espírito transcendente; pois a aritmética e a álgebra limitam-se a nos ensinar de mil maneiras proposições sempre idênticas. Os problemas da vida são mais complicados; nenhum é positivo, nenhum é absoluto: é preciso adivinhar, é preciso escolher, com a ajuda de estimativas e suposições que não têm nenhuma relação com a marcha infalível do cálculo.

As verdades demonstradas não conduzem às verdades prováveis, as únicas que servem de guia nos negócios, nas artes e na sociedade. Há, sem dúvida, um ponto sobre o qual as próprias matemáticas exigem esse poder luminoso da invenção, sem o qual não há como penetrar nos segredos da natureza: no cume do pensamento, a imaginação de Homero e a de Newton parecem estar unidas, mas quantas crianças sem gênio para as matemáticas não consagram todo o seu tempo a essa ciência! Exercita-se nelas apenas uma única faculdade, ao passo que é necessário desenvolver todo o ser moral, em uma época na qual se pode tão facilmente desarranjar tanto a alma quanto o corpo, ao se fortalecer apenas uma das partes.

Nada é menos aplicável à vida do que um raciocínio matemático. Uma proposição em matéria de números é decididamente falsa ou verdadeira; sob todos os outros aspectos, a verdade mistura-se com o falso de tal maneira que frequentemente apenas o instinto pode levar-nos a decidir entre os diversos motivos, algumas vezes tão poderosos de um lado quanto do outro. O estudo das matemáticas, habituando à certeza, leva à irritação contra todas as opiniões opostas à nossa; ao passo que o que há de mais importante para a conduta neste mundo é conhecer os outros, isto é, conceber tudo aquilo que os leva a pensar e a sentir diferentemente de nós. As matemáticas induzem a levar em conta apenas o que está provado; ao passo que as verdades primitivas, aquelas que o sentimento e o gênio apreendem, não são suscetíveis de demonstração.

Enfim, as matemáticas, ao submeterem tudo ao cálculo, inspiram excessivo respeito pela força; e essa energia sublime, que não leva em conta os obstáculos e se compraz nos sacrifícios, dificilmente se coaduna com o tipo de razão desenvolvido pelas combinações algébricas.

Parece-me, portanto, que em favor da moral, bem como do espírito, é mais válido colocar o estudo das matemáticas em seu tempo, e como uma parte da instrução total, mas não fazer desse estudo a base da educação e, por consequência, o princípio determinante do caráter e da alma.

Entre os sistemas de educação, há também os que aconselham a começar o ensino pelas ciências naturais; na infância, elas são apenas um simples divertimento; são chocalhos doutos que acostumam ao divertimento com método e ao estudo superficial. Imaginou-se que seria necessário, tanto quanto possível, evitar o sofrimento às crianças, transformar em deleite todos os seus estudos, dar-lhes desde cedo coleções de história natural como brinquedos, experiências de física como espetáculo. Parece-me que esse também é um sistema errôneo. Se fosse possível que uma criança aprendesse bem qualquer coisa divertindo-se, eu ainda pleitearia para ela o desenvolvimento de uma faculdade, a atenção, faculdade muito mais essencial que um conhecimento a mais. Sei que alguém poderá dizer-me que as matemáticas levam especialmente à aplicação; mas elas não habituam a reunir, a apreciar, a concentrar: a atenção que exigem é, por assim dizer, em linha reta; o espírito humano age nas matemáticas como uma mola que segue sempre uma mesma direção.

A educação provida pelo divertimento dispersa o pensamento; a necessidade da fadiga em tudo é um dos grandes segredos da natureza: o espírito

Da Alemanha

da criança deve acostumar-se com os esforços do estudo, assim como nossa alma com o sofrimento. O aperfeiçoamento da primeira idade diz respeito ao trabalho, tal como o aperfeiçoamento da segunda à dor: é desejável, sem dúvida, que os pais e o destino não abusem muito desse duplo segredo; mas o importante em todas as épocas da vida é apenas o que age sobre o próprio centro da existência, e considera-se com muita frequência o ser moral no detalhe. Com quadros e mapas, vós ensinareis uma quantidade de coisas ao vosso filho, mas não ireis ensiná-los a aprender; e o hábito da diversão, que empregais nas ciências, logo seguirá outro rumo quando a criança não mais depender de vós.

Não é sem razão, portanto, que o estudo das línguas antigas e modernas foi a base de todos os estabelecimentos de educação que formaram os homens mais capazes na Europa: o sentido de uma frase em uma língua estrangeira é ao mesmo tempo um problema gramatical e intelectual; esse problema é inteiramente adequado à inteligência da criança: de início, ela entende apenas as palavras, depois eleva-se até a concepção da frase; logo em seguida, o encanto da expressão, sua força, sua harmonia, tudo aquilo que se encontra na linguagem do homem é gradativamente percebido pela criança que traduz. Ela enfrenta sozinha as dificuldades apresentadas pelas duas línguas ao mesmo tempo, introduz-se nas ideias sucessivamente, compara e combina diversos gêneros de analogias e verossimilhanças; e a atividade espontânea do espírito, a única que realmente desenvolve a faculdade de pensar, é vivamente estimulada por esse estudo. O número das faculdades colocadas em movimento ao mesmo tempo lhe dá a vantagem sobre todos os outros trabalhos, e causa grande felicidade empregar a memória flexível da criança para reter um gênero de conhecimentos, sem o qual ela estaria restrita por toda a vida ao círculo de sua própria nação, círculo estreito como tudo o que é exclusivo.

O estudo da gramática exige a mesma sequência e a mesma capacidade de atenção que as matemáticas, mas é muito mais intimamente ligado ao pensamento. A gramática une as ideias umas às outras, assim como o cálculo encadeia os algarismos; a lógica gramatical é tão precisa quanto a da álgebra, e entretanto ela se aplica a tudo o que há de vivo em nosso espírito: os vocábulos são ao mesmo tempo algarismos e imagens; são escravos e livres, submetidos à disciplina da sintaxe e onipotentes por sua significação natural: assim são encontradas na metafísica da gramática a exatidão do raciocínio e a independência do pensamento reunidas; tudo passou pelos vocábulos e tudo se encontra neles quando se sabe examiná-los: as línguas são inesgotáveis para a criança assim como para o homem, e cada um pode extrair delas tudo aquilo de que necessita.

A imparcialidade natural ao espírito dos alemães leva-os a se interessarem pelas literaturas estrangeiras e, um pouco acima da classe popular, na Alemanha, praticamente não se encontram homens para os quais a leitura de várias línguas não seja familiar. Ao sair das escolas, é comum já saber muito bem o latim e mesmo o grego. "A educação das universidades alemãs", disse um escritor francês, "começa onde acaba a de várias nações da Europa." Não somente os professores são homens de uma instrução surpreendente; mas o que os distingue, sobretudo, é um ensino muito escrupuloso. Na Alemanha, a consciência é colocada em tudo, e nada com efeito pode abrir mão dela. Se examinarmos o curso do destino humano, veremos que a falta de reflexão pode conduzir a tudo o que há de ruim neste mundo. Apenas na infância a falta de reflexão pode ter algum encanto; parece que o Criador ainda mantém a criança pela mão, e a ajuda a caminhar calmamente em meio às incertezas da vida. Mas quando o tempo deixa o homem entregue a si mesmo, é apenas na seriedade de sua alma que ele encontra pensamentos, sentimentos e virtudes.

Capítulo XIX
Das instituições particulares
de educação e beneficência

A princípio parecerá absurdo louvar o antigo método que fazia do estudo das línguas a base da educação, e considerar a escola de Pestalozzi[1] como uma das melhores instituições de nosso século; creio entretanto que esses dois pontos de vista podem ser conciliados. De todos os estudos, são as matemáticas que dão os resultados mais esplêndidos em Pestalozzi. Mas parece-me que seu método poderia ser aplicado a várias outras partes da instrução, nas quais faria progressos seguros e rápidos. Rousseau percebeu que as crianças, antes dos 12 ou 13 anos, não tinham a inteligência necessária para os estudos que lhes eram exigidos, ou antes, para o método de ensino a que eram submetidas. Elas repetiam sem compreender, estudavam

---

1 Johann Heinrich Pestalozzi (1746-1827): pioneiro da reforma educacional na Alemanha; em 1775, transformou sua fazenda em uma escola para crianças pobres, na qual se ensinavam profissões junto ao ensino de leitura e escrita; estabeleceu uma escola para órfãos no cantão de Unterwalden, a qual, no entanto, foi saqueada pelo exécito francês e depois transformada em hospital militar pelos austríacos; Pestalozzi rumou então para Burgdorf, perto de Berna, onde fundou uma escola voltada para classes abastadas e acabou por produzir a maior parte de suas obras educacionais. Em 1804, deslocou seu estabelecimento para München-Buchsee, para trabalhar com Fellenberg, que possuía um estabelecimento similiar; contudo, desentenderam-se, e Pestalozzi deslocou-se para Yerdun, onde sua escola adquiriu ainda maior prosperidade e fama; apesar disso, acabou envolvido em dívidas; em 1825, retirou-se em Neuhof, onde escreveu suas últimas obras. (N. T.)

Madame de Staël

sem se instruir e com frequência obtinham da educação apenas o hábito de fazer a tarefa sem concebê-la, e de esquivar-se do poder do mestre pelas artimanhas escolares. Tudo o que Rousseau disse contra essa educação rotineira é perfeitamente verdadeiro; mas, como muitas vezes ocorre, o que ele propõe como remédio é ainda pior do que o mal.

Uma criança que, segundo o sistema de Rousseau, não tivesse aprendido nada até a idade de 12 anos teria perdido seis anos preciosos de sua vida; seus órgãos intelectuais jamais viriam a adquirir a flexibilidade que apenas o exercício desde a primeira infância podia propiciar. Os hábitos da ociosidade estariam de tal modo enraizados nela que ela ficaria muito mais infeliz quando se lhe falasse de trabalho, pela primeira vez, aos 12 anos de idade, do que se tivesse sido acostumada, já que ele existe, a olhá-lo como uma condição necessária da vida. Ademais, o tipo de cuidado que Rousseau exige do instrutor para prover a instrução, e assegurá-la necessariamente, obrigaria cada homem a consagrar a vida inteira à educação de um outro, e somente os avós estariam livres para começar uma carreira pessoal. Tais projetos são quiméricos, ao passo que o método de Pestalozzi é real, aplicável e pode ter uma grande influência sobre a marcha futura do espírito humano.

Rousseau dissera com razão que as crianças não compreendem o que aprendem, concluindo por aí que não deveriam aprender nada. Pestalozzi estudou profundamente o que faz as crianças não compreenderem, e seu método simplifica e gradua as ideias de tal maneira que são colocadas ao alcance da infância, de modo que o espírito dessa idade chega aos resultados mais profundos sem se cansar. Ao passar com exatidão por todos os graus do raciocínio, Pestalozzi coloca a criança em condições de descobrir por si mesma o que se lhe quer ensinar.

Não há meias-tintas no método de Pestalozzi: entende-se bem ou não se entende; pois todas as proposições têm uma ligação tão próxima que o segundo raciocínio é sempre a consequência imediata do primeiro. Rousseau disse que a mente das crianças ficava cansada devido aos estudos que lhes eram exigidos. Pestalozzi as conduz sempre por um caminho tão fácil e positivo que não lhes custa mais iniciarem-se nas ciências mais abstratas do que nas ocupações mais simples: cada passo nessas ciências é tão facilitado, em relação ao antecedente, quanto a consequência mais natural extraída das

Da Alemanha

circunstâncias mais comuns. O que cansa as crianças é fazê-las saltar as passagens intermediárias, fazê-las avançar sem que saibam o que acreditam ter aprendido. Forma-se em suas mentes, então, uma espécie de confusão que lhes torna todo exame temível, e lhes inspira uma invencível aversão pelo trabalho. Não há vestígios desses inconvenientes na escola de Pestalozzi: as crianças divertem-se com seus estudos, não que estes sejam providos ao modo de jogo, o que, como já o disse, mistura o aborrecimento com o prazer e a frivolidade com o estudo, mas porque desde a infância passam a apreciar o prazer dos homens feitos: saber, compreender e terminar aquilo de que foram encarregados.

O método de Pestalozzi, como tudo o que é realmente bom, não é uma descoberta completamente nova, mas uma aplicação mais clara e perseverante de verdades já conhecidas. A paciência, a observação e o estudo filosófico dos procedimentos do espírito humano levaram-no a conhecer aquilo que há de elementar nos pensamentos e de sucessivo em seu desenvolvimento; e ele levou mais longe do que qualquer outro a teoria e a prática da gradação no ensino. Seu método foi aplicado com sucesso à gramática, à geografia, à música; mas seria muito desejável que os distintos professores que adotassem seus princípios os fizessem servir a todos os tipos de conhecimento. O método da história, em particular, ainda não é bem concebido. Não se observou a gradação das impressões na literatura tal como a dos problemas nas ciências. Enfim, resta muita coisa a fazer para levar a educação ao ponto mais alto, isto é, à arte de colocar-se aquém do que se sabe para torná-lo compreensível aos outros.

Pestalozzi serve-se da geometria para ensinar às crianças o cálculo aritmético; esse também era o método dos antigos. A geometria fala mais à imaginação do que as matemáticas abstratas. Pode-se unir, tanto quanto possível, a precisão do ensino à vivacidade das impressões, caso se queira dominar completamente o espírito humano; pois não é a profundidade própria da ciência, mas unicamente a obscuridade na maneira de apresentá-la que pode impedir as crianças de aprendê-la: elas compreendem tudo gradualmente; o essencial é medir os progressos sobre a marcha da razão na infância. Essa marcha lenta, mas segura, conduz tão longe quanto possível, desde que jamais venha a ser apressada.

109

Madame de Staël

Vê-se na escola de Pestalozzi um espetáculo atraente e singular, quando os rostos de crianças de traços arredondados, vagos e delicados tomam naturalmente uma expressão aplicada: elas se tornam atentas por si mesmas, e consideram seus estudos como um homem maduro trataria seus próprios negócios. É notável que nem a punição nem a recompensa são necessárias para incentivá-las em seus trabalhos. Talvez seja a primeira vez que uma escola de 150 crianças segue sem o impulso da emulação e do temor. Quantos maus sentimentos são poupados ao homem, quando são afastadas de seu coração a inveja e a humilhação, quando ele não vê em seus camaradas rivais, em seus mestres juízes! Rousseau queria submeter a criança à lei do destino; Pestalozzi cria ele mesmo esse destino durante o curso da educação da criança, e dirige-lhes seus decretos para a felicidade e o aperfeiçoamento. A criança sente-se livre, pois lhe agrada a ordem geral que a cerca, cuja igualdade perfeita não é desarranjada nem mesmo pelos talentos mais ou menos destacados de alguns. Não se trata ali de sucesso, mas de progresso rumo a um objetivo ao qual todos tendem com uma mesma boa-fé. Os alunos tornam-se mestres quando sabem mais do que seus camaradas; os mestres voltam a ser alunos quando encontram algumas imperfeições em seu método, e recomeçam sua própria educação para melhor julgar as dificuldades do ensino.

Há um amplo temor de que o método de Pestalozzi sufoque a imaginação e oponha-se à originalidade do espírito; é difícil que exista uma educação para o gênio, e praticamente apenas a natureza e o governo o inspiram ou o estimulam. Mas conhecimentos primitivos perfeitamente claros e seguros não podem ser um obstáculo ao gênio; eles dão ao espírito um gênero de firmeza que mais tarde facilita os mais altos estudos. É preciso considerar a escola de Pestalozzi como limitada até o presente à infância. A educação que ela oferece somente é definitiva para as pessoas do povo; mas é por isso mesmo que pode exercer uma influência bastante salutar sobre o espírito nacional. A educação para os homens ricos deve ser dividida em duas épocas: na primeira, as crianças são guiadas por seus mestres; na segunda, instruem-se voluntariamente, e essa educação por escolha deve ser recebida nas grandes universidades. A instrução que se adquire em Pestalozzi dá a cada homem, de qualquer classe que seja, uma

Da Alemanha

base sobre a qual ele pode construir como quiser a choupana do pobre ou os palácios dos reis.

Seria um erro se se acreditasse na França que não há nada de bom a ser extraído da escola de Pestalozzi além de seu método rápido para aprender a calcular. O próprio Pestalozzi não é um matemático; e não conhece bem as línguas; ele apenas tem a genialidade e o instinto do desenvolvimento interior da inteligência das crianças; ele vê qual caminho segue o pensamento delas para chegar ao fim. Essa lealdade de caráter, que semeia uma calma tão nobre sobre as afeições do coração, Pestalozzi julgou-a necessária também nas operações do espírito. Ele pensa que há um prazer moral em completar os estudos. Com efeito, vemos continuamente que os conhecimentos superficiais inspiram um tipo de arrogância desdenhosa que faz repudiar como inútil, ou perigoso, ou ridículo, tudo o que não se sabe. Vemos também que os conhecimentos superficiais obrigam a esconder habilmente o que se ignora. A candura sofre com todos esses defeitos de instrução dos quais nos envergonhamos a despeito de nós mesmos. Saber perfeitamente o que se sabe dá um repouso ao espírito semelhante à satisfação da consciência. A boa-fé de Pestalozzi, essa boa-fé levada à esfera da inteligência, e que trata com as ideias tão escrupulosamente quanto com os homens, é o principal mérito de sua escola; é por aí que ele reúne à sua volta, de um modo inteiramente desinteressado, homens consagrados ao bem-estar das crianças. Quando, em um estabelecimento público, nenhum dos cálculos pessoais dos dirigentes satisfaz, é preciso buscar o móbil desse estabelecimento no amor pela virtude: os prazeres que ela proporciona bastam para se abrir mão de tesouros e de poder.

Não seria possível imitar o instituto de Pestalozzi pela transposição de seus métodos de ensino para outros lugares; é preciso estabelecer com ele a perseverança nos mestres, a simplicidade nos estudantes, a regularidade no gênero de vida, enfim, sobretudo, os sentimentos religiosos que animam essa escola. As práticas do culto não são seguidas ali com mais exatidão do que em outros lugares; mas tudo se passa em nome da divindade, em nome desse sentimento elevado, nobre e puro que é a religião habitual do coração. A verdade, a bondade, a confiança e a afeição cercam as crianças; elas vivem nessa atmosfera e, por algum tempo ao menos, permanecem alheias a todas as paixões odiosas, a todos os orgulhosos preconceitos das rodas sociais. Um eloquente filósofo, Fichte, disse que "esperava a regeneração da nação alemã pelo instituto de Pestalozzi":[2] deve-se convir ao menos que uma revolução fundada sobre semelhantes meios não seria nem violenta nem rápida; pois a educação, por melhor que possa ser, não é nada em comparação com a influência dos acontecimentos públicos: a instrução perfura gota a gota a rocha, mas a torrente a arrebata em um dia.

É preciso prestar homenagem a Pestalozzi, sobretudo, pelo cuidado que teve em colocar seu instituto ao alcance das pessoas sem fortuna, reduzindo o valor da pensão tanto quanto possível. Ele se ocupou constantemente dos pobres, e quis assegurar-lhes o benefício das luzes puras e da instrução sólida. As obras de Pestalozzi, sob esse aspecto, mostram-se uma leitura muito curiosa: ele fez romances nos quais as situações da vida das pessoas do povo estão retratadas com um interesse, uma verdade e uma moralidade perfeitas. Os sentimentos que exprime nesses escritos são, por assim dizer, tão elementares quanto os princípios de seu método. Surpreendemo-nos a chorar por uma palavra, por um detalhe tão simples, tão comum mesmo, que apenas a profundidade das emoções o realça. As pessoas do povo estão em um estado intermediário entre os selvagens e os homens civilizados; quando são virtuosas, têm um gênero de inocência e bondade que não pode ser encontrado nas rodas sociais. A alta sociedade pesa sobre elas; elas lutam contra a natureza, e sua confiança em Deus é mais animada, mais constante do que a dos ricos. Sempre ameaçados pela infelicidade, recorrem continuamente à oração, inquietos a cada dia, salvos a cada noite, os pobres sentem-se sob a mão imediata daquele que protege o que os homens abandonaram, e sua probidade, quando a têm, é singularmente escrupulosa.

Lembro-me, em um romance de Pestalozzi, da restituição de algumas batatas por uma criança que as tinha roubado: sua avó agonizante ordena que as devolva ao proprietário da horta de onde foram tiradas, e essa cena enternece até o fundo do coração. Esse crime pobre, se se pode falar assim, causando tais remorsos; a solenidade da morte através das misérias da vida,

---

2 Encontrado nos *Discursos à nação alemã*, de 1808. (N. T.)

Da Alemanha

a velhice e a infância reaproximadas pela voz de Deus, que fala igualmente a ambas, tudo isso é doloroso, e muito doloroso: pois em nossas ficções poéticas as pompas do destino aliviam um pouco da piedade causada pelos reveses; mas acredita-se ver nesses romances populares uma lâmpada fraca a clarear uma pequena cabana, e a bondade da alma sobressai em meio a todas as dores que a colocam à prova.

Uma vez que a arte do desenho pode ser considerada sob o aspecto da utilidade, é possível dizer que, dentre as artes recreativas, a única introduzida na escola de Pestalozzi foi a música, e é preciso louvar ainda essa escolha. Há toda uma ordem de sentimentos, eu diria até mesmo toda uma ordem de virtudes, que pertencem ao conhecimento, ou ao menos à apreciação musical; e trata-se de uma grande barbárie privar de tais impressões uma numerosa parcela da raça humana. Os antigos pretendiam que as nações tivessem sido civilizadas pela música, e essa alegoria tem um sentido bastante profundo; pois é preciso sempre supor que o laço da sociedade foi formado pela simpatia ou pelo interesse, e certamente a primeira origem é mais nobre do que a outra.

Pestalozzi não é o único, na Suíça alemã, a se ocupar zelosamente do cultivo da alma do povo: foi sob esse aspecto que a instituição do sr. Fellenberg[3] me impressionou. Muitas pessoas foram até lá para buscar novas luzes sobre a agricultura, e dizem que ficaram satisfeitas a esse respeito; mas o que merece especialmente a estima dos amigos da humanidade é o cuidado que o sr. Fellenberg tem para com a educação das pessoas do povo; segundo o método de Pestalozzi, é preciso instruir os mestres de escola dos vilarejos para que eles, por sua vez, ensinem as crianças; os trabalhadores que lavram suas terras aprendem a música pelos salmos, e logo serão ouvidos no campo os louvores divinos cantados por vozes simples, mas harmoniosas, que celebrarão ao mesmo tempo a natureza e seu autor. Enfim, o sr. Fellenberg busca por todos os meios possíveis formar entre a

---

3 Philipp Emanuel von Fellenberg (1771-1844): educador e agricultor; fundou várias instituições de ensino: uma escola agrícola (1799), na qual aceitou alunos de diferentes níveis sociais; um asilo de órfãos (1804) e uma colônia para meninos pobres (1816); influenciou o ensino na Europa. (N. T.)

classe inferior e a nossa um laço liberal, um laço que não esteja unicamente baseado nos interesses pecuniários dos ricos e dos pobres.

O exemplo da Inglaterra e da América nos ensina que bastam instituições livres para desenvolver a inteligência e a sabedoria do povo; mas trata-se um passo a mais dar-lhes além do necessário em matéria de instrução. O necessário sempre tem algo de revoltante quando são os possuidores do supérfluo que o consideram. Não basta se ocupar das pessoas do povo sob o ponto de vista da utilidade, é preciso também que elas participem dos gozos da imaginação e do coração. É nesse mesmo espírito que filantropos muito esclarecidos ocuparam-se da mendicância em Hamburgo. Eles não introduziram em suas instituições de caridade nem o despotismo nem a especulação econômica; eles quiseram que os homens desafortunados viessem a desejar por si mesmos o trabalho que lhes é requisitado, tanto quanto os benefícios que se lhes concede. Como não faziam dos pobres um meio, mas um fim, não lhes ordenaram que se ocupassem, mas fizeram que viessem a desejar isso. Nos diferentes relatórios dessas instituições de caridade, vê-se continuamente que importava bem mais aos seus fundadores tornar os homens melhores do que torná-los mais úteis; e é esse alto ponto de vista filosófico que caracteriza o espírito de sabedoria e liberdade dessa antiga cidade hanseática.

Há muita beneficência na alta sociedade, e aquele que não é capaz de servir a seus semelhantes pelo sacrifício de seu tempo e de seus pendores de bom grado lhes faz o bem com dinheiro: isso é sempre alguma coisa, e nenhuma virtude deve ser desdenhada. Mas a massa considerável das esmolas particulares não é sabiamente administrada na maioria dos lugares, e um dos serviços mais eminentes que o barão Voght[4] e seus excelentes compatriotas prestaram à humanidade foi o de demonstrar que, sem novos sacrifícios, sem que o Estado interviesse, a beneficência particular bastava ao alívio da infelicidade. Aquilo que se opera pelos indivíduos convém

---

4 Caspar Voght (1752-1839) exerceu atividade mercantil e participou da reforma social de sua cidade natal. Em 1788, fundou ali, com Johann Georg Büsch e Johann Arnold Günther, uma instituição voltada para as pessoas pobres, a qual provia desde assistência médica até educação para as crianças. (N. T.)

Da Alemanha

singularmente à Alemanha, onde cada coisa, tomada separadamente, vale mais do que o conjunto.

Os empreendimentos de caridade devem prosperar na cidade de Hamburgo; há tanta moralidade entre os habitantes que, durante muito tempo, os impostos foram pagos em uma espécie de urna, sem que jamais alguém tivesse vigiado o que se colocava nela: esses impostos deviam ser proporcionais à fortuna de cada um, e, feito o cálculo, eram sempre escrupulosamente pagos. Não parece ser uma anedota da idade do ouro, caso na idade do ouro existissem riquezas privadas e impostos públicos? Não haveria admiração que pudesse dar conta do quanto, seja sob o aspecto do ensino, seja sob o da administração, a boa-fé torna tudo fácil. Por certo se lhe deveriam conceder todas as honras obtidas pela habilidade; pois, em termos de resultado, ela tem maior êxito nos negócios deste mundo.

Capítulo XX
A festa de Interlaken

É preciso atribuir ao caráter germânico uma grande parte das virtudes da Suíça alemã. Não obstante, há mais espírito público na Suíça do que na Alemanha, mais patriotismo, mais energia, mais concordância nas opiniões e sentimentos; mas também a pequenez dos Estados e a pobreza do lugar não estimulam de modo algum o gênio: encontram-se ali bem menos doutos e pensadores do que no Norte da Alemanha, onde a própria frouxidão dos laços políticos dá impulso a todos os nobres devaneios, a todos os sistemas ousados que não se submetem à natureza das coisas. Os suíços não pertencem a uma nação poética, e com razão é de espantar que o admirável aspecto de sua região não lhes tenha inflamado sobremaneira a imaginação. Todavia, um povo religioso e livre é sempre suscetível de uma espécie de entusiasmo, e as ocupações materiais da vida não poderiam sufocá-lo inteiramente. Caso se pudesse duvidar disso, seria possível convencer-se pela Festa dos Pastores, que foi celebrada no ano passado, em meio aos lagos, em memória do fundador de Berna.

A cidade de Berna merece mais do que nunca o respeito e o interesse dos viajantes: parece que, depois de seus últimos infortúnios, ela retomou todas as suas virtudes com um novo ardor, e que ao perder seus tesouros redobrou as doações aos desafortunados. Suas instituições de caridade são talvez as mais bem cuidadas da Europa: o abrigo é o mais belo edifício, o único magnífico da cidade. Sobre a porta, tem-se esta inscrição: CHRISTO IN PAUPERIBUS,

Cristo nos pobres. Não há nada mais admirável do que isso. A religião cristã não nos disse que Jesus veio à Terra pelos que sofrem? E quem de nós, em alguma época da vida, não foi um desses pobres em felicidade, em esperanças, um desses desafortunados, enfim, que deve receber algum alívio em nome de Deus?

Tudo na cidade e no cantão de Berna traz a marca de uma ordem séria e calma, de um governo digno e paternal. Um ar de probidade se faz sentir em cada objeto percebido; acredita-se estar em família em meio a 200 mil homens, sejam eles chamados nobres, burgueses ou cidadãos, todos igualmente devotados à pátria.

Para ir à festa, era preciso atravessar um desses lagos nos quais as belezas da natureza se refletem, e que parecem localizados ao pé dos Alpes para multiplicar suas formas arrebatadoras. Uma borrasca que se anunciava nos roubava a visão clara das montanhas; mas, confundidas com as nuvens, tornavam-se ainda mais temíveis. A tempestade aumentava, e ainda que um sentimento de terror se apoderasse de minha alma, apreciava o raio do céu que confunde o orgulho do homem. Repousáramos um momento em uma espécie de gruta antes de nos arriscarmos a atravessar a parte do lago de Thun, que é cercada de perigosos rochedos. Foi em um lugar parecido que Guilherme Tell conseguira desafiar os abismos e agarrar-se aos escolhos para escapar de seus tiranos. Percebêramos então ao longe a montanha que leva o nome de Virgem (*Jungfrau*), pois nenhum viajante jamais tinha conseguido chegar ao seu cume: ela é menor do que o Mont Blanc, mas inspira mais respeito, pois sabe-se que é inacessível.

Chegamos a Unterseen, e o rumor do Rio Aar, cujas cascatas caem próximo da pequena cidade, dispunha a alma a impressões sonhadoras. Os estrangeiros, em grande número, estavam hospedados nas casas muito limpas, mas rústicas, dos camponeses. Era bem divertido ver jovens parisienses a passear na rua de Unterseen, repentinamente transportados aos vales da Suíça; eles não ouviam nada além do barulho das torrentes, não viam nada além das montanhas, e procuravam saber se naqueles lugares solitários poderiam se aborrecer o bastante para voltar com mais prazer ainda às rodas sociais.

Falou-se muito de uma ária tocada por trompas alpinas, a qual impressionava tanto os suíços que, quando a ouviam, deixavam seus regimentos

Da Alemanha

para retornar à pátria. Concebe-se o efeito que pode produzir essa ária quando o eco das montanhas a repete; mas ela foi feita para ressoar ao longe, não causando de perto uma sensação muito agradável; se fosse cantada por vozes italianas, a imaginação ficaria totalmente inebriada; mas talvez esse prazer fizesse nascer ideias estranhas à simplicidade do país. Desejar-se-iam as artes, a poesia, o amor, ao passo que ali é necessário poder contentar-se com o repouso e a vida campestre.

A noite que precedera a festa fora iluminada com fogueiras nas montanhas: foi assim que outrora os libertadores da Suíça sinalizaram sua santa conspiração. Essas fogueiras, feitas nos cumes, assemelhavam-se à lua quando se levanta detrás das montanhas, e se mostra ao mesmo tempo ardente e tranquila. Dir-se-ia que novos astros vinham assistir ao espetáculo mais tocante que nosso mundo ainda podia oferecer. Um desses sinais inflamados parecia estar no céu, de onde clareava as ruínas do castelo de Unspunnen, outrora possuído por Berthold, o fundador de Berna, em cuja memória dava-se a festa. Trevas profundas cercavam esse ponto luminoso, e as montanhas, que durante a noite assemelham-se a imensos fantasmas, surgiam como a sombra gigantesca dos mortos que se queria celebrar.

No dia da festa, o tempo estava bom, mas encoberto; seria preciso que a natureza correspondesse ao enternecimento de todos os corações. O local escolhido para os jogos é cercado de colinas cobertas de árvores, e montanhas a perder de vista estão atrás dessas colinas. Todos os espectadores, em número aproximado de 6 mil, sentaram-se nas altas encostas, e as cores variadas das vestes se assemelhavam, pela distância, a flores espalhadas pela pradaria. Jamais um aspecto mais alegre poderia anunciar uma festa; mas quando os olhares se erguiam os rochedos suspensos pareciam, como o destino, ameaçar os humanos em meio a seus prazeres. Entretanto, se havia um gozo da alma bastante puro para não provocar o destino, era aquele.

Quando a multidão dos espectadores fora reunida, ouviu-se vir ao longe a procissão da festa, procissão solene, com efeito, pois era consagrada ao culto do passado. Uma música agradável a acompanhava; os magistrados surgiam à frente dos camponeses; as jovens camponesas estavam vestidas segundo o costume antigo e pitoresco de cada cantão; as alabardas e os estandartes de cada vale eram carregados no início da marcha por homens de cabelos brancos, vestidos exatamente como há cinco séculos, quando da conjuração de Rütli.[1] Uma emoção profunda apoderava-se da alma ao ver essas bandeiras tão pacíficas que tinham velhos como guardiões. Os tempos antigos estavam representados por esses homens idosos para nós, mas tão jovens na presença dos séculos! Não sei qual ar de confiança em todos esses seres fracos tocava profundamente, pois essa confiança lhes era inspirada apenas pela lealdade de sua alma. Os olhos enchiam-se de lágrimas no meio da festa, como nos dias felizes e melancólicos nos quais se celebra a convalescença da pessoa amada.

Enfim, os jogos começaram e os homens do vale e da montanha, erguendo enormes pesos, lutando uns contra os outros, mostraram uma agilidade e uma força física bastante notáveis. Essa força outrora tornava as nações mais militares; hoje que a tática e a artilharia dispõem da sorte das armadas, esses exercícios são vistos apenas como jogos rurais. A terra é mais bem cultivada por homens bastante robustos; mas a guerra é feita somente com a ajuda da disciplina e do cálculo, e os próprios movimentos da alma têm menos poder sobre o destino humano desde que os indivíduos desapareceram nas massas, e que o gênero humano parece dirigido, tal como a natureza inanimada, por leis mecânicas.

Após o término dos jogos e a distribuição de prêmios aos vencedores pelo bom bailio do lugar, dera-se a ceia sob algumas tendas e cantaram-se versos em honra da tranquila felicidade dos suíços. Durante a refeição, circulavam taças de madeira, nas quais estavam talhados Guilherme Tell e os três fundadores da liberdade helvética. Brindava-se com enlevo ao repouso, à ordem, à independência; e o patriotismo da felicidade era expresso com uma cordialidade que penetrava todas as almas.

"As pradarias são tão floridas e as montanhas tão verdejantes quanto outrora: quando toda a natureza sorri, como o coração do homem poderia ser apenas um deserto?"[2]

---

1 A conjuração do Rütli é um dos mitos fundadores da Suíça; nessa pradaria à margem do Lago Lucerna no cantão de Uri da Suíça teria ocorrido, em 1307, a reunião entre os que eram contrários à opressão austríaca. (N. T.)

2 Essas palavras eram o refrão de um canto repleto de graça e talento, composto para essa festa. A autora do canto é a sra. Harms, muito conhecida na Alemanha

Da Alemanha

Não, sem dúvida ele não o era; ele desabrochava com confiança em meio a essa bela região na presença desses homens respeitáveis, todos animados pelos sentimentos mais puros. Um camponês pobre, de entendimento muito limitado, sem luxo, sem brilho, sem poder, é querido por seus habitantes como um amigo que abriga suas virtudes na sombra e consagra tudo à felicidade dos que o amam. Após cinco séculos de prosperidade contínua na Suíça, contam-se antes com sábias gerações do que com grandes homens. Não há lugar para a exceção quando o conjunto é tão feliz. Dir-se-ia que os ancestrais dessa nação ainda reinam em seu seio: ela sempre os respeita, imita-os e os retoma. Tanto a simplicidade dos costumes e o apego aos usos antigos quanto a sabedoria e a uniformidade na maneira de viver nos aproximam do passado, e tornam o futuro presente para nós. Uma história, sempre a mesma, parece apenas um único momento cuja duração é de vários séculos.

A vida corre nesses vales como os riachos que os atravessam; são novas águas, mas que seguem o mesmo curso: que não seja interrompido! Que a mesma festa seja frequentemente celebrada ao pé dessas mesmas montanhas! O estrangeiro as admira como uma maravilha, o helvético as quer como um abrigo onde os magistrados e os pais cuidem juntamente dos cidadãos e das crianças.

---

por seus escritos sob o nome de sra. Berlepsch. [Emilie Dorothea Friedericke von Berlepsch (1755-1830). (N. T.)]

Segunda parte
A literatura e as artes

Capítulo I
Por que os franceses não fazem justiça à literatura alemã?

Eu poderia responder de uma maneira muito simples a essa pergunta, dizendo que bem poucas pessoas na França conhecem a língua alemã, e que suas belezas, sobretudo na poesia, não podem ser traduzidas para o francês. As línguas teutônicas traduzem-se facilmente entre elas. Ocorre o mesmo com as línguas latinas. Mas estas não poderiam exprimir a poesia dos povos germânicos. Uma música composta para determinado instrumento não é executada com êxito em outro tipo de instrumento. Ademais, a literatura alemã praticamente só passou a existir em toda a sua originalidade de quarenta a cinquenta anos para cá; e os franceses, há vinte anos, encontram-se tão preocupados com os acontecimentos políticos que todos os seus estudos em literatura foram suspensos.

No entanto, seria muito superficial tratar a questão limitando-se a dizer que os franceses são injustos para com a literatura alemã por não a conhecerem. Certamente têm preconceitos contra ela; mas esses preconceitos devem-se ao sentimento confuso das claras diferenças existentes entre a maneira de ver e sentir das duas nações.

Na Alemanha, não há gosto fixo sobre nada, tudo é independente, tudo é individual. Julga-se uma obra pela impressão recebida dela, e jamais pelas regras, pois estas geralmente não são admitidas: cada autor é livre para criar para si uma esfera nova. Na França, a maior parte dos leitores jamais deseja ser comovida, ou mesmo divertir-se, à custa de sua consciência literária: o escrúpulo refugiou-se ali. Um autor alemão forma seu público. Na França, o público comanda os autores. Uma vez que a França apresenta um maior número de pessoas de espírito do que a Alemanha, seu público é muito mais imponente, ao passo que os escritores alemães, elevados eminentemente acima de seus juízes, governam-nos em lugar de receber deles a lei. Daí ocorre que esses escritores não se aperfeiçoem muito pela crítica. A impaciência dos leitores ou a dos espectadores não os obriga a suprimir os momentos arrastados de suas obras, e eles raramente param a tempo, pois um autor, quando praticamente nunca chega a cansar-se das próprias concepções, somente pode ser advertido pelos outros a partir do momento em que estas cessam de interessar. Os franceses pensam e vivem em função dos outros, ao menos sob o aspecto do amor-próprio; e sente-se, na maior parte de suas obras, que seu principal fim não é o objeto tratado, mas o efeito produzido. Os escritores franceses estão sempre em meio à sociedade, mesmo quando compõem, pois não perdem de vista os julgamentos, as zombarias e o gosto em voga, isto é, a autoridade literária sob a qual vivemos em determinada época.

A primeira condição para escrever é ter uma maneira de se sentir viva e forte. As pessoas que estudam nos outros o que devem sentir, e o que lhes é permitido falar, literariamente falando, não existem. Sem dúvida nossos escritores de gênio (e qual nação os possui mais do que a França!) sujeitaram-se apenas às amarras que não prejudicavam sua originalidade. Mas é preciso comparar os dois países em bloco, e no momento presente, para saber o porquê da dificuldade de entenderem-se.

Na França, uma obra é lida quase que exclusivamente para se falar dela. Na Alemanha, onde se vive praticamente sozinho, deseja-se que a própria obra seja uma companhia; e qual sociedade da alma poderia ser possível com um livro que fosse apenas um eco da sociedade! No silêncio do retiro, nada parece mais triste do que a espirituosidade das rodas sociais. O homem solitário necessita que uma emoção íntima compense o movimento exterior que lhe falta.

Na França, a clareza é tida como um dos primeiros méritos de um escritor; pois, antes de tudo, trata-se de não se dar trabalho e obter, pela leitura da manhã, aquilo que à noite traz brilho à conversação. Mas os alemães

Da Alemanha

sabem que a clareza não passa de um mérito relativo: um livro é claro segundo o assunto e o leitor. Montesquieu não pode ser tão facilmente compreendido quanto Voltaire, e não obstante ele é tão claro quanto o objeto de suas meditações o permite. Sem dúvida é preciso levar luz às profundezas. Mas aqueles que se limitam aos ditos espirituosos, e aos jogos de palavras, estão bem mais seguros de ser compreendidos. Uma vez que não abordam nenhum mistério, como seriam obscuros? Os alemães, por um defeito oposto, apreciam as trevas. Com frequência, preferem remeter à noite aquilo que era do dia do que seguir o caminho já trilhado. Eles têm tamanha aversão pelas ideias comuns que, quando se veem na necessidade de recorrer a elas, as envolvem em uma metafísica abstrata que pode levar a crer que são novas até que sejam reconhecidas. Os escritores alemães não se incomodam com seus leitores. Uma vez que suas obras são aceitas e comentadas como oráculos, podem cercá-las com quantas nuvens quiserem. Não faltará paciência para afastar essas nuvens. Mas é preciso que ao fim perceba-se uma divindade, pois o que os alemães menos toleram é a espera enganosa. Seus próprios esforços e sua perseverança tornam necessários os grandes resultados. Se um livro não apresenta pensamentos vigorosos e novos, é logo desprezado; e se o talento leva a tudo perdoar, não são muito apreciados os vários tipos de habilidade pelas quais se pode tentar suprir-lhe a falta.

A prosa dos alemães é com frequência muito descuidada. Concede-se muito mais importância ao estilo na França do que na Alemanha. Essa é uma consequência natural do interesse dado à palavra, e do valor que ela deve ter em um país onde as altas rodas dominam. Todos os homens de um pouco de agudeza são juízes da justeza e da conveniência de determinada frase, ao passo que é preciso muita atenção e estudo para apreender o conjunto e o encadeamento de uma obra. Além disso, as expressões prestam-se bem mais ao gracejo do que os pensamentos e, em tudo o que diz respeito às palavras, o riso vem antes da reflexão. Entretanto, é preciso convir que a beleza do estilo não é uma vantagem puramente exterior; pois os sentimentos verdadeiros inspiram quase sempre as mais nobres e justas expressões; e a indulgência permitida ao estilo de um escrito filosófico não deve ser estendida ao de uma composição literária; na esfera das belas-artes, tanto a forma quanto o próprio assunto dependem da alma.

A arte dramática oferece um notável exemplo das faculdades distintas dos dois povos. Tudo o que se refere à ação, à intriga, ao interesse dos acontecimentos é mil vezes mais bem combinado, mil vezes mais bem concebido entre os franceses; tudo o que diz respeito ao desenvolvimento das impressões do coração, às tempestades secretas das paixões fortes é muito mais profundo entre os alemães.

Para que os homens superiores de ambos os países atinjam o mais alto grau de perfeição, é preciso que o francês seja religioso e o alemão, um pouco mundano. A piedade opõe-se à dissipação da alma, que é o defeito e a graça da nação francesa; o conhecimento dos homens e da sociedade daria aos alemães, na literatura, o gosto e a habilidade que lhes falta. Os escritores dos dois países são injustos uns com os outros; sob esse aspecto, entretanto, os franceses são mais culpados do que os alemães; eles julgam sem conhecer, ou examinam apenas com uma opinião já formada; os alemães são mais imparciais. A extensão dos conhecimentos faz passar sob os olhos tantos modos diversos de ver que isso acaba por prover ao espírito a tolerância que nasce da universalidade.

Os franceses, não obstante, ganhariam mais em compreender o gênio alemão do que os alemães em se submeterem ao bom gosto francês. Em nossos dias, todas as vezes em que se pôde introduzir um pouco da seiva estrangeira na regularidade francesa, os franceses aplaudiram com arrebatamento. J.-J. Rousseau, Bernardin de Saint-Pierre,[1] Chateaubriand[2] etc., em algumas de suas obras, são todos, mesmo sem o saber, da escola germânica, quero dizer que extraem seu talento tão somente do fundo da alma. Porém, caso se quisesse disciplinar os escritores alemães segundo as leis proibitivas da literatura francesa, eles não saberiam navegar em meio

---

1 Jacques-Henri Bernardin de Saint-Pierre (1737-1814), conhecido pelo romance *Paul et Virginie* (1781). (N. T.)

2 François-René Auguste de Chateaubriand (1768-1848) ganhou reputação literária com a obra *Le génie du christianisme* [O gênio do cristianismo], editada em 1802, mas escrita entre 1795 e 1799, quando de seu exílio na Inglaterra; *Mémoires d'outre-tombe* [Memórias de além-túmulo] é considerada sua obra-prima, tendo sido escrita entre 1809 e 1841 e editada postumamente entre 1849 e 1850, em doze volumes. (N. T.)

Da Alemanha

aos escolhos que lhes seriam indicados; e com saudades do alto-mar, teriam o espírito antes turvado que esclarecido. Não decorre disso que devam ousar tudo, e que não fariam bem algumas vezes em se impor limites; mas importa-lhes colocá-los segundo seu modo de ver. Para fazê-los adotar certas restrições necessárias, é preciso remontar ao princípio dessas restrições sem jamais empregar a autoridade do ridículo, em relação à qual são totalmente refratários.

Os homens de gênio de todos os países são formados para compreender e estimar uns aos outros; mas o comum dos escritores e dos leitores alemães e franceses lembra a fábula de La Fontaine,[3] na qual a cegonha não consegue comer no prato nem a raposa na garrafa. O contraste mais perfeito se faz notar entre os espíritos desenvolvidos na solidão e os que são formados pela sociedade. As impressões do exterior e o recolhimento da alma, o conhecimento dos homens e o estudo das ideias abstratas, a ação e a teoria dão resultados totalmente opostos. A literatura, as artes, a filosofia, a religião dos dois povos atestam essa diferença; e a eterna barreira do Reno separa duas jurisdições intelectuais que, não menos que as duas regiões geográficas, são estranhas uma à outra.

---

3 Jean de la Fontaine (1621-1695). (N. T.)

Capítulo II
Do julgamento formado na Inglaterra acerca da literatura alemã

A literatura alemã é muito mais conhecida na Inglaterra do que na França. As línguas estrangeiras são mais estudadas lá, e os alemães têm mais relações naturais com os ingleses do que com os franceses; entretanto, mesmo na Inglaterra há preconceitos contra a filosofia e a literatura dos alemães. Pode ser interessante examinar a causa disso.

O gosto pela sociedade, o prazer e o interesse pela conversação não é aquilo que forma os espíritos na Inglaterra: os negócios, o parlamento, a administração tomam todas as mentes, e os interesses políticos são o principal objeto das meditações. Os ingleses querem resultados imediatamente aplicáveis em tudo, e disso nascem suas prevenções contra uma filosofia que tem por objeto antes o belo do que o útil.

Os ingleses, por certo, não separam a dignidade da utilidade, e estão sempre prontos, quando necessário, a sacrificar o que é útil ao que é honrado; mas prestam-se de bom grado, como está dito no *Hamlet*, a essas *conversações com o ar* que cativam tanto os alemães. A filosofia dos ingleses é voltada para os resultados vantajosos ao bem-estar da humanidade. Os alemães ocupam-se da verdade por si mesma, sem pensar no proveito que os homens podem tirar dela. Uma vez que a natureza de seus governos não lhes oferece grandes e belas ocasiões para merecer a glória e servir a pátria, eles se dedicam a todo gênero de contemplação, e buscam no céu o espaço que seu restrito destino lhes recusa na Terra. Eles se comprazem com o ideal, pois não há nada no estado atual das coisas que lhes fale à imaginação. Os ingleses orgulham-se com razão de tudo o que possuem, de tudo o que são, de tudo o que podem ser; colocam sua admiração e seu amor em suas leis, seus costumes e seu culto. Esses nobres sentimentos dão à alma mais força e energia, mas o pensamento talvez chegue ainda mais longe quando não tem limites, nem mesmo fim determinado, e quando, em incessante relação com a imensidão e o infinito, nenhum interesse o reconduz às coisas deste mundo.

Todas as vezes que uma ideia consolida-se, isto é, transforma-se em instituição, o melhor é examinar atentamente seus resultados e suas consequências, circunscrevê-la e fixá-la: mas quando se trata de uma teoria, é preciso considerá-la em si mesma. Não se trata mais de prática, não se trata mais de utilidade, e a busca pela verdade na filosofia, tal como a imaginação na poesia, deve ser independente de todo entrave.

Os alemães são como os batedores da armada do espírito humano; eles experimentam novos caminhos, tentam meios desconhecidos: como não haveria curiosidade em saber o que dizem no retorno de suas incursões ao infinito? Os ingleses, que têm tanta originalidade no caráter, temem todavia muito comumente os novos sistemas. O espírito cauteloso lhes fez tão bem nos negócios da vida que gostam de reencontrá-lo nos estudos intelectuais; e é aí entretanto que a audácia é inseparável do gênio. O gênio, com a condição de respeitar a religião e a moral, deve ir tão longe quanto quiser: é o domínio do pensamento que ele expande.

A literatura, na Alemanha, é tão marcada pela filosofia dominante que o afastamento de uma poderia influir no julgamento que se faria sobre a outra; entretanto, os ingleses, há algum tempo, traduzem com prazer os poetas alemães, e não ignoram a analogia que deve resultar de uma mesma origem. Há mais sensibilidade na poesia inglesa, e mais imaginação na poesia alemã. Ainda que as afeições da vida familiar exerçam um grande domínio sobre o coração dos ingleses, sua poesia sente o efeito da delicadeza e fixidez dessas afeições: os alemães, mais independentes em tudo, por não trazerem a marca de nenhuma instituição política, pintam os sentimentos e as ideias em meio às nuvens. Dir-se-ia que o universo vacila diante de seus olhos, e a própria incerteza de seus olhares multiplica os objetos dos quais seu talento pode se servir.

Da Alemanha

O princípio do terror, que é um dos grandes expedientes da poesia alemã, tem menos ascendência sobre a imaginação dos ingleses de hoje; eles descrevem a natureza com encanto, mas ela já não age mais sobre eles como um poder temível que encerra em seu seio os fantasmas, os presságios, tendo entre os modernos o mesmo lugar que o destino entre os antigos. A imaginação, na Inglaterra, é quase sempre inspirada pela sensibilidade; a imaginação dos alemães é algumas vezes rude e estranha: a religião da Inglaterra é mais severa, a da Alemanha é mais vaga; e a poesia das nações deve necessariamente trazer a marca dos sentimentos religiosos. Na Inglaterra, não há o reinado da conveniência nas artes tal como na França. Entretanto, a opinião pública lá exerce maior domínio do que na Alemanha. A unidade nacional é a causa disso. Os ingleses querem conciliar em todas as coisas as ações e os princípios; trata-se de um povo sábio e ordeiro, que compreendeu a glória na sabedoria e a liberdade na ordem. Os alemães, não fazendo senão sonhar com ambas, examinaram as ideias independentemente de sua aplicação, e assim se sobressaíram necessariamente na teoria.

Os atuais literatos alemães mostram-se (o que deve parecer singular) muito mais refratários do que os ingleses à introdução das reflexões filosóficas na poesia. É verdade que os primeiros gênios da literatura inglesa,[1] Shakespeare, Milton, Dryden em suas odes etc., são poetas que não se entregam ao espírito argumentativo; mas Pope e vários outros devem ser considerados como didáticos e moralistas. Os alemães rejuvenesceram, os ingleses tornaram-se maduros.[2] Os alemães professam uma doutrina que tende a reanimar o entusiasmo nas artes bem como na filosofia, e deve-se louvá-los se a mantiverem; pois o século pesa tanto sobre eles, e não há lugar onde se esteja mais inclinado a desdenhar o que é apenas belo; não há lugar onde se repita com mais frequência a mais comum de todas as questões: *para que serve?*

---

1 William Shakespeare (1564-1616); John Milton (1608-1674); John Dryden (1631-1700): dramaturgo, crítico literário e tradutor, além de secretário de Estado de Cromwell; Alexander Pope (1688-1744): satirista, poeta e ensaísta. (N. T.)

2 Os poetas ingleses de nosso tempo, sem concordarem com os alemães, adotaram o mesmo sistema. A poesia didática tomou o lugar das ficções da Idade Média, das cores purpúreas do Oriente; o raciocínio e mesmo a eloquência não poderiam bastar a uma arte essencialmente criadora.

Capítulo III
Das principais épocas da literatura alemã

A literatura alemã não teve o que se costuma chamar de um século de ouro, isto é, uma época na qual os progressos das letras são encorajados pela proteção dos chefes de Estado. Leão X, na Itália, Luís XIV, na França, e Péricles e Augusto, nos tempos antigos, deram o nome ao século em que viveram.[1] Pode-se igualmente considerar o reino da rainha Ana como a época mais esplêndida da literatura inglesa:[2] mas essa nação, que existe por si mesma, jamais deveu seus grandes homens a seus reis. A Alemanha estava dividida. Não havia na Áustria nenhum amor pelas letras, e em Frederico II, a quem sozinho pertencia toda a Prússia, nenhum interesse pelos escritores alemães.[3] Portanto, as letras na Alemanha jamais estiveram reunidas em um centro, e

---

1 Leão X nasceu Giovanni Lorenzo dei Medici (1475-1521), tornando-se papa em 1513; em seu governo foram feitas grandes descobertas arqueológicas em Roma, bem como se deram muitas das produções de Rafael e Michelangelo; o estudo da língua grega foi encorajado. Luís XIV de Bourbon (1638-1715), o "Rei Sol", foi patrono das artes; financiou Molière, entre outros. Péricles (*c.* 492-429 a.C.) gozava da companhia dos filósofos Protágoras, Zenão de Eleia e Anaxágoras, e do escultor Fídias; Ésquilo produziu à sua época. Gaio Júlio Cesar Otaviano Augusto (63 a.C.-14 d.C.) protegeu Virgílio, Tito Lívio, Vitrúvio, Horácio e Ovídio, por meio de seu conselheiro Mecenas. (N. T.)

2 Ana Stuart (1665-1714) reinou a partir de 1702, quando escritores como Daniel Defoe, Alexander Pope e Jonathan Swift ganharam reputação. (N. T.)

3 Cf. primeira parte, cap. XV, n.2. (N. T.)

não encontraram apoio no Estado. Talvez a maior originalidade e a força de sua literatura devam-se a esse isolamento e também a essa independência.

"Viu-se", disse Schiller,

> a poesia desdenhada pelo maior dos filhos da pátria, por Frederico, afastar--se do poderoso trono que não a protegeria. Mas ela ousara dizer-se alemã; sentira-se orgulhosa por criar ela mesma a própria glória. Os cantos dos bardos germânicos ressoaram no cume das montanhas, e precipitaram-se como uma torrente nos vales. O poeta independente reconheceu por lei apenas as impressões de sua alma e por soberano apenas seu gênio.[4]

Entretanto, justamente por não terem sido encorajados pelo governo, os homens de letras da Alemanha, durante muito tempo, fizeram tentativas individuais nos sentidos mais díspares, chegando tarde à época realmente notável de sua literatura.

A língua alemã, há mil anos, era cultivada inicialmente pelos monges, depois pelos cavaleiros, depois, com a proximidade da Reforma, por artesãos tais como Hans Sachs,[5] Sebastian Brand[6] e outros; e por último, enfim, pelos eruditos, que a tornaram uma linguagem apropriada a todas as sutilezas do pensamento.

Quando se examinam as obras que compõem a literatura alemã, encontram-se nelas, segundo o gênio do autor, os vestígios dessas diferentes culturas, tal como se avistam nas montanhas os sedimentos dos diversos minerais para lá levados pelas revoluções da terra. O estilo muda quase inteiramente de natureza segundo o escritor, e os estrangeiros precisam fazer um novo estudo a cada novo livro que desejam compreender.

Os alemães, tal como a maior parte das nações da Europa, tiveram a época da cavalaria, dos trovadores e dos guerreiros que cantavam o amor e

---

4 Tradução parcial do poema *Die deutsche Muse* [A musa germânica], 1800. (N. T.)

5 Hans Sachs (1494-1576): célebre mestre cantor; escreveu poemas, canções, tragédias, comédias, fábulas, tratados religiosos. (N. T.)

6 Sebastian Brand (1457-1521): filósofo, moralista, satirista, professor de leis e conselheiro imperial de Maximiliano I. (N. T.)

os combates. Recentemente encontrou-se um poema épico intitulado *Os nibelungos*, composto no século XIII. Vê-se nele o heroísmo e a fidelidade que distinguiam os homens de então, quando tudo era verdadeiro, forte e marcado como as cores primitivas da natureza. A língua alemã, nesse poema, é mais clara e simples do que no presente. As ideias gerais ainda não haviam sido introduzidas nela, e descreviam-se apenas traços de caráter. A nação germânica podia ser considerada então como a mais belicosa de todas as nações europeias, e suas antigas tradições falam apenas de fortalezas e de belas damas pelas quais se dava a vida. Quando mais tarde Maximiliano tentara reavivar a cavalaria, o espírito humano não tinha mais essa tendência; e já começavam as querelas religiosas, que voltam o pensamento para a metafísica, e colocam a força da alma nas opiniões mais do que nas façanhas.

Lutero aperfeiçoara singularmente sua língua, fazendo-a servir às discussões teológicas: sua tradução dos Salmos e da Bíblia ainda é um belo modelo. A verdade e a concisão poética que provê ao seu estilo estão totalmente de acordo com o gênio alemão, e o próprio som das palavras tem uma indefinível espécie de enérgica franqueza que leva a uma serena confiança. As guerras políticas e religiosas, que os alemães tinham a infelicidade de travar entre si, desviaram os espíritos da literatura; esta só fora retomada sob os auspícios do século de Luís XIV, na época em que o desejo de imitar os franceses apoderara-se da maioria das cortes e dos escritores da Europa.

As obras de Hagedorn,[7] Gellert,[8] Weiss[9] etc., não passavam de um francês arrastado: nenhuma originalidade, nem coisa alguma que estivesse de acordo com o gênio natural da nação. Esses autores queriam atingir a graça francesa sem se inspirar no tipo de vida ou nos hábitos que tinham; eles se submetiam à regra sem ter nem a elegância nem o gosto que podem tornar atraente até mesmo o despotismo. Logo uma outra escola sucedera à escola francesa, e fora na Suíça alemã que se erguera; essa escola tinha sido fundada inicialmente a partir da imitação dos escritores ingleses.

---

7 Friedrich von Hagedorn (1707-1754). (N. T.)

8 Christian Furchtegott Gellert (1715-1769): escritor partidário dos princípios de Gottsched. (N. T.)

9 Christian Felix Weiss (1726-1804): autor de poesias líricas, comédias, tragédias, óperas; escreveu livros para crianças; foi amigo de Lessing. (N. T.)

Bodmer,[10] apoiado no exemplo do grande Haller,[11] esforçara-se por demonstrar que a literatura inglesa estava mais de acordo com o gênio dos alemães do que a literatura francesa. Gottsched,[12] um erudito sem gosto e sem gênio, combatera essa opinião. Da disputa entre as duas escolas brotara uma grande luz. Alguns homens começaram então a abrir caminho por si mesmos. Klopstock estivera à frente da escola inglesa, tal como Wieland[13] da escola francesa; mas Klopstock abrira um caminho novo para seus sucessores, ao passo que Wieland fora ao mesmo tempo o primeiro e o último na escola francesa do século XVIII: o primeiro, pois ninguém pôde igualar-se a ele nesse gênero; o último, já que depois dele os escritores alemães seguiram um percurso totalmente diferente.

Uma vez que todas as nações teutônicas possuem as centelhas desse fogo sagrado que o tempo cobriu de cinzas, Klopstock, ao imitar inicialmente os ingleses, chegara a despertar a imaginação e o caráter peculiar dos alemães; e, quase ao mesmo tempo, Winckelmann[14] nas artes, Lessing[15] na crítica

---

10 Johann Jakob Bodmer (1698-1783): crítico, literato, professor de história em Zurique; considerava a imaginação criadora, o maravilhoso, a imitação da natureza e a emoção elementos essenciais à poesia. Traduziu Homero, publicou estudos sobre Shakespeare, Dante e Cervantes; distinguiu-se ainda pela descoberta e publicação de obras do medievo germânico: *Nibelungenlied, Minnesang* e *Parsifal*. (N. T.)

11 Albrecht von Haller (1708-1777): médico, naturalista, anatomista e poeta suíço, considerado ainda um dos maiores fisiologistas modernos e criador da fisiologia experimental. (N. T.)

12 Johann Christoph Gottsched (1700-1766): crítico e teórico, estudou filosofia e teologia em Königsberg; foi professor de poesia, metafísica e lógica na Universidade de Leipzig, na Saxônia; partidário das teorias poéticas de Boileau, rejeitou autores como Milton e Shakespeare. (N. T.)

13 Christoph Martin Wieland (1733-1813): poeta, dramaturgo, romancista e tradutor; também se interessou pelos ingleses, tendo traduzido várias peças de Shakespeare. (N. T.)

14 Johann Joachim Winckelmann (1717-1768): historiador da arte e um dos fundadores da arqueologia moderna; sua obra-prima *Geschichte der Kunst des Althertums* [História da arte antiga] data de 1764. (N. T.)

15 Gotthold Ephraim Lessing (1729-1781): poeta, dramaturgo, filósofo e crítico de arte; um dos maiores representantes do Iluminismo, conhecido por sua defesa do livre pensamento e da tolerância religiosa; sua principal obra é *Laocoonte* ou *Laokoon*, 1766. (N. T.)

e Goethe[16] na poesia fundaram uma verdadeira escola alemã; se, todavia, é possível chamar com esse nome aquilo que admite tantas diferenças de indivíduos e diversidade de talentos. Examinarei separadamente a poesia, a arte dramática, os romances e a história; mas uma vez que cada homem de gênio forma, por assim dizer, uma escola à parte na Alemanha, pareceu-me necessário inicialmente apresentar os principais traços que distinguem cada escritor em particular, e caracterizar pessoalmente os mais célebres literatos, antes de analisar suas obras.

---

16 Johann Wolfgang von Goethe (1749-1832): além de romancista, dramaturgo e poeta, escreveu textos autobiográficos e reflexões teóricas sobre arte, literatura e ciências naturais; com Friedrich Schiller, foi um dos líderes do movimento *Sturm und Drang* [Tempestade e Ímpeto] (1760-1780); posteriormente, iria tornar-se o autor mais importante do chamado Classicismo de Weimar. (N. T.)

Capítulo IV
Wieland

De todos os alemães que escreveram no gênero francês, Wieland é o único cujas obras tinham gênio; e ainda que quase sempre tenha imitado as literaturas estrangeiras, não é possível ignorar os grandes serviços que prestou à sua própria literatura, aperfeiçoando sua língua, provendo-a com uma versificação mais fácil e mais harmoniosa.

Havia na Alemanha uma massa de escritores que se esforçava por seguir os passos da literatura francesa do século de Luís XIV; Wieland foi o primeiro a introduzir com sucesso a do século XVIII. Em seus escritos em prosa, há algumas relações com Voltaire, e em suas poesias, com Ariosto.[1] Mas essas relações, que são intencionais, não impedem que sua natureza não seja no fundo totalmente alemã. Wieland é infinitamente mais instruído do que Voltaire; ele estudou os antigos de modo mais profundo do que qualquer poeta o fez na França. Tanto os defeitos como as qualidades de Wieland o impedem de dar a seus escritos a graça e a leveza francesas.

Em seus romances filosóficos, *Agatão* e *Peregrino Proteu*,[2] ele chega imediatamente à análise, à discussão, à metafísica; e mesmo obrigando-se a

---

1 Ludovico Ariosto (1474-1533): poeta e dramaturgo italiano; sua obra mais famosa é o poema *Orlando furioso* (1516), continuação do *Orlando enamorado* (1495) de Matteo Maria Boiardo. (N. T.)

2 *Agathon* (1766-1767) e *Peregrinus Proteus* (1791). (N. T.)

misturar a isso as chamadas *flores*,[3] sente-se que sua inclinação natural seria a de aprofundar todos os assuntos que tenta tratar. A seriedade e a jocosidade são ambas muito marcadas nos romances de Wieland, para estar reunidas; pois, em toda coisa, os contrastes são estimulantes, mas os extremos opostos cansam.

Para imitar Voltaire, é preciso uma despreocupação zombeteira e filosófica que leve à indiferença por tudo, exceto pela maneira aguda de exprimir essa despreocupação. Um alemão nunca atinge essa brilhante liberdade de gracejar. A verdade prende-o demais, ele quer saber e explicar o que as coisas são, e mesmo quando adota opiniões condenáveis, um arrependimento secreto diminui seu passo a despeito de si mesmo. A filosofia epicurista não convém ao espírito dos alemães; eles dão a essa filosofia um caráter dogmático, ao passo que ela somente seduz quando se apresenta sob formas leves; basta que lhe sejam atribuídos princípios, e ela passa a desagradar igualmente a todos.

As obras em verso de Wieland têm muito mais graça e originalidade do que seus escritos em prosa: o *Oberon*[4] e os outros poemas, dos quais falarei à parte, estão repletos de encanto e imaginação. Entretanto, Wieland foi censurado por ter tratado o amor com bem pouca severidade, e deve ser julgado assim entre os germânicos que ainda respeitam um pouco as mulheres à maneira de seus ancestrais; mas quaisquer que tenham sido os excessos de imaginação que Wieland tenha se permitido, não se pode deixar de reconhecer nele uma verdadeira sensibilidade. Ainda que com frequência tenha tido a boa ou má intenção de divertir-se com o amor, uma natureza séria impediu-o de entregar-se ousadamente a isso; ele se parece com um profeta que bendiz em lugar de maldizer, terminando por enternecer ao ter começado pela ironia.

---

3 O termo "flores" pode referir-se a trechos, frases, sentenças, compiladas de outros autores, para reutilização, e que eram agrupados nos corriqueiros *Florilégios* ou *Antologias* que se difundiram desde o século XVI, ou ainda como figuras de linguagem. (N. T.)

4 *Oberon*, 1780; traduzido para o português por Francisco Manuel do Nascimento, em 1802. (N. T.)

Da Alemanha

A conversação de Wieland é muito encantadora, justamente porque suas qualidades naturais opõem-se à sua filosofia. Esse desacordo pode prejudicá-lo como escritor, mas torna sua companhia bastante estimulante: ele é animado, entusiasta e, como todos os homens de gênio, jovem ainda na velhice; entretanto, por querer ser cético, impacienta-se quando alguém se serve de sua bela imaginação, mesmo para levá-lo à crença. Naturalmente benévolo, não obstante é irritável: algumas vezes, por não estar contente consigo mesmo, outras vezes por não estar contente com os outros: fica descontente consigo mesmo, pois gostaria de chegar a um grau de perfeição na maneira de exprimir seus pensamentos, ao qual as coisas e as palavras não se prestam; ele não quer manter essas aproximações que convêm melhor à arte de conversar do que a própria perfeição; algumas vezes, fica descontente com os outros, porque sua doutrina um pouco solta e seus sentimentos exaltados não são fáceis de conciliar. Há nele um poeta alemão e um filósofo francês, que se irritam alternadamente um com o outro; entretanto, seus acessos de cólera são muito fáceis de suportar; e sua conversação, repleta de ideias e conhecimentos, serviria de referência para a interlocução de muitos homens de espírito em diversos gêneros.

Os novos escritores, que excluíram da literatura alemã toda influência estrangeira, foram com frequência injustos em relação a Wieland: foi ele, por meio de suas obras, e mesmo da tradução, quem estimulou o interesse de toda a Europa; foi ele quem conciliou o conhecimento da Antiguidade com o encanto da literatura; foi ele quem, nos versos, deu à sua língua fecunda, mas rude, uma flexibilidade musical e graciosa; entretanto, por certo não era vantajoso a seu país que seus escritos tivessem imitadores: a originalidade nacional tem mais valor, e, mesmo reconhecendo Wieland como um grande mestre, era de desejar que não tivesse discípulos.

Capítulo V
Klopstock

Existiram na Alemanha muito mais homens notáveis na escola inglesa do que na escola francesa. Entre os escritores formados pela literatura inglesa, deve-se inicialmente ter em conta o admirável Haller, cujo gênio poético lhe serviu tão eficazmente como erudito, inspirando-o com o maior entusiasmo pela natureza, e com visões mais amplas sobre os fenômenos; Gessner,[1] cuja apreciação é maior na França do que na Alemanha; Gleim;[2] Ramler[3] etc., e antes de todos Klopstock.

Seu gênio inflamara-se pela leitura de Milton e Young,[4] mas foi a partir dele que a escola realmente alemã começou. Em uma de suas odes, ele exprime de uma maneira bastante feliz a emulação das duas Musas:[5]

---

1 Salomon Gessner (1730-1788): pintor, poeta e tradutor. (N. T.)

2 Johann Wilhelm Ludwig Gleim (1719-1803): autor de fábulas, peças, odes e epigramas. (N. T.)

3 Karl Wilhelm Ramler (1725-1798): escreveu odes e cantatas, foi diretor do teatro nacional de Berlim. (N. T.)

4 Edward Young (1681-1765): poeta inglês, autor de *The Complaint: or, Night-Thoughts on Life, Death, & Immortality* [Lamento, ou pensamentos noturnos sobre a vida, a morte e a imortalidade], obra publicada em nove partes, ou "noites", entre 1742 e 1745, e reeditada por William Blake em 1795. (N. T.)

5 No poema justamente chamado de "As duas musas", que mme. de Staël traduz aqui integralmente. (N. T.)

Eu vi… Oh!, dize-me, era o presente, ou contemplava o futuro? Eu vi a Musa da Germânia descer à liça com a Musa inglesa, e lançar-se cheia de ardor para a vitória.

Dois marcos erguidos na extremidade da carreira eram avistados com dificuldade, um sombreado pelo carvalho, o outro cercado de palmeiras.[6]

Acostumada a tais embates, a Musa de Albião[7] desceu altivamente para a arena. Ela reconhecera este campo o qual já havia percorrido em sua sublime disputa contra o filho de Maeoma,[8] contra o Chantre do Capitólio.

Ela vira sua rival, jovem, trêmula; mas seu tremor era nobre: o ardor da vitória coloria sua face, e sua cabeleira dourada pairava sobre seus ombros.

Nesse momento, retendo com dificuldade a respiração contida no peito comovido, ela acreditava ouvir a trombeta, devorava a arena e inclinava-se para o marco.

Orgulhosa de tal rival, mais orgulhosa de si mesma, a nobre inglesa mede com o olhar a filha de Tuisco.[9] Sim, eu me lembro, ela diz, nas florestas de carvalho, próximas dos antigos bardos, juntas nascemos.

Mas me fora dito que tu não mais vivias. Perdão, oh Musa!, se revives para a imortalidade; perdoa-me por saber disso apenas agora… Entretanto saberei melhor ao fim.

Ela está lá… podes vê-la ao longe? Para além do carvalho, vês as palmeiras, podes divisar a coroa? Tu te calas… Oh!, esse silêncio altivo, essa coragem contida, esse olhar ardente fixo sobre a terra… eu o conheço.

Entretanto… pensa ainda, antes do perigoso sinal, pensa… não fui eu aquela que já disputou contra a Musa das Termófilas,[10] contra aquela das Sete Colinas?[11]

---

6 O carvalho é o emblema da poesia patriótica e a palmeira, o da poesia religiosa que vem do Oriente.

7 Albião, antigo nome da Bretanha. (N. T.)

8 Referência a Homero, que teria nascido em Maeoma ou Lídia, na Ásia Menor. (N. T.)

9 Tuisco, Thuiskon ou ainda Tuisto era um ancestral divino dos germânicos. (N. T.)

10 Termófilas ou Termópilas, região da Grécia. (N. T.)

11 Sete Colinas, região do Lácio onde se formou Roma. (N. T.)

Ela diz: o momento decisivo chegou, o arauto aproxima-se. Ó filha de Albião!, exclamara a Musa da Germânia, amo-te, ao admirar-te amo-te… mas a imortalidade, as palmas me são ainda mais caras do que tu. Toma essa coroa, se teu gênio o deseja; mas me seja permitido partilhá-la contigo.

Como bate meu coração!… Deuses imortais… se eu chegar antes ao fim sublime… Oh!, então tu me seguirás de perto… tua respiração ofegante agitará meus cabelos esvoaçantes.

De repente soa a trombeta, elas voam com a rapidez da águia, uma nuvem de pó ergue-se sobre a vasta carreira; eu as vira perto do carvalho, mas a nuvem tornara-se espessa, e logo as perdera de vista.

Assim termina a ode, e há graça em não designar o vencedor.

Remeto ao capítulo sobre a poesia alemã o exame das obras de Klopstock sob o ponto de vista literário, limitando-me agora a indicá-las como ações de sua vida. Todas as suas obras tiveram por objetivo, ou despertar o patriotismo em seu país, ou celebrar a religião: se a poesia tivesse seus santos, Klopstock deveria ser tido como um dos primeiros.

A maior parte de suas odes pode ser considerada como salmos cristãos; Klopstock é o Davi do Novo Testamento;[12] mas o que mais lhe honra o caráter, sem falar do gênio, é o hino religioso, sob a forma de um poema épico ao qual consagrou vinte anos, *A messíada*. Os cristãos possuíam dois poemas, *O inferno* de Dante e o *Paraíso perdido* de Milton: o primeiro era repleto de imagens e fantasmas, como a religião exterior dos italianos; Milton, que havia vivido em meio às guerras civis, sobressaía-se principalmente na pintura dos caracteres, e seu Satã é um gigantesco intriguista, armado contra a monarquia do céu. Klopstock concebeu o sentimento cristão em toda a sua pureza; sua alma foi consagrada ao divino Salvador dos homens. Os padres da Igreja inspiraram Dante; a Bíblia, Milton: as maiores belezas do poema de Klopstock devem-se ao Novo Testamento; ele sabe como extrair da simplicidade divina do Evangelho um encanto poético que não altera em nada sua pureza.

---

12 Os futuros grandes poetas germânicos seriam descendentes de Klopstock, tal como Jesus de Davi, segundo traz o Livro de Mateus I. (N. T.)

No início do poema, acredita-se entrar em uma grande igreja, em meio à qual se ouve um órgão, e o enternecimento e o recolhimento, inspirados pelos templos do Senhor, apoderam-se da alma quando se lê *A messíada*.

Desde sua juventude, Klopstock propusera-se esse poema como objetivo de sua existência: parece-me que todos os homens pagariam dignamente sua dívida para com a vida, se, sob algum aspecto, um nobre objetivo, uma grande ideia, assinalasse sua passagem na Terra; e já é uma honrosa prova de caráter direcionar para uma mesma empreitada os raios esparsos de suas faculdades, e os resultados de seus trabalhos. De qualquer maneira que se julguem as belezas e os defeitos de *A messíada*, alguns de seus versos deveriam ser lidos com frequência. A leitura inteira da obra pode cansar, mas, sempre que é retomada, respira-se como que um perfume da alma que leva a sentir uma atração por todas as coisas celestes.

Depois de longos trabalhos, depois de um grande número de anos, Klopstock enfim terminara seu poema. Horácio, Ovídio e outros exprimiram de diversas maneiras o nobre orgulho correspondente à duração imortal de suas obras: *"Exegi monumentum aere perennius; e nomenque erit indelebile nostrum"*.[13] Um sentimento de uma natureza totalmente diversa penetrara a alma de Klopstock ao término de *A messíada*. Ele assim o exprime na Ode ao Redentor, que está no final do poema:

> Assim esperava de ti, ó Mediador celeste! Cantei o cântico da nova aliança. A temível carreira foi percorrida, e tu me perdoaste por meus passos cambaleantes.
>
> Reconhecimento, sentimento eterno, abrasador, exaltado, faz ressoar os acordes de minha harpa; apressa-te; meu coração está inundado de gozo, e verto lágrimas de arrebatamento.
>
> Não peço nenhuma recompensa; já não saboreei os prazeres dos anjos, uma vez que cantei meu Deus? A emoção penetrara até as profundezas de minha alma, e o que há de mais íntimo em meu ser fora tocado.

---

13 Erigi um monumento mais durável que o bronze [e] a lembrança de meu nome será indelével. [A primeira sentença é de Horácio, *Carmina* (Odes) livro III, 30; a segunda é de Ovídio, *Metamorfoses*, XV, 876. (N. T.)]

O céu e a Terra desapareceram sob meu olhar, mas a tempestade logo se acalmara: o sopro de minha vida assemelhava-se ao ar puro e sereno de um dia de primavera.

Ah! Como estou recompensado! Não vi escorrer as lágrimas dos cristãos? E em um outro mundo serei talvez acolhido com as lágrimas celestes!

Provei também os gozos humanos; meu coração, eu queria em vão escondê-lo de ti, meu coração fora animado pela ambição da glória: em minha juventude, ele batera forte por ela; hoje, ele ainda bate, mas com um movimento mais contido.

Teu apóstolo não disse aos fiéis: "Que tudo o que é virtuoso e digno de louvor seja objeto de vossos pensamentos!"... É essa chama celeste que escolhi como guia, ela surge diante de meus passos, e mostra ao meu olhar ambicioso um caminho mais santo.

É por ela que o prestígio dos prazeres terrenos não me enganou; quando estava prestes a perder-me, a lembrança das horas santas nas quais minha alma foi iniciada, as doces vozes dos anjos, suas harpas, seus concertos lembraram-me a mim mesmo.

Estou no fim, sim, cheguei a ele, e estremeço de felicidade; assim (para falar mais humanamente das coisas celestes), assim nos emocionaremos, quando nos encontrarmos um dia junto daquele que morrera e ressuscitara por nós.

A mão poderosa de meu Senhor e meu Deus me conduziu ao fim através dos túmulos; ele me deu a força e a coragem contra a morte que se aproximava; e perigos desconhecidos, mas terríveis, foram afastados do poeta, protegido pelo escudo celeste.

Terminei o canto da nova aliança; a temível carreira foi percorrida. Ó Mediador celeste, assim esperava-o de ti!

Essa mistura de entusiasmo poético e confiança religiosa inspira ao mesmo tempo admiração e enternecimento. Os talentos dirigiam-se outrora às divindades da fábula. Klopstock os consagrou, esses talentos, a Deus; e, pela feliz união entre a religião cristã e a poesia, mostra aos alemães como eles podem ter belas-artes que lhes pertençam, e não apenas realcem os antigos como vassalos imitadores.

Aqueles que conheceram Klopstock o respeitam tanto quanto o admiram. A religião, a liberdade e o amor ocuparam todos os seus pensamentos; ele professara a religião pelo cumprimento de todos os seus deveres; ele abdicara até mesmo da causa da liberdade quando o sangue inocente a tivera maculado, e a fidelidade consagrara os laços de seu coração. Jamais chegara a apoiar-se em sua imaginação para justificar algum excesso; ela exaltava sua alma sem perdê-la.

Dizem que sua conversação era repleta de espírito e mesmo de gosto; que ele apreciava a conversação das mulheres, sobretudo a das francesas, e que era um bom juiz desse gênero de recreações reprovado pelo pedantismo. Parece-me fácil crer nisso, pois há sempre algo de universal no gênio, e talvez ele mantenha relações secretas com a graça, ao menos com a que é provida pela natureza.

O quanto esse homem estava longe da inveja, do egoísmo, dos furores da vaidade, de que vários escritores foram desculpados em nome de seu talento! Se tivessem tido um grande talento, nenhum desses defeitos os teria agitado. Fica-se orgulhoso, irritável, espantado consigo mesmo, quando um pouco de agudeza vem misturar-se à mediocridade do caráter; mas o verdadeiro gênio inspira reconhecimento e modéstia: pois sente quem lho deu, e sente também os limites impostos por quem lho deu.

Há, na segunda parte de *A messíada*, um trecho muito bonito sobre a morte de Maria, irmã de Marta e Lázaro, e designada no Evangelho como a imagem da virtude contemplativa. Lázaro, que recebeu de Jesus Cristo a vida uma segunda vez, diz adeus à irmã com uma mistura de dor e confiança profundas. Klopstock fez dos últimos momentos de Maria o quadro da morte do justo. Quando, por sua vez, também estava no leito de morte, ele repetia com uma voz agonizante seus versos sobre Maria, recordando-os através das sombras do túmulo, e pronunciando-os bem baixo para exortar a si mesmo a uma boa morte: assim, os sentimentos exprimidos pelo rapaz eram bastante puros para consolar o velho.

Ah! Como é belo o talento, quando nunca foi profanado, quando apenas serviu para revelar aos homens, sob a forma atraente das belas-artes, os sentimentos generosos e as esperanças religiosas obscurecidas no fundo do coração!

Da Alemanha

Esse mesmo canto da morte de Maria fora lido na cerimônia fúnebre do enterro de Klopstock. O poeta estava velho quando cessara de viver; mas o homem virtuoso já recebia as palmas imortais que rejuvenescem a existência e florescem nos túmulos. Todos os habitantes de Hamburgo prestaram honras ao patriarca da literatura, as quais costumam ser concedidas quase sempre pela posição ou pelo poder, e os manes de Klopstock receberam a recompensa merecida por sua bela vida.

Capítulo VI
Lessing e Winckelmann

A literatura alemã talvez seja a única a ter começado pela crítica; em todos os outros lugares a crítica veio depois das obras-primas, mas na Alemanha ela as produziu. Essa diferença deve-se ao período mais esplêndido de suas letras. Várias nações já se haviam distinguido há muitos séculos na arte de escrever, os alemães chegaram depois de todas as outras, e acreditaram não ter nada melhor a fazer do que seguir o caminho já traçado; era preciso portanto que a crítica inicialmente afastasse a imitação, para dar lugar à originalidade. Lessing escrevera em prosa com uma clareza e uma precisão inteiramente novas: a profundidade dos pensamentos com frequência atrapalha o estilo dos escritores da nova escola; Lessing, não menos profundo, tinha certa aspereza no caráter, que lhe fazia encontrar as palavras mais precisas e mais mordazes. Lessing era sempre animado em seus escritos por um movimento hostil contra as opiniões que atacava, e a irritação ressalta as ideias.

Ele se ocupara sucessivamente do teatro, da filosofia, da Antiguidade, da teologia, perseguindo a verdade por toda parte, como um caçador que encontra ainda mais prazer na perseguição do que no fim. Seu estilo tem alguma relação com a concisão viva e brilhante dos franceses; ele tendia a tornar o alemão clássico: os escritores da nova escola abarcam mais pensamentos ao mesmo tempo, mas Lessing deve ser mais geralmente admirado; ele tem um espírito novo e ousado, que não obstante permanece ao alcance do comum dos homens; sua maneira de ver é alemã, sua maneira de exprimir-se, europeia. Dialético espirituoso e rigoroso em seus argumentos, o entusiasmo pelo belo ocupava entretanto toda a sua alma; ele tinha um ardor sem chama, uma veemência filosófica sempre ativa, que por repetidos golpes produzia efeitos duradouros.

Lessing analisara o teatro francês, então em voga em seu país, e declarara que o teatro inglês tinha mais relações com o gênio de seus compatriotas. Ao julgar *Meropa, Zaíra, Semíramis* e *Rodoguna*, não é determinada inverossimilhança pontual que destaca; ele ataca a sinceridade dos sentimentos e caracteres, e acusa as personagens dessas ficções como seres reais: sua crítica é tanto um tratado sobre o coração humano quanto uma poética literária. Para apreciar com justiça as observações de Lessing sobre o sistema dramático em geral, deve-se examinar, tal como faremos nos próximos capítulos, as principais diferenças da maneira de ver de franceses e alemães a esse respeito. Mas o que importa para a história da literatura é que um alemão tenha tido a coragem de criticar um grande escritor francês, e de gracejar engenhosamente do príncipe da zombaria, o próprio Voltaire.

Era de grande importância para uma nação, sob o peso do anátema que lhe recusava o gosto e a graça, ouvir dizer que existia em cada país um gosto nacional, uma graça natural, e que era possível alcançar a glória literária por caminhos diversos. Os escritos de Lessing deram um impulso novo; passara-se a ler Shakespeare, ousara-se falar alemão na Alemanha, e os direitos da originalidade foram estabelecidos em lugar do jugo da correção.

Lessing compôs peças de teatro e obras filosóficas que merecem ser examinadas à parte; é preciso sempre considerar os autores alemães sob vários pontos de vista. Uma vez que se distinguem bem mais pela faculdade de pensar do que pelo talento, eles não se consagram exclusivamente a determinado gênero; a reflexão os atrai sucessivamente a caminhos diferentes.

Dentre os escritos de Lessing, um dos mais notáveis é o *Laocoonte*; nele são caracterizados os temas que convêm à poesia e à pintura com tanta filosofia nos princípios quanto sagacidade nos exemplos; todavia, o homem que na Alemanha fez uma verdadeira revolução na maneira de considerar as artes, e, pelas artes, a literatura, foi Winckelmann. Falarei dele em outro momento sob o aspecto de sua influência sobre as artes; mas seu estilo tem

Da Alemanha

tanta beleza que deve ser colocado entre os escritores alemães de primeira categoria.

Esse homem, que de início não havia conhecido a Antiguidade senão pelos livros, quisera examinar seus nobres restos; ele se sentira ardorosamente atraído pelo Sul da Europa; a imaginação alemã com frequência ainda apresenta alguns vestígios desse amor ao sol, dessa fadiga do Norte que arrebatara os povos setentrionais para as regiões meridionais. Um belo céu desperta sentimentos semelhantes ao amor pela pátria. Quando Winckelmann, depois de uma longa estada na Itália, retornara para a Alemanha, o aspecto da neve, dos tetos pontiagudos que ela recobre e das casas enfumaçadas enchia-o de tristeza. Parecia-lhe que não poderia mais apreciar as artes sem respirar o ar que as fez nascer. Que eloquência contemplativa no que ele escreve sobre o Apolo de Belvedere, sobre o Laocoonte![1] Seu estilo é calmo e majestoso como o objeto que considera. Ele provê à arte de escrever a imponente dignidade dos monumentos, e sua descrição produz a mesma sensação que a estátua. Ninguém, antes dele, havia reunido observações exatas e profundas a uma admiração tão cheia de vida; somente assim podem ser compreendidas as belas-artes. É preciso que a atenção que elas excitam venha do amor, e que se descubra talento nas obras-primas, tal como nos traços de um ente querido, os mil encantos revelados pelos sentimentos que eles inspiram.

Alguns poetas, antes de Winckelmann, haviam estudado as tragédias gregas para adaptá-las aos nossos teatros. Conheciam-se eruditos que podiam ser consultados como se faz com os livros; mas para penetrar a Antiguidade, ninguém se tinha tornado, por assim dizer, um pagão. Winckelmann tem os defeitos e as vantagens de um grego amante das artes, e sentimos, em seus escritos, o culto à beleza, tal como existia entre um povo do qual ela, com muita frequência, havia obtido as honras da apoteose.

A imaginação e a erudição proviam igualmente a Winckelmann suas diferentes luzes; até então todos estavam persuadidos de que elas se ex-

---

1 Ambas as esculturas foram redescobertas no Renascimento: o Apolo Belvedere (*c.* 300 a.C.) mostra Apolo a derrotar a serpente Píton; já Laocoonte (segunda metade do século I a.C) representa um episódio da Guerra de Troia, no qual as personagens são estranguladas por duas serpentes marinhas. (N. T.)

cluíam mutuamente. Ele fez ver que, para adivinhar os antigos, uma era tão necessária quanto a outra. Não se pode dar vida aos objetos da arte senão pelo conhecimento íntimo do país e da época em que existiram. Os traços vagos não cativam o interesse. Para animar as narrações e as ficções de que os séculos passados foram o teatro, é preciso que a própria erudição secunde a imaginação e a torne, se possível, testemunha daquilo que ela deve pintar, e contemporânea daquilo que ela narra.

Zadig,[2] por meio de alguns traços confusos e de algumas palavras meio soltas, adivinhava circunstâncias deduzidas inteiramente dos mais leves indícios. É desse modo que se deve tomar a erudição como guia através da Antiguidade; os vestígios percebidos estão interrompidos, desfeitos, difíceis de apreender; mas, com a ajuda ao mesmo tempo da imaginação e do estudo, recompõe-se o tempo e refaz-se a vida.

Quando os tribunais são chamados a decidir sobre a existência de um fato, seu esclarecimento ocorre algumas vezes por uma ligeira circunstância. A imaginação é, sob esse aspecto, como um juiz: uma palavra, um costume, uma alusão tomada das obras dos antigos serve-lhe de clarão para chegar ao conhecimento de toda a verdade.

Winckelmann soubera aplicar ao exame dos monumentos das artes o espírito de julgamento que serve ao conhecimento dos homens; ele estuda a fisionomia de uma estátua como a de um ser vivo; apreende com grande justeza os mínimos detalhes, dos quais sabe tirar conclusões surpreendentes. Certa fisionomia, certo atributo, certa vestimenta podem lançar repentinamente uma luz inesperada sobre longas pesquisas. Os cabelos de Ceres são realçados com uma desordem que não convém a Minerva; a perda de Prosérpina atormentou para sempre a alma de sua mãe.[3] Minos, filho e

---

2 Personagem da novela homônima de Voltaire, *Zadig, ou La Destinée*, de 1747. (N. T.)

3 No mito romano, Proserpina ou Prosérpina (equivalente à grega Perséfone), filha de Júpiter e Ceres (Terra), é raptada por Plutão, deus dos mortos. Ceres em fúria passa a destruir as plantas, mas, a pedido de Júpiter, aceita devolver-lhes a vida se a filha, por sua vez, lhe fosse devolvida. Por um ardil de Plutão, Proserpina não pôde abandonar completamente o submundo, passando metade do ano sob a terra, junto do marido, e a outra metade na superfície; daí o outono-inverno e a primavera-verão corresponderem à tristeza e à alegria de Ceres. (N. T.)

discípulo de Júpiter, tem nas moedas os mesmos traços do pai; entretanto, a calma majestade de um e a expressão severa do outro distinguem o soberano dos deuses do juiz dos homens. O Torso[4] é um fragmento da estátua de Hércules Divinizado, daquele que recebe de Hebe a taça da imortalidade, ao passo que o Hércules Farnese[5] não possui senão os atributos de um mortal; cada contorno do Torso, também vigoroso, porém mais arredondado, caracteriza ainda a força do herói, mas do herói que, colocado no céu, é doravante eximido dos rudes trabalhos da Terra. Tudo é simbólico nas artes, e a natureza aparece sob mil formas diversas nas estátuas, nos quadros, nas poesias, onde a imobilidade deve indicar o movimento, onde o exterior deve revelar o fundo da alma, onde a existência de um instante deve ser eternizada.

Winckelmann baniu das belas-artes, na Europa, a mistura dos gostos antigo e moderno. Na Alemanha sua influência é ainda mais evidente na literatura do que nas artes. Iremos examinar na sequência se a imitação escrupulosa dos antigos é compatível com a originalidade natural, ou antes se devemos sacrificar essa originalidade natural para nos restringirmos a escolher assuntos nos quais a poesia, bem como a pintura, não tendo por modelo nada de vivo, não podem representar senão estátuas; mas essa discussão é alheia ao mérito de Winckelmann: ele deu a conhecer em que consistia o gosto antigo nas belas-artes; cabia aos modernos sentir o que lhes convinha adotar ou rejeitar a esse respeito. Quando um homem de talento chega a manifestar os segredos de uma natureza antiga ou estrangeira, ele presta serviço pelo impulso que imprime: a emoção sentida deve tornar-se parte de nós mesmos; e quanto mais a emoção é verdadeira, menos inspira uma imitação servil.

Winckelmann desenvolveu os verdadeiros princípios admitidos hoje nas artes sobre o ideal, sobre essa natureza aperfeiçoada cujo modelo está em nossa imaginação, e não fora de nós. A aplicação desses princípios à literatura é singularmente fecunda.

---

4 Torso de Belvedere, fragmento de torso masculino assinado pelo escultor ateniense Apolônio. (N. T.)

5 Escultura feita no século III, assinada por um certo Glicão, redescoberta em 1546 em Roma. (N. T.)

A poética de todas as artes está reunida sob um mesmo ponto de vista nos escritos de Winckelmann, e todos ganharam com isso. Compreendeu-se melhor a poesia pela escultura, a escultura pela poesia, e pelas artes dos gregos chegou-se à sua filosofia. A metafísica idealista, entre os alemães, bem como entre os gregos, tem por origem o culto da beleza por excelência, que apenas nossa alma pode conceber e reconhecer; essa beleza maravilhosa é uma lembrança do céu, nossa antiga pátria; as obras-primas de Fídias, as tragédias de Sófocles e a doutrina de Platão conciliam-se para nos dar a mesma ideia sob formas diferentes.

Capítulo VII
Goethe

Klopstock carecia de uma imaginação criadora: ele colocava grandes pensamentos e nobres sentimentos em belos versos; mas não era o que se poderia chamar de um artista. Suas invenções são fracas, e as cores com que as reveste raramente têm a plenitude de força que se aprecia encontrar na poesia e em todas as artes que deviam dar à ficção a energia e a originalidade da natureza. Klopstock perde-se no ideal; Goethe jamais perde o chão, atingindo plenamente as mais sublimes concepções. Há em seu espírito um vigor não enfraquecido pela sensibilidade. Goethe poderia representar toda a literatura alemã; não que não existam outros escritores que lhe sejam superiores, sob alguns aspectos, mas ele é o único a reunir tudo o que distingue o espírito alemão, não existindo ninguém tão notável para um gênero de imaginação de que nem italianos, ingleses ou franceses podem reclamar alguma parte.

Uma vez que Goethe escreveu em todos os gêneros, o exame de suas obras tomará a maior parte dos próximos capítulos; mas o conhecimento pessoal do homem que mais influenciou a literatura de seu país serve, a meu ver, para melhor compreender essa literatura.

Goethe é um homem de um espírito prodigioso na conversação; e, por mais que se diga, o espírito deve saber conversar. É possível apresentar alguns exemplos de homens de gênio taciturnos: a timidez, a infelicidade, o desdém ou o tédio são com frequência a causa disso; mas, geralmente, a amplitude das ideias e o calor da alma devem inspirar a necessidade de comunicação com os outros; e os homens que não querem ser julgados pelo que dizem bem poderiam não merecer maior interesse pelo que pensam. Quando se sabe fazer que Goethe fale, ele é admirável; sua eloquência é repleta de pensamentos; seus gracejos são ao mesmo tempo cheios de graça e filosofia; sua imaginação é fortemente marcada pelos objetos exteriores, tal como a dos artistas entre os antigos; e, não obstante, sua razão tem apenas a demasiada maturidade de nosso tempo. Nada perturba a força de sua mente; e os inconvenientes de seu próprio caráter, o mau humor, o embaraço, o constrangimento, passam como nuvens ao pé da montanha no alto da qual seu gênio está situado.

Aquilo que nos contam sobre a conversação de Diderot poderia dar alguma ideia da de Goethe; mas, a julgarmos pelos escritos de Diderot, a distância entre esses dois homens deve ser infinita. Diderot está sob o jugo de seu espírito; Goethe domina até mesmo seu talento. Diderot é afetado, por força de querer causar efeito; percebe-se em Goethe o desdém do sucesso, em um grau singularmente aprazível, ainda que fiquemos impacientes com seu descaso. Diderot necessita compensar, por força de muita filantropia, os sentimentos religiosos de que carece; Goethe preferiria antes ser amargo do que agradável; mas ele é acima de tudo natural; e, sem essa qualidade, com efeito, o que há em um homem que possa interessar a outro?

Goethe não tem mais o ardor arrebatador que lhe inspirara *Werther*; mas o calor de seus pensamentos ainda é suficiente para animar a tudo. Dir-se--ia que a vida não o atinge e que ele a descreve somente como pintor: no presente, ele atribui um maior valor aos quadros que nos apresenta do que às emoções que sente; o tempo tornou-o espectador. Quando ainda tinha uma parte ativa nas cenas das paixões, quando por seu próprio coração sofria, seus escritos produziam uma impressão mais viva.

Uma vez que a poética de seu talento está sempre se constituindo, Goethe sustenta no presente a necessidade de que o autor seja calmo, até mesmo ao compor uma obra apaixonada, e que o artista deva conservar o sangue-frio para agir com mais força sobre a imaginação de seus leitores: talvez não tivesse tido essa opinião nos primeiros anos da juventude; talvez então estivesse possuído por seu gênio, em lugar de ser-lhe o senhor;

Da Alemanha

talvez sentisse então que, quando o sublime e o divino são momentâneos no coração do homem, o poeta é inferior à inspiração que o anima, e não pode julgá-la sem perdê-la.

Num primeiro momento, causa espanto encontrar frieza e mesmo alguma rigidez no autor de *Werther*, mas quando se consegue colocá-lo à vontade, o movimento de sua imaginação dissipa completamente o embaraço sentido ao início; trata-se de um homem cujo espírito é universal, e imparcial porque é universal; pois não há nenhuma indiferença em sua imparcialidade: trata-se de uma dupla existência, uma dupla força, uma dupla luz que ilumina ao mesmo tempo em tudo os dois lados da questão. Ao pensar, nada o detém, nem seu século, nem seus hábitos, nem suas relações; ele lança seu olhar de águia sobre os objetos que observa: se tivesse seguido uma carreira política, se sua alma tivesse sido formada pelas ações, seu caráter seria mais decidido, mais firme, mais patriota; mas seu espírito não planaria tão livremente sobre todos os modos de ver; as paixões ou os interesses iriam traçar-lhe uma rota positiva.

Tanto em seus escritos como em seus discursos, Goethe tem prazer em romper a trama que ele mesmo teceu, em frustrar as emoções que provoca, em derrubar as estátuas cuja admiração instigou. Quando, em suas ficções, ele incita o interesse por algum caráter, logo mostra as inconsequências que devem decorrer disso. Ele dispõe do mundo poético como um conquistador do mundo real, e acredita-se bastante forte para introduzir, tal como a natureza, o gênio destruidor nas próprias obras. Se não fosse um homem estimável, ter-se-ia medo de um gênero de superioridade que se eleva acima de tudo, avilta e realça, enternece e zomba, afirma e duvida alternadamente, e sempre com o mesmo êxito.

Disse que Goethe possuía sozinho os principais traços do gênio alemão; todos são encontrados nele em um grau eminente: uma grande profundidade de ideias, a graça nascida da imaginação, graça mais original do que a formada pelo espírito de sociedade; enfim uma sensibilidade algumas vezes fantástica, mas por isso mesmo mais apropriada para interessar leitores que buscam nos livros algo com que variar seu destino monótono e querem que a poesia lhes faça as vezes de acontecimentos verdadeiros. Se Goethe fosse francês, seria levado a falar da manhã à noite: todos os autores contemporâneos de Diderot iam extrair ideias da conversação que tinham com ele, e davam-lhe um prazer habitual pela admiração que ele inspirava. Na Alemanha, não se sabe gastar o talento na conversação, e tão poucas pessoas, mesmo entre as mais notáveis, têm o hábito de interrogar e responder, que sua sociedade praticamente não tem nenhuma serventia; mas a influência de Goethe a esse respeito não é menos extraordinária. Há uma multidão de homens na Alemanha que acreditaria achar genialidade no endereçamento de uma carta, se ele a tivesse escrito. A admiração por Goethe é uma espécie de confraria cujas senhas servem para fazer que os adeptos se reconheçam. Quando os estrangeiros também querem admirá-lo, são rejeitados com desdém se algumas restrições deixam supor que se permitiram examinar obras que, entretanto, ganham muito com o exame. Um homem não pode estimular tamanho fanatismo sem ter grandes faculdades para o bem e para o mal; pois apenas o poder, de qualquer espécie que seja, atemoriza suficientemente os homens para que o amem dessa maneira.

Capítulo VIII
Schiller[1]

Schiller era um homem de um gênio raro e de uma boa-fé perfeita: essas duas qualidades deveriam ser inseparáveis, ao menos em um homem de letras. O pensamento somente pode ser igualado à ação quando desperta em nós a imagem da verdade; a mentira é ainda mais repugnante nos escritos do que na conduta. As ações, mesmo enganosas, permanecem ainda ações, e sabemos o que levar em conta para julgá-las ou odiá-las; mas as obras são apenas um amontoado fastidioso de palavras vãs, quando não partem de uma convicção sincera.

Não há carreira mais bela do que a das letras, quando é seguida tal como Schiller o faz. É verdade que há tanta seriedade e lealdade em tudo, na Alemanha, que somente ali o caráter e os deveres de cada vocação podem ser conhecidos de uma maneira completa. Não obstante, dentre todos, Schiller era admirável tanto pelas virtudes quanto pelos talentos. A consciência era sua Musa: ela não tem necessidade de ser invocada, pois uma vez ouvida é sempre escutada. Ele amava a poesia, a arte dramática, a história, a literatura por si mesmas, tendo o mesmo cuidado com suas obras, ainda que decidisse não publicá-las; e jamais alguma consideração obtida, seja do sucesso, seja

---

1 Johann Christoph Friedrich von Schiller (1759-1805): poeta, filósofo e historiador; um dos principais representantes do Romantismo alemão e do Classicismo de Weimar. (N. T.)

da moda, seja dos preconceitos, ou de tudo o que viesse dos outros enfim, ter-lhe-ia feito alterar seus escritos; pois seus escritos eram ele mesmo, exprimiam-lhe a alma, sendo-lhe inconcebível a possibilidade de mudar uma expressão, se o sentimento interior que o inspirava não tivesse mudado. Sem dúvida, Schiller não podia estar isento de amor-próprio. Se ele é necessário para que se ame a glória, é necessário até mesmo para que se possa ser capaz de uma atividade qualquer; mas nada difere tanto nas consequências quanto a vaidade e o amor pela glória: uma trata de forjar o sucesso, a outra quer conquistá-lo; uma se inquieta consigo mesma e manobra por meio da opinião, a outra conta apenas com a natureza e fia-se nela para tudo submeter. Enfim, acima até do amor pela glória há ainda um sentimento mais puro, o amor pela verdade, que faz dos homens de letras como que os sacerdotes guerreiros de uma nobre causa; são eles que doravante devem guardar o fogo sagrado: pois fracas mulheres não bastariam como outrora para defendê-lo.[2]

A inocência no gênio e a candura na força são belas qualidades. O que confunde a ideia que se faz da bondade é a crença que se tem de que ela seja fraqueza; mas quando está unida ao mais alto grau de luzes e energia, ela nos faz compreender como a *Bíblia* pôde dizer que Deus fizera o homem à sua imagem. Schiller prejudicara-se em sua entrada nas rodas sociais devido aos excessos da imaginação; mas, com a força da idade, retomara a pureza sublime que nasce dos altos pensamentos. Ele jamais negociava com os maus sentimentos. Ele vivia, falava, agia como se os malfeitores não existissem; e, quando os pintava em suas obras, era com mais exagero e menos profundidade do que se os tivesse realmente conhecido. Os malfeitores ofereciam-se à sua imaginação como um obstáculo, como um flagelo físico, e, com efeito, sob muitos aspectos, eles talvez não tenham uma natureza intelectual; o hábito do vício transformou-lhes a alma em um instinto pervertido.

Schiller era o melhor amigo, o melhor pai, o melhor esposo; nenhuma qualidade faltava a esse caráter terno e pacífico inflamado apenas pelo talento; o amor pela liberdade, o respeito pelas mulheres, o entusiasmo pelas belas-artes, a adoração pela divindade animavam seu gênio, e na aná-

---

2 Alusão às virgens vestais romanas. (N. T.)

lise de suas obras será fácil mostrar com qual virtude suas obras-primas se relacionam. Fala-se muito que o espírito pode suprir a tudo; assim o creio nos escritos em que a habilidade predomina; mas quando se quer pintar a natureza humana em suas tempestades e em seus abismos, até mesmo a imaginação não basta; é preciso ter uma alma que tenha sido agitada pela tempestade, mas na qual o céu tenha descido para reconduzir à calma.

A primeira vez que vi Schiller foi no salão do duque e da duquesa de Weimar, na presença de uma sociedade tão esclarecida quanto imponente: ele lia muito bem em francês, mas jamais o havia falado; eu defendera calorosamente a superioridade de nosso sistema dramático sobre todos os outros; ele não se recusara a combater-me, e sem se inquietar com as dificuldades e a lentidão que experimentava ao exprimir-se em francês, e, do mesmo modo, sem temer a opinião dos ouvintes, que era contrária à dele, sua convicção íntima o levara a falar. Para refutá-lo, eu me servira inicialmente das armas francesas, a vivacidade e o gracejo; mas tão logo eu distinguira no que dizia Schiller quantas ideias existiam por trás do obstáculo das palavras, ficara tão impressionada com essa simplicidade de caráter que levava um homem de gênio a engajar-se de tal modo em uma luta na qual as palavras faltavam aos pensamentos, achara-o tão modesto e despreocupado no que concernia ao próprio sucesso, tão altivo e animado na defesa do que acreditava ser a verdade, que passara a lhe devotar desde aquele instante uma amizade repleta de admiração.

Acometido, ainda jovem, por uma doença sem esperança de cura, seus últimos momentos foram suavizados pelos filhos e pela mulher, a qual merecia, por mil qualidades tocantes, o afeto que ele lhe devotava. A sra. de Wolzogen,[3] uma amiga digna de compreendê-lo, lhe perguntara, algumas horas antes de sua morte, como ele se sentia. "Cada vez mais tranquilo", ele lhe respondera. Com efeito, ele não tinha razão para confiar-se à divindade cujo reino sobre a Terra secundara? Não se aproximava da morada dos justos? Não estava, nesse momento, junto de seus semelhantes, e já não tinha encontrado os amigos que nos esperam?

---

3 Karoline von Lengefeld, baronesa de Wolzogen (1763-1847): romancista, cunhada de Schiller, autora de *Vida de Schiller*. (N. T.)

Capítulo IX
Do estilo e da versificação na língua alemã

Ao aprender a prosódia de uma língua, penetramos mais intimamente no espírito da nação que a fala do que por qualquer outro gênero de estudo que possa existir. Daí decorre ser divertido pronunciar palavras estrangeiras: ouvimo-nos como se fosse um outro que falasse; mas não há nada tão delicado, tão difícil de assimilar quanto a entonação: é possível aprender mil vezes mais facilmente as mais complicadas árias de música do que a pronúncia de uma única sílaba. Apenas uma longa sequência de anos, ou as primeiras impressões da infância, podem capacitar à imitação da pronúncia, que pertence ao que há de mais sutil e indefinível na imaginação e no caráter nacional.

Os dialetos germânicos têm por fonte uma língua mãe, da qual todos estão embebidos. Essa origem comum renova e multiplica as expressões sempre em conformidade com o gênio dos povos. As nações de origem latina enriquecem-se, por assim dizer, apenas pelo exterior; elas devem recorrer às línguas mortas, às riquezas petrificadas para ampliar seu domínio. Portanto, é natural que as inovações em matéria de palavras lhes agrade menos do que às nações cujos brotos são extraídos de um tronco ainda vivo. Mas os escritores franceses têm necessidade de animar e colorir o estilo por todas as ousadias que um sentimento natural lhes pode inspirar, ao passo que os alemães, ao contrário, ganham ao restringirem-se. A reserva não lhes poderia destruir a originalidade; eles não correm o risco de perdê-la senão pelo próprio excesso da abundância.

O ar que se respira tem muita influência sobre os sons que se articulam: a diversidade do solo e do clima produz modos de pronúncia muito diferentes na mesma língua. Quando se está próximo do mar, as palavras suavizam-se; o clima ali é temperado; é bem possível que o espetáculo habitual da imagem do infinito leve ao devaneio e dê à pronúncia mais brandura e indolência: mas, ao subir as montanhas, o sotaque torna-se mais carregado, e dir-se-ia que os habitantes de lugares elevados querem se fazer ouvir ao resto do mundo do alto de suas tribunas naturais. Encontram-se nos dialetos germânicos os vestígios das diversas influências que acabo de indicar.

O alemão é em si mesmo uma língua tão primitiva e de uma construção quase tão complexa quanto o grego. Aqueles que pesquisaram as grandes famílias dos povos acreditaram encontrar as razões históricas dessa semelhança: por certo, é sempre possível notar no alemão uma relação gramatical com o grego; ele tem a dificuldade deste sem lhe ter o encanto; pois a multidão das consoantes que compõem suas palavras torna-as mais ruidosas do que sonoras. Dir-se-ia que essas palavras são por si mesmas mais fortes do que aquilo que exprimem, e isso frequentemente dá uma monótona energia ao estilo. Entretanto, deve-se evitar querer suavizar muito a pronúncia alemã; pois disso resulta certa graciosidade amaneirada completamente desagradável: escutam-se sons rudes ao fundo, apesar da gentileza que se lhe tenta imprimir, e esse gênero de afetação desagrada singularmente.

J.-J. Rousseau disse que "as línguas do Sul da Europa eram filhas do gozo, e as línguas do Norte, da necessidade".[1] O italiano e o espanhol são modulados como um canto harmonioso; o francês é eminentemente adequado à conversação; os debates parlamentares e a energia natural à nação deram ao inglês algo de expressivo que compensa a prosódia da língua. O alemão é muito mais filosófico do que o italiano, mais poético por sua ousadia do que o francês, mais favorável ao ritmo dos versos do que o inglês; mas mantém ainda uma espécie de rigidez, talvez por não ser muito empregado nem na sociedade nem em público.

---

1 *Ensaio sobre a origem das línguas*, com edição póstuma em 1781. (N. T.)

Da Alemanha

A simplicidade gramatical é um dos grandes avanços das línguas modernas; essa simplicidade, baseada em princípios da lógica comuns a todas as nações, torna muito fácil o entendimento; um estudo bastante rápido basta para aprender o italiano e o inglês; mas o alemão é uma ciência. O período alemão cerca o pensamento como tenazes que se abrem e se fecham para prendê-lo. Uma construção de frases mais ou menos como a que existe entre os antigos foi introduzida mais facilmente nele do que em qualquer outro dialeto europeu; mas as inversões não convêm muito às línguas modernas. As terminações claras das palavras gregas e latinas faziam sentir quais eram as palavras que deveriam ser reunidas, mesmo que estivessem separadas: os sinais das declinações entre os alemães são tão surdos que é muito difícil encontrar as palavras que dependem umas das outras sob essas cores uniformes.

Quando os estrangeiros lamentam-se do trabalho exigido pelo estudo do alemão, responde-se-lhes que é muito fácil escrever nessa língua com a simplicidade da gramática francesa, ao passo que é impossível em francês adotar o período alemão, e que assim, portanto, é preciso considerá-lo como um meio a mais; mas esse meio seduz os escritores, e eles o usam em demasia. O alemão talvez seja a única língua cujos versos são mais fáceis de compreender do que a prosa: a frase poética, sendo necessariamente cortada pela própria medida do verso, não poderia ser prolongada mais além.

Sem dúvida, há mais nuanças, mais laços entre os pensamentos nesses períodos que formam um todo e reúnem sob um mesmo ponto de vista os diversos aspectos que dizem respeito ao mesmo assunto; mas, se nos deixássemos levar pelo encadeamento natural dos diferentes pensamentos entre eles, acabaríamos por querer colocá-los todos em uma mesma frase. O espírito humano tem necessidade de desmembrar para compreender; e corre-se o risco de tomar vislumbres por verdades, quando as próprias formas da linguagem são obscuras.

A arte de traduzir obteve mais avanços em alemão do que em qualquer outro dialeto europeu. Voss[2] transpôs para sua língua os poetas gregos

---

2 Johann Heinrich Voss (1751-1822): poeta, pedagogo e filósofo, amigo de Goethe, Lessing e Klopstock, professor de filosofia na Universidade de Heidelberg. (N. T.)

e latinos com uma surpreendente exatidão, e W. Schlegel,[3] os poetas ingleses, italianos e espanhóis, com uma verdade de colorido sem exemplo antes dele. Quando o alemão presta-se à tradução do inglês, não perde seu caráter natural, pois ambas as línguas são de origem germânica; mas, por mais mérito que tenha a tradução de Homero por Voss, ela faz da *Ilíada* e da *Odisseia* poemas cujo estilo é grego, ainda que as palavras sejam alemãs. O conhecimento da Antiguidade ganha com isso; a originalidade própria ao idioma de cada nação perde necessariamente com isso. Parece ser uma contradição acusar a língua alemã ao mesmo tempo de muita flexibilidade e muita rudeza: mas aquilo que se concilia no caráter também pode ser conciliado nas línguas; e frequentemente na mesma pessoa os inconvenientes da rudeza não impedem os da flexibilidade.

Esses defeitos fazem-se sentir muito mais raramente nos versos do que na prosa, e nas composições originais mais do que nas traduções; creio, portanto, que se pode dizer com certeza que não há hoje poesia mais impressionante e variada do que a dos alemães.

A versificação é uma arte singular cujo exame é inesgotável; as palavras que, nas relações comuns da vida, servem somente de sinal ao pensamento, chegam à nossa alma pelo ritmo dos sons harmoniosos, e nos causam um duplo prazer nascido da sensação e reflexão reunidas; mas se todas as línguas são igualmente próprias para dizer o que se pensa, nem todas o são igualmente para fazer partilhar o que se sente, e os efeitos da poesia dizem respeito ainda mais à melodia das palavras do que às ideias que elas exprimem.

O alemão é a única língua moderna a ter sílabas longas e breves como o grego e o latim; todos os outros dialetos europeus são mais ou menos acentuados, mas os versos não poderiam ser medidos à maneira dos antigos segundo a duração das sílabas: a entonação confere unidade às frases bem como às palavras; ela tem relação com a significação daquilo que se diz; insiste-se sobre o que deve determinar o sentido; e a pronúncia, ao

---

3 August Wilhelm Schlegel (1767-1845): ensaísta, tradutor e poeta; um dos fundadores do movimento romântico alemão; com seu irmão Friedrich, fundou a revista *Athenaeum* (1798-1800). (N. T.)

Da Alemanha

destacar determinada palavra, relaciona tudo com a ideia principal. Não ocorre assim com a duração musical dos sons na linguagem; ela é bem mais favorável à poesia do que a entonação, pois não tem objeto positivo, e propicia apenas um prazer nobre e vago, como todos os prazeres sem objetivo. Entre os antigos, as sílabas eram escandidas segundo a natureza das vogais e as relações dos sons entre elas, apenas a harmonia decidia isso: na língua alemã, todas as palavras acessórias são breves, e é a dignidade gramatical, isto é, a importância da sílaba radical que determina sua quantidade; há menos encanto nessa espécie de prosódia do que na dos antigos, pois ela diz respeito mais às combinações abstratas do que às sensações involuntárias; não obstante, é sempre uma grande vantagem para uma língua ter em sua prosódia algo com que suprir a rima.

A rima é uma descoberta moderna que diz respeito a todo o conjunto de nossas belas-artes, e renunciar a usá-la seria impedir grandes efeitos: ela é a imagem da esperança e da lembrança. Um som nos faz desejar aquele que lhe deve corresponder, e quando o segundo ressoa, ele nos lembra daquele que acaba de nos escapar. Não obstante, essa agradável regularidade deve necessariamente prejudicar a naturalidade na arte dramática e a ousadia no poema épico. Praticamente não se poderia abrir mão da rima nos idiomas cuja prosódia é pouco marcada; e entretanto a dificuldade da construção pode ser tanta, em certas línguas, que um poeta audacioso e contemplativo teria a necessidade de experimentar a harmonia dos versos sem a submissão da rima. Klopstock baniu os alexandrinos da poesia alemã; ele os substituiu por hexâmetros e versos iâmbicos não rimados, em uso também entre os ingleses, e que dão à imaginação muita liberdade. Os versos alexandrinos convinham muito pouco à língua alemã; é possível se convencer disso pelas poesias do grande Haller, por mais mérito que tenham; uma língua cuja pronúncia é muito forte atordoa pelo retorno e pela uniformidade dos hemistíquios. Ademais, essa forma de verso pede as sentenças e as antíteses, e o espírito alemão é muito escrupuloso e muito verdadeiro para prestar-se a essas antíteses que nunca apresentam as ideias ou as imagens em sua perfeita sinceridade nem em suas nuanças mais exatas. A harmonia dos hexâmetros, e sobretudo dos versos iâmbicos não rimados, é apenas a harmonia natural inspirada pelo sentimento, uma declamação marcada;

ao passo que o verso alexandrino impõe um certo gênero de expressões e torneamentos dos quais é bem difícil escapar. A composição desse gênero de verso constitui uma arte totalmente independente até mesmo do gênio poético; pode-se possuir essa arte sem ter esse gênio, e seria possível ao contrário ser um grande poeta e não se sentir capaz de restringir-se a essa forma.

Nossos melhores poetas líricos, na França, talvez tenham sido nossos grandes prosadores, Bossuet, Pascal, Fénelon, Buffon, Rousseau etc. O despotismo dos alexandrinos força com frequência a não colocar em versos o que seria contudo próprio da verdadeira poesia; ao passo que entre as nações estrangeiras, visto que a versificação é muito mais fácil e natural, todos os pensamentos poéticos inspiram versos, e deixa-se geralmente à prosa apenas o raciocínio. Poder-se-ia desafiar o próprio Racine a traduzir em versos franceses Píndaro, Petrarca ou Klopstock, sem lhes desnaturalizar completamente o caráter. Esses poetas têm um gênero de audácia pouco encontrado, a não ser nas línguas nas quais se pode reunir todo o encanto da versificação à originalidade que a prosa permite somente em francês.

A variedade e beleza de seus epítetos são algumas das grandes vantagens dos dialetos germânicos na poesia. O alemão, também sob esse aspecto, pode ser comparado com o grego; podem ser percebidas em uma só palavra várias imagens, assim como, na nota fundamental de um acorde, são ouvidos os outros sons que o compõem, ou em como certas cores revelam em nós a sensação daquilo a que correspondem. Em francês, falamos apenas o que queremos falar, e não vemos vagar em torno das palavras as nuvens de mil formas, que cercam a poesia das línguas do Norte e despertam uma multidão de lembranças. À liberdade de formar um só epíteto de dois ou três, acrescenta-se a de animar a linguagem formando nomes a partir de verbos: *o viver, o querer* e *o sentir* são expressões menos abstratas do que a vida, a vontade, o sentimento; e tudo o que tende a transformar o pensamento em ação proporciona sempre mais movimento ao estilo. A facilidade de inverter ao bel-prazer a construção da frase também é muito favorável à poesia, e permite estimular, pelos meios variados da versificação, impressões análogas às da pintura e da música. Enfim, o espírito geral dos dialetos teutônicos é o da independência: os escritores buscam antes de tudo

Da Alemanha

transmitir aquilo que sentem; eles diriam de bom grado à poesia tal como Heloísa ao seu amante: "Se há uma palavra mais verdadeira, mais terna, mais profunda ainda para exprimir o que sinto, é essa que quero escolher". A lembrança das conveniências de sociedade na França persegue o talento até mesmo em suas emoções mais íntimas; e o temor do ridículo é a espada de Dâmocles, que nenhuma festa da imaginação pode fazer esquecer.

Nas artes, fala-se com frequência do mérito da dificuldade vencida; não obstante, foi dito com razão que "ou não se sentia mais essa dificuldade, e então ela não existia, ou que era sentida, e então não havia sido vencida". Os entraves fazem que a habilidade do espírito desponte; mas há com frequência no verdadeiro gênio uma espécie de inépcia, semelhante, sob alguns aspectos, à credulidade das belas almas, e seria errado querer submetê-lo a embaraços arbitrários, pois ele se sairia muito pior do que os talentos de segunda ordem.

Capítulo X
Da poesia

Aquilo que é realmente divino no coração do homem não pode ser definido; se há palavras para alguns traços, não há nenhuma para exprimir o conjunto, e sobretudo o mistério da verdadeira beleza em todos os gêneros. É fácil apontar o que não é poesia; mas quando desejamos compreender o que ela é, precisamos pedir o socorro das impressões provocadas por uma bela região, por uma música harmoniosa, pela visão de um ente querido e, acima de tudo, por um sentimento religioso que nos faça sentir em nós mesmos a presença da divindade. A poesia é a linguagem natural de todos os cultos. A Bíblia é repleta de poesia, Homero é repleto de religião; não que existam ficções na Bíblia ou dogmas em Homero; mas o entusiasmo reúne em um mesmo foco sentimentos diversos; o entusiasmo é o incenso da Terra para o céu, ele os reúne mutuamente.

O dom de revelar pela palavra o que se sente no fundo do coração é muito raro; contudo, há poesia em todos os seres capazes de afeições vivas e profundas; carecem de expressão aqueles que não são exercitados a encontrá-la. O poeta, por assim dizer, apenas liberta o sentimento prisioneiro no fundo da alma; o gênio poético é uma disposição interior da mesma natureza daquela que nos torna capazes de um generoso sacrifício: compor uma bela ode é aspirar ao heroísmo. Se o talento não fosse inconstante, ele com muita frequência inspiraria tanto as belas ações como as palavras tocantes, pois elas partem todas igualmente da consciência do belo, que se faz sentir em nós mesmos.

Madame de Staël

Um homem de um espírito superior dizia que "a prosa era factícia, e a poesia natural"; com efeito, as nações poucos civilizadas começam sempre pela poesia, e, uma vez que uma forte paixão agite a alma, os homens mais comuns recorrem, sem o saber, a imagens e metáforas; eles invocam em seu socorro a natureza exterior para exprimir o que se passa neles de inexprimível. As pessoas do povo estão muito mais próximas de ser poetas do que os homens de boa companhia, pois a conveniência e a zombaria são apropriadas apenas enquanto limites; elas não podem inspirar nada.

Neste mundo, há uma luta interminável entre a poesia e a prosa, e o gracejo deve sempre se colocar do lado da prosa; pois gracejar é rebaixar. O espírito de sociedade é entretanto muito favorável à poesia graciosa e alegre cujos modelos mais brilhantes são Ariosto, La Fontaine e Voltaire. A poesia dramática é admirável em nossos primeiros escritores; a poesia descritiva e sobretudo a poesia didática, entre os franceses, foram levadas a um alto grau de perfeição; mas até o presente não parece que tenham sido chamados a distinguir-se na poesia lírica ou épica, tal como os antigos e os estrangeiros a concebem.

A poesia lírica exprime-se em nome do próprio autor; ele não se apresenta mais sob uma personagem, encontrando em si mesmo os diversos movimentos que o animam: J.-B. Rousseau,[1] em suas *Odes* religiosas, e Racine, em *Athalie*, mostraram-se poetas líricos; eles eram alimentados pelos Salmos e impregnados por uma fé viva; não obstante, as dificuldades da língua e da versificação francesas quase sempre se opõem ao abandono do entusiasmo. Podemos citar admiráveis estrofes em algumas de nossas odes; mas há uma ode inteira na qual a divindade não tenha abandonado o poeta? Belos versos não são poesia; a inspiração nas artes é uma fonte inesgotável que vivifica desde a primeira palavra até a última: amor, pátria, crença, tudo deve ser divinizado na ode, trata-se da apoteose do sentimento: para conceber a verdadeira grandeza da poesia lírica, é preciso errar pelo devaneio nas regiões etéreas, esquecer o tumulto da Terra ao escutar a harmonia celeste, e considerar o universo inteiro como um símbolo das emoções da alma.

---

1 Jean-Baptiste Rousseau (1671-1741): suas peças de teatro não obtiveram êxito, mas adquiriu reputação com seus poemas. (N. T.)

O enigma do destino humano não é nada para a maior parte dos homens; o poeta o tem sempre presente na imaginação. A ideia da morte, que desalenta os espíritos vulgares, torna o gênio mais audacioso, e a mistura das belezas da natureza com os terrores da destruição excita não sei qual delírio de felicidade e pavor, sem o qual não há como compreender nem descrever o espetáculo deste mundo. A poesia lírica não narra nada, não se limita em nada à sucessão dos tempos nem aos limites dos lugares; ela paira sobre os países e os séculos; ela propicia duração a esse momento sublime no qual o homem eleva-se acima das dores e dos prazeres da vida. Ele se sente em meio às maravilhas do mundo como um ser ao mesmo tempo criador e criado, que deve morrer e que não pode cessar de existir, e cujo coração frágil e forte ao mesmo tempo orgulha-se de si mesmo e prosterna-se diante de Deus.

Os alemães, ao reunirem ao mesmo tempo, o que é muito raro, a imaginação e o recolhimento contemplativo, são mais aptos à poesia lírica do que a maior parte das outras nações. Os modernos não podem abrir mão de certa profundidade de ideias cujo hábito lhes foi dado por uma religião espiritualista; entretanto, se essa profundidade não fosse revestida de imagens, não seria poesia: é preciso que a natureza cresça aos olhos do homem, para que ele possa servir-se dela como emblema de seus pensamentos. Os pequenos bosques, as flores e os riachos bastavam aos poetas do paganismo; a solidão das florestas, o oceano sem limites, o céu estrelado dificilmente podem exprimir o eterno e o infinito de que a alma dos cristãos está repleta.

Assim como nós, os alemães não têm poema épico; essa admirável composição não parece concedida aos modernos, e talvez apenas a *Ilíada* corresponda inteiramente à ideia que fazermos desse gênero de obra: é preciso para o poema épico um concurso singular de circunstâncias encontrado apenas entre os gregos: a imaginação dos tempos heroicos e a perfeição da linguagem dos tempos civilizados. Na Idade Média, a imaginação era forte, mas a linguagem imperfeita; em nossos dias, a linguagem é pura, mas a imaginação é defectiva. Os alemães têm muita audácia nas ideias e no estilo, e pouca invenção na matéria do tema; suas experiências na poesia épica se aproximam quase sempre do gênero lírico. As dos franceses recaem antes sob o gênero dramático, encontrando-se nelas mais interesse do que grandeza! Quando se trata de agradar no teatro, a arte de circunscrever-se a um quadro determinado, de adivinhar o gosto dos espectadores e de ter de curvar-se habilmente a eles forma uma parte do sucesso; ao passo que nada deve depender das circunstâncias exteriores e passageiras na composição de um poema épico. Ele exige belezas absolutas, belezas que impressionem o leitor solitário, quando seus sentimentos são mais naturais e sua imaginação mais ousada. Quem quisesse arriscar muito em um poema épico poderia decerto incorrer na censura severa do bom gosto francês; mas quem não se arriscasse em nada não seria por isso menos desdenhado.

Boileau, ao mesmo tempo em que aperfeiçoava inteiramente o gosto e a língua, deu ao espírito francês, não se pode negá-lo, uma disposição bastante desfavorável à poesia. Ele falou apenas daquilo que era preciso evitar; apenas insistiu sobre preceitos de razão e sabedoria que introduziram na literatura um tipo de pedantismo bastante prejudicial ao sublime ímpeto das artes. Temos obras-primas de versificação em francês; mas como se pode chamar a versificação de poesia?! Traduzir em versos o que tinha sido feito para permanecer em prosa, exprimir em dez sílabas, como Pope, os jogos de cartas em seus mínimos detalhes,[2] ou como os últimos poemas que apareceram entre nós, o gamão, o xadrez, a química, é um truque de ilusionismo feito de palavras, é compor com as palavras, tal como com as notas, algumas sonatas sob o nome de poema.[3]

É preciso entretanto um grande conhecimento da linguagem poética para descrever assim nobremente os objetos que menos se prestam à imaginação, e há razão para admirar alguns trechos esparsos dessas galerias de quadros; mas as transições que os ligam entre si são necessariamente prosaicas, tal como o que se passa na cabeça do escritor. Ele disse para si mesmo: "Farei versos sobre esse tema, depois sobre aquele, depois sobre aquele outro"; e sem se aperceber disso nos confidencia sua maneira de trabalhar. O verdadeiro poeta concebe, por assim dizer, todo o seu poema

---

2 Essa narração aparece no canto III do poema *The Rape of the Lock* [O rapto da madeixa], de 1714. (N. T.)

3 Isto é, seria prover palavras à sonata, música instrumental, forma contrária à *cantata*, música cantada. (N. T.)

Da Alemanha

de uma só vez no fundo de sua alma; sem as dificuldades da linguagem, ele improvisaria, como a Sibila[4] e os profetas, os hinos santos do gênio. Ele é agitado por suas concepções tal como por um acontecimento de sua vida. Um mundo novo abre-se para ele; a imagem sublime de cada situação, de cada caráter, de cada beleza da natureza atinge seu olhar, e seu coração palpita por uma felicidade celeste que atravessa como um raio a escuridão do destino. A poesia é uma posse momentânea de tudo o que nossa alma deseja; o talento faz desaparecer os limites da existência e transforma em imagens brilhantes a vaga esperança dos mortais.

Seria mais fácil descrever os sintomas do talento do que lhe dar preceitos; o gênio é sentido, tal como o amor, pela própria profundidade da emoção com que penetra quem está dotado dele; mas caso se ousasse dar conselhos a esse gênio, de quem a natureza quer ser o único guia, não lhe deveriam ser dados conselhos puramente literários: seria preciso falar aos poetas como a cidadãos, como a heróis; seria preciso lhes dizer: "Sede virtuosos, sede fervorosos, sede livres, respeitai aquilo que amais, procurai a imortalidade no amor e a divindade na natureza, enfim, santificai vossa alma como um templo, e o anjo dos nobres pensamentos não desdenhará de aparecer ali".

---

4 Mulheres com dons proféticos sob inspiração de Apolo. (N. T.)

Capítulo XI
Da poesia clássica e da poesia romântica

O termo *romântico* foi introduzido recentemente na Alemanha para designar a poesia originada dos cantos dos trovadores, aquela que nasceu da cavalaria e do cristianismo. Se não admitirmos que o paganismo e o cristianismo, o Norte e o Sul da Europa, a Antiguidade e a Idade Média, a cavalaria e as instituições gregas e romanas, partilharam o império da literatura, jamais chegaremos a julgar o gosto antigo e o gosto moderno sob um ponto de vista filosófico.

Algumas vezes, a palavra clássico é tomada como sinônimo de perfeição. Sirvo-me dela aqui em uma outra acepção, considerando a poesia clássica como a dos antigos, e a poesia romântica como a que depende de algum modo das tradições cavaleirescas. Essa divisão remete igualmente às duas eras do mundo: aquela que precedeu o estabelecimento do cristianismo e aquela que se lhe seguiu.

Em diversas obras alemãs, a poesia antiga também foi comparada com a escultura, e a poesia romântica com a pintura; enfim, a marcha do espírito humano foi caracterizada de todas as maneiras, passando das religiões materialistas às espiritualistas, da natureza à divindade.

A nação francesa, a mais cultivada das nações latinas, pende para a poesia clássica, imitada dos gregos e dos romanos. A nação inglesa, a mais ilustre das nações germânicas, aprecia a poesia romântica e cavaleiresca, e vangloria-se das obras-primas que possui no gênero. Não examinarei aqui qual desses dois gêneros de poesia mereça a preferência: basta mostrar que a diversidade dos gostos, a esse respeito, deriva não somente de causas acidentais, mas também das fontes primitivas da imaginação e do pensamento.

Há nos poemas épicos, e nas tragédias dos antigos, um gênero de simplicidade que diz respeito ao fato de que os homens daquela época estavam identificados com a natureza, e acreditavam dependerem do destino tal como a natureza depende da satisfação das necessidades. O homem, por refletir pouco, colocava sempre a ação de sua alma no exterior; a própria consciência era figurada por objetos exteriores, e as tochas das Fúrias agitavam os remorsos sobre a cabeça dos culpados. O acontecimento era tudo na Antiguidade, o caráter tem mais lugar nos tempos modernos; e a reflexão inquieta, que com frequência nos devora como o abutre de Prometeu,[1] seria semelhante apenas à loucura, em meio às relações claras e marcadas existentes no estado civil e social dos antigos.

Na Grécia, no começo da arte, faziam-se apenas estátuas isoladas; os grupos foram compostos mais tarde. Poder-se-ia ainda dizer, com certeza, que em todas as artes não existiam grupos; os objetos representados sucediam-se como nos baixos-relevos, sem combinação, sem complicação de qualquer gênero. O homem personificava a natureza; ninfas habitavam as águas, e hamadríades as florestas: mas a natureza, por sua vez, subjugava o homem, e ter-se-ia dito que ele se assemelhava à torrente, ao raio, ao vulcão, a tal ponto agia por um impulso involuntário, e sem que a reflexão pudesse alterar em nada os motivos e as consequências de suas ações. Os antigos tinham, por assim dizer, uma alma corpórea, cujos movimentos eram vigorosos, diretos e consequentes; o mesmo não ocorre com o coração humano formado pelo cristianismo: o arrependimento cristão incutiu nos modernos o hábito da autorreflexão constante.

Mas, para manifestar essa existência completamente interior, é preciso que uma grande variedade nos fatos apresente sob todas as formas as

---

1 Prometeu, um dos Titãs, filho de Urano e Gaia, conhecido por sua astúcia, roubou o fogo de Zeus e o entregou aos mortais; como punição, foi deixado amarrado a uma rocha por toda a eternidade enquanto um abutre vinha comer-lhe o fígado todos os dias. (N. T.)

Da Alemanha

nuanças infinitas do que se passa na alma. Se em nossos dias as belas-artes estivessem sujeitas à simplicidade dos antigos, não atingiríamos a força primitiva que os distingue, e perderíamos as emoções íntimas e múltiplas de que nossa alma é suscetível. Nos modernos, a simplicidade da arte seria facilmente transformada em frieza e abstração, ao passo que a dos antigos era cheia de vida. A honra e o amor, a bravura e a piedade são os sentimentos que marcam o cristianismo cavaleiresco; e essas disposições da alma somente podem manifestar-se mediante os perigos, as façanhas, os amores, os infortúnios, o interesse romântico, enfim, que varia incessantemente os quadros. Portanto, sob muitos pontos de vista, as origens dos efeitos da arte na poesia clássica e na poesia romântica são diferentes. Em uma, é o destino que reina; na outra, é a Providência: a sorte não leva em conta os sentimentos dos homens; a Providência julga as ações apenas segundo os sentimentos. Como a poesia não haveria de criar um mundo de uma natureza inteiramente outra, quando é preciso pintar a obra de um destino cego e surdo, sempre em luta com os mortais, ou a ordem inteligente presidida por um ser supremo, que nosso coração interroga, e que responde ao nosso coração?!

A poesia pagã deve ser simples e bem definida como os objetos exteriores; a poesia cristã necessita das mil cores do arco-íris para não se perder nas nuvens. A poesia dos antigos é mais pura como arte; a dos modernos faz verter mais lágrimas: mas a questão para nós não se dá em uma disputa entre a poesia clássica e a poesia romântica, mas entre a imitação de uma e a inspiração da outra. Entre os modernos, a literatura dos antigos é uma literatura transplantada: a literatura romântica ou cavaleiresca é entre nós indígena, foram nossas instituições e nossa religião que a fizeram eclodir. Os escritores que imitam os antigos submeteram-se às mais severas regras do gosto; pois uma vez que não podiam consultar a própria natureza, nem as próprias lembranças, foi preciso que se conformassem às leis segundo as quais as obras-primas dos antigos podem ser adaptadas ao nosso gosto, muito embora todas as circunstâncias políticas e religiosas que deram origem a essas obras-primas estivessem mudadas. Mas essas poesias segundo o modelo antigo, por mais perfeitas que sejam, raramente são populares, pois no presente não se referem a nada que seja nacional.

A poesia francesa, por ser a mais clássica de todas as poesias modernas, é a única que não se difundiu entre o povo. As estâncias de Tasso são cantadas pelos gondoleiros de Veneza; os espanhóis e os portugueses de todas as classes sabem de cor os versos de Calderón e Camões.[2] Na Inglaterra, Shakespeare é admirado tanto pelo povo quanto pela classe superior. Poemas de Goethe e Bürger[3] foram convertidos em música, e podeis ouvi-los repetidas vezes das margens do Reno até o Báltico. Nossos poetas franceses são admirados por todos os espíritos cultivados entre nós e no resto da Europa; mas são totalmente desconhecidos das pessoas do povo e mesmo dos burgueses das cidades, pois na França as artes não são, como em outros lugares, nativas do próprio país onde suas belezas se desenvolvem.

Alguns críticos franceses declararam que a literatura dos povos germânicos ainda estava na infância da arte; essa opinião é completamente falsa: os homens mais instruídos no conhecimento das línguas e das obras dos antigos certamente não ignoram os inconvenientes e as vantagens do gênero que adotam ou rejeitam; mas seu caráter, seus hábitos e seu raciocínio os levaram a preferir a literatura baseada nas lembranças da cavalaria, no maravilhoso da Idade Média, em lugar daquela que tem por fundamento a mitologia dos gregos. A literatura romântica é a única ainda suscetível de ser aperfeiçoada, pois tendo suas raízes em nosso próprio solo, é a única que poderia crescer e reviver; ela exprime nossa religião, recorda nossa história; sua origem é antiga, mas não da Antiguidade.

A poesia clássica deve passar pelas lembranças do paganismo para chegar até nós; a poesia dos germânicos pertence à era cristã das belas-artes: ela se serve de nossas impressões pessoais para comover: o gênio que a inspira dirige-se diretamente ao nosso coração e parece evocar nossa própria vida como um fantasma, o mais poderoso e o mais terrível de todos.

---

2 Calderón de la Barca (1600-1681); Luís Vaz de Camões (*c.* 1524-1579/1580). (N. T.)

3 Gottfried August Bürger (1747-1794): poeta lírico; publica *Leonor* em 1770. (N. T.)

Capítulo XII
Dos poemas dos alemães

Pelas diversas reflexões contidas no capítulo precedente, parece-me que se deve concluir que há pouquíssima poesia clássica na Alemanha, seja considerando essa poesia como imitada dos antigos, seja entendendo unicamente por essa palavra o mais alto grau possível de perfeição. A fecundidade da imaginação dos alemães os incita antes a produzir do que a corrigir; desse modo, torna-se difícil citar, em sua literatura, escritos geralmente reconhecidos por modelos. A língua não está fixada; o gosto muda a cada nova produção dos homens de talento; tudo é progressivo, tudo caminha, e o ponto estacionário de perfeição ainda não foi atingido; mas isso é um mal? Em todas as nações que se vangloriam de ter chegado a tanto, viu-se quase imediatamente depois começar a decadência, com imitadores a sucederem os escritores clássicos, como que para nos enfastiar deles.

Há na Alemanha um número tão grande de poetas quanto na Itália; a multidão das experimentações, em qualquer gênero que seja, indica qual é a inclinação natural de uma nação. Quando o amor pela arte é universal, os espíritos tomam por si mesmos a direção da poesia, como alhures a da política ou a dos interesses mercantis. Entre os gregos havia uma abundância de poetas, e nada é mais favorável ao gênio do que estar cercado de um grande número de homens que seguem a mesma carreira. Os artistas são juízes indulgentes para as faltas, pois conhecem as dificuldades; mas são também aprovadores exigentes; são necessárias grandes belezas, e belezas novas, para igualar a seus olhos as obras-primas com as quais se ocupam continuamente. Os alemães, por assim dizer, improvisam ao escrever; e essa grande facilidade é o verdadeiro sinal do talento nas belas-artes; pois estas devem nascer, tal como as flores do Sul da Europa, sem cultivo; o trabalho as aperfeiçoa; mas a imaginação é abundante, quando uma natureza generosa proporciona esse dom aos homens. É impossível citar todos os poetas alemães que mereceriam um elogio à parte; irei me limitar somente a considerar, de modo geral, as três escolas que já distingui ao indicar a marcha histórica da literatura alemã.

Wieland imitou Voltaire em seus romances; com frequência Luciano,[1] que sob o aspecto filosófico é o Voltaire da Antiguidade; algumas vezes Ariosto, e também, infelizmente, Crébillon. Ele colocou em versos vários contos de cavalaria, *Gandalin, Gerion o Cortesão, Oberon*[2] etc., nos quais há mais sensibilidade do que em Ariosto, mas sempre menos graça e jocosidade. O alemão não se move sobre todos os assuntos com a presteza do italiano; e os gracejos que convêm à língua alemã, um pouco sobrecarregada de consoantes, são antes os que se referem à arte de caracterizar fortemente do que à de insinuar. *Idris* e *Le Nouvel Amadis*[3] são contos de fadas nos quais a virtude das mulheres é a cada página o objeto desses eternos gracejos que cessaram de ser imorais por força de serem tediosos. Os contos de cavalaria de Wieland me parecem muito melhores do que seus poemas imitados do grego, *Musarion, Endymion, Ganimedes, O julgamento de Páris*[4] etc. As histórias de cavalaria são nacionais na Alemanha. O gênio natural da linguagem e dos poetas presta-se para pintar as façanhas e os amores dos cavaleiros e das damas, cujos sentimentos eram ao mesmo tempo tão fortes e tão ingênuos, tão benevolentes e tão decididos; mas ao querer colocar atrativos modernos nos temas gregos, Wieland tornou-os necessariamente amaneirados. Aque-

---

1 Luciano de Samósata (*c.* 125-181): famoso por sua fecunda imaginação e por suas sátiras. (N. T.)

2 *Gandalin* é de 1776; *Geron der Adelich*, de 1777; *Oberon*, de 1780. (N. T.)

3 *Idris und Zenide* é de 1768; *Der neue Amadis* [O novo Amadis], de 1771. (N. T.)

4 *Musarion* é de 1765; *Endymion*, de 1771; *Juno und Ganymede*, de 1765; *Das Urteil des Pâris*, de 1764. (N. T.)

Da Alemanha

les que pretendem modificar o gosto antigo por meio daquilo que é moderno, ou o gosto moderno por meio daquilo que é antigo, são quase sempre afetados. Para estar protegido desse perigo, é preciso tomar cada coisa plenamente em sua natureza.

O *Oberon* na Alemanha passa praticamente por um poema épico. Ele é baseado em uma história de cavalaria francesa, *Huon de Bordeaux*,[5] cujo resumo nos foi provido pelo sr. Tressan.[6] O gênio Oberon e a fada Titânia,[7] tais como Shakespeare os pintou em sua peça intitulada *Sonho de uma noite de verão*,[8] servem de mitologia a esse poema. O tema é provido por nossos antigos romancistas; mas não seria demasiado louvar a poesia enriquecida por Wieland. Nela, o gracejo extraído do maravilhoso é manejado com muita graça e originalidade. Huon é enviado para a Palestina, após diversas aventuras, para pedir em casamento a filha do sultão, e quando o som de sua singular corneta incita à dança todas as personagens mais sérias que se opõem ao casamento, não nos cansamos desse efeito cômico, habilmente repetido; e quanto melhor o poeta soube pintar a seriedade pedante dos imãs e vizires da corte do sultão, mais a dança involuntária diverte os leitores. Quando Oberon carrega pelo ar, em um carro alado, os dois amantes, o temor por esse prodígio é dissipado pela segurança que o amor lhes inspira. "Em vão a terra", diz o poeta,

desaparece aos olhos deles; em vão a noite cobre a atmosfera com suas asas escuras; uma luz celeste brilha em seus olhares repletos de ternura; suas almas refletem-se uma na outra; a noite não é noite para eles; o Elísio os cerca; o sol ilumina o fundo de seus corações; e o amor, a cada instante, faz que vejam objetos sempre deliciosos e sempre novos.

---

5 *Les Prouesses et faitz du noble Huon de Bordeaux* [As proezas e feitos do nobre Huon de Bordeaux]: canção de gesta da primeira metade do século XIII. (N. T.)

6 Louis-Élisabeth de la Vergne, conde de Tressan (1705-1783): poeta e físico, traduziu o *Orlando furioso* e romances de cavalaria. (N. T.)

7 Titânia, rainha das fadas. (N. T.)

8 Comédia escrita por volta de 1590. (N. T.)

Em geral, a sensibilidade não combina muito com o maravilhoso: há algo tão sério nas afeições da alma que não se aprecia vê-las comprometidas em meio aos jogos da imaginação; mas Wieland tem a arte de unir essas ficções fantásticas a sentimentos verdadeiros, de um modo que é só dele.

O batismo da filha do sultão, que se faz cristã para desposar Huon, é ainda uma passagem da maior beleza: trocar de religião por amor é um pouco profano; mas o cristianismo é de tal modo a religião do coração que basta amar com devotamento e pureza para já ser convertido. Oberon fez que os dois jovens esposos prometessem não se entregar um ao outro antes de chegarem a Roma: estando juntos no mesmo navio, e separados do mundo, o amor faz que faltem ao voto. Desaba então a tempestade, os ventos sopram, as ondas crescem e as velas são rasgadas; o raio quebra os mastros; os passageiros lamentam-se, os marujos gritam por socorro. Enfim o navio se fende, as ondas ameaçam engolir tudo, e a presença da morte mal pode arrancar dos dois esposos o sentimento da felicidade desta vida. Eles são lançados ao mar: um poder invisível os salva e os faz chegar a uma ilha desabitada, onde encontram um solitário levado a esse retiro por suas desventuras e sua religião.

Amanda, a esposa de Huon, após longas provações, dá a luz um filho, e nada é tão arrebatador quanto o quadro da maternidade no deserto: esse novo ser que vem animar a solidão, os olhares incertos da infância, que a ternura apaixonada da mãe busca fixar sobre ela, tudo é repleto de sentimento e verdade. As provas a que Oberon e Titânia querem submeter os dois esposos continuam; mas ao fim a constância deles é recompensada. Embora existam momentos arrastados no poema, é impossível não o considerar como uma obra encantadora, e seria julgado dessa maneira, se fosse bem traduzido em versos franceses.

Antes e depois de Wieland, existiram poetas que tentaram escrever segundo a maneira francesa e italiana: mas não vale muito a pena citar o que fizeram; e se a literatura alemã não tivesse assumido um caráter próprio, seguramente não viria a marcar época na história das belas-artes. A época da poesia alemã deve ser fixada por *A messíada* de Klopstock.

O herói desse poema, segundo nossa linguagem mortal, inspira igualmente a admiração e a compaixão, sem que jamais um desses sentimentos seja enfraquecido pelo outro. Um poeta generoso disse, ao falar de Luís XVI:

jamais tanto respeito admitiu tanta piedade.[9]

Esse verso tão tocante e delicado poderia exprimir o enternecimento que o Messias desperta em Klopstock. Decerto, o tema está bem acima de todas as invenções do gênio; entretanto, não há praticamente como deixá-lo de lado para mostrar a humanidade no ser divino com tanta sensibilidade, e a divindade no ser mortal com tanta força. É preciso também muito talento para provocar o interesse e a ansiedade pela narração de um acontecimento decidido previamente por uma vontade onipotente. Klopstock soube reunir com muita arte tudo o que a fatalidade dos antigos e a Providência dos cristãos podem inspirar ao mesmo tempo de terror e esperança.

Em outra ocasião falei do caráter de Abbadona,[10] desse demônio arrependido que procura fazer o bem aos homens: um remorso devorador une-se à sua natureza imortal. Seus lamentos têm o próprio céu por objeto, o céu que ele conheceu, as esferas celestes que foram sua morada: que situação esse retorno à virtude quando o destino é irrevogável; faltava aos tormentos do inferno ser habitado por uma alma que voltou a ser sensível! Nossa religião não nos é familiar na poesia, e Klopstock é um dos poetas modernos que melhor soube personificar a espiritualidade do cristianismo mediante situações e quadros análogos à sua natureza.

Há apenas um episódio de amor em toda a obra, sendo um amor entre dois ressuscitados, Cidli e Semida; Jesus Cristo devolveu a vida a ambos, e eles se amam com uma afeição pura e celeste como sua nova existência; não se creem mais sujeitos à morte, e esperam passar juntos da terra ao céu, sem que qualquer um dos dois sinta a terrível dor de uma separação aparente. Que tocante concepção de tamanho amor em um poema religioso! É a única que podia estar em harmonia com o conjunto da obra. Entretanto, é

---

9 Sr. de Sabran. [Louis Marie Elzéar, conde de Sabran (1774-1846) publicou em 1815 o livro de poemas *Le repentir* (O arrependimento). (N. T.)]

10 Seria um anjo caído, um serafim. (N. T.)

preciso confessar que um tema continuamente exaltado resulta um pouco monótono; a alma fica cansada da excessiva contemplação, e o autor teria algumas vezes necessidade de negociar com leitores já ressuscitados, tal como Cidli e Semida.

Esse defeito, a meu ver, poderia ter sido evitado sem que se introduzisse nada de profano em *A messíada*: talvez tivesse sido mais válido ter tomado por tema a vida inteira de Jesus Cristo do que ter começado no momento em que seus inimigos pedem sua morte. Klopstock poderia ter se servido com mais arte das cores do Oriente para pintar a Síria, e caracterizar, de uma maneira forte, a situação do gênero humano sob o império de Roma. Há muitos discursos, e discursos muito longos em *A messíada*; a própria eloquência atinge menos a imaginação do que uma situação, um caráter, um quadro que nos deixe algo a adivinhar. O Verbo, ou a palavra divina, existia antes da criação do universo; mas, para os poetas, é preciso que a criação preceda a palavra.

Klopstock também foi reprovado por não ter feito retratos muito variados de seus anjos; é certo que na perfeição as diferenças são difíceis de ser apreendidas, e que comumente são os defeitos que caracterizam os homens: não obstante, poder-se-ia ter dado mais variedade a esse grande quadro; enfim, sobretudo, creio que não teria sido preciso acrescentar ainda dez cantos àquele que termina a ação principal, a morte do Salvador. Sem dúvida, esses dez cantos encerram grandes belezas líricas; mas quando uma obra, seja ela qual for, excita o interesse dramático, ela deve terminar no momento em que esse interesse cessa. Reflexões e sentimentos que seriam lidos alhures com o maior prazer quase sempre cansam quando um movimento mais vivo os precedeu. Sucede aos livros mais ou menos o mesmo que aos homens: exige-se deles sempre o que nos acostumaram a esperar.

Reina em toda a obra de Klopstock uma alma elevada e sensível; todavia, as impressões que provoca são muito uniformes, e as imagens fúnebres estão muito multiplicadas. A vida apenas prossegue porque esquecemos a morte; e, certamente, é por isso que essa ideia, ao reaparecer, causa um estremecimento tão terrível. Em *A messíada*, como em Young, somos levados com muita frequência em meio aos túmulos: seria fatal para as artes se mergulhássemos sempre nesse gênero de meditação, pois é preciso um sentimento muito enérgico da existência para sentir o mundo animado pela poesia. Os pagãos, tanto em seus poemas como nos baixos-relevos dos sepulcros, representavam sempre quadros variados, fazendo da morte uma ação da vida; mas os pensamentos vagos e profundos, que envolvem os últimos instantes dos cristãos, prestam-se mais ao enternecimento do que às cores vivas da imaginação.

Klopstock compôs odes religiosas, odes patrióticas e outras poesias repletas de graça sobre diversos temas. Em suas odes religiosas, ele sabe revestir as ideias sem limites com imagens visíveis; mas algumas vezes esse gênero de poesia perde-se no incomensurável que gostaria de abarcar.

É difícil citar determinado verso em suas odes religiosas, que possa ser repetido como uma máxima isolada. A beleza dessas poesias consiste na impressão geral que produzem. Iríamos perguntar ao homem que contempla o mar, essa imensidão sempre em movimento e sempre inesgotável, essa imensidão que parece dar a ideia de todos os tempos presentes ao mesmo tempo, de todas as sucessões tornadas simultâneas; perguntar-lhe-íamos, onda após onda, sobre o prazer que sente ao devanear na praia? Sucede o mesmo nas meditações religiosas embelezadas pela poesia; elas são dignas de admiração se inspiram um impulso sempre novo em direção a um destino sempre mais alto, se levam as pessoas a se sentirem melhor depois que são tomadas por elas: eis o julgamento literário que se deve fazer sobre tais escritos.

Dentre as odes de Klopstock, aquelas que têm a Revolução Francesa por objeto não merecem ser citadas: o momento presente raramente leva os poetas a boas inspirações; é preciso que eles se coloquem à distância dos séculos para julgar, e mesmo para pintar bem: mas o mais honroso de Klopstock são seus esforços para reanimar o patriotismo entre os alemães. Dentre as poesias compostas com esse respeitável objetivo, tentarei dar a conhecer o *Canto dos bardos*[11] após a morte de Hermann, que os romanos nomeiam Armínio: ele fora assassinado pelos príncipes da Germânia, invejosos de seu sucesso e de seu poder.

---

11 *Die Barden Oden*, 1767. (N. T.)

Hermann,
cantado pelos bardos Werdomar, Kerding e Darmond

W. Sobre o rochedo de musgo milenar, sentemo-nos, ó bardos!, e cantemos o hino fúnebre. Que ninguém dê um passo adiante, que ninguém olhe sob essa ramagem, onde repousa o mais nobre filho da pátria. Ei-lo, estendido sobre seu sangue; ele, o secreto temor dos romanos, mesmo quando em meio às danças guerreiras e cantos de triunfo sua Thusnelda era levada cativa: não, não olheis! Quem poderia vê-lo sem prantear?, e a lira não deve emitir sons queixosos, mas cantos de glória para o imortal.

K. Tenho ainda os louros cabelos da infância, somente agora cingi o gládio: pela primeira vez minhas mãos estão armadas com a lança e a lira, como poderia cantar Hermann? Não espereis tanto de um jovem, ó sacerdotes; quero enxugar com meus cabelos dourados minhas faces banhadas de lágrimas, antes de ousar cantar o maior dos filhos de Mana.[12]

D. Eu também verto lágrimas de ódio; não, não as conterei: correi lágrimas abrasadoras, lágrimas do furor, vós não sois mudas; clamais a vingança sobre os pérfidos guerreiros; ó meus companheiros! ouvi minha terrível maldição: que todos os traidores da pátria, assassinos do herói, morram nos combates!

W. Vede a torrente que despenca da montanha e precipita-se sobre os rochedos; suas águas arrastam os pinheiros arrancados; ela os leva, ela os leva para a pira de Hermann. Logo o herói será pó, logo repousará no túmulo de argila; mas que sobre esse pó santo seja colocado o gládio pelo qual ele jurou a desgraça do conquistador. Detém-te, espírito do morto, antes de juntar-te a teu pai Sigmar!, tarda ainda e olha como está repleto de ti o coração de teu povo.

K. Calemos, ó calemos a Thusnelda que seu Hermann está aqui todo ensanguentado. Não devemos dizer a essa nobre mulher, a essa mãe desesperada, que o pai de seu Tumelico cessou de viver. Quem o dissesse àquela que já caminhou acorrentada diante do temível carro do orgulhoso vencedor, quem o dissesse àquela desafortunada, teria um coração romano.

---

12 Mana, um dos heróis tutelares da nação germânica.

D. Moça infeliz, que espécie de pai a pôs no mundo? Segest,[13] um traidor, que nas sombras afiava a lâmina assassina. Oh! não o destrateis. Hell[14] já selou o destino dele.

W. Que o crime de Segest não macule nossos cantos, e que antes o eterno esquecimento abra suas pesadas asas sobre suas cinzas.

As cordas da lira que ressoam em nome de Hermann seriam profanadas se seus estremecimentos acusassem o culpado. Hermann! Hermann! Tu, o favorito dos nobres corações, o chefe dos mais bravos, o salvador da pátria, é a ti que nossos bardos, em coro, repetem os louvores aos ecos sombrios das misteriosas florestas. Ó batalha de Winfeld,[15] irmã ensanguentada da vitória de Cannes, eu te vi, os cabelos revoltos, o olhar em fogo, as mãos ensanguentadas, surgir em meio às harpias do Walhalla; em vão o filho de Druso,[16] para apagar teus vestígios, quis esconder as ossadas embranquecidas dos vencidos no vale da morte. Nós não suportamos isso, reviramos os túmulos a fim de que seus restos esparsos servissem de testemunho nesse grande dia; à festa da primavera, de tempos em tempos, eles ouvirão os gritos de alegria dos vencedores.

Nosso herói ainda queria dar companheiros de morte a Varo; e sem a morosidade zelosa dos príncipes, Cecina já reencontrava seu comandante.

Um pensamento ainda mais nobre grassava na alma ardente de Hermann: à meia-noite, próximo ao altar do deus Thor,[17] em meio aos sacrifícios, diz a si mesmo secretamente: "Eu o farei".

Esse desígnio o persegue até nos jogos, quando a juventude guerreira inventa danças, salta espadas desembainhadas, anima os prazeres pelos perigos.

O timoneiro, vencedor da tempestade, conta que, em uma ilha distante,[18] a montanha incandescente anuncia, com grande antecedência, pelos negros turbilhões de fumaça, a chama e os rochedos terríveis que vão jorrar de seu

---

13 Segest, autor da conspiração que provocou a morte de Hermann.

14 Hell, a divindade do inferno. [Na religião nórdica, Hell ou Hella é a Senhora do Reino da Morte para onde iam os que morriam velhos, doentes ou de modo desonrado. (N. T.)]

15 Nome dado pelos germânicos à batalha que ganharam contra Varo.

16 Alude-se a Germânico que, chegando ao campo onde Varo havia perdido a batalha, ordenou que se queimassem os ossos dos cidadãos romanos ali mortos. (N. T.)

17 O deus da guerra. [E ainda deus do Trovão, filho de Odin. (N. T.)]

18 A Islândia.

seio. Assim, os primeiros combates de Hermann nos pressagiavam que um dia ele atravessaria os Alpes para descer à planície de Roma.

Lá o herói deveria morrer ou subir ao Capitólio, e próximo ao trono de Júpiter, que tem em suas mãos a balança dos destinos, interrogar Tibério e as sombras de seus ancestrais sobre a justiça de suas guerras.

Mas, para realizar seu ousado projeto, era preciso que ele, dentre todos os príncipes, carregasse a espada do chefe das batalhas. Então seus rivais conspiraram sua morte, e agora ele não mais existe, aquele cujo coração havia concebido o pensamento grandioso e patriótico.

D. Tu recolheste minhas lágrimas candentes? Tu escutaste meu tom furioso, ó Hella!, deusa que pune?

K. Vede em Walhalla,[19] sob as folhagens sagradas, em meio aos heróis, a palma da vitória à mão, Sigmar avança para receber seu Hermann. O velho rejuvenescido saúda o jovem herói;[20] mas uma nuvem de tristeza tira o brilho de sua acolhida, pois Hermann jamais, jamais irá ao Capitólio interrogar Tibério diante do tribunal dos deuses.

Há vários outros poemas de Klopstock, nos quais, assim como nesse, ele lembra aos alemães os grandes feitos de seus ancestrais, os germânicos; mas essas lembranças não têm praticamente nenhuma relação com a nação atual. Sente-se nessas poesias um entusiasmo vago, um desejo que não pode atingir seu objetivo; e a menor canção nacional de um povo livre causa uma emoção mais verdadeira. Não há muitos vestígios da história antiga dos germânicos; a história moderna é muito dividida e muito confusa para que possa produzir sentimentos populares: é apenas no coração que os alemães podem encontrar a origem dos cantos realmente patrióticos.

Klopstock com frequência tem mais graciosidade em temas menos sérios: sua graciosidade diz respeito à imaginação e à sensibilidade; pois em suas poesias não há muito daquilo que chamamos espírito;[21] o gênero lírico

---

19 Palácio onde o deus Odin recebia a alma dos heróis mortos. (N. T.)

20 A tradução inglesa indica as próximas palavras como pertencentes a Werdomar. (N. T.)

21 Entenda-se a mordacidade. (N. T.)

não o comporta. Na *Ode sobre o rouxinol*,[22] o poeta alemão soube rejuvenescer um tema já bastante desgastado, propiciando ao pássaro sentimentos tão ternos e vivos para com a natureza e o homem que ele parece um mediador alado que carrega de um ao outro os atributos do louvor e do amor. Uma *Ode sobre o vinho do Reno* é muito original: as margens do Reno são para os alemães uma imagem realmente nacional; eles não têm nada mais belo em todo o país; os pâmpanos crescem nos mesmos lugares onde tantas ações guerreiras ocorreram, e o vinho de 100 anos, contemporâneo de dias mais gloriosos, parece guardar ainda o generoso calor dos tempos passados.

Não somente Klopstock extraiu do cristianismo as maiores belezas de suas obras religiosas, mas, ao querer que a literatura de seu país fosse totalmente independente da dos antigos, ele tratou de dar à poesia alemã uma mitologia totalmente nova emprestada dos escandinavos. Algumas vezes, ele a emprega de uma maneira demasiado erudita; mas algumas vezes também foi muito feliz ao tirar proveito dela, e sua imaginação percebeu as relações existentes entre os deuses do Norte e o aspecto da natureza à qual eles presidem.

Há uma ode dele, encantadora, intitulada *A arte de Tialf*,[23] isto é, a arte de patinar no gelo, cuja invenção é geralmente reputada ao gigante Tialf.[24] Ele pinta uma jovem e bela mulher, vestida com uma pele de arminho e colocada sobre um trenó em forma de carruagem; os jovens que a cercam empurram rapidamente a carruagem, fazendo-a avançar como um relâmpago. Escolhe-se por caminho a correnteza congelada que, durante o inverno, oferece a rota mais segura. Os cabelos dos rapazes estão salpicados de flocos brilhantes de neve; as moças, seguindo o trenó, prendem em seus pequenos pés asas de aço, que as transportam ao longe em um piscar de olhos: o canto dos bardos acompanha essa dança setentrional; a marcha alegre passa sob os olmeiros, cujas flores são de neve; ouve-se o estalido do cristal sob os passos; um instante de terror tumultua a festa; mas logo os gritos de alegria, a violência do exercício, que deve conservar no sangue

---

22 *Die Lerche und die Nachtigall* [A cotovia e o rouxinol], 1746. (N. T.)

23 *Kunst Tialf*, 1767. (N. T.)

24 Gigante seguidor de Odin. (N. T.)

o calor arrebatado pelo frio do ar, e enfim a luta contra o clima reanimam todos os espíritos, e chega-se ao término do percurso, em uma grande sala iluminada, onde o fogo, o baile e os festins fazem que os prazeres fáceis sucedam aos prazeres conquistados sobre os rigores próprios da natureza.

A *Ode a Ebert sobre os amigos que se foram*[25] também merece ser citada. Klopstock é menos feliz quando escreve sobre o amor; como Dorat,[26] ele dirigiu versos *à sua futura amante*,[27] e esse tema amaneirado não inspirou muito sua musa: é preciso não ter sofrido para divertir-se com o sentimento; e quando uma pessoa séria tenta tal brincadeira, um constrangimento secreto sempre a impede de mostrar-se natural. Na escola de Klopstock, deve-se contar não como discípulos, mas como confrades na poesia, o grande Haller, que não pode ser nomeado sem respeito, Gessner e vários outros que se aproximavam do gênio inglês pela verdade dos sentimentos, mas que não traziam ainda a marca realmente característica da literatura alemã.

O próprio Klopstock não havia conseguido dar inteiramente à Alemanha um poema épico sublime e popular ao mesmo tempo, tal como uma obra desse gênero deve ser. A tradução da *Ilíada* e da *Odisseia*, por Voss,[28] apresentou Homero tanto quanto um decalque pode levar ao original; cada epíteto foi conservado, cada palavra foi colocada no mesmo lugar, e o conjunto causa uma impressão muito grande, embora não se possa encontrar no alemão todo o encanto que deve ter o grego, a língua mais bela do Sul da Europa. Os literatos alemães, que tomam com avidez cada novo gênero, tentaram compor poemas com a cor homérica; e a *Odisseia*, por conter muitos detalhes da vida privada, parecera mais fácil de ser imitada do que a *Ilíada*.

A primeira experiência nesse gênero foi um idílio[29] em três cantos, do próprio Voss, intitulado *Luísa*,[30] o qual foi escrito em hexâmetros, consi-

---

25 *An Ebert*, em *Oden*, 1748. (N. T.)

26 Claude Joseph Dorat (1734-1780): poeta e dramaturgo. (N. T.)

27 *Die künftige Geliebte*, 1747. (N. T.)

28 Johann Heinrich Voss (1751-1826). (N. T.)

29 Do grego *eidyllion*, diminutivo de *eidos*, "imagem", logo, "pequena imagem", poema lírico de tema bucólico ou pastoril. (N. T.)

30 *Luise*, editada em 1795. (N. T.)

Da Alemanha

derados admiráveis por todos; mas a própria pompa do hexâmetro parece com frequência pouco de acordo com a extrema ingenuidade do tema. Sem as emoções puras e religiosas que animam todo o poema, não haveria muito interesse no casamento bastante tranquilo da filha do *venerável pastor de Grünau*. Homero, fiel em reunir os epítetos com os nomes, diz sempre, ao falar de Minerva, *a filha de Júpiter dos olhos azuis*; do mesmo modo, também Voss repete continuamente o *venerável pastor de Grünau* (*der ehrwürdige Pfarrer von Grünau*). Mas a simplicidade de Homero somente produziu um tão grande efeito por estar nobremente em contraste com a grandeza imponente de seu herói e do destino que o persegue; ao passo que, quando se trata de um pastor de província e da ótima dona de casa que era sua mulher, que casam a filha com aquele que ela ama, a simplicidade tem menos mérito. São muito admiradas na Alemanha as descrições encontradas na *Luísa* de Voss, sobre a maneira de fazer o café, de acender o cachimbo: esses detalhes são apresentados com muito talento e verdade; trata-se de um quadro flamengo[31] muito bem-feito; mas me parece que difícilmente possam ser introduzidos em nossos poemas, tal como naqueles dos antigos, os usos comuns da vida: esses usos entre nós não são poéticos, e nossa civilização tem algo de burguês. Os antigos viviam sempre ao ar livre, sempre em contato com a natureza, e sua maneira de existir era campestre, mas jamais vulgar.

Os alemães atribuem bem pouca importância ao tema de um poema, e acreditam que tudo consiste na maneira pela qual ele é tratado. A princípio, a forma provida ao poema raramente chega a ser transportada para uma língua estrangeira; e entretanto a reputação europeia não deve ser desdenhada; ademais, a recordação dos detalhes mais interessantes se desfaz quando não se une a uma ficção cuja imaginação possa ser apreendida. A pureza tocante, que é o principal encanto do poema de Voss, se faz sentir sobretudo, parece-me, na bênção nupcial do pastor ao casar sua filha. "Minha filha", ele fala com uma voz comovida,

---

31 A pintura flamenga do século XVI já retratava trabalhadores e serviçais em seus afazeres. (N. T.)

que a bênção de Deus esteja contigo. Amável e virtuosa criança, que a bênção de Deus te acompanhe na Terra e no céu. Fui jovem e fiquei velho, e nessa vida incerta o Todo-Poderoso enviou-me muita alegria e dor. Que ele seja bendito por todos os dois! Logo, sem lamentar, irei repousar minha cabeça embranquecida no túmulo de meus pais, pois minha filha é feliz; ela o é pois sabe que um Deus paternal cuida de nossa alma tanto para a dor quanto para o prazer. Que espetáculo mais tocante o dessa jovem e bela noiva! Na simplicidade de seu coração ela se apoia na mão do amigo que deve conduzi-la pela vereda da vida; será com ele que ela partilhará, em uma intimidade santa, a felicidade e o infortúnio; e ela, se Deus assim o quiser, deve enxugar o último suor da testa de seu esposo mortal. Minha alma estava cheia de pressentimentos quando, no dia de minhas núpcias, levei a esses lugares minha tímida companheira: contente, mas sério, mostrei-lhe ao longe o limite de nossas terras, a torre da igreja e a morada do pastor onde passamos por tantas coisas boas e más. Minha única criança, pois apenas tu me restas, as outras às quais dei a vida dormem lá embaixo sob a relva do cemitério; minha única criança, tu irás seguir o caminho pelo qual eu vim. O quarto de minha filha estará deserto; seu lugar em nossa mesa não estará mais ocupado; em vão buscarei ouvir seus passos, sua voz. Sim, quando teu esposo te levar para longe de mim, soluços me escaparão, e meus olhos banhados de lágrimas te seguirão por longo tempo ainda; pois sou homem e pai, e amo com ternura essa filha que me ama tão sinceramente. Mas logo, contendo as lágrimas, erguerei para o céu minhas mãos suplicantes, e me prosternarei diante da vontade de Deus, que ordena à mulher deixar a mãe e o pai para seguir o esposo. Portanto vai em paz, minha criança, abandona tua família e tua casa paterna; segue um rapaz que agora a tomará daqueles aos quais tu deves a vida; sê na casa dele como uma vinha fecunda, cobre-a de nobres brotos. Um casamento religioso é a maior das felicidades terrenas; mas se o próprio Senhor não fundar o edifício do homem, que importam seus vãos trabalhos?

Eis a verdadeira simplicidade, a da alma, a que convém ao povo e aos reis, aos pobres e aos ricos, enfim, a todas as criaturas de Deus. A poesia descritiva logo cansa, quando aplicada a objetos que nada têm de grande em si mesmos; mas os sentimentos que descem dos céus, e cujos raios penetram em qualquer humilde morada, esses nada perdem de sua beleza.

Da Alemanha

A extrema admiração que Goethe inspira na Alemanha fez que seu poema *Herman e Doroteia*[32] fosse denominado poema épico, e um dos homens de mais espírito do país, o sr. Humboldt,[33] irmão do célebre viajante, compôs sobre esse poema uma obra que contém as observações mais filosóficas e mais agudas. *Herman e Doroteia* foi traduzido para o francês e o inglês; todavia, pela tradução, não se pode ter a ideia do encanto que reina nessa obra: uma emoção suave, mas contínua, se faz sentir desde os primeiros versos até o último, e há nos menores detalhes uma dignidade natural que não desonraria os heróis de Homero. Não obstante, deve-se convir que as personagens e os acontecimentos têm bem pouca importância; o tema satisfaz ao interesse quando lido no original; na tradução, esse interesse se dissipa. Em matéria de poema épico, creio que é permitido exigir uma certa aristocracia literária; apenas a dignidade das personagens e das lembranças históricas que lhes dizem respeito pode elevar a imaginação à altura desse gênero de obra.

Um antigo poema do século XIII, *Os nibelungos*, sobre o qual já falei, parecia ter tido em seu tempo todas as características de um verdadeiro poema épico. As grandes ações do herói da Alemanha do Norte, Siegfried, assassinado por um rei borgonhês, a vingança infligida aos guerreiros deste por Átila, colocando fim ao primeiro reino de Borgonha, são o tema desse poema.[34] Um poema épico raramente é a obra de um homem, e os próprios séculos, por assim dizer, trabalham nele: o patriotismo, a religião, enfim a totalidade da existência de um povo apenas pode ser colocada em ação por alguns desses imensos acontecimentos que o poeta não cria, mas que lhe parecem aumentados pela noite dos tempos: as personagens do poema épico devem representar o caráter primitivo da nação. É preciso encontrar nelas o molde indestrutível que originou toda a história.

---

32 *Hermann und Dorothea*, data provavelmente de 1797. (N. T.)

33 Friedrich Wilhelm Christian Karl Ferdinand (1767-1835): diplomata, filósofo, fundador da Universidade de Berlim; pai do sistema educacional alemão; irmão do naturalista Alexander von Humboldt. (N. T.)

34 O rei borgonhês, ou burgúndio, era Gunther (irmão de Kriemhild, esposa de Sigfried), o qual, por sua vez, foi morto por Átila, o Huno, que se tornou o segundo marido de Kriemhild. (N. T.)

O que havia de belo na Alemanha era a antiga cavalaria, sua força, sua lealdade, sua bonomia e a rudeza do Norte que se aliava a uma sensibilidade sublime. O que havia igualmente de belo ali era o cristianismo enxertado na mitologia escandinava, a honra selvagem que a fé tornava pura e sagrada; era o respeito pelas mulheres, que se tornava ainda mais tocante pela proteção concedida a todos os fracos; era o entusiasmo pela morte, o paraíso guerreiro onde a religião mais humana se fixou. Esses são os elementos de um poema épico na Alemanha. É preciso que o gênio se apodere deles, e que saiba, como Medeia, reanimar antigas lembranças por meio de um sangue novo.

Capítulo XIII
Da poesia alemã

As poesias avulsas dos alemães são, a meu ver, ainda mais notáveis do que os poemas, e é sobretudo nesse gênero que se imprime a marca da originalidade; é certo também que os autores mais citados sob esse aspecto, Goethe, Schiller, Bürger etc., são da escola moderna, a única que apresenta um caráter realmente nacional. Goethe tem mais imaginação, Schiller mais sensibilidade e, de todos, Bürger é o que possui o talento mais popular. O exame sucessivo de algumas poesias desses três homens dará uma ideia melhor do que os distingue. Schiller tem analogia com o gosto francês, todavia suas poesias avulsas não apresentam nada que se assemelhe às poesias fugidias de Voltaire; a elegância da conversação e quase das maneiras, transposta para a poesia, pertencia apenas à França; e Voltaire era o primeiro dos escritores franceses em termos de graça. Seria interessante comparar as estâncias de Schiller sobre a perda da juventude, intituladas O *ideal*,[1] com estas de Voltaire:

> Se quiserdes que eu ainda ame,
> dai-me a idade dos amores etc.

Vê-se, no poeta francês, a expressão de um lamento amável, cujo objeto está nos prazeres do amor e os gozos da vida: o poeta alemão chora a perda

---

1 *Die Ideale*, publicado em 1795. (N. T.)

do entusiasmo e da inocente pureza dos pensamentos da primeira idade; e é pela poesia e pelo pensamento que ele se orgulha de ainda embelezar o declínio de seus anos. As estâncias de Schiller não apresentam a clareza fácil e brilhante permitida por um gênero de espírito ao alcance de todos; mas pode-se extrair deles algum conforto que atue interiormente sobre a alma. Schiller sempre apresenta as reflexões mais profundas envoltas de nobres imagens: ele fala ao homem como a própria natureza; pois a natureza é ao mesmo tempo pensadora e poeta. Para pintar a ideia do tempo, ela faz correr diante de nossos olhos as águas de um rio inesgotável; e para que sua juventude eterna nos faça pensar em nossa existência passageira, ela se reveste de flores que devem perecer, e faz cair no outono as folhas das árvores que a primavera viu em todo o seu esplendor: a poesia deve ser o espelho terreno da divindade, e refletir pelas cores, sons e ritmos todas as belezas do universo.

A peça em versos intitulada *O sino*[2] consiste de duas partes perfeitamente distintas; as estrofes ao modo de refrão exprimem o trabalho feito na forja, e entre cada uma dessas estrofes há versos encantadores sobre as circunstâncias solenes, ou sobre os acontecimentos extraordinários anunciados pelos sinos, tais como o nascimento, o casamento, a morte, o incêndio, a revolta etc. Os pensamentos fortes, as imagens belas e tocantes que as grandes épocas do destino humano inspiram em Schiller poderiam ser traduzidos em francês; mas é impossível imitar nobremente as estrofes de pequenos versos, e compostas de palavras cujo som, estranho e precipitado, parece levar a ouvir os golpes redobrados e os passos apressados dos trabalhadores que manuseiam a lava ardente do bronze. Pode-se ter a ideia de um poema desse gênero por uma tradução em prosa? É como ler a música em lugar de ouvi-la; seria ainda mais fácil figurar, pela imaginação, o efeito dos instrumentos conhecidos do que os acordes e contrastes de um ritmo e de uma língua que são ignorados. Ora a brevidade regular do metro faz sentir a atividade dos ferreiros, a energia limitada, mas contínua, exercida nas ocupações materiais; ora, ao lado desse ruído duro e forte, ouvem-se os cantos diáfanos do entusiasmo e da melancolia.

---

2 *Das Lied Von Glocke* [A canção do sino] foi publicada em 1759. (N. T.)

A originalidade desse poema é perdida quando ele é separado da impressão produzida por uma medida de verso habilmente escolhida e rimas que se respondem como ecos inteligentes modificados pelo pensamento; e entretanto esses efeitos pitorescos dos sons seriam muito arriscados em francês. A vileza nos ameaça continuamente; não temos, como quase todos os outros povos, duas línguas, a da prosa e a dos versos; e sucede às palavras o mesmo que às pessoas, quando as categorias se confundem, a familiaridade é perigosa.

Uma outra peça de Schiller, *Cassandra*,[3] poderia ser facilmente traduzida para o francês, ainda que apresente uma linguagem poética bem ousada. Cassandra, no momento em que a festa das núpcias de Polixena com Aquiles vai começar, é tomada pelo pressentimento das desventuras que resultarão dessa festa; ela passeia triste e sombria pelo bosque de Apolo, e lamenta-se de conhecer o futuro que turva todos os gozos. Vê-se nessa ode o mal que a presciência de um deus provoca em um ser mortal. A dor da profetisa não é sentida por todos que têm o espírito superior e o caráter apaixonado? Schiller soube mostrar sob uma forma inteiramente poética uma grande ideia moral: a de que o verdadeiro gênio, o do sentimento, é vítima dele mesmo, quando não fosse dos outros. Não há núpcias para Cassandra, não que ela seja insensível, não que seja desdenhada; mas sua alma penetrante ultrapassa em poucos instantes a vida e a morte, e descansará apenas no céu.

Não terminaria se quisesse falar de todas as poesias de Schiller que encerram pensamentos e belezas novos. Ele compôs sobre a partida dos gregos, depois da tomada de Troia, um hino que poderia ser tido como de um poeta de então, tanto a cor do tempo é fielmente observada nele. Examinarei, sob o aspecto da arte dramática, o talento admirável dos alemães para se transportarem aos séculos, aos países, aos caracteres mais diferentes: soberba faculdade, sem a qual as personagens colocadas em cena se assemelham a marionetes movidas por um mesmo fio, e com uma mesma voz, a do autor, a fazê-las falar. Schiller merece ser admirado sobretudo

---

3 *Cassandre*, 1802. (N. T.)

como poeta dramático; Goethe é insuperável na arte de compor elegias,[4] romanças,[5] estâncias etc., suas poesias avulsas têm um mérito bastante diferente das de Voltaire. O poeta francês soube colocar em versos o espírito da sociedade mais esplêndida; o poeta alemão desperta na alma, com algumas pinceladas, impressões solitárias e profundas.

Nesse gênero de obras, Goethe é natural a um grau supremo; natural não somente quando fala segundo suas próprias impressões, mas também quando se transporta para países, costumes e situações completamente novos, sua poesia toma facilmente a cor dos lugares estrangeiros; ele apreende com um talento único aquilo que agrada nas canções nacionais de cada povo; torna-se, quando quer, um grego, um indiano, um *morlaque*. Falamos com frequência daquilo que caracteriza os poetas do Norte, a melancolia e a meditação: Goethe, como todos os homens de gênio, reúne em si surpreendentes contrastes; em suas poesias são encontrados muitos traços do caráter dos habitantes do Sul da Europa; ele está mais preparado para a existência do que os setentrionais; sente a natureza com mais vigor e serenidade; seu espírito não tem menos profundidade por isso, mas seu talento tem mais vida; encontra-se nele um certo gênero de ingenuidade que desperta ao mesmo tempo a lembrança da simplicidade da Antiguidade e da Idade Média: não se trata da ingenuidade da inocência, mas a da força. Percebe-se nas poesias de Goethe seu desdém por uma multidão de obstáculos, de conveniências, de críticas e de observações que se lhe poderiam ser opostas. Ele segue sua imaginação aonde ela o leva, e uma boa dose de orgulho libera-o dos escrúpulos do amor-próprio. Goethe na poesia é um artista com um poderoso domínio da natureza, e ainda mais admirável quando não acaba seus quadros; pois todos os seus esboços encerram germes de uma bela ficção: mas suas ficções concluídas nem sempre supõem um esboço feliz.

Em suas elegias, compostas em Roma, não devem ser buscadas descrições da Itália: Goethe quase nunca faz o que se espera dele, e quando uma

---

4 Entre os gregos, a elegia trazia temas melancólicos; entre os romanos, passou a inclinar-se mais para o mitológico e o amoroso, caso das *Elegias romanas* de 1797 de Goethe. (N. T.)

5 Espécies de canções sentimentais. (N. T.)

Da Alemanha

ideia é pomposa, desagrada-lhe: ele quer causar efeito por uma via indireta, como que apesar do autor e do leitor. Suas elegias pintam o efeito da Itália sobre toda a sua existência, essa embriaguez da felicidade produzida por um belo céu o penetra. Ele narra seus prazeres, até os mais comuns, à maneira de Propércio;[6] e, de tempos em tempos, algumas belas lembranças da cidade senhora do mundo dão à imaginação um ímpeto ainda mais vivo porquanto ela não estava preparada para isso.

Em dado momento, ele narra como encontrara nos arredores de Roma uma moça que amamentava seu filho, sentada nos escombros de uma coluna milenar; ele quisera questioná-la sobre as ruínas que cercavam sua cabana; ela ignorava aquilo que ele lhe falava; inteiramente voltada às afeições que lhe tomavam a alma, ela amava, e somente o momento presente existia para ela.

Lê-se em um autor grego que uma moça, hábil na arte do arranjo de flores, disputara com seu amado Pausias que sabia pintá-las.[7] Goethe compôs um idílio encantador sobre esse tema. O autor desse idílio é também o de *Werther*. Do sentimento que provê graça, até o desespero que exalta o gênio, Goethe percorreu todas as nuanças do amor.

Depois de ter-se feito grego em *Pausias*,[8] Goethe nos conduz à Ásia, por uma romança repleta de encantos, *A bailadeira*.[9] Um deus da Índia (Mahadoeh) toma a forma mortal para poder julgar as dores e os prazeres dos homens depois de tê-los experimentado. Ele viaja pela Ásia, observa os grandes e o povo; e quando, em uma noite ao sair de uma cidade, passeava às margens do Ganges, uma bailadeira o detém e o convida a repousar em sua morada. Há tanta poesia, uma cor tão oriental, na pintura das danças dessa bailadeira, dos perfumes e das flores de que ela se cerca, que não podemos julgar segundo nossos costumes um quadro que lhes é completamente estranho. O deus da Índia inspira um amor verdadeiro a essa mulher perdida,

---

6 Sextus Aurelius Propertius (*c.* 43-*c.* 17 a.C.): poeta e mitógrafo romano. (N. T.)

7 A moça era Glicera (*Glykeras*, doce), apelido dado às *hetairas*, isto é, cortesãs; já Pausias foi um famoso pintor grego do século IV. (N. T.)

8 *Pausias*, 1797. (N. T.)

9 *Der Gott und die Bayadere* [O Deus e a bailadeira], 1797. (N. T.)

e, tocado pelo retorno ao bem que uma afeição sincera deve sempre inspirar, ele pretende purificar a alma da bailadeira pela provação da infelicidade.

Ao despertar, ela encontra o amante morto ao seu lado: os sacerdotes de Brama carregam o corpo sem vida que a pira deve consumir. A bailadeira deseja lançar-se nela com seu amado; mas os sacerdotes a rechaçam, pois, não sendo a esposa, ela não tem o direito de morrer com ele. Depois de ter sentido todas as dores do amor e da vergonha, a bailadeira lança-se na pira a despeito dos brâmanes. O deus recebe-a em seus braços, precipita-se para fora das chamas e leva ao céu o objeto de sua ternura que se tornou digno de sua escolha.

Zelter,[10] um músico original, produziu sobre essa romança uma ária alternadamente voluptuosa e solene, estabelecendo uma concordância bem singular com as palavras. Quando a ouvimos, acreditamos estar em meio à Índia e às suas maravilhas; e que não se diga que uma romança é um poema muito curto para produzir tamanho efeito. As primeiras notas de uma ária, os primeiros versos de um poema, transportam a imaginação para o lugar e o século que se quer pintar; mas se algumas palavras têm esse poder, algumas palavras também podem destruir o encanto. Os feiticeiros outrora faziam ou impediam os prodígios com a ajuda de algumas palavras mágicas. Ocorre o mesmo com o poeta; ele pode evocar o passado, ou fazer reaparecer o presente segundo recorra a expressões conformes ou não ao tempo ou ao lugar que canta, segundo observe ou desdenhe as cores locais e essas pequenas circunstâncias engenhosamente inventadas que exercitam o espírito, tanto na ficção como na realidade, a descobrir a verdade sem que vos seja dita.

Uma outra romança de Goethe produz um efeito delicioso pelos meios mais simples: trata-se de *O pescador*.[11] Um pobre homem está sentado às margens de um rio, em uma noite de verão, e ao lançar seu anzol, contempla as águas claras e límpidas que lhe vêm banhar suavemente os pés nus. A ninfa desse rio convida-o a mergulhar; ela lhe pinta as delícias das águas

---

10 Carl Friedrich Zelter (1758-1832) foi professor de música na Universidade de Berlim. (N. T.)

11 *Die Fischer*, 1778. (N. T.)

durante o calor, o prazer que o sol tem ao refrescar-se à noite no mar, a calma da lua quando seus raios repousam e dormem em meio às ondas; enfim, o pescador, atraído, seduzido, arrebatado, avança em direção à ninfa e desaparece para sempre. O argumento dessa romança não é grande coisa; mas o que encanta é a arte de fazer sentir o poder misterioso que os fenômenos da natureza podem exercer. Dizem que há pessoas que descobrem fontes ocultas sob a terra pela agitação nervosa que elas lhes causam: crê-se frequentemente reconhecer na poesia alemã esses milagres da simpatia entre o homem e os elementos. O poeta alemão compreende a natureza não apenas como poeta, mas como irmão; e dir-se-ia que os laços de família lhe falam pelo ar, pela água, pelas flores, pelas árvores, enfim, por todas as belezas primitivas da criação.

Não há ninguém que não tenha sentido a atração indefinível que as águas levam a experimentar, seja pelo encanto do frescor, seja pela ascendência que um movimento uniforme e perpétuo poderia tomar insensivelmente sobre uma existência passageira e perecível. A romança de Goethe exprime admiravelmente o prazer sempre crescente encontrado na consideração das águas puras de um rio: o balanço do ritmo e da harmonia imita o das ondas e produz sobre a imaginação um efeito análogo. A alma da natureza se apresenta a nós por todas as partes e sob mil formas diversas. Tanto o campo fértil quanto os desertos abandonados, tanto o mar quanto as estrelas estão submetidos às mesmas leis; e o homem encerra nele mesmo sensações, poderes ocultos que têm correspondência com o dia, com a noite, com a tempestade: é essa aliança secreta de nosso ser com as maravilhas do universo que confere à poesia sua verdadeira grandeza. O poeta sabe restabelecer a unidade do mundo físico com o mundo moral: sua imaginação cria um laço entre ambos.

Várias peças de Goethe são repletas de jocosidade, mas raramente se encontra nelas o gênero de gracejos ao qual estamos acostumados: ele é mais surpreendente pelas imagens do que pelos ridículos; com um instinto singular, ele concebe a originalidade dos animais sempre nova e sempre igual. *O parque de Lily* e *O canto de núpcias no velho castelo*[12] pintam os animais

---

12 *Lilis Park*, 1775; *Hochzeitlied*, 1802. (N. T.)

não como homens, à maneira de La Fontaine, mas como criaturas fantásticas produzidas por uma natureza divertida. Goethe também sabe encontrar no maravilhoso uma fonte de brincadeiras tão adoráveis que não se percebe nelas nenhum objetivo sério.

Uma canção, intitulada *O aprendiz de feiticeiro*,[13] merece ser citada a esse respeito. O discípulo de um feiticeiro ouviu seu mestre murmurar algumas palavras mágicas, com a ajuda das quais se fazia servir por um cabo de vassoura: ele as memoriza e ordena que a vassoura busque água no riacho para lavar sua casa. A vassoura vai e volta, traz um balde, depois outro, depois mais um ainda, e sempre assim sem parar. O aprendiz queria detê-la, mas tinha esquecido as palavras necessárias para isso: o cabo de vassoura, fiel ao seu ofício, continua a ir ao riacho e retirar a água com que molha, e está prestes a submergir a casa. O aprendiz, em seu furor, pega um machado e corta o cabo da vassoura em dois. Então os dois pedaços do bastão tornam-se dois empregados em lugar de um e, passando a disputar, espalham nos cômodos com mais zelo do que nunca a água que vão buscar. Em vão o aprendiz ofende os estúpidos pedaços de pau, que agem sem descanso; e a casa teria sido perdida se o mestre não tivesse chegado a tempo de socorrer o aprendiz, zombando de sua ridícula presunção. A imitação desajeitada dos grandes segredos da arte está muito bem pintada nessa breve cena.

Resta-nos falar da fonte inesgotável dos efeitos poéticos na Alemanha, o terror: os fantasmas e os feiticeiros agradam tanto ao povo quanto aos homens esclarecidos; trata-se de um vestígio da mitologia do Norte; de uma disposição inspirada com bastante naturalidade pelas longas noites dos climas setentrionais; e, ainda que o cristianismo combata todos os temores não fundados, as superstições populares têm sempre uma analogia qualquer com a religião dominante. Quase todas as opiniões verdadeiras são seguidas de um erro; este se coloca na imaginação como a sombra ao lado da realidade; trata-se de um luxo de crença comumente ligado tanto à religião quanto à história; não sei por que motivo se desdenharia de seu emprego. Shakespeare obteve efeitos prodigiosos dos espectros e da magia,

---

13 *Der Zauberlehrling*, 1797. (N. T.)

e a poesia não poderia ser popular ao desprezar aquilo que exerce uma influência espontânea sobre a imaginação. O gênio e o gosto podem presidir o emprego desses contos: é preciso ter ainda mais talento na maneira de tratá-los, na medida em que a matéria deles é vulgar; mas é possível que a grande força de um poema consista apenas dessa reunião. É provável que os acontecimentos narrados na *Ilíada* e na *Odisseia* tenham sido cantados por amas de leite, antes que Homero os transformasse em obras-primas da arte.

De todos os alemães, foi Bürger quem melhor aproveitou essa veia de superstição que chega às profundezas do coração. Todos conhecem suas romanças na Alemanha. Creio que a mais famosa de todas, *Leonor*, não foi traduzida para o francês, ou ao menos seria bem difícil que pudéssemos exprimir todos os seus detalhes, seja por nossa prosa, seja por nossos versos. Uma moça inquieta-se por não ter notícias de seu amado que fora para a guerra: a paz é estabelecida; todos os soldados retornam aos seus lares. As mães reencontram seus filhos, as irmãs seus irmãos, os esposos suas esposas; as trombetas guerreiras acompanham os cantos da paz, e a alegria reina em todos os corações. Leonor percorre em vão as fileiras de guerreiros, sem encontrar seu amado; ninguém sabe dizer o que houve com ele. Ela se desespera: sua mãe gostaria de acalmá-la; mas o jovem coração de Leonor revolta-se contra a dor, e, em seu transtorno, ela renega a Providência. No momento em que a blasfêmia é pronunciada, sente-se na história algo de funesto, e a partir desse instante a alma fica constantemente abalada.

À meia-noite, um cavaleiro chega junto à porta de Leonor; ela ouve o relincho do cavalo e o estalido das esporas: o cavaleiro bate, ela desce e reconhece seu amado. Este lhe pede que o acompanhe imediatamente, pois não há um momento a perder, diz ele, antes de voltar à armada. Ela se lança e ele a coloca atrás dele em seu cavalo, partindo com a rapidez do clarão. Ele atravessa a galope, durante a noite, regiões áridas e desertas: a moça é tomada de terror e pergunta-lhe incessantemente o motivo da rapidez; o cavaleiro apressa ainda mais o galope de seu cavalo com gritos sombrios e surdos, e pronuncia em voz baixa estas palavras: "Os mortos andam depressa, os mortos andam depressa". Leonor responde-lhe: "Ah! Deixa os mortos em paz!". Mas todas as vezes em que ela lhe dirige questões inquietas, ele lhe repete as mesmas palavras funestas.

Ao se aproximarem da igreja para onde ele a levava, dizia ele, para se unirem, o inverno e a névoa parecem mudar a própria natureza como em um assustador presságio: alguns padres carregam em pompa um caixão, e suas batinas negras arrastam-se pesadamente sobre a neve, mortalha da Terra; o terror da moça aumenta, e sempre seu amado a tranquiliza com uma mistura de ironia e despreocupação que causa frêmitos. Tudo o que ele fala é pronunciado em um tom monocórdio, como se já em sua linguagem não se sentisse mais a entonação da vida; ele lhe promete conduzi-la para a morada pequena e silenciosa onde suas núpcias devem ser realizadas. Vê-se ao longe o cemitério cujo portão está ao lado da igreja: o cavaleiro golpeia o portão, que se abre; ele invade o cemitério com seu cavalo, avançando em meio às lápides funerárias; aí então, pouco a pouco, o cavaleiro começa a perder a aparência de um ser vivo, transformando-se em esqueleto, e o chão abre-se para engolir a ambos.

Certamente não me vanglorio de ter dado a conhecer, por essa narrativa resumida, o mérito surpreendente dessa romança: todas as imagens, todos os ruídos, em relação com a condição da alma, estão maravilhosamente ex-primidos pela poesia: as sílabas, as rimas, toda a arte das palavras e de seus sons foi empregada para estimular o terror. A rapidez do galope do cavalo parece mais solene e mais lúgubre do que a própria lentidão de uma marcha fúnebre. A energia com que o cavaleiro apressa sua corrida, essa petulância da morte causa um tormento inexprimível; e acreditamo-nos levados pelo fantasma, tal como a infeliz que ele arrasta consigo ao abismo.

Há quatro traduções da romança *Leonor* em inglês, mas a melhor de todas, sem comparação, é a do sr. Robert Spencer,[14] o poeta inglês que melhor conheceu o verdadeiro espírito das línguas estrangeiras. A analogia do inglês com o alemão possibilita sentir inteiramente a originalidade do estilo e da versificação de Bürger; e não somente podem ser encontradas na tradução as mesmas ideias do original, mas também as mesmas sensações. Nada é mais necessário para conhecer uma obra das belas-artes. Seria difícil obter o mesmo resultado em francês, no qual nada de estranho é natural.

---

14 William Robert Spencer (1769-1834) publicou sua versão de *Leonor* em 1796. (N. T.)

Bürger fez uma outra romança menos célebre, mas também muito original, intitulada *O caçador feroz*.[15] Seguido de seus serviçais e de sua matilha numerosa, ele parte para a caça em um domingo, no momento em que os sinos da vila anunciam o serviço divino. Um cavaleiro de armadura branca apresenta-se a ele e o conjura a não profanar o dia do Senhor; um outro cavaleiro, de armadura negra, faz que ele se envergonhe por se submeter a preconceitos apropriados apenas a velhos e crianças: o caçador cede às más inspirações; parte e chega próximo ao sítio de uma pobre viúva: esta se lança a seus pés rogando-lhe para que não destrua a colheita atravessando o trigal com seu séquito; o cavaleiro de armadura branca suplica ao caçador que dê ouvidos à piedade; o cavaleiro negro zomba desse sentimento pueril: o caçador toma a ferocidade por energia, e seus cavalos pisoteiam a esperança da pobre e do órfão. Enfim, o cervo perseguido refugia-se na cabana de um velho ermitão; o caçador quer então incendiá-la para forçar sua presa a sair; o ermitão abraça-lhe os joelhos, buscando enternecer o furioso que ameaça sua humilde morada: uma última vez, o gênio bom, sob a forma do cavaleiro branco, ainda fala: o gênio mau, sob a forma do cavaleiro negro, triunfa; o caçador mata o ermitão e imediatamente é transformado em fantasma, e sua própria matilha quer devorá-lo. Uma superstição popular deu lugar a essa romança: há quem afirme que à meia-noite, em certas estações do ano, seja possível avistar, acima da floresta em que esse acontecimento deve ter ocorrido, um caçador nas nuvens perseguido até o amanhecer por cães furiosos.

O que há de realmente belo nessa poesia de Bürger é a pintura da ardente vontade do caçador; ela era a princípio inocente, como todas as faculdades da alma; mas deprava-se sempre mais e mais, cada vez que resiste à sua consciência, e cede às suas paixões. A princípio havia apenas a embriaguez da força; ocorre enfim a do crime, e a Terra não pode mais mantê-lo. As boas e as más inclinações do homem estão muito bem caracterizadas pelos dois cavaleiros, o branco e o negro; as palavras, sempre as mesmas, que o cavaleiro branco pronuncia a fim de deter o caçador têm também um arran-

---

15 *Der wilde Jäger*, escrita em 1777 e publicada em 1786; vertida para o português por Alexandre Herculano. (N. T.)

jo muito engenhoso. Os antigos e os poetas da Idade Média conheceram perfeitamente o temor causado, em certas circunstâncias, pela repetição das mesmas palavras; parece que se revela assim o sentimento da inflexível necessidade. As sombras, os oráculos, todas as forças sobrenaturais devem apresentar um tom monocórdio; aquilo que é imutável é uniforme; e, em certas ficções, trata-se de uma grande arte imitar por palavras a fixidez solene que a imaginação se representa no domínio das trevas e da morte.

Em Bürger, notam-se também expressões um tanto familiares que não prejudicam a dignidade da poesia e que aumentam singularmente seu efeito. Quando o terror ou a admiração aproximam-se de nós, sem que um enfraqueça o outro, esses sentimentos tornam-se necessariamente muito mais fortes: trata-se de misturar, na arte de pintar, o que vemos todos os dias ao que nunca vemos, e o que conhecemos nos faz crer no que nos surpreende.

Goethe ousou ainda em temas que assustam ao mesmo tempo as crianças e os homens; mas cercou-os de observações profundas, que levam a pensar por longo tempo. Tratarei de dar conta de uma de suas poesias de aparições, *A noiva de Corinto*,[16] a de maior reputação na Alemanha. Seguramente, de modo algum gostaria de defender seja o objetivo dessa ficção, seja a ficção em si mesma; mas me parece difícil não ser tocado pela imaginação que ela pressupõe.

Dois amigos, um de Atenas e o outro de Corinto, resolveram unir seus filhos. O rapaz parte para ver em Corinto aquela que lhe foi prometida e que ele ainda não conhece: era o momento em que o cristianismo começava a estabelecer-se. A família do ateniense manteve sua antiga religião; a do coríntio adotou a nova crença; e a mãe, durante uma longa doença, consagrou a filha aos altares. A irmã caçula foi então destinada a substituir sua irmã mais velha que se fez religiosa.

O rapaz chega tarde à casa; toda a família dorme; os serviçais levam-lhe a refeição ao quarto e o deixam sozinho: pouco tempo depois, um hóspede singular entra em seu aposento; ele vê avançar até o meio do quarto

---

16 *Die Braut von Corinth*, escrita em 1797, publicada no *Musenalmanach* em 1798. (N. T.)

uma moça vestida com um véu e uma veste branca, a fronte cingida por uma fita negra e dourada, e quando ela percebe o rapaz, recua intimidada e exclama, erguendo aos céus suas brancas mãos: "Ai de mim! Tornei-me já tão estranha a esta morada, na estreita cela na qual estou encerrada, que ignoro a chegada de um novo hóspede?".

Ela quer fugir, o rapaz a detém; ele descobre ser ela aquela que lhe foi destinada por esposa. Seus pais tinham jurado uni-los, qualquer outro juramento lhe parecia nulo. "Fica, minha criança", disse ele, "fica e não empalideças tanto de temor. Partilha comigo os dons de Ceres e Baco. Tu trazes o amor, e logo provaremos o quanto nossos deuses são favoráveis aos prazeres." O rapaz conjura a moça a se entregar a ele.

"Não pertenço mais ao prazer", ela lhe responde, "o último passo se realizou; o esplêndido cortejo de nossos deuses desapareceu, e nessa casa silenciosa não adoramos mais do que um ser invisível no céu e um Deus agonizante na cruz. Não se sacrificam mais touros nem ovelhas; mas me escolheram por vítima humana; minha juventude e a natureza foram imoladas nos altares: afasta-te, rapaz; afasta-te; branca como a neve, e gélida como ela, é a infeliz amada que teu coração escolheu."

Exatamente à meia-noite, tida como a hora dos espectros, a moça parece mais à vontade; bebe avidamente um vinho cor de sangue, semelhante àquele tomado pelas sombras na *Odisseia*[17] para recuperarem suas lembranças; mas recusa obstinadamente o menor pedaço de pão. Ela dá uma corrente de ouro àquele a quem devia desposar e lhe pede uma mecha de cabelos; o rapaz, arrebatado pela beleza da moça, abraça-a com enlevo, mas não sente o coração bater no peito dela. Seus membros estão gélidos. "Não importa", ele exclama, "saberei reanimar-te, uma vez que o próprio túmulo te enviou para mim."

E então começa a cena mais extraordinária que a imaginação em delírio poderia figurar; uma mistura de amor e terror, uma união assustadora da morte e da vida. Há como que uma volúpia fúnebre nesse quadro, em que o amor se alia ao túmulo, em que a própria beleza parece apenas uma aparição assustadora.

---

17 Canto XI. (N. T.)

Enfim, a mãe chega; convencida de que uma de suas escravas introduziu-se no aposento do forasteiro, ela quer entregar-se à sua justa cólera; mas imediatamente a moça cresce até o teto como uma sombra, e censura sua mãe por ter causado sua morte ao tê-la obrigado a tomar o véu. "Oh! Minha mãe", ela exclama com uma voz sombria,

por que perturbais essa bela noite de núpcias? Não foi o bastante, tão jovem, terdes feito que eu fosse coberta com uma mortalha e levada ao túmulo? Uma maldição funesta me lançou para fora de minha fria morada; os cantos murmurados por vossos padres não aliviaram meu coração; o sal e a água não apaziguaram minha juventude: ah! a própria terra não esfriou o amor.

Este rapaz me fora prometido quando o templo sereno de Vênus ainda não havia sido derrubado. Minha mãe, devíeis ter faltado à palavra para obedecer a votos insensatos? Nenhum Deus ouviu vossos juramentos quando tínheis jurado recusar a união à vossa filha. E tu, belo rapaz, agora não podes mais viver; tu definharás no mesmo lugar onde recebeste meu colar, onde tomei uma mecha de tua cabeleira: amanhã teus cabelos embranquecerão, e não encontrarás tua juventude senão no domínio das sombras.

Escuta ao menos, minha mãe, a última prece que te dirijo: ordena que uma pira seja preparada; faz que o estreito caixão que me encerra seja aberto; conduz os amantes ao repouso através das chamas; e quando a centelha brilhar e as cinzas arderem, iremos rapidamente nos juntar aos nossos antigos deuses.

Sem dúvida, um gosto puro e severo deve censurar muitas coisas nessa peça; mas, quando é lida no original, é impossível não admirar a arte com que cada palavra produz um terror crescente: cada palavra indica sem explicar o fantástico horror da situação. Uma história, da qual nada pode dar a ideia, é pintada com detalhes tocantes e naturais, como se se tratasse de algo acontecido; e a curiosidade é constantemente excitada sem que se tivesse desejado sacrificar uma única circunstância para que tivesse sido satisfeita antes.

Não obstante, essa é a única peça, entre os poemas avulsos dos autores célebres da Alemanha, contra a qual o gosto francês teria algo a dizer: em

Da Alemanha

todas as outras, as duas nações parecem de acordo. O poeta Jacobi[18] quase chega a ter em seus versos a agudeza e a leveza de Gresset.[19] Matthisson[20] deu à poesia descritiva, cujos traços com frequência eram muito vagos, o caráter de um quadro tão tocante pelo colorido quanto pela semelhança. O encanto penetrante das poesias de Salis[21] nos leva a gostar de seu autor, como se fôssemos um de seus amigos. Tiedge[22] é um poeta moral e puro, cujos escritos levam a alma ao sentimento mais religioso. Enfim, uma multidão de poetas ainda deveria ser citada, se fosse possível indicar todos os nomes dignos de louvor, em um país onde a poesia é tão natural a todos os espíritos cultivados.

August Schlegel, cujas opiniões literárias causaram tanto alarde na Alemanha, não se permite em suas poesias a menor expressão, a menor nuança que a teoria do gosto mais severa possa atacar. Suas elegias sobre a morte de uma moça, suas estâncias sobre a união da Igreja com as belas-artes e sua elegia sobre Roma foram escritas com a delicadeza e a nobreza mais dignas. Isso poderá ser julgado apenas de modo bem imperfeito pelos dois exemplos que citarei, os quais ao menos servirão para dar a conhecer o caráter desse poeta. A ideia do soneto *Apego à terra*[23] pareceu-me repleta de encanto.

Com frequência a alma, fortalecida pela contemplação das coisas divinas, gostaria de bater suas asas rumo ao céu. No estreito círculo que percorre, sua atividade lhe parece vã, e sua ciência um delírio; um desejo invencível a impele a lançar-se a regiões elevadas, em direção a esferas mais livres; ela crê que ao final de seu percurso uma cortina será levantada para lhe revelar cenas luminosas:

---

18 Friedrich Heinrich Jacobi (1743-1819): filósofo, passou a juventude em Genebra e Paris. (N. T.)

19 Jean-Baptiste-Louis Gresset (1709-1777): autor da peça *Le Méchant* (1747). (N. T.)

20 Friedrich von Matthisson (1761-1831): poeta germânico de grande popularidade; estudou teologia e filologia na Universidade de Halle. (N. T.)

21 Johann Gaudenz von Salis-Seewis (1762-1834): importante autor lírico suíço; viajou para a Alemanha entre 1789 e 1790, quando conheceu Goethe, Wieland, Herder, Schiller e Matthisson. (N. T.)

22 Christoph August Tiedge (1752-1841): escreveu o poema filosófico *Urania*, 1801. (N. T.)

23 *Attachment à terre*, na tradução de mme. de Staël para *Anhänglichkeit*, 1800. (N. T.)

mas quando a morte toca seu corpo perecível, ela lança um olhar para trás em direção aos prazeres terrenos e a seus companheiros mortais. Assim também, outrora, Prosérpina, levada pelos braços de Plutão para longe dos campos da Sicília, pueril em suas queixas, chorava pelas flores que caíam de seus braços.

A pequena peça em versos a seguir deve perder ainda mais com a tradução do que o soneto; intitulada *Melodias da vida*,[24] ela traz o cisne em oposição a águia; um como emblema da existência contemplativa, o outro como imagem da existência ativa: o ritmo do verso muda quando o cisne fala e quando a águia lhe responde, e os cantos de todos os dois são contudo encerrados na mesma estância reunida pela rima: as verdadeiras belezas da harmonia também são encontradas nessa peça, não a harmonia imitativa, mas a música interior da alma. A emoção a encontra sem refletir, e o talento que reflete a transforma em poesia.

O cisne: Minha vida tranquila segue sobre as águas, onde traça apenas leves sulcos que se perdem ao longe, e as leves ondulações repetem minha imagem sem alterá-la, como um espelho puro.

A águia: Os rochedos escarpados são minha morada; pairo no ar em meio à tormenta; na caça, nos combates, nos perigos, confio em meu voo audacioso.

O cisne: O azul-claro do céu sereno me rejubila; o perfume das plantas me atrai docemente para a margem quando, ao cair do sol, balanço minhas asas brancas sobre as correntes purpúreas.

A águia: Eu triunfo sobre a tempestade enquanto ela derruba os carvalhos das florestas, e pergunto ao trovão se é com prazer que ele aniquila.

O cisne: Convidado pelo olhar de Apolo, também ouso banhar-me nas águas da harmonia; e repousando a seus pés, escuto os cantos que ressoam no vale de Tempe.[25]

A águia: Moro no próprio trono de Júpiter; ao seu sinal vou buscar o raio; e durante meu sono minhas asas pesadas cobrem o cetro do soberano do universo.

---

24 *Lebensmelodie*, 1797. (N. T.)

25 Vale do Tempe, situado entre a Tessália e o Monte Olimpo; era consagrado a Apolo. (N. T.)

O cisne: Minhas visões proféticas contemplam frequentemente as estrelas e a abóbada azulada refletida nas águas; e a mais íntima saudade me chama rumo à minha pátria, na região dos céus.

A águia: Já em meus tenros anos foi com prazer que em meu voo fixei o sol imortal; não posso abaixar-me à poeira terrestre, sinto-me o aliado dos deuses.

O cisne: Uma doce vida cede de bom grado à morte; quando ela vier livrar-me de meus laços, e dar à minha voz sua melodia, meus cantos celebrarão o instante solene até meu último suspiro.

A águia: A alma como uma fênix brilhante eleva-se da pira, livre e desvelada; ela saúda seu destino divino; a chama da morte a rejuvenesce.[26]

É algo digno de ser observado, que o gosto das nações, em geral, difere bem mais na arte dramática do que em qualquer outro ramo da literatura. Analisaremos os motivos dessas diferenças nos capítulos seguintes; mas antes de entrar no exame do teatro alemão, parece-me necessário fazer algumas observações gerais sobre o gosto. Não o considerarei abstratamente como uma faculdade intelectual; vários escritores, e Montesquieu[27] em particular, esgotaram esse tema. Indicarei apenas por qual razão o gosto na literatura é compreendido de uma maneira tão diferente pelos franceses e pelas nações germânicas.

---

26 Entre os antigos, a águia que levantava voo da pira era o emblema da imortalidade da alma, e frequentemente mesmo da apoteose.

27 Referência ao *Essai sur le gout* [Ensaio sobre o gosto], de 1757. (N. T.)

Capítulo XIV
Do gosto

Aqueles que se creem com gosto são mais orgulhosos do que aqueles que se creem com gênio. O gosto está para a literatura como o bom-tom para a sociedade; ele é considerado como uma prova da fortuna, do nascimento, ou ao menos dos hábitos que dizem respeito a todos os dois; ao passo que o gênio pode nascer na mente de um artesão que jamais tivesse tido relações com a boa companhia. Em todo lugar em que houver vaidade, o gosto será colocado no primeiro posto, pois separa as classes, e é um sinal de consenso entre todos os indivíduos da mais alta. Em todos os lugares nos quais o poder do ridículo for exercido, o gosto será tido como uma das primeiras vantagens, pois serve sobretudo para conhecer aquilo que se deve evitar. O tato das conveniências é uma parte do gosto, e é uma arma excelente para aparar os golpes entre os diversos amores-próprios; enfim, pode ocorrer que uma nação inteira coloque-se como aristocracia do bom gosto, em relação às outras, e que seja ou creia ser a única boa companhia da Europa; e isso pode ser aplicado à França, onde o espírito de sociedade reinava de modo tão proeminente que lhe provia alguma desculpa para essa pretensão.

Mas o gosto em sua aplicação às belas-artes difere singularmente do gosto em sua aplicação às conveniências sociais: quando se trata de forçar os homens a nos conceder uma consideração efêmera como nossa vida, aquilo que não fazemos é ao menos tão necessário quanto aquilo que fazemos, pois o grande mundo é tão facilmente hostil que são necessários atrativos bem extraordinários para que compensem a vantagem de não se expor à crítica alheia. Mas o gosto na poesia diz respeito à natureza, e deve ser criador como ela; os princípios desse gosto são portanto completamente diferentes daqueles que dependem das relações da alta sociedade.

A confusão desses dois gêneros é a causa dos julgamentos tão opostos em literatura; os franceses julgam as belas-artes como conveniências, e os alemães as conveniências como belas-artes: nas relações com a sociedade é preciso se defender, nas relações com a poesia é preciso se entregar. Se considerardes tudo como homem mundano, não ireis perceber a natureza; se considerardes tudo como artista, ireis carecer do tato que apenas a sociedade pode dar. Se fosse preciso apenas transpor para as artes a imitação da boa companhia, apenas os franceses seriam realmente capazes disso; mas é preciso mais amplitude na composição para agitar fortemente a imaginação e a alma. Sei que se me pode objetar com razão que nossos três grandes trágicos, sem faltar às regras estabelecidas, atingiram a mais sublime altura. Alguns homens de gênio, ao terem de ceifar em um campo inteiramente novo, souberam tornar-se ilustres, apesar das dificuldades que tinham de vencer; mas o término dos progressos da arte, depois deles, não é uma prova de que há muitas barreiras no caminho que seguiram?

"O bom gosto na literatura é, sob certos aspectos, como a ordem sob o despotismo: importa examinar a que preço é obtido."[1] "Na política", dizia o sr. Necker, "é preciso toda a liberdade conciliável com a ordem".[2] Eu retomaria a máxima, dizendo: é preciso, na literatura, todo o gosto conciliável com o gênio: pois se o importante no estado social é o repouso, o importante na literatura, ao contrário, é o interesse, o movimento, a emoção, de que tão somente o gosto é com frequência o inimigo.

Poder-se-ia propor um tratado de paz entre os modos de julgar, de artistas e mundanos, de alemães e franceses. Os franceses deveriam abster-se de condenar até mesmo uma falta de conveniência, se ela tivesse por desculpa um pensamento vigoroso ou um sentimento verdadeiro. Os alemães

---

1 Suprimido pela censura.

2 *Du pouvoir exécutif dans les grands états* [Do poder executivo nos grandes Estados], 1792. (N. T.)

deveriam proibir tudo o que ofende o gosto natural, tudo o que apresente imagens que as sensações repudiam: nenhuma teoria filosófica, por mais engenhosa que seja, pode ir contra a repugnância das sensações, assim como nenhuma poética das conveniências poderia impedir as emoções involuntárias. Os escritores alemães mais penetrantes perderiam tempo em defender que, para se compreender a conduta das filhas do rei Lear para com seu pai, é preciso mostrar a barbárie dos tempos em que viviam e tolerar que o duque da Cornualha, instigado por Regane, esmague com seu salto, no palco, o olho de Glocester: nossa imaginação sempre se revoltará contra esse espetáculo, e pedirá que se chegue a grandes belezas por outros meios. Mas mesmo que os franceses dirigissem todas as suas críticas literárias contra a predição das feiticeiras de Macbeth, a aparição do espectro de Banquo etc., ainda ficaríamos abalados até o fundo da alma pelos terríveis efeitos que eles gostariam de proscrever.

Não se poderia ensinar o bom gosto nas artes, tal como se ensina o bom-tom na sociedade; pois o bom-tom serve para esconder o que nos falta, ao passo que nas artes é preciso antes de tudo o espírito criador: o bom-tom não pode substituir o talento na literatura, pois a melhor prova de gosto, quando não se tem talento, seria a de não escrever. Se nos atrevêssemos a dizer, talvez achássemos que na França há hoje muitos freios para corcéis bem pouco fogosos, e que na Alemanha muita independência literária não produziu ainda resultados muito brilhantes.

Capítulo XV
Da arte dramática

O teatro exerce uma grande influência sobre os homens: uma tragédia que eleve a alma, uma comédia que pinte os costumes e os caracteres, age sobre o espírito de um povo quase como um acontecimento real; mas, para obter um grande sucesso no palco, é preciso ter estudado o público ao qual nos dirigimos, e os motivos de toda espécie sobre os quais a opinião dele se funda. O conhecimento dos homens é tão necessário quanto a própria imaginação a um autor dramático: ele deve atingir os sentimentos de interesse geral, sem perder de vista os aspectos particulares que influem nos espectadores; uma peça de teatro é a literatura em ação, e o gênio que ela exige é muitíssimo raro, pois é composto da surpreendente união do tato das circunstâncias com a inspiração poética. Portanto, nada seria mais absurdo a esse respeito do que querer impor a todas as nações o mesmo sistema; quando se trata de adaptar a arte universal ao gosto de cada país, a arte imortal aos costumes do tempo, modificações muito importantes são inevitáveis; daí existirem tantas opiniões diversas sobre o que constitui o talento dramático: em todos os outros ramos da literatura é mais fácil conseguir um acordo.

Parece-me não ser possível negar que os franceses sejam a nação do mundo mais hábil na combinação dos efeitos do teatro; eles sobrepujam todas as outras ainda pela dignidade das situações e do estilo trágico. Mas, reconhecendo plenamente essa dupla superioridade, é possível sentir emoções mais profundas por obras não tão bem ordenadas; a concepção das peças estrangeiras é algumas vezes mais tocante e ousada, e frequentemente ela encerra não sei qual poder que fala mais intimamente ao nosso coração, e toca mais de perto nos sentimentos que nos agitaram pessoalmente.

Uma vez que os franceses se aborrecem facilmente, eles evitam as delongas em todas as coisas. Os alemães, quando vão ao teatro, sacrificam habitualmente apenas um triste jogo de cartas, cujos riscos monótonos custam a preencher o tempo; eles não pedem mais do que se acomodar tranquilamente para o espetáculo, concedendo ao autor todo o tempo desejado para preparar os acontecimentos e desenvolver as personagens: a impaciência francesa não tolera essa tardança.

As peças alemãs assemelham-se habitualmente aos quadros dos pintores antigos: as fisionomias são belas, expressivas, ensimesmadas; mas todas as figuras estão no mesmo plano, umas vezes confundidas, outras vezes colocadas uma ao lado da outra, como nos baixos-relevos, sem estarem reunidas em grupos aos olhos dos espectadores. Os franceses pensam, com razão, que o teatro, tal como a pintura, deve estar submetido às leis da perspectiva. Se os alemães fossem hábeis na arte dramática, também o seriam em todo o resto; mas em gênero algum são capazes nem mesmo de um ardil inocente: seu espírito penetra em linha reta, as coisas de uma beleza absoluta são de seu domínio; mas as belezas relativas, as que se devem ao conhecimento das relações e à rapidez dos meios, não são habitualmente da alçada de suas faculdades.

É singular que entre esses dois povos sejam os franceses que exijam uma maior sustentação da seriedade no tom da tragédia; mas é justamente por serem mais suscetíveis ao gracejo que não querem dar lugar a isso, ao passo que nada desarranja a imperturbável seriedade dos alemães: eles julgam uma peça de teatro sempre em seu conjunto, e esperam, seja para censurar seja para aplaudir, que ela acabe. As impressões dos franceses são mais prontas; em vão seriam prevenidos de que uma cena cômica é destinada a fazer sobressair uma situação trágica; eles zombariam de uma sem esperar a outra; para eles cada detalhe deve ser tão interessante quanto o todo: não esperam um instante para obter o prazer que esperam das belas-artes.

A diferença entre o teatro francês e o teatro alemão pode ser explicada pela diferença de caráter das duas nações; mas unem-se a essas diferenças

Da Alemanha

naturais oposições sistemáticas cuja causa vale conhecer. Aquilo que já disse sobre a poesia clássica e romântica aplica-se também às peças de teatro. As tragédias derivadas da mitologia são de uma natureza distinta das tragédias históricas; os temas extraídos da fábula eram tão conhecidos, o interesse que inspiravam era tão universal, que bastava indicá-los para impressionar de antemão a imaginação. Aquilo que há de eminentemente poético nas tragédias gregas, a intervenção dos deuses e a ação da fatalidade, torna-lhes o caminho muito mais fácil; a minúcia dos motivos, o desenvolvimento dos caracteres, a diversidade dos fatos tornam-se menos necessários quando do o acontecimento é explicado por um poder sobrenatural; o milagre abrevia tudo. Entre os gregos, a ação da tragédia também apresenta uma surpreendente simplicidade; a maior parte dos acontecimentos é prevista e mesmo anunciada desde o começo: uma tragédia grega é uma cerimônia religiosa. O espetáculo ocorria em honra aos deuses; e hinos interrompidos por diálogos e narrações pintavam ora deuses clementes ora deuses terríveis; mas o destino sempre a pairar sobre a vida do homem. Quando esses mesmos temas foram transpostos para o teatro francês, nossos grandes poetas lhes deram mais variedade; multiplicaram os incidentes, dosaram as surpresas e condensaram a trama. Com efeito, era preciso suprir de algum modo o interesse nacional e religioso que os gregos colocavam nas peças e que nós não sentíamos; todavia, não contentes de animar as peças gregas, emprestamos às personagens nossos costumes e sentimentos, a política e a galantaria modernas; e é por isso que um tão grande número de estrangeiros não concebe a admiração que nossas obras-primas nos inspiram. Com efeito, quando as ouvimos em outra língua, quando estão despojadas da beleza mágica do estilo, surpreende a pouca emoção que produzem e as inconveniências que apresentam; pois o que não está em acordo com o século, ou com os costumes nacionais das personagens representadas, não é também uma inconveniência? E o que é o ridículo senão o que não se assemelha a nós?

As peças cujos temas são gregos nada perdem com a severidade de nossas regras dramáticas; mas, se desejássemos, como os ingleses, gozar do prazer de ter um teatro histórico, de estar interessados por nossas lembranças, comovidos por nossa religião, como seria possível conformar-se rigorosamente, de um lado, com as três unidades, e, de outro, com o gênero de pompa do qual se faz uma lei em nossas tragédias?

A questão das três unidades já foi tão debatida que não se ousa quase retomá-la; mas, dessas três unidades apenas uma importa, a da ação, e as outras podem ser consideradas apenas como lhe sendo subordinadas. Ora, se a verdade da ação perde com a necessidade pueril de não mudar de lugar e de limitar-se a 24 horas, impor essa necessidade é submeter o gênio dramático a um tormento tal como no gênero dos acrósticos,[1] tormento que sacrifica a matéria da arte à sua forma.

Dentre nossos grandes poetas trágicos, Voltaire é aquele que com mais frequência tratou dos temas modernos. Para comover, ele se valeu do cristianismo e da cavalaria, e creio que quem tiver boa-fé convirá que *Alzira*, *Zaíra* e *Tancredo*[2] fazem verter mais lágrimas do que todas as obras-primas gregas e romanas de nosso teatro. Dubelloy,[3] com um talento bem inferior, chegou contudo a despertar lembranças francesas no teatro francês; e, embora não soubesse escrever, experimenta-se, por suas peças, um interesse semelhante àquele que os gregos deviam sentir quando viam representar diante deles os feitos de sua história. Qual partido o gênio não pode tirar dessa disposição! E entretanto quase não há acontecimentos que datem de nossa era, cuja ação possa ocorrer ou em um só dia, ou em um mesmo lugar; a diversidade dos fatos acarretada por uma ordem social mais complexa, as delicadezas de sentimento inspiradas por uma religião mais terna, enfim, a verdade de costumes, que deve ser observada nos quadros mais próximos de nós, exige uma grande amplitude nas composições dramáticas.

Pode-se citar um exemplo recente daquilo que custa para se conformar, nos temas extraídos da história moderna, com nossa ortodoxia dramática. *Os templários* do sr. Raynouard[4] é certamente uma das peças mais dignas de louvor surgida há tempos; entretanto, há algo mais estranho do que a

---

1 Formas poéticas nas quais as primeiras ou as últimas letras dos versos originam uma palavra. (N. T.)

2 *Alzire*, 1736; *Zaïre*, 1732; *Tancrède*, 1760. (N. T.)

3 Pierre Laurent Buyrette de Belloy, chamado Dubelloy (1727-1775). (N. T.)

4 François Juste Marie Raynouard (1761-1836); *Les Templiers* foi produzida em Paris, em 1805. (N. T.)

necessidade encontrada pelo autor de representar a ordem dos templários acusada, julgada, condenada e queimada em apenas 24 horas? Os tribunais revolucionários eram rápidos; mas por mais atroz que fosse sua boa vontade, jamais chegariam a caminhar com tanta rapidez quanto uma tragédia francesa. Eu poderia mostrar os inconvenientes da unidade de tempo com a mesma evidência, em quase todas as nossas tragédias baseadas na história moderna; mas escolhi a mais notável para realçar esses inconvenientes.

Uma das falas mais sublimes que se possa ouvir no teatro encontra-se nessa nobre tragédia. Na última cena, narra-se que os templários estão cantando salmos sobre a própria pira; um mensageiro é enviado para levar o indulto que o rei está determinado a lhes conceder.

Mas não havia mais tempo, os cantos haviam cessado.

É assim que o poeta nos ensina como os generosos mártires enfim pereceram nas chamas. Em qual tragédia pagã seria possível encontrar a expressão de tamanho sentimento? E por que os franceses haveriam de privar-se no teatro de tudo o que está realmente em harmonia com eles, seus ancestrais e sua crença?

Os franceses consideram a unidade de tempo e lugar como uma condição indispensável para a ilusão teatral; os estrangeiros fazem que a ilusão consista na pintura dos caracteres, na verdade da linguagem e na exata observação dos costumes do século e do país que se quer pintar. É preciso entender a palavra ilusão nas artes: uma vez que consentimos em crer que atores, separados de nós por algumas tábuas, são heróis gregos mortos há 3 mil anos, é bem certo que o que se chama de ilusão não é imaginar que aquilo que vemos realmente exista; uma tragédia somente nos pode parecer verdadeira pela emoção que nos causa. Ora, se pela natureza das circunstâncias representadas acrescenta-se a essa emoção a mudança de lugar e o prolongamento suposto do tempo, a ilusão torna-se mais viva.

Lamenta-se que as mais belas tragédias de Voltaire, *Zaíra* e *Tancredo*, sejam baseadas em mal-entendidos; mas como não recorrer aos meios da intriga quando os desenvolvimentos estão restritos a ocorrer em um espaço tão curto! A arte dramática exige então um grande esforço, e para fazer que os maiores acontecimentos ultrapassem tantos obstáculos é preciso uma habilidade semelhante à dos prestidigitadores que escamoteiam à vista dos espectadores os objetos que eles lhes apresentam.

Os temas históricos se prestam ainda menos do que os temas de invenção às condições impostas aos nossos escritores: a etiqueta trágica, que é praxe em nosso teatro, opõe-se frequentemente às novas belezas a que as peças baseadas na história moderna seriam suscetíveis.

Há nos costumes cavaleirescos uma simplicidade de linguagem, uma ingenuidade de sentimento repleta de encanto; mas nem esse encanto nem o patético, que resulta do contraste das circunstâncias comuns e das impressões fortes, podem ser admitidos em nossas tragédias: elas exigem situações inteiramente nobres, e, não obstante, o interesse pitoresco pela Idade Média diz respeito a toda essa diversidade de cenas e caracteres, com a qual as romanças dos trovadores conseguiram provocar efeitos tão tocantes.

A pompa dos alexandrinos é um obstáculo ainda maior do que a própria rotina do bom gosto a toda mudança na forma e na matéria das tragédias francesas: não se pode dizer em versos alexandrinos que alguém entra ou sai, dorme ou vela, sem que para isso seja necessário buscar um torneamento poético; e uma multidão de sentimentos e efeitos do teatro é banida não pelas regras da tragédia, mas pela exigência mesmo da versificação. Racine é o único escritor francês que, na cena de Joas com Athalie, fez frente a essas dificuldades: ele soube dar uma simplicidade tão nobre quanto natural à linguagem de uma criança; mas esse admirável esforço de um gênio sem igual não impede que as dificuldades, por demais multiplicadas na arte, não sejam com frequência um obstáculo às invenções mais felizes.

O sr. Benjamin Constant,[5] no prefácio tão justamente admirado que precede sua tragédia *Walstein*,[6] observou que os alemães em suas peças pintavam os caracteres, e os franceses somente as paixões. Para pintar os caracteres, deve-se forçosamente afastar o tom majestoso exclusivamente admitido na tragédia francesa; pois é impossível dar a conhecer os defeitos

---

5 Henri-Benjamin Constant de Rebeque (1767-1830): pensador, escritor e político; estudou na Universidade de Erlangen, na Baviera, e na Universidade de Edimburgo, na Escócia . (N. T.)

6 *Walstein*, tragédia em cinco atos em versos, é de 1809. (N. T.)

Da Alemanha

e as qualidades de um homem, se não for representando-o sob diversos aspectos; o comum na natureza mistura-se frequentemente com o sublime, e realça-lhe algumas vezes o efeito: enfim, não se pode figurar a ação de um caráter senão durante um espaço de tempo um pouco longo, e em 24 horas não se poderia realmente tratar senão de uma catástrofe. Talvez fosse possível sustentar que as catástrofes convêm melhor ao teatro do que os quadros nuançados; o movimento excitado pelas paixões vivas agrada muito mais à maioria dos espectadores do que a atenção exigida pela observação do coração humano. Apenas o gosto nacional pode decidir sobre esses diferentes sistemas dramáticos; mas é justo reconhecer que, se os estrangeiros concebem a arte teatral diferentemente de nós, não é por ignorância ou barbárie, mas segundo reflexões profundas e dignas de ser examinadas.

Shakespeare, a quem alguns preferem chamar de bárbaro, talvez tenha um espírito muito filosófico, uma penetração muito sutil do ponto de vista da cena; ele julga os caracteres com a imparcialidade de um ser superior, e representa-os algumas vezes com uma ironia quase maquiavélica; suas composições têm tanta profundidade que a rapidez da ação teatral provoca a perda de uma grande parte das ideias que elas encerram: sob esse aspecto, vale mais ler suas peças do que vê-las. Por força do engenho, Shakespeare frequentemente arrefece a ação, e os franceses saem-se muito melhor na pintura das personagens e dos cenários, com grandes traços que causam efeito à distância. Como, alguém dirá, é possível reprovar Shakespeare de excessivo refinamento nas percepções, ele que se permite situações tão terríveis?! Shakespeare reúne com frequência qualidades e até mesmo defeitos contrários. Algumas vezes está aquém, algumas vezes além da esfera da arte, mas possui ainda mais conhecimento do coração humano do que de teatro.

Nos dramas, nas óperas cômicas e nas comédias, os franceses mostram uma sagacidade e uma graça inigualáveis; e de um lado a outro da Europa representam-se praticamente apenas peças francesas traduzidas: mas não ocorre o mesmo com as tragédias. Uma vez que as regras severas às quais estão submetidas fazem que sejam todas mais ou menos encerradas em um mesmo círculo, elas não poderiam dispensar a perfeição do estilo para ser admiradas. Se se desejasse arriscar uma inovação qualquer em uma tragédia na França, ela logo seria tachada de melodrama; mas não é importante saber por que os melodramas dão prazer a tanta gente? Na Inglaterra, todas as classes são igualmente atraídas pelas peças de Shakespeare. Nossas mais belas tragédias na França não interessam ao povo; sob o pretexto de um gosto muito puro e de um sentimento muito delicado para suportar certas emoções, divide-se a arte em duas; as peças ruins contêm situações tocantes mal exprimidas, e as belas peças pintam de modo admirável situações frequentemente frias por força de serem dignas: possuímos poucas tragédias que possam mexer ao mesmo tempo com a imaginação de homens de todos os níveis sociais.

Essas observações seguramente não têm por objeto a menor censura contra nossos grandes mestres. Algumas cenas produzem impressões mais vivas nas peças estrangeiras; mas nada pode ser comparado com o conjunto imponente e bem combinado de nossas obras-primas dramáticas: a questão é apenas saber se ao nos limitarmos, como no momento ocorre, à imitação dessas obras-primas, existirão novas algum dia. Nada na vida deve ser estacionário, e a arte petrifica quando não muda mais. Vinte anos de revolução deram à imaginação outras necessidades além daquelas que ela tinha quando os romances de Crébillon pintavam o amor e a sociedade da época. Os temas gregos estão esgotados; apenas um homem, Lemercier,[7] soube ainda alcançar uma nova glória com um tema antigo, *Agamenon*; mas a tendência natural do século é a tragédia histórica.

Tudo é trágico nos acontecimentos que interessam às nações; e esse imenso drama, que o gênero humano representa há 6 mil anos, forneceria inúmeros temas para o teatro, caso se desse mais liberdade à arte dramática. As regras são apenas o itinerário do gênio; elas somente nos ensinam que Corneille, Racine e Voltaire passaram por ali; mas quando se chega ao fim, por que chicanar o caminho? E o fim não é o de comover a alma levando-a a enobrecer-se?

A curiosidade é um dos grandes móbeis do teatro: não obstante, o interesse provocado pela profundidade dos afetos é o único inesgotável. A poesia atrai por revelar o homem ao homem; apreciamos ver como a criatura semelhante a nós debate-se com o sofrimento, sucumbindo a ele, ou triun-

---

7 Népomucène Lemercier (1771-1840); seu *Agamemnon* é de 1797. (N. T.)

fando sobre ele, abatendo-se e reanimando-se sob a força do destino. Em algumas de nossas tragédias há situações tão violentas quanto nas tragédias inglesas ou alemãs; mas essas situações não são apresentadas em toda a sua força, e algumas vezes seu efeito é suavizado, ou antes se desvanece pela afetação. Raramente escapa-se de certa natureza convencionada que reveste com suas cores os costumes antigos e os modernos, o crime e a virtude, o assassinato e a galanteria. Essa natureza é bela e cuidadosamente ornada, mas cansa com o tempo; e a necessidade de lançar-se em mistérios mais profundos deve apoderar-se invencivelmente do gênio.

Seria portanto desejável que se pudesse sair do cerco que os hemistíquios e as rimas formaram em torno da arte; é preciso permitir mais ousadia, é preciso exigir mais conhecimento da história; pois se ficarmos presos exclusivamente a cópias cada vez mais pálidas das mesmas obras-primas, acabaremos por ver no teatro apenas marionetes heroicas, sacrificando o amor ao dever, preferindo a morte à escravidão, inspiradas pela antítese em suas ações e palavras, mas sem nenhuma relação com essa surpreendente criatura chamada homem, com a temível sorte que sucessivamente o arrebata e o persegue.

É fácil notar os defeitos do teatro alemão: tudo o que se refere à falta de traquejo social, tanto nas artes como na sociedade, toca a princípio os espíritos mais superficiais; mas, para sentir as belezas que vêm da alma, é preciso ter, na apreciação das obras que nos são apresentadas, uma espécie de bonomia em completo acordo com uma alta superioridade. A zombaria com frequência não passa de um sentimento vulgar traduzido em impertinência. A faculdade de admirar a verdadeira grandeza através das faltas de gosto na literatura, bem como através das inconsequências na vida, é a única faculdade a honrar aquele que julga.

Ao dar a conhecer um teatro baseado em princípios muito diferentes dos nossos, seguramente não quero dizer que esses princípios sejam melhores, nem sobretudo que devam ser adotados na França: mas combinações estranhas podem provocar ideias novas; e quando se vê a esterilidade que ameaça nossa literatura, parece-me difícil não desejar que nossos escritores ampliem um pouco os limites do percurso: não fariam bem, por sua vez, em se tornar conquistadores no império da imaginação? Não deve custar muito aos franceses seguir semelhante conselho.

Capítulo XVI
Dos dramas de Lessing

O teatro alemão não existia antes de Lessing; representavam-se até então apenas traduções ou imitações das peças estrangeiras. O teatro tem mais necessidade do que outros ramos da literatura de uma capital onde os recursos da riqueza e das artes estejam reunidos; e tudo está disperso na Alemanha. Em uma cidade há atores; em outra, autores; em uma terceira, espectadores; e em parte alguma um centro que reúna todos esses meios. Lessing empregara a atividade natural de seu caráter para dar um teatro nacional a seus compatriotas, e escrevera um periódico intitulado *A dramaturgia*,[1] no qual examinara a maioria das peças traduzidas do francês que eram representadas na Alemanha: a perfeita justeza de espírito que mostra em suas críticas supõe mais filosofia do que conhecimento da arte. Em geral, Lessing pensava como Diderot sobre a arte dramática. Ele acreditava que a severa regularidade das tragédias francesas opunha-se a que se pudesse tratar de um grande número de temas simples e tocantes, sendo necessário fazer dramas para remediar isso. Mas Diderot em suas peças colocava a afetação da naturalidade em lugar da afetação da convenção, ao passo que o talento de Lessing é realmente simples e sincero. Ele foi o primeiro a dar aos alemães o honroso impulso para seguir o próprio gênio nas obras teatrais. A originalidade de seu caráter manifesta-se em suas peças. Entretanto, elas estão

---

1 *Hamburgische Dramaturgie* [Dramaturgia Hamburguesa] (1767-1769). (N. T.)

submetidas aos mesmos princípios que as nossas; sua forma não tem nada de peculiar, e embora não se embaraçasse muito com a unidade de tempo ou lugar, ele não chegou, tal como Goethe e Schiller, a atingir a concepção de um novo sistema. *Minna de Barnhelm, Emília Galotti e Nathan, o Sábio*[2] são os três dramas de Lessing que merecem ser citados.

Um oficial de um nobre caráter, após ter sofrido vários ferimentos na guerra, vê-se repentinamente ameaçado em sua honra por um processo injusto: ele não quer demonstrar à mulher amada, e que o ama, o amor que sente por ela, determinado que está em não partilhar sua infelicidade desposando-a. Eis todo o tema de *Minna de Barnhelm*. Com meios muito simples, Lessing soube despertar um grande interesse; o diálogo é repleto de espírito e encanto, o estilo muito puro, e cada personagem é tão bem representada que as menores nuanças de suas impressões interessam, tal como a confidência de um amigo. O caráter de um velho sargento, devotado com toda a sua alma ao jovem oficial perseguido, oferece uma feliz mistura de jocosidade e sensibilidade; esse tipo de papel é sempre um sucesso no teatro; a jocosidade agrada sobremaneira quando se está assegurado de que não se deve à frivolidade, e a sensibilidade parece mais natural quando é mostrada apenas por intervalos. Nessa mesma peça, há um papel de um aventureiro francês completamente malogrado; é preciso ter mão leve para encontrar o que se presta à zombaria nos franceses; e a maioria dos estrangeiros pintou-os apenas com traços pesados, cuja semelhança não é nem delicada nem marcante.

Emília Galotti não é senão o tema de Virgínia[3] transposto para uma circunstância moderna e particular; trata-se de sentimentos muito fortes para a cena, de uma ação muito enérgica para que se possa atribuí-la a um nome desconhecido. Lessing decerto tinha um desapreço bastante republicano

---

2 *Minna de Barnhelm*, comédia em cinco atos, de 1763; *Emília Galotti*, tragédia em cinco atos, de 1772; *Nathan le sage*, drama em cinco atos, de 1779. (N. T.)

3 A história de Virgínia é relatada no livro III, capítulo 44 da obra *Ab Urbe Condita* de Tito Lívio (59 a.C.-17 d.C.); Virginia era filha de um cônsul romano da família Virginius, que, cobiçada pelo juiz Appius, acabou esfaqueada pelo próprio pai a fim de evitar que fosse feita, por meios ilícitos, escrava de Marcus Claudius, por meio de quem Appius poderia subjugá-la. (N. T.)

em relação aos cortesãos, pois diverte-se com a pintura daquele que quis ajudar seu senhor a desonrar uma moça inocente; esse cortesão Martinelli é exageradamente vil para ser verossímil, e os traços de sua baixeza não têm bastante originalidade: percebe-se que Lessing representou-o assim com um objetivo hostil, e nada prejudica tanto a beleza de uma ficção como uma intenção qualquer que não tenha a própria beleza por fim. A personagem do príncipe é tratada pelo autor com mais refinamento; as paixões tempestuosas e a leviandade de caráter, cuja reunião é tão funesta em um homem poderoso, podem ser percebidas em toda a sua conduta; um velho ministro lhe traz papéis, entre os quais se encontra uma sentença de morte: em sua impaciência para ver a amada, o príncipe está prestes a assiná-la sem notar isso; o ministro arranja um pretexto para não entregá-la, estremecendo ao ver tamanho poder exercido tão irrefletidamente. O papel da condessa Orsina, jovem amante do príncipe, que ele abandona por Emília, é feito com o maior talento; trata-se de uma mistura de frivolidade e violência que pode muito bem ser encontrada em uma italiana ligada a uma corte. Vê-se nessa mulher aquilo que a sociedade produziu, e aquilo que essa mesma sociedade não pôde destruir; a natureza do Sul da Europa combinada com o que há de mais factício nos costumes do grande mundo, a singular união do orgulho no vício e da vaidade na sensibilidade. Essa pintura não poderia entrar nem em nossos versos nem em nossas formas convencionadas, mas não é menos trágica.

A cena na qual a condessa Orsina instiga o pai de Emília a matar o príncipe, a fim de poupar a filha da vergonha que a ameaça, é da maior beleza; o vício ali arma a virtude, a paixão sugere tudo o que a mais austera severidade poderia dizer para inflamar a honra invejosa de um velho; trata-se do coração humano apresentado em uma nova situação, e é nisso que consiste o verdadeiro gênio dramático. O velho pega o punhal; e não podendo assassinar o príncipe, serve-se dele para imolar a própria filha. Orsina, sem o saber, é a autora dessa terrível ação; ela gravou seus furores passageiros em uma alma profunda, e as queixas insensatas de seu amor culpado fizeram verter o sangue inocente.

Note-se nos papéis principais das peças de Lessing um certo tom pessoal, que poderia levar a crer que ele retratou a si mesmo em suas personagens; o major Tellheim em *Minna*, Odoardo, o pai de Emília, e o templário em *Nathan*, têm todos os três uma sensibilidade orgulhosa, de uma tonalidade misantrópica.

A mais bela das obras de Lessing é *Nathan, o Sábio*; não há uma peça na qual se possa ver a tolerância religiosa colocada em ação com maior naturalidade e dignidade. Um turco, um templário e um judeu são as principais personagens desse drama; a ideia central é extraída do conto dos três anéis de Boccaccio; mas a ordenação da obra pertence inteiramente a Lessing. O turco é o sultão Saladino, representado pela história como um homem de muita grandeza; o jovem templário tem no caráter toda a severidade da condição religiosa que professa; e o judeu é um velho que adquiriu uma grande fortuna no comércio, mas cujas luzes e cuja benevolência lhe deram hábitos generosos. Ele compreende todas as crenças sinceras e vê a divindade no coração de todo homem virtuoso. Esse caráter é de uma admirável simplicidade. Surpreende o enternecimento que ele causa, embora não seja agitado nem por paixões vivas nem por circunstâncias fortes. Em dado momento, entretanto, querem arrebatar de Nathan uma moça a quem ele se dedicou como pai, cobrindo-a de cuidados desde seu nascimento: a dor de separar-se dela lhe seria amarga; e para defender-se da injustiça que quer arrebatá-la, ele conta como ela foi parar em suas mãos.

Os cristãos imolaram todos os judeus em Gaza, e na mesma noite Nathan vira sua mulher e seus sete filhos morrerem; ele passara três dias prostrado na poeira, jurando ódio implacável aos cristãos; pouco a pouco recobrara a razão e exclamara: "Há entretanto um Deus; que sua vontade seja feita!". Nesse momento, um sacerdote viera rogar-lhe que se encarregasse de uma criança cristã, órfã desde o berço, e o velho hebreu a adotara. O enternecimento de Nathan ao fazer essa narração comove tanto mais ao buscar conter-se, pois o pudor da velhice lhe faz desejar esconder o que sente. Sua sublime paciência não é desmentida, embora esteja ferido em sua crença e em seu orgulho, sendo acusado como que de um crime por ter educado Reca na religião judaica; e sua justificativa não tem por objetivo senão obter o direito de ainda fazer bem à criança que ele acolheu.

Nathan é uma peça ainda mais atraente pela pintura dos caracteres do que pelas situações. O Templário tem na alma algo de feroz que vem do temor de ser sensível. A prodigalidade oriental de Saladino contrasta com a economia generosa de Nathan. O tesoureiro do sultão, um dervixe velho e severo, advertira-o de que suas rendas acabariam devido à sua generosidade. "Eu me aflijo com isso", diz Saladino, "pois serei forçado a suprimir meus presentes; quanto a mim, terei sempre o que faz toda a minha fortuna, um cavalo, uma espada e um único Deus." Nathan é um amigo dos homens; mas o desfavor que o nome judeu lhe traz em meio à sociedade mistura uma espécie de desdém pela natureza humana à expressão de sua bondade. Cada cena acrescenta alguns traços vivazes e marcantes ao desenvolvimento dessas diversas personagens; mas suas relações conjuntas não são bastante vivas para excitar uma forte emoção.

Ao final da peça, descobre-se que o templário e a filha adotada pelo judeu são irmão e irmã, e que o sultão lhes é o tio. A intenção do autor, com seu drama familiar, foi visivelmente a de dar o exemplo de uma fraternidade religiosa mais ampla. O fim filosófico a que tende toda a peça diminui o interesse pela cena; é quase impossível não existir uma certa frieza em um drama que tem por fim desenvolver uma ideia geral por mais bela que ela seja: isso é próprio do apólogo, e dir-se-ia que as personagens não estão lá por sua própria conta, mas para servir ao avanço das luzes. Sem dúvida não há ficção e nem mesmo acontecimento real dos quais não se possa extrair um pensamento; mas é preciso que o acontecimento provoque a reflexão, e não que a reflexão leve a inventar o acontecimento; nas belas-artes a imaginação sempre deve agir primeiro.

Depois de Lessing surgiu um número infinito de dramas na Alemanha; atualmente eles começam a cansar. O gênero misto do drama foi pouco introduzido devido à restrição existente nas tragédias: trata-se de uma espécie de contrabando da arte; mas, quando a completa liberdade é admitida, não se sente mais a necessidade de recorrer aos dramas para fazer uso das circunstâncias simples e naturais. O drama portanto conservaria apenas uma vantagem, a de pintar, como os romances, as situações de nossa própria vida, os costumes da época em que vivemos; não obstante, quando no teatro ouvimos pronunciar apenas nomes desconhecidos, perdemos um dos maiores prazeres que a tragédia possa dar, as lembranças históricas que recupera. Acreditamos encontrar mais interesse no drama, pois ele nos representa aquilo que vemos todos os dias; mas nas artes não buscamos uma imitação muito próxima da verdade. O drama é para a tragédia o que as figuras de cera são para as estátuas: há muita verdade e insuficiente ideal; muita quando se trata da arte, e nunca o bastante para que seja da natureza.

Lessing não pode ser considerado um autor dramático de primeira ordem; ele se dedicara a muitos objetos diversos para ter um grande talento em qualquer gênero que fosse. O espírito é universal; mas a aptidão natural a uma das belas-artes é necessariamente exclusiva. Lessing era, antes de tudo, um dialético da maior força, e isso é um obstáculo à eloquência dramática: pois o sentimento desdenha as transições, as gradações e os motivos; trata-se de uma inspiração contínua e espontânea que não pode dar conta dela mesma. Decerto Lessing estava bem longe da aridez filosófica; mas tinha no caráter mais vivacidade do que sensibilidade; o gênio dramático é mais estranho, mais sombrio, mais inesperado do que o podia ser um homem que tinha consagrado a maior parte de sua vida ao raciocínio.

Capítulo XVII
Os bandoleiros *e* Dom Carlos *de Schiller*[1]

No começo da juventude, Schiller tinha uma verve artística, uma espécie de embriaguez de pensamento que o conduzia mal. *A conjuração de Fiesco, Intriga e amor*[2] e enfim *Os bandoleiros*, já representadas no teatro francês, são obras que os princípios da arte, bem como os da moral, podem reprovar; mas a partir dos 25 anos, os escritos de Schiller passaram a ser todos puros e severos. A educação da vida deprava os homens levianos e aperfeiçoa aqueles que refletem.

Os bandoleiros foram traduzidos para o francês, mas singularmente alterados; de início não se tirou proveito da época que confere um interesse histórico a essa peça. A cena passa-se no século XV, no momento em que fora promulgado no Império o édito de paz perpétua que proibia todas as contendas particulares. Esse édito, sem dúvida, fora bastante vantajoso para a tranquilidade da Alemanha; mas os jovens gentis-homens, acostumados a viver em meio aos perigos e a apoiar-se em sua força individual, acreditaram cair em uma espécie de inércia vergonhosa quando fora preciso submeter-se ao poder das leis. Nada era mais absurdo do que esse modo de ver; todavia, uma vez que os homens são costumeiramente governados apenas pelo hábito, é natural que até mesmo algo melhor possa revoltá-los, apenas por se tratar de uma mudança. O chefe dos bandoleiros de Schiller é menos

---

1 *Die Räuber*, 1781; *Don Karlos*, 1787-1788. (N. T.)

2 *Die Verschwörung des Fiesco zu Genua*, 1783; *Kabale und Liebe*, 1784. (N. T.)

odioso do que seria atualmente, pois não havia uma grande diferença entre a anarquia feudal sob a qual se vivia e a existência de bandido que ele adota; mas é precisamente o tipo de desculpas que o autor lhe propicia que torna sua peça mais perigosa. É preciso convir que ela produziu um efeito ruim na Alemanha. Alguns jovens, entusiastas do caráter e da vida do chefe dos bandoleiros, tentaram imitá-lo. Orgulhavam-se de seu gosto por uma vida licenciosa em nome do amor à liberdade, e acreditavam-se indignados em relação aos abusos da ordem social quando estavam apenas cansados de sua situação particular. Suas tentativas de revolta foram meramente ridículas; não obstante as tragédias e os romances tenham muito mais importância na Alemanha do que em qualquer outro país. Tudo ali é levado a sério, e ler certa obra, ou ver certa peça, influi sobre o tipo de vida que se leva. Deseja-se introduzir na existência real aquilo que se admira como arte. *Werther* causou mais suicídios do que a mais bela mulher do mundo; e a poesia, a filosofia e o ideal, enfim, frequentemente influem mais sobre os alemães do que a natureza e mesmo as paixões.

O tema de *Os bandoleiros* é tal qual o de um grande número de ficções cuja origem comum está na parábola do filho pródigo. Um filho hipócrita comporta-se aparentemente bem. Um filho culpado tem bons sentimentos apesar de suas faltas. Essa oposição é muito bela sob o ponto de vista religioso, pois nos atesta que Deus lê os corações; mas traz grandes inconvenientes quando se quer inspirar muito interesse pelo filho que deixou a casa paterna. Ele ensina todos os jovens cuja mente é má a atribuírem-se um bom coração, e nada entretanto é mais absurdo do que alguém pressupor ter qualidades por ressentir-se dos defeitos; essa garantia negativa é bem pouco certa, pois a falta de racionalidade não indica de modo algum a existência de sensibilidade: a loucura com frequência é apenas um egoísmo impetuoso.

O papel do filho hipócrita, tal como Schiller o representou, é por demais odioso. Desenhar com traços muito bruscos é um defeito dos escritores muito jovens; tomam-se as nuanças nos quadros por timidez de caráter, ao passo que elas são a prova da maturidade do talento. Se as personagens de segundo escalão não são pintadas com bastante verdade na peça de Schiller, as paixões do chefe dos bandoleiros são exprimidas de uma maneira admirável. A energia desse caráter manifesta-se sucessivamente pela incredulidade, pela religião, pelo amor e pela barbárie; não conseguindo lugar na ordem, ela se mostra através do crime; a existência é para ele como uma espécie de delírio intensificado ora pelo furor, ora pelo remorso.

As cenas de amor entre a moça e o chefe dos bandoleiros, que devia ser seu esposo, são admiráveis pelo entusiasmo e pela sensibilidade; há poucas situações mais tocantes do que a de uma mulher perfeitamente virtuosa, interessando-se cada vez mais até o fundo do coração por aquele que ela amava antes que ele se tivesse tornado um criminoso. O respeito que uma mulher está acostumada a sentir pelo homem amado transforma-se em uma espécie de terror e piedade, e dir-se-ia que a desafortunada ainda se orgulha de ser, no céu, o anjo protetor de seu amigo culpado, já que não pode mais tornar-se sua feliz companheira na Terra.

Não se pode julgar a peça de Schiller na tradução francesa. Dela foi conservada, por assim dizer, apenas a pantomima da ação; a originalidade dos caracteres desapareceu, e somente ela é responsável por dar vida a uma ficção; as mais belas tragédias tornar-se-iam melodramas se lhes fosse retirada a pintura viva dos sentimentos e das paixões. A força dos acontecimentos não basta para unir o espectador às personagens: que se amem ou se matem, pouco nos importa, se o autor não estimulou nossa simpatia por elas.

Dom Carlos também é uma obra da juventude de Schiller, e entretanto é considerada como uma composição de primeira ordem. O tema de dom Carlos é um dos mais dramáticos que a história pôde oferecer. Uma jovem princesa, filha de Henrique II, deixa a França e a corte magnífica e cavaleiresca do rei seu pai para se unir a um velho tirano tão sombrio e severo que o próprio caráter dos espanhóis fora alterado por seu reinado, deixando sua marca gravada na nação durante um longo período. Dom Carlos, inicialmente noivo de Elisabeth, ainda a ama, embora ela tenha se tornado sua madrasta. A Reforma e a Revolta dos Países-Baixos, esses grandes acontecimentos políticos, misturam-se com a catástrofe trágica da condenação do filho pelo pai: o interesse individual e o interesse público encontram-se admiravelmente reunidos nessa tragédia.

Vários escritores trataram desse tema na França; mas, no Antigo Regime, não foi possível levá-lo ao palco; acreditava-se ser uma falta de consideração para com a Espanha representar esse fato de sua história. Pedia-se para o

Madame de Staël

sr. de Aranda,[3] esse embaixador da Espanha, conhecido por tantos traços que atestam a força de seu caráter e os limites de seu espírito, a permissão para encenar uma tragédia sobre dom Carlos, que o autor tinha acabado de concluir e com a qual esperava uma grande glória. "Por que ele não trata de outro tema?", respondera o sr. de Aranda. "Senhor embaixador", diziam-lhe, "cuidai que a peça está terminada, e que o autor consagrou a ela três anos de sua vida." "Mas, meu Deus", retomava o embaixador, "há apenas esse acontecimento na história? Que escolhesse um outro." Nunca foi possível fazê-lo abandonar esse engenhoso raciocínio que estava apoiado em uma vontade firme.

Os temas históricos empregam o talento de uma maneira totalmente diversa da dos temas de invenção; não obstante, talvez seja preciso ainda mais imaginação para representar a história em uma tragédia do que para criar à vontade situações e personagens. Alterar os fatos em sua essência, ao transpô-los para o palco, sempre produz uma impressão desagradável; espera-se a verdade, e fica-se terrivelmente surpreso quando o autor a substitui por uma ficção qualquer de seu agrado: entretanto, a história tem necessidade de ser artisticamente arranjada para causar efeito no teatro, sendo que na tragédia é preciso reunir ao mesmo tempo o talento de pintar a verdade e aquilo que a torna poética. Dificuldades de outro gênero apresentam-se quando a arte dramática percorre o vasto campo da invenção; dir-se-ia que é mais livre, entretanto nada é mais raro que caracterizar muitas personagens desconhecidas, para que tenham tanta consistência quanto nomes já célebres. Lear, Otelo, Orosmane e Tancredo[4] receberam de

---

3 Pedro Pablo Abarca de Bolea y Jiménez de Urrea, conde de Aranda (1718-1789): foi embaixador na França entre 1773-1787; antes disso, já havia se encontrado com Diderot, Voltaire e D'Alembert; quando esteve à frente do Conselho de Castela, promoveu reformas, entre elas a expulsão dos jesuítas em 1767. (N. T.)

4 Leir da Bretanha aparece na *Historia Regum Britanniae* [História dos reis britânicos] (*c.* 1136), de Geoffrey of Monmouth; Otelo aparece em um dos contos reunidos por Geraldi Cinthio em *Gli Hecatommithi* (1565) e seu conhecimento por Shakespeare é defendido por alguns estudiosos; Orosmane teria sido um sultão de Jerusalém à epoca das Cruzadas, entre os séculos XI e XIII; Tancredo da Galileia ou ainda de Altavila (1072-1112) teria sido um cavaleiro normando e um dos líderes da Primeira Cruzada, tornando-se príncipe da Galileia, regente do principado de

Shakespeare e Voltaire a imortalidade, sem terem gozado da vida; todavia os temas de invenção são habitualmente o escolho do poeta, pela própria independência em que o deixam. Os temas históricos parecem impor embaraços; mas quando o escritor avalia bem o apoio oferecido por certos limites, o percurso traçado e o ímpeto permitido, esses próprios limites são favoráveis ao talento. A poesia fiel realça a verdade tal como o raio do sol faz com as cores, e provê aos acontecimentos recuperados o brilho que as trevas do tempo lhe haviam arrebatado.

Na Alemanha, preferem-se as tragédias históricas nas quais a arte manifesta-se como o *Profeta do passado*.[5] O autor que deseja compor tal obra deve transportar-se inteiramente ao século e aos costumes das personagens representadas, e ter-se-ia razão em criticar mais severamente um anacronismo nos sentimentos e nos pensamentos do que nas datas.

É segundo esses princípios que algumas pessoas acusaram Schiller de ter inventado o caráter do marquês de Posa, nobre espanhol, partidário da liberdade, da tolerância, apaixonado por todas as novas ideias que começavam então a fermentar na Europa. Creio que se pode reprovar Schiller por ter enunciado suas próprias opiniões por meio do marquês de Posa; mas não foi atribuído a essa personagem, como se pretendeu, o espírito filosófico do século XVIII. O marquês de Posa, tal como Schiller o pintou, é um entusiasta alemão; e esse caráter é tão estranho ao nosso tempo que podemos crê-lo tanto do século XVI como do nosso. Um erro ainda maior, talvez, é o de supor que Felipe II pudesse ter tido prazer em escutar esse homem por muito tempo, e que lhe tivesse dado confiança mesmo por um instante. Posa diz com razão ao falar de Felipe II: "Fiz esforços inúteis para exaltar sua alma, e nessa terra gélida as flores de meu pensamento não podiam prosperar". Mas Felipe II jamais tivera trato com um rapaz como o marquês de Posa. O velho filho de Carlos V devia ver, na juventude e no entusiasmo, apenas o engano da natureza e o crime da Reforma; se pudesse ter-se confiado um dia a um ser generoso, teria desmentido seu caráter e merecido o perdão dos séculos.

Antioquia e do condado de Edessa; aparece como personagem no épico de Tasso, *Jerusalém libertada*, e na peça de Voltaire, *Tancrède* (1759). (N. T.)

5 Expressão de Friedrich Schlegel sobre a sagacidade de um grande historiador.

Há inconsistências no caráter de todos os homens, mesmo no dos tiranos; mas elas estão ligadas por laços invisíveis à natureza deles. Na peça de Schiller, uma dessas inconsistências foi singularmente bem tratada. O duque de Medina-Sidônia, general de idade avançada, que comandou a invencível *armada* desbaratada pela frota inglesa e pelas tempestades, retorna, e todos creem que ele será aniquilado pelo ressentimento de Felipe II. Os cortesãos afastam-se dele, ninguém ousa ter-lhe proximidade; ele se lança aos joelhos de Felipe e diz-lhe: "Senhor, vedes em mim tudo o que resta da frota e da intrépida armada que me havíeis confiado". "Deus está acima de mim", responde Felipe; "eu vos enviei contra homens, não contra tempestades. Sede considerado como um digno servidor." Eis a magnanimidade: e entretanto de onde ela vem? De um certo respeito pela velhice, em um monarca surpreso de que a natureza tenha permitido que se tornasse velho; do orgulho que não permite a Felipe atribuir a si mesmo seus reveses, acusando-se de uma má escolha; da indulgência sentida por um homem rebaixado pelo destino, ele que gostaria que um jugo qualquer curvasse todos os gêneros de altivez, excetuada a dele; enfim, do próprio caráter de um déspota, a quem os obstáculos naturais revoltam menos do que a mais fraca resistência voluntária. Essa cena lança uma luz profunda sobre o caráter de Felipe II.

Sem dúvida, a personagem do marquês de Posa pode ser considerada como a obra de um jovem poeta que tem necessidade de dar sua alma à sua personagem favorita; mas é uma bela coisa em si mesma esse caráter puro e exaltado em meio a uma corte na qual o silêncio e o terror somente são perturbados pelo rumor subterrâneo da intriga. Dom Carlos não pode ser um grande homem: seu pai deve tê-lo oprimido desde a infância; o marquês de Posa é um intermediário que parece indispensável entre Felipe e seu filho. Dom Carlos tem todo o entusiasmo dos afetos do coração, Posa tem o das virtudes públicas; um deveria ser o rei, o outro, o amigo; e esse deslocamento mesmo nos caracteres é uma ideia engenhosa: pois seria possível que o filho de um déspota sombrio e cruel fosse um herói patriótico? Onde ele teria aprendido a estimar os homens? Foi por seu pai, que os despreza, ou pelos cortesãos de seu pai, que merecem esse desprezo? Dom Carlos deve ser fraco para ser bom, e o próprio lugar que o amor tem em sua vida exclui de sua alma todos os pensamentos políticos. Repito, portanto, que a invenção da personagem do marquês de Posa me parece necessária para representar na peça os grandes interesses das nações, e essa força cavaleiresca que se transformava repentinamente pelas luzes do tempo em amor pela liberdade. De qualquer maneira que esses sentimentos pudessem ter sido modificados, eles não convinham ao príncipe, no qual teriam tomado o caráter da generosidade; e não se deve jamais representar a liberdade como um favor do poder.

A gravidade cerimoniosa da corte de Felipe II é caracterizada de uma maneira bem surpreendente na cena de Elisabeth com suas damas de honra. Ela pede a uma delas que indique sua preferência entre a morada de Aranjuez e a de Madri: a dama de honra responde que a rainha de Espanha tem o costume, desde tempos imemoriais, de permanecer três meses em Madri e três meses em Aranjuez. Ela não se permite o menor sinal de preferência por uma morada ou outra; ela crê ter sido feita para nada sentir, em qualquer assunto que seja, a não ser ordenada. Elisabeth pergunta por sua filha; responde-se-lhe que ainda não era chegada a hora fixada para vê-la. Enfim o rei aparece e exila por dez anos essa mesma dama de honra tão resignada, por ter deixado a rainha sozinha por meia hora.

Felipe II reconcilia-se um momento com dom Carlos e, com palavras bondosas, retoma sobre ele toda a ascendência paternal. "Vede", diz-lhe Carlos, "os céus descem para assistir à reconciliação de um pai com seu filho."

Trata-se de um belo momento aquele no qual o marquês de Posa, não esperando mais escapar da vingança de Felipe II, roga a Elisabeth para recomendar a dom Carlos a realização dos projetos que fizeram juntos para a glória e a felicidade da nação espanhola. "Lembrai-o", diz ele, "quando ele tiver maturidade, lembrai-o de que deve ter respeito para com os sonhos de sua juventude." Com efeito, quando se avança na vida, a prudência toma por engano o passo sobre todas as outras virtudes; dir-se-ia que tudo é loucura no calor da alma, e entretanto se o homem pudesse conservá-lo ainda quando a experiência o esclarece, se herdasse o tempo sem se curvar sob seu peso, ele jamais insultaria as virtudes exaltadas, cujo primeiro conselho é sempre o sacrifício de si mesmo.

O marquês de Posa, por uma série de circunstâncias muito enredadas, acreditou servir dom Carlos junto de Felipe, parecendo sacrificá-lo ao furor de seu pai. Sem sucesso em seus projetos, o príncipe é conduzido para a prisão; o marquês de Posa vai visitá-lo a fim de lhe explicar os motivos de sua conduta, e, durante sua justificava, um assassino enviado por Felipe II o faz cair aos pés de seu amigo, atingido por uma bala mortal. A dor de dom Carlos é admirável; ele reclama o companheiro de juventude a seu pai que o matou, como se o assassino conservasse ainda o poder de devolver a vida à sua vítima. Com o olhar fixado sobre o corpo imóvel que tantos pensamentos animavam outrora, dom Carlos, ele próprio condenado a morrer, aprende todo o significado da morte nas feições do amigo.

Há nessa tragédia dois monges cujas características e cujo gênero de vida estão em contraste; um é Domingos, o confessor do rei; o outro, um padre retirado em um convento solitário, às portas de Madri. Domingos não passa de um monge intrigante, pérfido e cortesão, confidente do duque de Alba, cujo caráter desaparece necessariamente ao lado do de Felipe; pois Felipe toma para si só o que há de belo no terrível. Sem conhecê-los, o monge solitário recebe dom Carlos e Posa, que marcaram um encontro em seu convento em meio às suas mais cruéis agitações. A calma e a resignação do prior que os acolhe produzem um efeito tocante. "Nestes muros", diz o piedoso solitário, "acaba o mundo."

Mas nada em toda a peça iguala-se à originalidade da penúltima cena do quinto ato, entre o rei e o grande inquisidor. Felipe, atormentado pelo sequioso ódio em relação ao seu próprio filho e pelo terror do crime que vai cometer; Felipe inveja seus pajens que dormem tranquilamente aos pés de seu leito, ao passo que o inferno de seu próprio coração priva-o de todo repouso. Ele quer que lhe seja trazido o grande inquisidor para consultá-lo sobre a condenação de dom Carlos. Esse monge cardeal tem 90 anos, sendo mais idoso do que seria Carlos V, de quem foi o preceptor. Ele está cego e vive em uma solidão absoluta. Somente os espiões da Inquisição lhe vêm trazer novas do que se passa no mundo. Ele se informa apenas se há crimes, faltas ou pensamentos a punir. Para ele, Felipe II, com a idade de 60 anos, é ainda jovem. O mais sombrio, o mais prudente dos déspotas parece-lhe um soberano desconsiderado, cuja tolerância introduzirá a Reforma na Europa. Trata-se de um homem de boa-fé, mas de tal modo curtido pelo tempo que parece como um espectro vivo que a morte esqueceu de atingir, pois o acreditava há tempos no túmulo.

Da Alemanha

Ele pede contas da morte do marquês de Posa a Felipe II e reprova-a por ter sido a Inquisição a fazê-lo morrer, condoendo-se da vítima apenas por ter sido privado do direito de imolá-la. Felipe II interroga-o sobre a condenação de seu filho: "Vós ireis infundir em mim", diz-lhe, "uma crença que despoje de seu horror o assassinato de um filho?". O grande inquisidor responde-lhe: "Para apaziguar a eterna justiça, o filho de Deus morrerá na cruz". Que frase! Que aplicação sanguinária do dogma mais tocante!

Esse velho cego representa em sua própria pessoa todo um século. O terror profundo que a Inquisição e o próprio fanatismo dessa época deviam fazer pesar sobre a Espanha, tudo está inteiramente pintado nessa cena lacônica e rápida; nenhuma eloquência poderia exprimir assim tal multidão de pensamentos colocados habilmente em ação.

Sei que poderiam ser apontadas muitas inconveniências na peça *Dom Carlos*, mas não me encarregarei desse trabalho para o qual há muitos concorrentes. Os literatiços mais vulgares podem encontrar faltas de gosto em Shakespeare, Schiller, Goethe etc.; mas quando se trata apenas de mutilar as obras de arte, isso não é difícil. A alma e o talento são o que nenhuma crítica pode dar: eis o que deve ser respeitado por toda a parte em que for encontrado, por mais nuvens que estejam a cercar esses raios celestes. Longe de comprazer-se com os erros do gênio, percebe-se que esses erros diminuem o patrimônio da raça humana, e os títulos de glória dos quais ela se orgulha. O anjo tutelar pintado com tanta graça por Sterne não poderia verter uma lágrima sobre os defeitos de uma bela obra, bem como sobre os enganos de uma nobre vida, a fim de apagar-lhes a lembrança?

Não me deterei muito nas peças da juventude de Schiller; a princípio, porque foram traduzidas para o francês; e, em segundo lugar, porque ainda não se manifesta ali o gênio histórico tão justamente admirado nas tragédias de sua maturidade. O próprio *Dom Carlos*, embora baseado em um fato histórico, é praticamente uma obra de imaginação. Sua intriga é muito complicada; uma personagem de pura invenção, o marquês de Posa tem um papel muito grande; dir-se-ia que essa tragédia se passa entre a história e a poesia sem satisfazer inteiramente nem a uma nem a outra: certamente não ocorre o mesmo com aquelas acerca das quais tentarei dar uma ideia.

Capítulo XVIII
Wallenstein *e* Maria Stuart[1]

Wallenstein é a tragédia mais nacional já representada no teatro alemão; a beleza dos versos e a grandeza do tema arrebataram entusiasticamente todos os espectadores de Weimar, onde foi representada pela primeira vez, e a Alemanha orgulhara-se de possuir um novo Shakespeare. Lessing, ao censurar o gosto francês e aliar-se a Diderot na maneira de conceber a arte dramática, havia banido a poesia do teatro, e representavam-se então apenas romances dialogados que continuavam a vida tal como é habitualmente, somente multiplicando no palco os acontecimentos que ocorrem mais raramente na realidade.

Schiller concebera colocar em cena uma circunstância notável da Guerra dos Trinta Anos, dessa guerra civil e religiosa que manteve por mais de um século na Alemanha o equilíbrio dos dois partidos, protestante e católico.

---

1 *Wallenstein*, trilogia: *O acampamento de Wallenstein*, *Os Piccolomini* e *A morte de Wallenstein*, o primeiro encenado em 1798 e os demais, em 1799; Albrecht Wenzel Eusebius von Waldestein foi um general da Boêmia do século XVI que ofereceu seus serviços e sua armada, na Guerra dos Trinta Anos (1618-1648), para o sacro imperador romano Fernando II, contra a União Protestante (coalizão de Estados alemães fundada em 1608 por Frederico IV), tendo sido depois, contudo, perseguido e morto sob a acusação de traição. *Maria Stuart* é uma peça em cinco atos, encenada pela primeira vez em Weimar, em 1800; Maria (1542-1587) foi rainha da Escócia entre 1542 e 1567 e rainha consorte da França entre 1559 e 1560; depois de dezenove anos de prisão, foi executada sob alegação de traição. (N. T.)

A nação alemã é tão dividida que nunca há como saber se as façanhas de uma metade da nação são uma desgraça ou uma glória para a outra; não obstante, *Wallenstein* de Schiller provocou em todos um igual entusiasmo. O mesmo tema é divido em três peças diferentes: *O acampamento de Wallenstein*, que é a primeira das três, apresenta os efeitos da guerra sobre o conjunto do povo e da armada; a segunda (*Os Piccolomini*) mostra as causas políticas que preparam as dissensões entre os comandantes; e a terceira, *A catástrofe*, é o resultado do entusiasmo e da inveja provocados pela reputação de Wallenstein.

Assisti à representação do prólogo, intitulado *O acampamento de Wallenstein*; era possível acreditar-se no meio de uma armada, e de uma armada de partidários bem mais viva e menos disciplinada do que as tropas regulares. Os camponeses, os recrutas, os vivandeiros, os soldados, tudo concorria para o efeito do espetáculo; a impressão produzida foi tão guerreira que, quando fora representado no Teatro de Berlim, diante dos oficiais que partiam para a guerra, gritos de entusiasmo fizeram-se ouvir de todas as partes. Um homem de letras deve ter uma imaginação bastante poderosa para figurar assim a vida dos campos de batalha, a independência, a alegria turbulenta excitada pelo próprio perigo. O homem, livre de todos os seus laços, sem saudades e sem perspectiva, faz dos anos um dia, e dos dias um instante; ele goza de tudo o que possui, obedece ao acaso sob a forma de seu general: a morte, sempre presente, livra-o alegremente das preocupações da vida. Nada é mais original, no acampamento de Wallenstein, do que a chegada de um capuchinho em meio ao tumulto de soldados que acreditam defender a causa do catolicismo. O capuchinho prega-lhes a moderação e a justiça em uma linguagem repleta de troças e trocadilhos, que não difere daquela dos acampamentos senão pela busca e pelo uso de algumas palavras latinas: a eloquência estranha e soldadesca do padre, a religião rude e grosseira dos que o escutam, tudo isso apresenta um notável clima de confusão. A situação social em ebulição mostra o homem sob um aspecto singular; aquilo que tem de selvagem reaparece, e os restos da civilização vagam, como um navio avariado, em meio a ondas agitadas.

O acampamento de Wallenstein é uma engenhosa introdução às duas outras peças; fica-se tomado de admiração pelo general de quem os soldados

Da Alemanha

falam incessantemente, tanto nas diversões como nos perigos; e quando a tragédia começa, conserva-se a impressão do prólogo que a precedeu, como se fosse uma testemunha da história que a poesia deve embelezar.

A segunda das peças, intitulada *Os Piccolomini*, contém as desavenças surgidas entre o imperador e seu general, entre o general e seus companheiros de armas, quando o comandante da armada quer sobrepor sua ambição pessoal à autoridade que ele representa, e a causa que defende. Wallenstein combatia em nome da Áustria, contra as nações que queriam introduzir a Reforma na Alemanha; mas, seduzido pela esperança de criar para si mesmo um poder independente, procura apropriar-se de todos os meios que deviam servir ao bem público. Os generais que se opõem a seus desejos não os contrariam por virtude, mas por inveja; e nas lutas cruéis onde ocorre de tudo, se não há homens devotados à própria opinião, batendo-se pela própria consciência. "O que pode interessar nisso?", alguém dirá. *O quadro da verdade*. Talvez a arte exija que esse quadro seja modificado segundo o efeito teatral, mas a história em cena é algo sempre belo.

Não obstante, Schiller soube criar personagens feitas para despertar um interesse romanesco. Ele pinta Maximiliano Piccolomini e Thecla como criaturas celestes, que atravessam todas as tempestades das paixões políticas conservando na alma o amor e a verdade. Thecla é a filha de Wallenstein; Maximiliano, o filho do pérfido amigo que o trai. Os dois amantes, apesar dos pais, apesar da sorte, apesar de tudo, exceto de seus corações, amam-se, buscam-se e encontram-se na vida e na morte. Esses dois seres surgem em meio aos furores da ambição, como predestinados; são vítimas tocantes escolhidas pelo céu, e nada é tão belo quanto o contraste do devotamento mais puro com as paixões dos homens, encarniçados nesta Terra como que sobre seu único quinhão.

Não há desenlace para a peça dos *Piccolomini*; ela termina como uma conversação interrompida. Os franceses teriam dificuldades para suportar os dois prólogos, um burlesco e o outro sério, que preparam a verdadeira tragédia, *A morte de Wallenstein*.

Um escritor de grande talento condensou a *trilogia* de Schiller em uma tragédia segundo a forma e a regularidade francesas. Os elogios e as críticas de que essa obra foi o objeto nos darão uma ocasião natural para terminar de apresentar as diferenças que caracterizam o sistema dramático de franceses e alemães. Reprovou-se o escritor francês por não ter provido suficiente poesia em seus versos. Os temas mitológicos permitem todo o brilho das imagens e da verve lírica; mas como seria possível admitir, em um tema extraído da história moderna, a poesia da narrativa de Teramene?[2] Toda essa pompa da Antiguidade, que convém à família de Minos ou de Agamenon, não passaria de uma afetação ridícula nas peças de outro gênero. Há momentos nas tragédias históricas nos quais a exaltação da alma leva naturalmente a uma poesia mais elevada: assim é, por exemplo, a visão de Wallenstein,[3] sua arenga após a revolta, seu monólogo antes da morte etc. Todavia, o encadeamento e o desenvolvimento da peça em alemão, assim como em francês, exigem um estilo simples, no qual se perceba apenas a pureza da linguagem e raramente sua magnificência. Na França, queremos a produção de efeito não somente a cada cena, mas a cada verso; e isso é inconciliável com a verdade. Nada é tão fácil quanto compor os chamados versos brilhantes; há moldes inteiramente feitos para isso; o difícil é subordinar cada detalhe ao conjunto e reencontrar cada parte no todo,

---

2 Alusão à longa e dramática narrativa de Teramene feita ao rei Teseu acerca da morte de seu filho Hipólito, ao final da peça *Fedra* de Racine. (N. T.)

3 "Há, para os mortais, dias misteriosos,/ Nos quais, dos laços do corpo nossa alma libertada,/ Ao seio do futuro é repentinamente lançada,/ E apreende, não sei por qual esforço afortunado,/ O direito inesperado de interrogar o fado./ Na noite que precedera a sangrenta jornada,/ Na qual o herói do Norte teve a sorte ceifada,/ Eu velava em meio aos guerreiros adormecidos./ Meus pensamentos por inquietações eram perseguidos./ Percorri o campo. E podiam ser vistas nas planícies abertas/ Brilhar das fogueiras longínquas luzes incertas./ Apenas o trote dos cavalos e os avisos de um ou outro soldado/ Perturbavam, com um barulho surdo, esse universo silenciado./ Através dos vales o lamento do vento/ Movimentava as tendas do acampamento./ Os astros, a contragosto traspassando a obscuridade,/ Vertiam sobre nossas cortinas uma pálida claridade./ Que os mortais, disse a mim mesmo, à minha voz se curvem!/ Que apressados sob minha ordem se ajoelhem!/ Eles colocaram, em meu êxito, toda sua esperança./ Mas se a sorte invejosa me arrancasse a pujança,/ Logo eu veria seu zelo se desvanecer!/ Houvesse um fiel ao menos a permanecer!/ Ah! Se houver um apenas, eu te invoco. Oh destino!/ Dignifica-te a mo indicar por um sinal ao meu tino." *Wallenstein*, pelo sr. Benjamin Constant de Rebecque, ato II, cena I.

Da Alemanha

assim como o reflexo do todo em cada parte. A vivacidade francesa deu ao andamento das peças de teatro um movimento cuja rapidez torna-o muito agradável; mas ela prejudica a beleza da arte quando exige sucessos instantâneos à custa da impressão geral.

Ao lado dessa impaciência que não tolera nenhuma demora, há uma paciência singular por tudo o que é exigido pela conveniência; e quando um aborrecimento qualquer é requerido pela etiqueta das artes, esses mesmos franceses, aos quais a menor lentidão irritava, suportam tudo o que se queira por respeito ao costume. Por exemplo, as exposições por meio da narrativa são indispensáveis nas tragédias francesas; e certamente causam muito menos interesse do que as exposições pela ação. Dizem que espectadores italianos, certa vez, durante a narração de uma batalha, clamaram para que se levantasse a cortina de fundo, a fim de que vissem a própria batalha. Com muita frequência, ocorre esse desejo em nossas tragédias: gostaríamos de assistir aquilo que nos é narrado. O autor do *Wallenstein* francês foi obrigado a fundir em sua peça a exposição feita de modo tão original por meio do prólogo do acampamento. A dignidade das primeiras cenas coaduna-se perfeitamente com o tom imponente de uma tragédia francesa: mas há um gênero de movimento na irregularidade alemã que jamais poderá ser recuperado.

O autor francês também foi censurado pelo duplo interesse inspirado pelo amor de Alfred (Piccolomini) por Thecla e pela conspiração de Wallenstein. Na França, deseja-se que uma peça seja somente de amor ou somente de política, a mistura dos temas não é apreciada; e, há algum tempo, sobretudo quando se trata dos negócios de Estado, não se pode conceber como restaria na alma lugar para outro pensamento. Não obstante, o grande quadro da conspiração de Wallenstein completa-se apenas pelas próprias desventuras que resultaram dela para sua família; importa lembrarmos o quanto os acontecimentos públicos podem romper os laços íntimos; e esse modo de apresentar a política como um mundo à parte do qual os sentimentos estão banidos é imoral, raso e sem efeito dramático.

Um detalhe foi censurado na peça francesa. Ninguém negou que as despedidas de Alfred (Maximiliano Piccolomini), ao deixar Wallenstein e Thecla, não fossem da maior beleza; mas na ocasião houve escândalo por ouvir-se música em uma tragédia: certamente é muito fácil suprimi-la, mas por que então recusar o efeito que ela produz? Ao ouvir a música militar que conclama ao combate, o espectador partilha da emoção que ela deve causar nos amantes ameaçados de nunca mais se verem: a música realça a situação; uma arte nova redobra a impressão que outra arte preparou; os sons e as palavras tocam sucessivamente nossa imaginação e nosso coração.

Duas cenas também totalmente novas em nosso teatro provocaram o espanto dos leitores franceses: logo que Alfred (Maximiliano) se mata, Thecla pergunta ao oficial saxão que lhe traz a notícia todos os detalhes da horrível morte; e quando saciou sua alma de dor, ela anuncia a resolução de ir viver e morrer perto do túmulo do amado. Cada expressão, cada palavra, nessas duas cenas, é de uma sensibilidade profunda, mas pretendeu-se que não poderia haver interesse dramático se não existissem mais incertezas. Na França, há sempre pressa para terminar com o que é irreparável. Os alemães, ao contrário, têm mais curiosidade por aquilo que as personagens sentem do que pelo que lhes ocorre; eles não temem deter-se em uma situação terminada enquanto acontecimento, mas que subsiste ainda enquanto sofrimento. É preciso mais poesia, mais sensibilidade, mais justeza nas expressões para comover no repouso da ação do que quando ela provoca uma ansiedade sempre crescente: é difícil notar as palavras quando os fatos nos mantêm em suspenso; mas quando tudo se cala, exceto a dor, quando não há mais mudança externa e o interesse está preso apenas ao que se passa na alma, a menor afetação, uma palavra fora de lugar chocaria como um falsete em uma ária simples e melancólica. Nada escapa pois pelo som, e tudo se dirige diretamente ao coração.

Enfim, a crítica mais universalmente repetida contra o *Wallenstein* francês diz respeito ao caráter do próprio Wallenstein, o qual é julgado supersticioso, incerto, irresoluto e em desacordo com o modelo heroico admitido para esse tipo de papel. Os franceses se privam de uma fonte infinita de efeitos e emoções ao reduzir os caracteres trágicos, como as notas de música ou as cores do prisma, a alguns traços marcados, sempre os mesmos. Cada personagem deve adequar-se a um dos principais tipos aceitos. Dir-se-ia que entre nós a lógica é o fundamento das artes, e essa natureza *ondulante*

Da Alemanha

de que fala Montaigne[4] foi banida de nossas tragédias; admitem-se nelas apenas sentimentos inteiramente bons ou inteiramente maus, e entretanto não há nada que não esteja misturado na alma humana.

Na França, fala-se de uma personagem trágica como de um ministro de Estado, lamentando-se do que ela faz ou não faz, como se tivéssemos uma gazeta nas mãos para julgá-la. As inconsequências das paixões são permitidas no teatro francês, mas não as inconsequências do caráter. Uma vez que a paixão é conhecida em alguma medida por todos os corações, espera-se por seus desvarios, e é possível de algum modo fixar antecipadamente suas próprias contradições; mas o caráter tem sempre algo de inesperado que não pode estar contido em nenhuma regra. Ora dirige-se para seu objetivo, ora afasta-se dele. Quando se diz de uma personagem na França: "Ela não sabe o que quer", não há mais interesse por ela; ao passo que é precisamente no homem que não sabe o que quer que a natureza mostra-se com uma força e uma independência realmente trágicas.

As personagens de Shakespeare levam os espectadores a experimentar várias vezes na mesma peça impressões totalmente diferentes. Ricardo II,[5] nos três primeiros atos da tragédia de mesmo nome, inspira aversão e desprezo; mas quando a infelicidade o atinge, quando ele é forçado a ceder o trono ao inimigo, em pleno parlamento, sua situação e sua coragem arrancam lágrimas. Aprecia-se a nobreza régia que reaparece na adversidade, e a coroa parece ainda pairar sobre a cabeça daquele que foi destituído dela. Algumas poucas palavras bastam para Shakespeare dispor da alma dos ouvintes e fazê-los passar do ódio à piedade. A inumerável diversidade do coração humano renova incessantemente a fonte a que o talento pode recorrer.

Na realidade, alguém poderá dizer, os homens são inconsequentes e estranhos, e com frequência as mais belas qualidades misturam-se aos mais miseráveis defeitos; mas tais caracteres não convêm ao teatro; a arte dramática, ao exigir a rapidez da ação, obriga a pintar os homens nesse

---

4 *Essais* (1580), I, capítulo I: *Certes, c'est un subiect merveilleusement vain, divers et ondoyant, que l'homme: Il est malaysé d'y fonder jugement constant et uniforme* [Certamente, o homem é um tema maravilhosamente vão, diverso e ondulante: é difícil fundar um julgamento constante e uniforme sobre ele]. (N. T.)

5 Peça escrita por volta de 1595. (N. T.)

quadro por meio de traços fortes e circunstâncias marcantes. Mas decorre disso que seja preciso limitar-se a essas personagens divididas entre o mal e o bem, que são como que os elementos invariáveis da maior parte de nossas tragédias? Que influência o teatro poderia exercer sobre a moralidade dos espectadores, se os fizesse ver apenas uma natureza de convenção? É certo que nesse terreno factício a virtude triunfa sempre e o vício é sempre punido; mas como isso poderia ser aplicado alguma vez ao que se passa na vida, se os homens mostrados em cena não são os homens tais como são?

Seria curioso ver a representação de *Wallenstein* em nosso teatro; e se o autor francês não estivesse tão rigorosamente submetido à regularidade francesa, isso seria ainda mais curioso: mas, para julgar corretamente as inovações, seria preciso levar para as artes uma juventude de alma que buscasse novos prazeres. Manter-se preso às obras-primas dos antigos é um excelente regime para o gosto, mas não para o talento: são necessárias impressões inesperadas para estimulá-lo; as obras que sabemos de cor desde a infância transformam-se em hábitos e não chegam a tocar mais fortemente nossa imaginação.

A meu ver, de todas as tragédias alemãs, *Maria Stuart* é a mais patética e a mais bem concebida. O destino dessa rainha, que começara sua vida com tanta prosperidade, que perdera sua felicidade por tantos erros e que dezenove anos de prisão levaram ao cadafalso, causa tanto terror e tanta piedade quanto Édipo, Orestes ou Niobe; mas a própria beleza dessa história tão favorável ao gênio esmagaria a mediocridade.

A cena começa no castelo de Fotheringay, onde Maria Stuart está encarcerada. Dezenove anos de prisão já se passaram e o tribunal instituído por Elisabeth está prestes a pronunciar o destino da desafortunada rainha da Escócia. A ama de Maria lamenta-se ao governante da fortaleza pelo duro tratamento que ele impôs à prisioneira. O governante, vivamente afeiçoado à rainha Elisabeth, fala de Maria com uma severidade cruel: vê-se que é um homem honrado, mas que julga Maria como seus inimigos a julgaram: ele anuncia a proximidade da morte, e essa morte lhe parece justa, pois crê que Maria conspirou contra Elisabeth.

Já tive ocasião de falar, a propósito de *Wallenstein*, da grande vantagem das exposições em movimento. Já foram experimentados os prólogos, os

Da Alemanha

coros, os confidentes, todos os meios possíveis para explicar sem entediar; e, a meu ver, o melhor é entrar de pronto na ação e dar a conhecer a
personagem principal pelo efeito que ela produz naqueles que a cercam.
Trata-se de ensinar ao espectador de que ponto de vista ele deve ver o que
vai ocorrer diante dele; trata-se de ensiná-lo sem falar diretamente para ele:
pois uma única palavra que pareça pronunciada para o público, em uma peça
de teatro, destrói sua ilusão. Quando Maria Stuart surge, já há curiosidade
e comoção; ela já é conhecida, não por um retrato, mas por sua influência
sobre seus amigos e inimigos. Não se trata mais de uma narração a ser
ouvida, mas de um acontecimento que se tornou contemporâneo.

O caráter de Maria Stuart está admiravelmente bem sustentado, e não
cessa de interessar durante toda a peça. Fraca, apaixonada, orgulhosa de
sua figura e arrependida de sua vida, ela é amada e censurada. Seus remorsos e erros causam piedade. De todas as partes, percebe-se o poder de sua
admirável beleza tão renomada em seu tempo. Um homem que quer salvá
-la ousa confessar-lhe que se devota a ela apenas pelo entusiasmo de seus
encantos. Elisabeth inveja isso; enfim, o amado de Elisabeth, Leicester,
enamorou-se de Maria e prometeu-lhe em segredo seu apoio. A atração e
o ciúme que produzem a graça encantadora da desafortunada tornam sua
morte mil vezes mais tocante.

Maria ama Leicester. Essa mulher infeliz experimenta ainda o sentimento que mais de uma vez já lançou tanta amargura em seu destino. Sua
beleza, quase sobrenatural, parece a causa e a desculpa dessa embriaguez
habitual do coração, fatalidade de sua vida.

O caráter de Elisabeth atrai a atenção de uma maneira bem diferente; a
pintura de uma mulher tirana é algo totalmente novo. As mesquinharias
das mulheres em geral, a vaidade, o desejo de agradar, tudo o que lhes vem
da escravidão enfim, servem ao despotismo em Elisabeth; e a dissimulação que nasce da fraqueza é um dos instrumentos de seu poder absoluto.
Decerto todos os tiranos são dissimulados; é preciso enganar os homens
para submetê-los; ao menos nesse caso, eles merecem a polidez da mentira. Mas o que caracteriza Elisabeth é o desejo de agradar unido à vontade
mais despótica, e tudo o que há de mais tênue no amor-próprio de uma
mulher é manifestado pelos atos mais violentos da autoridade soberana.

Os cortesãos também têm para com uma rainha um gênero de baixeza que depende da galanteria. Eles querem persuadir-se de que a amam para obedecerem mais nobremente, e esconderem o temor servil de um súdito sob a servidão de um cavalheiro.

Elisabeth era uma mulher de grande gênio, o brilho de seu reinado atesta isso; todavia, em uma tragédia na qual se representa a morte de Maria, não é possível ver Elisabeth senão como a rival que manda matar sua prisioneira; e o crime que comete é muito atroz para não apagar tudo de bom que se poderia dizer de seu gênio político. Talvez tenha sido uma perfeição a mais em Schiller, a de ter tido a arte de tornar Elisabeth menos odiosa, sem diminuir o interesse por Maria Stuart; pois há um talento mais verdadeiro nos contrastes nuançados do que nas oposições extremas, e a própria figura principal ganha com o fato de que nenhuma das personagens do quadro dramático lhe seja sacrificada.

Leicester suplica a Elisabeth para ver Maria; ele lhe propõe aguardar em meio a uma caça no jardim do castelo de Fotheringay, e permitir que Maria passeie por ali. Elisabeth consente nisso, e o terceiro ato começa com a alegria tocante de Maria, ao respirar o ar livre depois de dezenove anos de prisão: todos os perigos que corre desapareceram aos seus olhos; em vão sua ama busca lembrá-los, a fim de moderar seus arroubos. Maria esqueceu tudo ao reencontrar o sol e a natureza. Ela sente a felicidade da infância pelo aspecto, novo para ela, das flores, das árvores, dos pássaros; e a inefável impressão dessas maravilhas externas, quando se ficou separado delas por longo tempo, é pintada na emoção inebriante da desafortunada prisioneira.

A lembrança da França vem encantá-la. Ela encarrega as nuvens que o vento do Norte parece impelir para essa feliz pátria de sua escolha; ela as encarrega de levar a seus amigos suas saudades e seus desejos. "Ide", ela lhes diz, "meus únicos mensageiros, o ar livre vos pertence; não sois súditos de Elisabeth." Ela percebe ao longe um pescador que conduz um frágil barco e já se ilude de que ele poderá salvá-la: tudo lhe traz esperança ao ter visto novamente o céu.

Sem saber ainda que sua saída foi permitida para que Elisabeth pudesse encontrá-la, ela ouve a música da caça, e os prazeres de sua juventude refazem-se em sua imaginação ao escutá-la. Ela gostaria de montar em um cavalo fogoso, percorrer com a rapidez do clarão os vales e as montanhas; seu sentimento de felicidade é despertado, sem razão alguma, sem motivo algum, apenas porque é preciso que o coração respire, e que ele, algumas vezes, se reanime repentinamente com a aproximação das maiores desventuras, tal como há quase sempre um momento de melhora antes da agonia.

Maria é advertida de que Elisabeth irá chegar. Ela havia desejado esse encontro; mas quando o instante se aproxima, todo o seu ser estremece. Leicester está com Elisabeth; assim, todas as paixões de Maria são estimuladas ao mesmo tempo: ela se contém por algum tempo, mas a arrogante Elisabeth provoca-a com seu desdém; e essas duas rainhas inimigas terminam ambas por se entregar ao ódio mútuo que sentem. Elisabeth reprova Maria por suas faltas; Maria lembra-lhe as suspeitas de Henrique VIII contra sua mãe, e aquilo que se disse de seu nascimento ilegítimo: essa cena é singularmente bela, justamente porque o furor faz que as duas rainhas ultrapassem os limites de sua dignidade natural. Não passam de duas mulheres, duas rivais bem mais em razão da beleza do que do poder; não há mais soberana, não há mais prisioneira; e ainda que uma possa enviar a outra ao cadafalso, a mais bela das duas, a que se sente mais feita para agradar, goza ainda do prazer de humilhar a todo-poderosa Elisabeth aos olhos de Leicester, aos olhos do amado tão caro a todas as duas.

Acresce singularmente ao efeito dessa situação o temor que sentimos por Maria, a cada palavra de ressentimento que lhe escapa; e quando ela se entrega a todo o seu furor, suas palavras injuriosas, cujas consequências serão irreparáveis, fazem estremecer, como se já testemunhássemos sua morte.

Os emissários do partido católico querem assassinar Elisabeth em seu retorno a Londres. Talbot, o mais virtuoso dos amigos da rainha, desarma o assassino que queria golpeá-la e o povo pede aos brados a morte de Maria. Trata-se de uma cena admirável quando o chanceler Burleigh insiste para que Elisabeth assine a sentença de Maria, ao passo que Talbot, que acaba de salvar a vida de sua soberana, lança-se a seus pés para implorar que perdoe sua inimiga.

"Alguns vos repetem", ele lhe diz,

que o povo pede a morte dela, esses acreditam vos agradar com essa violência fingida; acreditam vos determinar àquilo que desejaríeis; mas pronunciai que quereis salvá-la, e em um instante vereis desvanecer a pretensa necessidade de que ela morra: aquilo que se achava justo passará por injusto, e os mesmos homens que a acusam tomarão amplamente sua defesa. Vós a temeis viva: Ah! Deveis temê-la sobretudo quando ela não mais existir. Aí então ela será realmente temível; ela renascerá do túmulo, como a deusa da discórdia, como o espírito da vingança, para desviar de vós o coração de vossos súditos. Eles não irão mais considerá-la como inimiga de sua crença, mas como a neta de seus reis. O povo clama com furor pela resolução sangrenta; mas somente irá julgá-la depois do acontecido. Atravessai então as ruas de Londres e vereis reinar o silêncio do terror; vereis outro povo, outra Inglaterra: não existirão mais os arroubos de alegria que celebravam a santa equidade que cercava vosso trono; mas o temor, essa sombria companheira da tirania, não mais vos deixará; as ruas estarão desertas à vossa passagem; vós tereis feito o que há de pior, de mais temível. Que homem estará seguro da própria vida, quando a cabeça coroada de Maria não tiver sido respeitada!

A resposta de Elisabeth a esse discurso é de uma habilidade bastante notável; um homem, em uma situação parecida, certamente teria empregado a mentira para atenuar a injustiça, mas Elisabeth faz mais, quer atrair o interesse para si mesma ao entregar-se à vingança; ela praticamente gostaria de obter a piedade cometendo a ação mais cruel. Sua coqueteria é sanguinária, se se pode dizer assim, e seu caráter de mulher mostra-se através daquele de tirano.

"Ah! Talbot", exclama Elisabeth,

vós me salvastes hoje, desviando de mim o punhal! Por que não o deixastes chegar ao meu coração? O combate estaria terminado; e livre de todas as minhas dúvidas, purificada de todos os meus erros, deitaria em meu tranquilo túmulo: acreditai-me, estou cansada do trono e da vida; se uma das duas rainhas deve cair para que a outra viva (e assim o é, estou convencida), por que não seria eu a renunciar à existência? Meu povo pode escolher; devolvo-lhe o poder; Deus é testemunha de que não foi por mim, mas apenas pelo bem da nação que vivi.

Da Alemanha

Esperam-se dessa sedutora Stuart, dessa rainha mais jovem, dias mais felizes? Então abdico do trono e retorno à solidão de Woodstock, onde passei minha humilde juventude, onde, longe das vaidades deste mundo, encontrava minha grandeza em mim mesma. Não, não fui feita para ser soberana. Um senhor deve ser duro, e meu coração é fraco. Governei bem esta ilha, tratando apenas de promover a felicidade: mas eis a tarefa cruel imposta pelo dever régio, e sinto-me incapaz de realizá-la.

Neste ponto, Burleigh interrompe Elisabeth reprovando-a por tudo o que deseja ser censurada, sua fraqueza, sua indulgência, sua piedade: ele parece corajoso, pois pede energicamente à sua soberana o que ela deseja em segredo mais do que ele mesmo. A adulação brusca consegue em geral mais do que a adulação obsequiosa, e bem fazem os cortesãos, quando podem, de parecerem estar arrebatados no momento em que mais refletem no que dizem.

Elisabeth assina a sentença, e a sós com o secretário de suas ordens, a timidez da mulher, misturada à perseverança do despotismo, lhe faz desejar que esse homem subalterno tome sobre si a responsabilidade da ação que ela cometeu: ele quer a ordem positiva para enviar essa sentença; ela o recusa, e diz-lhe que ele deve fazer seu dever, deixando esse infeliz em uma assustadora incerteza, da qual é tirado pelo chanceler Burleigh, que lhe arranca o papel que Elisabeth deixou em suas mãos.

Leicester está muito comprometido com os amigos da rainha da Escócia, que acabam de pedir-lhe que os ajude a salvá-la. Ele descobre que foi acusado junto a Elisabeth, e toma imediatamente o temerário partido de abandonar Maria e de revelar à rainha da Inglaterra, com ousadia e astúcia, uma parte dos segredos que deve à confiança de sua infeliz amiga. Apesar de todos esses parcos sacrifícios, Elisabeth não se sente segura e exige que ele mesmo conduza Maria ao cadafalso, para provar que não a ama. O ciúme de mulher, ao manifestar-se pelo suplício que Elisabeth ordena como monarca, deve inspirar a Leicester um profundo ódio por ela: a rainha o faz estremecer, quando pelas leis da natureza ele é que devia ser seu senhor; e esse contraste singular produz uma situação muito original. Mas nada se iguala ao quinto ato. Foi em Weimar que assisti à representação de *Maria*

Stuart, e ainda sou tomada de um profundo enternecimento ao pensar no efeito das últimas cenas.

Vê-se a princípio o aparecimento das serviçais de Maria vestidas de negro, e em uma dor profunda. Sua velha ama, a mais aflita de todas, traz-lhe os diamantes da realeza por sua ordem, a fim de que pudesse distribuí-los às suas serviçais. O governante da prisão, seguido de vários de seus servidores, vestidos de negro como ele, cumulam o palco de luto. Melvil, outrora gentil-homem da corte de Maria, chega de Roma nesse instante. Ana, a ama da rainha, recebe-o com alegria; ela lhe pinta a coragem de Maria, que, repentinamente resignada ao seu destino, preocupa-se apenas com sua salvação, e aflige-se somente por não conseguir um padre de sua religião para receber dele a absolvição de suas faltas e a santa comunhão.

A ama narra como, durante a noite, a rainha e ela tinham ouvido redobrados golpes, e que todas as duas esperavam que fossem seus amigos chegando para libertá-las. Mas que enfim haviam sabido que o barulho era feito por trabalhadores que erguiam o cadafalso na sala abaixo. Melvil pergunta como Maria suportou essa terrível notícia: Ana diz-lhe que sua prova mais dura foi saber da traição do conde Leicester, mas que depois dessa dor retomou a calma e a dignidade de uma rainha.

As damas de Maria entram e saem para executar as ordens de sua senhora; uma delas traz uma taça de vinho que Maria pediu para poder caminhar com um passo mais firme ao cadafalso. Uma outra chega vacilante em cena, pois, pela porta da sala onde a execução deve ter lugar, ela viu as paredes forradas de negro, o cadafalso, o bloco e a adaga. O temor sempre crescente do espectador já está quase em seu auge, quando Maria aparece em toda a magnificência de uma ornamentação real, vestida somente de branco em meio a seu séquito em luto, um crucifixo à mão, a coroa na cabeça, e já radiante do perdão celeste que seus infortúnios lhe valeram.

Maria consola suas damas cujos soluços a comovem vivamente. "Por que", ela lhes diz, "vos afligis por meu calabouço estar aberto? A morte, esta severa amiga, vem até mim e cobre com suas negras asas os erros de minha vida: a última sentença do destino reanima a criatura abatida; sinto novamente o diadema sobre minha fronte. Um justo orgulho reentrou em minha alma purificada."

Maria percebe Melvil e rejubila-se ao vê-lo nesse momento solene; ela o interroga sobre seus parentes de França, sobre seus antigos servidores, e encarrega-o de suas últimas despedidas a tudo o que lhe foi caro.

"Eu abençoo", ela lhe diz,

o rei muito cristão meu cunhado e toda a família real de França; abençoo meu tio o cardeal, e Henrique de Guise, meu nobre primo; abençoo também o Santo Padre, para que ele me abençoe por sua vez, o rei católico que se ofereceu generosamente para ser meu salvador e vingador. Todos eles encontrarão seus nomes em meu testamento; e por menor valor que sejam os presentes de meu amor, certamente não desejarão desdenhá-los.

Maria dirige-se então aos seus servidores, e lhes diz:

Eu vos recomendei ao meu régio irmão de França; ele cuidará de vós, e vos dará uma nova pátria. Se meu último pedido vos for sagrado, não permaneceis na Inglaterra. Que o coração orgulhoso dos ingleses não se banqueteie com o espetáculo de vossa infelicidade: que aqueles que me serviram não fiquem relegados ao pó. Jurai-me, pela imagem do Cristo, que, quando eu não mais existir, deixareis para sempre essa ilha funesta.

(Melvil jura em nome de todos.)

A rainha distribui seus diamantes entre suas criadas, e nada é mais tocante que os detalhes nos quais ela entra sobre o caráter de cada uma delas, e os conselhos que lhes dá sobre sua futura sorte. Ela se mostra generosa sobretudo em relação àquela cujo marido foi um traidor, ao acusar formalmente a própria Maria junto a Elisabeth: ela quer consolar a mulher dessa infelicidade e provar-lhe que não conserva nenhum ressentimento.

"Tu", diz à sua ama,

tu, minha fiel Ana, o ouro e os diamantes não te atraem; minha lembrança é o presente mais precioso que posso deixar-te. Toma esse lenço que bordei para ti nas horas de minha tristeza e que minhas lágrimas inundaram; tu te servirás dele para vendar-me os olhos quando for o momento, espero esse último serviço de ti. Vinde todas, vinde todas e recebei meu último adeus: recebei-o, Margarida, Alice, Rosamunda, e tu Gertrudes, sinto sobre minha mão teus lábios ardorosos. Fui muito odiada, mas também muito amada! Que um esposo de uma nobre alma torne feliz minha Gertrudes, pois um coração tão sensível tem necessidade de amor! Berta, tu escolheste o melhor partido, queres ser a casta esposa do céu, apressa-te a cumprir teu voto. Os bens da Terra são enganadores, como mostra o destino de tua rainha. Basta. Adeus para sempre, adeus.

Maria fica a sós com Melvil, e então começa uma cena de grande efeito, embora possa ser censurada sob vários aspectos. A única dor que resta em Maria, depois de ter provido a todos os cuidados terrenos, é a de não poder ter um padre de sua religião para assisti-la em seus últimos momentos. Melvil, depois de ter recebido a confidência de seus piedosos pesares, comunica-lhe que esteve em Roma e que tomou as ordens eclesiásticas para adquirir o direito de absolvê-la e consolá-la: ele descobre a cabeça para mostrar-lhe a tonsura sagrada e tira do peito uma hóstia abençoada para ela pelo próprio papa.

"Uma felicidade celeste", exclama a rainha,

ainda me foi preparada às portas da morte! O mensageiro de Deus desce até mim, como um imortal sobre nuvens azuis: assim outrora o apóstolo fora libertado de suas amarras. Enquanto todos os apoios terrenos me enganaram, nem as trancas nem as espadas impediram o socorro divino. Vós, outrora meu servidor, sois agora o servidor de Deus e seu santo intérprete; e assim como vossos joelhos curvaram-se diante de mim, eu me prosterno agora aos vossos pés na poeira.

A bela, a régia Maria lança-se aos joelhos de Melvil, e seu súdito revestido de toda a dignidade da Igreja consente nisso e a interroga.

(Não se deve esquecer que o próprio Melvil acreditava na culpa de Maria pelo último complô que havia tido lugar contra a vida de Elisabeth; devo dizer também que a cena seguinte foi feita somente para ser lida, e que, na maioria dos teatros da Alemanha, o ato da comunhão é suprimido, quando a tragédia de Maria Stuart é representada.)

Da Alemanha

MELVIL: Em nome do Pai, do Filho e do Espírito Santo; Maria, rainha, tu sondaste teu coração e juras confessar a verdade diante do Deus da verdade?

MARIA: Meu coração vai abrir-se sem mistério diante de ti, assim como diante dele.

MELVIL: Dize-me, de qual pecado tua consciência te acusa, depois que te aproximaste pela última vez do santo altar?

MARIA: Minha alma esteve tomada por um ódio invejoso, e pensamentos de vingança me agitavam o peito. Pecadora, eu implorava o perdão de Deus, e não conseguia perdoar minha inimiga.

MELVIL: Tu te arrependes dessa falta, e é tua resolução sincera perdoar a todos, antes de deixar este mundo?

MARIA: Tão verdadeiramente quanto espero a misericórdia de Deus.

MELVIL: Não há outro erro de que te deves reprovar?

MARIA: Ah! Não foi apenas o ódio que me tornou culpada; ofendi ainda mais ao Deus de bondade por um amor criminoso: este coração demasiado vão se deixou seduzir por um homem sem fé, que me enganou e me abandonou.

MELVIL: Tu te arrependes desse erro, e teu coração deixou esse frágil ídolo para se voltar a seu Deus?

MARIA: Esse fora o mais cruel de meus combates, mas enfim rompi esse último laço terreno.

MELVIL: De que outra falta te sentes culpada?

MARIA: Ah! De uma falta sangrenta, há muito confessada. Minha alma estremece com a aproximação do julgamento solene que me espera, e as portas do céu parecem cobrir-se de luto ao meu olhar. Provoquei a morte do rei meu esposo, quando consenti em dar meu coração e minha mão ao sedutor seu assassino. Eu me impus todas as expiações ordenadas pela Igreja; mas o verme atormentador do remorso não me deixa descansar.

MELVIL: Nada mais resta ao fundo da alma, que tu devas confessar?

MARIA: Não, tu sabes agora tudo o que pesa sobre meu coração.

MELVIL: Imagina-te na presença do escrutador dos pensamentos, do anátema a que a Igreja ameaça uma confissão enganosa: trata-se de um pecado que provoca a morte eterna e que o Espírito Santo tocou com sua maldição.

MARIA: Possa eu obter em meu último combate a clemência divina; por mais difícil que se possa crer, a verdade é que neste instante solene nada ocultei de ti!

MELVIL: Como! Escondes de teu Deus o crime pelo qual os homens te condenam: tu não me falas da parte que tiveste na alta traição dos assassinos de Elisabeth; tu sofres a morte terrena por essa ação; podes ver portanto que ela arrasta também a perdição de tua alma?

MARIA: Estou prestes a passar do tempo para a eternidade: antes que o ponteiro do relógio cumpra sua volta, estarei diante do trono de meu juiz; e repito aqui, minha confissão está completa.

MELVIL: Examina-te bem. Com frequência nosso coração é para nós mesmos um confidente enganoso: talvez tenhas evitado com habilidade a palavra que te tornava culpada, embora partilhasses a vontade do crime; mas saibas que nenhuma arte humana pode iludir o olhar abrasador que observa no fundo da alma.

MARIA: Roguei a todos os príncipes que se reunissem e me libertassem de minhas amarras, mas jamais ameacei nem por meus projetos, nem por minhas ações, a vida de minha inimiga.

MELVIL: Como! Teu secretário te acusou falsamente?

MARIA: Que Deus o julgue! O que digo é verdadeiro.

MELVIL: Então sobes ao cadafalso convencida de tua inocência?

MARIA: Deus me concede expiar por essa morte não merecida o crime de que minha juventude foi culpada!

MELVIL (*abençoando-a*): Que assim seja, e que tua morte sirva para te absolver! Prosterna-te diante do altar como uma vítima resignada. O sangue pode purificar o que o sangue havia maculado: não és mais culpada agora senão das faltas de uma mulher, e as fraquezas da humanidade não seguem a alma bem-aventurada ao céu. Anuncio-te, portanto, em virtude do poder que me foi concedido de unir e desunir na Terra, a absolvição de teus pecados, *assim como tu crês que te ocorre!* (*Ele lhe apresenta a hóstia.*) Toma este corpo, ele foi sacrificado por ti. (*Ele segura a taça que está sobre a mesa, consagra-a com uma pequena prece e a oferece à rainha, que parece hesitar ainda e não ousar aceitá-la.*) Toma a taça repleta do sangue que por ti foi derramado. Toma-a, o papa te concede essa graça no momento de tua morte. Trata-se do direito supremo dos reis que tu gozas (*Maria recebe a taça*); e tal como estás agora misteriosamente unida a teu Deus nesta Terra, assim envolta por um brilho angelical, tu o estarás na morada de beatitude, onde não haverá mais nem falta nem dor. (*Ele retoma a taça, ouve ruídos do lado de fora, cobre a cabeça e vai para a porta; Maria permanece de joelhos imersa em meditação.*)

Da Alemanha

MELVIL: Ainda vos resta uma rude prova a suportar, senhora: vós sentis bastante força para triunfar sobre todos os movimentos de amargura e ódio?

MARIA (*ergue-se*): Não temo nenhuma recaída. Sacrifiquei a Deus meu ódio e meu amor.

MELVIL: Preparai-vos então para receber lorde Leicester e o chanceler Burleigh: eles estão aqui. (*Leicester permanece a distância, sem erguer os olhos; Burleigh se adianta entre a rainha e ele.*)

BURLEIGH: Venho, lady Stuart, para receber vossas últimas ordens.

MARIA: Eu vos agradeço por isso, Mylord.

BURLEIGH: É a vontade da rainha, que nenhum pedido razoável vos seja recusado.

MARIA: Meu testamento indica meus últimos desejos; eu o depositei nas mãos do cavaleiro Paulet, espero que seja fielmente executado.

PAULET: Ele o será.

MARIA: Uma vez que meu corpo não pode repousar na Terra Santa, peço que seja concedido a esse fiel criado levar meu coração para a França, junto aos meus. Ai de mim! Ele sempre esteve lá.

BURLEIGH: Isso será feito. Não quereis mais nada?

MARIA: Levai minha saudação de irmã à rainha da Inglaterra; dizei a ela que a perdoo do fundo de minha alma por minha morte. Arrependo-me por ter sido muito vivaz ontem em minha conversa com ela. Que Deus a conserve e lhe conceda um reino feliz! (*Neste momento o xerife chega; Ana e as serviçais de Maria entram com ele.*) Ana, acalma-te, o momento chegou, eis o xerife que me deve conduzir à morte. Tudo está decidido. Adeus, adeus. (*A Burleigh*) Desejo que minha fiel ama me acompanhe ao cadafalso, milorde; conceda-me esse benefício.

BURLEIGH: Não tenho poder para isso.

MARIA: Como! Seria possível recusar-me esse pedido tão simples! Quem então irá prestar-me os últimos serviços? Ferir em minha pessoa o respeito devido a uma mulher não pode ser a vontade de minha irmã.

BURLEIGH: Nenhuma ama deve subir convosco ao cadafalso; seus gritos, sua dor...

MARIA: Ela não dará a ouvir seus lamentos, estou segura da força da alma de minha Ana. Sede bom, milorde, não me separeis, ao morrer, de minha fiel ama. Ela me recebeu em seus braços no início da vida; que sua terna mão me conduza à morte!

PAULET: Isso deve ser consentido.

BURLEIGH: Que seja.

MARIA: Não me resta mais nada para vos pedir. (*Ela segura o crucifixo e o beija.*) Meu Redentor, meu Salvador, que teus braços me recebam! (*Ela se volta para sair, e, nesse instante, encontra o conde de Leicester. Ela estremece, seus joelhos fraquejam; e prestes a cair, o conde de Leicester a ampara, desviando em seguida o rosto, sem poder sustentar seu olhar.*) Vós mantivestes a palavra, conde de Leicester, vós me havíeis prometido vosso apoio para sair desse calabouço, e o oferece para mim agora! (*O conde de Leicester parece aniquilado. Ela continua com uma entonação repleta de doçura.*) Sim, Leicester; e não é apenas a liberdade que gostaria de vos dever, mas uma liberdade que me fosse mais cara vinda de vós; agora que estou no caminho da Terra ao céu e que vou tornar-me um espírito bem-aventurado, liberto dos afetos terrenos, ouso confessar-vos, sem enrubescer, a fraqueza sobre a qual triunfei. Adeus, e se puder, vivei feliz. Quisestes agradar a duas rainhas e traístes o coração cheio de amor para conseguir o coração orgulhoso. Prosternai-vos aos pés de Elisabeth, e possa vossa recompensa não se tornar vossa punição! Adeus, não tenho mais laços com a Terra.

Leicester fica sozinho depois da partida de Maria; o sentimento de desespero e vergonha que o abate dificilmente pode ser exprimido; ele ouve, escuta o que se passa na sala da execução, e quando ela se realiza ele cai sem sentidos. Sabe-se em seguida que partiu para a França, e a dor sentida por Elisabeth, ao perder seu amado, inicia a punição de seu crime.

Farei algumas observações sobre essa imperfeita exposição de uma peça, na qual o encanto dos versos acrescenta muito a todos os outros gêneros de mérito. Não sei se na França seria permitido fazer um ato inteiro sobre uma situação decidida; mas esse descanso da dor, que nasce da própria privação da esperança, produz as mais verdadeiras e profundas emoções. Esse descanso solene permite ao espectador, assim como à vítima, entrar em si mesmo e sentir todas as revelações da infelicidade.

A cena da confissão, e sobretudo a da comunhão, seria, com razão, totalmente condenável; mas certamente não seria pela falta de efeito que poderia ser censurada: o patético baseado na religião nacional toca tão intimamente o coração que nada poderia ser mais comovente. O país mais católico, a Espanha, e seu poeta mais religioso, Caldéron, que chegou a entrar no Estado eclesiástico, admitiram no teatro os temas e as cerimônias do cristianismo.

Parece-me que, sem faltar com o devido respeito para com a religião cristã, seria permitido colocá-la na poesia e nas belas-artes, em tudo que eleva a alma e embeleza a vida. Excluí-la disso é imitar as crianças que acreditam não poder fazer nada que não seja sério e triste na casa do próprio pai. Há religião em tudo o que nos causa uma emoção desinteressada: a poesia, o amor, a natureza e a divindade reúnem-se em nosso coração, por mais esforços que se façam para separá-los; e se for proibido ao gênio fazer ressoar todas essas cordas ao mesmo tempo, a harmonia completa da alma jamais se fará sentir.

Essa rainha Maria, que a França viu tão resplandecente, e a Inglaterra tão infeliz, foi objeto de mil poesias diversas, que celebram seus encantos e seu infortúnio. A história pintou-a como bastante leviana; Schiller deu mais seriedade ao seu caráter, e o momento no qual a representa motiva bem essa mudança. Vinte anos de prisão, e mesmo vinte anos de vida, de qualquer maneira que tenham transcorrido, são quase sempre uma severa lição.

As despedidas de Maria ao conde de Leicester me parecem uma das mais belas situações existentes no teatro. Há certa indulgência por Maria nesse instante. Ela tem piedade de Leicester, por mais culpado que este seja: ela percebe a lembrança que lhe deixa, e essa vingança do coração é permitida. Enfim, no momento de morrer, e de morrer porque ele não quis salvá-la, ela lhe diz ainda que o ama; e se algo nos pode consolar da separação terrível a que somos condenados pela morte, é a solenidade que ela confere às nossas últimas palavras: nenhuma finalidade, nenhuma esperança mistura-se a elas, e a verdade mais pura escapa de nosso peito com a vida.

Capítulo XIX
Joana d'Arc *e* A noiva de Messina[1]

Schiller, em uma peça em versos repleta de encantos, reprova os franceses por não terem mostrado reconhecimento por Joana d'Arc. Uma das mais belas épocas da história, quando a França e seu rei Carlos VII foram libertados do jugo estrangeiro, ainda não foi celebrada por um escritor digno de apagar a lembrança do poema de Voltaire; e coube a um estrangeiro a tarefa de restabelecer a glória de uma heroína francesa, de uma heroína cujo destino infeliz bastaria para cativar, ainda que suas façanhas não provocassem um justo entusiasmo. Shakespeare devia ter julgado Joana d'Arc com parcialidade, pois era inglês, e, não obstante, ele a representa, em sua peça histórica *Henrique VI*,[2] como uma mulher inspirada a princípio pelo céu e corrompida em seguida pelo demônio da ambição. Assim, os franceses são os únicos responsáveis pela desonra de sua memória: é um grande erro de nossa nação não resistir à zombaria quando ela lhe é apresentada sob formas mordazes. Entretanto, há tanto lugar neste mundo seja para a seriedade seja para a jocosidade, que se poderia fazer uma lei para que não se confundisse o que é digno de respeito, sem se privar por isso da liberdade do gracejo.

---

1 *A noiva de Messina ou os irmãos inimigos*, tragédia em quatro atos e com coro, estreada em 1803, em Weimar. (N. T.)

2 *Henrique VI*, 1590. (N. T.)

Uma vez que o tema de *Joana d'Arc*[3] é ao mesmo tempo histórico e maravilhoso, Schiller entremeou em sua peça trechos líricos, e essa mistura produz um belíssimo efeito, até mesmo à representação. Em francês, temos praticamente apenas o monólogo de *Polieucto*, ou os coros de *Athalie* e *Esther*,[4] que nos possam dar essa mesma ideia. A poesia dramática é inseparável da situação que deve pintar; é a narrativa ao modo de ação, é o confronto do homem com o destino. A poesia lírica convém quase sempre aos assuntos religiosos; ela eleva a alma ao céu e exprime não sei qual resignação sublime que com frequência nos invade em meio às mais agitadas paixões, e nos livra de nossas inquietações pessoais para nos fazer apreciar por um instante a paz divina.

Decerto é preciso evitar que a marcha progressiva do interesse venha a ser prejudicada com isso; mas o fim da arte dramática não é unicamente o de nos mostrar se o herói foi morto ou se ele se casa: o principal fim dos acontecimentos representados é o de servir ao desenvolvimento dos sentimentos e do caráter. O poeta portanto tem razão em suspender algumas vezes a ação teatral, para dar a ouvir a música celeste da alma. É possível conseguir um refúgio tanto na arte quanto na vida, e pairar um momento acima de tudo aquilo que se passa em nós mesmos e ao nosso redor.

A época histórica na qual Joana d'Arc viveu é particularmente apropriada para realçar o caráter francês em toda a sua beleza, quando uma fé inalterável, um respeito sem limites pelas mulheres, uma generosidade quase imprudente à guerra, assinalavam essa nação na Europa.

É preciso que se imagine uma moça de 16 anos, de porte majestoso, mas com traços ainda infantis, uma aparência delicada, e não tendo outra força senão a que lhe vem do alto: inspirada pela religião, poeta nas ações, poeta também nas palavras, quando o espírito divino a anima; mostrando nos discursos ora um gênio admirável, ora a ignorância absoluta de tudo o que o céu não lhe revelou. Foi assim que Schiller concebeu o papel de Joana d'Arc. Ele a fez viver inicialmente em Vaucouleurs, na habitação rústica de seu pai, ouvindo falar dos reveses da França e inflamando-se com essa

---

3 *Die Jungfrau von Orléans* [A virgem de Orleans], 1801. (N. T.)
4 *Polieucto* (1642), de Corneille; *Athalie* (1691) e *Esther* (1689), de Racine. (N. T.)

narração. Seu velho pai censura-lhe a tristeza, o devaneio, o entusiasmo. Por não penetrar no segredo do extraordinário, ele crê que há mal em tudo aquilo que não está acostumado a ver. Um camponês traz um elmo que uma mulher da Boêmia lhe enviara de um modo totalmente misterioso. Joana d'Arc pega-o e coloca-o na cabeça, e sua própria família surpreende-se com a expressão de seu olhar.

Ela profetiza o triunfo da França e a derrocada dos inimigos. Um camponês, homem de opinião, diz-lhe que não há mais milagre neste mundo. "Haverá ainda um", ela exclama,

> uma pomba branca irá aparecer, e com a ousadia de uma águia combaterá os abutres que dilaceram a pátria. O orgulhoso duque de Borgonha, esse traidor da França, esse Talbot[5] de cem braços, flagelo do céu, esse Salisbury[6] blasfemador, será derrubado: todas as hordas insulares serão dispersadas como um rebanho de ovelhas. O Senhor, o deus dos combates, estará sempre com a pomba. Ele irá dignar-se a escolher uma criatura trêmula e triunfará por meio de uma moça franzina, pois é o Todo-Poderoso.

As irmãs de Joana d'Arc afastam-se e seu pai ordena-lhe que cuide de seus trabalhos no campo, e que permaneça alheia a todos esses grandes acontecimentos aos quais os pobres pastores não se devem misturar. Ele sai, Joana d'Arc fica só; e, prestes a deixar para sempre a morada de sua infância, é tomada por um sentimento de pesar.

"Adeus", ela diz,

> paisagens que me fostes tão queridas; vós, montanhas; vós, tranquilos e fiéis vales, adeus! Joana d'Arc nunca mais voltará a percorrer vossas aprazíveis pradarias. Vós, flores que plantei, prosperai distantes de mim. Eu vos deixo, gruta sombria, fontes refrescantes. Eco, tu, voz pura do vale, que respondia a meus cantos, jamais esses lugares irão rever-me. Ó abrigo de todas as minhas

---

5 Lorde Talbot (1388-1453), famoso guerreiro da época capturado por Joana d'Arc em 1429. (N. T.)

6 Earl de Salisbury (1388-1428), guerreiro que perdeu a vida chefiando o cerco de Orleans. (N. T.)

alegrias inocentes, deixo-vos para sempre: que meus cordeiros dispersem-se nas urzes, um outro rebanho me reclama, o espírito santo me conclama para a sangrenta carreira do perigo.

Não é um desejo vão ou terreno que me atrai, é a voz daquele que se mostrou a Moisés na sarça ardente do Monte Horeb e ordenou-lhe que resistisse ao faraó. Foi ele que, sempre favorável aos pastores, chamara o jovem Davi para combater o gigante. Ele também me disse: "Parte e presta testemunho em meu nome sobre a Terra. Teus membros devem estar envoltos no rude bronze. O ferro deve cobrir teu delicado colo. Nenhum homem deve fazer que teu coração prove as chamas do amor. A grinalda nupcial nunca ornará teus cabelos. Nenhuma adorável criança descansará em teu colo; mas dentre todas as mulheres da Terra, apenas tu receberás como dote os louros dos combates. Quando os mais corajosos cansarem, quando a hora fatal da França parecer próxima, caberá a ti carregar minha auriflama: e tu abaterás os orgulhosos conquistadores como espigas no dia da colheita. Tuas façanhas mudarão a roda da fortuna, irás trazer a salvação aos heróis da França e em Reims libertada colocarás a coroa sobre a cabeça de teu rei".

Assim o céu me deu a entender. Ele me enviou esse elmo como sinal de sua vontade. A têmpera milagrosa desse ferro me comunica sua força, e o ardor dos anjos guerreiros me inflama; vou lançar-me no turbilhão dos combates, ele me arrasta com a impetuosidade da tempestade. Ouço a voz dos heróis que me conclama; o cavalo belicoso golpeia o chão, e a trombeta ressoa.

Essa primeira cena é um prólogo, mas é inseparável da peça; era preciso colocar em ação o instante no qual Joana d'Arc toma sua resolução solene; contentar-se em fazer disso uma narração seria retirar o movimento e o impulso que levam o espectador à disposição exigida pelas maravilhas nas quais ele deve crer.

A peça de Joana d'Arc segue de acordo com a história, até a coroação em Reims. O caráter de Agnès Sorel[7] é pintado com elevação e delicadeza, ele realça a pureza de Joana d'Arc; pois todas as qualidades deste mundo desaparecem ao lado das virtudes realmente religiosas. Há um terceiro caráter

---

7 Cf. n.8, capítulo VI da primeira parte. (N. T.)

de mulher cuja inteira supressão seria benéfica, é o de Isabel da Baviera; ele é grosseiro, e o contraste é muito forte para causar efeito. Deve-se opor Joana d'Arc a Agnès Sorel, o amor divino ao terreno, mas o ódio e a perversidade, em uma mulher, estão abaixo da arte; esta se degrada ao pintá-los.

Shakespeare deu a ideia da cena na qual Joana d'Arc traz à lembrança do duque de Borgonha a fidelidade que ele deve a seu rei; mas Schiller executou-a de um modo admirável. A virgem de Orleans quer despertar na alma do duque a afeição pela França, que era tão poderosa em todos os generosos habitantes dessa bela região.

"O que pretendes?", ela lhe diz,

qual é então o inimigo que teu olhar mortífero busca? O príncipe que desejas atacar é tal como tu da raça régia; tu foste seu companheiro de armas. O país dele é o teu; eu mesma não sou uma filha de tua pátria? Nós todos, aos quais desejas aniquilar, não somos teus amigos? Nossos braços estão prontos a abrir-se para receber-te, nossos joelhos a dobrar-se humildemente diante de ti. Nossa espada não aponta contra teu coração; teu aspecto nos intimida, e sob um elmo inimigo respeitamos ainda em teus traços a semelhança com nossos reis.

O duque de Borgonha repudia as súplicas de Joana d'Arc, de quem teme uma sedução sobrenatural.

"Não", ela lhe diz,

não é a necessidade que me faz curvar a teus pés; não venho como uma suplicante. Olha ao teu redor. O acampamento dos ingleses está em cinzas e vossos mortos cobrem o campo de batalha; tu ouves de todas as partes as trombetas guerreiras dos franceses; Deus decidiu; a vitória nos pertence. Queremos partilhar com nosso amigo os louros que conquistamos. Oh! Vem conosco, nobre trânsfuga; vem, conosco encontrarás a justiça e a vitória: eu, a enviada de Deus, estendo-te minha mão de irmã. Com tua salvação, quero atrair-te para nosso lado. O céu está com a França. Anjos que tu não vês combatem por nosso rei. Eles estão todos ornados de lírio. O estandarte de nossa nobre causa é tão branco quanto o lírio, e a Virgem pura é seu casto símbolo.

DUQUE DE BORGONHA: As palavras enganadoras da mentira são repletas de artifícios. Mas a linguagem dessa mulher é simples como a de uma criança, e se o gênio mau a inspira, ele sabe sussurrar-lhe palavras da inocência: não, não quero mais ouvi-la. Às armas! Irei defender-me melhor combatendo-a do que a escutando.

JOANA: Tu me acusas de magia: tu crês ver em mim os artifícios do inferno! Estabelecer a paz, reconciliar os ódios, então isso é obra do inferno? A concórdia viria da morada dos danados? Há algo mais inocente, sagrado, humanamente bom do que se devotar à própria pátria? Desde quando a natureza é tão forte no combate consigo mesma, para que o céu abandone a boa causa e o demônio a defenda? Se aquilo que te digo é verdade, de que fonte o extraí? Quem fora a companhia de minha vida pastoril, quem pois instruíra a simples filha de um pastor nas coisas nobres? Jamais me apresentei diante dos soberanos, a arte da palavra me é estranha, mas no presente, como preciso comover-te, uma profunda sagacidade me ilumina; elevo-me aos pensamentos mais altos; o destino dos impérios e dos reis aparece luminoso ao meu olhar; e, recém-saída da infância, posso dirigir o raio celeste contra teu coração.

Perturbado, o duque de Borgonha comoveu-se diante dessas palavras. Joana d'Arc, ao perceber isso, exclama: "Ele chorou, foi vencido; está conosco". Os franceses depõem as espadas e os estandartes. Carlos VII aparece e o duque de Borgonha lança-se aos pés dele.

Lamento por nós que não tenha sido um francês a ter concebido essa cena; mas que gênio e sobretudo que natureza não é preciso para identificar-se assim com tudo o que há de belo e verdadeiro em todos os países e em todos os séculos!

Talbot, representado por Schiller como um guerreiro ateu, intrépido contra o próprio céu, a desprezar a morte, mesmo que a considere horrível, Talbot, ferido por Joana d'Arc, morre no palco blasfemando. Talvez tivesse sido mais válido ter seguido a tradição segundo a qual Joana d'Arc jamais havia derramado sangue humano e triunfava sem matar. Um crítico, de um gosto puro e severo, também reprovou Schiller por ter mostrado uma Joana d'Arc sensível ao amor, em lugar de fazê-la morrer mártir, sem que qualquer sentimento alguma vez a tivesse desviado de sua missão divina:

assim ela deveria ter sido pintada em um poema; mas não sei se uma alma inteiramente santa não produziria em uma peça de teatro o mesmo efeito que os seres maravilhosos ou alegóricos, dos quais se prevê antecipadamente todas as ações, e que, não sendo agitados pelas paixões humanas, não nos apresentam o combate nem o interesse dramático.

Dentre todos os nobres cavaleiros da corte de França, o bravo Dunois antecipa-se a todos ao pedir Joana d'Arc em casamento, e, fiel a seus votos, ela o recusa. Um jovem Montgomery, em meio a uma batalha, suplica-lhe que o poupe, pintando-lhe a dor que sua morte causaria a seu velho pai; Joana d'Arc rejeita sua prece e mostra na ocasião mais inflexibilidade do que a exigida por seu dever; mas no momento de golpear um jovem inglês, Lionel, ela se sente repentinamente enternecida por sua figura e o amor entra em seu coração. Então todo o seu poder é destruído. Um cavaleiro negro como o destino aparece-lhe no combate e a aconselha a não ir a Reims. Não obstante, ela segue para lá. A pompa solene da coroação ocorre no palco; Joana d'Arc caminha à frente, mas seus passos são incertos; trêmula, ela segura o estandarte sagrado, e sente-se que o espírito divino já não a protege.

Antes de entrar na igreja, ela para e fica sozinha em cena. Ouve-se ao longe a música festiva que acompanha a cerimônia de sagração, e Joana d'Arc pronuncia lamentos harmoniosos enquanto o som das flautas e dos oboés paira suavemente no ar.

As armas foram depostas, a tempestade da guerra silencia, os cantos e as danças sucedem aos combates sangrentos. Alegres refrãos são ouvidos nas ruas; coroas de flores são penduradas em colunas: essa imensa cidade tem dificuldade para comportar o número de visitantes estrangeiros que acorrem a fim de ser testemunhas da alegria popular; um mesmo sentimento compõe todos os corações; e aqueles que outrora estavam separados por um ódio mortal uniam-se agora na felicidade universal: aquele que pode dizer-se francês é altivo; recobra-se o antigo brilho da coroa, e a França obedece com glória ao neto de seus reis.

Esse dia magnífico chegou graças a mim, e entretanto não partilho da felicidade pública. Meu coração está mudado, meu coração culpado distancia-se dessa solenidade santa e ruma ao acampamento dos ingleses, todos os meus pensamentos voltam-se para nossos inimigos. Devo furtar-me do alegre grupo que me cerca, para ocultar de todos a falta que pesa sobre meu coração. Quem? Eu! Libertadora de meu país, impelida pelo raio celeste, devo sentir uma chama terrena? Eu, guerreira do Altíssimo, arder pelo inimigo da França! Posso ainda olhar a casta luz do sol?

Ai de mim! Como essa música me inebria! Os sons mais doces me lembram sua voz, e seu encantamento me parece trazer suas feições. Que a tempestade da guerra se renove; que o barulho das lanças ressoe à minha volta; no ardor do combate reencontrarei minha coragem; mas esses acordes harmoniosos insinuam-se em meu peito e transformam em melancolia todas as forças de meu coração.

Ah! Por que então fitei esse nobre rosto? Desde esse instante tornei-me culpada. Infeliz! Deus quer um instrumento cego, é com olhos cegos que deves obedecer. Tu o olhaste, é um fato, a paz de Deus foi retirada de ti, pois caíste nas armadilhas do inferno. Ah! Simples cajado dos pastores, por que vos troquei por uma espada? Por que, rainha do céu, jamais me apareceste? Por que então ouvi tua voz na floresta dos carvalhos? Retoma tua coroa, não posso merecê-la. Sim, vejo o céu aberto, vejo os bem-aventurados, e minhas esperanças estão voltadas para a terra! Oh, Virgem santa, tu me impusestes essa vocação cruel; como eu poderia ter endurecido esse coração que o céu havia criado para amar? Se queres manifestar teu poder, toma por instrumentos aqueles que, libertos do pecado, habitam em tua morada eterna; envia teus espíritos imortais e puros, alheios às paixões e às lágrimas. Mas não escolhas a moça fraca, não escolhas o coração sem força de uma pastora. O que me importavam os destinos dos combates e as querelas dos reis! Tu tumultuaste minha vida, tu me arrastaste aos palácios dos príncipes, e neles encontrei a sedução e o erro. Ah! Não fui eu quem quis esse destino.

Esse monólogo é uma obra-prima de poesia; um mesmo sentimento leva naturalmente às mesmas expressões; e é nisso que os versos concordam tão bem com as afeições da alma: pois eles transformam em uma harmonia deliciosa o que poderia parecer monótono na linguagem simples da prosa. O tormento de Joana d'Arc segue em um crescente. As honras que lhe são

Da Alemanha

feitas, o reconhecimento que lhe é testemunhado, nada pode dar-lhe segurança, quando ela se sente abandonada pela mão onipotente que a havia erguido. Enfim, seus funestos pressentimentos se realizam, e de que maneira!

Para conceber o efeito terrível da acusação de bruxaria, é preciso transportar-se para os séculos nos quais a suspeita desse crime misterioso pairava sobre todas as coisas extraordinárias. A crença no mau princípio, tal como existia então, supunha a habilidade de um culto pavoroso em relação ao inferno; os objetos assustadores da natureza eram seu símbolo, e sinais estranhos, sua linguagem. Atribuía-se a essa aliança com o demônio todas as prosperidades terrenas cuja causa não era bem conhecida. A palavra magia designava o império do mal sem limites, assim como a Providência o reino da felicidade infinita. Esta imprecação, *ela é feiticeira, ele é feiticeiro*, ridícula nos dias de hoje, causava arrepios há alguns séculos; todos os laços mais sagrados eram rompidos enquanto essas palavras eram pronunciadas; nenhuma coragem as desafiava, e a desordem que instauravam nos espíritos era tal que se teria dito que os demônios do inferno realmente apareciam quando se acreditava vê-los aparecer.

O infeliz fanático, pai de Joana d'Arc, foi tomado pela superstição da época; e, longe de estar orgulhoso da glória da filha, apresenta-se em meio aos cavaleiros e senhores da corte, para acusar Joana d'Arc de feitiçaria. Nesse instante, todos os corações ficam gélidos de pavor; os cavaleiros, companheiros de armas de Joana d'Arc, a pressionam para que ela se justifique, e ela se cala. O rei a interroga, e ela se cala. O arcebispo suplica-lhe que jure sobre o crucifixo a própria inocência, e ela se cala. Ela não quer defender-se do crime de que é falsamente acusada, pois sente-se culpada de outro crime de que seu coração não se perdoa. Ouve-se o trovão, o espanto apodera-se do povo, Joana d'Arc é banida do império que acaba de salvar. Ninguém ousa aproximar-se dela. A multidão se dispersa; a desafortunada sai da cidade, passando a vagar pelos campos; e quando, morta de cansaço, aceita uma bebida refrescante, uma criança a reconhece e arranca de suas mãos o parco alívio. Dir-se-ia que o sopro infernal que se acredita envolvê--la pode macular tudo o que toca e lançar ao abismo eterno qualquer um que ouse socorrê-la. Enfim, perseguida de abrigo em abrigo, a libertadora da França cai em poder de seus inimigos.

Madame de Staël

Até então essa *tragédia romântica*, como Schiller a nomeou, é repleta de belezas de primeira ordem: alguns momentos morosos podem ser encontrados nela (os autores alemães jamais estão isentos desse defeito), mas vemos passar diante de nós acontecimentos tão notáveis que a imaginação exalta-se com sua grandeza e, não julgando mais essa peça como obra da arte, consideramos o maravilhoso quadro que encerra como um novo reflexo da santa inspiração da heroína. O único defeito grave que se possa reprovar nesse drama lírico é o desenlace: em lugar de aceitar o que estava dado pela história, Schiller supõe que Joana d'Arc, acorrentada pelos ingleses, quebra milagrosamente suas correntes, retorna ao acampamento dos franceses, decide a vitória em favor deles e recebe um ferimento mortal. O caráter maravilhoso da invenção, ao lado do maravilhoso transmitido pela história, rouba desse tema algo de sua gravidade. Aliás, o que havia de mais belo do que a própria conduta e as respostas de Joana d'Arc, ao ter sido condenada em Ruão pelos grandes senhores ingleses e pelos bispos normandos?

A história conta que essa moça reunira a coragem mais inabalável à dor mais tocante; ela chorava como uma mulher, mas comportava-se como um herói. Acusada de entregar-se a práticas supersticiosas, ela repudiara essa inculpação com argumentos que poderiam ser utilizados em nossos dias por uma pessoa esclarecida; mas ela persistira sempre em declarar que tivera revelações íntimas que a levaram a decidir a escolha de seu caminho. Abatida pelo horror do suplício que a ameaçava, ela constantemente deu testemunho diante dos ingleses da energia dos franceses, das virtudes do rei de França, que entretanto a havia abandonado. Sua morte não foi nem a de um guerreiro nem a de um mártir; mas, através da docilidade e da timidez de seu sexo, ela mostrara nos últimos momentos uma força de inspiração quase tão surpreendente quanto aquela da qual era acusada como feiticeira. Seja como for, a simples narração de seu fim comoveu bem mais do que o desenlace de Schiller. Quando a poesia quer aumentar o brilho de uma personagem histórica, é preciso ao menos que conserve com cuidado a fisionomia que a caracteriza; pois a grandeza é realmente tocante somente quando se lhe sabe dar o ar natural. Ora, no caso de Joana d'Arc, o fato verdadeiro não apenas tem mais naturalidade, mas maior grandeza que a ficção.

Da Alemanha

A noiva de Messina[8] foi composta segundo um sistema dramático inteiramente diferente daquele que Schiller havia seguido até então, e ao qual felizmente retornou. Foi para fazer admitir os coros em cena que ele escolheu um assunto cuja novidade está apenas nos nomes; pois, trata-se, no fundo, da mesma coisa que *Os irmãos inimigos*.[9] Schiller apenas introduziu uma irmã a mais pela qual os dois irmãos se apaixonam, matando-se por ciúme, sem saberem que ela era irmã deles. Essa situação, terrível em si mesma, é entremeada de coros que fazem parte da peça. Os criados dos dois irmãos interrompem e esfriam o interesse pelas discussões. A poesia lírica que todos recitam ao mesmo tempo é soberba; mas não passam, não importa o que se diga, de coros de camareiros. Apenas o conjunto do povo pode ter essa dignidade independente, que lhe permite ser um espectador imparcial. O coro deve representar a posteridade. Se afeições pessoais o animassem, ele seria necessariamente ridículo; pois não se poderia conceber como várias pessoas diriam a mesma coisa ao mesmo tempo, se suas vozes não tivessem a reputação de ser o intérprete impassível das verdades eternas.

No prefácio que precede *A noiva de Messina*, Schiller lamenta-se com razão de que nossos costumes modernos não têm mais as formas populares que os tornaram tão poéticos entre os antigos.

"Os palácios", diz ele,

> estão fechados; os tribunais não se dão mais ao ar livre, diante das portas das cidades; os escritos tomaram o lugar da palavra viva; o próprio povo, essa massa tão forte e visível, não passa de uma ideia abstrata, e as divindades dos mortais existem apenas no coração dele. O poeta deve abrir os palácios, recolocar os juízes sob a abóbada do céu, reerguer as estátuas dos deuses, reanimar enfim as imagens que por toda parte deram lugar às ideias.

Esse desejo de um outro tempo, de um outro país, é um sentimento poético. O homem religioso necessita do céu, e o poeta, de outra Terra; mas

---

8 *Die Braut von Messina*, 1803. (N. T.)

9 Provável alusão à *Thèbaide, ou les frères ennemis* (1664) de Racine, ambos derivados das *Fenícias* de Eurípedes, segundo Philip Harsh em *A handbook of classical drama*, 1944. (N. T.)

ignora-se qual culto e qual século *A noiva de Messina* nos representa; ela escapa dos costumes modernos, sem nos situar nos tempos antigos. O poeta misturou ali todas as religiões; e essa confusão destrói a alta unidade da tragédia, a do destino que a tudo conduz. Os acontecimentos são atrozes, e entretanto o horror que inspiram é tranquilo. O diálogo é tão longo, tão desenvolvido, que é como se todos estivessem a falar em belos versos, e que se pudesse amar, invejar, odiar seu irmão, e matá-lo, sem deixar o âmbito das reflexões gerais e dos sentimentos filosóficos.

Não obstante, *A noiva de Messina* apresenta traços admiráveis do belo gênio de Schiller. Quando um dos irmãos é assassinado pelo irmão invejoso, leva-se o morto ao palácio da mãe; ela não sabe ainda que perdeu seu filho, e é assim que o coro que precede o enterro lho anuncia:

> Por toda parte, a desgraça percorre as cidades. Ela perambula silenciosa em torno das moradas dos homens: hoje atinge esta, amanhã aquela; nenhuma é poupada. O mensageiro doloroso e funesto cedo ou tarde passará à soleira da porta onde mora um vivente. Quando as folhas caem na estação prescrita, quando os velhos enfraquecidos descem ao túmulo, a natureza obedece em paz as suas antigas leis, a seu costume eterno, sem que o homem se assuste; mas, nesta Terra, é a infelicidade imprevista que se deve temer. O assassino, com uma mão violenta, rompe os laços mais sagrados, e a morte vem levar na barca de Estige[10] o rapaz na flor da idade. Quando as nuvens carregadas cobrem o céu de luto, quando o trovão ressoa nos abismos, todos os corações sentem a força temível do destino; mas o raio inflamado pode partir das alturas sem nuvens, e a infelicidade aproxima-se como um inimigo astucioso em meio aos dias de festa.
>
> Portanto não prendas teu coração aos bens de que a vida passageira está ornada. Se tu gozas, aprende a perder, e se o destino está contigo, sonha com a dor.

Quando o irmão sabe que aquela por quem se apaixonou, e pela qual ele matou o próprio irmão, é sua irmã, seu desespero não tem limites e ele

---

10 Um dos rios do Hades, a terra dos mortos para os gregos antigos; o Estige era o rio da imortalidade; os outros eram o Aqueronte (dores), o Cócito (lamentações), o Flegetonte (fogo) e o Lete (esquecimento). (N. T.)

resolve morrer. Sua mãe quer perdoá-lo, sua irmã lhe pede que viva; mas ele mistura aos seus remorsos um sentimento invejoso que o torna ciumento também daquele que já não existe.

"Minha mãe", diz ele,

quando o mesmo túmulo abrigar o assassino e a vítima, quando uma mesma abóbada cobrir nossas cinzas reunidas, tua maldição será desfeita. Tuas lágrimas correrão igualmente por teus dois filhos: a morte é um poderoso mediador! Ela apaga as chamas da cólera, reconcilia os inimigos, e a piedade inclina-se como uma irmã enternecida sobre a urna que ela abraça.

Sua mãe ainda insiste para que ele não a abandone. "Não", ele responde,

não posso viver com um coração despedaçado. É preciso que eu encontre a alegria e que me una aos espíritos livres do ar. A inveja envenenou minha juventude; entretanto tu partilhavas justamente teu amor entre nós dois. Pensas que eu poderia suportar agora a vantagem que teus lamentos dão a meu irmão sobre mim? A morte nos santifica; em seu palácio indestrutível, aquilo que era mortal e maculado transforma-se em cristal puro e brilhante; os erros da miserável humanidade desaparecem. Meu irmão estaria acima de mim em teu coração, como as estrelas estão acima da Terra, e a antiga rivalidade que nos separou durante a vida renasceria para me devorar sem descanso. Para além deste mundo, ele seria em tua lembrança o filho querido, o filho imortal.

O ciúme inspirado por um morto é um sentimento pleno de delicadeza e verdade. Quem poderia de fato vencer as saudades? Os vivos algum dia igualarão a beleza da imagem celeste deixada em nosso coração pelo amigo que não mais existe? Não nos foi dito: "Não me esqueçais". Ele não está ali indefeso? Onde ele vive nesta Terra, senão no santuário de nossa alma? E quem, dentre os que estão felizes neste mundo, alguma vez iria unir-se a nós tão intimamente quanto sua lembrança?

Capítulo XX
Guilherme Tell[1]

O *Guilherme Tell* de Schiller possui as cores vivas e brilhantes que transportam a imaginação para as regiões pitorescas nas quais se deu a respeitável conjuração do Rütli. Desde os primeiros versos, acredita-se ouvir ressoar as cornetas alpinas. As nuvens que dividem as montanhas e escondem as terras baixas das terras mais próximas do céu; os caçadores de camurça que perseguem sua presa ligeira em meio aos penhascos; essa vida ao mesmo tempo pastoril e guerreira, que luta contra a natureza e permanece em paz com os homens: tudo isso inspira um vivo interesse pela Suíça; e a unidade de ação, nessa tragédia, deve sua arte por ter feito da própria nação uma personagem dramática.

A ousadia de Tell é brilhantemente assinalada no primeiro ato da peça. Um infeliz proscrito, condenado à morte por um dos tiranos menores da Suíça, quer salvar-se atravessando para a outra margem, onde pode encontrar um abrigo. A tempestade é tão violenta que nenhum barqueiro ousa arriscar-se a atravessar o lago para levá-lo. Tendo visto sua aflição, Tell resolve aventurar-se com ele nas águas, e o faz chegar à outra margem são e salvo. Tell é alheio à conjuração resultante da insolência de Gessler. Stauffacher,

---

1 *Wilhelm Tell*, tragédia em cinco atos, encenada pela primeira vez em Weimar, em 1804; Guilherme Tell foi uma personagem lendária do século XIV, que teria participado da luta de libertação da Suíça; a peça recebeu uma tradução em português em 1830 de um certo Florian. (N. T.)

Walther Fürst e Arnold de Melchtal preparam a revolta. Tell é o herói, mas não o autor dela; sem pensar em política, apenas fantasia a tirania quando ela tumultua sua vida tranquila; rechaça-a com o braço ao sentir-lhe o golpe; julga-a e condena-a em seu próprio tribunal; mas não conspira.

Arnold de Melchtal, um dos conjurados, abrigou-se na casa de Walther; obrigado a deixar seu pai para escapar dos satélites de Gessler, ele está inquieto por tê-lo deixado só; e busca ansiosamente ter notícias dele; então vem a saber que, para punir o velho por seu filho ter escapado do mandado de prisão emitido contra ele, os bárbaros, com um ferro em brasa, o privaram da visão. Que desespero, que ira pode igualar-se ao que ele sente! É preciso que se vingue. Se ele liberta sua pátria, é para matar os tiranos que cegaram seu pai; e quando os três conjurados unem-se pelo juramento solene de morrer ou libertar seus concidadãos do jugo terrível de Gessler, Arnold exclama:

> Oh! Meu velho pai cego, tu não podes mais ver o dia da liberdade; mas nossos clamores conjuntos chegarão a ti. Quando dos Alpes aos Alpes sinais de fogo nos chamarem às armas, tu ouvirás a queda das cidadelas da tirania. Os suíços, reunindo-se em torno de tua cabana, farão ressoar em teu ouvido arroubos de alegria, e os raios dessa festa penetrarão na noite que te envolve.

O terceiro ato contém a ação principal da história e da peça. Gessler manda pendurar um chapéu em uma lança em meio à praça pública, com ordem para que todos os camponeses o saúdem. Tell passa diante do chapéu sem acatar a vontade do governante austríaco; mas é somente por inadvertência que não se submete, pois não era próprio do caráter de Tell, ao menos daquele que Schiller lhe deu, manifestar alguma opinião política: selvagem e independente como os cabritos monteses, ele vivia livre, mas não cuidava do direito que tinha de sê-lo. No momento em que Tell é acusado de não ter saudado o chapéu, Gessler chega, trazendo um falcão à mão: já essa circunstância cria o quadro e transporta para a Idade Média. O terrível poder de Gessler está em singular contraste com os costumes bastante simples da Suíça, e causa espanto essa tirania a céu aberto a que os vales e as montanhas são as solitárias testemunhas.

Da Alemanha

Gessler fica sabendo da desobediência de Tell, e Tell se desculpa, afirmando não ter feito a saudação ordenada por ignorância, e não intencionalmente. Gessler, ainda irritado, diz-lhe, após alguns momentos de silêncio: "Tell, afirmam que tu és mestre na arte de atirar com a besta, e que jamais tua flecha deixou de atingir o alvo". O filho de Tell, de 12 anos, exclama todo orgulhoso da habilidade do pai: "Isso é verdade, senhor; ele acerta uma maçã em uma árvore a cem passos". "Esse é teu filho?", diz Gessler. "Sim, senhor", responde Tell. Gessler: "Tu tens outros?". Tell: "Dois meninos, senhor". Gessler: "Qual dos dois é teu preferido?". Tell: "Todos os dois são meus filhos". Gessler: "Muito bem, Tell, uma vez que acertas uma maçã em uma árvore a cem passos, exerça teu talento diante de mim; toma tua besta, como vejo já a tens em mãos, e fica preparado para atirar em uma maçã sobre a cabeça de teu filho; mas, eu te aconselho, mira bem; pois se não atingires ou a maçã ou teu filho, tu perecerás". Tell: "Senhor, que ação monstruosa me ordenais! Como! Eu, lançar uma flecha contra meu filho! Não, não, vós não o quereis, Deus vos preserve disso! Não é seriamente, senhor, que exigis isso de um pai". Gessler: "Tu atirarás na maçã sobre a cabeça de teu filho; eu peço e desejo isso". Tell: "Eu, mirar a cabeça querida de meu filho! Ah! Antes morrer". Gessler: "Tu deves atirar ou perecer nesse instante com teu filho". Tell: "Serei o assassino de meu filho! Senhor, não tendes filho, não sabeis o que há no coração de um pai". Gessler: "Ah, Tell! Eis que de repente tu te tornas bem prudente; disseram-me que eras um sonhador, que amavas o extraordinário; muito bem! Dou-te a ocasião para isso, tenta esse golpe ousado verdadeiramente digno de ti".

Todos os que estão à volta de Gessler têm piedade de Tell, e tratam de enternecer o bárbaro que o condena ao mais terrível suplício; o velho, avô da criança, lança-se aos pés de Gessler; a criança em cuja cabeça a maçã serviria de alvo ergue-o e lhe diz: "Não fiqueis de joelhos diante desse homem; que me seja dito aonde devo ficar: nada temo por mim; meu pai acerta o pássaro em voo, e não errará o tiro quando se trata do coração de seu filho". Stauffacher se aproxima e diz: "Senhor, a inocência dessa criança não vos toca?". Gessler: "Que o amarrem a essa tília". A criança: "Por que me amarrar? Deixai-me livre, ficarei tranquilo como um cordeiro; mas se me quiserem acorrentar, irei debater-me com violência". Rodolfo, o escudeiro de Gessler, diz à criança: "Consente ao menos que teus olhos sejam vendados". "Não", responde a criança, "não; tu acreditas que temo o tiro que vai partir da mão de meu pai? Não pestanejarei ao esperá-lo. Vamos, meu pai, mostra como sabes atirar com o arco; eles não acreditam, vangloriam-se de nossa derrota; muito bem, engana-lhes a perversa esperança; que a flecha seja lançada e que atinja o alvo. Vamos."

A criança coloca-se sob a tília, a maçã é arrumada sobre sua cabeça; então os suíços amontoam-se novamente em torno de Gessler para obter o perdão de Tell. "Tu pensas", diz Gessler dirigindo-se a Tell, "tu pensas que poderás servir-te impunemente das armas mortíferas? Elas são perigosas também para quem as carrega; esse direito insolente de estar armado, que os camponeses se arrogam, ofende ao senhor destas terras; aquele que comanda deve ser o único a estar armado. Vós vos regozijais tanto de vosso arco e vossas flechas; cabe a mim vos dar um alvo para exercitá-los." "Afastai-vos", exclama Tell, "afastai-vos." Todos os espectadores estremecem. Ele quer vergar o arco, falta-lhe a força; uma vertigem o impede de enxergar; ele suplica a Gessler que lhe conceda a morte. Gessler é inflexível. Tell hesita ainda longo tempo em uma temível ansiedade: ora olha Gessler, ora o céu, depois de repente tira de sua aljava uma segunda flecha e a coloca na cintura. Inclina-se à frente como se quisesse seguir o tiro que dispara; a flecha parte; o povo exclama: "Viva a criança!". O filho lança-se nos braços do pai e diz: "Meu pai, eis a maçã que tua flecha atravessou; eu bem sabia que tu não me feririas". O pai aniquilado cai por terra mantendo o filho nos braços. Os companheiros de Tell o erguem e felicitam. Gessler aproxima-se e pergunta-lhe por que motivo ele havia preparado uma segunda flecha. Tell recusa-se a dizer. Gessler insiste. Tell pede uma salvaguarda para sua vida se responder com a verdade; Gessler concede. Tell então, olhando-o com olhos vingativos, diz-lhe: "Pretendia lançar contra vós esta flecha, se a primeira tivesse atingido meu filho; e acreditai-me, esta não erraria". Gessler, furioso com essas palavras, ordena que Tell seja conduzido para a prisão.

Como se pode ver, essa cena tem toda a simplicidade de uma história narrada em uma velha crônica. Tell não é representado de modo algum como um herói de tragédia; ele não quis desafiar Gessler: ele se assemelha em tudo ao que são habitualmente os camponeses da Helvécia, calmos nos

Da Alemanha

hábitos, amigos do repouso, mas terríveis quando se lhes agita na alma os sentimentos que a vida no campo mantém adormecidos. Vê-se ainda próximo de Altorf, no cantão de Uri, uma estátua de pedra toscamente trabalhada, representando Tell e seu filho depois que a maçã foi atingida pela flecha. O pai segura em uma mão o filho, e na outra aperta o arco junto ao coração, em agradecimento por tê-lo tão bem servido.

Tell é levado acorrentado no mesmo barco no qual Gessler atravessa o lago de Lucerna; uma tempestade irrompe durante a travessia; o homem bárbaro se amedronta e pede socorro à sua vítima: desatadas as amarras de Tell, ele próprio conduz o barco em meio à tempestade e, ao aproximar--se dos rochedos, lança-se sobre a margem escarpada. A narração desse acontecimento começa no quarto ato. Tão logo chega em sua morada, Tell é advertido de que não pode esperar viver em paz com sua mulher e seus filhos, é aí então que toma a resolução de matar Gessler. Ele não tem por objetivo libertar seu país do jugo estrangeiro, nem sabe se a Áustria deve ou não governar a Suíça; ele sabe que um homem foi injusto para com um homem; ele sabe que um pai foi forçado a lançar uma flecha próximo ao coração de seu filho, e pensa que o autor de tal crime deve morrer.

Seu monólogo é soberbo: ele estremece com a ideia de matar, e, contudo, não tem a menor dúvida sobre a legitimidade de sua resolução. Ele compara o inocente uso que fez até esse dia de sua flecha, na caça e nos jogos, com a severa ação que vai cometer: senta-se em um banco de pedra para esperar na curva de um caminho no qual Gessler deve passar. "Aqui", diz ele,

se detém o peregrino que continua sua viagem depois de um breve repouso; o monge piedoso que segue para realizar sua missão santa; o mercador que vem de regiões longínquas e atravessa esse caminho para ir à outra extremidade do mundo: todos seguem seu caminho para realizar suas tarefas, e a tarefa que me cabe é o assassinato! Outrora o pai não retornaria jamais para casa sem alegrar seus filhos, trazendo-lhes algumas flores dos Alpes, um pássaro raro, uma concha preciosa tal como são encontradas nas montanhas; e agora esse pai está sentado no rochedo, tomado por pensamentos de morte; ele quer a vida de seu inimigo; mas a quer por vós, meus filhos, para vos proteger, para vos defender; é para vos salvar os dias e a doce inocência que ele verga o arco vingador.

Pouco tempo depois, percebe-se ao longe Gessler a descer a montanha. Uma mulher infeliz, cujo marido ele fez definhar na prisão, lança-se a seus pés e o conjura a conceder sua libertação; ele a despreza e a repudia; ela torna a insistir, toma a rédea do cavalo e pede-lhe que a esmague com suas patas ou que lhe devolva o amado. Gessler, indignado com as lamentações, reprova-se por ainda deixar tanta liberdade ao povo suíço. "Eu quero", ele diz, "quebrar-lhes a resistência obstinada; quero dobrar-lhes o audacioso espírito de independência; quero publicar uma nova lei neste país; quero…" Ao pronunciar essa palavra, a flecha mortal o atinge. Ele cai exclamando: "É o tiro de Tell". "Tu deves reconhecê-lo", exclama Tell do alto do rochedo. As aclamações do povo logo são ouvidas, e os libertadores da Suíça cumprem o juramento que tinham feito de libertação do jugo da Áustria.

Parece que a peça deveria terminar naturalmente aí, tal como a de *Maria Stuart* com a morte dela; mas em ambas Schiller acrescentou uma espécie de apêndice ou explicação, que não há mais como escutar ao final da catástrofe principal. Elisabeth reaparece depois da execução de Maria; testemunha-se seu tormento e sua dor ao saber da partida de Leicester para a França. Essa justiça poética deve ser suposta, e não representada; o espectador não presta atenção em Elisabeth depois de ter testemunhado os últimos momentos de Maria. Em *Guilherme Tell*, no quinto ato, João, o Parricida, que assassina seu tio, o imperador Albert, por este lhe ter recusado a herança, vem disfarçado de monge pedir abrigo a Tell; ele está persuadido de que suas ações são parecidas, e Tell o repudia com horror, mostrando-lhe o quanto seus motivos são diferentes. É uma ideia justa e engenhosa colocar em oposição esses dois homens; todavia esse contraste, que agrada na leitura, não faz sucesso no teatro. O intelecto tem pouco poder nos efeitos dramáticos; ele é necessário para prepará-los; mas se fosse preciso para senti-los, seria recusado até mesmo pelo público que mais o tivesse.

Suprime-se no teatro o ato acessório de João, o Parricida, e a cortina cai no momento em que a flecha atravessa o coração de Gessler. Pouco tempo depois da primeira representação de *Guilherme Tell*, o golpe mortal também atingira o digno autor dessa bela obra. Gessler morre no momento em que os desígnios mais cruéis o ocupavam. Schiller tinha em sua alma apenas pensamentos generosos. A morte, inimiga de todos os projetos do homem, destruiu igualmente essas duas vontades tão contrárias.

Capítulo XXI
Götz de Berlichingen[1] *e* O conde de Egmont[2]

A carreira dramática de Goethe pode ser considerada sob dois aspectos diferentes. Nas peças que fez para ser representadas há muita graça e espírito, mas nada mais. Em suas obras dramáticas, ao contrário, que são de difícil representação, encontra-se um talento extraordinário. Parece que o gênio de Goethe não pode ser confinado aos limites do teatro; quando quer submetê-lo a esses limites, perde uma parte de sua originalidade, tornando a encontrá-la inteiramente apenas quando pode misturar a seu bel-prazer todos os gêneros. Uma arte, seja ela qual for, não poderia existir sem limites; a pintura, a escultura, a arquitetura estão submetidas a leis que lhes são específicas, e mesmo a arte dramática produz efeito apenas sob certas condições: essas condições restringem algumas vezes o sentimento e o pensamento; mas a ascendência do espetáculo sobre os homens reunidos é tamanha que é um erro não se servir desse poder, sob pretexto de que ele exige sacrifícios que a imaginação entregue a si mesma não faria. Uma vez que não há na Alemanha uma capital onde se encontre reunido tudo o que

---

1 Drama em cinco atos, de 1773; Gottfried von Berlichingen foi um famoso cavaleiro alemão do século XVI, e o relato de suas aventuras fora lançado em Nuremberg em 1731. (N. T.)

2 Tragédia em cinco atos, de 1788; Egmont foi um general e homem de Estado do século XVI, que liderou a revolta do povo flamengo contra o domínio espanhol. (N. T.)

é preciso para ter-se um bom teatro, as obras dramáticas são com muito mais frequência lidas do que representadas; e daí decorre que os autores componham suas obras segundo o ponto de vista da leitura, e não segundo o da cena.

Goethe faz quase sempre novas incursões na literatura. Quando o gosto alemão parece incliná-lo a um excesso qualquer, ele logo tenta imprimir-lhe uma direção oposta. Dir-se-ia que ele administra o espírito de seus contemporâneos como seu império, e que suas obras são decretos que alternadamente autorizam ou proscrevem os abusos introduzidos na arte.

Goethe estava cansado da imitação das peças francesas na Alemanha, e ele tinha razão; pois até mesmo um francês também estaria. Em consequência, compusera um drama histórico à maneira de Shakespeare, *Götz de Berlichingen*. Essa peça não estava destinada ao teatro, mas podia ser representada, como todas as de Shakespeare do mesmo gênero. Goethe escolheu a mesma época da história que Schiller em *Os bandoleiros*; mas, em lugar de mostrar um homem que se liberta de todos os laços da moral e da sociedade, pintou um velho cavaleiro, sob o reinado de Maximiliano, defendendo ainda a vida cavaleiresca e a existência feudal dos senhores, que dava muita ascendência ao valor pessoal.

Götz de Berlichingen foi apelidado de o Mão de Ferro, pois, ao ter perdido a mão direita na guerra, ordenou que se lhe fizesse uma mecânica, com a qual segurava muito bem a lança: tratava-se de um cavaleiro célebre em seu tempo pela coragem e lealdade: esse modelo foi escolhido com êxito para representar a independência dos nobres, antes que a autoridade do governo pesasse sobre todos. Na Idade Média, cada castelo era uma fortaleza; cada senhor, um soberano. O estabelecimento das tropas de linha e a invenção da artilharia mudaram completamente a ordem social; introduziu-se uma espécie de força abstrata chamada estado ou nação; mas os indivíduos perderam gradualmente toda a sua importância. Um caráter tal como o de Götz deve ter sofrido com essa mudança logo que ela se efetuara.

O espírito militar sempre foi mais rude na Alemanha do que em qualquer outra parte, e é lá que realmente podem ser figurados esses homens de ferro, cujas imagens ainda são vistas nos arsenais do Império. Não obstante, na peça de Goethe, a simplicidade dos costumes de cavalaria é pintada com

Da Alemanha

muito encanto. Esse velho Götz, vivendo em combates, dormindo com sua armadura, sempre a cavalo, repousando apenas ao fazer algum cerco, empenhando tudo pela guerra, visando somente a isso; esse velho Götz, repito, propicia a mais alta ideia do interesse e da atividade que a vida tinha então. Suas qualidades, bem como seus defeitos, são fortemente marcados; nada é mais generoso do que sua amizade por Weislingen, outrora seu amigo, depois seu adversário, e com frequência até mesmo traidor. A sensibilidade que mostra um intrépido guerreiro toca a alma de um modo totalmente novo; temos tempo para amar em nossa vida ociosa; mas esses lampejos de emoção que permitem ler ao fundo do coração, através de uma existência tempestuosa, causam um enternecimento profundo. Há tanto medo de encontrar afetação no mais belo dom do céu, na sensibilidade, que, algumas vezes, até mesmo a rudeza é preferida como garantia da franqueza.

A mulher de Götz oferece-se à imaginação tal como um antigo retrato da escola flamenga, no qual a vestimenta, o olhar, a própria tranquilidade da atitude anunciam uma mulher submetida a seu esposo, a quem apenas conhece, a quem apenas admira, e acreditando-se destinada a servi-lo, tal como ele o é a defendê-la. Vê-se, em contraste com essa mulher por excelência, uma criatura totalmente perversa, Adelaide, que seduz Weislingen e o faz faltar à promessa que havia feito a seu amigo; ela o desposa e logo lhe é infiel. Ela se faz amar com paixão por seu pajem, e deixa esse rapaz infeliz tão perturbado que ele chega a dar a seu senhor uma taça envenenada. Esses traços são fortes, mas talvez seja verdade que, quando os costumes são em geral muito puros, aquele que se distancia deles logo se corrompe inteiramente; o desejo de agradar não é em nossos dias senão um laço de afeição e benevolência; mas na vida severa e caseira de outrora, tratava-se de um desvio que podia levar a todos os outros. Essa criminosa Adelaide dá lugar a uma das mais belas cenas da peça, a sessão do tribunal secreto.

Juízes misteriosos, desconhecidos de ambas as partes, sempre mascarados, e reunindo-se durante a noite, puniam em meio ao silêncio, gravando no punhal que cravavam no peito do culpado estas palavras terríveis: TRIBUNAL SECRETO. Eles preveniam o condenado, mandando alguém gritar três vezes sob as janelas de sua casa: "Infortúnio, Infortúnio, Infortúnio!". Então o desafortunado sabia que, por toda parte, em um estranho, em um concidadão, mesmo em um parente, podia encontrar seu assassino. A solidão, a multidão, as cidades, os campos, tudo estava repleto da presença invisível dessa consciência armada que perseguia os criminosos. Concebe-se como essa terrível instituição podia ser necessária, em um tempo em que cada homem era firme para com todos, ao passo que todos devem ser firmes para com cada um. Era preciso que a justiça surpreendesse o criminoso antes que ele pudesse defender-se: mas essa punição, que pairava nos ares como uma sombra vingadora, essa sentença mortal, que podia estar encoberta até mesmo no peito de um amigo, atingia com um invencível terror.

Há ainda um belo momento no qual Götz, querendo defender-se em seu castelo, ordena que o chumbo das janelas seja arrancado para prover a munição. Esse homem apresenta um desprezo pelo futuro e uma força intensa no presente completamente admiráveis. Enfim, Götz vê perecer todos os seus companheiros de armas; ferido e cativo, tem junto de si apenas a esposa e a irmã. Ao seu redor restam apenas mulheres, ele que queria viver no meio dos homens, e de homens indomáveis, para exercer com eles o poder de seu caráter e de seu braço. Imagina o nome que deve deixar depois que se for; reflete, pois vai morrer; e pede para ver ainda uma vez o sol, pensa em Deus do qual, apesar de nunca ter se ocupado, jamais duvidou, e morre corajoso e sombrio, lamentando mais a falta da guerra do que da vida.

Essa peça é muito apreciada na Alemanha; os usos e os costumes nacionais do passado estão fielmente representados ali, e tudo o que se refere à antiga cavalaria toca o coração dos alemães. Goethe, o mais despreocupado de todos os homens, pois está seguro de governar seu público, não se deu ao trabalho de colocar sua peça em versos; tem-se nela o desenho de um grande quadro, mas um desenho mal acabado. Sente-se no escritor tanta impaciência por tudo o que poderia parecer afetação que ele desdenha até mesmo a arte necessária para dar uma fórmula durável ao que compõe. Há traços de gênio aqui e acolá em seu drama, como pinceladas de Michelangelo; mas é uma obra que deixa, ou antes, que leva a desejar muitas coisas. O reinado de Maximiliano, durante o qual se passa o acontecimento principal, não está suficientemente caracterizado. Enfim, ousar-se-ia reprovar Goethe por não ter colocado bastante imaginação na forma e na linguagem dessa peça. Foi voluntariamente e por método que ele se recusou a isso; ele quis que esse drama fosse a própria coisa, e é preciso que o encanto do ideal presida a tudo nas obras dramáticas. As personagens das tragédias correm sempre o perigo de ser comuns ou factícias, e o gênio deve preservá-las igualmente de ambos os inconvenientes. Shakespeare não cessa de ser poeta em suas peças históricas, nem Racine de observar exatamente os costumes dos hebreus em sua tragédia lírica *Athalie*. O talento dramático não poderia prescindir nem da natureza nem da arte; a arte não deve nada ao artifício, trata-se de uma inspiração perfeitamente verdadeira e espontânea, que espalha a harmonia universal sobre as circunstâncias particulares, e a dignidade das lembranças duradouras sobre os momentos passageiros.

O conde de Egmont me parece a mais bela das tragédias de Goethe; sem dúvida, ele a escreveu enquanto compunha *Werther*: o mesmo calor da alma é encontrado nas duas obras. A peça começa no momento em que Felipe II, cansado da condescendência do governo de Margarida de Parma, nos Países Baixos, envia o duque de Alba para substituí-la. O rei está inquieto com a popularidade adquirida pelo príncipe de Orange e pelo conde de Egmont; eles lhe são suspeitos de estarem favorecendo em segredo os partidários da Reforma. Tudo é arranjado para dar a ideia mais sedutora do conde de Egmont: ele é visto adorado por seus soldados, à frente dos quais alcançou tantas vitórias. A princesa espanhola confia em sua fidelidade, mesmo tendo sido advertida por ele mesmo da severidade empregada com os protestantes. Os cidadãos da cidade de Bruxelas o consideram como o defensor de suas liberdades junto ao trono; enfim, o príncipe de Orange, cuja política intrincada e prudência silenciosa são tão conhecidas na história, ressalta ainda a generosa imprudência do conde de Egmont, suplicando-lhe em vão para partir com ele antes da chegada do duque de Alba. O príncipe de Orange tem um caráter nobre e sábio; e somente um devotamento heroico, mas inconsiderado, pode resistir a seus conselhos. O conde de Egmont não quer abandonar os habitantes de Bruxelas; ele se entrega à sua sorte, pois suas vitórias lhe ensinaram a contar com os favores da fortuna, conservando sempre nos assuntos públicos as qualidades que tornaram sua vida militar tão brilhante. Essas belas e perigosas qualidades interessam ao seu destino; sentimos por ele temores que sua alma intrépida jamais poderia experimentar; todo o conjunto de seu caráter é pintado com muita arte, pela própria impressão que ele produz sobre as diversas pessoas que o cercam. É fácil traçar um retrato espiritual do herói de uma peça; é preciso mais talento para fazê-lo agir e falar em conformidade com esse retrato; e ainda mais para dá-lo a conhecer pela admiração que inspira junto aos soldados, ao povo, aos grandes senhores, a todos aqueles que têm relação com ele.

O conde de Egmont ama uma moça, Clara, nascida entre os burgueses de Bruxelas; e vai visitá-la em seu obscuro abrigo. Esse amor tem mais lugar no coração da moça do que no dele; a imaginação de Clara está inteiramente subjugada pelo brilho do conde de Egmont, pelo prestígio deslumbrante de seu heroico valor e de seu ilustre renome. Egmont tem em seu amor bondade e doçura; ele descansa das inquietações e dos negócios junto dessa jovem. "Falam-te", ele lhe diz, "de um Egmont, silencioso, severo, imponente; é esse que deve lutar contra os acontecimentos e os homens; mas aquele que é simples, amante, confidente, feliz, esse Egmont, Clara, é o teu." O amor de Egmont por Clara não bastaria para tornar a peça interessante; mas quando se lhe mistura a infelicidade, esse sentimento que aparecia apenas ao longe adquire uma força admirável.

Sabe-se da chegada dos espanhóis, tendo à frente o duque de Alba; o terror espalhado por esse povo severo, em meio à nação prazenteira de Bruxelas, é superiormente descrito. Com a aproximação de uma grande tempestade, os homens entram em suas casas, os animais estremecem, os pássaros voam baixo, parecendo buscar um abrigo; a natureza inteira prepara-se para o flagelo que a ameaça: assim o pavor apodera-se dos infelizes habitantes de Flandres. O duque de Alba não quer prender o conde de Egmont em Bruxelas; ele teme que o povo se insurja, e gostaria de atrair sua vítima para seu próprio palácio, que domina a cidade e fica ao lado da cidadela. Ele se vale de seu jovem filho, Fernando, para atrair à sua casa aquele que deseja arruinar. Fernando está tomado de admiração pelo herói de Flandres; ele não suspeita dos terríveis planos de seu pai, e mostra ao conde de Egmont um entusiasmo que persuade esse franco cavaleiro de que o pai de semelhante filho não é seu inimigo. Egmont consente em ir à residência do duque de Alba; o pérfido e fiel representante de Felipe II

Da Alemanha

espera-o com uma impaciência que provoca frêmitos; da janela, ele o avista ao longe, montado em um soberbo cavalo conquistado em uma das batalhas de que saiu vencedor. O duque de Alba enche-se de uma cruel alegria, a cada passo dado por Egmont rumo ao seu palácio, ficando perturbado quando o cavalo para; seu miserável coração palpita pelo crime; e quando Egmont entra em sua corte, exclama: "Um pé no túmulo, dois; o portão se fecha, ele é meu".

O conde de Egmont aparece, o duque de Alba conversa longo tempo com ele sobre o governo dos Países Baixos, e a necessidade de empregar o rigor para conter as opiniões novas. Não há mais interesse em enganar Egmont, e entretanto ele se compraz com sua astúcia, e quer saboreá-la ainda alguns instantes; ao final, ele revolta a alma generosa do conde de Egmont e o irrita pela disputa, a fim de arrancar-lhe algumas palavras violentas. Quer parecer estar sendo provocado, e fazer, como que por reação espontânea, o que havia combinado anteriormente. Para que tantas precauções em relação ao homem que está em seu poder e que fará perecer em algumas horas? Assim ocorre porque o assassino político tem sempre um desejo confuso de justificar-se, mesmo junto de sua vítima: ele quer ter algo a dizer em sua defesa, mesmo que aquilo que se diga não possa persuadir nem a ele mesmo nem a ninguém. Talvez nenhum homem seja capaz de abordar o crime sem subterfúgio; por isso a verdadeira moralidade das obras dramáticas não consiste na justiça poética da qual o autor dispõe à vontade, e que a história frequentemente desmentiu, mas na arte de pintar o vício e a virtude de modo a inspirar o ódio por um e o amor pela outra.

Logo o rumor da prisão do conde de Egmont, e da iminência de sua morte, espalha-se por Bruxelas. Ninguém mais espera pela justiça; assustados, seus partidários não ousam mais dizer uma palavra em sua defesa; a suspeita logo separa aqueles que um mesmo interesse reuniu. Uma aparente submissão nasce do terror que cada um inspira, sentindo-o por sua vez, e o terror que todos provocam em todos, essa fraqueza popular que sucede tão rapidamente à exaltação, é admiravelmente pintado nessa circunstância.

Apenas Clara, essa moça tímida, que jamais saía de casa, vem à praça pública de Bruxelas, e reúne com seus clamores os cidadãos dispersos, lembrando-lhes do entusiasmo que tinham por Egmont, do juramento de morrerem por ele; todos que a ouvem estremecem. "Moça", diz-lhe um cidadão de Bruxelas, "não fale de Egmont; seu nome leva à morte." "Eu", exclama Clara,

eu não pronunciar o nome dele! Vós não o tínheis invocado mil vezes? Ele não está escrito por toda parte? Não cheguei até mesmo a ver as estrelas do céu a formá-lo em letras brilhantes? Eu, não nomeá-lo! Que fazeis vós, homens de bem? Vosso espírito está perturbado, vossa razão perdida? Não me olheis com esse ar inquieto e temeroso, nem baixeis pois os olhos com temor; o que peço é o que desejais; minha voz não é a voz de vosso coração? Quem de vós, nesta noite, não se prostrará diante de Deus para pedir pela vida de Egmont? Interrogai-vos uns aos outros; quem de vós, na própria casa, não dirá: "A liberdade de Egmont ou a morte"?

UM CIDADÃO DE BRUXELAS: Deus nos preserve de vos escutar por mais tempo! Isso resultaria em alguma desgraça.

CLARA: Ficai, ficai! Não vos afasteis, pois falo daquele a quem acorríeis com tanto ardor, tão logo o rumor público anunciava sua chegada, quando cada um exclamava: "Egmont está vindo, está vindo". Então, os habitantes das ruas pelas quais ele devia passar consideravam-se felizes; ao ouvir o som dos cascos de seu cavalo, cada um abandonava o trabalho para correr ao seu encontro, e o brilho que partia de seu olhar irradiava de esperança e alegria vossos rostos abatidos. Alguns dentre vós levavam os filhos até a porta, e os erguiam nos braços gritando: "Vede ali, é o grande Egmont; ele vos valerá tempos mais felizes que os suportados por vossos pobres pais". E quando vossos filhos perguntarem o que houve com esses tempos que havíeis prometido? E então! Perdemos nossos momentos em palavras, nada fazeis, vós o traístes!

Brackenbourg, o amigo de Clara, conjura-a a ir-se embora. "O que dirá vossa mãe?", ele exclama.

CLARA: Pensas que sou uma criança ou uma insensata? Não, é preciso que eles me ouçam; escutai-me, cidadãos. Vejo que estais perturbados e que não podeis vos reconhecer através dos perigos que vos ameaçam. Deixai-me volver vossos olhares para o passado, ai de mim! O passado recente. Imaginai

Da Alemanha

o futuro; podereis viver, vos será permitido viver se ele morrer? Com ele se vai o último sopro de vossa liberdade. O que ele era para vós? Por quem então ele se expôs a inúmeros perigos? Seus ferimentos, ele os recebeu por vós; essa grande alma totalmente ocupada convosco está agora presa em um calabouço, e as armadilhas do assassino o cercam; ele pensa em vós, e espera talvez em vós. Ele tem necessidade pela primeira vez de vosso socorro, ele que até esse dia não fez senão vos cobrir com seus dons.

UM CIDADÃO DE BRUXELAS (*para Brackenbourg*): Afastai-a. Ela nos aflige.

CLARA: Pois muito bem! Eu não tenho força, não tenho braços hábeis nas armas como os vossos, mas tenho o que vos falta, a coragem e o desprezo pelo perigo; não posso pois vos penetrar com minha alma? Quero ir em meio a vós; uma bandeira indefesa muitas vezes reuniu uma nobre armada; meu espírito será como uma tocha diante de vossos passos; o entusiasmo e o amor reunirão enfim esse povo vacilante e disperso.

Brackenbourg adverte Clara da aproximação de soldados espanhóis que poderiam ouvi-la. "Minha amiga", ele lhe diz, "vede em que lugar estamos."

CLARA: Em que lugar! Sob o céu, cuja magnífica abóbada parecia pender com complacência sobre a cabeça de Egmont quando ele surgia. Conduzi-me para a prisão, vós conheceis o caminho do velho castelo, guiai meus passos, eu vos seguirei.

Brackenbourg arrasta Clara para a casa dela, e sai novamente para informar-se sobre o conde de Egmont; ele retorna; e Clara, cuja última resolução foi tomada, exige que lhe conte o que conseguiu saber.

"Ele foi condenado?", ela exclama.

BRACKENBOURG: Foi, não tenho dúvidas disso.

CLARA: Ainda vive?

BRACKENBOURG: Sim.

CLARA: E como tu podes assegurar-me isso! A tirania mata durante a noite o homem generoso e esconde seu sangue da vista de todos. Esse povo

Madame de Staël

oprimido repousa e sonha que ele o salvará; e, durante esse tempo, sua alma indignada já deixou este mundo. Ele já não existe mais, não me enganes; ele já não existe mais.

BRACKENBOURG: Não, repito-vos, ai de mim! Ele vive, pois os espanhóis destinam ao povo que querem oprimir um terrível espetáculo, um espetáculo que deve destruir todos os corações nos quais ainda respire a liberdade.

CLARA: Tu podes falar agora; também ouvirei tranquilamente minha sentença de morte; já me aproximo da região dos bem-aventurados; o consolo já me vem deste lugar de paz: fala.

BRACKENBOURG: Os rumores que circulam e a guarda redobrada levaram-me a suspeitar que se preparava esta noite em praça pública algo terrível. Cheguei por atalhos a uma casa cuja janela dava para a praça; o vento agitava as tochas que um grupo numeroso de soldados espanhóis trazia nas mãos; e, quando me esforcei para olhar através dessa luz incerta, estremeci ao perceber um cadafalso erguido; vários deles estavam ocupados em cobrir as tábuas com um pano preto, e já os degraus da escada estavam revestidos de um luto fúnebre; disseram que se celebrava a consagração de um sacrifício horrível. Um crucifixo branco, que brilhava como a prata durante a noite, foi colocado sobre um dos lados do cadafalso. A terrível certeza estava ali diante de meus olhos; mas quando as tochas se apagaram, todos os objetos desapareceram, e a obra criminosa da noite retornou ao seio das trevas.

O filho do duque de Alba descobre que foi usado para a ruína de Egmont e quer salvá-lo a todo custo; Egmont pede-lhe apenas um favor, o de proteger Clara quando ele se for para sempre; mas sabemos que ela se deu a morte para não sobreviver ao amado. Egmont morre, e o amargo ressentimento de Fernando contra o pai é a punição do duque de Alba, que, dizem, nada amara sobre a Terra além do filho.

Parece-me que com algumas mudanças seria possível adaptar esse argumento à forma francesa. Silenciei sobre algumas cenas que não poderiam ser introduzidas em nosso teatro. A princípio, aquela que começa a tragédia: os soldados de Egmont e os burgueses de Bruxelas conversam entre si sobre suas façanhas; eles contam, em um diálogo natural e mordaz, as principais ações de sua vida, e instigam com sua linguagem e suas narrações a alta confiança que ele lhes inspira. É assim que Shakespeare prepara a entrada de *Júlio César*, e *O acampamento de Wallenstein* é composto com o mesmo objetivo. Mas na França não suportaríamos a mistura do tom popular com a dignidade trágica, e é isso que com frequência provoca a monotonia em nossas tragédias de segunda ordem. As palavras pomposas e as situações sempre heroicas ocorrem necessariamente em pequeno número: aliás, o enternecimento raramente penetra até o fundo da alma, quando não se cativa a imaginação por detalhes simples mas verdadeiros, que dão vida às menores circunstâncias.

Clara é representada em meio a um ambiente singularmente burguês, sua mãe é bastante comum; aquele que deve desposá-la tem para com ela um sentimento apaixonado; mas não agrada representar Egmont como o rival de um homem do povo. Tudo o que cerca Clara serve, por certo, para ressaltar a pureza de sua alma; não obstante, não seria admitido na arte dramática da França um dos princípios da arte pictórica: a sombra que faz realçar a luz. Uma vez que uma e outra são vistas simultaneamente em um quadro, recebe-se ao mesmo tempo o efeito de todas as duas; não ocorre assim em uma peça de teatro, na qual a ação é sucessiva: a cena que choca não é tolerada em vista do reflexo vantajoso que deve lançar sobre a cena seguinte; e exige-se que a oposição consista em belezas diferentes, mas que sejam sempre belezas.

O fim da tragédia de Goethe não está em harmonia com o conjunto; o conde de Egmont dorme alguns instantes antes de caminhar para o cadafalso; Clara, que está morta, aparece-lhe durante o sono, cercada de um brilho celeste, e anuncia-lhe que a causa da liberdade à qual ele serviu deve triunfar um dia: esse desenlace maravilhoso não pode convir a uma peça histórica. Em geral os alemães atrapalham-se quando se trata de acabar; e é sobretudo a eles que se poderia aplicar este provérbio chinês: "Quando há dez passos a dar, nove é a metade do caminho". O espírito necessário para terminar o que quer que seja exige um tipo de habilidade, e medida, que não coaduna muito com a imaginação vaga e indefinida que os alemães manifestam em todas as suas obras. Ademais, é preciso arte, e muita arte, para encontrar um desenlace, pois isso é raro na vida; os fatos se encadeiam e suas consequências perdem-se na continuidade do tempo. Apenas o conhecimento sobre o teatro ensina a circunscrever o acontecimento principal, e a fazer concorrer todos os acessórios ao mesmo objetivo. Mas combinar os efeitos parece quase hipocrisia para os alemães, e o cálculo parece-lhes inconciliável com a inspiração.

Entretanto, de todos os escritores, Goethe é quem mais teria meios para unir a habilidade do espírito com sua audácia; mas ele não se dá ao trabalho de manejar as situações dramáticas de maneira a torná-las teatrais. Quando estas são belas em si mesmas, ele não se embaraça com o resto. O público alemão, que ele tem como espectador em Weimar, não pede mais do que esperar e adivinhar; tão paciente, tão inteligente quanto o coro dos gregos, em lugar de exigir apenas a diversão, como fazem habitualmente os soberanos, povos ou reis, ele mesmo se imiscui em seu prazer, analisando, explicando o que a princípio não o impressiona; tal público é ele mesmo artista em seus julgamentos.

Capítulo XXII
Ifigênia em Táuris, Torquato Tasso[1] *etc.*

Na Alemanha, encenavam-se dramas burgueses, melodramas, grandes espetáculos, repletos de cavalos e cavalaria. Goethe quisera reconduzir a literatura à severidade dos antigos e compusera sua *Ifigênia em Táuris*, que é a obra-prima da poesia clássica entre os alemães. Essa tragédia lembra o tipo de impressão que se tem ao contemplar as estátuas gregas; a ação nelas é tão imponente e tranquila que, até mesmo quando a situação das personagens muda, apresentam sempre uma espécie de dignidade que fixa na lembrança cada momento de modo duradouro.

O tema de *Ifigênia em Táuris* é tão conhecido que era difícil tratá-lo de um modo novo; não obstante, Goethe chegou a isso, dando um caráter realmente admirável à sua heroína. A Antígona de Sófocles é uma santa tal como uma religião mais pura como a dos antigos poderia representar para nós. A Ifigênia de Goethe não tem menos respeito pela verdade do que Antígona; mas reúne a calma de um filósofo ao fervor de uma sacerdotisa: o casto culto de Diana e o abrigo de um templo bastam à existência sonhadora para deixar-lhe saudades por estar distante da Grécia. Ela quer suavizar os costumes do país bárbaro em que habita, e ainda que seu nome seja ignorado, semeia benefícios à sua volta, como filha do rei dos reis. Todavia, não cessa de ter saudades dos belos recantos onde passou a infância, e sua alma está

---

1 Publicadas respectivamente em 1787 e 1790. (N. T.)

repleta de uma resignação forte e terna, que resulta por assim dizer de um meio-termo entre o estoicismo e o cristianismo. Ifigênia assemelha-se um pouco à divindade a que serve, e a imaginação a representa envolta por uma nuvem que lhe subtrai sua pátria. Com efeito, o exílio, e o exílio longe da Grécia, podia permitir algum gozo além daquele que encontramos dentro de nós mesmos!? Ovídio, igualmente, condenado a viver longe de Táuris, em vão falava em sua harmoniosa linguagem aos habitantes desses confins devastados: em vão buscava as artes, um belo céu, e a simpatia de pensamentos que faz apreciar até mesmo com os indiferentes alguns prazeres da amizade. Seu gênio voltava-se sobre si mesmo, e sua lira suspensa não produzia senão acordes lamentosos, lúgubre acompanhamento dos ventos do Norte.

Creio que nenhuma obra moderna retrata melhor do que a *Ifigênia* de Goethe o destino que pesa sobre a raça de Tântalo, a dignidade das desgraças causadas por uma fatalidade invencível. Um temor religioso se faz sentir em toda essa história, e as próprias personagens parecem falar profeticamente, e apenas agir sob a mão poderosa dos deuses.

Goethe fez de Thoas o benfeitor de Ifigênia. Um homem feroz, tal como diversos autores o representaram, não teria conseguido adequar-se ao tom geral da peça, teria desarranjado sua harmonia. Em várias tragédias coloca-se um tirano como uma espécie de máquina que é a causa de tudo; mas um pensador tal como Goethe jamais teria colocado em cena uma personagem sem desenvolver seu caráter. Ora, uma alma criminosa é sempre tão complicada que não poderia entrar em um tema tratado de modo tão simples. Thoas ama Ifigênia; ele não consegue resolver-se a separar-se dela, deixando-a retornar à Grécia com seu irmão Orestes. Ifigênia poderia partir sem que Thoas soubesse; ela conversa com seu irmão, e consigo mesma, se deve permitir-se tal mentira, e aí está todo o nó da última metade da peça. Enfim, Ifigênia confessa tudo a Thoas, combate sua resistência e obtém dele a palavra *adeus*, com a qual desce a cortina.

Certamente esse tema assim concebido é puro e nobre, e seria desejável que fosse possível comover os espectadores somente por um escrúpulo de delicadeza; mas isso não basta para o teatro, e o interesse por essa peça é maior ao ser lida do que quando se vê sua representação. É a admiração, e

Da Alemanha

não o patético, que impulsiona semelhante tragédia; ao escutá-la, acreditamos ouvir um canto de um poema épico; e a calma que reina em todo o conjunto favorece o próprio Orestes. O reconhecimento de Ifigênia e Orestes não é o que há de mais vivo, mas talvez seja o que há de mais poético ali. As lembranças da família de Agamenon são recordadas com uma arte admirável, e acreditamos ver passar diante dos olhos os quadros com os quais a história e a fábula enriqueceram a Antiguidade. Também despertam o interesse a máxima beleza da linguagem e os mais elevados sentimentos. Uma poesia tão sublime impulsiona a alma a uma nobre contemplação, tornando-lhe menos necessários o movimento e a diversidade dramática.

Dentre o grande número de trechos a citar nessa peça, há um que não tem modelo em parte alguma: Ifigênia, em sua dor, recorda-se de um antigo canto conhecido em sua família e que lhe foi ensinado por sua ama desde o berço: é o canto que as Parcas dão a ouvir a Tântalo no inferno. Elas lhe recuperam a glória passada, quando ele era o conviva dos deuses à mesa de ouro. Elas pintam o momento terrível em que ele fora destituído do trono, a punição que os deuses lhe infligiram, a tranquilidade desses deuses que pairam sobre o universo, e que os lamentos dos infernos não poderiam abalar; essas Parcas ameaçadoras anunciam aos benjamins de Tântalo que os deuses irão ignorá-los, pois seus traços lembram os de seu pai. O velho Tântalo ouve esse canto funesto na noite eterna, pensa em suas crianças e abaixa sua cabeça culpada. As imagens mais tocantes, o ritmo que melhor combina com os sentimentos, dão a essa poesia a cor de um canto nacional. Trata-se do maior esforço do talento familiarizar-se assim com a Antiguidade, e valer-se ao mesmo tempo do que devia ser popular entre os gregos, e daquilo que produz, na distância dos séculos, uma impressão tão solene.

A admiração que é impossível de não ser sentida pela *Ifigênia* de Goethe não está em contradição com o que eu disse sobre o interesse mais vivo, e o enternecimento mais íntimo que os temas modernos podem levar a experimentar. Os costumes e as religiões, cujos vestígios foram apagados pelos séculos, apresentam o homem como um ser ideal, que mal toca o chão sobre o qual caminha; mas nas épocas e nos fatos históricos, cuja influência ainda subsiste, sentimos o calor de nossa própria existência e queremos afeições semelhantes àquelas que nos agitam.

305

Parece-me portanto que Goethe não deveria ter colocado em sua peça *Torquato Tasso* a mesma simplicidade de ação e a mesma calma nos discursos que convinham à sua Ifigênia. Essa calma e essa simplicidade poderiam soar apenas frieza e falta de naturalidade em um tema tão moderno, sob todos os aspectos, quanto o caráter pessoal de Tasso e as intrigas da corte de Ferrara.

Goethe quis pintar nessa peça a oposição existente entre a poesia e as conveniências sociais; entre o caráter de um poeta e o de um homem de sociedade. Ele mostrou o mal que a proteção de um príncipe faz à imaginação delicada de um escritor, mesmo quando esse príncipe acredita amar as letras, ou ao menos tem orgulho de parecer amá-las. Essa oposição entre a natureza exaltada e cultivada pela poesia e a natureza fria e dirigida pela política é uma ideia mãe de mil ideias.

Um homem de letras em uma corte deve acreditar-se a princípio feliz por estar lá; mas é impossível que com o tempo não experimente alguns dos sofrimentos que tornaram a vida de Tasso tão infeliz. O talento que não fosse indomável cessaria de ser talento; e entretanto é bem raro que os príncipes reconheçam os direitos da imaginação e saibam ao mesmo tempo considerá-la e conduzi-la. Não se podia escolher um tema mais feliz do que o de Tasso em Ferrara para colocar em evidência os diferentes caracteres de um poeta, de um homem de corte, de uma princesa e de um príncipe, todos agindo em um pequeno círculo com toda a aspereza do amor-próprio aguçada pelas rodas sociais. É conhecida a sensibilidade doentia de Tasso e a rudeza polida de seu protetor Afonso, que, mesmo professando a mais alta admiração por seus escritos, mandara interná-lo na casa de loucos; como se o gênio, que vem da alma, devesse ser tratado igual a um talento mecânico do qual se tira proveito, estimando-se a obra e desdenhando-se o artífice.

Goethe retratou Leonor d'Este, a irmã do duque de Ferrara, a quem o poeta amava em segredo, como capaz de entusiasmo por seus desejos e de prudência por sua fraqueza; ele introduziu em sua peça um sábio cortesão, segundo o grande mundo,[2] que trata Tasso com a superioridade que o espírito prático crê ter sobre o espírito poético, e que o irrita por

---

2 Alta sociedade. (N. T.)

sua calma e pela habilidade que emprega para feri-lo sem ter tido nenhum motivo específico para fazer isso. Esse homem de sangue-frio conserva sua vantagem, provocando o inimigo por maneiras secas e cerimoniosas, que ofendem sem que possam ser reprovadas. Esse é o grande mal provido por certo conhecimento oriundo do grande mundo: e, nesse sentido, a eloquência e a arte de falar diferem extremamente; pois para ser eloquente é preciso livrar a verdade de todos os seus entraves e penetrar até o fundo da alma onde reside a convicção; mas a habilidade da palavra consiste, ao contrário, no talento de esquivar-se, de ornar habilmente com algumas frases aquilo que não se quer fazer entender e de servir-se dessas mesmas armas para tudo indicar, sem que jamais se possa provar que vós tivestes dito algo.

Esse gênero de esgrima causa muito sofrimento a uma alma viva e verdadeira. O homem que se serve disso parece vosso superior, pois sabe pertubar-vos, ao passo que ele mesmo permanece tranquilo; mas não é preciso deixar-se levar por essas forças negativas. A calma é bela quando vem da energia que faz que as próprias dores sejam suportadas; mas quando nasce da indiferença para com os outros, a calma não passa de uma personalidade desdenhosa. Basta um ano de estada em uma corte ou em uma capital para aprender muito facilmente a colocar habilidade e mesmo graça no egoísmo: mas para ser realmente digno de uma alta estima seria preciso reunir em si, tal como em uma bela obra, qualidades opostas: o conhecimento das questões práticas e o amor pelo belo, a sabedoria exigida pelas relações com os homens e o voo inspirado pelo sentimento das artes. É certo que um indivíduo assim conteria dois; daí Goethe ter dito em sua peça que as duas personagens que coloca em contraste, o político e o poeta, *são as duas metades de um homem*. Mas não pode haver simpatia entre essas duas metades, uma vez que não há prudência no caráter de Tasso nem sensibilidade em seu concorrente.

A dolorosa suscetibilidade dos homens de letras manifestou-se em Rousseau, em Tasso, e com mais frequência ainda nos escritores alemães. Os escritores franceses foram mais raramente atingidos por ela. Quando se vive muito consigo mesmo e na solidão, tem-se dificuldade para suportar o ar exterior. A sociedade é rude sob muitos aspectos para quem não se acostumou com ela desde a infância, e a ironia mundana é mais funesta às pessoas de talento do que a todas as outras: o espírito[3] sozinho lida melhor com isso. Goethe poderia ter escolhido a vida de Rousseau como exemplo dessa luta entre a sociedade tal como é, e a sociedade tal como uma mente poética a vê ou a deseja; mas a situação de Rousseau prestava-se muito menos à imaginação do que a de Tasso. Jean Jacques sustentou um grande gênio em situações muito inferiores. Tasso, bravo como seus cavaleiros, amoroso, amado, perseguido, coroado, e morrendo de dor, ainda jovem, às vésperas de seu triunfo, é um exemplo soberbo de todos os esplendores e reveses de um belo talento.

Parece-me que na peça de Tasso as cores do Sul da Europa não são bastante marcadas: seria talvez muito difícil apresentar em alemão a sensação produzida pela língua italiana. Não obstante, é sobretudo nos caracteres que se encontram os traços da natureza germânica mais do que os da italiana. Leonor d'Este é uma princesa alemã. A análise de seu próprio caráter e de seus sentimentos, a que ela se entrega continuamente, não está de modo algum adequado ao espírito do Sul da Europa. Lá, a imaginação não se volta sobre si mesma; ela avança sem olhar para trás. Ela não examina a origem de um acontecimento; ela o combate ou se entrega a ele sem investigar sua causa.

Tasso também é um poeta alemão. Essa impossibilidade de lidar com todas as circunstâncias habituais da vida comum, que Goethe atribui a Tasso, é um traço da vida meditativa e reclusa dos escritores do Norte. Os poetas do Sul não têm habitualmente essa incapacidade, vivendo com mais frequência fora de casa, nas praças públicas; as coisas e sobretudo os homens lhes são mais familiares.

A linguagem de Tasso, na peça de Goethe, é com frequência muito metafísica. A loucura do autor da *Jerusalém* não vinha do abuso das reflexões filosóficas nem do exame profundo daquilo que se passa no fundo do coração; provinha antes da impressão demasiado viva dos objetos exteriores, da embriaguez do orgulho e do amor; servindo-se da palavra praticamente apenas como um canto harmonioso. O segredo de sua alma não estava em seus discursos nem em seus escritos: ele não havia observado a si mesmo,

---

3 *Esprit*, engenhosidade; na tradução inglesa: *good sense*, bom senso. (N. T.)

Da Alemanha

como poderia ter se revelado aos outros? Ademais, ele considerava a poesia como uma arte exuberante, e não como uma confidência íntima dos sentimentos do coração. Por sua natureza italiana, por sua vida, por suas letras, pelas próprias poesias que compôs no cativeiro, parece-me manifesto que a impetuosidade de suas paixões, mais do que a profundidade de seus pensamentos, era a causa de sua melancolia; não havia em seu caráter, como no dos poetas alemães, a mistura habitual de reflexão e atividade, de análise e entusiasmo que perturba singularmente a existência.

A elegância e a dignidade do estilo poético são incomparáveis na peça sobre Tasso; e com ela Goethe mostrou ser o Racine da Alemanha. Mas se Racine foi repreendido pelo pouco interesse de *Berenice*,[4] haveria muito mais razão em censurar a frieza dramática do *Tasso* de Goethe; a intenção do autor era a de aprofundar os caracteres, apenas esboçando as situações; mas isso é possível? Os longos discursos cheios de engenhosidade e imaginação, que provêm sucessivamente das diferentes personagens, de qual natureza são extraídos? Quem fala assim de si mesmo e de todas as coisas? Quem esgota a esse ponto o que se pode dizer sem se importar em agir? Quando há um pouco de movimento na peça, sente-se um certo alívio da atenção contínua exigida pelas ideias. A cena do duelo entre o poeta e o cortesão interessa vivamente; a cólera de um e a habilidade do outro desenvolvem a situação de uma maneira pungente. É exigir demais dos leitores ou dos espectadores pedir-lhes que renunciem ao interesse das circunstâncias para se deterem unicamente nas imagens e nos pensamentos. Nesse caso, não é preciso pronunciar nomes próprios nem supor cenas, atos, um começo, um fim, tudo o que torna a ação necessária. A contemplação agrada no repouso; mas, quando caminhamos, a lentidão é sempre cansativa.

Por uma singular vicissitude nos gostos, os alemães a princípio atacaram nossos escritores dramáticos, por terem tornado franceses todos os seus heróis. Eles reivindicaram com razão a verdade histórica para animar as cores e vivificar a poesia; depois, de repente, cansaram-se do próprio sucesso no gênero e fizeram peças abstratas, se se pode dizer assim, nas quais as

---

4 Tragédia sobre o imperador romano Tito e a rainha da Palestina Berenice, encenada pela primeira vez em 1670. (N. T.)

relações dos homens entre si são indicadas de uma maneira geral, sem que o tempo, o lugar ou os indivíduos tenham qualquer participação nelas. É assim, por exemplo, que em *A filha natural*,[5] outra peça de Goethe, o autor nomeia suas personagens o duque, o rei, o pai, a filha etc., sem nenhuma outra designação; considerando a época em que se dá o acontecimento, o país e os próprios nomes quase como interesses abjetos, dos quais a poesia não se deve ocupar.

Essa tragédia foi realmente feita para ser representada no palácio de Odin, onde os mortos têm o costume de continuar as ocupações que tinham em vida; lá, o caçador, sombra de si mesmo, persegue a sombra de um cervo com ardor, e os fantasmas dos guerreiros combatem-se no chão das nuvens. Parece que durante algum tempo Goethe ficou inteiramente desgostoso daquilo que comumente interessava ao público nas peças de teatro. Isso era encontrado nas obras ruins; ele pensou que era preciso bani-lo das boas. Não obstante, um homem superior erra ao desdenhar aquilo que agrada universalmente; não é preciso que ele abjure sua semelhança com a natureza de todos, se deseja fazer valer o que o distingue. O ponto que Arquimedes buscava para erguer o mundo é aquele pelo qual um gênio extraordinário aproxima-se do comum dos homens. Esse ponto de contato serve-lhe para elevar-se acima dos outros; ele deve partir daquilo que todos nós experimentamos, para chegar a fazer sentir aquilo que apenas ele percebe. Ademais, se é verdade que o despotismo das conveniências com frequência mistura algo de factício às mais belas tragédias francesas, tampouco há verdade nas estranhas teorias do espírito sistemático. Se o exagero é amaneirado, certo tipo de calma também é uma afetação. Trata-se de uma superioridade que se arroga sobre as emoções da alma e que pode convir na filosofia, mas de modo algum na arte dramática.

É possível dirigir essas críticas a Goethe sem temor; pois quase todas as suas obras foram compostas em sistemas diferentes; ora ele se entrega à paixão, como no *Werther* e em *O conde de Egmont*; em outro momento, toca todas as cordas da imaginação com suas poesias fugidias. Em outro ainda, pinta a história com uma verdade escrupulosa, como em *Götz de Berlinchingen*.

---

5 Publicada em 1803. (N. T.)

Da Alemanha

Já em *Hermann e Doroteia*, é ingênuo como os autores da Antiguidade. Enfim, ele se lança com *Fausto* no turbilhão da vida; depois, de repente, com *Tasso*, *A filha natural*, e mesmo *Ifigênia*, concebe a arte dramática como um monumento erguido junto aos túmulos. Suas obras têm então as belas formas, o esplendor e o brilho do mármore; mas têm também sua fria imobilidade. Não se poderia criticar Goethe como um autor bom em certo gênero e mau em outro. Ele se assemelha antes à natureza, que produz tudo e de tudo; e é possível apreciar melhor seu clima do Sul do que seu clima do Norte, sem lhe negar os talentos concernentes a essas diversas regiões da alma.

Capítulo XXIII
Fausto

Dentre as peças de marionetes, há uma intitulada *O doutor Fausto*, ou *A ciência infeliz*,[1] que em todos os tempos gozou de um grande sucesso na Alemanha. Lessing ocupou-se desse tema antes de Goethe. Essa história maravilhosa vem de uma tradição amplamente difundida. Vários autores ingleses escreveram sobre a vida desse mesmo doutor Fausto: e alguns chegam mesmo a atribuir-lhe a invenção da imprensa. A grande profundidade de seu saber não o preservara do tédio da vida; e para tentar escapar disso, ele fizera um pacto com o diabo, o qual acaba por sujeitá-lo. Eis o argumento inicial que propiciou a Goethe a espantosa obra da qual tentarei dar uma ideia.

Certamente, não se deve procurar nela nem o gosto, nem a medida, nem a arte que escolhe e finaliza; mas se a imaginação pudesse figurar um caos intelectual tal como frequentemente descreve o caos material, o *Fausto*[2] de Goethe deveria ter sido composto nessa época. Não se poderia ir além em termos de ousadia de pensamento, e a lembrança que fica desse escrito sempre provoca um pouco de vertigem. O diabo é o herói da peça; o autor não o concebeu como um fantasma hediondo, tal como é costume representá-lo às crianças; ele o fez, se se pode dizer assim, o malfeitor por excelência, junto

---

1 *Infelix prudentia oder Doctor Johannes Faust*, peça anônima publicada em 1587. (N. T.)

2 A primeira parte do *Fausto* de Goethe foi concluída em 1807 e a segunda, em 1831. (N. T.)

a quem todos os malfeitores, e especialmente o de Gresset, não passam de noviços, dificilmente dignos de ser servidores de Mefistófeles (esse é o nome do demônio que se fez amigo de Fausto). Goethe quis mostrar com essa personagem, real e fantástica ao mesmo tempo, o mais amargo gracejo que o desdém possa inspirar, e, não obstante, um ousado bom humor que diverte. Há nos discursos de Mefistófeles uma ironia infernal dirigida a toda a criação, e que julga o universo como um livro ruim do qual o diabo se faz o censor.

Mefistófeles faz pouco do espírito, como o maior dos ridículos, quando toma um interesse sério sobre o que quer que seja no mundo, e sobretudo quando nos dá confiança em nossas próprias forças. É singular o acordo que ocorre entre a maldade suprema e a sabedoria divina; ambas reconhecem igualmente o vazio e a fraqueza de tudo o que há na Terra: mas uma proclama essa verdade apenas para repudiar o bem, e a outra apenas para se elevar acima do mal.

Se no *Fausto* existissem apenas gracejos penetrantes e filosóficos, seria possível encontrar em vários escritos de Voltaire um gênero de espírito análogo; mas sente-se nessa peça uma imaginação de natureza completamente diversa. Não apenas o mundo moral, tal como é, vê-se aniquilado, mas o inferno é colocado em seu lugar. Há um poder de feitiçaria, uma poesia de mau princípio, uma embriaguez do mal e um desvio do pensamento, que fazem estremecer, rir e chorar ao mesmo tempo. Por um momento, parece que o governo da Terra fica nas mãos do demônio. Vós ireis tremer, pois ele é impiedoso; ireis rir, pois ele humilha todos os amores-próprios satisfeitos; ireis chorar, pois a natureza humana, assim vista das profundezas do inferno, inspira uma dolorosa piedade.

Milton fez Satã maior do que o homem; Michelangelo e Dante deram-lhe traços hediondos de animal, combinados com a figura humana. O Mefistófeles de Goethe é um diabo civilizado. Ele maneja com arte essa zombaria leve na aparência, mas que pode tão bem coadunar com uma perversidade bastante profunda; ele trata como ninharia ou afetação tudo o que é sensível; sua figura é maléfica, baixa e falsa; ele possui acanhamento sem timidez, desdém sem orgulho, e certa docilidade junto às mulheres, pois, nessa única circunstância, necessita enganar para seduzir; e o que entende por seduzir é servir às paixões de um outro; pois não pode fazer semblante de amar. Essa é a única dissimulação que lhe é impossível.

O caráter de Mefistófeles supõe um inesgotável conhecimento da sociedade, da natureza e do maravilhoso. *Fausto* é o pesadelo do espírito, mas um pesadelo que redobra sua força. Encontra-se nessa peça a revelação diabólica da incredulidade, daquela que se aplica a tudo o que pode haver de bom neste mundo; e pode ser que essa revelação seja perigosa, se as circunstâncias trazidas pelas pérfidas intenções de Mefistófeles não inspirassem o horror por sua arrogante linguagem e não dessem a conhecer a perfídia que ela encerra.

Fausto reúne em seu caráter todas as fraquezas da humanidade: desejo de saber e fadiga do trabalho; necessidade do sucesso, saciedade do prazer. É um perfeito modelo do ser mutável e móvel, cujos sentimentos são mais efêmeros ainda do que a curta vida da qual ele se lamenta. Fausto tem mais ambição do que força; e essa agitação interior faz que ele se revolte contra a natureza e recorra a todos os sortilégios para escapar das condições duras, mas necessárias, impostas ao homem mortal. Ele é visto, na primeira cena, em meio a seus livros e a um número infinito de instrumentos de física e frascos de química. Seu pai ocupava-se igualmente das ciências, e transmitiu-lhe o mesmo gosto e hábito. Uma única lâmpada ilumina esse retiro sombrio, e Fausto estuda sem descanso a natureza, e sobretudo a magia, da qual já detém alguns segredos.

Ele quer fazer que um dos gênios criadores de segunda ordem apareça; o gênio vem, e lhe aconselha a não se elevar acima do âmbito do espírito humano. "Cabe a nós", ele lhe diz,

cabe a nós nos lançarmos no tumulto da atividade, nas vagas eternas da vida, erguidas e precipitadas, rechaçadas e reunidas pelo nascimento e pela morte: somos feitos para trabalhar na obra que Deus nos ordena e cuja trama é terminada pelo tempo. Mas tu, que não podes conceber senão a ti mesmo; tu, que vacilas ao aprofundar teu destino, e que meu sopro faz estremecer; deixa-me, esquece-me para sempre.

Quando o gênio desaparece, um desespero profundo apodera-se de Fausto e ele quer envenenar-se. "Eu", diz ele, a imagem da divindade, acreditava-me tão perto de apreciar a eterna verdade em todo o brilho de sua luz celeste! Eu já não era mais o filho da Terra, sentia-me igual aos querubins, que, criadores por sua vez, podem saborear até mesmo os prazeres de Deus. Ah! Quanto devo espiar meus pressentimentos presunçosos! Uma palavra fulminante destruiu-os para sempre. Espírito divino, eu tive forças para te atrair, mas não as tive para te reter. Durante o feliz instante em que te vi, senti-me ao mesmo tempo tão grande e tão pequeno! Mas tu me empurraste violentamente na direção do destino incerto da humanidade.

Quem me ensinará agora? O que devo evitar? Devo ceder ao impulso que me impele? Nossas ações, bem como nosso sofrimento, impedem a marcha do pensamento. Inclinações grosseiras opõem-se àquilo que o espírito concebe de mais magnífico. Quando atingimos certa felicidade aqui embaixo, tratamos como ilusão e mentira tudo o que vale mais do que essa felicidade; e os sentimentos sublimes de que fomos dotados pelo criador perdem-se nos interesses terrenos. A princípio, a imaginação com suas asas ousadas aspira à eternidade. Depois, um pequeno espaço logo basta aos restos de todas as nossas esperanças enganadas. A inquietude apodera-se de nosso coração, provocando nele dores secretas, e destruindo-lhe o repouso e o prazer. Ela se apresenta para nós sob mil formas; ora a fortuna, ora uma mulher, filhos, o punhal, o veneno, o fogo, o mar nos perturbam. O homem estremece diante de tudo o que não ocorrerá, e lamenta-se continuamente por aquilo que não chegou a perder.

Não, não me comparei com a divindade; não, sinto minha miséria: é ao inseto que me assemelho. Ele se remexe no pó, alimenta-se dele, e o viajante ao passar o esmaga e o destrói.

Esses livros que me cercam não são de fato pó? Não estou confinado no calabouço da ciência? Esses muros, esses vitrais que me cercam, deixam penetrar apenas a mim a luz do dia sem alterá-la? O que devo fazer com esses inumeráveis volumes, com essas ninharias sem fim que povoam minha mente? Encontrarei neles aquilo que me falta? Se percorrer essas páginas, o que lerei nelas? Por toda parte os homens são atormentados por sua sorte; de tempos em tempos, surge um afortunado, provocando o desespero do resto da Terra! (*Um crânio está sobre a mesa.*) E tu, que me pareces dirigir uma risada tão terrível, o espírito que habitava outrora teu cérebro não errou como o meu, não buscou a luz, e sucumbiu sob o peso das trevas? Essas máquinas de todo os gêneros reunidas por meu pai para servir a seus vãos trabalhos; essas rodas, esses cilindros, essas alavancas me revelarão o segredo da natureza? Não, ela é misteriosa, ainda que pareça se revelar; e todos os esforços da ciência jamais arrancarão de seu seio o que ela deseja ocultar.

Portanto, é para ti que meu olhar está voltado, licor envenenado! Tu que dás a morte, eu te saúdo como um pálido clarão na floresta sombria. Em ti honro a ciência e o espírito do homem. Tu és a mais doce essência das poções que provocam o sono. Tu conténs todas as forças que matam. Vem ao meu socorro. Sinto que meu espírito perturbado já se acalma; vou lançar-me em alto-mar. As águas límpidas brilham como um espelho a meus pés. Um novo dia me chama para a outra margem. Uma carruagem de fogo paira nesse instante sobre minha cabeça; subirei nela; poderei percorrer as esferas etéreas e saborear as delícias dos céus.

Mas, em minha baixeza, como merecê-las? Sim, eu posso, se ousar, se derrubar com coragem esses portais da morte diante dos quais todos passam trêmulos. É tempo de mostrar a dignidade do homem. Não é mais necessário que ele estremeça à beira do abismo, onde sua própria imaginação condena-se aos seus próprios tormentos, e onde as chamas do inferno parecem impedir a aproximação. É nessa taça, de um cristal puro, que verterei o veneno mortal. Ai de mim! Outrora ela servia para um uso diverso: era passada de mão em mão nos alegres festins de nossos pais, e o conviva ao segurá-la celebrava em versos sua beleza. Taça dourada! Tu me lembras as noites ardentes de minha juventude. Não te oferecerei mais ao meu próximo; não glorificarei mais o artista que soube te adornar. Um licor sombrio te preenche, eu o preparei, eu o escolhi. Ah! Que ele seja para mim a libação solene que consagro à manhã de uma nova vida!

No momento em que Fausto vai tomar o veneno, ele ouve os sinos que anunciam na cidade o dia de Páscoa, e os coros que, na igreja vizinha, celebram essa santa festa.

O CORO: Cristo ressuscitou. Que os mortais degenerados, fracos e trêmulos, alegrem-se com isso.

FAUSTO: Como o barulho imponente do bronze me perturba até o fundo da alma! Quais vozes puras derrubam a taça envenenada de minha mão? Vós anunciais, ó sinos ressonantes, a primeira hora do dia de Páscoa? Vós, coro! Já celebrais os cantos consolatórios, esses cantos que, na noite do enterro, os anjos deram a ouvir quando desceram do céu para começar a nova aliança?

O coro repete uma segunda vez: Cristo etc.

FAUSTO: Cantos celestes, poderosos e suaves, por que me buscais na poeira? Fazei-vos ouvir aos humanos que podeis consolar. Escuto a mensagem que me trazeis, mas me falta fé para crer nela. O milagre é o filho querido da fé. Não posso me lançar na esfera de onde vossa augusta notícia desceu; e, entretanto, acostumado desde a infância com esses cantos, eles me chamam à vida. Outrora um raio do amor divino descia sobre mim durante a solenidade tranquila do domingo. O estrondo surdo do sino fazia que minha alma fosse invadida de pressentimentos pelo futuro, e minha prece era um gozo ardente. Esse mesmo sino anunciava igualmente os jogos da juventude e a festa da primavera. A lembrança reanima em mim sentimentos da infância que nos desviam da morte. Oh! Fazei-vos ouvir ainda, cantos celestes! A Terra me reconquistou.

Esse momento de exaltação não dura; Fausto tem um caráter inconstante, as paixões do mundo voltam a dominá-lo. Ele tenta satisfazê-las, deseja entregar-se a elas; e o diabo, sob o nome de Mefistófeles, vem e lhe promete colocá-lo em posse de todos os prazeres terrenos, mas ao mesmo tempo sabe como desgostá-lo de todos; pois a verdadeira maldade consome de tal modo a alma que ela acaba por inspirar uma indiferença profunda pelos prazeres, bem como pelas virtudes.

Mefistófeles conduz Fausto à casa de uma bruxa, a qual mantém sob suas ordens animais metade macacos e metade gatos (*Meerkatzen*). Sob certos aspectos, podemos considerar essa cena como a paródia das bruxas de Macbeth. As bruxas de Macbeth cantam palavras misteriosas, cujos sons extraordinários têm por isso o efeito de um sortilégio; as bruxas de Goethe também pronunciam palavras estranhas, cujas consonâncias são artisticamente multiplicadas; essas palavras excitam a imaginação à jocosidade, pela própria singularidade de sua estrutura, e o diálogo dessa cena, que não passaria de uma prosa burlesca, toma um caráter mais elevado pelo encanto da poesia.

Acreditamos descobrir, ao escutar a linguagem cômica desses gatos-macacos, quais seriam as ideias dos animais se eles pudessem exprimi-las, que imagem grosseira e ridícula eles fariam da natureza e do homem.

Não há muitos exemplos nas peças francesas desses gracejos baseados no maravilhoso, nos prodígios, nas bruxas, nas metamorfoses etc.: trata-se de jogar com a natureza, tal como na comédia de costumes joga com os homens. Mas é preciso, para se comprazer com esse cômico, não lhe aplicar o raciocínio, e olhar os prazeres da imaginação como um jogo livre e sem objetivo. Não obstante, nem por isso esse jogo é mais fácil, pois as barreiras frequentemente são apoios; e quando na literatura nos entregamos a invenções sem limites, apenas o excesso e o arrebatamento próprios do talento podem dar-lhes algum mérito; a união do bizarro e do medíocre não seria tolerável.

Mefistófeles conduz Fausto às rodas de jovens de todas as posições sociais e subjuga de diferentes modos os diversos espíritos que encontra. Jamais os subjuga pela admiração, mas pelo espanto. Ele cativa sempre por algo de inesperado e desdenhoso em suas palavras e ações; pois a maior parte dos homens comuns estima mais um espírito superior, na medida em que este não se preocupa com eles. Um instinto secreto lhes diz que aquele que os despreza vê com justeza.

Um estudante de Leipzig, tendo saído da casa materna, e simplório como se pode ser nessa idade nas boas regiões da Alemanha, vem consultar Fausto sobre seus estudos; Fausto roga a Mefistófeles que se encarregue de lhe responder. Ele veste a roupa de doutor e, enquanto atende o estudante, exprime a sós seu desdém por Fausto. "Esse homem", ele diz, "jamais passará de um meio perverso, e é em vão que se orgulha de chegar a sê-lo inteiramente." De fato, uma inépcia causada por arrependimentos invencíveis atrapalha as pessoas de bem, quando elas se desviam de seu caminho natural, e os homens radicalmente maus zombam desses candidatos ao vício que têm a boa intenção de fazer o mal, mas que não têm o talento para realizá-lo.

Enfim o estudante se apresenta, e nada é mais ingênuo do que a ânsia desajeitada e confiante desse jovem alemão, que vai pela primeira vez a uma grande cidade, disposto a tudo, e nada conhecendo, tendo medo e desejo

319

por tudo o que vê; desejando se instruir, querendo muito se divertir e aproximando-se com um sorriso dócil de Mefistófeles, que o recebe com um ar frio e zombeteiro; o contraste entre a bonomia explícita de um e a insolência contida do outro é admiravelmente vivaz.

Não há um conhecimento que o estudante não queira adquirir, e o que lhe convém aprender, diz ele, é a ciência e a natureza. Mefistófeles felicita--o pela precisão de seu plano de estudo. Ele se diverte em descrever as quatro faculdades: a jurisprudência, a medicina, a filosofia e a teologia, de maneira a confundir a mente do estudante cada vez mais. Mefistófeles fornece mil argumentos diversos, todos aprovados pelo estudante, um após o outro, mas cuja conclusão o espanta, pois tem uma expectativa de seriedade, enquanto o diabo graceja sempre. O estudante se prepara de boa vontade para a admiração, e o resultado de tudo o que ouve é apenas um desdém universal. Mefistófeles tem para si que a dúvida vem do inferno, e que os Demônios são *aqueles que negam*; mas ele expressa a dúvida com um tom decidido, que, ao misturar a arrogância do caráter à incerteza da razão, deixa consistência apenas às más inclinações. Nenhuma crença, nenhuma opinião permanece fixa na mente depois de ouvir Mefistófeles, e há que se examinar a si mesmo para saber se há algo de verdadeiro neste mundo, ou se se pensa apenas para zombar de todos os que acreditam pensar.

"Não deve haver sempre uma ideia em uma palavra?", diz o estudante. "Sim, se isso for possível", responde Mefistófeles, "mas não é preciso atormentar-se muito; pois ali onde as ideias faltam, as palavras acorrem com o propósito de supri-las."

Nem sempre o estudante compreende Mefistófeles, mas isso só aumenta o respeito por seu gênio. Antes de deixá-lo, roga-lhe que escreva algumas linhas em seu *Álbum*; livro no qual, segundo os benévolos costumes da Alemanha, cada um deixa uma lembrança para seus amigos. Mefistófeles escreve o que Satã disse a Eva para induzi-la a comer o fruto da árvore da vida: *Vós sereis como Deus, conhecendo o bem e o mal.* "Eu bem posso", dizendo a si mesmo, "tomar emprestada essa velha sentença de minha prima serpente, que vem sendo utilizada já há muito tempo em minha família." O estudante retoma seu livro e vai embora perfeitamente satisfeito.

Fausto se entedia, e Mefistófeles aconselha-o a se apaixonar. Ele realmente se apaixona por uma moça do povo, totalmente inocente e ingênua, que vive na pobreza com sua velha mãe. Mefistófeles, para apresentá-la a Fausto, pensa em travar conhecimento com uma de suas vizinhas, Marta, em cuja casa a jovem Margarida vai algumas vezes. Seu marido está no estrangeiro e ela está desolada por não receber nenhuma notícia dele; ela ficaria muito triste com sua morte, mas ao menos desejaria ter a certeza disso; e Mefistófeles suaviza singularmente sua dor, prometendo-lhe uma certidão de óbito de seu esposo, na forma regular, que ela poderá, seguindo o costume, mandar publicar na gazeta.

A pobre Margarida fica à mercê do poder do mal, o espírito infernal lança-se encarniçadamente sobre ela e a torna culpada, sem lhe retirar a retidão de coração cujo repouso pode ser encontrado apenas na virtude. Um malfeitor habilidoso evita perverter totalmente as pessoas de bem que ele quer governar: pois sua ascendência sobre elas é composta das faltas e dos remorsos que alternadamente as perturbam. Fausto, ajudado por Mefistófeles, seduz essa moça singularmente simples de espírito e alma. Ela é piedosa, embora seja culpada, e a sós com Fausto pergunta-lhe se ele tem religião. "Minha criança", ele lhe diz, "tu o sabes, eu te amo. Eu daria por ti meu sangue e minha vida; não gostaria de perturbar a fé de ninguém. Não está apenas nela tudo o que podes desejar?"

MARGARIDA: Não, é preciso crer.

FAUSTO: É preciso?

MARGARIDA: Ah! Se eu tivesse algum poder sobre ti! Tu não respeitas muito os santos sacramentos.

FAUSTO: Eu os respeito.

MARGARIDA: Mas sem se aproximar deles; há muito tempo não te confessas, não vais à missa; tu crês em Deus?

FAUSTO: Minha cara amiga, quem ousa dizer: "Eu creio em Deus"? Se fizeres essa questão aos padres e aos sábios, eles responderão como se quisessem zombar daquele que os interroga.

MARGARIDA: Assim portanto, tu não crês em nada.

FAUSTO: Não interpretes mal o que digo, encantadora criatura: quem pode nomear a divindade e dizer "eu a concebo"? Quem pode ser sensível e não crer nela? O sustentáculo deste universo não abarca a ti, a mim, a natureza inteira? O céu não desce até nós? A Terra não é inabalável sob nossos pés, e as estrelas eternas do alto de sua esfera não nos olham com amor? Teus olhos não refletem em meus olhos enternecidos? Um mistério eterno, invisível e visível, não atrai meu coração para o teu? Enriquece tua alma com esse mistério, e quando provares a felicidade suprema do sentimento, denomina essa felicidade, coração, amor, Deus, não importa. O sentimento é tudo, os nomes são apenas um vão ruído, uma fumaça vã que encobre a claridade dos céus.

Esse trecho, de uma eloquência inspirada, não conviria à disposição de Fausto, se nesse momento ele não estivesse melhor, pois ama, e se a intenção do autor não tivesse sido, provavelmente, a de mostrar o quanto uma crença firme e positiva é necessária, visto que mesmo aqueles que a natureza fez sensíveis e bons não são menos capazes dos mais funestos desvios quando esse socorro lhes falta.

Fausto fica cansado do amor de Margarida como de todos os prazeres da vida; nada é mais belo, em alemão, do que os versos nos quais ele exprime ao mesmo tempo o entusiasmo da ciência e a saciedade da felicidade.

FAUSTO (*a sós*): Espírito sublime! Tu me concedeste tudo o que te pedi. Não foi em vão que voltaste para mim teu rosto envolto em chamas; tu me deste a mágica natureza por domínio, tu me deste a força para senti-la e gozá--la. Não foi uma fria admiração que me permitiste, mas um conhecimento íntimo, fazendo-me penetrar no seio do universo, como naquele de um amigo; tu conduziste diante de mim o conjunto variado de seres vivos, e me ensinaste a conhecer meus irmãos nos habitantes dos bosques, dos ares e das águas. Quando a tempestade desaba sobre a floresta, quando ela arranca e derruba os gigantescos pinheiros cuja queda ecoa pela montanha, tu me guias para um abrigo seguro, e me revelas as secretas maravilhas de meu próprio coração. Quando a lua tranquila sobe lentamente aos céus, as sombras prateadas dos tempos antigos pairam perante meus olhos sobre os rochedos, nos bosques, e parecem suavizar o severo prazer da meditação.

Mas eu o sinto, ai de mim! O homem não pode atingir nada de perfeito; ao lado dessas delícias que me aproximam dos deuses, devo suportar esse compa-

Da Alemanha

nheiro frio, indiferente, altivo, que me humilha diante de meus próprios olhos e com uma palavra reduz a nada todos os bens que tu me fizeste. Em meu peito, ele ateia um fogo descontrolado que me atrai para a beleza; inebriado, passo do desejo à felicidade, mas em meio à própria felicidade, logo um aborrecimento qualquer me faz lamentar o desejo.

A história de Margarida confrange dolorosamente o coração. Sua condição baixa, seu espírito limitado, tudo o que a submete à infelicidade, sem conseguir resistir a isso, inspira ainda mais piedade por ela. Goethe, em seus romances e em suas peças, raramente proveu qualidades superiores às mulheres, mas ele descreve maravilhosamente o caráter frágil que lhes propicia a proteção tão necessária. Margarida quer receber Fausto em sua casa sem que sua mãe o saiba, e dá a essa pobre mulher, seguindo o conselho de Mefistófeles, uma poção sonífera que ela não consegue suportar, fazendo-a morrer. A culpada Margarida engravida, sua vergonha é pública, toda a sua vizinhança a aponta. A desonra parece ter mais força sobre as pessoas de uma posição elevada, e entretanto talvez seja ainda mais temível entre o povo. Tudo é tão marcado, tão positivo, tão irreparável entre os homens que não têm palavras nuançadas para nada! Goethe lança mão de modo admirável desses costumes, ao mesmo tempo tão próximos e tão distantes de nós, ele possui em um grau supremo a arte de ser perfeitamente natural em mil naturezas diferentes.

Valentin, soldado, irmão de Margarida, chega da guerra para revê-la; e quando vem a saber de sua vergonha, o sofrimento por que passa, e pelo qual ruboriza, trai-se por uma linguagem áspera e tocante ao mesmo tempo. O homem rude na aparência e sensível no fundo da alma causa uma emoção inesperada e pungente. Goethe retratou com admirável verdade a coragem que um soldado pode empregar contra a dor moral, contra esse inimigo novo que ele sente em si mesmo, e que suas armas não poderiam combater. Enfim, arrebatado pela necessidade da vingança, ele leva para a ação todos os sentimentos que o devoravam interiormente. Ele encontra Mefistófeles e Fausto no momento em que vão fazer uma serenata sob as janelas de sua irmã. Valentin provoca Fausto, bate-se com ele, recebendo um ferimento mortal. Seus adversários desaparecem para evitar a fúria do povo.

Margarida chega, pergunta quem está sangrando ao chão. O povo lhe responde: *O filho de tua mãe*. E seu irmão agonizante lhe dirige as mais terríveis e dilacerantes reprovações que jamais uma linguagem polida poderia exprimir. A dignidade da tragédia não poderia permitir aprofundar-se tanto nos traços da natureza no coração.

Mefistófeles obriga Fausto a deixar a cidade, e o desespero provocado pelo destino de Margarida leva-o a sentir-se novamente interessado por ela. "Ai de mim!", exclama Fausto,

ela teria sido tão facilmente feliz! Uma simples cabana em um vale dos Alpes, algumas tarefas domésticas teriam bastado para satisfazer seus desejos limitados, preenchendo sua doce vida. Mas eu, o inimigo de Deus, não descansei enquanto não lhe destruí o coração, enquanto não fiz cair em ruína seu pobre destino. Assim pois sua paz deve ser arrebatada para sempre. É preciso que ela seja a vítima do inferno. Muito bem, demônio! Abrevia minha angústia, faz acontecer o que deve acontecer. Que se cumpra a sorte dessa infeliz, e ao menos lança-me com ela no abismo.

A amargura e o sangue-frio da resposta de Mefistófeles são verdadeiramente diabólicos. "Como te inflamas", ele lhe diz,

como ardes! Não sei como te consolar, e, por minha honra, me entregaria ao diabo, se eu mesmo não o fosse. Mas pensas então, insensato, que por tua pobre mente já não conseguir ver uma saída, que ela realmente não exista? Vive aquele que sabe tudo suportar com coragem! Já te tornei algo parecido comigo, e creia, rogo-te, que não há nada mais fastidioso no mundo do que um diabo que se desespera.

Margarida vai sozinha à igreja, o único refúgio que lhe resta. Uma imensa multidão está no templo, e o serviço dos mortos é celebrado nesse lugar solene. Margarida está coberta com um véu; ela reza com ardor; e quando começa a se iludir da misericórdia divina, o espírito maligno lhe diz em voz baixa:

Da Alemanha

Tu te lembras, Margarida, do tempo em que vinhas aqui te prostrar diante do altar? Eras então cheia de inocência, balbuciavas timidamente os Salmos, e Deus reinava em teu coração. Margarida, o que fizeste? Que crimes cometeste! Tu vens rezar pela alma de tua mãe, cuja morte pesa sobre tua cabeça? Na soleira de tua porta tu vês qual é o sangue? É o de teu irmão, e tu não sentes agitar em teu seio uma criatura desafortunada que te pressagia já novas dores?

MARGARIDA: Infeliz! Infeliz! Como escapar dos pensamentos que nascem em minha alma e erguem-se contra mim?

O CORO (*canta na igreja*): *Dies irae, dies illa,*
Solvet saeclum in favilla.[3]

O ESPÍRITO MALIGNO: A ira celeste te ameaça, Margarida, as trombetas da ressurreição ressoam; os mortos se agitam, e teu coração vai despertar para sentir as chamas eternas.

MARGARIDA: Ah! Se eu pudesse me afastar daqui! Os sons desse órgão me impedem de respirar, e os cantos dos padres fazem penetrar em minha alma uma emoção que a dilacera.

O CORO: *Judex ergo cum sedebit,*
Quidquid latet apparebit;
Nil inultum remanebit.[4]

MARGARIDA: Eu poderia dizer que esses muros aproximam-se para me sufocar; a abóbada do templo me oprime: ar! ar!

O ESPÍRITO MALIGNO: Esconde-te; o crime e a vergonha te perseguem. Tu pedes ar e luz, miserável! O que esperas com isso?

O CORO: *Quid sum miser tunc dicturus?*
Quem patronum rogaturus!
Cum vix justus sit securus?[5]

O ESPÍRITO MALIGNO: Os santos desviam o rosto em tua presença; eles enrubesceriam se tivessem de estender suas mãos puras para ti.

O CORO: *Quid sum miser tunc dicturus?*

---

3 Virá o dia da cólera, e o século será reduzido a cinzas.
4 Quando o juiz supremo surgir, ele revelará tudo o que está oculto, e nada poderá ficar impune.
5 Infeliz! O que direi então? A qual protetor me voltarei, quando apenas o justo pode se crer salvo?

Margarida grita por socorro e desmaia.

Que cena! Essa desafortunada que, no abrigo da consolação, encontra o desespero: a multidão reunida orando a Deus com confiança, ao passo que uma mulher infeliz, no próprio templo do Senhor, encontra o espírito do inferno! As palavras severas do hino santo são interpretadas pela inflexível maldade do gênio mau. Que desordem no coração! Que males impostos sobre uma mente fraca e pobre! E que talento aquele que sabe assim representar à imaginação esses momentos nos quais a vida acende em nós como um fogo sombrio, e lança sobre nossos dias passageiros a terrível luz da eternidade das dores!

Mefistófeles imagina levar Fausto no sabá das bruxas, para distraí-lo de suas dores; e há então uma cena da qual é impossível dar a ideia, embora se encontre nela um grande número de pensamentos a reter; essa festa de sabá equivale às Saturnais do espírito. O andamento da peça é suspenso por esse intermédio, e quanto mais forte é a situação, mais é impossível se submeter até mesmo às invenções do gênio, quando interrompem o interesse desse modo. No meio do turbilhão de tudo o que se pode imaginar e dizer, quando as imagens e as ideias se precipitam, se confundem e parecem cair nos abismos dos quais a razão as fez sair, ocorre uma cena que se liga à situação de um modo terrível. As conjurações da magia fazem aparecer diversos quadros, e de repente Fausto aproxima-se de Mefistófeles e lhe diz: "Tu podes ver ali uma moça bela e pálida, que se encontra solitária em seu alienamento? Ela caminha lentamente, seus pés parecem amarrados um ao outro; não achas que ela se parece com Margarida?".

MEFISTÓFELES: Trata-se de um efeito da magia, nada além de uma ilusão. Não é bom fixar teu olhar nela. Esses olhos parados enregelam o sangue dos homens. Foi assim que outrora a cabeça de Medusa transformava em pedra aqueles que a observavam.

FAUSTO: É certo que essa imagem tem os olhos abertos como os de um morto a quem a mão de um amigo não teria fechado. Eis o peito sobre o qual repousei minha cabeça; eis os encantos que meu coração possuiu.

MEFISTÓFELES: Insensato! Tudo isso não passa de bruxaria; cada um crê ver sua bem-amada nesse fantasma.

FAUSTO: Que delírio! Que sofrimento! Não posso me afastar desse olhar; mas em torno desse belo pescoço, o que significa esse colar vermelho, largo como a lâmina de uma faca?

MEFISTÓFELES: É verdade: mas o que queres fazer? Não te afundes em teus devaneios; vem para a montanha, onde te preparam uma festa. Vem.

Fausto fica sabendo que Margarida matou a criança à qual dera à luz, esperando assim esconder sua vergonha. Descoberto seu crime, ela foi presa, devendo morrer no dia seguinte no cadafalso. Fausto maldiz Mefistófeles com furor; Mefistófeles acusa Fausto com sangue-frio, provando-lhe que foi ele quem desejou o mal, e que o ajudou apenas a pedido dele. Uma sentença de morte é proferida contra Fausto por ter matado o irmão de Margarida. Não obstante, ele entra em segredo na cidade, obtém de Mefistófeles os meios para libertar Margarida e penetra de noite em seu calabouço, do qual roubara as chaves.

Ele ouve ao longe o murmurar de uma canção que prova a perdição de seu espírito; as palavras dessa canção são muito vulgares, e Margarida era naturalmente pura e delicada. Habitualmente, os loucos são pintados como se a loucura se arranjasse com as conveniências, e conferisse apenas o direito de deixar inacabadas as frases começadas, e de romper oportunamente o fio das ideias; mas não ocorre assim: a verdadeira desordem de espírito mostra-se quase sempre sob formas estranhas à própria causa da loucura, e a alegria dos infelizes é bem mais dilacerante que sua dor.

Fausto entra na prisão: Margarida crê que alguém vem buscá-la para conduzi-la à morte.

MARGARIDA (*erguendo-se de sua cama de palha, exclama*): Estão vindo! Estão vindo! Oh! Como a morte é amarga!

FAUSTO (*em voz baixa*): Calma, calma, vou libertar-te. (*Ele se aproxima dela para livrá-la das correntes.*)

MARGARIDA: Se és um homem, meu desespero te tocará.

FAUSTO: Mais baixo, mais baixo; despertarás a guarda com teus gritos.

MARGARIDA (*se lança de joelhos*): Quem te deu, bárbaro, este poder sobre mim? É apenas meia-noite. Por que já me vens buscar? Tem piedade de minhas lágrimas, deixa-me viver ainda. Amanhã de manhã, não é bastante cedo? (*Margarida se levanta.*) Sou ainda tão jovem, tão jovem; e já devo morrer? Eu era tão bela; foi isso que causou minha perdição. Meu amigo estava então perto de mim; ele está agora bem longe. As flores de minha grinalda estão em desordem. Não me segures com tanta violência. Poupa-me. Não me deixes chorar em vão. Jamais, até este dia, te havia visto.

FAUSTO: Como suportarei essa dor?

MARGARIDA: Estou inteiramente em teu poder. Apenas me deixa amamentar meu filho; eu o mantive junto ao meu coração por toda a noite. Eles o tiraram de mim para me afligir. Não declararam que eu o tinha matado? Jamais voltarei a ser o que era. Não cantaram canções contra mim, esses malfeitores! O que queriam então dizer?

FAUSTO (*lança-se a seus pés*): Teu amado está aos teus pés; ele acaba de abrir as portas dessa horrível prisão.

MARGARIDA: Sim, vamos ficar de joelhos; invoquemos os santos em nosso socorro. Os gritos do inferno se fazem ouvir, e os gênios maus nos esperam à entrada de meu calabouço.

FAUSTO: Margarida! Margarida!

MARGARIDA (*atenta*): Essa era a voz de meu amigo. (*Ela se precipita para Fausto, e suas correntes caem.*) Onde ele está? Eu o ouço me chamar. Estou livre. Ninguém mais poderá manter-me presa. Irei lançar-me em seus braços e descansarei junto ao seu peito. Ele chama por Margarida: ele está lá, diante da porta. Em meio aos alaridos da impiedosa morte ouço a doce e tocante harmonia de sua voz!

FAUSTO: Sim, sou eu, Margarida!

MARGARIDA: És tu: dize-o mais uma vez. (*Ela o aperta junto ao coração.*) É ele! É ele! O que houve com a angústia dos ferros e do cadafalso? És tu! Estou salva! Percebo diante de mim o caminho onde te vi pela primeira vez, o jardim tão alegre onde Marta e eu te esperávamos.

FAUSTO: Vem, vem.

MARGARIDA: É tão bom para mim ficar aqui junto a ti! Ah! Não te afastes mais!

FAUSTO: Apressa-te, pagaremos bem caro o menor atraso.

MARGARIDA: Como! Tu não correspondes aos meus beijos? Meu amigo, há tão pouco tempo nos deixamos! Tu já esqueceste como me abraçavas junto ao teu coração? Outrora tuas palavras, teus olhares me traziam todo o céu! Abraça-me, com vontade, abraça-me! Teu coração está frio e mudo? O que fizeste de teu amor? Quem o arrancou de mim?

FAUSTO: Vem, segue-me, cara amiga: toma coragem: amo-te com loucura; mas segue-me, é a única coisa que te rogo.

MARGARIDA: Tu estás bem, Fausto? Tu estás bem?

FAUSTO: Sim, sem dúvida; sim, vem.

MARGARIDA: Tu me livras de minhas correntes e me tomas novamente em teu braço. Por que não tens horror de Margarida? Tu sabes bem, meu amigo, sabes bem quem libertas?

FAUSTO: Vem, vem; a noite já não é tão escura.

MARGARIDA: Minha mãe! Fui eu que a matei! Meu filho! Fui eu que o afoguei! Ele não pertencia tanto a ti como a mim? É então verdade, Fausto, que te vejo? Não é um sonho? Dá-me tua mão, tua mão querida. Oh! Céus! Está úmida, deixa-me secá-la. Creio que há sangue! Esconde tua espada; onde está meu irmão! Eu te rogo, esconde-a de mim!

FAUSTO: Deixa pois no esquecimento o irreparável passado; tu estás me matando.

MARGARIDA: Não, é preciso que fiques. Quero descrever-te os túmulos que mandarás preparar a partir de amanhã. É preciso dar o melhor lugar a minha mãe; meu irmão deve estar próximo dela. Quanto a mim, tu me colocarás um pouco mais longe. Mas não muito longe, e meu filho junto ao meu seio direito: mas ninguém deve descansar ao meu lado. Gostaria que estivesses próximo a mim; mas seria uma felicidade terna e pura, que já não mais me cabe. Sinto-me arrastada a ti, e me parece que me repudias com violência: entretanto teu olhar está cheio de ternura e bondade.

FAUSTO: Ah! Se me reconheces, vem.

MARGARIDA: Aonde irei?

FAUSTO: Tu serás livre.

MARGARIDA: O túmulo está lá fora. A morte espia meus passos. Vem; mas leva-me para a morada eterna; só para lá posso ir. Tu queres partir? Oh! Meu amigo, se eu pudesse…

FAUSTO: Tu podes, se quiseres; as portas estão abertas.

MARGARIDA: Não ouso sair; não há mais esperança para mim. De que me serve fugir? Meus perseguidores me esperam. Mendigar é tão miserável;

sobretudo com uma má consciência! É triste também vagar no estrangeiro; aliás, em qualquer parte serei presa.

FAUSTO: Ficarei contigo.

MARGARIDA: Rápido, rápido, salva teu pobre filho. Parte, segue o caminho que margeia o riacho. Atravessa a trilha que conduz à floresta; à esquerda, próximo da eclusa, no lago, segura-o imediatamente: ele estenderá as mãos para o céu; convulsões o agitam. Salva-o! Salva-o!

FAUSTO: Retoma teus sentidos; só mais um passo, e não terás mais nada a temer.

MARGARIDA: Se ao menos já tivéssemos passado a montanha... O ar é tão frio próximo da fonte. Lá, minha mãe está sentada em um rochedo, balançando sua velha cabeça. Ela não me chama; não me acena para vir; apenas seus olhos estão pesados; ela não despertará mais. Outrora nos alegrávamos enquanto ela dormia... Ah! Que lembrança!

FAUSTO: Uma vez que não escutas minhas preces, irei arrastar-te apesar de ti.

MARGARIDA: Deixa-me. Não, não sofrerei essa violência; não me tomes assim com tua força mortal. Ah! Já fiz demais o que tu quiseste.

FAUSTO: Clareia o dia, querida amiga! Querida amiga!

MARGARIDA: Sim, logo se fará dia. Meus últimos raios penetram nesse calabouço. Eles vêm celebrar minhas núpcias eternas. Não digas a ninguém que tu viste Margarida esta noite. Minha pobre grinalda murchou. Nós nos veremos novamente, mas não nas festas. As pessoas irão amontoar-se, o barulho será confuso. A praça, as ruas não serão suficientes para a multidão. O sino toca, o sinal é dado. Irão amarrar minhas mãos, vendar meus olhos. Subirei no cadafalso sangrento, e a lâmina de ferro cairá sobre minha cabeça... Ah! O mundo já está silencioso como o túmulo.

FAUSTO: Céu! Por que nasci?

MEFISTÓFELES (*aparece à porta*): Apressai-vos, ou estareis perdidos. Vossa demora, vossas incertezas são funestas. Meus cavalos tremem; o frio da manhã se faz sentir.

MARGARIDA: Quem surge assim da terra? É ele, é ele. Manda-o sair. O que faria no santo lugar? É a mim que quer levar.

FAUSTO: É preciso que tu vivas.

Da Alemanha

MARGARIDA: Tribunal de Deus, entrego-me a ti!

MEFISTÓFELES (*para Fausto*): Vem, vem, ou entrego-te à morte com ela.

MARGARIDA: Pai celeste, sigo-te; e vós, anjos, salvai-me. Tropas sagradas cercai-me, defendei-me. Fausto, é tua sorte que me aflige…

MEFISTÓFELES: Ela foi julgada.

(*Vozes do céu exclamam*): Ela está salva.

MEFISTÓFELES (*para Fausto*): Segue-me.

(*Mefistófeles desaparece com Fausto; ouve-se ainda ao fundo do calabouço a voz de Margarida que lembra em vão de seu amigo*): Fausto! Fausto!

A peça é interrompida depois dessas palavras. A intenção do autor é sem dúvida que Margarida pereça e que Deus a perdoe; que a vida de Fausto seja salva, mas que sua alma seja perdida.

É preciso suprir pela imaginação o encanto que uma belíssima poesia deve acrescentar às cenas que tentei traduzir. A arte da versificação tem sempre um tipo de mérito reconhecido por todos, e que independe do tema ao qual é aplicada. Na peça de Fausto, o ritmo muda segundo a situação, e a variedade brilhante que resulta disso é admirável. A língua alemã apresenta um maior número de combinações do que a nossa, e Goethe parece tê-las empregado para exprimir, com os sons e as imagens, a singular exaltação de ironia e entusiasmo, de tristeza e alegria que o levou a compor essa obra. Seria realmente bastante ingênuo supor que este homem não saiba todas as faltas de gosto que se podem reprovar em sua peça, mas é curioso conhecer os motivos que o determinaram a deixá-las, ou antes, a colocá-las nela.

Nessa obra, Goethe não se sujeitou a nenhum gênero; não se trata de uma tragédia ou de um romance. O autor quis abjurar toda maneira sóbria de pensar e escrever nessa composição: seriam encontradas algumas relações com Aristófanes, se traços do patético de Shakespeare não misturassem belezas de um gênero completamente diverso. *Fausto* espanta, comove, enternece; mas não deixa uma terna impressão na alma. Embora a presunção e o vício sejam nele cruelmente punidos, não se sente na punição uma mão benfazeja; dir-se-ia que o próprio mau princípio dirige a vingança contra o crime que leva a cometer; e o remorso, tal como é pintado na peça, parece vir do inferno, assim como a falta.

A crença nos espíritos malignos é encontrada em um grande número de poesias alemãs. A natureza do Norte é bem adequada a esse terror, sendo pois bem menos ridículo na Alemanha, do que o seria na França, servir-se do diabo nas ficções. A considerar todas essas ideias apenas sob o aspecto literário, é certo que nossa imaginação figura algo que corresponde à ideia de um gênio mau, seja no coração humano, seja na natureza: o homem faz algumas vezes o mal de uma maneira por assim dizer desinteressada, sem objetivo e mesmo contra seu objetivo, e somente para satisfazer uma certa aspereza interior que provoca a necessidade de prejudicar. Havia ao lado das divindades do paganismo outras divindades da raça dos Titãs, que representavam as forças revoltadas da natureza; e dir-se-ia que no cristianismo as más inclinações da alma estão personificadas sob a forma dos demônios.

É impossível ler *Fausto* sem que o pensamento seja estimulado de mil maneiras diferentes: entramos em confronto com o autor, passamos a acusá-lo, a justificá-lo; mas ele leva a refletir sobre tudo, e, para recorrer à linguagem de um sábio ingênuo da Idade Média, *sobre tudo e algo mais*.[6] As críticas feitas a tal obra são fáceis de prever de antemão, ou antes, é o próprio gênero dessa obra que pode incorrer na censura ainda mais do que a maneira pela qual é tratado; pois tal composição deve ser julgada como um devaneio; e se o bom gosto velasse sempre à porta de marfim dos sonhos para obrigá--los a tomar a forma conveniente, eles raramente tocariam a imaginação.

Entretanto, a peça *Fausto* certamente não é um bom modelo. Seja porque poder ser considerada como a obra do delírio do espírito ou da saciedade da razão, deve-se desejar que tais produções não se renovem; mas quando um gênio tal como o de Goethe liberta-se de todos os entraves, a multidão de seus pensamentos é tão grande que, por todos os lados, superam e deitam por terra as barreiras da arte.

---

6 *De omnibus rebus et quibusdam aliis.*

Capítulo XXIV
Lutero, Átila, Os filhos do vale, A cruz do Báltico, O vinte e quatro de fevereiro, *por Werner*[1]

Desde que Schiller morreu e que Goethe deixou de escrever para o teatro, o primeiro entre os escritores dramáticos da Alemanha é Werner: ninguém melhor do que ele soube disseminar nas tragédias o encanto e a dignidade da poesia lírica; não obstante, o que o torna tão admirável como poeta prejudica seu sucesso no palco. Suas peças, de uma rara beleza, se buscarmos nelas apenas cantos, odes, pensamentos religiosos e filosóficos, são extremamente vulneráveis quando julgadas como dramas que podem ser representados. Isso não quer dizer que Werner não tenha talento para o teatro, e que não conheça seus efeitos muito melhor do que a maioria dos escritores alemães; mas dir-se-ia que ele quer propagar um sistema místico de religião e amor com a ajuda da arte dramática, e que suas tragédias são o meio do qual se serve, mais do que o objetivo a que se propõe.

Lutero, embora escrito sempre com essa intenção secreta, obteve o maior sucesso no Teatro de Berlim. A Reforma é um acontecimento de enorme

---

1 Friedrich Ludwig Zacharias Werner (1768-1823): poeta, dramaturgo e pregador; converteu-se ao catolicismo em 1811; *Martinho Lutero ou a consagração da força*, drama religioso em cinco atos escrito em 1806 e publicado em 1807; *Átila, rei dos hunos*, tragédia romântica em cinco atos escrita em 1807 e publicada em 1808; *Os filhos do vale*, escrito em 1803; *Das Kreuz an der Ostsee* [A cruz sobre o Báltico], drama religioso, a primeira parte foi publicada em 1806, a segunda foi perdida; *O vinte e quatro de fevereiro*, tragédia em um ato escrita em 1809 e publicada em 1815. (N. T.)

importância para o mundo, e particularmente para a Alemanha que foi seu berço. A audácia e o heroísmo emanados do caráter de Lutero causam uma viva impressão, sobretudo nos países onde o pensamento preenche por si só toda a existência: nenhum tema portanto podia atrair mais a atenção dos alemães.

Tudo o que concerne ao efeito das novas opiniões sobre os espíritos está extremamente bem pintado na peça de Werner. A cena abre-se nas minas da Saxônia, não muito longe de Wittemberg, onde Lutero morava: o canto dos mineiros cativa a imaginação; o refrão desses cantos é sempre um apelo ao campo aberto, ao ar livre, ao sol. Esses homens grosseiros, já penetrados pela doutrina de Lutero, falam dele e da Reforma; e, em seus obscuros sub-terrâneos, tratam da liberdade de consciência, do exame da verdade, enfim, desse outro dia, dessa outra luz que deve penetrar as trevas da ignorância.

No segundo ato, os agentes do eleitor da Saxônia vêm abrir a porta dos conventos às religiosas. Essa cena, que podia ser cômica, é tratada com uma solenidade tocante. Werner compreende com sua alma todos os cultos cris-tãos; e se concebe corretamente a nobre simplicidade do protestantismo, ele também sabe aquilo que os votos ao pé da cruz têm de severo e sagrado. A abadessa do convento, ao abdicar do véu que cobriu seus cabelos negros na juventude e que esconde agora seus cabelos embranquecidos, experi-menta um sentimento de temor, tocante e natural; e versos harmoniosos e puros como a solidão religiosa exprimem seu enternecimento. Entre essas religiosas está a mulher que deve unir-se a Lutero, e que nesse momento é a mais oposta de todas à sua influência.

Ao número de belezas desse ato, deve-se contar o retrato de Carlos V, desse soberano cuja alma cansou-se do domínio do mundo. Um gentil--homem saxão devotado a servi-lo refere-se a ele deste modo: "Esse homem gigantesco não guarda um coração em seu terrível peito. O raio fulminante da onipotência está em suas mãos; mas ele não sabe uni-lo à apoteose do amor. Ele se parece com a jovem águia que tem o globo inteiro em uma das garras, e deve devorá-lo para se alimentar". Essas poucas palavras anunciam dignamente Carlos V; mas é mais fácil pintar esse homem do que dar voz a ele.

Da Alemanha

Lutero confia na palavra de Carlos V, embora cem anos antes, no Concílio de Constâncio, Jan Huss[2] e Jerônimo de Praga tivessem sido queimados vivos, apesar do salvo-conduto do imperador Sigismundo. Às vésperas de capitular em Worms, onde se dá a Dieta[3] do Império, a coragem de Lutero enfraquece-se durante alguns instantes; ele se sente tomado pelo terror e pelo desencorajamento. Seu jovem discípulo lhe traz a flauta que costumava tocar para reanimar os espíritos abatidos; ele a segura, e alguns acordes harmoniosos fazem reentrar em seu coração toda essa confiança em Deus, que é a maravilha da existência espiritual. Dizem que esse momento causou grande efeito no Teatro de Berlim, o que é fácil de conceber. As palavras, por mais belas que sejam, não podem mudar nossa disposição interior tão rapidamente quanto a música; Lutero a considerava como uma arte pertencente à teologia, e que servia poderosamente para desenvolver os sentimentos religiosos no coração do homem.

O papel de Carlos V, na Dieta de Worms, não é isento de afetação, e por conseguinte carece de grandeza. O autor quis colocar em oposição o orgulho espanhol e a simplicidade rude dos alemães; mas, sem contar que Carlos V tinha demasiado gênio para ser exclusivamente de determinado país, parece-me que Werner deveria ter evitado apresentar um homem, de uma vontade forte, proclamando aberta e sobretudo inutilmente essa vontade. Ela se dissipa, por assim dizer, ao ser exprimida; e os soberanos despóticos sempre causaram mais medo por aquilo que ocultavam do que por aquilo que deixavam ver.

Werner, não obstante o vagar de sua imaginação, tem o espírito bastante refinado e observador; mas me parece que, no papel de Carlos V, ele utilizou cores que não são nuançadas como a natureza.

Um dos belos momentos de *Lutero* é quando vemos seguir para a Dieta, de um lado, os bispos, os cardeais, toda a pompa enfim da religião católica;

---

2 Jan Huss (1369-1415): liderou um movimento religioso baseado nas ideias do inglês John Wyclif; seus seguidores ficaram conhecidos como os hussitas; Jerônimo de Praga (1379-1416), principal discípulo de Huss, estudou as ideias de Wyclif na Universidade de Oxford. (N. T.)

3 Junta de príncipes, ou de seus embaixadores, na Alemanha para decidir os negócios do império. (N. T.)

e do outro, Lutero, Melanchthon e alguns de seus discípulos reformados, vestidos de negro, e cantando na língua nacional o cântico que começa com estas palavras: "Nosso Deus é nossa fortaleza". A magnificência exterior foi frequentemente exaltada como um meio de agir sobre a imaginação; mas quando o cristianismo mostra-se em sua simplicidade pura e verdadeira, a poesia do fundo da alma prevalece sobre todas as outras.

O ato no qual se dá a defesa de Lutero, na presença de Carlos V, dos príncipes do Império e da Dieta de Worms, começa pelo discurso de Lutero; mas ouve-se apenas sua peroração, pois se presume que ele já tenha dito tudo o que concerne à sua doutrina. Depois de sua fala, tomam-se os pareceres dos príncipes e dos deputados sobre seu processo. Os diversos interesses que movem os homens, o medo, o fanatismo, a ambição, são perfeitamente caracterizados nesses pareceres. Um dos votantes, entre outros, fala muito bem de Lutero e de sua doutrina; mas acrescenta ao mesmo tempo que "uma vez que todos afirmam que ela leva o tumulto ao Império, ele vota, embora com pesar, para que Lutero seja queimado". Não há como deixar de admirar, nas obras de Werner, o perfeito conhecimento dos homens, e seria desejável que, ao sair de seus devaneios, colocasse com mais frequência os pés na terra para desenvolver em seus escritos dramáticos seu espírito observador.

Lutero é absolvido por Carlos V e confinado durante algum tempo na fortaleza de Wartburg, para que seus amigos, à frente dos quais estava o eleitor da Saxônia, acreditassem que estava em maior segurança. Ele reaparece enfim em Wittemberg, onde estabeleceu sua doutrina, assim como em todo o Norte da Alemanha.

Próximo do final do quinto ato, Lutero, no meio da noite, prega na igreja contra os velhos erros. Ele anuncia que estes desaparecerão logo, e que o novo dia da razão será erguido. Nesse momento, no Teatro de Berlim, viram-se os círios se apagarem pouco a pouco e a aurora do dia perpassar os vitrais da catedral gótica.

A peça *Lutero* é tão animada, tão variada, que é fácil conceber como encantou todos os espectadores; não obstante, somos com frequência distraídos da ideia principal por singularidades e alegorias que não convêm nem a um tema extraído da história, nem sobretudo ao teatro.

Da Alemanha

Catarina, ao perceber Lutero, a quem detestava, exclama: "Eis meu ideal!", e o mais violento amor apodera-se dela nesse instante. Werner acredita haver predestinação no amor, e que os seres criados um para o outro devem reconhecer-se à primeira vista. Trata-se de uma doutrina metafísica e madrigalesca bastante agradável, mas que não poderia ser bem compreendida em cena; além disso, não há nada mais estranho do que essa exclamação sobre o ideal dirigida a Martinho Lutero; pois ele é representado como um gordo monge erudito e escolástico, a quem não convém muito a expressão mais romanesca que se possa tomar de empréstimo da moderna teoria das belas-artes.

Dois anjos, sob a forma de um jovem discípulo de Lutero e de uma jovem amiga de Catarina, parecem atravessar a peça com jacintos e palmas, como símbolos da pureza e da fé. Esses dois anjos desaparecem ao final, e a imaginação os segue pelo ar; mas o patético é menos premente quando são utilizados quadros fantásticos para adornar a situação; trata-se de um outro gênero de prazer, diferente daquele que nasce das emoções da alma; pois o enternecimento não pode existir sem a simpatia. Em meio à cena, tem-se o desejo de julgar as personagens como seres existentes; censurar, aprovar suas ações, adivinhá-las, compreendê-las e colocar-se no lugar delas, para provar todo o interesse da vida real, sem temer seus perigos.

As opiniões de Werner, referentes ao amor e à religião, não devem ser examinadas levianamente. Aquilo que sente lhe é seguramente verdadeiro; mas uma vez que, sobretudo nesse gênero, a maneira de ver e as impressões de cada indivíduo são diferentes, o autor não deve utilizar uma arte essencialmente universal e popular para propagar suas opiniões pessoais.

Outra produção de Werner, muito bela e original, é *Átila*. O autor extrai da história desse *flagelo de Deus* o momento de sua chegada diante de Roma. O primeiro ato começa pelos gemidos das mulheres e das crianças que se evadem da Aquileia em cinzas; e essa exposição em movimento não somente excita o interesse desde os primeiros versos da peça, mas dá uma terrível ideia do poder de Átila. É uma arte necessária ao teatro propiciar o julgamento das principais personagens mais pelo efeito que produzem sobre os outros do que por um retrato, por mais impressionante que possa ser. Um único homem multiplicado por aqueles que lhe obedecem espalha o terror pela Ásia e pela Europa. Que imagem gigantesca da vontade absoluta esse espetáculo não oferece!

Ao lado de Átila está uma princesa de Borgonha, Hildegonda, que deve desposá-lo, e pela qual ele acredita ser amado. Essa princesa nutre um profundo sentimento de vingança contra ele, pois Átila havia matado seu pai e seu amado. Ela deseja unir-se a ele apenas para assassiná-lo; e, por um refinamento singular do ódio, cuidou dele quando estava ferido, de medo que morresse honrosamente como guerreiro. Essa mulher é pintada como a deusa da guerra; seus cabelos loiros e sua túnica escarlate parecem reunir nela a imagem da fraqueza e do furor. Seu caráter misterioso tem a princípio um grande poder sobre a imaginação; mas quando esse mistério cresce sem parar, quando o poeta deixa supor que um poder infernal apoderou-se dela e que não somente, ao final da peça, ela imola Átila durante a noite de núpcias, mas apunhala ao lado dele seu filho mais velho de 14 anos, não há mais vestígios de mulher nessa criatura, e a aversão que ela inspira prevalece sobre o terror que pode causar. Não obstante, todo o papel de Hildegonda é uma invenção original; e, em um poema épico, no qual seriam admitidas personagens alegóricas, essa fúria, sob traços delicados, presa aos passos de um tirano, bem como a adulação pérfida, sem dúvida produziria um grande efeito.

Enfim, o terrível Átila surge em meio às chamas que consumiram a cidade de Aquileia; ele se senta nas ruínas dos palácios que acaba de destruir, e parece encarregado da tarefa de realizar sozinho em um dia a obra dos séculos. Ele tem como que uma espécie de superstição em relação a si mesmo; ele é o objeto de seu culto, crê em si, vê-se como o instrumento dos decretos do céu, e essa convicção mistura um certo sistema de equidade a seus crimes. Ele reprova os erros de seus inimigos, como se não os tivesse cometido mais do que todos eles; ele é feroz, e não obstante é um bárbaro generoso; é déspota, e mostra-se entretanto fiel à sua promessa; enfim, em meio às riquezas do mundo, ele vive como um soldado, e não pede à Terra senão o gozo de conquistá-la.

Átila assume as funções de juiz na praça pública, e então dá seu parecer sobre os delitos trazidos diante de seu tribunal segundo um instinto natural, que vai mais ao fundo das ações que as leis abstratas cujas decisões são as mesmas para todos os casos. Ele condena seu amigo, culpado de perjúrio, abraça-o chorando, mas ordena no mesmo instante que seja dilacerado pelos cavalos: a ideia de uma necessidade inflexível o dirige; e sua própria vontade lhe parece essa necessidade. Os movimentos de sua alma têm uma espécie de rapidez e decisão que exclui toda nuança; parece que essa alma comporta-se com uma força física irresistível e inteiramente voltada para a direção que ela segue. Enfim, levam diante de seu tribunal um fratricida; e, uma vez que havia matado o próprio irmão, ele fica transtornado e recusa-se a julgar o criminoso. Átila, apesar de todas as suas atrocidades, acreditava-se encarregado de realizar a justiça divina na Terra, e, prestes a condenar um homem por um ultraje parecido com aquele com que maculou sua própria vida, algo como um remorso o invade até o fundo da alma.

O segundo ato é uma pintura realmente admirável da corte de Valentiniano em Roma. Com muita sagacidade e justeza, o autor coloca em cena a frivolidade do jovem imperador Valentiniano, cujo perigo de seu império não o desvia de seus divertimentos costumeiros, e a insolência da imperatriz-mãe, que não sabe domar o menor de seus ódios, quando se trata da felicidade do império, prestando-se a todas as baixezas, desde que um perigo pessoal a ameace. Os cortesãos, infatigáveis em suas intrigas, buscam ainda prejudicar uns aos outros, às vésperas da ruína de todos; e a velha Roma é punida por um bárbaro por ter se mostrado ela mesma tão tirânica em relação ao mundo: esse quadro é digno de um poeta historiador como Tácito.

Em meio a esses caracteres tão verdadeiros, aparece o papa Leão, personagem sublime fornecida pela história, e a princesa Honória, cuja herança Átila reclama a fim de devolvê-la. Honória sente em segredo um amor apaixonado pelo altivo conquistador que jamais viu, mas cuja glória a inflama. Vê-se que a intenção do autor foi fazer de Honória e Hildegonda o bom e o mau gênio de Átila; e já a alegoria que se crê entrever nessas personagens arrefece o interesse dramático que poderiam inspirar. Não obstante, esse interesse revela-se admiravelmente em várias cenas da peça, sobretudo quando Átila, depois de ter debelado as tropas do imperador Valentiniano, marcha para Roma e encontra em seu caminho o papa Leão, carregado em uma liteira e precedido pelo aparato sacerdotal.

Leão o intima, em nome de Deus, a não entrar na cidade eterna. Átila sente imediatamente um terror religioso até então alheio à sua alma. Ele crê ver no céu São Pedro, de espada desembainhada, a impedir seu avanço. Essa cena é o tema de um admirável quadro de Rafael. De um lado, a maior calma reina na figura do velho indefeso, cercado por outros velhos que confiam, como ele, na proteção de Deus; e de outro, o terror é pintado na temível figura do rei dos hunos; seu próprio cavalo empina-se com o brilho da luz celeste, e os guerreiros do invencível baixam os olhos diante dos cavalos brancos do santo homem, que passa sem medo em meio a eles.

As palavras do poeta exprimem muito bem a sublime intenção do pintor, o discurso de Leão é um hino inspirado; e a maneira pela qual a conversão do guerreiro do Norte é indicada também me parece realmente bela. Átila, os olhos voltados para o céu e contemplando a aparição que crê ver, chama Edecon, um dos comandantes de sua armada, e lhe diz: "Edecon, tu avistas lá no alto um terrível gigante? Não o avistas ali, bem acima do lugar onde o velho se fez ver na claridade do sol?".

EDECON: Vejo apenas corvos que se precipitam em bando sobre os mortos que lhes servirão de repasto.

ÁTILA: Não, é um fantasma; é talvez a imagem daquele que é o único que pode absolver ou condenar. O velho não o havia predito? Eis o gigante cuja cabeça está no céu e cujos pés tocam a Terra; ele ameaça com suas chamas o lugar onde estamos; ele está lá diante de nós, imóvel, e dirige contra mim, como um juiz, sua espada flamejante.

EDECON: Essas chamas são fogos do céu que doiram nesse momento as cúpulas dos templos de Roma.

ÁTILA: Sim, é um templo de ouro, ornado de pérolas, que ele traz sobre sua cabeça embranquecida; em uma das mãos segura uma espada flamejante; na outra, duas chaves de bronze, envoltas de flores e raios; duas chaves que o gigante recebeu sem dúvida das mãos de Wodan, para abrir ou fechar as portas de Walhalla.[4]

---

4 Walhalla é o paraíso dos escandinavos.

A partir desse instante, apesar das crenças de seus ancestrais, a religião cristã age na alma de Átila, e ele ordena que sua armada afaste-se de Roma.

Seria de desejar que a tragédia acabasse aí, e já existiriam belezas suficientes para várias peças bem ordenadas; mas há um quinto ato, no qual Leão, que é um papa muito iniciado na teoria mística do amor, conduz a princesa Honória ao acampamento de Átila, na mesma noite em que Hildegonda o desposa e o mata. Sabendo de antemão desse acontecimento, o papa o prediz sem o impedir, pois é preciso que o destino de Átila se cumpra. Honória e o papa Leão oram por Átila no palco. A peça acaba com um *aleluia*, sendo entoados versos para o céu como um incenso de poesia; ela se evapora em lugar de terminar.

A versificação de Werner é repleta dos admiráveis segredos de harmonia, e sob esse aspecto não se poderia dar em francês a ideia de seu talento. Lembro-me, entre outras, de uma de suas tragédias extraída da história da Polônia, do efeito maravilhoso do coro de jovens fantasmas que apareciam no ar; o poeta sabe transformar o alemão em uma língua dócil e suave, que essas sombras cansadas e desinteressadas articulam em sons imprecisos; todas as palavras que elas pronunciam, todas as rimas dos versos são, por assim dizer, vaporosas. Também o sentido das palavras é admiravelmente adaptado à situação; elas pintam muito bem um frio repouso, um olhar terno; ouve-se o ressoar distante da vida; e o pálido reflexo das impressões desvanecidas lança sobre toda a natureza como que um véu de nuvens.

Se nas peças de Werner há sombras que tomaram vida, encontram-se nelas igualmente personagens fantásticas que parecem não ter ainda recebido a existência terrena. No prólogo de *Tartare* de Beaumarchais,[5] um gênio pergunta a esses seres imaginários se eles querem nascer; e um deles responde: "Não sinto nenhuma pressa". Essa resposta espirituosa poderia ser aplicada à maior parte dessas figuras alegóricas que se gostaria de introduzir no teatro alemão.

Werner compôs sobre os templários uma peça em dois volumes, *Os filhos do vale*, de um grande interesse para os que são iniciados na doutrina das ordens secretas; pois nota-se nessa peça antes o espírito dessas ordens do

---

5 Pierre-Augustin Caron de Beaumarchais (1732-1799); *Le Tartare* é de 1787. (N. T.)

que a cor histórica. O poeta busca unir os franco-maçons aos templários, e empenha-se em fazer ver que as mesmas tradições e o mesmo espírito sempre se conservaram entre eles. A imaginação de Werner se compraz singularmente com essas associações que têm o ar de algo sobrenatural, pois elas multiplicam de um modo extraordinário a força de cada um, dando a todos um pendor semelhante. Essa peça, ou esse poema, *Os filhos do vale*, causou uma grande sensação na Alemanha; duvido que obtivesse tanto sucesso entre nós.

Outra composição de Werner, bastante digna de nota, é a que tem por tema a introdução do cristianismo na Prússia e na Livônia. Esse romance dramático é intitulado *A cruz do Báltico*. Nele reina um sentimento bastante vivo daquilo que caracteriza o Norte: a pesca da baleia, as montanhas cobertas de neve, a aspereza do clima, a ação rápida da bela estação, a hostilidade da natureza, a rudeza que essa luta deve inspirar no homem; e reconhece-se nesses quadros um poeta que extraiu de suas próprias sensações aquilo que exprime e descreve.

Em um teatro de sociedade, assisti à representação de uma peça composta por Werner, intitulada *O vinte e quatro de fevereiro*: peça sobre a qual as opiniões devem ser muito divididas. O autor supõe que, nos ermos da Suíça, existia uma família de camponeses que se havia tornado culpada dos maiores crimes e cuja maldição paterna prosseguia de pai para filho. A terceira geração maldita apresenta o espetáculo de um homem que causou a morte do pai ao ultrajá-lo; na infância, o filho desse infeliz matou a própria irmã em uma brincadeira cruel, mas sem saber o que fazia. Depois desse terrível acontecimento, ele desapareceu. Desde então, os trabalhos do pai parricida sempre foram atingidos pela infelicidade; seus campos tornaram-se estéreis, seus animais pereceram; a pobreza mais horrível o aflige; seus credores ameaçam apoderar-se de sua cabana e lançá-lo em uma prisão; sua mulher termina por encontrar-se só, vagando em meio às neves dos Alpes. De repente, chega o filho ausente há vinte anos. Sentimentos ternos e religiosos o animam; ele está tomado pelo arrependimento, embora sua intenção não tivesse sido criminosa. Ao retornar à casa do pai, e não podendo ser reconhecido, ele quer a princípio ocultar-lhe o nome, para ganhar sua afeição antes de declarar-se seu filho; mas o pai, em sua miséria, torna-se ávido e invejoso do dinheiro que esse visitante traz consigo, o qual lhe parece um forasteiro vagabundo e suspeito; e, quando soa a meia-noite, o 24 de fevereiro, aniversário da maldição paterna que atinge toda a família, ele crava uma faca no peito de seu filho. Este revela, ao expirar, seu segredo ao homem duplamente culpado, assassino do pai e do filho, e o miserável acaba por entregar-se ao tribunal que deve condená-lo.

Essas situações são terríveis; e é inegável que produzem um grande efeito: entretanto, admira-se bem mais a cor poética da peça, e a gradação dos motivos extraídos das paixões, do que o tema no qual ela se baseia.

Transpor o destino funesto da família dos Átridas[6] para homens do povo é aproximar em demasia os espectadores do quadro dos crimes. O brilho da posição social e a distância dos séculos dão aos próprios atos celerados um gênero de grandeza que concorda melhor com o ideal das artes; mas quando vós podeis ver a faca em lugar do punhal; quando a situação, os costumes, as personagens podem encontrar-se sob vossos olhos, sentireis medo como se estivésseis em um quarto escuro; mas não está nisso o nobre temor que uma tragédia deve causar.

Entretanto, esse poder da maldição paterna, que parece representar a Providência na Terra, transtorna fortemente a alma. A fatalidade dos antigos é um capricho do destino; mas a fatalidade, no cristianismo, é uma verdade moral sob uma forma assustadora. Quando o homem não cede aos remorsos, a própria perturbação que esses remorsos provocam leva-o a novos crimes; a consciência rechaçada transforma-se em um fantasma que atormenta a razão.

A mulher do camponês criminoso é perseguida pela lembrança de uma romança que fala de um parricídio; e sozinha, durante o sono, ela não consegue impedir-se de repeti-la em voz baixa, tal como esses pensamentos confusos e involuntários cujo retorno funesto parece um presságio íntimo do destino.

A descrição dos Alpes e de sua solidão é da maior beleza; a morada do culpado, a cabana onde a cena se passa, fica longe de qualquer habitação; nenhum sino de igreja é ouvido, e a hora ali é anunciada apenas pelo pêndulo

---

6 Retratada na trilogia *Oresteia* (458 a.C.) de Ésquilo. (N. T.)

rústico, último móvel que a pobreza não chegou a retirar; o som monótono do pêndulo, no recôndito dessas montanhas onde o rumor da vida nunca chega, produz um estremecimento singular. Perguntamo-nos o porquê do tempo nesse lugar; o porquê da divisão das horas, quando nenhum interesse as varia; e quando a do crime se faz ouvir, relembramo-nos dessa bela ideia de um missionário que supunha que no inferno os condenados perguntavam sem cessar: "Que horas são?"; e se lhes respondia: "A eternidade!".

Werner foi reprovado por ter colocado em suas tragédias situações que se prestavam mais às belezas líricas do que ao desenvolvimento das paixões teatrais. Pode-se acusá-lo de um defeito contrário na peça *O vinte e quatro de fevereiro*. O tema dessa peça e os costumes que representa estão muito próximos da verdade, e de uma verdade atroz que não deveria entrar no âmbito das belas-artes. Elas estão situadas entre o céu e a Terra; e o belo talento de Werner algumas vezes se eleva acima, algumas vezes desce abaixo da região na qual as ficções devem permanecer.

Capítulo XXV
Diversas peças do teatro alemão e dinamarquês

As obras dramáticas de Kotzebue foram traduzidas em várias línguas. Seria portanto supérfluo dar-se ao trabalho de apresentá-las. Direi apenas que nenhum juiz imparcial pode recusar-lhe um conhecimento perfeito dos efeitos do teatro. *Os dois irmãos, Misantropia e arrependimento, Os hussitas, Os cruzados, Hugo Grotius, Joana de Montfaucon, A morte de Rolla*[1] etc., são peças que provocam o mais vivo interesse, onde quer que sejam encenadas. Todavia, é preciso confessar que Kotzebue não sabe dar às suas personagens nem a cor dos séculos em que viveram, nem os traços nacionais, nem o caráter que a história lhes assinala. As personagens, não importa o país ou o século a que pertençam, mostram-se sempre contemporâneas e compatriotas; têm as mesmas opiniões filosóficas, os mesmos costumes modernos, e quer se trate de um homem de nossos dias ou da filha do Sol, não se vê jamais nessas peças senão um quadro natural e patético do tempo presente. Se o talento teatral de Kotzebue, único na Alemanha, pudesse estar unido ao dom de pintar os caracteres tais como a história no-los transmite, e se seu estilo poético se elevasse à altura das situações das quais ele é o engenhoso inventor, o sucesso de suas peças iria manter-se tanto quanto seu brilho.

---

1 *Les Deux Frères*, título em francês de *Die Versöhnung* [A reconciliação], 1799; Misantropia e arrependimento, 1790; *Os hussitas de Naumburg em 1432*, 1803; *Os cruzados*, 1803; *Hugo Grotius*, 1803; *Johanna von Montfaucon*, 1799; *Die Spanier in Peru, oder Rolla's Tod* [Os espanhóis no Peru ou a morte de Rolla], 1795. (N. T.)

De resto, nada é tão raro quanto encontrar no mesmo homem as duas faculdades que constituem um grande autor dramático; a habilidade em seu ofício, se se pode falar assim, e o gênio cujo ponto de vista é universal: esse problema é a dificuldade de toda a natureza humana; e é sempre possível notar quais são, dentre os homens, aqueles em que o talento da concepção ou o da execução predomina; aqueles que estão em relação com todos os tempos, ou particularmente adequados ao próprio: entretanto, é na reunião das qualidades opostas que consistem os fenômenos em qualquer gênero.

A maior parte das peças de Kotzebue encerra algumas situações de uma grande beleza. Em *Os hussitas*, quando Procópio, sucessor de Ziska, sitia Naumburg, os magistrados tomam a resolução de enviar todas as crianças da cidade ao acampamento inimigo, para pedir o indulto dos habitantes. Essas pobres crianças devem ir sozinhas implorar aos soldados fanáticos, que não poupam nem o sexo nem a idade. O burgomestre é o primeiro a oferecer seus quatro filhos, o mais velho deles tendo 12 anos, para essa perigosa expedição. A mãe pede que ao menos um deles fique junto dela; o pai finge consentir nisso, e põe-se a lembrar sucessivamente dos defeitos de cada um dos filhos, a fim de que a mãe declare quais são os que lhe inspiram menos interesse; mas, cada vez que começa a lamentar-se de um, a mãe assegura que de todos aquele é o preferido, e a infeliz é enfim obrigada a convir que a cruel escolha é impossível, e que o melhor é que todos partilhem da mesma sorte.

No segundo ato, vê-se o acampamento dos hussitas: todos esses soldados, cuja figura é tão ameaçadora, descansam em suas tendas. Um leve barulho desperta-lhes a atenção; eles percebem na planície uma multidão de crianças caminhando em grupo, com um ramo de carvalho à mão: não conseguindo conceber o que isso significa, tomam suas lanças e colocam-se na entrada do acampamento para defendê-lo da aproximação. As crianças avançam sem medo diante das lanças e os hussitas recuam sempre involuntariamente, irritados por estarem enternecidos; eles próprios não compreendendo o que sentem. Procópio sai de sua tenda; manda trazer o burgomestre, que havia seguido de longe as crianças, e ordena-lhe que designe seus filhos. O burgomestre recusa-se a fazer isso; os soldados de Procópio o prendem, e nesse instante as quatro crianças saem da multidão e lançam-se nos braços do pai. "Agora tu sabes quem são", diz o burgomestre a Procópio, "eles mesmos se nomearam." A peça acaba bem; e todo o terceiro ato passa-se em felicitações; mas o segundo ato é do maior interesse teatral.

Algumas cenas de romance fazem todo o mérito da peça *Os cruzados*. Uma moça, acreditando que seu amado havia perecido nas guerras, tornou-se religiosa em Jerusalém, junto a uma ordem consagrada a servir aos doentes. Um cavaleiro mortalmente ferido é levado ao seu convento: ela se aproxima coberta com seu véu, e, evitando fitá-lo, põe-se de joelhos para trocar os curativos. Nesse momento de dor, o cavaleiro pronuncia o nome de sua amada; e assim a desafortunada o reconhece. Ele quer levá-la: a abadessa do convento descobre o plano e o consentimento dado pela religiosa. Ela a condena, em seu furor, a ser sepultada viva; e o infeliz cavaleiro, vagando em vão em torno da igreja, ouve o órgão e as vozes subterrâneas que celebram o serviço dos mortos para aquela que ainda vive e que o ama. Essa situação é dilacerante; mas tudo acaba igualmente bem. Os turcos, conduzidos pelo jovem cavaleiro, acabam por libertar a religiosa. Um convento da Ásia, no século XIII, é tratado como as *As vítimas enclausuradas*[2] durante a Revolução da França; e algumas máximas ternas, mas um pouco fáceis, terminam a peça com a satisfação de todos.

Kotzebue fez um drama da anedota sobre Grotius aprisionado pelo príncipe de Orange, e libertado por seus amigos, que descobrem o meio de tirá-lo da fortaleza escondido em uma caixa de livros. Há situações memoráveis nessa peça: um jovem oficial fica sabendo pela filha de Grotius, por quem está apaixonado, do plano que ela tem para libertar seu pai, e promete ajudá-la nesse projeto; mas o comandante, seu amigo, obrigado a afastar-se por 24 horas, confia-lhe as chaves da cidadela. O próprio comandante está sujeito à pena de morte, se o prisioneiro escapar em sua ausência. O jovem lugar-tenente, responsável pela vida de seu amigo, impede que o pai de sua amada se salve, forçando-o a voltar à prisão no momento em que estava

---

2 *Les victimes cloitrées*, de 1791; peça de Jacques Marie Boutet, dito Monvel (1743-1812), autor dramático e um dos grandes atores de sua época, fundou com Talma o Théâtre de la République. (N. T.)

prestes a subir no barco preparado para libertá-lo. O sacrifício do jovem lugar-tenente, ao expor-se assim à indignação de sua amada, é realmente heroico; quando o comandante retorna, e o oficial não ocupa mais o lugar de seu amigo, ele encontra o meio de lançar sobre si, por uma nobre mentira, a pena capital imputada contra os que tentaram salvar Grotius uma segunda vez, sendo enfim bem-sucedidos. A alegria do rapaz, quando sua condenação à morte lhe garantiu o retorno da estima de sua amada, é da mais tocante beleza; mas, no final, há tanta magnanimidade em Grotius, ao voltar a ser prisioneiro para salvar o rapaz, no príncipe de Orange, na filha dele, no próprio autor, que não há mais o que fazer senão dizer *amém* a tudo. Algumas situações dessa peça foram aproveitadas em um drama francês; mas são atribuídas a personagens desconhecidas. Nem Grotius nem o príncipe de Orange são então nomeados. Isso foi muito acertado, pois não há nada no alemão que convenha especialmente ao caráter desses dois homens tal como a história no-los representa.

Joana de Montfaucon, por ser uma aventura de cavalaria da invenção de Kotzebue, propiciou-lhe mais liberdade do que qualquer outra peça, para tratar o tema à sua maneira. Uma atriz encantadora, a sra. Unzelmann,[3] fazia o papel principal; e a maneira com que defendia seu coração e seu castelo de um cavaleiro descortês provocava uma impressão muito agradável no palco. Sucessivamente guerreira e desesperada, seu elmo ou seus cabelos soltos serviam para embelezá-la; mas as situações desse gênero prestam-se bem mais à pantomima do que à fala, e as palavras servem então apenas para complementar os gestos.

A morte de Rolla tem um mérito superior a tudo o que acabo de citar; o célebre Sheridan[4] fez a partir dela uma peça intitulada *Pizarro*, que obteve o maior sucesso na Inglaterra; uma palavra ao final da peça tem um efeito admirável. Rolla, líder dos peruanos, combateu por longo tempo contra os espanhóis; ele amava Cora, a filha do Sol, e não obstante se empenhou generosamente em desfazer os obstáculos que a separavam de Alonzo. Um

---

3 Friederika Bethmann Unzelmann (1766-1815). (N. T.)

4 Richard Brinsley Sheridan (1751-1816): dramaturgo irlandês; sua peça *Pizarro* é de 1799. (N. T.)

Da Alemanha

ano depois das núpcias desses, os espanhóis levaram o filho de Cora que havia acabado de nascer; Rolla expõe-se a todos os perigos para encontrá-lo, trazendo-o enfim coberto de sangue em seu berço. Rolla vê o terror da mãe com essa visão. "Acalma-te", diz ele, "esse sangue é meu!", expirando em seguida.

Parece-me que alguns escritores alemães não foram justos para com o talento dramático de Kotzebue; mas é preciso reconhecer os louváveis motivos dessa prevenção; nem sempre Kotzebue respeitou em suas peças a virtude severa e a religião positiva; ele se permitiu tal erro, parece-me, não por sistema, mas para produzir, segundo a ocasião, mais efeito no teatro. Não é menos certo que críticos austeros devessem necessariamente ter lamentado isso. Há alguns anos ele mesmo parece conformar-se com princípios mais regulares, e longe de seu talento perder com isso, ele ganhou muito. A altura e a firmeza do pensamento relacionam-se sempre por laços secretos com a pureza da moral.

Kotzebue e a maioria dos autores alemães tinham tomado emprestado de Lessing a opinião de que era preciso escrever em prosa para o teatro, e aproximar sempre o mais possível a tragédia do drama; Goethe e Schiller, por suas últimas obras, e os escritores da nova escola inverteram esse sistema: poderíamos antes reprovar nesses escritores o excesso contrário, isto é, uma poesia muito exaltada, e que desvia a imaginação do efeito teatral. Nos autores dramáticos que, como Kotzebue, adotaram os princípios de Lessing, encontram-se quase sempre simplicidade e interesse; *Agnes Bernauer*,[5] *Julius de Tarento*,[6] *Dom Diego e Leonor*[7] foram representadas com muito sucesso, e um sucesso merecido; uma vez que essas peças estão traduzidas na antologia de Friedel,[8] é desnecessário reproduzi-las aqui. Parece-me que *Dom Diego*

---

5 *Agnes Bernauer* (1780), do político e dramaturgo Joseph August Graf von Toerring (1798-1826). (N. T.)

6 *Julius von Tarent* (1776), do advogado e dramaturgo Johann Anton Leisewitz (1752-1806). (N. T.)

7 *Diego und Leonore* (1775), do médico, dramaturgo e romancista Johann Christoph Unzer (1747-1809). (N. T.)

8 Adrien Chrétien Friedel (1753-1786); *Le Nouveau Théâtre allemand*, doze volumes editados entre 1782-1785. (N. T.)

e Leonor, sobretudo, com algumas mudanças, poderiam ser bem-sucedidas no teatro francês. Seria preciso conservar nela a tocante pintura desse amor profundo e melancólico, que pressente a infelicidade antes mesmo que algum revés a anuncie; os escoceses chamam esses pressentimentos do coração de *a segunda visão do homem*; eles erraram ao chamá-la de segunda, é a primeira e talvez a única verdadeira.

Dentre as tragédias em prosa que se elevam acima do gênero do drama é preciso contar algumas tentativas de Gerstenberg.[9] Ele imaginou escolher a morte de Ugolino como tema de uma tragédia, sendo que nela a unidade de lugar é forçada, uma vez que a peça começa e acaba na corte onde Ugolino perece com seus três filhos; quanto à unidade de tempo, é preciso mais do que 24 horas para alguém morrer de fome; mas, de resto, o acontecimento é sempre o mesmo, e somente o horror crescente marca seu progresso. Não há nada mais sublime em Dante[10] do que a pintura do pai infeliz, que viu seus três filhos morrerem ao seu lado, e que se encarniça no inferno sobre o crânio do feroz inimigo do qual fora a vítima; mas esse episódio não poderia ser o tema de um drama. Não basta uma catástrofe para fazer uma tragédia; a peça de Gerstenberg contém belezas enérgicas, e o momento em que se ouve emparedar a prisão causa a mais horrível impressão que a alma possa experimentar, a da morte vivente; mas o desespero não pode sustentar cinco atos; o espectador deve morrer ou se consolar; e poder-se-ia aplicar a essa tragédia o que um espirituoso americano, o sr. G. Morris,[11] disse dos franceses em 1790: "Eles atravessaram a liberdade". Atravessar o patético, isto é, ir além da emoção que as forças da alma são capazes de suportar, é carecer desse efeito.

---

9 Heinrich Wilhelm von Gerstenberg (1737-1823): contribuiu para o nascimento do *Sturm und Drang*, abrindo a literatura alemã à mitologia escandinava; a tragédia *Ugolino* é de 1768; Ugolino foi um conde *italiano* do século XIII, descendente de uma família de nobres germânicos. (N. T.)

10 *Inferno*, canto IX, 32-3. (N. T.)

11 Gouverneur Morris (1732-1816): advogado, foi diplomata durante a Revolução Americana e nos primeiros anos da República; serviu como ministro para a França entre 1792-1794. (N. T.)

Klinger,[12] conhecido por outros escritos cheios de profundidade e sagacidade, compôs uma tragédia de grande interesse, intitulada *Os gêmeos*. A raiva sentida pelo mais jovem dos dois irmãos, sua revolta contra um direito de primogenitura, o efeito de um instante são admiravelmente pintados nessa peça. Alguns escritores afirmaram que é preciso atribuir a esse gênero de ciúme o destino do Máscara de Ferro:[13] seja como for, compreende-se muito bem como o ódio que o direito de primogenitura pode excitar deve ser mais vivo entre gêmeos. Os dois irmãos saem a cavalo, espera-se o retorno deles, o dia passa sem que reapareçam; mas, à noite, percebe-se ao longe o cavalo do primogênito, que retorna sozinho para a casa do pai. Uma circunstância tão simples não teria muito como ser contada em nossas tragédias, e entretanto ela paralisa o sangue nas veias: o irmão matou o irmão; e o pai, indignado, vinga a morte de um filho pelo último que lhe resta. Parece-me que essa tragédia, repleta de calor e eloquência, provocaria um efeito prodigioso caso tratasse de personagens célebres; mas é difícil conceber paixões tão violentas para herdar um castelo às margens do Tibre. Não seria demasiado repetir que, para a tragédia, são necessários temas históricos ou tradições religiosas que despertem grandes lembranças na alma dos espectadores; pois, nas ficções, assim como na vida, a imaginação reivindica o passado, por mais ávida que seja do futuro.

Os escritores da nova escola literária na Alemanha têm, mais do que todos os outros, *grandiosidade* na maneira de conceber as belas-artes; e todas as suas produções, sejam elas bem-sucedidas ou não em cena, são arranjadas segundo reflexões e pensamentos cuja análise interessa; mas não se analisa no teatro, e é em vão que se demonstra que uma peça deveria ter êxito; se o espectador permanece frio, a batalha dramática está perdida; o sucesso nas artes, com algumas poucas exceções, é a prova do talento; o público é

---

12 Friedrich Maximillian von Klinger (1752-1831): dramaturgo e novelista; *Die Zwillinge* [Os gêmeos] é de 1776, bem como *Caos, ou Tempestade e ímpeto*, o segundo nome sendo dado ao movimento intelectual e artístico alemão contrário ao classicismo francês. (N. T.)

13 De acordo com a lenda, o Máscara de Ferro seria o irmão gêmeo de Luís XIV aprisionado na Bastilha. (N. T.)

Madame de Staël

quase sempre um juiz de muito senso, quando as circunstâncias passageiras não lhe alteram a opinião.

A maior parte das tragédias alemãs, que os próprios autores não destinam à representação, são não obstante poemas muito belos. Uma das mais notáveis é *Genoveva de Brabante*, cujo autor é Tieck:[14] a antiga lenda que diz que essa santa viveu dez anos em um deserto, com ervas e frutos, não tendo para seu filho outro recurso senão o leite de uma fiel corça, é admiravelmente bem tratada nesse romance dialogado. A piedosa resignação de Genoveva é pintada com as cores da poesia sagrada; e o caráter do homem que a acusa, depois de ter desejado seduzi-la inutilmente, é traçado com mão de mestre; esse culpado conserva em meio a seus crimes uma espécie de imaginação poética que dá às suas ações, bem como aos seus remorsos, uma originalidade sombria. A exposição dessa peça é feita por são Bonifácio, que conta do que ela se trata e inicia nestes termos: "Eu sou são Bonifácio, e venho aqui para vos falar etc.". Não por acaso essa forma foi escolhida pelo autor; ele mostra muita profundidade e refinamento em seus outros escritos, e em particular na própria obra, que começa assim para que não se veja claramente que ele quis fazer-se de ingênuo como um contemporâneo de Genoveva; mas, por força de pretender ressuscitar o tempo antigo, chega-se a certa simplicidade charlatã que provoca o riso, por mais que exista alguma grave razão para ficar tocado. Sem dúvida, é preciso saber transportar-se ao século que se quer pintar; mas não é preciso esquecer inteiramente o próprio: a perspectiva dos quadros, seja qual for o objeto que representam, deve sempre ser considerada segundo o ponto de vista dos espectadores.

Dentre os autores que permaneceram fiéis à imitação dos antigos, é preciso colocar Collin[15] em primeiro lugar. Viena se orgulha desse poeta, um dos mais estimados da Alemanha, e talvez há muito tempo o único na Áustria. Sua tragédia *Regulus* faria sucesso na França se fosse conhecida lá. Há, na

---

14 Johann Ludwig Tieck (1773-1853): poeta, romancista, tradutor, crítico e editor; participou do grupo romântico de Iena, dos Schlegel e de Novalis; *Leben und Tod der heiligen Genoveva* [Vida e morte de santa Genoveva] é de 1800. (N. T.)

15 Heinrich Josef von Collin (Viena, 1771-1811, Viena); *Regulus* é de 1801 e *Polyxena*, de 1804. (N. T.)

Da Alemanha

maneira de escrever de Collin, uma mistura de elevação e sensibilidade, de severidade romana e doçura religiosa, feita para conciliar o gosto dos antigos com o dos modernos. A cena de sua tragédia *Polixena*, na qual Calchas ordena que Neoptólemo imole a filha de Príamo sobre o túmulo de Aquiles, é uma das coisas mais belas que se possa ouvir. O apelo das divindades infernais, reclamando uma vítima para apaziguar os mortos, é exprimido com uma força tenebrosa, um terror subterrâneo que nos parece revelar abismos sob nossos passos. Sem dúvida, somos incessantemente levados à admiração pelos temas antigos, e até o presente todos os esforços dos modernos para extrair de seus próprios fundamentos algo com que igualar aos gregos não tiveram êxito; entretanto, é preciso atingir essa nobre glória; pois não somente a imitação se esgota, mas o espírito de nosso tempo se faz sempre sentir na maneira como tratamos as fábulas ou os fatos da Antiguidade. O próprio Collin, por exemplo, embora tenha conduzido sua peça *Polixena* com uma grande simplicidade nos primeiros atos, passa a complicá-la em direção ao fim por uma multiplicidade de incidentes. Os franceses misturaram a galanteria do século de Luís XIV aos temas antigos; os italianos os tratam frequentemente com uma afetação empolada; os ingleses, naturais em tudo, imitaram apenas os romanos em seu teatro, pois era com eles que se sentiam relacionados. Os alemães fazem que a filosofia metafísica ou a variedade dos acontecimentos romanescos entrem em suas tragédias baseadas em temas gregos. Jamais um escritor de nossos dias poderá chegar a compor poesia da Antiguidade. Seria melhor que nossa religião e nossos costumes nos criassem uma poesia moderna, igualmente bela por sua própria natureza, como a dos antigos.

Um dinamarquês, Œhlenschläger,[16] traduziu ele mesmo suas peças para o alemão. A analogia das duas línguas permite escrever igualmente bem em todas as duas, e já Baggesen,[17] também dinamarquês, havia dado o exemplo

---

16 Adam Gottlob Œhlenschläger (1779-1850): principal representante do Romantismo dinamarquês; passou uma temporada em Coppet, em 1808, a convite de mme de Staël. (N. T.)

17 Jens Emmanuel Baggesen (1764-1826): passou vinte anos viajando, tendo residido em Paris; em 1806 retornou a Copenhague, onde entrou em disputa com Œhlenschläger; foi casado com Sofia Haller, filha do naturalista e poeta suíço Albrecht von Haller. (N. T.)

de um grande talento de versificação em um idioma estrangeiro. As tragédias de Œhlenschläger apresentam uma bela imaginação dramática; e dizem que obtiveram grande sucesso no teatro de Copenhague; quando lidas, elas excitam o interesse sob dois aspectos principais: a princípio, porque o autor soube algumas vezes reunir a regularidade francesa à diversidade de situações que agrada aos alemães; e, em segundo lugar, porque ele representou de uma maneira ao mesmo tempo poética e verdadeira a história e as fábulas das regiões habitadas outrora pelos escandinavos.

Dificilmente conhecemos o Norte que toca os confins da terra habitável; as longas noites das regiões setentrionais, durante as quais apenas o reflexo da neve serve de luz na Terra; essas trevas que margeiam o horizonte distante mesmo quando a abóbada do céu é clareada pelas estrelas; tudo parece dar a ideia de um espaço desconhecido, de um universo noturno a cercar nosso mundo. Esse ar tão frio que congela o sopro da respiração leva calor à alma, e a natureza nesses climas parece feita apenas para fazer que o homem concentre-se em si mesmo.

Os heróis, nas ficções da poesia do Norte, têm algo de gigantesco. A superstição está unida, em seu caráter, à força, ao passo que, por todos os outros lugares, ela parece a herança da fraqueza. Algumas imagens extraídas do rigor do clima caracterizam a poesia dos escandinavos; eles denominam os corvos de lobos do ar; durante o inverno, os lagos de água fervente formados pelos vulcões conservam os pássaros que se refugiam na atmosfera que cerca esses lagos; nessas regiões nebulosas, tudo tem um caráter de grandeza e tristeza.

As nações escandinavas tinham uma espécie de energia física que parecia excluir a deliberação, e fazia mover a vontade como uma rocha que se precipita montanha abaixo. Os homens de ferro da Alemanha não bastam para se fazer uma ideia desses habitantes da extremidade do mundo: eles reúnem a irritabilidade da cólera ao frio perseverante da resolução; e a própria natureza não desdenhou pintá-los como poeta, quando colocou na Islândia o vulcão que vomita torrentes de fogo do seio de uma neve eterna.

Œhlenschläger criou para si um caminho totalmente novo, tomando por tema de suas peças as tradições heroicas de sua pátria; e, se esse exemplo for seguido, a literatura do Norte poderá tornar-se um dia tão célebre quanto a da Alemanha.

Da Alemanha

Aqui termino a apreciação que me propus dar das peças do teatro alemão, que de algum modo diziam respeito à tragédia. Não farei o levantamento dos defeitos e das qualidades que esse quadro pode apresentar. Há tanta diversidade nos talentos e nos sistemas dos poetas dramáticos alemães que o mesmo julgamento não poderia ser aplicável a todos. De resto, essa própria diversidade é o maior elogio que se lhes possa fazer; pois, no domínio da literatura, como em muitos outros, a unanimidade é quase sempre um sinal de servidão.

Capítulo XXVI
Da comédia

O ideal do caráter trágico consiste, disse W. Schlegel, "no triunfo obtido pela vontade sobre o destino ou sobre nossas paixões; o cômico, ao contrário, exprime o domínio do instinto físico sobre a existência moral: donde ocorre que por toda parte a gulodice e a poltronaria sejam temas inesgotáveis de gracejos". Amar a vida parece ao homem o que há de mais ridículo e mais vulgar, e é um nobre atributo da alma o riso que se apodera das criaturas mortais, quando se lhes oferece o espetáculo de uma dentre elas pusilânime diante da morte.

Mas quando se sai do círculo um pouco comum desses gracejos universais e chega-se aos ridículos do amor-próprio, eles variam ao infinito, segundo os hábitos e os gostos de cada nação. A jocosidade pode prender-se às inspirações da natureza ou às relações da sociedade; no primeiro caso, convém aos homens de todos os países; no segundo, difere segundo os tempos, os lugares e os costumes; pois uma vez que os esforços da vaidade têm sempre por objetivo impressionar os outros, é preciso saber o que propicia mais sucesso em certa época e em certo lugar, para conhecer o fim ao qual se dirigem as pretensões; há até mesmo países nos quais a moda leva ao ridículo, ela que parece ter por fim colocar cada um ao abrigo da zombaria, dando a todos uma maneira de ser semelhante.

A pintura do grande mundo nas comédias alemãs é, em geral, bem medíocre; não há muitos bons modelos em condições de ser seguidos a esse respeito: a sociedade não atrai os homens notáveis, e seu maior encanto, a arte agradável de fazer gracejos recíprocos, não triunfaria entre eles; ofender-se-ia bem rapidamente um amor-próprio acostumado a viver em paz, e poder-se-ia facilmente também desonrar alguma virtude que se assustasse mesmo com uma inocente ironia.

É muito raro os alemães colocarem em cena, em suas comédias, ridículos provenientes de seu próprio país; eles não observam os outros, sendo ainda menos capazes de examinar a si próprios sob os aspectos exteriores; eles acreditariam que assim praticamente faltariam com a lealdade que se devem. Ademais, a suscetibilidade, que é um dos traços distintivos de sua natureza, torna muito difícil manejar o gracejo com leveza; com frequência não o entendem, e quando o entendem ficam zangados, e não ousam por sua vez empregá-lo: considerando-o uma arma de fogo, temem que dispare em suas próprias mãos.

Portanto, não há muitos exemplos na Alemanha de comédias cuja matéria seja os ridículos desenvolvidos pela sociedade. A originalidade natural seria mais bem sentida com isso, pois cada um vive à sua maneira em um país onde o despotismo do costume não tem suas bases em uma grande capital; mas, no que concerne à opinião, embora exista mais liberdade na Alemanha do que na própria Inglaterra, a originalidade inglesa tem cores mais vivas, pois o movimento existente na condição política na Inglaterra dá mais ocasião a cada homem de mostrar-se como é.

No Sul da Alemanha, sobretudo em Viena, encontra-se uma grande verve jocosa nas farsas. O bufão tirolês Casperle[1] tem um caráter que lhe é próprio, e em todas as peças nas quais o cômico é um pouco vulgar, autores e atores tomam o partido de não pretender de modo algum a elegância, e colocam-se de modo natural com uma energia e um apuro que compensa muito bem a artificialidade dos gracejos. Em termos de vivacidade, os alemães preferem o que é marcado ao que é nuançado; buscam a verdade nas tragédias, e as caricaturas nas comédias. Todas as delicadezas do coração

---

1 Kasperl, Kasper ou Casperle, personagem burlesca do folclore vienense introduzida no teatro por Johann Laroche (1745-1806), principal ator do Leopoldstadt Theatre em Viena desde 1781. (N. T.)

Da Alemanha

lhes são conhecidas; mas o refinamento do espírito social não lhes causa prazer; a dificuldade que enfrentam para consegui-lo rouba-lhes o gozo.

Em outro momento, terei a ocasião de falar de Iffland,[2] o melhor ator da Alemanha e um de seus escritores mais espirituosos; ele compôs várias peças excelentes pela pintura dos caracteres; os costumes domésticos estão muito bem representados nelas, e personagens de uma verdade cômica sempre tornam os quadros de família mais impressionantes: não obstante essas comédias algumas vezes pudessem ser reprovadas por serem muito comportadas; elas respondem bem demais ao objetivo de todas as epígrafes das salas de espetáculo: *Corrigir os costumes rindo*. Há com muita frequência jovens endividados, pais de família que se perdem. As lições de moral não são da alçada da comédia, e chega a ser inconveniente forçar sua inserção nelas; pois quando aborrecem ali, pode-se tomar o hábito de transportar para a vida real essa impressão causada pelas belas-artes.

Kotzebue tomou emprestado de um poeta dinamarquês, Holberg,[3] uma comédia que obteve muito sucesso na Alemanha, intitulada *Dom Ranudo de Colibrados*;[4] um gentil-homem arruinado que tenta passar por rico, e consagra às coisas de aparato o pouco dinheiro que dificilmente bastaria para alimentar sua família e a si mesmo. O tema dessa peça serve de contraponto e contraste ao *Burguês* de Molière,[5] que quer passar por gentil-homem: há cenas muito espirituosas do nobre pobre, e até muito cômicas, mas de um cômico bárbaro. O ridículo discernido por Molière é apenas alegre, mas naquele que o poeta dinamarquês representa há uma infelicidade real; decerto é preciso quase sempre um espírito muito intrépido para conceber a vida humana de modo prazenteiro, e a força cômica supõe um caráter ao menos despreocupado; mas seria um erro levar essa força a afrontar a piedade; a própria

---

2 August Wilhelm Iffland (1759-1814): célebre ator e autor de dramas e comédias. (N. T.)

3 Ludwig Holberg (1684-1754): escritor nascido quando Dinamarca e Noruega formavam um só reino; considerado o pai da literatura dinamarco-norueguesa; escreveu comédias inspiradas em Molière, além de livros de história; seu *Dom Ranudo de Colibrados* data de 1723. (N. T.)

4 O *Dom Ranudo de Colibrados* de Kotzebue é de 1803. (N. T.)

5 *O burguês fidalgo* é de 1670. (N. T.)

arte sofreria com isso, sem falar da delicadeza; pois a mais leve impressão de amargura basta para eclipsar o que há de poético no abandono da alegria.

Nas comédias de sua própria invenção, Kotzebue geralmente coloca o mesmo talento que em seus dramas, o conhecimento do teatro e a imaginação que leva a encontrar situações impressionantes. Há algum tempo, afirmou-se que chorar ou rir não provam nada em favor de uma tragédia ou de uma comédia; estou longe de ser dessa opinião: a necessidade das emoções vivas é a origem dos maiores prazeres causados pelas belas-artes. Não se deve concluir disso que as tragédias devam ser transformadas em melodramas nem as comédias em farsas de bulevares; mas o verdadeiro talento consiste em compor de modo que exista na mesma obra, na mesma cena, aquilo que faça o povo chorar ou mesmo rir, e aquilo que forneça aos pensadores um tema inesgotável de reflexões.

A paródia propriamente dita não pode ter muito lugar no teatro dos alemães; suas tragédias, ao oferecerem quase sempre a mistura de personagens heroicas e subalternas, prestam-se muito menos a esse gênero. Apenas a majestade pomposa do teatro francês pode tornar mordaz o contraste das paródias. Nota-se em Shakespeare, e algumas vezes também nos escritores alemães, um modo ousado e singular de mostrar na própria tragédia o lado ridículo da vida humana; e quando se sabe opor a essa impressão o poder do patético, o efeito total da peça torna-se maior. O palco francês é o único onde os limites dos dois gêneros, o cômico e o trágico, são fortemente marcados; em qualquer outro lugar, tanto o talento quanto o destino servem-se da alegria para espicaçar a dor.

Assisti em Weimar a algumas peças de Terêncio traduzidas com exatidão para o alemão e representadas com máscaras mais ou menos semelhantes àquelas dos antigos; essas máscaras não cobrem totalmente o rosto, mas apenas substituem um traço mais cômico ou mais regular aos verdadeiros traços do ator, dando à sua figura uma expressão análoga à da personagem que ele deve representar. A fisionomia de um grande ator vale mais do que tudo isso, mas desse modo os atores medíocres saem ganhando. Os alemães buscam apropriar-se das invenções antigas e modernas de cada país; não obstante, em matéria de comédia, há apenas uma realmente nacional entre eles: a bufonaria popular, e as peças nas quais o maravilhoso provê o gracejo.

Pode ser oportuno citar uma ópera representada em todos os teatros, de um lado ao outro da Alemanha, intitulada *A ninfa do Danúbio*,[6] ou *A ninfa do Spree*, segundo a peça seja representada em Viena ou em Berlim. Um cavaleiro tornou-se objeto do amor de uma fada, e as circunstâncias os separaram; muito tempo depois, ele se casa e escolhe por mulher uma excelente pessoa, mas que não tem nada de sedutor nem na imaginação nem no espírito: o cavaleiro acomoda-se muito bem a essa situação, a qual lhe parece natural sobretudo por ser comum; pois poucas pessoas sabem que é a superioridade da alma e do espírito que aproxima mais intimamente da natureza. A fada não pode esquecer o cavaleiro, e persegue-o por meio das maravilhas de sua arte; cada vez que ele começa a acostumar-se com sua vida doméstica, ela atrai sua atenção por prodígios, e desperta assim a lembrança de sua antiga afeição.

Se o cavaleiro aproxima-se de um rio, ele ouve as águas murmurarem as romanças que a fada lhe cantava; se tem convidados à mesa, gênios alados vêm postar-se nela, e atemorizam singularmente a prosaica comitiva de sua mulher. Por toda parte, flores, danças e concertos vêm perturbar como fantasmas a vida do infiel amante; além disso, espíritos malignos divertem--se em atormentar seu criado que, também ao seu modo, gostaria muito de não ouvir mais falar de poesia; enfim a fada reconcilia-se com o cavaleiro, à condição de ele passar com ela três dias todos os anos, e sua mulher consente de bom grado que seu esposo vá extrair no encontro com a fada o entusiasmo que serve tão bem para melhor amar o que se ama. O tema dessa peça parece mais engenhoso do que popular; mas as cenas maravilhosas estão misturadas e variadas com tanta arte que divertem igualmente espectadores de todas os níveis.

A nova escola literária, na Alemanha, tem um sistema sobre a comédia, bem como sobre todo o resto; a pintura dos costumes não basta para interessá-la. Ela quer imaginação na concepção das peças e na invenção das personagens; o maravilhoso, a alegoria, a história, nada lhe parece excessivo para diversificar as situações cômicas. Os escritores dessa escola denominaram de *cômico arbitrário* esse voo livre de todos os pensamentos, sem freio

---

6 Publicado em 1798, escrita por Karl Friedrich Hensler (1759-1825). (N. T.)

e sem fim determinado. Sob esse aspecto, eles se apoiam no exemplo de Aristófanes, seguramente não que aprovem a licenciosidade de suas peças, mas ficam impressionados com a verve jocosa que se faz sentir nelas, e gostariam de introduzir entre os modernos essa comédia audaciosa que brinca com o universo, em lugar de limitar-se aos ridículos de determinado grupo da sociedade. Em geral, os esforços da nova escola tendem a dar mais força e independência ao espírito em todos os gêneros, e os êxitos que obteriam sob esse aspecto seriam uma conquista para a literatura, e mais ainda para a própria energia do caráter alemão; mas é sempre difícil influir pelas ideias gerais nas produções espontâneas da imaginação. Além disso, uma comédia demagógica como a dos gregos não poderia convir ao estado atual da sociedade europeia.

Aristófanes vivia sob um governo tão republicano que tudo era comunicado ao povo, e os negócios de Estado passavam facilmente da praça pública ao teatro. Ele vivia em um lugar onde as especulações filosóficas eram quase tão familiares a todos os homens quanto as obras-primas da arte, pois as escolas eram mantidas ao ar livre, e as ideias mais abstratas eram revestidas das cores vivas que lhes eram emprestadas pela natureza e pelo céu; mas como recriar toda essa seiva de vida sob nossos nevoeiros e em nossas casas? A civilização moderna multiplicou as observações sobre o coração humano: o homem conhece melhor o homem, e a alma, por assim dizer disseminada, oferece ao escritor mil nuanças novas. A comédia dá conta dessas nuanças, e quando pode destacá-las por situações dramáticas, o espectador deleita-se ao ver no teatro caracteres que podem ser encontrados nas altas rodas; mas a introdução do povo na comédia, dos coros na tragédia, das personagens alegóricas, das seitas filosóficas, enfim, de tudo o que apresenta os homens em massa, e de uma maneira abstrata, não poderia agradar aos espectadores de nossos dias. Eles necessitam dos nomes e dos indivíduos; eles buscam o interesse romanesco mesmo na comédia e a sociedade em cena.

Dentre os escritores da nova escola, Tieck é quem mais tem o sentimento do gracejo; não que tenha feito alguma comédia que possa ser representada, ou que aquelas que escreveu estejam bem ordenadas, mas veem-se nelas traços admiráveis de uma jocosidade muito original. De início, de um modo que lembra La Fontaine, ele recorre aos gracejos a que os animais podem

Da Alemanha

dar lugar. Sua comédia intitulada *O gato de botas*[7] é admirável no gênero. Não sei qual efeito animais falantes produziriam no palco. Talvez fosse mais divertido figurá-los do que vê-los. Todavia, esses animais personificados, e agindo à maneira dos homens, parecem a verdadeira comédia dada pela natureza. Todos os papéis cômicos, isto é, egoístas e sensuais, referem-se sempre a algo próprio do animal. Pouco importa pois se na comédia é o animal que imita o homem ou o homem que imita o animal.

Tieck também interessa pela direção que sabe dar ao seu talento para zombar: ele o dirige inteiramente contra o espírito calculista e prosaico; e como a maioria dos gracejos de sociedade tem por fim ridicularizar o entusiasmo, aprecia-se o autor que ousa enfrentar a prudência, o egoísmo, todas essas coisas pretensamente razoáveis por trás das quais as pessoas medíocres creem estar em segurança, para lançar dardos contra os caracteres ou os talentos superiores. Elas se apoiam sobre o que chamam de uma justa medida para censurar tudo o que se distingue; e visto que a elegância consiste na abundância supérflua dos objetos de luxo exterior, dir-se-ia que essa mesma elegância proíbe o luxo no espírito, a exaltação dos sentimentos, enfim, tudo o que não serve imediatamente para a prosperidade dos assuntos deste mundo. O egoísmo moderno tem a arte de louvar sempre, em qualquer coisa, a reserva e a moderação, a fim de mascarar-se em sabedoria, e foi somente com o tempo que se percebeu que tais opiniões poderiam bem aniquilar o gênio das belas-artes, a generosidade, o amor e a religião: o que restaria depois para que valesse a pena viver?

Duas comédias de Tieck, *Otaviano* e *O príncipe Zerbine*,[8] são ambas engenhosamente combinadas. Um filho do imperador Otaviano (personagem imaginária, que um conto de fadas coloca sob o reinado do rei Dagoberto) é deixado, ainda no berço, em uma floresta. Um burguês de Paris o encontra e o educa com seu próprio filho, fazendo-se passar por seu pai. Aos 20 anos, as inclinações heroicas do jovem príncipe o traem a cada circunstância, e

---

7 *Der gestiefelte Kater*, editado em 1797, releitura ao modo de peça em três atos do conto de Charles Perrault, de 1697. (N. T.)

8 *Kaiser Otavianus*, peça escrita em 1800, representada em 1804; *Prinz Zerbino*, 1799. (N. T.)

nada é mais pungente do que o contraste de seu caráter e o de seu pretenso irmão, cujo sangue não contradiz absolutamente a educação recebida. Os esforços do sábio burguês para colocar na cabeça de seu filho adotivo algumas lições de economia doméstica são totalmente inúteis; ele o envia ao mercado para comprar alguns bois de que necessita; na volta, o rapaz vê um falcão na mão de um caçador, e, encantado com sua beleza, troca os bois pelo falcão, voltando todo orgulhoso por ter adquirido tal pássaro a esse preço. Em outro momento, encontra um cavalo cujo ar marcial o arrebata: quer saber quanto custa, não fica satisfeito com o que ouve; indignando-se do pouco que foi pedido por tão belo animal, paga o dobro do valor.

O pretenso pai resiste muito tempo às disposições naturais do rapaz, que se lança com ardor para o perigo e a glória; enfim, quando não pode mais impedi-lo de tomar as armas contra os sarracenos que sitiam Paris, e quando, por toda parte, suas façanhas são vangloriadas, o velho burguês, por sua vez, é tomado por uma espécie de contágio poético; e nada é mais divertido do que a estranha mistura daquilo que ele era e daquilo que quer ser, de sua linguagem vulgar e das imagens gigantescas com que preenche seus discursos. Ao fim, o rapaz é reconhecido como filho do imperador, e cada um retoma a posição que convém a seu caráter. Esse tema fornece uma multidão de cenas cheias de espírito e verdade cômica; e a oposição entre a vida comum e os sentimentos cavaleirescos não poderia ser mais bem representada.

O príncipe Zerbine é uma pintura muito espirituosa do espanto de toda uma corte, quando vê em seu soberano o pendor para o entusiasmo, para o devotamento, para todas as nobres imprudências de um caráter generoso. Todos os velhos cortesãos suspeitam de que seu príncipe está louco e o aconselham a viajar, para que aprenda como as coisas ocorrem em outros lugares. A esse príncipe é dado um aio muito ponderado, que deve mostrar-lhe o caráter positivo da vida. Ele passeia com seu aluno em uma bela floresta em um dia de verão, quando os pássaros se fazem ouvir, o vento agita as folhas, e de todas as partes a natureza animada parece dirigir ao homem uma linguagem profética. O aio divisa nessas sensações vagas e múltiplas apenas confusão e barulho, e quando retornam ao palácio, alegra-se ao ver as árvores transformadas em móveis, todas as produções da natureza submetidas à utilidade, e a regularidade factícia colocada no lugar do movimento tumultuoso da existência. Os cortesãos acalmam-se quando, ao retornar de suas viagens, o príncipe Zerbine, esclarecido pela experiência, promete não se ocupar mais das belas-artes, da poesia, dos sentimentos exaltados, de qualquer coisa enfim que não tenda a fazer o egoísmo triunfar sobre o entusiasmo.

O que a maioria dos homens mais teme é passar por tolo, e parece-lhes muito menos ridículo mostrarem-se ocupados consigo mesmo em todas as circunstâncias, do que enganados em uma só. Há pois espírito, e um belo emprego do espírito, a transformar continuamente em gracejo todo cálculo pessoal; pois dele sempre restará o bastante para dar curso à sociedade, ao passo que até a própria lembrança de uma natureza realmente elevada poderia bem desaparecer totalmente um dias desses.

As comédias de Tieck apresentam uma jocosidade nascida dos caracteres, que não consiste em epigramas espirituosos; uma jocosidade na qual a imaginação é inseparável dos gracejos; mas, algumas vezes, essa mesma imaginação faz desaparecer o cômico, e traz a poesia lírica em cenas nas quais gostaríamos de achar apenas ridículos colocados em ação. Nada é tão difícil aos alemães quanto não se entregarem em todas as suas obras à incerteza do devaneio, e entretanto, a comédia e o teatro não estão, em geral, propriamente nisso; pois, de todas as impressões, a mais solitária é precisamente o devaneio; dificilmente se pode comunicar o que ele inspira ao amigo mais íntimo; como, pois, seria possível associá-lo à multidão reunida?

Dentre as peças alegóricas, é preciso citar *O triunfo da sentimentalidade*,[9] uma pequena comédia de Goethe, na qual ele distinguiu com muito engenho o duplo ridículo do entusiasmo afetado e da nulidade real. A principal personagem dessa peça parece sufocada com todas as ideias que supõem uma imaginação forte e uma alma profunda, e entretanto na verdade não passa de um príncipe muito bem-educado, muito polido e muito submetido às conveniências; ele ousou querer misturar a tudo isso uma sensibilidade de comando, cuja afetação revela-se continuamente. Ele crê amar

---

9 Publicada em 1777. (N. T.)

as florestas sombrias, a claridade da lua, as noites estreladas; mas como teme o frio e a fadiga, mandou fazer decorações que representassem esses vários cenários e passou a viajar apenas seguido de perto por uma grande carruagem destinada a transportar as belezas da natureza.

Esse príncipe sentimental acredita estar muito apaixonado por uma mulher cujo espírito e talentos lhe foram vangloriados; essa mulher, para colocá-lo à prova, põe em seu lugar um manequim disfarçado que, como certamente se supõe, jamais diz algo de inconveniente, e cujo silêncio passa ao mesmo tempo por reserva do bom gosto e devaneio melancólico de uma alma terna.

O príncipe, encantado com essa companhia segundo seus desejos, pede o manequim em casamento, e apenas ao final descobre que foi bastante infeliz por ter escolhido uma verdadeira boneca como esposa, quando sua corte lhe oferecia tantas mulheres que teriam reunido vantagens essenciais.

Entretanto, não se poderia negar, essas ideias engenhosas não bastam para fazer uma boa comédia, e os franceses, como autores cômicos, superam todas as nações. O conhecimento dos homens e a arte de usar esse conhecimento lhes assegura, sob esse aspecto, a primeira posição; mas, talvez se pudesse desejar algumas vezes, mesmo nas melhores peças de Molière, que a sátira argumentativamente elaborada cedesse bem mais espaço à imaginação. De suas comédias, *O banquete da estátua*[10] é a que mais se aproxima do sistema alemão. Um excêntrico que provoca arrepios serve de móbil às situações mais cômicas, e os maiores efeitos da imaginação misturam-se às nuanças mais vivas do gracejo. Esse tema tão espirituoso quanto poético foi tomado dos espanhóis; as concepções ousadas são muito raras na França, onde se aprecia trabalhar em segurança na literatura; mas quando circunstâncias felizes encorajaram ao risco, o gosto então conduziu a audácia com uma habilidade maravilhosa, sendo que uma invenção estrangeira arranjada por um francês é quase sempre uma obra-prima.

---

10 *Don Juan ou Le festin de Pierre*, peça encenada pela primeira vez em 1665. (N. T.)

Capítulo XXVII
Da declamação

A arte da declamação deixou atrás de si apenas lembranças, não tendo conseguido erigir nenhum monumento durável; o resultado disso é que não houve muita reflexão acerca de tudo aquilo que a compõe. Nada é tão fácil quanto exercer essa arte mediocremente, mas não é por acaso que em sua perfeição ela provoca tanto entusiasmo; e, longe de depreciar essa impressão como um movimento passageiro, creio que é possível assinalar-lhe causas justas. Na vida, raramente se consegue penetrar os sentimentos secretos dos homens: a afetação e a falsidade, a frieza e a modéstia exageram, alteram, reservam ou encobrem o que se passa no fundo do coração. Um grande ator coloca em evidência os sintomas da verdade nos sentimentos e nos caracteres, e nos mostra os sinais certeiros dos pendores e das emoções verdadeiras. Tantos indivíduos atravessam a existência sem supor as paixões e a força delas que com frequência o teatro revela o homem ao homem, e lhe inspira um santo terror pelas tempestades da alma. Com efeito, que palavras poderiam pintá-las como uma entonação, um gesto, um olhar! As palavras dizem menos do que a entonação, a entonação menos do que a fisionomia, e o inexprimível é precisamente o que um ator sublime nos dá a conhecer.

As mesmas diferenças existentes entre o sistema trágico dos alemães e o dos franceses encontram-se também em sua maneira de declamar; os alemães imitam o mais que podem a natureza, sua afetação restringe-se àquela da simplicidade; mas algumas vezes também têm uma nas belas-artes. Quanto mais profundamente os atores alemães tocam o coração, tanto mais deixam o espectador inteiramente frio; eles confiam na paciência destes e estão seguros de não se enganar sobre isso. Os ingleses têm mais majestade do que os alemães em sua maneira de recitar os versos, mas não têm a pompa habitual que os franceses, e sobretudo as tragédias francesas, exigem dos atores; nosso modo não suporta a mediocridade, pois apenas se retorna à naturalidade pela própria beleza da arte. Na Alemanha, os atores de segunda categoria são frios e calmos; com frequência, carecem do efeito trágico, mas raramente chegam a ser ridículos: isso ocorre tanto no teatro alemão como na boa sociedade; ela reúne pessoas que algumas vezes vos aborrecem, e eis tudo; ao passo que no palco francês fica-se impaciente quando não se é comovido: a voz empolada e falsa é tão repulsiva ao efeito trágico que não há paródia, por mais vulgar que possa ser, que não seja preferível à insípida impressão do amaneirado.

Os acessórios da arte, as máquinas e as decorações devem ser mais bem cuidados na Alemanha do que na França, pois nas tragédias recorre-se com mais frequência a esses meios. Iffland soube reunir em Berlim tudo o que se pode desejar sob esse aspecto; mas, em Viena, negligenciam-se até mesmo os meios necessários para se representar materialmente bem uma tragédia. A memória é infinitamente mais cultivada pelos atores franceses do que pelos atores alemães. Em Viena, o ponto dizia de antemão à maioria dos atores cada palavra de seu papel; e eu o vi seguindo Otelo pelos bastidores para lhe recordar os versos que devia pronunciar no fundo do palco ao apunhalar Desdêmona.

O espetáculo de Weimar é infinitamente mais bem ordenado sob todos os aspectos. O príncipe, homem de espírito, e o homem de gênio conhecedor das artes que lá ocorrem souberam reunir o gosto e a elegância à ousadia que permite novos experimentos.

Nesse teatro, como em todos os outros na Alemanha, os mesmos atores representam os papéis cômicos e trágicos. Dizem que essa diversidade impede que sejam superiores em alguma; entretanto, os primeiros gênios

Da Alemanha

do teatro, Garrick[1] e Talma,[2] reuniram os dois gêneros. A flexibilidade corporal, que transmite igualmente bem impressões diferentes, parece-me a marca do talento natural, e, talvez, tanto na ficção quanto na realidade, a melancolia e a alegria sejam extraídas da mesma fonte. Ademais, na Alemanha, o patético e o gracejo sucedem-se e misturam-se com tanta frequência nas tragédias que seria bom se os atores possuíssem o talento de exprimir um e outro; e o melhor ator alemão, Iffland, dá o exemplo disso com um sucesso merecido. Não vi na Alemanha bons atores do cômico alto, marqueses, presunçosos etc. O que faz a graça desse tipo de papel é aquilo que os italianos chamam *disinvoltura*, e que em francês seria traduzido por *air dégagé*. O hábito que os alemães têm de dar importância a tudo é precisamente o que mais se opõe a essa leviandade fácil. Mas é impossível levar mais longe a originalidade, a verve cômica e a arte de pintar os caracteres do que o faz Iffland em seus papéis. Não creio que alguma vez tenhamos visto no teatro francês um talento mais variado nem mais inesperado do que o dele, nem um ator que se arriscasse a apresentar os defeitos e os ridículos naturais com uma expressão tão impressionante. Há na comédia modelos dados, pais avaros, filhos libertinos, serviçais intrujões, tutores enganados. Mas os papéis de Iffland, tais como ele os concebe; não podem caber em nenhum desses moldes: é preciso nomeá-los todos pelo próprio nome; pois são indivíduos que diferem singularmente um do outro, e nos quais Iffland parece viver como se estivesse em casa.

Sua maneira de representar a tragédia, a meu ver, também é de um grande efeito. A calma e a simplicidade de sua declamação, no belo papel de Wallenstein, não podem ser apagadas da lembrança. Ele produz uma impressão gradual: acredita-se a princípio que sua aparente frieza jamais poderá abalar a alma; mas, na sequência, a emoção cresce com uma progressão cada vez mais rápida, e a menor palavra exerce um grande poder, quando no tom

---

1 David Garrick (1717-1779): ator inglês, famoso intérprete das peças de Shakespeare. (N. T.)

2 François-Joseph Talma (1763-1826): ator francês; iniciou sua carreira na Comédia Francesa; posteriormente funda um teatro dissidente no qual representa *Otelo*, *Macbeth* e *Hamlet* em adaptações de Ducis; retorna à Comédia Francesa em 1799. (N. T.)

geral reina uma nobre tranquilidade que destaca cada nuança, e conserva sempre a cor do caráter em meio às paixões.

Iffland, que é superior tanto na teoria quanto na prática de sua arte, publicou vários escritos notavelmente engenhosos sobre a declamação; de início, ele apresenta um esboço das diferentes épocas da história do teatro alemão: a imitação retesada e arrastada que se fazia do teatro francês; a sensibilidade lacrimosa dos dramas, cuja natureza prosaica levou até mesmo a se esquecer do talento de declamar versos; por fim, o retorno à poesia e à imaginação, que constitui agora o gosto universal na Alemanha. Não há uma entonação, nenhum gesto cuja causa Iffland não saiba encontrar, como filósofo e artista.

Uma personagem de suas peças lhe fornece as observações mais refinadas sobre a cena cômica; trata-se de um homem idoso, que de repente abandona seus velhos sentimentos e seus constantes hábitos, para vestir-se do costume e das opiniões da nova geração. O caráter desse homem não tem nada de maldoso, no entanto a vaidade o desencaminha como se fosse realmente perverso. Ele deixou que sua filha fizesse um casamento conveniente, mas obscuro, e de repente lhe aconselha o divórcio. Uma vareta à mão, sorrindo graciosamente, balançando sobre um pé e sobre outro, propõe à sua criança quebrar os laços mais sagrados: mas o que se percebe de velhacaria através de uma elegância forçada, o que há de embaraçado em sua aparente indiferença é distinguido por Iffland com uma admirável sagacidade.

A propósito de Franz Moor, irmão do chefe dos bandoleiros de Schiller, Iffland examina de que maneira os papéis de celerados devem ser representados. "É necessário", ele diz, "que o ator empenhe-se em ter os sentimentos que levaram a personagem a tornar-se o que é, as circunstâncias que corromperam sua alma; enfim, o ator deve ser como que o defensor oficioso do caráter que ele representa." Com efeito, somente pode haver verdade, mesmo na vilania, pelas nuanças que levam a sentir que o homem nunca se torna um malfeitor senão paulatinamente.

Iffland lembra ainda a sensação prodigiosa que Ekhof,[3] um antigo ator alemão muito célebre, produzia na peça *Emília Galotti*. Quando Odoardo

---

3 Konrad Ekhof (1720-1778), ator e autor, trabalhou na companhia de Schönemann a partir de 1740, juntamente com a atriz Sofia Schröder; em 1753, fundou uma

Da Alemanha

sabe pela amante do príncipe que a honra de sua filha está ameaçada, ele quer calar essa mulher, a quem não estima, e que provoca em sua alma indignação e dor, e, sem notar, arranca as plumas do próprio chapéu, com um movimento convulsivo cujo efeito era terrível. Os atores que sucederam a Ekhof tiveram o cuidado de arrancar como ele as plumas do chapéu, mas elas caíam ao chão sem que ninguém prestasse atenção nisso; pois faltava uma emoção verdadeira para dar às menores ações a verdade sublime que atinge a alma dos espectadores.

A teoria de Iffland sobre os gestos é muito engenhosa. Ele zomba desses braços de moinho de vento que apenas podem servir para declamar sentenças morais; e crê que habitualmente poucos gestos, próximos do corpo, indicam melhor as impressões verdadeiras; mas, nesse gênero, como em muitos outros, há duas partes muito distintas no talento: aquela que se refere ao entusiasmo poético e aquela que nasce do espírito observador; segundo a natureza das peças ou dos papéis, uma ou outra deve predominar. Os gestos inspirados pela graça e pelo sentimento do belo não são os melhores para caracterizar certa personagem. A poesia exprime a perfeição em geral, mais do que uma maneira particular de ser ou sentir. A arte do ator trágico consiste pois em apresentar em suas atitudes a imagem da beleza poética, sem entretanto negligenciar o que distingue os diferentes caracteres: todo o domínio das artes consiste sempre da união do ideal com a natureza.

Quando eu vira a peça *O vinte e quatro de fevereiro* representada por dois poetas célebres, August Schlegel e Werner, ficara singularmente impressionada pelo modo como declamaram. Eles preparavam os efeitos muito tempo antes, e via-se que teriam ficado contrariados se fossem aplaudidos desde os primeiros versos. Tinham o conjunto sempre presente no pensamento, e o êxito de uma parte isolada, que poderia prejudicá-lo, ter-lhes--ia parecido apenas um defeito. Schlegel me fez descobrir, pela maneira de representar na peça de Werner, todo o interesse por um papel que não me despertou a atenção quando o tinha lido. A inocência de um homem

---

efêmera mas importante academia teatral (1753-1754); trabalhou no Teatro de Weimar; teve papel importante na reforma da arte de representar, não só como ator, mas ainda como teórico e mestre de atores. (N. T.)

culpado, a infelicidade de um homem de bem, que cometeu um crime aos 7 anos de idade, quando não sabia ainda o que era um crime, e que, embora estivesse em paz com sua consciência, não pôde dissipar a perturbação de sua imaginação. Eu julgava o homem que era representado diante de mim, como se penetra um caráter na vida segundo movimentos, olhares, entonações que o traem sem que ele perceba. Na França, nossos atores, em sua maior parte, jamais parecem ignorar o que fazem; ao contrário, há algo de estudado em todos os meios que empregam, e o efeito disso é antevisto.

Schröder,[4] a quem todos os alemães referem-se como um ator admirável, precisava que se lhe dissesse que havia representado bem certo momento, ou declamado bem certo verso. "Representei bem o papel?", ele perguntava, "fui a personagem?" Com efeito, seu talento parecia mudar de natureza cada vez que mudava de papel. Na França, ninguém ousaria recitar a tragédia, tal como ele frequentemente fazia, no tom habitual da conversação. Há uma cor geral, uma entonação conveniente, que é de praxe nos versos alexandrinos, e os movimentos mais apaixonados apoiam-se nesse pedestal, que é como o dado necessário da arte. Os atores franceses visam habitualmente o aplauso, e o merecem praticamente a cada verso; os atores alemães o desejam ao fim da peça, e não o obtêm muito senão nessa hora.

A diversidade das cenas e das situações encontradas nas peças alemãs dá lugar necessariamente a muito mais variedade no talento dos atores. A representação muda é tida em maior conta, e a paciência dos espectadores permite uma multidão de detalhes que tornam o patético mais natural. A arte de um ator, na França, consiste quase inteiramente na declamação; na Alemanha, há muito mais acessórios a essa arte principal, e com frequência a palavra não é muito necessária para enternecer.

Quando Schröder, ao representar o rei Lear, traduzido em alemão, era levado adormecido para o palco, dizem que esse sono da infelicidade e da velhice arrancava lágrimas antes que ele viesse a despertar, antes mesmo que seus lamentos tivessem explicado suas dores; e quando carregava em

---

4 Friedrich Ludwig Schröder (1744-1816), ator, autor, diretor e bailarino, primeiro ator a representar personagens de Shakespeare; quando assumiu a direção do Teatro de Hamburgo, pôs em prática as teorias de Lessing sobre o drama burguês; foi um dos reformadores da maçonaria alemã. (N. T.)

seus braços o corpo de sua jovem filha Cordélia, morta porque não quis abandoná-lo, nada era tão belo quanto a força que o desespero lhe dava. Uma última dúvida o mantinha em pé, ele verificava se Cordélia ainda respirava: ele, tão velho, não podia persuadir-se de que um ser tão jovem pudesse ter morrido. Uma dor apaixonada em um velho meio decrépito produzia a emoção mais dilacerante.

Em geral, os atores alemães podem ser reprovados com razão por raramente colocarem em prática o conhecimento das artes do desenho, tão amplamente difundido em seu país: suas atitudes não são belas; o excesso de sua simplicidade degenera frequentemente em acanhamento, e eles raramente se igualam aos atores franceses na nobreza e na elegância do andar e dos movimentos. Não obstante, já há algum tempo, as atrizes alemãs estudaram a arte das atitudes e aperfeiçoaram-se nesse tipo de graça tão necessária no palco.

O espetáculo, na Alemanha, é aplaudido apenas no final dos atos, sendo muito raro que o ator seja interrompido para que se lhe testemunhe a admiração que ele inspira. Os alemães olham como uma espécie de barbárie perturbar, por sinais tumultuosos de aprovação, o enternecimento que apreciam penetrar em silêncio. Mas isso resulta em uma dificuldade a mais para seus atores; pois é preciso uma terrível força de talento para abrir mão, ao declamar, do encorajamento dado pelo público. Em uma arte feita inteiramente de emoção, os homens reunidos experimentam uma eletricidade todo-poderosa que nada pode suprir.

Um grande hábito da prática da arte pode fazer que um bom ator, ao repetir uma peça, torne a passar pelos mesmos caminhos, e utilize os mesmos meios, sem que os espectadores o animem novamente; mas a inspiração primeira quase sempre veio deles. Um contraste singular merece ser notado. Nas belas-artes, cuja criação é solitária e ponderada, perde-se toda a naturalidade quando se pensa no público, apenas o amor-próprio é evocado nelas. Nas belas-artes improvisadas, sobretudo na declamação, o barulho dos aplausos age sobre a alma tal como o som da música militar. Esse barulho enervante faz o sangue correr mais rápido, algo que não satisfaz à fria vaidade.

Quando surge um homem de gênio na França, em qualquer carreira que seja, ele quase sempre atinge um grau de perfeição ímpar; pois reúne a audácia, que faz sair do caminho comum, ao tato do bom gosto que tanto importa conservar, quando a originalidade do talento não sofre com isso. Parece-me, portanto, que Talma pode ser citado como um modelo de ousadia e medida, de naturalidade e dignidade. Ele possui todos os segredos das diversas artes; suas atitudes lembram as belas estátuas da Antiguidade; sua vestimenta, sem que ele se preocupe com isso, fica drapejada em todos os seus movimentos como se tivesse tido tempo de arranjá-la no mais perfeito repouso. A expressão de seu rosto, a de seu olhar, deve ser o estudo de todos os pintores. Algumas vezes ele chega com os olhos semiabertos, e de repente o sentimento lhes faz lançar raios de luz que parecem iluminar todo o palco.

O som de sua voz comove, antes mesmo que o próprio sentido das palavras pronunciadas tenha provocado a emoção. Quando, nas tragédias, são encontrados por acaso alguns versos descritivos, ele faz sentir as belezas desse gênero de poesia, como se o próprio Píndaro tivesse recitado seus cantos. Outros têm necessidade de tempo para emocionar, e fazem bem em tomá-lo; mas há na voz desse homem não sei qual magia que, desde as primeiras entonações, desperta toda a simpatia do coração. O encanto da música, da pintura, da escultura, da poesia, e acima de tudo da linguagem da alma, eis seus meios para desencadear, naquele que o escuta, todo o poder das paixões generosas ou terríveis.

Que conhecimento do coração humano ele mostra em sua maneira de conceber seus papéis! Ele é como um segundo autor por suas entonações e sua fisionomia. Quando Édipo conta a Jocasta como matou Laio, sem saber quem era, sua narração começa assim: "Eu era jovem e soberbo".[5] Antes dele, os atores, em sua maioria, acreditavam que tinham de representar a palavra *soberbo*, e erguiam a cabeça para assinalá-la: Talma, sentindo que todas as lembranças do orgulhoso Édipo começam a se tornar remorsos para ele, pronuncia com uma voz tímida essas palavras feitas para recobrar uma confiança que ele já não tem mais. Forbas chega de Corinto no momento em que Édipo acaba de conceber alguns temores sobre seu nascimento, e pede-lhe uma audiência secreta. Os outros atores, antes de Talma, apressavam-se em lhe dar as costas e afastá-lo com um gesto majestoso: Talma

---

5 *Édipo*, tragédia de Voltaire, representada pela primeira vez em 1718. (N. T.)

permanece com os olhos fixos em Forbas; ele não pode perdê-lo de vista, e com a mão faz sinais para que se afastem os que estão ao seu redor. Nada foi dito ainda, mas seus movimentos perdidos traem a perturbação de sua alma; e quando, no último ato, ele exclama ao deixar Jocasta:

> Sim, Laio é meu pai e eu sou vosso filho,

acreditamos ver entreabrir a morada de Tenaro,[6] para onde o destino pérfido arrasta os mortais.

Em *Andrômaca*, quando Hermione enlouquecida acusa Orestes de ter assassinado Pirro sem seu consentimento, Orestes responde:

> E não me haveis ordenado
> vós mesma, aqui, agora há pouco, dar cabo dele?

dizem que Le Kain,[7] quando recitava esses versos, destacava cada palavra, como que para lembrar a Hermione de todas as circunstâncias da ordem que havia recebido dela. Isso seria certo perante um juiz; mas quando se trata da mulher amada, o desespero de achá-la injusta e cruel é o único sentimento que toma a alma. É assim que Talma concebe a situação: um grito escapa do coração de Orestes; ele diz as primeiras palavras com vigor, e as que seguem com um abatimento sempre crescente; seus braços caem, em um instante seu rosto torna-se pálido como a morte, e a emoção dos espectadores aumenta na medida em que ele parece perder as forças para se exprimir.

A maneira com que Talma recita o monólogo seguinte é sublime. A espécie de inocência que entra na alma de Orestes ao dilacerá-la, quando ele diz estes versos,

> Com pesar assassino um rei a quem reverencio,

---

6 O cabo de Tenaro (Ταίναρον) fica na Lacônia, no Peloponeso, onde Hércules foi para encontrar a entrada do Hades a fim de completar seu último trabalho, o de capturar o monstro Cérbero. (N. T.)

7 Henri Louis Cain, chamado Le Kain (1729-1778); amigo e intérprete preferido de Voltaire. (N. T.)

Madame de Staël

inspira uma piedade que o próprio gênio de Racine não pôde prever inteiramente. Quase todos os grandes atores mergulhavam nos furores de Orestes; mas é aí sobretudo que a nobreza dos gestos e das expressões aumenta singularmente o efeito do desespero. A força da dor é ainda mais terrível na medida em que se mostra através da própria calma e da dignidade de uma bela natureza.

Nas peças extraídas da história romana, Talma desenvolve um talento de um gênero completamente diverso, mas não menos notável. Compreende-se melhor Tácito, depois que se vê Talma representando o papel de Nero, no qual ele manifesta um espírito de grande sagacidade; pois é sempre com a mente que uma alma virtuosa divisa os sintomas do crime; não obstante, ele produz ainda mais efeito, parece-me, nos papéis nos quais é agradável entregar-se, ao ouvi-lo, aos sentimentos que ele exprime. Na peça de Dubelloy, ele fez a Bayard[8] o favor de tirar o ar fanfarrão que outros atores acreditavam dever dar-lhe: graças a Talma, o herói gascão tornou-se tão simples na tragédia quanto na história. Seu traje nesse papel, seus gestos simples e contidos, lembram as estátuas dos cavaleiros vistos nas antigas igrejas, e é espantoso que um homem que alcança tão bem o sentimento da arte antiga saiba também transportar-se ao caráter da Idade Média.

Talma representa algumas vezes o papel de Pharan, em uma tragédia de Ducis[9] sobre um tema árabe, *Abufar*.[10] Uma multidão de versos arrebatadores confere a essa tragédia muito encanto; as cores do Oriente, a melancolia sonhadora do Sul Asiático, a melancolia das regiões onde o calor consome a natureza em lugar de orná-la, fazem-se sentir de modo admirável nessa obra. O mesmo Talma, grego, romano e cavaleiro, é um árabe do deserto, cheio de energia e amor; seus olhares são velados como que para evitar o ardor dos raios do sol; há em seus gestos uma alternância admirável de indolência e impetuosidade; ora a sorte o abate, ora afigura-se mais po-

---

8 *Gaston et Bayard.* (N. T.)

9 Jean-François Ducis (1733-1816), primeiro adaptador de Shakespeare na França. (N. T.)

10 *Abufar ou la famille arabe*, tragédia em quatro atos, foi representada pela primeira vez em 1794. (N. T.)

deroso ainda do que a natureza, e parece triunfar sobre ela: a paixão que o devora, e cujo objeto é uma mulher que crê ser sua irmã, está contida em seu peito; dir-se-ia, em seu caminho incerto, que é de si mesmo que quer fugir; seus olhos desviam-se da amada, suas mãos repudiam uma imagem que ele crê sempre ver à sua volta; e, quando enfim estreita Salema junto ao seu coração, dizendo-lhe esta simples frase "Tenho frio", ele sabe expressar ao mesmo tempo o frêmito da alma e o ardor devorador que deseja esconder.

É possível encontrar muitos defeitos nas peças de Shakespeare adaptadas por Ducis ao nosso teatro; mas seria muito injusto deixar de reconhecer nelas algumas belezas de primeira ordem; o gênio de Ducis está em seu coração, e é por aí que acerta. Talma representa suas peças em gesto de amizade pelo belo talento desse nobre velho. A cena das bruxas, em *Macbeth*, é transposta em narrativa na peça francesa. É preciso ver como Talma tenta propiciar algo de vulgar e estranho à entonação das bruxas, sem entretanto deixar de conservar nessa imitação toda a dignidade exigida por nosso teatro.

> *Par des mots inconnus, ces êtres monstruex*
>
> *S'appelloient tour à tour, s'applaudissoient entre eux,*
>
> *S'approchoient, me montroient avec un ris farouche*
>
> *Leur doigt mystérieux se posoit sur leur bouche.*
>
> *Je leur parle, et dans l'ombre ils s'échappent soudain,*
>
> *L'un avec un poignard, l'autre avec un sceptre à la main;*
>
> *L'autre d'un long serpent serroit le corps livide:*
>
> *Tous trois vers ce palais ont pris un vol rapide,*
>
> *Et tous trois dans les airs, en fuyant loin de moi,*
>
> *M'ont laissé pour adieu ces mots: Tu seras roi* [11]

---

11 "Por palavras desconhecidas, esses monstruosos seres/ Chamavam-se sucessivamente, aplaudiam-se entre eles,/ Aproximavam-se, apontavam-me com risos venenosos:/ Colocavam sobre suas bocas seus dedos misteriosos./ Eu lhes falo, e repentinamente somem na escuridão,/ Um com um punhal, outro com um cetro à mão;/ O outro o corpo lívido enlaçado por uma longa serpente:/ voaram todos os três rumo ao palácio rapidamente,/ E todos os três pelo ar, fugindo de mim sem olhar para trás,/ Deixaram-me por adeus estas palavras: *Tu, rei serás.*" (N. T.)

A voz baixa e misteriosa do ator ao pronunciar esses versos, a maneira como colocava o dedo junto à boca tal como a estátua do silêncio, o olhar que se alterava para exprimir uma lembrança terrível e repugnante; tudo era combinado para pintar um novo maravilhoso em nosso teatro, do qual nenhuma tradição anterior podia dar a ideia.

Otelo não obteve sucesso ultimamente no palco francês; parece que Orosmane[12] impede que se compreenda bem *Otelo*; mas quando é Talma que representa essa peça, o quinto ato comove como se o assassinato se desse sob nossos olhos; vi Talma declamar em seus aposentos a última cena com sua mulher, cuja voz e figura convinham tão bem a Desdêmona; bastava-lhe passar a mão em seus cabelos e franzir a sobrancelha para ser o Mouro de Veneza, e o terror afigurava-se a dois passos dele como se todas as ilusões do teatro o tivessem cercado.

Hamlet é seu triunfo entre as tragédias estrangeiras; os espectadores não veem a sombra do pai de Hamlet na representação francesa, a aparição passa-se inteiramente na fisionomia de Talma, e certamente não é menos atemorizante. Quando, em meio a uma conversação calma e melancólica, ele repentinamente percebe o espectro, todos os seus movimentos são seguidos nos olhos que o contemplam, e não se pode duvidar da presença do fantasma quando tal olhar o atesta.

Quando Hamlet fica a sós, na cena do terceiro ato, e diz em belos versos franceses o famoso monólogo *To be or not to be*:

> *La mort, c'est le sommeil, c'est un réveil peut-être,*
> *Peut-être. — Ah! C'est le mot qui glace, épouvanté,*
> *L'homme, au bord du cercueil, par le doute arrêté;*
> *Devant ce vaste abîme, Il se jette en arrière,*
> *Ressaisit l'existence et s'attache à la terre.*[13]

---

12 Personagem da peça *Zaïre* de Voltaire, representado por Le Kain. (N. T.)

13 *Hamlet* de Ducis, representado em 1769: "A morte é o sono, é talvez um despertar,/ Talvez. — Ah!, é a palavra que gela, atemorizado,/ O homem, à beira do túmulo, pela dúvida tomado;/ Diante desse vasto abismo, a morte ele renega,/ Retoma a existência, e à Terra se apega". (N. T.)

Da Alemanha

Talma não fazia um gesto, algumas vezes apenas movia a cabeça para questionar a Terra e o céu sobre o que é a morte! Imóvel, a dignidade da meditação absorvia todo o seu ser. Via-se um homem, em meio a 2 mil homens em silêncio, interrogar o pensamento sobre o destino dos mortais! Em poucos anos tudo o que existia ali não existirá mais, mas outros homens irão assistir, por sua vez, às mesmas incertezas e também irão precipitar-se no abismo, sem lhe conhecer a profundidade.

Quando Hamlet quer obrigar sua mãe a jurar, sobre a urna que contém as cinzas de seu esposo, que ela não teve parte no crime que o fez perecer, ela hesita, fica perturbada, e acaba por confessar o crime de que é culpada. Então Hamlet tira o punhal que seu pai lhe ordena cravar no seio materno; mas no momento de golpeá-la, a ternura e a piedade o vencem, e, voltando-se para a sombra de seu pai, exclama: *Perdão, perdão, meu pai!* Com uma entonação pela qual todas as emoções da natureza parecem escapar ao mesmo tempo do coração, e, lançando-se aos pés de sua mãe desvanecida, diz-lhe esses dois versos que contêm uma inesgotável piedade:

> *Votre crime est horribile, exécrable, odieux;*
> *Mais il n'est plus grand que la bonté des cieux.*[14]

Enfim, quando se pensa em Talma não se pode deixar de lembrar *Manlius*.[15] Essa peça causava pouco efeito no teatro: trata-se do tema da *Veneza salva*, de Otway,[16] transposto para um acontecimento da história romana. Manlius conspira contra o Senado de Roma, ele confia seu segredo a Servilius, a quem ama há quinze anos; ele lho confia apesar das suspeitas de seus outros amigos que desconfiam da fraqueza de Servilius e de seu amor pela esposa, filha do cônsul. Aquilo que os conjurados temiam acontece. Servilius não pode esconder de sua mulher o complô contra a vida de seu

---

14 "Vosso crime é odioso, execrável, cruel;/ Mas não é maior que a bondade do céu." (N. T.)

15 *Manlius Capitolinus*, peça composta em 1698 por Antoine d'Aubigny de La Fosse (1653-1708), que obteve grande sucesso no século XVIII. (N. T.)

16 Thomas Otway (1652-1685) iniciou sua carreira com traduções de Corneille, Racine e Molière; *Venice Preserved* data de 1682. (N. T.)

pai; ela imediatamente corre para revelar-lhe o que se passa. Manlius é preso, seus planos são descobertos, e o Senado o condena a ser lançado do alto da rocha Tarpeiana.

Antes de Talma, a amizade apaixonada que Manlius sente por Servilius passava quase despercebida, nessa peça escrita com pouco empenho. Quando um bilhete do conjurado Rutílio mostra que o segredo foi traído, e o foi por Servilius, Manlius chega, com o bilhete à mão; aproxima-se de seu amigo culpado cujo arrependimento já o devora, e, mostrando-lhe as linhas que o acusam, pronuncia estas palavras: "O que tu dizes disso?". Pergunto a todos que as ouviram, a fisionomia e o som da voz podem alguma vez exprimir ao mesmo tempo mais impressões diferentes? O furor que um sentimento interior de piedade enfraquece, a indignação que a amizade torna sucessivamente mais viva e mais fraca, como os fazer compreender, se não for pela entonação que vai da alma a alma sem o intermédio até mesmo das palavras!? Manlius tira seu punhal para golpear Servilius, sua mão procura o coração e treme ao encontrá-lo: a lembrança de tantos anos, durante os quais Servilius lhe foi caro, ergue como que uma nuvem de lágrimas entre sua vingança e seu amigo.

O quinto ato foi menos comentado, e talvez Talma tenha sido então ainda mais admirável do que no quarto. Servilius desafiou tudo para espiar sua falta e salvar Manlius. No fundo de seu coração ele resolveu que, se seu amigo perecesse, iria partilhar sua sorte. A dor de Manlius é suavizada pelos lamentos de Servilius; não obstante, ele não ousa dizer-lhe que perdoa sua terrível traição; mas toma às escondidas a mão de Servilius e a aproxima de seu coração; seus movimentos involuntários buscam o amigo culpado que ele ainda quer abraçar, antes de deixá-lo para sempre. Nada, ou quase nada na peça, indicava essa admirável beleza da alma sensível, respeitando uma longa afeição, apesar da traição que a rompeu. Os papéis de Pierre e de Jaffier na peça inglesa[17] indicam essa situação com grande força. Talma sabe dar à tragédia de Manlius a energia de que carece, e nada honra mais seu talento do que a verdade com que exprime o que há de invencível na amizade. A paixão pode odiar o objeto de seu amor; mas quando o laço

---

17 Referência à *Veneza salva*. (N. T.)

formou-se pelas relações sagradas da alma, parece que o próprio crime não poderia aniquilá-lo, e espera-se o remorso, tal como após uma longa ausência esperar-se-ia o retorno.

Ao ter falado com certo detalhe de Talma, não creio ter me detido sobre um tema alheio à minha obra. Esse artista confere à tragédia francesa, tanto quanto possível, aquilo que com ou sem razão os alemães lhe reprovam não ter: originalidade e naturalidade. Ele sabe caracterizar os costumes estrangeiros nas diversas peças que representa, e nenhum ator ousa com frequência grandes efeitos por meios simples. Shakespeare e Racine estão artisticamente combinados em sua maneira de declamar. Por que os escritores dramáticos também não experimentariam reunir em suas composições aquilo que o ator soube tão bem conjugar em sua representação?

Capítulo XXVIII
Dos romances

Uma vez que os romances são o que há de mais fácil entre todas as ficções, não há outra carreira na qual os escritores das nações modernas tenham se aventurado mais. O romance realiza, por assim dizer, a transição entre a vida real e a vida imaginária. A história de cada um é, com algumas poucas modificações, um romance bastante semelhante aos que são impressos, e nesse sentido as lembranças pessoais com frequência fazem as vezes de invenção. Desejou-se dar mais importância a esse gênero misturando-lhe a poesia, a história e a filosofia; parece-me que isso o desnaturaliza. As reflexões morais e a eloquência apaixonada podem ter lugar nos romances; mas o interesse pelas situações deve ser sempre o primeiro móbil desse tipo de escritos, e nada jamais lhe pode tomar o lugar. Se o efeito teatral é a condição indispensável de toda peça representada, é igualmente verdade que um romance não seria nem uma boa obra, nem uma ficção feliz, se não inspirasse uma curiosidade viva; seria inútil querer substituí-la por digressões engenhosas, a expectativa da diversão desenganada causaria um cansaço insuperável.

A massa de romances de amor publicados na Alemanha transformou um pouco em gracejo o clarão da lua, as harpas que ressoam ao anoitecer no vale, enfim, todos os meios conhecidos de embalar docemente a alma; mas, não obstante, há em nós uma disposição natural que se compraz com essas leituras fáceis, e cabe ao gênio apoderar-se dessa disposição que em vão gostaríamos de combater. É tão belo amar e ser amado que esse hino da vida pode ser modulado ao infinito, sem que o coração sinta cansaço; assim, retornamos com prazer ao motivo de um canto abrilhantado por notas magníficas. Entretanto, não dissimularei que os romances, mesmo os mais puros, são prejudiciais: eles nos ensinaram demais sobre o que há de mais secreto nos sentimentos. Não há mais como experimentar nada sem se lembrar de já ter lido algo a respeito, e todos os véus do coração foram rasgados. Os antigos jamais teriam feito assim de sua alma um tema de ficção; restava-lhes um santuário onde até mesmo seu próprio olhar teria medo de penetrar; mas, admitido enfim o gênero dos romances, ele precisa despertar interesse, e, assim como dizia Cícero sobre a ação em *O orador*, essa é a condição três vezes necessária.

Os alemães, como os ingleses, são muito fecundos em romances que pintam a vida doméstica. A pintura dos costumes é mais elegante nos romances ingleses; ela tem mais diversidade nos romances alemães. Na Inglaterra, apesar da independência dos caracteres, há uma maneira de ser geral dada pela boa companhia; na Alemanha, não houve nenhum ajuste nesse sentido. Merecem ser citados vários desses romances baseados em nossos sentimentos e costumes, e que têm entre os livros a posição dos dramas no teatro, mas aquele que é sem igual e sem equivalente é *Werther*: vê-se nele tudo o que o gênio de Goethe podia produzir quando estava apaixonado. Dizem que hoje ele não dá muito valor a essa obra de sua juventude; a efervescência da imaginação, que praticamente o levara a ter entusiasmo pelo suicídio, deve-lhe parecer censurável hoje. Quando se é muito jovem e a degradação do ser ainda não se manifestou, o túmulo parece apenas uma imagem poética, um sonho cercado de figuras ajoelhadas que nos pranteiam; não ocorre o mesmo no meio da vida, e aprende-se então o motivo pelo qual a religião, essa ciência da alma, misturou o horror do assassinato ao atentado contra si mesmo.

Goethe, contudo, teria cometido um grande erro ao desdenhar o admirável talento manifestado em *Werther*; ele soube compor o quadro não só dos sofrimentos do amor, mas também dos males da imaginação em nosso século; desses pensamentos que se aferram ao espírito sem que possamos

Da Alemanha

transformá-los em atos da vontade; o contraste singular entre uma vida bem mais monótona do que a dos antigos, e uma existência interior bem mais agitada, ocasiona um tipo de perturbação semelhante àquela que se tem à beira do abismo, e o próprio cansaço, sentido após tê-lo longamente contemplado, pode levar a se lançar nele. Goethe soube juntar a essa pintura das inquietações da alma, tão filosófica em seus resultados, uma ficção simples, mas de um interesse prodigioso; se, em todas as ciências, acreditou-se ser necessário impressionar o olhar por sinais exteriores, não é natural querer interessar o coração para gravar nele grandes pensamentos?

Os romances por cartas supõem sempre mais sentimentos do que fatos; os antigos jamais teriam imaginado dar essa forma às suas ficções; e não foi senão há apenas dois séculos que a filosofia introduziu-se suficientemente entre nós para que a análise do que sentimos tivesse tanto lugar nos livros. Essa maneira de conceber os romances não é tão poética, sem dúvida, quanto aquela que consiste inteiramente em narrações; mas o espírito humano é agora bem menos ávido dos acontecimentos, mesmo os mais bem arranjados, do que das observações sobre o que se passa no coração. Essa disposição diz respeito às grandes mudanças intelectuais que tiveram lugar no homem; em geral, ele tende cada vez mais a voltar-se sobre si mesmo, e busca a religião, o amor e o pensamento no mais íntimo de seu ser.

Vários escritores alemães compuseram contos de fantasmas e bruxas, e pensam que há mais talento nessas invenções do que em um romance baseado em uma circunstância da vida comum: isso é certo quando se é levado por disposições naturais; mas, em geral, são necessários versos para as coisas maravilhosas, a prosa não basta para isso. Quando as ficções representam séculos e países muito diferentes daqueles em que vivemos, é preciso que o encanto da poesia substitua o prazer que a semelhança conosco nos faria sentir. A poesia é o mediador alado que transporta os tempos passados e as nações estrangeiras a uma região sublime onde a admiração faz as vezes de simpatia.

Há uma abundância de romances de cavalaria na Alemanha; mas eles deveriam ter sido mais escrupulosamente submetidos às tradições antigas: no presente, investigam-se essas fontes preciosas; e, em um livro chamado

O livro dos heróis,[1] encontrou-se um grande número de aventuras contadas com vigor e ingenuidade; importa conservar a cor do estilo e dos costumes antigos, e não prolongar, pela análise dos sentimentos, as narrativas dos tempos em que a honra e o amor agiam sobre o coração do homem, assim como a fatalidade entre os antigos, sem que se refletisse sobre os motivos das ações, ou que a incerteza fosse então admitida.

Na Alemanha, há algum tempo, o romance filosófico tomou a frente de todos os outros; e não se assemelha em nada aos romances dos franceses; não se trata, como em Voltaire, de exprimir uma ideia geral por um fato em forma de apólogo; tem-se antes um quadro da vida humana completamente imparcial, um quadro no qual nenhum interesse apaixonado predomina; situações diversas sucedem-se em todos os níveis, em todas as condições, em todas as circunstâncias, e o escritor está ali para contá-las; foi assim que Goethe concebeu *Wilhelm Meister*,[2] obra muito admirada na Alemanha, mas pouco conhecida em outros lugares.

Wilhelm Meister está repleto de discussões engenhosas e espirituosas; seria uma obra filosófica de primeira ordem, se a ela não se misturasse uma intriga de romance, cujo interesse não vale o que faz perder; há nela quadros bem refinados e bem detalhados de uma certa classe da sociedade, mais numerosa na Alemanha do que em outros países; classe na qual os artistas, os comediantes e os aventureiros misturam-se com os burgueses que amam a vida independente, e com os grandes senhores que acreditam proteger as artes: cada um desses quadros tomados à parte é encantador; mas não há outro interesse no conjunto da obra senão o de conhecer a opinião de Goethe sobre cada assunto: o herói de seu romance é um terceiro inoportuno, que ele colocou, não se sabe por quê, entre seu leitor e ele.

Em meio às personagens de *Wilhelm Meister*, mais espirituosas do que significativas, e de situações mais naturais do que marcantes, um episódio encantador é encontrado em vários trechos da obra, e reúne tudo o que o calor e a originalidade do talento de Goethe podem fazer sentir de mais

---

1 *Das Heldenbuch*, ou *Der Helden Buoch*, é o título de outra grande compilação de poesia épica alemã reunida no século XV por Gaspard van der Roen; a data da primeira edição é desconhecida, a segunda edição é de 1491. (N. T.)

2 *Wilhelm Meister*, 1795-1796. (N. T.)

animado. Uma moça italiana é a filha do amor, e de um amor criminoso e terrível, que arrebatou um homem consagrado pelo juramento ao culto da divindade; os dois esposos, já tão culpados, descobrem depois das núpcias que eram irmão e irmã, e que o incesto é para eles a punição do perjúrio. A mãe perde a razão, e o pai percorre o mundo como um infeliz errante que não quer abrigo em parte alguma. O fruto desafortunado desse amor tão funesto, sem apoio desde seu nascimento, é levado pelos saltimbancos; eles o exercitam até os 10 anos de idade nos miseráveis jogos com que proveem sua subsistência: os cruéis tratamentos aos quais é ela submetida despertam a atenção de Wilhelm, que toma a seu serviço essa mocinha em vestes de garoto, e que assim se encontra desde que veio ao mundo.

Desenvolve-se então nessa extraordinária criatura uma mistura singular de criancice e profundidade, de seriedade e imaginação; ardente como as italianas, silenciosa e perseverante como uma pessoa ponderada, a fala não parece sua linguagem. Entretanto, as poucas palavras que diz são solenes, e respondem a sentimentos bem mais fortes do que os de sua idade, e dos quais ela mesma não sabe o segredo. Ela se apega a Wilhelm com amor e respeito; serve-o como um fiel criado, amando-o como uma mulher apaixonada; por sempre ter tido uma vida infeliz, dir-se-ia que não conheceu a infância e que, ao sofrer na idade em que a natureza destinou apenas alegrias, existe apenas por conta de uma única afeição, com a qual começam e acabam os batimentos de seu coração.

A personagem Mignon (é o nome da moça) é misteriosa como um sonho; ela exprime suas saudades da Itália em versos encantadores, que todos sabem de cor na Alemanha: "Tu conheces esta terra onde as laranjeiras florescem etc". Enfim, o ciúme, essa impressão demasiado forte para órgãos tão jovens, dilacera a pobre criança, que sentira a dor antes que a idade lhe tivesse dado forças para lutar contra ela. Seria preciso relatar cada detalhe para compreender todo o efeito desse admirável quadro. Não é possível imaginar sem emoção os menores movimentos dessa moça; ela possui não sei qual simplicidade mágica, que supõe abismos de pensamentos e sentimentos; acredita-se ouvir crescer a tempestade no fundo de sua alma, mesmo que não fosse possível citar nenhuma palavra ou circunstância que motive a inquietude inexprimível que ela provoca.

Apesar desse belo episódio, percebe-se em *Wilhelm Meister* o sistema singular desenvolvido há algum tempo na nova escola alemã: as narrações dos antigos, e mesmo seus poemas, por mais animados que sejam internamente, são calmos na forma; e ficamos persuadidos de que os modernos fariam bem em imitar a tranquilidade dos escritores da Antiguidade: mas, em termos de imaginação, o que é ordenado apenas pela teoria não é muito bem-sucedido na prática. Quando se trata de acontecimentos tais como os da *Ilíada*, eles interessam por si mesmos, e quanto menos o sentimento pessoal do autor é percebido, mais o quadro causa impressão; mas quando é o caso de pintar situações romanescas com a calma imparcial de Homero, o resultado não poderia ser muito atraente.

Goethe acaba de lançar um romance intitulado *As afinidades eletivas*,[3] que, parece-me, pode ser acusado sobretudo do defeito que acabo de apontar. Um casal feliz retirou-se para o campo; os dois esposos convidam, um seu amigo, o outro sua sobrinha, para compartilharem sua solidão; o amigo enamora-se da mulher, e o esposo, da moça, sobrinha de sua mulher. Ele se entrega à ideia de recorrer ao divórcio para unir-se à sua amada; a moça está prestes a consentir nisso; acontecimentos infelizes levam-na a recordar o sentimento do dever; mas quando ela reconhece a necessidade de sacrificar seu amor, morre de sofrimento, e seu amado não tarda em segui-la.

A tradução de *As afinidades eletivas* não obteve sucesso na França, pois o conjunto dessa ficção não tem nada de caracterizado, e não se sabe com que finalidade foi concebida; a incerteza não é um erro na Alemanha: tal como os acontecimentos deste mundo com frequência não apresentam senão resultados indeterminados, admite-se encontrar nos romances que os pintam as mesmas contradições e as mesmas dúvidas. Há, na obra de Goethe, um grande número de pensamentos e de finas observações; mas é certo que o interesse com frequência languesce, e que há quase tantas lacunas nesse romance quanto na vida humana, tal como habitualmente acontece. Entretanto, um romance não deve ser semelhante a memórias particulares; pois tudo interessa no que realmente existiu, ao passo que uma

---

3 Editado em 1809. (N. T.)

Da Alemanha

ficção não pode igualar o efeito da verdade senão ultrapassando-a, isto é, tendo mais força, mais conjunto e mais ação do que ela.

A descrição do jardim do barão, e de seu embelezamento promovido pela baronesa, absorve mais de um terço do romance; e é difícil deixá-lo para ser comovido por uma catástrofe trágica: a morte do herói e da heroína não parece mais do que um acidente fortuito, pois o coração não foi preparado muito tempo antes para sentir e compartilhar o sofrimento que sentem. Esse escrito oferece uma mistura singular da existência cômoda e dos sentimentos tempestuosos; uma imaginação repleta de graça e força aproxima-se dos maiores efeitos para abandoná-los repentinamente, como se não valesse a pena produzi-los; e dir-se-ia que a emoção prejudica o escritor desse romance, e que, por indolência do coração, ele coloca de lado a metade de seu talento, com medo de vir a sofrer ao enternecer os outros.

Uma questão mais importante é saber se tal obra é moral, isto é, se a impressão que passa é favorável ao aperfeiçoamento da alma; sob esse aspecto, os acontecimentos não são nada em uma ficção; sabe-se muito bem que dependem da vontade do autor, e que não podem despertar a consciência de ninguém: a moralidade de um romance consiste pois nos sentimentos que inspira. Não se poderia negar que há no livro de Goethe um profundo conhecimento do coração humano, mas um conhecimento desalentador; a vida nele é representada como algo bastante indiferente, não importa como seja levada; triste quando aprofundada, bastante agradável quando evitada, suscetível de doenças morais que devem ser curadas se possível, ou morrer se não houver cura.

As paixões existem, as virtudes existem; há pessoas que asseguram que é preciso combater umas pelas outras; há outras que afirmam que isso não é possível; olhai e julgai, parece dizer o escritor que apresenta, com imparcialidade, os argumentos que o destino pode dar a favor e contra cada maneira de ver.

Entretanto, seria um erro imaginar que esse ceticismo seja inspirado pela tendência materialista do século XVIII; as opiniões de Goethe têm mais profundidade, mas não oferecem maior consolo à alma. Percebe-se em seus escritos uma filosofia desdenhosa que fala tanto ao bem quanto ao mal: "Assim deve ser, pois assim é"; um espírito prodigioso, que domina todas as outras faculdades e cansa-se do próprio talento, como tendo algo de demasiado involuntário e parcial; enfim, esse romance carece sobretudo de um sentimento religioso firme e positivo: as principais personagens são mais acessíveis à superstição do que à crença; e sente-se que no coração delas a religião, assim como o amor, é apenas o efeito das circunstâncias e poderia variar com elas.

Na medida em que essa obra avança, o autor mostra-se muito incerto; as figuras que delineia e as opiniões que indica deixam apenas lembranças vacilantes; é preciso convir que pensar muito leva algumas vezes a uma total perturbação interna; mas um homem de gênio como Goethe deve servir de guia a seus admiradores em um caminho seguro. Não é mais tempo de duvidar, não é mais tempo de colocar, a propósito de todas as coisas, ideias engenhosas nos dois lados da balança; é preciso entregar-se à confiança, ao entusiasmo, à admiração que a juventude mortal da alma pode sempre manter em nós mesmos; essa juventude renasce das próprias cinzas das paixões: é o ramo de ouro que não pode fenecer, e que dá à Sibila a entrada nos Campos Elíseos.

Tieck merece ser citado em vários gêneros; trata-se do autor de um romance, *Sternbald*,[4] cuja leitura é deliciosa; os acontecimentos nele são escassos, e mesmo os que existem não chegam ao desenlace; mas creio que não se encontra em parte alguma uma pintura tão agradável da vida de um artista; o autor coloca seu herói no belo século das artes, e o supõe discípulo de Albert Dürer, contemporâneo de Rafael. Ele o faz viajar por diversas regiões da Europa, e pinta, com um encanto totalmente novo, o prazer que os objetos exteriores devem causar a quem não pertence exclusivamente a nenhum país, ou a nenhuma situação, e que passeia livremente pela natureza para buscar nela inspirações e modelos. Apenas na Alemanha sente-se bem essa existência viajante e sonhadora ao mesmo tempo. Nos romances franceses descrevemos sempre os costumes e as relações sociais; mas há um grande segredo de felicidade nessa imaginação que paira sobre a Terra ao percorrê-la, e não se mistura de modo algum aos interesses ativos deste mundo.

---

4 *Franz Sternbalds Wanderungen*, 1798. (N. T.)

A sorte quase sempre recusa aos pobres mortais um destino feliz, no qual as circunstâncias se sucedam e se encadeiem segundo nossos desejos; mas as impressões isoladas são na maior parte bastante ternas, e o presente, quando pode ser considerado à parte das lembranças e dos temores, é ainda o melhor momento do homem. Há, portanto, uma filosofia poética muito sábia nesses prazeres instantâneos que compõem a existência de um artista; os lugares novos, as luminosidades diversas que os embelezam, são para ele acontecimentos que começam e terminam no mesmo dia, e não têm relação com o passado nem com o futuro; os males do coração contrafazem o espetáculo da natureza, e ao lermos o romance de Tieck ficamos espantados com todas as maravilhas que nos cercam sem que saibamos.

O autor misturou a essa obra poesias avulsas, entre as quais algumas são obras-primas. Quando se incluem versos em um romance francês, eles quase sempre interrompem o interesse e destroem a harmonia do conjunto. Não ocorre o mesmo em *Sternbald*; o romance é em si mesmo tão poético que a prosa ali aparece como um recital que sucede ao canto, ou o prepara. Há ainda algumas estâncias sobre o retorno da primavera que são inebriantes como a natureza da época. Nelas, a infância é representada de mil formas diferentes: o homem, as plantas, a Terra, o céu, tudo é rico de esperança, e dir-se-ia que o poeta celebra os primeiros belos dias e as primeiras flores que ornaram o mundo.

Na França, temos vários romances cômicos; e um dos mais notáveis é *Gil Blas*.[5] Não creio que seja possível citar entre os alemães uma obra na qual as coisas da vida estejam tão engenhosamente representadas. Eles praticamente nem chegam a ter uma sociedade de fato, como já poderiam zombar dela? A jocosidade sóbria que não transforma nada em gracejo, mas diverte sem querer, e faz rir sem que se tenha rido; essa jocosidade, que os ingleses chamam *humor*, é encontrada também em vários escritos alemães, mas é quase impossível traduzi-los. Quando o gracejo consiste em um pensamento filosófico exprimido de modo feliz, como o *Gulliver* de

---

5 *L'Histoire de Gil Blas de Santillane* (1715-1735), novela picaresca de Alain-René Lesage (1668-1747); considerada obra-prima no gênero. (N. T.)

Swift,[6] a mudança de língua não importa; mas *Tristram Shandy* de Sterne,[7] em francês, perde quase toda a sua graça. Os gracejos que consistem em formas da linguagem talvez falem ao espírito mil vezes mais do que as ideias, e entretanto essas impressões tão vivas, excitadas por nuanças tão finas, não podem ser transmitidas aos estrangeiros.

Claudius[8] é um dos autores alemães que mais têm essa jocosidade nacional, herança exclusiva de cada literatura estrangeira. Ele publicou uma antologia composta de vários fragmentos sobre diversos assuntos; há alguns de mau gosto, outros de pouca importância, mas reina neles uma originalidade e uma verdade que tornam vivas as menores coisas. Esse escritor, cujo estilo reveste-se de uma aparência simples, e algumas vezes até vulgar, penetra no fundo do coração pela sinceridade de seus sentimentos. Ele vos faz chorar e rir, pois estimula vossa simpatia, e vos faz reconhecer um semelhante e um amigo em tudo o que ele sente. Não há nada a extrair dos escritos de Claudius, seu talento age como uma sensação; é preciso tê-la experimentado para falar dela. Ele se assemelha a esses pintores flamengos que se põem algumas vezes a representar o que há de mais nobre na natureza, ou com o espanhol Murillo,[9] que pinta pobres e mendigos com uma verdade perfeita, mas que lhes confere com frequência, mesmo sem o saber, alguns traços de expressão nobre e profunda. Para misturar com sucesso o cômico e o patético, é preciso ser eminentemente natural em ambos; desde que se perceba o factício, todo contraste provoca disparate, mas um grande talento repleto de bonomia pode reunir com sucesso o que somente tem encanto no rosto da infância: o sorriso em meio às lágrimas.

Outro escritor, mais moderno e mais célebre que Claudius, adquiriu uma grande reputação na Alemanha por obras que poderiam ser denominadas

---

6 Jonathan Swift (1667-1745): irlandês, poeta, satírico, ensaísta, panfletista, clérigo; *Gulliver's Travels* (1726, corrigido em 1735). (N. T.)

7 Laurence Sterne (1713-1768): conhecido tanto pelos nove volumes de sua obra *A vida e opiniões de Tristram Shandy* (1759-1769) quanto por *Uma viagem sentimental através da França e da Itália* (1768). (N. T.)

8 Matthias Claudius (1740-1815), também conhecido pelo nome de Asmus, estudou em Iena. (N. T.)

9 Bartolomé Esteban Murillo (1618-1682). (N. T.)

romances, se uma denominação comum pudesse convir a produções tão extraordinárias. Jean Paul Richter tem seguramente mais engenho do que é necessário para compor uma obra que interesse tanto aos estrangeiros quanto aos alemães, e, não obstante, nada do que publicou pode sair da Alemanha. Seus admiradores dirão que isso se deve à própria originalidade de seu gênio; parece-me que a causa disso reside tanto em seus defeitos quanto em suas qualidades. Em nossos tempos modernos, é preciso ter o espírito europeu; os alemães encorajam demasiadamente em seus autores essa ousadia errante que, por mais audaciosa que pareça, nunca é destituída de afetação. A senhora de Lambert[10] dizia a seu filho: "Meu caro, fazei apenas as tolices que vos causem um grande prazer". Poderíamos pedir a J. Paul que não fosse bizarro senão apesar de si mesmo: tudo o que se diz involuntariamente corresponde sempre à natureza de alguém; mas quando a originalidade natural é minada pela pretensão à originalidade, o leitor não goza completamente nem mesmo do que é verdadeiro, pela lembrança e temor daquilo que não o é.

Entretanto, encontram-se belezas admiráveis nas obras de J. Paul; mas o ordenamento e o encaixe de seus quadros têm tantas falhas que os mais luminosos traços de gênio perdem-se na confusão do conjunto. Os escritos de J. Paul devem ser considerados sob dois pontos de vista, o gracejo e a seriedade; pois ele constantemente mistura um ao outro. Seu modo de observar o coração humano é repleto de refinamento e jocosidade, mas ele pouco chega a conhecer o coração humano ao basear-se nas pequenas cidades da Alemanha, e a pintura desses costumes com frequência apresenta algo de muito inocente para nosso século. Observações tão delicadas e quase tão minuciosas sobre os males morais lembram um pouco aquela personagem dos contos de fadas apelidada Fine-Oreille,[11] por ouvir as plantas crescerem. Sob esse aspecto, Sterne tem certamente alguma analogia com

---

10 Anne-Thérèse de Marguenat de Courcelles, sra. de Lambert, marquesa de Saint--Bris (1647-1733): escritora francesa; escreveu, entre outras obras: *Réflexions nouvelles sur les femmes, ou Métaphysique d'amour*, 1727; *Traité de l'Amitié*, 1732; além de peças, cartas e discursos. (N. T.)

11 "Orelha-fina", personagem do conto *Finette Cendron* de Marie-Catherine Le Jumel de Barneville, baronesa d'Aulnoy (1650-1705). (N. T.)

J. Paul; mas se J. Paul é-lhe muito superior na parte séria e poética de suas obras, Sterne tem mais gosto e elegância no gracejo, e vê-se que viveu em uma sociedade cujas relações eram mais amplas e vivas.

Alguns pensamentos extraídos dos escritos de J. Paul, não obstante, dariam uma obra bem notável; mas ao ler esses escritos, percebe-se o hábito singular do autor de coligir metáforas e alusões de toda parte, de velhos livros desconhecidos, das obras de ciências etc. As aproximações que ele extrai delas são quase sempre muito engenhosas: mas quando é preciso estudo e atenção para entender um gracejo, praticamente apenas os alemães estão dispostos a rir por longo tempo e dão-se ao trabalho de distinguir tanto o que os diverte quanto o que os instrui.

Na base disso tudo se encontra um grande número de ideias novas, e, quando chegamos a elas, isso é muito enriquecedor; mas o autor negligenciou a marca que era preciso imprimir nesses tesouros. A jocosidade dos franceses vem do espírito de sociedade; a dos italianos, da imaginação; a dos ingleses, da originalidade do caráter; a jocosidade dos alemães é filosófica. Eles gracejam com as coisas e com os livros mais do que com seus semelhantes. Eles têm na mente um caos de conhecimentos que uma imaginação independente e extravagante combina de mil maneiras, ora originais, ora confusas; mas na qual o vigor do espírito e da alma se faz sentir.

O espírito de J. Paul assemelha-se com frequência ao de Montaigne. Os autores franceses de épocas passadas têm em geral mais relação com os alemães do que os escritores do século de Luís XIV; pois foi a partir dessa época que a literatura francesa tomou uma direção clássica.

J. Paul Richter é com frequência sublime na parte séria de suas obras; mas a melancolia contínua de sua linguagem atordoa algumas vezes a ponto de fatigar. Quando a imaginação nos faz embalar por muito tempo na incerteza, ao final as cores confundem-se ao nosso olhar, os contornos se desfazem, e daquilo que lemos resta apenas um eco em lugar de uma lembrança. A sensibilidade de J. Paul toca a alma, mas não a fortalece o bastante. A poesia de seu estilo assemelha-se aos sons da harmônica, que de início encantam mas ao cabo de alguns instantes desagradam, pois a exaltação que provocam não tem objeto determinado. Dá-se muita vantagem aos caracteres áridos e frios, quando se lhes apresenta a sensibilidade

Da Alemanha

como uma doença, ao passo que ela é a mais enérgica de todas as faculdades morais, pois dá o desejo e o poder de devotar-se aos outros.

Dentre os episódios tocantes que grassam nos romances de J. Paul, cujo tema raramente passa de um pretexto bastante frágil para os episódios, vou citar três, tomados ao acaso, para dar a ideia do resto. Um senhor inglês fica cego por uma catarata dupla;[12] e submete-se a uma operação em um de seus olhos; esta falha, e esse olho é irremediavelmente perdido. Seu filho, sem lho dizer, estuda na casa de um oculista, e, ao cabo de um ano, é julgado capaz de operar o olho de seu pai ainda passível de ser salvo. O pai, ignorando a intenção do filho, crê estar nas mãos de um estranho, e prepara-se, com firmeza, para o momento que vai decidir se o resto de sua vida será passado nas trevas; ele chega a recomendar que seu filho seja afastado de seu quarto, a fim de que não fique muito comovido ao assistir a temível decisão. O filho aproxima-se em silêncio de seu pai; sua mão não treme, pois a circunstância é muito forte para os sinais comuns do enternecimento. Toda a alma concentra-se apenas em um pensamento, e o próprio excesso da ternura confere essa presença de espírito sobrenatural, à qual sucederia a desordem, se a esperança fosse perdida. Enfim a operação é bem-sucedida, e o pai, recobrando a visão, percebe o ferro benfazejo na mão do próprio filho!

Um outro romance do mesmo autor também apresenta uma situação muito tocante. Um jovem cego pede que se lhe descreva o pôr do sol, cujos raios ternos e puros ele sente no ar, como o adeus de um amigo. Aquele a quem ele interroga lhe fala da natureza em toda a sua beleza; mas mistura a essa pintura uma impressão de melancolia que deve consolar o desafortunado privado da luz. Ele invoca continuamente a divindade, como a fonte viva das maravilhas do mundo; e, reunindo tudo nessa visão intelectual, da qual o cego talvez goze ainda mais intimamente do que nós, faz que este sinta na alma o que seus olhos não podem mais ver.

Enfim, arriscarei a tradução de um trecho muito singular, mas que serve para dar a conhecer o gênio de Jean Paul.

---

12 Episódio do romance *Hesperus*. (N. T.)

Bayle disse em algum lugar que "o ateísmo não deveria colocar-se ao abrigo do temor dos sofrimentos eternos": trata-se de um grande pensamento, a respeito do qual podemos refletir por longo tempo. *O sonho*[13] de J. Paul, que vou relatar, pode ser considerado como esse pensamento colocado em ação.

A visão de que se trata parece um pouco com o delírio da febre, e deve ser julgada assim. Sob qualquer outro aspecto, além do da imaginação, ela seria singularmente reprovável.

"O objetivo desta ficção", diz Jean Paul,

desculpará sua ousadia. Se meu coração estivesse tão infeliz, tão ressecado que todos os sentimentos que afirmam a existência de um Deus tivessem sido aniquilados nele, eu releria estas páginas, ficaria profundamente abalado, e reencontraria minha saúde e minha fé. Alguns homens negam a existência de Deus com tanta indiferença quanto outros a admitem; e um deles acreditou nisso durante vinte anos, encontrando apenas no vigésimo primeiro o minuto solene em que descobriu com arrebatamento o rico apanágio dessa crença, o calor vivificante dessa fonte de nafta.

Um Sonho

Quando, na infância, nos contam que, por volta da meia-noite, na hora em que o sono mais se avizinha de nossa alma, os sonhos tornam-se mais sinistros, os mortos se erguem, e, nas igrejas vazias, contrafazem as piedosas práticas dos viventes, a morte nos atemoriza por causa dos mortos. Quando vem a escuridão, desviamos nossos olhares da igreja e de seus soturnos vitrais; os terrores da infância, mais ainda do que seus prazeres, ganham asas para voar ao nosso redor, durante a breve noite da alma adormecida. Ah! Não apagueis as centelhas; deixai-nos com nossos sonhos, mesmo os mais sombrios. Eles são ainda mais doces do que nossa existência presente; eles nos levam à idade na qual o rio da vida reflete ainda o céu.

---

13 "O sonho no sonho", em *Discurso do Cristo morto*, escrito provavelmente em 1795. (N. T.)

Da Alemanha

Em uma noite de verão, deitei-me no alto de uma colina; ao dormir, passei a sonhar que despertava em meio à noite em um cemitério. O relógio soava onze horas. Todos os túmulos estavam entreabertos, as portas de ferro da igreja, movidas por uma mão invisível, abriam e fechavam com grande estrondo. Via nas paredes sombras fugidias, que não eram projetadas por nenhum corpo: outras sombras, lívidas, flutuavam no ar, e somente as crianças repousavam ainda nos caixões. Havia no céu como que uma nuvem cinzenta, pesada, sufocante, que um fantasma gigantesco apertava e pressionava formando grandes dobras. Acima de mim, ouvia a queda longínqua das avalanches, e sob meus passos a primeira agitação de um vasto terremoto. Toda a igreja vacilava, e o ar era perturbado pelos sons dilacerantes que em vão buscavam se harmonizar. Alguns pálidos clarões lançavam uma luminosidade sombria. Sentira-me impelido pelo terror a procurar um abrigo no templo: dois basiliscos brilhantes achavam-se diante de suas temíveis portas.

Eu avançava em meio à multidão das sombras desconhecidas, nas quais jazia a marca dos velhos séculos; todas essas sombras amontoavam-se ao redor do altar abandonado, e somente o peito delas respirava e agitava-se com violência; apenas um morto, que há pouco havia sido enterrado na igreja, repousava em sua mortalha; não havia batimento em seu peito, e um sonho feliz trazia o sorriso ao seu rosto; mas com a aproximação de um vivente ele se levantara, parara de sorrir, abrira com um penoso esforço suas pálpebras pesadas; o lugar do olho estava vazio e o do coração tinha apenas uma profunda ferida; ele erguera as mãos, juntando-as para rezar, mas seus braços esticaram-se e despregaram-se do corpo, e as mãos juntas caíram ao chão.

No alto da abóbada da igreja estava o quadrante da eternidade; não se viam ali nem números nem ponteiros, mas uma mão negra fazia a volta com lentidão, e os mortos esforçavam-se para ler o tempo.

Então, descera das altas regiões sobre o altar uma figura luminosa, nobre, elevada, e que trazia a marca de uma dor imortal; os mortos exclamaram: "Oh, Cristo! Deus existe?". Ele respondera: "Não existe". Todas as sombras puseram-se a tremer violentamente, e Cristo continuara assim: "Eu percorri os mundos, ergui-me acima dos sóis, e também lá não existe Deus; desci até os últimos limites do universo, olhei no abismo e clamei: 'Pai, onde estás?', mas ouvi apenas a chuva que caía gota a gota no abismo, e somente a eterna tempestade, que nenhuma ordem rege, me respondeu. Levantando em seguida meus olhos para a abóbada dos céus, encontrei apenas uma órbita vazia, negra e sem fundo. A eternidade repousava sobre o caos, roendo-o, e devorando lentamente a si mesma: redobrai vossos lamentos amargos e dilacerantes; que alguns gritos agudos dispersem as sombras, pois assim é".

As sombras desoladas desvaneceram-se como o vapor esbranquiçado que o frio condensou; a igreja logo ficara deserta; mas, de repente, um espetáculo assustador; as crianças mortas, que por sua vez tinham despertado no cemitério, acorreram e prosternaram-se diante da figura majestosa que estava no altar, e disseram: "Jesus, não temos pai?". E ele respondera, com uma torrente de lágrimas: "Somos todos órfãos; eu e vós, nós não temos pai". A essas palavras, o templo e as crianças foram engolidos pelo abismo, e todo o edifício do mundo ruíra diante de mim em sua imensidão.

Não farei nenhuma ponderação sobre esse trecho, cujo efeito depende inteiramente do gênero de imaginação dos leitores. Fiquei impressionada com o sombrio talento manifestado nele, e pareceu-me belo transportar assim para além-túmulo o horrível terror que deve sentir a criatura privada de Deus.

Não haveria fim, se se quiser analisar o grande número de romances engenhosos e tocantes que a Alemanha possui. Os de Lafontaine[14] em particular, que todos leem ao menos uma vez com grande prazer, são em geral mais interessantes pelos detalhes do que pela concepção mesma do assunto. Inventar torna-se cada dia mais raro, e ademais é muito difícil que os romances que pintam os costumes possam agradar de um país ao outro. A grande vantagem, portanto, que se pode tirar do estudo da literatura alemã é o movimento de emulação que ela propicia; é preciso com isso antes buscar forças para compor por si mesmo, do que obras prontas que possam ser transportadas para outros lugares.

---

14 Alusão ao romancista alemão August Heinrich Julius Lafontaine (1759-1831), oriundo de uma família de protestantes franceses que foi obrigada a emigrar. (N. T.)

Capítulo XXIX
Dos historiadores alemães, e de J. de Müller em particular

Dos gêneros literários, a história é aquele que toca mais intimamente ao conhecimento dos assuntos públicos; um grande historiador é praticamente um homem de Estado; pois é difícil julgar bem os acontecimentos políticos sem ser, até certo ponto, capaz de dirigi-los. Vê-se também que a maioria dos historiadores está à altura do governo de seu país, e que escrevem praticamente como poderiam agir. Os historiadores da Antiguidade são os primeiros de todos, pois não há época na qual os homens superiores tenham exercido mais influência sobre sua pátria. Os historiadores ingleses ocupam o segundo posto; na Inglaterra, é a nação, mais do que determinado homem, que tem grandeza; assim, os historiadores de lá são menos dramáticos, mas mais filosóficos do que os antigos. As ideias gerais têm entre os ingleses mais importância do que os indivíduos. Na Itália, apenas Maquiavel, entre os historiadores, considerou os acontecimentos de seu país de uma maneira universal mas terrível; todos os outros viram o mundo em sua cidade. Esse patriotismo, por mais limitado que seja, ainda propicia interesse e movimento aos escritos dos italianos.[1] Em todos os tempos, notou-se que

---

1 O sr. Sismondi soube fazer reviver esses interesses parciais das repúblicas italianas relacionando-as com as grandes questões que interessam a toda a humanidade. [Sismonde de Sismondi (Genebra, 1773-1842): historiador e economista; no campo literário destacou-se com a publicação em 1813 do livro *Literatura do Sul da Europa*, inspirando os líderes do Risorgimento italiano, movimento de unificação da península. (N. T.)]

Madame de Staël

as memórias valiam muito mais na França do que as histórias; as intrigas de corte dispunham outrora do destino do reino, era portanto natural que em um tal país as anedotas particulares contivessem o segredo da história.

Os historiadores alemães devem ser considerados sob o ponto de vista literário; a existência política do país não teve até o presente bastante força para dar, nesse gênero, um caráter nacional aos escritores. O talento particular a cada homem e os princípios gerais da arte de escrever a história foram as únicas influências sobre as produções do espírito humano nessa carreira. Parece-me que os diferentes escritos históricos publicados na Alemanha podem ser divididos em três grupos principais: a história erudita, a história filosófica e a história clássica, até onde a acepção dessa palavra está limitada à arte de narrar tal como os antigos a conceberam.

Na Alemanha, grassam historiadores eruditos como Mascou, Schöpflin, Schlözer, Gatterer, Schmidt[2] etc. Eles fizeram imensas pesquisas e nos deram obras nas quais tudo pode ser encontrado para quem as sabe estudar; mas esses escritores são bons apenas para consulta, e seus trabalhos seriam os mais estimáveis e generosos de todos, se tivessem por fim apenas poupar dificuldades aos homens de gênio que querem escrever a história.

Schiller está à testa dos historiadores filosóficos, isto é, daqueles que consideram os fatos como argumentos em apoio às suas opiniões. A Revolução dos Países Baixos é lida como um arrazoado pleno de interesse e calor. A Guerra de Trinta Anos é uma das épocas nas quais a nação alemã mostrou mais energia. Schiller escreveu a história dessa guerra com um sentimento de patriotismo e de amor pelas luzes e pela liberdade, que honra ao mesmo tempo sua alma e seu gênio; os traços com que caracteriza as principais personagens são de uma espantosa superioridade, e todas as suas reflexões nascem do recolhimento de uma alma elevada; mas os alemães reprovam Schiller por não ter estudado suficientemente os fatos em suas fontes; ele não podia satisfazer a todas as carreiras às quais seus raros ta-

---

2 Johann Jacob Mascou (1689-1761): também jurista e teólogo; Johann Daniel Schöpflin (1694-1771); August Ludwig Schlözer (1735-1809): professor em Göttingen, teve entre seus alunos Arnold Heeren e Johannes von Müller; Johann Christoph Gatterer (1727-1798); Michael Ignatz Schmidt (1736-1794). (N. T.)

lentos o chamavam, e sua história não se baseia em uma erudição bastante ampla. Em várias ocasiões, eu disse que os alemães foram os primeiros a pressentirem todas as vantagens que a imaginação podia tirar da erudição; as circunstâncias detalhadas são as únicas a darem cor e vida à história; os conhecimentos encontrados na superfície servem praticamente apenas de pretexto ao raciocínio e ao espírito.

A história de Schiller foi escrita naquele período do século XVIII quando tudo servia de arma, e seu estilo ressente-se um pouco do estilo polêmico que reinava então na maior parte dos escritos. Mas quando o fim proposto é a tolerância e a liberdade, buscadas por meios e sentimentos tão nobres quanto os de Schiller, compõe-se sempre uma bela obra, mesmo quando se poderia desejar na parte concedida aos fatos e às reflexões algu-ma coisa de maior ou de menor extensão.[3]

Por um contraste singular, Schiller, o grande autor dramático, talvez tenha colocado muita filosofia, e, por consequência, muitas ideias gerais em suas narrações, cabendo a Müller, o mais sábio dos historiadores, ter sido realmente poeta em sua maneira de pintar os acontecimentos e os homens. É preciso distinguir, na *História da Suíça*,[4] o erudito e o escritor de grande talento: somente assim, parece-me, pode-se vir a fazer justiça a Müller. Tratava-se de um homem de saber inaudito, e suas faculdades nesse gênero realmente davam medo. Não se concebe como a cabeça de um homem pôde conter assim um mundo de fatos e datas. Os 6 mil anos por nós conhecidos estavam perfeitamente ordenados em sua memória, e seus estudos tinham sido tão profundos que estavam vivos como lembranças. Não há uma vila da Suíça, uma família nobre, cuja história ele não soubesse. Um dia, em consequência de uma aposta, pediram-lhe os nomes dos con-des soberanos de Bugey; ele os disse no mesmo instante, somente não se

---

3 Não se pode esquecer, entre os historiadores filosóficos, o sr. Heeren, que acaba de publicar as *Considerações sobre as Cruzadas*, nas quais uma perfeita imparcialidade é o resultado dos mais raros conhecimentos e da força da razão. [Arnold Hermann Ludwig Heeren (1760-1842) foi professor de filosofia e história em Göttingen, onde também havia feito seus estudos. (N. T.)]

4 O primeiro volume foi publicado em 1780. (N. T.)

lembrava bem se um daqueles que nomeava fora regente ou soberano por direito, e reprovava-se seriamente por tal falta de memória. Os homens de gênio, entre os antigos, não estavam submetidos a esse imenso trabalho de erudição que aumenta com os séculos, e sua imaginação não era de modo algum fatigada pelo estudo. Custa mais distinguir-se em nossos dias, e deve-se ter respeito pelo imenso labor necessário para colocar-se em posse do tema que se deseja tratar.

A morte de Müller, cuja vida pode ser diversamente julgada, é uma perda irreparável, e acredita-se ver perecer mais do que um homem quando tais faculdades se extinguem.[5]

Müller, que pode ser considerado como o verdadeiro historiador clássico da Alemanha, lia habitualmente os autores gregos e latinos em sua língua original; ele cultivava a literatura e as artes para fazê-las servir à história. Sua erudição sem limites, longe de prejudicar sua vivacidade natural, era como que a base a partir da qual sua imaginação tomava impulso, e a verdade viva de seus quadros mantinha sua fidelidade escrupulosa; mas, se sabia servir-se admiravelmente da erudição, ele ignorava a arte de apartar-se dela quando necessário. Sua história é muito longa; e o conjunto não está suficientemente amarrado. Os detalhes são necessários para dar interesse à narração dos acontecimentos; mas deve-se escolher entre os acontecimentos os que merecem ser narrados.

A obra de Müller é uma crônica eloquente; contudo, se todos os historiadores fossem assim concebidos, a vida do homem seria consumida inteiramente pela leitura da vida dos homens. Portanto, seria de desejar que Müller não se deixasse seduzir pela própria extensão de seus conhecimentos. Não obstante, os leitores, que têm mais tempo a despender por

---

5 Entre os discípulos de Müller, o barão de Hormayr, que escreveu *Plutarco austríaco*, deve ser considerado como um dos principais; sente-se que sua história foi composta não segundo livros, mas sobre os manuscritos originais. O dr. Decarro, um erudito genebrino estabelecido em Viena, e cuja atividade beneficente levou a descoberta da vacina até a Ásia, dará a conhecer uma tradução dessas *Vidas dos grandes homens* da Áustria, que deve despertar o maior interesse. [Joseph, barão de Hormayr (1784-1848), diplomata e historiador austríaco, contrário a Napoleão. (N. T.)]

Da Alemanha

não terem melhor emprego, penetrarão sempre com um prazer novo esses ilustres anais da Suíça. Os discursos preliminares são obras-primas de eloquência. Ninguém soube melhor do que Müller mostrar em seus escritos o patriotismo mais enérgico; e agora que ele se foi, é unicamente por seus escritos que deve ser apreciado.

Ele descreve como pintor a região na qual se passaram os principais acontecimentos da confederação helvética. Seria um erro fazer-se historiador de um país que não se tivesse visto. As paisagens, os lugares, a natureza são como o pano de fundo do quadro; e os fatos, por mais bem contados que possam ser, não têm todas as características da verdade, quando não vos faz ver os objetos exteriores de que os homens estavam cercados.

A erudição que induziu Müller a dar demasiada importância a cada fato é-lhe bem útil quando se trata de um acontecimento realmente digno de ser animado pela imaginação. Ele o narra então como se tivesse ocorrido na véspera, e sabe dar-lhe o interesse causado por uma circunstância ainda presente. Seja na história seja nas ficções, é preciso, tanto quanto possível, deixar ao leitor o prazer e a ocasião de pressentir ele mesmo os caracteres dos homens e a marcha dos acontecimentos. Ele se cansa facilmente daquilo que se lhe diz, mas é arrebatado por aquilo que descobre. A literatura é assimilada aos interesses da vida, quando se sabe excitar pela narração a ansiedade da espera; o julgamento do leitor é exercido sobre uma palavra, sobre uma ação que faz compreender imediatamente um homem, e com frequência o próprio espírito de uma nação e de um século.

A conjuração de Rütli, tal como é relatada na história de Müller, inspira um interesse prodigioso. Esse vale tranquilo onde homens, igualmente tranquilos, determinaram-se às mais perigosas ações que a consciência possa comandar: a calma na deliberação, a solenidade do juramento, o ardor na execução, o irrevogável que se funda sobre a vontade do homem, ao passo que fora dela tudo pode mudar; que quadro! As imagens já bastam para fazer que os pensamentos venham a nascer: os heróis desse acontecimento, assim como o autor que o relata, são absorvidos pela própria grandeza do objeto. Nenhuma ideia geral apresenta-se ao espírito deles, nenhuma reflexão altera a firmeza da ação nem a beleza da narrativa.

Na batalha de Granson, quando o duque de Borgonha atacara a fraca armada dos cantões suíços, um traço simples dá a mais tocante ideia desses tempos e desses costumes. Carlos já ocupava as elevações, e acreditava-se senhor da armada que via ao longe na planície; tão logo nasceu o sol, ele avistara os suíços que, seguindo o costume de seus país, colocavam-se todos de joelhos para invocar antes do combate a proteção do Senhor dos senhores; os borgonheses, acreditando que ficavam de joelhos para entregar as armas, lançaram gritos de triunfo; mas imediatamente os cristãos, fortalecidos pela oração, erguem-se, precipitam-se sobre seus adversários e alcançam por fim a vitória da qual seu piedoso ardor os tinha tornado dignos. Circunstâncias desse gênero são frequentemente encontradas na história de Müller, e sua linguagem abala a alma, até mesmo quando o que diz não é patético: há algo de grave, nobre e severo em seu estilo, que desperta poderosamente a lembrança dos velhos séculos.

Entretanto, Müller era antes de tudo um homem versátil; mas o talento toma todas as formas sem ter por isso um momento de hipocrisia. Ele é aquilo que parece, somente não pode manter-se sempre na mesma disposição, e as circunstâncias exteriores o modificam. É sobretudo à cor de seu estilo que Müller deve seu poder sobre a imaginação; as palavras antigas das quais ele se serve tão oportunamente têm um ar de lealdade germânica que inspira confiança. Não obstante, ele erra ao querer misturar algumas vezes a concisão de Tácito à ingenuidade da Idade Média: essas duas imitações se contradizem. Apenas em Müller os torneamentos do velho alemão são por vezes bem-sucedidos; em qualquer outro, levariam à afetação. Somente Salústio, entre os escritores da Antiguidade, imaginou empregar as formas e os termos de um tempo anterior ao dele. Em geral, a naturalidade opõe-se a esse tipo de imitação; entretanto, as crônicas da Idade Média eram tão familiares a Müller que é espontaneamente que ele muitas vezes escreve com o mesmo estilo. Certamente é preciso que suas expressões sejam verdadeiras, pois inspiram o sentimento que ele quer provocar.

Ao ler Müller, é bem fácil acreditar que, entre todas as virtudes que ele tão bem sentiu, há as que também possuiu. Seu testamento, que acaba de ser publicado, é ao menos uma prova de seu desinteresse. Ele não deixa fortuna, e pede que seus manuscritos sejam vendidos para pagar suas dí-

Da Alemanha

vidas. Ele acrescenta que se isso bastar para quitá-las, permite-se dispor de seu relógio em favor de seu serviçal, e diz: "Não é sem enternecimento que ele receberá o relógio de que cuidou durante vinte anos". A pobreza de um homem de tão grande talento é sempre uma honrosa circunstância de sua vida; a milésima parte do espírito que torna alguém ilustre bastaria seguramente para fazer vencer todos os cálculos da avidez. É belo ter consagrado suas faculdades ao culto da glória, e sempre sentimos estima por aqueles cujo fim mais caro está além-túmulo.

Capítulo XXX
Herder[1]

Na Alemanha, os homens de letras formam sob muitos aspectos a reunião mais respeitável que a sociedade esclarecida pode oferecer, e, entre esses homens, Herder merece ainda um lugar à parte: sua alma, seu gênio e sua moralidade como um todo ilustraram sua vida. Seus escritos podem ser considerados sob três aspectos diferentes, a história, a literatura e a teologia. Ele se havia ocupado muito da Antiguidade em geral, e das línguas orientais em particular. Seu livro intitulado *A filosofia da história*[2] talvez seja o livro mais encantador escrito em alemão. Não se encontra nele a mesma profundidade de observações políticas que na obra de Montesquieu, *Sobre as causas da grandeza e da decadência dos romanos*;[3] mas uma vez que Herder dedicava-se a penetrar o gênio dos tempos mais recônditos, talvez a qualidade que possuía em supremo grau, a imaginação, servisse melhor do que qualquer outra para dá-los a conhecer. É preciso essa tocha para andar nas trevas: os diversos capítulos de Herder sobre Persépolis e a Babilônia, sobre os hebreus e os egípcios, são uma leitura deliciosa; parece que passeamos em meio ao mundo antigo com um poeta historiador, que toca as ruínas com sua bengala, e reconstrói aos nossos olhos os edifícios derrubados.

---

1 Johann Gottfried von Herder (1744-1803) foi aluno de Kant e depois professor na Universidade de Riga. (N. T.)

2 Publicado em 1774. (N. T.)

3 Publicado em 1734. (N. T.)

Madame de Staël

Exige-se na Alemanha, mesmo dos homens do maior talento, uma instrução tão ampla que os críticos acusaram Herder de não ter uma erudição bastante profunda. Mas, ao contrário, o que nos impressionaria é a variedade de seus conhecimentos; todas as línguas eram-lhe conhecidas, e, de todas as suas obras, aquela pela qual mais se reconhecia até que ponto ele intuía as nações estrangeiras é seu *Ensaio sobre a poesia hebraica*.[4] Jamais alguém exprimiu melhor o gênio desse povo profeta, para quem a inspiração poética estava em relação íntima com a divindade. A vida errante desse povo, seus costumes, os pensamentos de que era capaz e as imagens que lhe eram habituais são indicadas por Herder com uma surpreendente sagacidade. Com a ajuda das aproximações mais engenhosas, ele busca dar a ideia da simetria do versículo dos hebreus, desse retorno do mesmo sentimento ou da mesma imagem em termos diferentes, dos quais cada estância oferece o exemplo. Algumas vezes, ele compara essa brilhante regularidade a dois colares de pérolas que circundam os cabelos de uma bela mulher. "A arte e a natureza", diz ele, "conservam sempre uma importante uniformidade através de sua abundância." A menos que se leiam os salmos dos hebreus no original, é impossível pressentir melhor seu encanto do que pelas palavras de Herder. Sua imaginação era íntima das regiões do Oriente; ele se comprazia em respirar os perfumes da Ásia, e transmitia em suas obras o puro incenso que sua alma havia colhido ali.

Ele foi o primeiro a dar a conhecer as poesias espanholas e portuguesas na Alemanha; posteriormente, as traduções de W. Schlegel as naturalizaram. Herder publicou uma coletânea intitulada *Canções populares*;[5] essa coletânea contém as romanças e os poemas avulsos nos quais estão marcados o caráter nacional e a imaginação dos povos. Pode-se estudar nela a poesia natural, aquela que precede as luzes. A literatura cultivada torna-se tão prontamente factícia que é bom retornar algumas vezes à origem de toda poesia, isto é, à impressão da natureza sobre o homem, antes que ele tivesse analisado o universo e a si mesmo. Talvez apenas a flexibilidade do alemão permita traduzir as ingenuidades da linguagem de cada país, sem as quais não se

---

4 Publicado em 1782. (N. T.)
5 Publicado em 1778-1779. (N. T.)

recebe nenhuma impressão das poesias populares; as palavras nessas poesias têm por si mesmas uma certa graça que nos comove como uma flor que vimos, como uma ária que ouvimos em nossa infância: essas impressões singulares contêm não somente os segredos da arte, mas os da alma de onde a arte as extraiu. Os alemães, na literatura, analisam ao extremo as sensações, até as nuanças delicadas que se recusam à palavra; e poderiam ser reprovados por se aplicarem demasiadamente em todo gênero a fazer compreender o inexprimível.

Na quarta parte desta obra, falarei dos escritos de Herder sobre a teologia; a história e a literatura encontram-se também frequentemente unidas a ela. Um homem de um gênio tão sincero quanto Herder precisava misturar a religião a todos os seus pensamentos, e todos os seus pensamentos à religião. Já foi dito que seus escritos pareciam uma conversação animada: é certo que ele não tem em suas obras a forma metódica que convém dar aos livros. É sob os pórticos e nos jardins da academia que Platão explicava aos seus discípulos o sistema do mundo intelectual. Encontra-se em Herder essa nobre negligência do talento sempre impaciente por caminhar para ideias novas. O que se chama um livro bem-acabado é uma invenção moderna. A descoberta da impressão tornou necessárias as divisões, os resumos, enfim todo o aparelho da lógica. A maioria das obras filosóficas dos antigos são tratados ou diálogos, que se apresentam como conversas escritas. Montaigne também se abandonava ao curso natural de seus pensamentos. Certamente, para tal *entrega* é preciso a superioridade mais resoluta, a ordem suprida pela riqueza; e se a mediocridade andasse ao acaso, nos levaria comumente apenas ao mesmo ponto, com a fadiga a mais; mas um homem de gênio interessa muito mais quando se mostra tal como é, e quando seus livros parecem mais improvisados do que compostos.

Dizem que Herder tinha uma conversação admirável, e sente-se em seus escritos que assim devia ser. Sente-se neles também aquilo que todos os seus amigos atestam, que não havia melhor homem. Quando o talento literário pode inspirar o pendor para nos amar àqueles que ainda não nos conhecem, esse é o presente do céu cujos frutos mais doces são colhidos na Terra.

Capítulo XXXI
Das riquezas literárias da Alemanha e de seus críticos mais renomados, August Wilhelm e Friedrich Schlegel[1]

No quadro da literatura alemã que acabo de apresentar, tratei de designar as obras principais; mas tive de renunciar a nomear um número efetivamente grande de homens, cujos escritos menos conhecidos servem mais eficazmente à instrução daqueles que os leem do que à glória de seus autores.

Os tratados sobre as belas-artes, as obras de erudição e de filosofia, ainda que não pertençam imediatamente à literatura, devem contudo ser contados entre suas riquezas. Há na Alemanha tesouros de ideias e conhecimentos, que o resto das nações da Europa por muito tempo não esgotará.

O gênio poético, se o ganhamos do céu, também poderia receber um feliz impulso do amor pela natureza, pelas artes e pela filosofia, que fermenta nas regiões germânicas; mas ao menos ouso afirmar que todo homem que hoje quiser devotar-se a qualquer trabalho sério, seja sobre a história, a filosofia ou a Antiguidade, não poderia deixar de conhecer os escritores alemães que se ocuparam disso.

A França pode honrar-se de um grande número de eruditos de primeira linha, mas raramente os conhecimentos e a sagacidade filosófica estiveram reunidos ali, ao passo que na Alemanha são hoje quase inseparáveis. Aqueles que pleiteiam a favor da ignorância, como uma garantia da graça, citam um

---

1 Karl Wilhelm Friedrich von Schlegel (1772-1829), poeta e crítico; irmão mais novo de August, converteu-se ao catolicismo em 1808. (N. T.)

grande número de homens de muito espírito que não tinham nenhuma instrução; mas eles esquecem que esses homens estudaram profundamente o coração humano tal como ele se mostra nas altas rodas, e que era sobre esse tema que tinham ideias. Mas se esses doutos, em matéria de sociedade, quisessem julgar a literatura sem conhecê-la, seriam tediosos como os burgueses quando falam da corte.

Quando comecei o estudo do alemão, pareceu-me que entrava em uma esfera nova, na qual se manifestavam as luzes mais impressionantes sobre tudo o que eu percebia anteriormente de um modo confuso. Na França, há algum tempo, leem-se praticamente apenas memórias ou romances, e não é inteiramente por frivolidade que as pessoas se tornam menos capazes de leituras mais sérias, mas porque os acontecimentos da Revolução acostumaram a valorizar apenas o conhecimento dos fatos e dos homens: encontra-se nos livros alemães, sobre os temas mais abstratos, o gênero de interesse que faz procurar os bons romances, isto é, aqueles que nos ensinam sobre nosso próprio coração. O caráter distintivo da literatura alemã é o de relacionar tudo com a existência interior; e uma vez que o mistério dos mistérios está ali, uma curiosidade sem limites prende-se a isso.

Antes de passar à filosofia, que faz sempre parte das letras nos países onde a literatura é livre e poderosa, direi algumas palavras do que se pode considerar como a legislação desse império: a crítica. Não há ramo da literatura alemã que não tenha sido levado mais longe, e assim como em certas cidades encontram-se mais médicos do que doentes, há algumas vezes na Alemanha ainda mais críticos do que autores; mas as análises de Lessing, o criador do estilo na prosa alemã, são feitas de maneira a poderem ser consideradas como obras.

Kant, Goethe, J. de Müller, os maiores escritores da Alemanha em todos os gêneros, inseriram nos diários aquilo que chamam os *inventários* dos diversos escritos que apareceram, e esses *inventários* encerram a teoria filosófica e os conhecimentos positivos mais profundos. Dentre os escritores mais jovens, Schiller e os dois Schlegel mostraram-se muito superiores a todos os outros críticos. Schiller foi o primeiro, entre os discípulos de Kant, a aplicar sua filosofia à literatura; e, com efeito, partir da alma para julgar os objetos exteriores, ou dos objetos exteriores para saber o que se passa na alma, é um caminho tão diferente que tudo deve ressentir-se com isso. Schiller escreveu dois tratados sobre *o ingênuo e o sentimental*,[2] nos quais o talento que se ignora e o talento que se observa são analisados com uma sagacidade prodigiosa; mas em seu *Ensaio sobre a graça e a dignidade*[3] e em suas *Cartas sobre a estética*,[4] isto é, a teoria do belo, há excessiva metafísica. Quando se quer falar dos gozos das artes de que todos os homens são suscetíveis, é preciso apoiar-se sempre nas impressões que receberam, e não se permitir as formas abstratas que fazem perder o vestígio dessas impressões. Schiller estava ligado à literatura pelo talento, e à filosofia pelo pendor para a reflexão; seus escritos em prosa estão nos confins das duas regiões; mas ele invade com muita frequência a mais alta, e, retornando continuamente ao que há de mais abstrato na teoria, desdenha a aplicação como uma consequência inútil dos princípios que propôs.

A descrição vivaz das obras-primas confere maior interesse à crítica do que as ideias gerais que pairam sobre todos os temas, sem caracterizar nenhum. A metafísica é, por assim dizer, a ciência do imutável; mas tudo o que está submetido à sucessão do tempo é explicado apenas pela mistura dos fatos e das reflexões: os alemães gostariam de chegar em todos os temas a teorias completas, e sempre independentes das circunstâncias. Mas, por isso ser impossível, não é preciso renunciar aos fatos, no temor de que eles não circunscrevam as ideias; apenas os exemplos, na teoria e na prática, gravam os preceitos na memória.

A quintessência de pensamentos que certas obras alemãs apresentam não concentra, como a das flores, os perfumes mais agradáveis; dir-se-ia, ao contrário, que é apenas um resto frio de emoções repletas de vida. Entretanto, poder-se-ia extrair dessas obras uma gama de observações de grande interesse; mas elas se confundem umas nas outras. O autor, por força de lançar seu espírito adiante, conduz seus leitores ao ponto no qual as ideias são muito sutis para que se possa tentar transmiti-las.

---

2 Dividido em três partes, o tratado *Uber naive und sentimentaluche Dichtung* apareceu de modo separado na revista *Die Horen*: nas edições de novembro e dezembro de 1795, e na de janeiro de 1796. (N. T.)

3 Publicado em 1793. (N. T.)

4 *Cartas sobre a educação estética da humanidade* (1795). (N. T.)

Os escritos de A. W. Schlegel são menos abstratos do que os de Schiller; por possuir conhecimentos raros na literatura, mesmo em sua pátria, ele é incessantemente levado a comparar as diversas línguas e as diferentes poesias entre elas; um ponto de vista tão universal deveria ser considerado praticamente como infalível, se a parcialidade não o alterasse algumas vezes; mas essa parcialidade não é arbitrária, e indicarei sua marcha e seu objetivo; entretanto, como há temas nos quais ela não se faz sentir, é deles que falarei inicialmente.

August Schlegel ministrou em Viena um curso de literatura dramática[5] que abarcava o que foi composto de mais notável para o teatro, desde os gregos até nossos dias; não se trata de uma nomenclatura estéril dos trabalhos dos diversos autores, o espírito de cada literatura é apreendido ali com a imaginação de um poeta; sente-se que para chegar a tais resultados são necessários estudos extraordinários; mas a erudição nessa obra é percebida apenas pelo conhecimento perfeito das obras-primas. Goza-se em poucas páginas do trabalho de toda uma vida; cada julgamento emitido pelo autor, cada epíteto conferido aos escritores que comenta é belo e justo, preciso e vivo. August Schlegel descobriu a arte de tratar as obras-primas da poesia como maravilhas da natureza, e de pintá-las com as cores vivas que não prejudicam a fidelidade do desenho; pois, não seria demasiado repetir, longe de ser inimiga da verdade, a imaginação lhe confere maior realce do que qualquer outra faculdade do espírito, e todos os que a culpam para se desculparem das expressões exageradas, ou dos termos vagos, estão ao menos tão desprovidos de poesia quanto de razão.

A análise dos princípios que fundamentam a tragédia e a comédia é tratada no curso de August Schlegel com uma grande profundidade filosófica; esse gênero de mérito é frequentemente encontrado entre os escritores alemães; mas Schlegel é ímpar na arte de inspirar entusiasmo pelos grandes gênios que admira; em geral, ele se mostra partidário de um gosto simples e algumas vezes até de um gosto rude, mas faz exceção a esse modo de ver em favor dos povos do Sul da Europa. Seus jogos de palavras e seus *con-*

---

5 Publicado sob o título *Ueber Dramatische Kunst Und Literatur* [Sobre a arte dramática e a literatura] (1809). (N. T.)

cetti[6] não são objeto de sua censura; ele detesta o amaneirado que nasce do espírito de sociedade, mas o que vem do luxo da imaginação agrada-lhe na poesia, bem como a profusão de cores e perfumes na natureza. Schlegel, após ter adquirido uma grande reputação por sua tradução de Shakespeare, tomou por Calderón um amor tão vivo, mas de um gênero bastante diferente daquele que Shakespeare pode inspirar; pois o quanto o autor inglês é profundo e sombrio no conhecimento do coração humano, tanto o poeta espanhol entrega-se com suavidade e encanto à beleza da vida, à sinceridade da fé, a todo o brilho das virtudes cuja cor deve-se ao sol da alma.

Encontrava-me em Viena quando August Schlegel ministrara seu curso público. Esperava apenas penetração e instrução nas lições que tinham o ensino por finalidade; ficara confusa ao ouvir um crítico eloquente como um orador, e que, longe de encarniçar-se nos defeitos, eterno alimento da mediocridade invejosa, buscava apenas fazer reviver o gênio criador.

A literatura espanhola é pouco conhecida, ela fora o objeto de um dos mais belos trechos pronunciados na palestra que assistira. August Schlegel nos pintara essa nação de cavaleiros cujos poetas eram guerreiros, e os guerreiros poetas. Ele citara o conde Ercilla,

que compusera sob uma tenda seu poema *Araucana*, ora nas praias do oceano, ora aos pés das cordilheiras, enquanto guerreava contra os selvagens revoltados. Garcilaso, um descendente dos incas, escrevia poesias de amor sobre as ruínas de Cartago, e perecera na tomada de Túnis. Cervantes fora gravemente ferido na batalha de Lepanto; Lope de Vega escapara como por milagre à derrota da frota invencível; e Calderón servira como intrépido soldado nas guerras de Flandres e da Itália.

A religião e a guerra misturaram-se entre os espanhóis mais do que em qualquer outra nação; foram eles que, por combates contínuos, rechaçaram os mouros de seu seio, e poderíamos considerá-los como a vanguarda da cristandade europeia; eles reconquistaram suas igrejas dos árabes; um ato de seu

---

6 Os *concetti* – agudezas, sentenças ou máximas – são afirmações, de forma antitética ou não, tendentes mais ao sofístico, ou seja, à produção de efeito-deslumbramento sobre o ouvinte-leitor, do que à produção do entendimento-esclarecimento. (N. T.)

culto era um troféu para suas armas, e sua fé triunfante, algumas vezes levada ao fanatismo, aliava-se ao sentimento da honra, e dava ao seu caráter uma imponente dignidade. Essa gravidade misturada com imaginação, essa jocosidade mesmo, que não faz nada perder à seriedade de todas as afeições profundas, mostra-se na literatura espanhola, toda composta de ficções e poesias, cujos objetos são a religião, o amor e as façanhas guerreiras. Poder-se-ia dizer que nos tempos em que o Novo Mundo fora descoberto, os tesouros de um outro hemisfério serviam para enriquecer a imaginação assim como o Estado, e que no domínio da poesia, assim como no de Carlos V, o sol não cessava jamais de iluminar o horizonte.[7]

Os ouvintes de August Schlegel ficaram vivamente comovidos com esse quadro, e a língua alemã, que ele utilizava com elegância, cercava de pensamentos profundos e expressões sensíveis os nomes ressonantes do espanhol, esses nomes que não podem ser pronunciados sem que a imaginação já acredite ver as laranjeiras do reino de Granada e os palácios dos reis mouros.[8]

Pode-se comparar a maneira de August Schlegel, ao falar de poesia, à de Winckelmann, ao descrever as estátuas; e somente assim é honroso ser um crítico; todos os homens do ofício estão aptos a ensinar sobre as faltas ou as negligências que devem ser evitadas: mas depois do gênio, o que há de mais semelhante a ele é a capacidade de conhecê-lo e admirá-lo.

Friedrich Schlegel, tendo se ocupado da filosofia, devotou-se menos exclusivamente do que seu irmão à literatura; entretanto, o trecho que escreveu sobre a cultura intelectual dos gregos e dos romanos reúne, em um pequeno espaço, percepções e resultados de primeira ordem. Friedrich Schlegel é um dos homens célebres da Alemanha cujo espírito tem mais

---

7 Palestra XXIX. (N. T.)

8 August Schlegel, que cito aqui como o primeiro crítico literário da Alemanha, é o autor de uma brochura em francês recentemente publicada sob o título de *Reflexões sobre o sistema continental* (1813). Esse mesmo W. Schlegel mandou imprimir em Paris, há alguns anos, uma comparação da *Fedra* de Eurípides com a de Racine, que provocou um grande burburinho entre os literatos parisienses. Mas ninguém pode negar que August Schlegel, mesmo sendo alemão, escrevia muito bem em francês para que lhe fosse permitido falar de Racine.

Da Alemanha

originalidade; e longe de fiar-se nessa originalidade que lhe prometia tanto êxito, ele quis apoiá-la em imensos estudos: é uma grande prova de respeito para com a espécie humana jamais falar apenas segundo a própria opinião, e sem estar informado conscientemente de tudo o que nossos predecessores nos deixaram de herança. Os alemães, nas riquezas do espírito humano, são verdadeiros proprietários: aqueles que se limitam às suas luzes naturais são apenas proletários em comparação com eles.

Depois de ter feito justiça aos raros talentos dos dois Schlegel, é preciso contudo examinar em que consiste a parcialidade que se lhes reprova, e da qual, é verdade, vários de seus escritos não estão isentos; eles pendem visivelmente para a Idade Média e para as opiniões dessa época; a cavalaria errante, a fé sem limites e a poesia sem reflexões lhes parecem inseparáveis, e aplicam-se a tudo o que poderia dirigir nesse sentido os espíritos e as almas. August Schlegel exprime sua admiração pela Idade Média em vários de seus escritos, e particularmente em duas estâncias das quais eis a tradução:

> A Europa estava unificada nesses grandes séculos, e o solo dessa pátria universal era fecundo de generosos pensamentos, que podem servir de guia na vida e na morte. Uma mesma cavalaria transformava os combatentes em irmãos de armas: era para defender uma mesma fé que se armavam; um mesmo amor inspirava todos os corações, e a poesia que cantava essa aliança exprimia o mesmo sentimento em diversas línguas.
>
> Ah! A nobre energia dos tempos antigos foi perdida: nosso século é o inventor de uma sabedoria estreita, e aquilo que os homens fracos não têm capacidade de conceber é aos seus olhos apenas uma quimera; todavia, nada de divino pode ter êxito se empreendido com um coração profano. Ai de mim! Nossos tempos não conhecem mais nem a fé nem o amor; como poderia restar-lhes a esperança!

Opiniões cuja tendência é tão marcada devem necessariamente alterar a imparcialidade dos julgamentos sobre as obras da arte: sem dúvida, e não cessei de repeti-lo no curso desse escrito, é desejável que a literatura moderna esteja baseada em nossa história e crença; não obstante, não se segue disso que as produções literárias da Idade Média possam ser consideradas como realmente boas. Sua enérgica simplicidade e o caráter puro e leal manifestado nelas excitam um vivo interesse; mas o conhecimento da Antiguidade e os progressos da civilização nos valeram vantagens que não devem ser desdenhadas. Não se trata de fazer a arte recuar, mas de reunir tanto quanto possível as diversas qualidades desenvolvidas no espírito humano em diferentes épocas.

Os dois Schlegel foram vigorosamente acusados de não fazerem justiça à literatura francesa; entretanto, não há escritores que tenham falado com mais entusiasmo do gênio de nossos trovadores, e dessa cavalaria sem igual na Europa, quando ela reunia no mais alto grau o espírito e a lealdade, a graça e a franqueza, a coragem e a alegria, a simplicidade mais tocante e a ingenuidade mais engenhosa; mas os críticos alemães afirmaram que os traços distintivos do caráter francês tinham sido desfeitos ao longo do reinado de Luís XIV: a literatura, dizem eles, nos séculos chamados clássicos, perde em originalidade o que ganha em correção; eles atacaram especialmente nossos poetas, com argumentos e meios de grande vigor. O espírito geral desses críticos é tal como o de Rousseau em sua *Carta contra a música francesa*.[9] Eles acreditam encontrar em várias de nossas tragédias a espécie de afetação pomposa que Rousseau reprova em Lulli e em Rameau,[10] e afirmam que o mesmo gosto que fazia preferir Coypel e Boucher na pintura, e o cavalheiro Bernini[11] na escultura, impede na poesia o único ímpeto responsável por um prazer divino; enfim, eles estariam tentados a aplicar à nossa maneira de conceber e amar as belas-artes estes versos tão citados de Corneille:

> Oto à princesa fez um cumprimento
> Mais de homem arguto do que de amante atento.[12]

---

9 *Lettre sur la musique française* (1753). (N. T.)

10 Jean-Baptista Lully (1632-1687): famoso compositor de origem italiana, Giovanni Battista Lulli chegou a fazer composições para as peças de Molière. Jean-Philippe Rameau (1683-1764): músico e compositor, também escreveu um tratado sobre harmonia. (N. T.)

11 Charles-Antoine Coypel (1694-1752), François Boucher (1703-1770) e Gian Lorenzo Bernini (1598-1680): artistas conhecidos pelo estilo florido, rococó. (N. T.)

12 "Othon à la princesse a fait um compliment/ Plus en homme d'esprit qu'en véritable amant." Trecho da peça *Othon* de 1664, ato II, cena I. (N. T.)

Da Alemanha

Entretanto, August Schlegel presta homenagem à maior parte de nossos grandes autores; mas o que busca provar somente é que desde a metade do século XVII o gênero amaneirado predominou em toda a Europa, e que essa tendência arruinou a verve audaciosa que animava os escritores e os artistas, no renascimento das letras. Nos quadros e baixos-relevos em que Luís XIV está pintado, ora como Júpiter, ora como Hércules, ele é representado nu, ou vestido apenas de uma pele de leão, mas com sua grande peruca na cabeça. Os escritores da nova escola afirmam que essa grande peruca poderia ser aplicada à fisionomia das belas-artes, no século XVII: ela sempre apresentava uma polidez afetada cuja causa era uma grandeza factícia.

É interessante examinar essa maneira de ver, apesar das inúmeras objeções que lhe podem ser feitas; o certo, ao menos, é que os aristarcos alemães chegaram ao seu objetivo, pois, de todos os escritores, depois de Lessing, eles foram os que contribuíram mais eficazmente para tornar a imitação da literatura francesa totalmente fora de moda na Alemanha; mas, por temor ao gosto francês, não aperfeiçoaram suficientemente o gosto alemão, e com frequência rejeitaram observações plenas de justeza, somente porque nossos escritores as tinham feito.

Não se sabe fazer um livro na Alemanha, pois raramente são colocados nele a ordem e o método que classificam as ideias na mente do leitor; e não é pela impaciência dos franceses, mas por seu espírito justo, que se cansam desse defeito; as ficções não são desenhadas nas poesias alemãs com os contornos firmes e necessários que lhes asseguram o efeito, e a vaguidade da imaginação corresponde à obscuridade do pensamento. Enfim, se os gracejos estranhos e vulgares de algumas obras pretensamente cômicas carecem de gosto, isso não se dá por força da naturalidade, mas porque a afetação da energia é ao menos tão ridícula quanto a da graça. "Faço-me vivo", dizia um alemão pulando pela janela: quando alguém se faz, não é nada: é preciso recorrer ao bom gosto francês, contra o vigoroso exagero de alguns alemães, assim como à profundidade dos alemães, contra a frivolidade dogmática de alguns franceses.

As nações devem servir de guia umas às outras, e todas errariam em privar-se das luzes que podem compartilhar. Há algo de muito singular na diferença de um povo ao outro: o clima, o aspecto da natureza, a língua,

Madame de Staël

o governo, sobretudo, enfim, os acontecimentos da história, força ainda mais extraordinária do que todas as outras, contribuem para essa diversidade, e nenhum homem, por mais superior que seja, pode adivinhar o que se desenvolve naturalmente no espírito daquele que vive em outro solo e respira outro ar: será pois proveitoso, em todos os países, acolher os pensamentos estrangeiros, pois nesse gênero a hospitalidade faz a fortuna daquele que hospeda.

Capítulo XXXII
Das belas-artes na Alemanha

Os alemães em geral concebem melhor a arte do que a colocam em prática; tão logo têm uma impressão, extraem dela um grande número de ideias. Eles glorificam muito o mistério, mas para revelá-lo, e não se pode mostrar nenhum gênero de originalidade na Alemanha sem que cada um explique de onde veio essa originalidade; isso é um grande inconveniente, sobretudo para as artes, nas quais tudo é sensação; elas são analisadas antes de ser sentidas, e é inútil dizer que é preciso renunciar à análise, quando se saboreou o fruto da árvore da ciência, e a inocência do talento foi perdida.

Certamente não recomendo, em relação às artes, a ignorância que não cessei de censurar na literatura; mas é preciso distinguir os estudos relativos à prática da arte daqueles que têm unicamente por objeto a teoria do talento; estes, levados muito longe, ampliam a invenção; ficamos perturbados pela lembrança de tudo o que foi dito sobre cada obra-prima, acreditamos sentir entre nós e o objeto que desejamos descrever uma multidão de tratados sobre a pintura e a escultura, o ideal e o real, e o artista não está mais só com a natureza. Sem dúvida o espírito desses diversos tratados é sempre o encorajamento; mas por força de encorajar cansa-se o gênio, tal como por força do incômodo ele é extinto, e em tudo o que diz respeito à imaginação é preciso uma feliz combinação de obstáculos e facilidades, e alguns séculos podem transcorrer sem que se chegue a um ponto justo que faça a mente humana despontar em toda a sua força.

Madame de Staël

Antes da época da Reforma, os alemães tinham uma escola de pintura que a escola italiana não iria desdenhar. Albert Dürer, Lucas Cranach e Holbein[1] têm, em sua maneira de pintar, relações com os predecessores de Rafael, Perugino, Andrea Mantegna[2] etc. Holbein aproxima-se mais de Leonardo da Vinci;[3] entretanto, há em geral mais rudeza na escola alemã do que na dos italianos, mas não menos expressão e recolhimento nas fisionomias. Os pintores do século XV tinham pouco conhecimento dos meios da arte, mas era visível em suas obras uma boa-fé e uma modéstia tocantes; não vemos nelas pretensões a efeitos ambiciosos, apenas sentimos a emoção íntima para a qual todos os homens de talento buscam uma linguagem, a fim de não morrerem sem ter partilhado sua alma com seus contemporâneos.

Nos quadros dos séculos XIV e XV, as dobras das roupas são todas retas, os penteados um pouco rígidos, as atitudes muito simples; mas há algo na expressão das figuras que não cansamos de observar. Os quadros inspirados pela religião cristã produzem uma impressão semelhante à dos salmos que misturam com tanto encanto a poesia à piedade.

---

1 Albrecht Dürer (1471-1528): além de famoso pintor, foi teórico de matemática e geometria, tendo escrito seus textos em língua germânica. Lucas Cranach, o Velho (1472-1553): pintor dos príncipes eleitores da Saxônia; amigo de Lutero, retratou vários líderes da Reforma, mas também pintou temas da tradição católica. Hans Holbein, o Jovem (1497-1543): mestre do retrato e desenhista de xilogravuras e vidrarias, conheceu as obras de Mantegna e Da Vinci em 1518, ao viajar à Itália. (N. T.)

2 Rafael Sanzio de Urbino (1483-1520): também arquiteto, em 1505 foi para Florença, onde frequentou o estúdio de Vanucci; de 1513 a 1517 trabalhou para o papa Leão X e supervisionou as pesquisas arqueológicas em Roma. Pietro di Cristoforo Vanucci (1450-1523): conhecido como Perugino, frequentou o estúdio de Andrea del Verrocchio em Florença, onde então estudava Da Vinci; em 1480 foi para Roma, onde realizou afrescos da Capela Sistina, posteriormente destruídos em grande parte para dar lugar à obra de Michelangelo; seu estilo era caracterizado pela simplicidade e clareza da composição. Andrea Mantegna (*c.* 1431-1506): pintor e gravador; destacou-se pelo uso da perspectiva. (N. T.)

3 Leonardo da Vinci (1452-1519): pintor, escultor, arquiteto, anatomista, matemático, músico, inventor e poeta; de seu estilo na pintura, destacam-se o uso do *sfumato*, esfumaçado, o uso do sombreado, da contraposição entre claro-escuro, na criação da verossimilhança com desparecimento da pincelada. (N. T.)

A segunda e mais bela época da pintura foi aquela na qual os pintores conservaram a verdade da Idade Média, acrescentando a ela todo o esplendor da arte: não há nada entre os alemães que corresponda ao século de Leão X. Próximo ao final do século XVII e até a metade do XVIII, as belas-artes entraram em uma singular decadência praticamente por toda parte, o gosto tinha degenerado em afetação; Winckelmann exercera então a maior influência, não somente sobre seu país, mas sobre o resto da Europa, e foram seus escritos que levaram as imaginações artísticas a se voltarem para o estudo e a admiração dos monumentos antigos; ele conhecia bem melhor a escultura do que a pintura; assim, levara os pintores a colocar em seus quadros estátuas coloridas, mais do que a fazer sentir em tudo a natureza viva. Entretanto, a pintura perde a maior parte de seu encanto ao se aproximar da escultura; a ilusão necessária a uma é diretamente contrária às formas imutáveis e pronunciadas da outra. Quando os pintores tomam exclusivamente a beleza antiga por modelo, uma vez que a conhecem apenas pelas estátuas, ocorre-lhes o que se reprova na literatura clássica dos modernos, não é de sua própria inspiração que extraem os efeitos da arte.

Mengs,[4] pintor alemão, mostrou-se um pensador filosófico em seus escritos sobre sua arte: amigo de Winckelmann, partilhara com ele a admiração pela Antiguidade; não obstante, ele frequentemente evitou os defeitos que podem ser reprovados nos pintores formados pelos escritos de Winckelmann, e que se limitam na maior parte a copiar as obras-primas antigas. Mengs também havia proposto Correggio[5] por modelo, aquele que de todos os pintores mais se distancia em seus quadros do gênero da escultura, e cujo claro-escuro lembra as vagas e deliciosas impressões da melodia.

Quase todos os artistas alemães tinham adotado as opiniões de Winckelmann, até o momento em que a nova escola literária estendeu sua influência

---

4 Anton Raphael Mengs (1728-1779): pintor da corte em Dresden a partir de 1745; foi depois para Roma para aprimorar-se; na Espanha, tornou-se pintor oficial da corte e do rei d. Carlos III. (N. T.)

5 Antonio Allegri da Correggio (1489-1534) pintava motivos religiosos de cristãos e gregos. (N. T.)

também sobre as belas-artes. Goethe, cujo espírito universal encontramos por toda parte, mostrou em suas obras que compreendia o verdadeiro gênio da pintura bem melhor do que Winckelmann; todavia, convencido como ele de que os temas do cristianismo não são favoráveis à arte, buscou fazer com que o entusiasmo pela mitologia revivesse, e trata-se de uma tentativa cujo sucesso é impossível; talvez, em matéria de belas-artes, não sejamos capazes de ser nem cristãos nem pagãos; mas se em um tempo qualquer a imaginação criadora renascer entre os homens, não será seguramente na imitação dos antigos que dará a conhecer.

A nova escola defende nas belas-artes o mesmo sistema que na literatura, e proclama altivamente o cristianismo como a fonte do gênio dos modernos; os escritores dessa escola caracterizam ainda de modo totalmente novo o que na arquitetura gótica concorda com os sentimentos religiosos dos cristãos. Não se segue disso que os modernos possam e devam construir igrejas góticas; nem a arte nem a natureza se repetem: a única coisa que importa, no silêncio atual do talento, é destruir o desprezo que se quis lançar sobre todas as concepções da Idade Média; sem dúvida, não nos convém adotá-las, mas nada prejudica mais o desenvolvimento do gênio do que considerar como bárbaro o que quer que seja de original.

Já disse, ao falar da Alemanha, que existiam poucos edifícios modernos notáveis; no Norte em geral avistam-se praticamente apenas monumentos góticos, e a natureza e a poesia secundam as disposições da alma a que esses monumentos dão origem. Um escritor alemão, Görres,[6] deu uma descrição interessante de uma velha igreja. "Veem-se", diz ele,

figuras de cavaleiros ajoelhados em um túmulo, as mãos juntas; abaixo estão colocadas algumas raridades maravilhosas da Ásia, que parecem estar ali para atestar, como testemunhas mudas, as viagens do morto na Terra Santa. As arcadas escuras da igreja cobrem aqueles que descansam sob sua sombra; acreditar-se-ia estar em meio a uma floresta cuja morte petrificou os ramos e as folhas, de modo que não podem mais balançar nem se agitar quando os séculos, como

---

6 Johann Joseph von Görres (1776-1848): um dos líderes do grupo romântico de Heidelberg, no qual atuou de 1806 a 1810. (N. T.)

o vento das noites, engolfam-se sob suas largas abóbadas. O órgão emite seus sons majestosos na igreja; inscrições em letras de bronze, meio destruídas pela úmida névoa do tempo, indicam confusamente as grandes ações que se tornam fábula após terem sido por longo tempo uma verdade manifesta.

Quando nos detemos nas artes, na Alemanha, somos levados a falar antes dos escritores do que dos artistas. Sob todos os aspectos, os alemães são mais fortes na teoria do que na prática, e o Norte é tão pouco favorável às artes que atingem o olhar que se diria que o espírito de reflexão lhe foi dado apenas para que servisse de espectador ao Sul.

Encontra-se na Alemanha um grande número de galerias de quadros e coleções de desenhos, que supõem o amor às artes em todas as condições sociais. Há, entre os grandes senhores e os homens de letras de primeira categoria, cópias muito bonitas das obras-primas da Antiguidade; a casa de Goethe é sob esse aspecto bastante notável; ele não busca somente o prazer que a visão das estátuas e dos quadros dos grandes mestres pode causar, ele crê que o gênio e a alma são afetados por essa visão. "Eu me tornaria melhor", dizia ele, "se tivesse sob os olhos a cabeça do Júpiter Olímpico, que os antigos tanto admiraram." Vários pintores notáveis estabeleceram-se em Dresden, cuja galeria possui obras-primas que excitam o talento e a emulação. A *Virgem* de Rafael, que duas crianças contemplam, é por si só um tesouro para as artes: há nessa figura uma elevação e uma pureza que são o ideal da religião e da força interior da alma. A perfeição dos traços nesse quadro é apenas um símbolo; as longas vestes, expressão do pudor, remetem todo o interesse ao rosto, e a fisionomia, ainda mais admirável do que os traços, é como a beleza suprema que se manifesta através da beleza terrena. O Cristo, que sua mãe segura nos braços, tem no máximo 2 anos de idade; mas o pintor soube exprimir maravilhosamente a força poderosa do ser divino em um rosto recém-formado. O olhar dos anjos mirins que estão situados na parte de baixo do quadro é delicioso; somente a inocência dessa idade tem ainda encanto ao lado da candura celeste; o espanto que demonstram com o aspecto da Virgem radiante assemelha-se à surpresa que os homens poderiam experimentar; eles parecem adorá-la com confiança, pois reconhecem nela uma moradora do céu que acabam de deixar.

Depois da *Virgem* de Rafael, a *Noite* de Correggio é a mais bela obra-prima da galeria de Dresden. A adoração dos pastores foi frequentemente representada; mas como a novidade do tema não é quase nada em relação ao prazer causado pela pintura, basta a maneira pela qual o quadro de Correggio é concebido para admirá-lo: em meio à noite, a criança, no colo de sua mãe, recebe as homenagens dos pastores maravilhados. A luz que parte da santa auréola que circunda sua cabeça tem algo de sublime; as personagens situadas no fundo do quadro, e afastadas da criança divina, estão ainda nas trevas, e dir-se-ia que essa escuridão é o emblema da vida humana, antes que a revelação a tivesse iluminado.

Entre os diversos quadros dos pintores modernos em Dresden, lembro-me de uma cabeça de Dante que tinha um pouco o caráter da figura de Ossian,[7] no belo quadro de Gérard.[8] Trata-se de uma feliz analogia: Dante e o filho de Fingal podem dar as mãos através dos séculos e das nuvens.

Um quadro de Hartmann[9] representa a visita de Madalena e de duas mulheres chamadas Maria ao túmulo de Jesus Cristo; o anjo surge para anunciar-lhes a ressurreição; o caixão aberto que já não encerra restos mortais, essas mulheres de uma admirável beleza, erguendo os olhos ao céu, para perceber ali aquele que acabavam de buscar nas sombras do sepulcro, formam um quadro pitoresco e dramático ao mesmo tempo.

Schick,[10] outro artista alemão, hoje estabelecido em Roma, compôs um quadro que representa o primeiro sacrifício de Noé depois do dilúvio; a natureza, rejuvenescida pelas águas, parece ter adquirido um novo frescor; os animais parecem estar familiarizados com o patriarca e seus filhos, tendo escapado juntos do dilúvio universal. O verdor, as flores e o céu estão pintados com as cores vivas e naturais, que recuperam a sensação causada pelas paisagens do Oriente. Vários outros artistas tentam, como

---

7 Em 1761, o poeta escocês Macpherson afirmou ter encontrado um poema épico sobre o herói Fingal escrito pelo filho dele, Ossian, que foi comparado a Homero. (N. T.)

8 François Pascal Simon Gérard (1770-1837); o quadro data de 1801. (N. T.)

9 Christian Ferdinand Hartmann (1774-1842). (N. T.)

10 Christian Gottlieb Schick (1776-1812) esteve em Roma de 1802 a 1811; conheceu Ludwig Tieck, os irmãos Schlegel e Schelling. (N. T.)

Da Alemanha

Schick, seguir na pintura o novo sistema introduzido, ou antes, renovado, na poética literária; mas as artes têm necessidade de riquezas, e as grandes fortunas estão dispersas nas diferentes cidades da Alemanha. Ademais, até o presente, o verdadeiro progresso que se fez na Alemanha esteve em sentir e copiar os velhos mestres segundo o espírito deles: o gênio original não se pronunciou ainda fortemente ali.

A escultura não foi cultivada com grande sucesso entre os alemães, a princípio por faltar-lhes o mármore, que torna as obras-primas imortais, e por não terem muito o tato nem a graça das atitudes e dos gestos, que somente a ginástica ou a dança podem tornar fáceis; não obstante, no momento, um dinamarquês, Thorvaldsen,[11] educado na Alemanha, rivaliza em Roma com Canova,[12] e seu Jasão assemelha-se com aquele que foi descrito por Píndaro, como o mais belo dos homens; um tosão está sobre seu braço esquerdo; ele tem uma lança à mão, e o repouso da força caracteriza o herói.

Já disse que em geral a escultura sai perdendo com o abandono total da dança; o único fenômeno nessa arte na Alemanha foi Ida Brun,[13] uma moça cuja condição social a manteve afastada de uma vida de artista; ela recebeu da natureza e de sua mãe um talento inconcebível para representar por atitudes simples os quadros mais tocantes ou as mais belas estátuas; sua dança não é senão uma série de obras-primas passageiras, que gostaríamos de fixar uma a uma para sempre; é certo que a mãe de Ida concebeu, em sua imaginação, tudo o que sua filha sabia pintar aos olhares. As poesias da senhora Brun[14] fazem descobrir na arte e na natureza mil riquezas novas, que os olhares distraídos não haviam percebido. Ainda criança, vi a jovem Ida representar Alteia prestes a queimar o pavio de que dependia a vida de seu filho Meleagro; ela exprimia, sem palavras, a dor, os combates e a

---

11 Karl Albert Bertel Thorvaldsen (1770-1844) (N. T.)

12 Antonio Canova (1757-1822). (N. T.)

13 Adelaide Caroline Johanne Brun, conhecida como Ida ou Ida (de) Bombelles (1792-1857): cantora, dançarina e pintora. (N. T.)

14 Sophie Christiane Friederike Münter Brun (1765-1835): escritora, amiga de mme. de Staël, do poeta Mathisson e do historiador Johannes von Müller; manteve correspondência com Goethe, Schiller, August Schlegel e Herder, entre outros. (N. T.)

terrível resolução de uma mãe; sem dúvida, seu olhar vivo servia para fazer compreender o que se passava em seu coração; mas a arte de variar seus gestos, e de portar o manto de púrpura com que estava vestida, produzia ao menos tanto efeito quanto sua própria fisionomia; ela com frequência se mantinha por longo tempo na mesma atitude, e nesses momentos um pintor não poderia inventar nada melhor do que o quadro que ela improvisava; tal talento é único. Entretanto, creio que na Alemanha a dança pantomima teria maior êxito do que aquela baseada unicamente, como na França, na graça e na agilidade do corpo.

Os alemães são excelentes na música instrumental; os conhecimentos que ela exige e a paciência necessária para bem executá-la lhes são inteiramente naturais; eles também têm compositores de uma imaginação muito variada e muito fecunda; farei apenas uma objeção a seu gênio, como músicos: eles colocam muito espírito em suas obras, refletem demais no que fazem. É necessário nas belas-artes mais instinto do que pensamentos; os compositores alemães seguem com demasiada exatidão o sentido das palavras; isso é um grande mérito, por certo, para aqueles que amam mais as palavras do que a música, e, ademais, não se poderia negar que o desacordo entre o sentido de umas e a expressão da outra seria desagradável; mas os italianos, que são os verdadeiros músicos da natureza, não conformam as árias com as palavras senão de uma maneira geral. Nas romanças, nos vaudeviles, como não há muita música, pode-se submeter às palavras o pouco que há; mas nos grandes efeitos da melodia, é preciso ir direto à alma por uma sensação imediata.

Aqueles que não amam muito a pintura em si mesma dão uma grande importância aos temas dos quadros; e gostariam de encontrar neles as impressões produzidas pelas cenas dramáticas: ocorre o mesmo na música; quando sentida fracamente, exige-se dela que se conforme com fidelidade às menores nuanças das palavras; mas quando comove até o fundo da alma, toda atenção dada ao que ela não é seria apenas uma distração inoportuna; e, visto que não exista oposição entre o poema e a música, abandonamo-nos à arte que deve sempre se sobrepor a todas as outras. Pois o delicioso devaneio no qual ela nos lança aniquila os pensamentos que as palavras podem

Da Alemanha

exprimir, e, como a música desperta em nós o sentimento do infinito, tudo o que tende a particularizar o objeto da melodia deve diminuir-lhe o efeito.

Gluck,[15] que os alemães colocam com razão entre seus homens de gênio, soube adaptar maravilhosamente o canto às palavras, e em várias de suas óperas rivalizou com o poeta pela expressão de sua música. Quando Alceste resolveu morrer por Admeto, e que esse sacrifício, secretamente oferecido aos deuses, trouxe seu esposo à vida, o contraste das árias alegres que celebram a convalescença do rei, e dos gemidos abafados da rainha condenada ao deixá-lo, é de um grande efeito trágico. Orestes, na *Ifigênia em Táuris*, diz: "A calma entra em minha alma", e a ária que canta exprime esse sentimento; mas o acompanhamento dessa ária é sombrio e agitado. Os músicos, espantados com esse contraste, queriam suavizar o acompanhamento ao executá-lo; Gluck irritava-se com isso e dizia-lhes em bom som: "Não escuteis Orestes: ele diz que está calmo; ele mente". Poussin,[16] ao pintar as danças dos pastores, coloca na paisagem o túmulo de uma moça no qual está escrito: *Eu também vivi na Arcádia*. Há pensamento nessa maneira de conceber as artes, bem como nas combinações engenhosas de Gluck; mas as artes estão acima do pensamento: sua linguagem são as cores ou as formas, ou os sons. Se pudéssemos figurar as impressões de que nossa alma seria suscetível, antes que ela soubesse a palavra, o efeito da pintura e da música seria mais bem concebido.

De todos os músicos, talvez tenha sido Mozart quem mais tenha mostrado espírito no talento de conjugar a música com as palavras.[17] Em suas óperas, sobretudo no *Banquete da estátua*, ele fez que se sentissem todas as gradações das cenas dramáticas; o canto é repleto de alegria, ao passo que o acompanhamento estranho e forte parece indicar o tema fantástico e sombrio da peça. Essa espirituosa aliança do músico com o poeta também propicia um gênero de prazer, mas um prazer que nasce da reflexão, e esse não pertence à esfera maravilhosa das artes.

---

15 Christoph Willibald Gluck (1714-1787) chegou a estudar em Milão em 1737, onde apresentou sua primeira ópera, *Artaserse*, em 1741. (N. T.)

16 Nicolas Poussin (1594-1665). (N. T.)

17 Wolfgang Amadeus Mozart (1756-1791), também foi instrumentista virtuoso, professor de música e maestro. (N. T.)

Ouvi em Viena *A criação* de Haydn;[18] quatrocentos músicos executaram-na ao mesmo tempo. Era uma festa digna em honra à obra que celebrava; mas Haydn algumas vezes também prejudicava seu talento com o próprio espírito; a essas palavras do texto: "Deus disse faça-se a luz, e a luz se fez", os instrumentos, que antes tocavam com muita suavidade e faziam-se ouvir com dificuldade, passavam depois todos imediatamente a um barulho terrível, que devia assinalar o raiar do dia. Um homem espirituoso chegou a dizer que "à aparição da luz era preciso tapar os ouvidos".

Em vários outros trechos da *Criação*, o mesmo rebuscamento pode ser frequentemente censurado; a música arrasta-se quando as serpentes são criadas; torna-se brilhante com o canto dos pássaros, e nas *Estações*, também de Haydn, as alusões multiplicam-se ainda mais. Efeitos assim preparados são *concetti* em forma de música; sem dúvida, certas combinações da harmonia podem lembrar maravilhas da natureza, mas essas analogias não dizem respeito em nada à imitação, que nunca passa de um jogo factício. As semelhanças reais das belas-artes entre elas e das belas-artes com a natureza dependem dos sentimentos do mesmo gênero que, por meios diversos, elas excitam em nossa alma.

A imitação e a expressão diferem extremamente nas belas-artes: creio que existe uma aceitação geral em excluir a música imitativa; mas restam sempre duas maneiras de considerar a música expressiva: uns querem achar nela a tradução das palavras, outros, trata-se dos italianos, contentam-se com uma relação geral entre as situações da peça e a intenção das árias, e buscam os prazeres da arte unicamente nela mesma. A música dos alemães é mais variada do que a dos italianos, e talvez por isso não seja tão boa; o espírito é condenado à variedade, sua miséria é a causa disso; mas as artes, tal como o sentimento, têm uma admirável monotonia, aquela da qual se gostaria de fazer um momento eterno.

A música de igreja é menos bela na Alemanha do que na Itália, pelo predomínio dos instrumentos. Quando se ouviu em Roma o *Miserere*, apenas cantado, toda música instrumental, até mesmo a da capela de Dresden, parecia terrena. Os violinos e trompetes fazem parte da orquestra de Dresden

---

18 Franz Joseph Haydn (1732-1809). (N. T.)

Da Alemanha

durante o serviço divino, e a música ali é mais guerreira do que religiosa; o contraste das impressões vivas que ela provoca com o recolhimento de uma igreja não é agradável; não se deve animar a vida junto dos túmulos: a música militar leva a sacrificar a existência, mas não a se separar dela.

A música da capela de Viena também merece ser honrada; de todas as artes, aquela que os vienenses mais apreciam é a música; isso leva a esperar que um dia eles venham a se tornar poetas, pois apesar de seus gostos um pouco prosaicos, qualquer um que goste de música é entusiasta, sem o saber, de tudo o que ela lembra. Ouvi em Viena o *Réquiem* que Mozart compôs alguns dias antes de morrer, e que foi cantado na igreja no dia de suas exéquias; e apesar de não ser bastante solene para a situação, encontra-se nele algo de engenhoso, como em tudo o que Mozart fez; não obstante, o que há de mais tocante do que um homem de um talento superior celebrando assim seus próprios funerais, inspirado ao mesmo tempo pelo sentimento de sua morte e de sua imortalidade! As lembranças da vida devem ornar os túmulos, as armas de um guerreiro estão expostas ali, e as obras-primas da arte causam uma impressão solene no templo onde descansam os restos do artista.

Terceira parte
A filosofia e a moral

Capítulo I
Da filosofia

Há algum tempo, desejou-se difundir um grande desfavor sobre a palavra filosofia. Assim ocorre com todas as palavras cuja acepção é muito ampla; elas são o objeto das consagrações ou das execrações da espécie humana, conforme sejam empregadas por épocas felizes ou infelizes; mas, apesar das injúrias e dos louvores ocasionais dos indivíduos e das nações, o valor da filosofia, da liberdade e da religião nunca se altera. O homem amaldiçoou o sol, o amor e a vida; sofreu, sentindo-se consumido por essas chamas da natureza; mas por conta disso seria de desejar que fossem extintas?

Tudo o que tende a restringir nossas faculdades é sempre uma doutrina aviltante; é preciso dirigi-las para o fim sublime da existência: o aperfeiçoamento moral; mas não é pelo suicídio parcial desta ou daquela potência de nosso ser que nos tornaremos capazes de nos elevar para atingir esse objetivo; todos os nossos meios não bastam para nos aproximarmos dele; e se o céu tivesse concedido ao homem mais gênio, ele teria a mesma medida de virtude.

Dentre os diferentes ramos da filosofia, os alemães ocuparam-se particularmente da metafísica. Os objetos que ela abarca podem ser divididos em três grupos: o primeiro diz respeito ao mistério da criação, isto é, ao infinito em todas as coisas; o segundo, à formação das ideias no espírito humano; e o terceiro, ao exercício de nossas faculdades, sem remontar à origem delas.

O primeiro desses estudos, aquele que se destina a conhecer o segredo do universo, foi cultivado entre os gregos tal como ocorre hoje entre os alemães. Não se pode negar que tal investigação, por mais sublime que seja em seu princípio, não nos faça sentir nossa impotência a cada passo; e o desânimo segue aos esforços que não podem atingir um resultado. A utilidade do terceiro grupo das observações metafísicas, aquele que se concentra no conhecimento dos atos de nosso entendimento, não poderia ser contestada; mas essa utilidade limita-se ao círculo das experiências diárias. As meditações filosóficas do segundo grupo, aquelas que se voltam para a natureza de nossa alma e a origem de nossas ideias, me parecem as mais interessantes de todas. É improvável que algum dia possamos conhecer as verdades eternas que explicam a existência deste mundo: o desejo que sentimos quanto a isso está entre os nobres pensamentos que nos atraem para uma outra vida, mas não foi à toa que a faculdade de nos examinarmos nos foi dada. Sem dúvida já recorremos a essa faculdade quando observamos como se dá o progresso de nosso espírito, tal como é; todavia, ao nos elevarmos ainda mais, na busca de saber se o espírito age espontaneamente, ou se pode pensar apenas provocado pelos objetos exteriores, lançaremos mais luzes sobre o livre-arbítrio do homem, e por consequência sobre o vício e a virtude.

Um grande número de questões morais e religiosas depende da maneira pela qual se considera a origem da formação de nossas ideias. É sobretudo a diversidade dos sistemas a esse respeito que separa os filósofos alemães dos filósofos franceses. É fácil conceber que se a diferença está na origem, ela deve manifestar-se em tudo o que deriva dessa origem; portanto, é impossível dar a conhecer a Alemanha sem indicar o progresso da filosofia que, de Leibniz[1] até nossos dias, não cessou de exercer tão grande poder sobre a república das letras.

Há duas maneiras de encarar a metafísica do entendimento humano, ou em sua teoria, ou em seus resultados. O exame da teoria exige uma capacidade que me é alheia; mas é fácil observar a influência exercida por essa ou aquela opinião metafísica sobre o desenvolvimento do espírito e

---

1 Gottfried Wilhelm von Leibniz (1646-1716): cientista, matemático e diplomata; membro da Sociedade Rosacruz; seu tratado filosófico *Teodiceia* (1710) será abordado no capítulo V. (N. T.)

Da Alemanha

da alma. O Evangelho nos diz que "é preciso julgar os profetas por suas obras": essa máxima também pode nos guiar em meio às diferentes filosofias; pois tudo o que tende à imoralidade não passa de um sofisma. Essa vida somente tem algum valor se serve para a educação religiosa de nosso coração, se nos prepara para um destino mais elevado, pela livre escolha da virtude sobre a Terra. A metafísica, as instituições sociais, as artes, as ciências, tudo deve ser apreciado segundo o aperfeiçoamento moral do homem; essa é a pedra de toque dada tanto ao ignorante quanto ao sábio; pois, se o conhecimento dos meios pertence apenas aos iniciados, os resultados estão ao alcance de todos.

É preciso ter o hábito do método de raciocínio utilizado na geometria, para bem compreender a metafísica. Nessa ciência, tal como na do cálculo, pular o menor elo destrói toda a cadeia que conduz à evidência. Os raciocínios metafísicos são mais abstratos e não menos precisos do que o das matemáticas, e entretanto o objeto deles é vago. Na metafísica, é necessário reunir as duas faculdades opostas, a imaginação e o cálculo: trata-se de uma nuvem que deve ser medida com a mesma exatidão que um terreno, e nenhum estudo exige uma atenção tão intensa; não obstante, nas questões mais elevadas há sempre um ponto de vista ao alcance de todos, e é isso que me proponho apreender e apresentar.

Um dia perguntei a Fichte,[2] uma das maiores cabeças pensantes da Alemanha, se ele não poderia me falar mais de sua moral do que de sua metafísica. "Uma depende da outra", ele me respondeu. Essa foi uma frase de grande profundidade: ela contém todos os motivos do interesse que podemos ter na filosofia.

Adotou-se o costume de considerá-la como destruidora de todas as crenças do coração; ela seria então a verdadeira inimiga do homem; mas não se dá assim com a doutrina de Platão nem com a dos alemães; eles olham o sentimento como um fato, como o fato primitivo da alma, e a razão filosófica como destinada somente a buscar a significação desse fato.

---

2 Johann Gottlieb Fichte (1762-1814) dedicou-se ao estudo da subjetividade e da consciência; era próximo dos irmãos Schlegel, bem como de Schleiermacher, Schelling e Tieck. (N. T.)

O enigma do universo foi o objeto das meditações perdidas de um grande número de homens, dignos também de admiração, pois se sentiam chamados a algo de melhor do que este mundo. Os espíritos de uma alta linhagem vagam continuamente em volta do abismo dos pensamentos sem fim; não obstante, é preciso desviar-se dele, pois o espírito cansa-se em vão desses esforços para escalar o céu.

A origem do pensamento ocupou todos os verdadeiros filósofos. Há duas naturezas no homem? Se há somente uma, trata-se da alma ou da matéria? Se há duas, as ideias vêm pelos sentidos ou nascem em nossa alma, ou então são uma mistura da ação dos objetos exteriores sobre nós e das faculdades interiores que possuímos?

A essas três questões, que em todos os tempos dividiram o mundo filosófico, acrescentou-se o exame que diz respeito de modo mais imediato à virtude: saber se cabe à fatalidade ou ao livre-arbítrio decidir as resoluções dos homens.

Entre os antigos, a fatalidade era proveniente da vontade dos deuses; entre os modernos, é atribuída ao curso das coisas. A fatalidade entre os antigos fazia valorizar o livre-arbítrio, pois a vontade do homem lutava contra o acontecimento, e a resistência moral era invencível; o fatalismo dos modernos, ao contrário, destrói necessariamente a crença no livre-arbítrio; se as circunstâncias criam aquilo que somos, não podemos nos opor à sua ascendência; se os objetos exteriores são a causa de tudo o que se passa em nossa alma, qual pensamento independente nos libertaria de sua influência? A fatalidade que descia do céu infundia na alma um santo terror, ao passo que aquela que nos prende na Terra nos leva apenas à degradação. Qual o propósito de todas essas questões?, alguém pode perguntar. Qual o propósito daquilo que não tem relações com ela?, poderia ser respondido. Pois o que há de mais importante para o homem do que saber se ele é realmente responsável por suas ações, e qual relação tem o poder da vontade com a força das circunstâncias sobre ele? O que seria a consciência se somente nossos hábitos a tivessem feito nascer, se não passasse do produto das cores, dos sons, dos perfumes, enfim das circunstâncias de todo gênero de que estaríamos cercados durante nossa infância?

Da Alemanha

A metafísica, que se aplica a descobrir a origem de nossas ideias, influi poderosamente por suas consequências sobre a natureza e a força de nossa vontade; a metafísica é ao mesmo tempo o mais elevado e o mais necessário de nossos conhecimentos, e os partidários da utilidade suprema, da utilidade moral, não podem desdenhá-la.

Capítulo II
Da filosofia inglesa

Tudo parece atestar em nós mesmos a existência de uma dupla natureza; a influência dos sentidos e a da alma partilham nosso ser; e, conforme a filosofia penda para uma ou para a outra, as opiniões e os sentimentos são sob todos os aspectos diametralmente opostos. Pode-se também designar o domínio dos sentidos e o do pensamento por outros termos: há no homem aquilo que perece com a existência terrena e aquilo que pode sobreviver a ele, aquilo que a experiência leva a adquirir e aquilo que o instinto moral nos inspira, o finito e o infinito; mas, de qualquer modo que se possa exprimir, é preciso sempre convir que existem dois princípios de vida diferentes na criatura sujeita à morte e destinada à imortalidade.

A tendência para o espiritualismo sempre foi muito manifesta entre os povos do Norte, e mesmo antes da introdução do cristianismo esse pendor se fez ver através da violência das paixões guerreiras. Os gregos tinham fé nas maravilhas exteriores; as nações germânicas creem nos milagres da alma. Todas as suas poesias estão repletas de pressentimentos, de presságios, de profecias do coração; e enquanto os gregos uniam-se à natureza pelos prazeres, os habitantes do Norte elevavam-se até o Criador pelos sentimentos religiosos. No Sul da Europa, o paganismo divinizava os fenômenos físicos; no Norte, estava-se inclinado a crer na magia, pois ela atribui ao espírito do homem um poder sem limites sobre o mundo material. A alma e a natureza, a vontade e a necessidade partilham o domínio da existência, e conforme colocamos a força em nós mesmos ou fora de nós, somos os filhos do céu ou os escravos da Terra.

No renascimento das letras, alguns se ocupavam das sutilezas da escolástica na metafísica, e outros acreditavam nas superstições da magia nas ciências: a arte de observar não reinava mais no domínio dos sentidos do que o entusiasmo no domínio da alma: com praticamente poucas exceções, não havia entre os filósofos nem experiência nem inspiração. Um gigante surgira, era Bacon:[1] jamais as maravilhas da natureza ou as descobertas do pensamento foram tão bem concebidas pela mesma inteligência. Não há uma frase em seus escritos que não suponha anos de reflexão e estudo; ele anima a metafísica pelo conhecimento do coração humano e sabe generalizar os fatos pela filosofia; nas ciências físicas, criou a arte da experiência, mas de modo algum decorre, como se desejaria levar a crer, que tenha sido partidário exclusivo do sistema que baseia todas as ideias nas sensações. Ele admite a inspiração em tudo o que diz respeito à alma, e crê até mesmo que ela seja necessária para interpretar os fenômenos físicos segundo princípios gerais. Mas, em sua época, ainda havia alquimistas, adivinhos e feiticeiros; a religião era bastante desprezada na maior parte da Europa, na crença de que proibia qualquer verdade, ela que leva a todas. Bacon fora atingido por esses erros; seu século pendia para a superstição tal como o nosso para a incredulidade; na época em que vivia, Bacon devia buscar favorecer a filosofia experimental; nesta em que estamos, sentiria a necessidade de reanimar a fonte interior da beleza moral e de lembrar continuamente ao homem que ele existe em si mesmo, em seu sentimento e em sua vontade. Quando o século é supersticioso, o gênio da observação é tímido, o mundo físico é mal conhecido; quando o século é incrédulo, o entusiasmo passa a não mais existir, e não se sabe mais nada da alma nem do céu.

Em uma época na qual o progresso do espírito humano não tinha assegurado nada em nenhum gênero, Bacon reunira todas as suas forças para traçar a rota que a filosofia experimental deve seguir, e seus escritos servem ainda hoje de guia àqueles que querem estudar a natureza. Minis-

---

1 Francis Bacon (1561-1626) chegou ainda ao posto mais elevado da Ordem Rosa-Cruz. (N. T.)

Da Alemanha

tro de Estado, ele se encarregou por muito tempo da administração e da política. As cabeças mais poderosas são as que reúnem o gosto e o hábito da meditação à prática dos negócios: sob esse duplo aspecto, Bacon era um espírito prodigioso; mas faltou à sua filosofia aquilo que faltava ao seu caráter: ele não era bastante virtuoso para sentir inteiramente o que é a liberdade moral do homem; entretanto, não se pode compará-lo com os materialistas do último século, e seus sucessores levaram a teoria da experiência muito além de sua intenção. Ele está longe, repito, de atribuir todas as nossas ideias às nossas sensações, e de considerar a análise como o único instrumento das descobertas. Ele com frequência segue com passos intrépidos, e ao limitar-se à lógica experimental para afastar todos os preconceitos que atrapalham seu caminho, isso se deve apenas ao ímpeto do gênio no qual se fia para prosseguir.

"O espírito humano", disse Lutero, "é como um camponês bêbado a cavalo que ao ser erguido de um lado cai do outro." Assim o homem cambaleou continuamente entre suas duas naturezas: ora seus pensamentos o separavam de suas sensações, ora suas sensações absorviam seus pensamentos, e ele desejava sucessivamente relacionar cada coisa com uma ou outra; não obstante, parece-me que chegou o momento de uma doutrina estável: a metafísica deve sofrer uma revolução semelhante àquela feita por Copérnico no sistema do mundo; ela deve recolocar nossa alma no centro, e torná-la em tudo semelhante ao sol, ao redor do qual os objetos exteriores traçam seu círculo, e cuja luz eles tomam de empréstimo.

A árvore genealógica dos conhecimentos humanos, na qual cada ciência remete a determinada faculdade, é sem dúvida uma das valiosas contribuições de Bacon à admiração da posteridade; mas o que faz sua glória é ter tido o cuidado de proclamar que certamente era preciso evitar separar de modo absoluto as ciências umas das outras, e que todas se reunissem na filosofia geral. Ele não é de modo algum o autor do método anatômico que considera cada uma das forças intelectuais à parte, e parece desconhecer a admirável unidade do ser moral. A sensibilidade, a imaginação e a razão se completam. Cada uma dessas faculdades seria apenas uma doença, uma fraqueza em lugar de uma força, se não fosse modificada ou completada pela totalidade de nosso ser. As ciências de cálculo, a certa altura, têm necessidade de imaginação. A imaginação, por sua vez, deve apoiar-se no conhecimento exato da natureza. De todas as faculdades, a razão parece aquela que se absteria mais facilmente do socorro das outras, e, entretanto, se alguém fosse inteiramente desprovido de imaginação e sensibilidade poderia tornar-se, por força da aridez, por assim dizer, louco de razão, e, ao ver na vida apenas cálculos e interesses materiais, poderia enganar-se tanto sobre o caráter e as afeições dos homens quanto um ser entusiasta que imaginasse por toda parte o desinteresse e o amor.

Segue-se um falso sistema de educação quando se quer desenvolver exclusivamente determinada qualidade do espírito; pois deter-se em uma única faculdade é arranjar um ofício intelectual. Milton disse com razão que "uma educação é boa apenas quando capacita a todos os empregos da guerra e da paz";[2] tudo o que faz do homem um homem é o verdadeiro objeto do ensino.

Saber de uma ciência apenas o que lhe é particular é aplicar aos estudos liberais a divisão do trabalho de Smith,[3] a qual convém apenas às artes mecânicas. Quando se chega à altura na qual cada ciência toca todas as outras em alguns pontos, é aí então que se está próximo da região das ideias universais; e a brisa vinda de lá reanima todos os pensamentos.

A alma é uma tocha que ilumina em todos os sentidos; é nessa tocha que consiste a existência; todas as observações e todos os esforços dos filósofos devem ser voltados para o *eu* [*moi*], centro e móbil de nossos sentimentos e de nossas ideias. Sem dúvida, o caráter incompleto da linguagem nos obriga a recorrer a expressões errôneas; é preciso repetir, segundo o costume, que certo indivíduo tem razão, ou imaginação, ou sensibilidade etc.; mas se alguém quisesse se fazer entender em poucas palavras, seria preciso dizer somente: "ele tem alma, ele tem muita alma".[4] É esse sopro divino que faz todo o homem.

---

2 Extraído do tratado *Of education* (1644). (N. T.)

3 Adam Smith (1723-1790): iluminista escocês cuja tese sobre a divisão do trabalho encontra-se na obra *Wealth of nations* [Riqueza das nações], de 1776. (N. T.)

4 O sr. Ancillon, de quem terei ocasião de falar na sequência desta obra, serviu-se dessa expressão em um livro sobre o qual ninguém se cansaria de meditar.

Amar ensina mais sobre o que diz respeito aos mistérios da alma do que a metafísica mais sutil. Ninguém se prende a uma determinada qualidade da pessoa de que gosta, e todos os madrigais repetem uma grande frase filosófica, dizendo que é por *não sei quê* que se ama, pois esse não sei quê é o conjunto e a harmonia que reconhecemos pelo amor, pela admiração, por todos os sentimentos que nos revelam o que há de mais profundo e íntimo no coração alheio.

A análise, não podendo examinar senão dividindo, aplica-se, como o escalpelo, à natureza morta, mas é um péssimo instrumento para ensinar a conhecer o que está vivo; e se temos dificuldade para definir por palavras a concepção animada que nos represente os objetos por inteiro, é precisamente por essa concepção dizer respeito mais intimamente à essência das coisas. Na filosofia, dividir para compreender é um sinal de fraqueza, tal como na política dividir para reinar.

Bacon devia muito mais do que se crê à filosofia idealista que, desde Platão até nossos dias, reaparecera constantemente sob diversas formas; não obstante, o sucesso de seu método analítico nas ciências exatas influiu necessariamente sobre seu sistema na metafísica: compreendeu-se de uma maneira muito mais absoluta o que ele mesmo não havia apresentado: sua doutrina sobre as sensações consideradas como a origem das ideias. Podemos ver claramente a influência dessa doutrina pelas duas escolas que ela produziu, a de Hobbes[5] e a de Locke. Certamente ambas diferem muito no objetivo; mas seus princípios são semelhantes sob vários aspectos.

Hobbes tomara ao pé da letra a filosofia que pretende que todas as nossas ideias derivem das impressões dos sentidos; ele não temera as consequências, e disse ousadamente que "a alma estava submetida à necessidade, tal como a sociedade ao despotismo"; ele admite o fatalismo das sensações para o pensamento, e o da força para as ações. Ele aniquila tanto a liberdade moral quanto a liberdade civil, pensando com razão que elas dependem uma da outra. Ele fora ateu e escravo; e nada traz mais consequências, pois se não há no homem senão a marca das impressões externas, o poder terreno é tudo, e a alma depende delas tanto quanto o destino.

---

5 Thomas Hobbes (1588-1679); sua obra principal é o *Leviatã* (1651). (N. T.)

O culto de todos os sentimentos elevados e puros está de tal modo consolidado na Inglaterra pelas instituições políticas e religiosas que as especulações do espírito giram em torno dessas imponentes colunas sem jamais afetá-las. Hobbes teve portanto poucos partidários em seu país; mas a influência de Locke fora mais universal. Uma vez que seu caráter era moral e religioso, ele não se permitira nenhum dos raciocínios corruptores que derivavam necessariamente de sua metafísica; e a maioria de seus compatriotas, ao adotá-la, teve como ele a nobre inconsequência de separar os resultados dos princípios, ao passo que Hume[6] e os filósofos franceses, após terem admitido o sistema, aplicaram-no de uma maneira muito mais lógica.

A metafísica de Locke não teve outro efeito sobre os espíritos, na Inglaterra, senão o de ofuscar um pouco sua originalidade natural; mesmo que ela esgotasse a fonte dos grandes pensamentos filosóficos, não poderia destruir o sentimento religioso que sabe tão bem supri-los; mas essa metafísica aceita no resto da Europa, exceto na Alemanha, foi uma das principais causas da imoralidade da qual se fez uma teoria para melhor assegurar sua prática.

Locke dedicou-se particularmente a provar que não havia nada de inato na alma: ele tinha razão, visto que sempre misturava ao sentido da palavra *ideia* um desenvolvimento adquirido pela experiência; as ideias assim concebidas são o resultado dos objetos que as estimulam, das comparações que as reúnem e da linguagem que facilita sua combinação. Mas não ocorre o mesmo com os sentimentos, nem com as disposições, nem com as faculdades que constituem as leis do entendimento humano, tal como a atração e a impulsão constituem as da natureza física.

Uma coisa realmente digna de nota são os argumentos de que Locke foi obrigado a se servir para provar que tudo o que estava na alma chegava até nós pelas sensações. Se esses argumentos conduzissem à verdade, decerto seria preciso ultrapassar a repugnância moral que inspiram; mas, em geral, pode-se crer nessa repugnância como em um sinal infalível do que se deve evitar. Locke queria demonstrar que a consciência do bem e do mal não era inata no homem, e que ele conhecia o justo e o injusto, tal como o vermelho

---

6 David Hume (1711-1776): iluminista escocês. (N. T.)

e o azul, apenas pela experiência; para chegar a esse objetivo, investigou com cuidado todos os países nos quais os costumes e as leis dignificavam os crimes; aqueles nos quais era um dever matar seu inimigo, desprezar o casamento, levar à morte o próprio pai quando estivesse velho. Ele reúne cuidadosamente tudo o que os viajantes contaram das crueldades passadas por costume. Qual sistema inspira em um homem tão virtuoso quanto Locke a avidez por tais fatos?

Sejam esses fatos tristes ou não, poder-se-á dizer, o importante é saber se são verdadeiros. Eles podem ser verdadeiros, mas o que significam? Segundo nossa própria experiência, não sabemos que as circunstâncias, isto é, os objetos exteriores, influem sobre nossa maneira de interpretar nossos deveres? Aumentai as circunstâncias, e encontrareis nelas a causa dos erros dos povos; mas há povos ou homens que neguem a existência dos deveres? Alguma vez já foi afirmado que não havia nenhuma significação vinculada à ideia do justo e do injusto? A explicação dada para isso pode ser diversa, mas a convicção do princípio é a mesma por toda parte; e é nessa convicção que reside a marca primitiva encontrada em todos os humanos.

Quando o selvagem mata seu próprio pai já envelhecido, acredita que lhe presta um serviço; não faz isso por interesse próprio, mas pelo de seu pai: a ação que comete é horrível, e entretanto não é por isso desprovida de consciência; e, pela falta de luzes, não se segue que lhe faltem virtudes. As sensações, isto é, os objetos exteriores que o cercam, cegam-no; ele não deixa de ter o sentimento íntimo que constitui o ódio ao vício e o respeito à virtude, embora a experiência o tenha enganado sobre a maneira pela qual o sentimento deve manifestar-se na vida. Preferir os outros a si quando a virtude o ordena é precisamente o que faz a essência da beleza moral; e esse admirável instinto da alma, adversário do instinto físico, é inerente à nossa natureza; se pudesse ser adquirido, também poderia ser perdido; mas é imutável por ser inato. É possível fazer o mal acreditando fazer o bem, é possível tornar-se culpado sabendo e desejando isso, mas não se deve admitir como verdade uma coisa contraditória, a justiça da injustiça.

A indiferença ao bem e ao mal é o resultado comum de uma civilização, por assim dizer, petrificada, e essa indiferença é um argumento muito maior contra a consciência inata do que os grosseiros erros dos selvagens; mas os homens mais céticos, se são oprimidos sob alguns aspectos, clamam por justiça como se tivessem acreditado nela toda a sua vida; e quando são tomados por uma viva afeição e o poder tirânico é usado para controlá-la, invocam o sentimento da equidade com tanta força quanto os moralistas mais austeros. Desde que uma chama qualquer, a da indignação ou a do amor, apodera-se de nossa alma, ela faz que reapareçam em nós as características sagradas das leis eternas.

Se o acaso do nascimento e da educação decidisse a moralidade de um homem, como ele poderia ser acusado por suas ações? Se tudo o que compõe nossa vontade advém dos objetos exteriores, cada um pode invocar relações particulares para motivar toda a sua conduta; e com frequência essas relações diferem tanto entre os habitantes de um mesmo país quanto entre um asiático e um europeu. Se portanto a circunstância devesse ser a divindade dos mortais, seria simples a cada homem ter uma moral que lhe fosse própria, ou antes, uma ausência de moral ao seu dispor; e para impedir o mal que as sensações poderiam aconselhar, apenas a força pública, que o puniria, seria um bom motivo para se opor; ora, se a força pública comandasse a injustiça, a questão estaria resolvida: todas as sensações fariam nascer todas as ideias que conduziriam à mais completa depravação.

As provas da espiritualidade da alma não podem ser encontradas no domínio dos sentidos, o mundo visível está entregue a esse domínio; mas o mundo invisível não poderia estar submetido a ele; e se não se admitem ideias espontâneas, se o pensamento e o sentimento dependem inteiramente das sensações, como a alma, em tanta servidão, seria imaterial? E se, como ninguém o nega, a maioria dos fatos transmitidos pelos sentidos está sujeita ao erro, o que é um ser moral que age apenas quando estimulado pelos objetos externos, e até mesmo por objetos cujas aparências são frequentemente falsas?

Um filósofo francês disse, valendo-se da expressão mais desalentadora, que "o pensamento não era outra coisa senão um produto material do cérebro". Essa deplorável definição é o resultado mais natural da metafísica que atribui às nossas sensações a origem de todas as nossas ideias. Se assim for, é correto zombar do que é intelectual e achar incompreensível tudo o que não é palpável. Se nossa alma é apenas uma matéria sutil colocada em movimento por outros elementos mais ou menos grosseiros, junto aos quais mesmo ela tem a desvantagem de ser passiva; se nossas impressões e lembranças são apenas vibrações prolongadas de um instrumento tocado pelo acaso; só existem fibras em nosso cérebro, só forças físicas no mundo, e tudo pode ser explicado segundo as leis que as regem. Ainda restam, é verdade, algumas pequenas dificuldades sobre a origem das coisas e o objetivo de nossa existência, mas a questão foi bem simplificada, e a razão aconselha a suprimir em nós mesmos todos os desejos e todas as esperanças que o gênio, o amor e a religião fazem conceber; pois o homem não passaria de um mecanismo a mais na grande máquina do universo: suas faculdades seriam apenas roldanas, sua moral um cálculo, e seu culto o sucesso.

Locke, crendo do fundo de sua alma na existência de Deus, estabelecera sua convicção, sem se aperceber disso, sobre raciocínios inteiramente oriundos da esfera da experiência: ele afirma que há um princípio eterno, uma causa primitiva de todas as outras causas, adentrando assim na esfera do infinito; e o infinito está além de toda experiência; mas Locke tinha, ao mesmo tempo, um tamanho medo de que a ideia de Deus pudesse passar por inata no homem; parecia-lhe tão absurdo que o Criador se tivesse dignado como um grande pintor a gravar seu nome no quadro de nossa alma, que ele se empenhou em descobrir em todas as narrativas dos viajantes alguns povos que não tivessem nenhuma crença religiosa. Creio que é possível afirmar sem temor que esses povos não existem. O movimento que nos eleva até a inteligência suprema encontra-se no gênio de Newton, bem como na alma do pobre selvagem devoto da pedra sobre a qual ele se deitou. Nenhum homem contentou-se apenas com o mundo externo, tal como é, e todos sentiram no fundo do coração, em alguma época qualquer da vida, uma indefinível atração por algo sobrenatural; mas como é possível que um ser tão religioso quanto Locke dedique-se a transformar as características primitivas da fé em um conhecimento acidental que o destino pode nos arrebatar ou conceder? Eu repito, a tendência de qualquer doutrina deve ser tida em alta conta no julgamento que fazemos sobre a verdade dela; pois, na teoria, o bem e a verdade são inseparáveis.

Tudo o que é visível fala ao homem de começo e fim, de decadência e destruição. Uma centelha divina é nosso único indício da imortalidade. De qual sensação ela provém? Todas as sensações a combatem, e entretanto ela triunfa sobre todas. Como assim?, alguém dirá, as causas finais, as maravilhas do Universo e o esplendor dos céus que atinge nosso olhar não nos atestam a magnificência e a bondade do Criador? O livro da natureza é contraditório, nele são vistos os emblemas do bem e do mal praticamente em igual proporção; e ocorre assim para que o homem possa exercer sua liberdade entre probabilidades opostas, entre temores e esperanças mais ou menos de mesma força. O céu estrelado surge para nós como os vestíbulos da divindade; mas todos os males e todos os vícios dos homens extinguem essas chamas celestes. Uma única voz sem palavras, mas não sem harmonia, sem força, mas irresistível, proclama um Deus no fundo de nosso coração. Tudo o que é realmente belo no homem nasce daquilo que ele experimenta espontânea e interiormente: toda ação heroica é inspirada pela liberdade moral; o ato de devotar-se à vontade divina, esse ato que todas as sensações combatem e que apenas o entusiasmo inspira, é tão nobre e tão puro que os próprios anjos, virtuosos por natureza e sem obstáculo, poderiam invejá-lo no homem.

A metafísica, que desloca o centro da vida, ao supor que seu impulso vem de fora, despoja o homem de sua liberdade e destrói a si mesma; pois não há mais natureza espiritual desde que ela se encontre tão unida à natureza física, somente sendo distinguidas devido ao respeito humano: essa metafísica não é consequente senão quando se faz derivar dela, tal como na França, o materialismo baseado nas sensações, e a moral fundada no interesse. A teoria abstrata desse sistema nasceu na Inglaterra; mas nenhuma de suas consequências foi admitida lá. Na França, não se teve a honra da descoberta, mas sim a da aplicação. Na Alemanha, desde Leibniz, combateu-se o sistema e as consequências: e certamente é digno dos homens esclarecidos e religiosos, de todos os países, examinar se princípios cujos resultados são tão funestos devem ser considerados como verdades incontestáveis.

Shaftesbury, Hutcheson, Smith, Reid, Dugald Stuart e outros estudaram as operações de nosso entendimento com rara sagacidade;[7] as obras

---

7 Anthony Ashley Cooper (1671-1713), terceiro conde de Shaftesbury; Francis Hutcheson (1694-1746), irlandês; Thomas Reid (1710-1796), escocês; Dugald Stuart (1753-1828), escocês. (N. T.)

Da Alemanha

de Dugald Stuart, em particular, contêm uma teoria tão perfeita das faculdades intelectuais que ela pode ser considerada, por assim dizer, como a história natural do ser moral. Cada indivíduo deve reconhecer ali uma porção qualquer de si mesmo. Seja qual for a opinião adotada sobre a origem das ideias, não se poderia negar a utilidade de um trabalho que tem por objetivo examinar-lhes a marcha e a direção; mas não basta observar o desenvolvimento de nossas faculdades, é preciso remontar à origem delas, a fim de dar conta da natureza e da independência da vontade no homem.

Não se poderia considerar como uma questão à toa aquela que se dedica a saber se a alma tem a faculdade de sentir e pensar por si mesma. É a questão de Hamlet, *ser ou não ser*.

Capítulo III
Da filosofia francesa

Descartes[1] foi por muito tempo o principal filósofo francês; e se sua física não tivesse sido reconhecida como ruim, talvez sua metafísica tivesse conservado uma ascendência mais duradoura. Bossuet, Fénelon e Pascal, e todos os grandes homens do século de Luís XIV, tinham adotado o idealismo de Descartes: e esse sistema conciliava-se muito mais com o catolicismo do que a filosofia puramente experimental; pois parece singularmente difícil reunir a fé nos dogmas mais místicos ao domínio soberano das sensações sobre a alma.

Entre os metafísicos franceses que professaram a doutrina de Locke, devem ser colocados em primeiro lugar Condillac,[2] cuja condição de padre obrigava-o a arranjos para a religião, e Bonnet,[3] que, naturalmente religioso, vivia em Genebra, em um país onde as luzes e a piedade são inseparáveis. Esses dois filósofos, sobretudo Bonnet, estabeleceram exceções em favor da revelação; mas uma das causas do enfraquecimento do respeito pela religião parece-me ser o fato de ela ter sido colocada à parte de todas as ciências, como se a filosofia, o raciocínio, enfim, tudo o que é estimado nos negócios

---

1 Descartes (1596-1650); seu trabalho mais renomado é *Medições*, de 1641. (N. T.)

2 Étienne Bonnot de Condillac (1715-1780); seu *Traité des Sensations* é de 1754. (N. T.)

3 Charles Bonnet (1720-1793), naturalista. (N. T.)

terrenos não pudesse ser aplicado à religião: uma veneração derrisória a afasta de todos os interesses da vida; ela é, por assim dizer, reconduzida para fora do círculo do espírito humano por força de reverências. Em todos os lugares nos quais reina uma crença religiosa, ela é o centro das ideias, e a filosofia consiste em encontrar a interpretação arrazoada das verdades divinas.

Quando Descartes escrevera, a filosofia de Bacon ainda não havia penetrado na França, e estava-se ainda no mesmo ponto de ignorância e superstição escolásticas que na época em que o grande pensador da Inglaterra publicara suas obras. Há duas maneiras de corrigir os preconceitos dos homens: o recurso à experiência e o apelo à reflexão. Bacon tomara o primeiro meio; Descartes, o segundo. Um prestara imensos serviços às ciências; o outro, ao pensamento, que é a origem de todas as ciências.

Bacon era um homem de um gênio muito maior e de uma instrução ainda mais vasta do que Descartes; ele soube fundamentar sua filosofia no mundo material; a de Descartes fora desacreditada pelos doutos, que atacaram com sucesso suas opiniões sobre o sistema do mundo: ele podia argumentar com justeza ao examinar a alma, e enganar-se em relação às leis físicas do universo: mas uma vez que os julgamentos dos homens são quase todos baseados em uma cega e rápida confiança nas analogias, acreditou-se que aquele que observava tão mal o que se passa fora de nós não entendia melhor o que se passa dentro. Em sua maneira de escrever, Descartes tem uma simplicidade repleta de bonomia que inspira confiança, e a força de seu gênio não poderia ser contestada. Não obstante, quando comparado seja com os filósofos alemães, seja com Platão, não se pode encontrar em suas obras nem a teoria do idealismo em toda a sua abstração nem a imaginação poética que faz sua beleza. Entretanto, um raio luminoso havia atravessado o espírito de Descartes, e coube a ele a glória de ter conduzido a filosofia moderna de seu tempo para o desenvolvimento interior da alma. Ele causara uma grande sensação ao invocar todas as verdades aceitas para o exame da reflexão; estes axiomas foram admirados: *Penso, logo existo, logo tenho um criador, origem perfeita de minhas faculdades incompletas; tudo pode ser colocado em dúvida fora de nós, a verdade está apenas em nossa alma, esta é o juiz supremo daquela.*[4]

---

4 *Discours de la méthode*, 1637. (N. T.)

A dúvida universal é o ABC da filosofia; cada homem começa a raciocinar com suas próprias luzes, quando quer remontar aos princípios das coisas; mas a autoridade de Aristóteles havia de tal modo introduzido as formas dogmáticas na Europa que houve espanto pela ousadia de Descartes que submetia todas as opiniões ao julgamento natural.

Os escritores de Port-Royal foram formados em sua escola; assim, os franceses tiveram pensadores mais severos no século XVII do que no XVIII. Ao lado da graça e do encanto do espírito, uma certa seriedade no caráter anunciava a influência que devia exercer uma filosofia que atribuía todas as nossas ideias ao poder da reflexão.

Malebranche,[5] o maior discípulo de Descartes, é um homem dotado do gênio da alma em um grau eminente: no século XVIII, ele foi considerado como um sonhador, e na França está-se perdido quando se tem a reputação de sonhador; pois ela carrega consigo a ideia de que não se é útil para nada, o que desagrada singularmente a todas as chamadas pessoas razoáveis; mas a palavra utilidade seria nobre o bastante para ser aplicada às necessidades da alma?

Os escritores franceses do século XVIII interessavam-se mais pela liberdade política; os do século XVII pela liberdade moral. Os filósofos do século XVIII eram combatentes; os do século XVII, solitários. Sob um governo absoluto, tal como o de Luís XIV, a independência encontra abrigo apenas na meditação; sob os reinos anárquicos do último século, os homens de letras eram animados pelo desejo de impor ao governo do país a que pertenciam os princípios e as ideias liberais, cujo belo exemplo era dado pela Inglaterra. Os escritores que não se desviaram desse objetivo são muito dignos da estima de seus concidadãos; mas não é menos verdade que as obras compostas no século XVII são mais filosóficas, sob muitos aspectos, do que aquelas que foram publicadas depois; pois a filosofia consiste sobretudo no estudo e no conhecimento de nosso ser intelectual.

Os filósofos do século XVIII ocuparam-se mais da política social do que da natureza primitiva do homem; os filósofos do XVII, apenas por serem religiosos, sabiam mais sobre o fundo do coração. Os filósofos, durante o

---

5 Nicolas Malebranche (1638-1715). (N. T.)

declínio da Monarquia francesa, estimularam o pensamento sobre o mundo externo, acostumados como estavam a valer-se dele como de uma arma; os filósofos, sob o império de Luís XIV, dedicaram-se muito mais à metafísica idealista, pois o recolhimento lhes era mais habitual e necessário. Para que o gênio francês atingisse o mais alto grau de perfeição, seria preciso aprender dos escritores do século XVIII a tirar proveito de suas faculdades, e dos escritores do século XVII a conhecer-lhes a origem.

Descartes, Pascal e Malebranche têm muito mais relação com os filósofos alemães do que os escritores do século XVIII; mas Malebranche e os alemães diferem nisto: um tem como artigo de fé o que os outros reduzem a teoria científica; um busca revestir com formas dogmáticas o que a imaginação lhe inspira, pois tem medo de ser acusado de exaltação, ao passo que os outros, ao escreverem no final de um século no qual tudo foi analisado, sabem-se entusiastas, e dedicam-se apenas a provar que o entusiasmo está de acordo com a razão.

Se os franceses tivessem seguido a direção metafísica de seus grandes homens do século XVII, teriam hoje as mesmas opiniões que os alemães; pois, no caminho filosófico, Leibniz é o sucessor natural de Descartes e Malebranche, e Kant, o sucessor natural de Leibniz.

A Inglaterra influíra muito sobre os escritores do século XVIII: a admiração que eles sentiam por esse país lhes inspirara o desejo de introduzir na França sua filosofia e sua liberdade. Devido aos sentimentos religiosos e à liberdade, e ainda à obediência às leis, os ingleses não conceberam uma filosofia que representasse perigo. No seio de uma nação na qual Newton e Clarke[6] não pronunciavam jamais o nome de Deus sem se inclinar, os sistemas metafísicos, ainda que fossem errôneos, não podiam ser funestos. O que falta na França, de todo modo, é o sentimento e o hábito de respeito, e passa-se ali bem rapidamente do exame que pode esclarecer à ironia que reduz tudo a pó.

Parece-me que na França, no século XVIII, poderiam ser divisadas duas épocas perfeitamente distintas, aquela na qual a influência da Inglaterra se fez sentir, e aquela na qual os espíritos precipitaram-se na destruição:

---

6 Samuel Clarke (1675-1729). (N. T.)

Da Alemanha

então as luzes transformaram-se em incêndio, e a filosofia, maga irritada, consumiu os palácios nos quais havia exposto seus prodígios.

Em termos de política, Montesquieu pertence à primeira época, Raynal[7] à segunda; em termos de religião, os escritos de Voltaire, que tinham a tolerância por objetivo, são inspirados pelo espírito da primeira metade do século; mas sua miserável e vaidosa irreligião maculou a segunda. Enfim, na metafísica, Condillac e Helvétius,[8] embora fossem contemporâneos, também trazem a marca dessas duas épocas tão diferentes; pois, ainda que o sistema inteiro da filosofia das sensações seja ruim em seu princípio, as consequências que Helvétius tirou dela não devem entretanto ser imputadas a Condillac; ele estava bem longe de aceitá-las.

Condillac tornou a metafísica experimental mais clara e mais impressionante do que é em Locke, colocando-a realmente ao alcance de todos: ele diz, junto com Locke, que a alma não pode ter nenhuma ideia que não lhe venha pelas sensações: ele atribui às nossas necessidades a origem dos conhecimentos e da linguagem; às palavras, a origem da reflexão; e, fazendo-nos assim aceitar o desenvolvimento inteiro de nosso ser moral pelos objetos exteriores, ele explica a natureza humana como uma ciência positiva, de modo claro, rápido, e, sob alguns aspectos, incontestável; pois se não sentíssemos em nós mesmos nem crenças nativas do coração nem uma consciência independente da experiência, nem um espírito criador, em toda a força desse termo, seria bem possível que nos contentássemos com essa definição mecânica da alma humana. É natural ser seduzido pela solução fácil do maior dos problemas; mas a aparente simplicidade existe apenas no método; o objeto ao qual se pretende aplicá-lo não permanece menos do que uma imensidão desconhecida, e o enigma de nós mesmos devora como a esfinge os milhares de sistemas que postulam a glória de adivinhar o significado dessa palavra.

A obra de Condillac deveria ser considerada apenas como um livro a mais sobre um tema inesgotável, se a influência desse livro não tivesse sido funesta. Helvétius, que extrai da filosofia das sensações todas as consequên-

---

7 Guillaume Raynal (1713-1796): anticlerical e antirrealista. (N. T.)
8 Claude Adrien Helvétius (1715-1771): anticlericalista. (N. T.)

cias diretas que ela pode permitir, afirma que, se o homem tivesse as mãos feitas como a pata de um cavalo, teria apenas a inteligência de um cavalo. Certamente, se assim fosse, seria muito injusto imputar-nos o erro ou o mérito de nossas ações; pois a diferença que pode existir entre as diversas organizações dos indivíduos certamente autorizaria e motivaria aquela que se encontra entre seus caracteres.

Às opiniões de Helvétius sucederam as do *Sistema da natureza*,[9] que tendiam ao aniquilamento da divindade no universo, e do livre-arbítrio no homem. Locke, Condillac, Helvétius, e o infeliz autor do *Sistema da natureza*, caminharam progressivamente na mesma via; os primeiros passos eram inocentes: nem Locke nem Condillac conheceram os perigos dos princípios de suas filosofias, mas logo esse ponto escuro, que a custo era notado no horizonte intelectual, expandiu-se a ponto de relançar o universo e o homem nas trevas.

Os objetos exteriores eram, dizia-se, o móbil de todas as nossas impressões; nada parecia portanto mais doce do que se entregar ao mundo físico, e de fazer-se convidado à festa da natureza; mas gradualmente a fonte interior exauriu-se, e mesmo a imaginação necessária ao luxo e aos prazeres vai fenecendo a tal ponto que logo não haverá uma alma capaz de apreciar uma felicidade qualquer, por mais material que seja.

A imortalidade da alma e o sentimento do dever são suposições totalmente gratuitas no sistema que baseia todas as nossas ideias em nossas sensações: pois nenhuma sensação nos revela a imortalidade na morte. Se os objetos exteriores fossem os únicos a formar nossa consciência, desde a ama que nos recebeu nos braços até o último ato de uma velhice avançada, todas as impressões estariam de tal modo encadeadas umas às outras que não se poderia acusar com equidade a pretendida vontade, que seria apenas uma fatalidade a mais.

Tratarei de mostrar, na segunda parte desta seção, que a moral baseada no interesse, tão fortemente pregada pelos escritores franceses do último século, está em uma conexão íntima com a metafísica que atribui todas as

---

9 Livro do ateísta e enciclopedista franco-germânico Paul Heinrich Dietrich, barão de Holbach (1723-1789). (N. T.)

Da Alemanha

nossas ideias às nossas sensações, e que as consequências de uma são tão más na prática quanto as da outra na teoria. Aqueles que puderam ler as obras licenciosas que foram publicadas na França próximo ao fim do século XVIII atestaram que, quando os autores desses escritos criminosos querem apoiar-se em uma espécie de raciocínio, todos eles invocam a influência do físico sobre o moral; relacionam às sensações todas as opiniões mais condenáveis; desenvolvem, enfim, sob todas as formas, a doutrina que destrói o livre-arbítrio e a consciência.

Não se poderia negar, talvez me digam, que essa doutrina não seja aviltante; mas, não obstante, se for verdadeira, deve-se repudiá-la e fechar os olhos ao seu desígnio? Certamente, teriam feito uma descoberta deplorável aqueles que tivessem destronado nossa alma, condenado o espírito a imolar a si próprio, empregando suas faculdades para demonstrar que as leis comuns a tudo o que é físico lhe convêm; mas, graças a Deus, e essa expressão está aqui bem colocada, graças a Deus, repito, esse sistema é totalmente falso em seu princípio, e o proveito que dele tiraram os que defendiam a causa da imoralidade é uma prova a mais dos erros que ele contém.

Se a maior parte dos homens corrompidos apoiou-se na filosofia materialista, quando quiseram envilecer metodicamente e colocar suas ações na teoria, é porque acreditaram que, ao submeter a alma às sensações, iriam livrar-se assim da responsabilidade de sua conduta. Um ser virtuoso, convencido desse sistema, ficaria profundamente aflito, pois temeria incessantemente que a influência todo-poderosa dos objetos exteriores alterasse a pureza de sua alma e a força de suas resoluções. Mas quando se veem alguns homens a se rejubilarem, proclamando que são em tudo a obra das circunstâncias, e que as circunstâncias estão combinadas pelo acaso, estremecemos até o fundo do coração com sua satisfação perversa.

Quando os selvagens ateiam fogo em cabanas, fala-se que se aquecem com prazer no incêndio que provocaram; eles exercem então ao menos um tipo de superioridade sobre as desordens de que são culpados, fazendo servir a destruição ao seu uso: mas quando o homem se compraz em degradar a natureza humana, a quem pois isso será proveitoso?

Capítulo IV
Da zombaria introduzida por certo gênero de filosofia

O sistema filosófico adotado em um país exerce grande influência sobre a tendência dos espíritos; trata-se do molde universal no qual se depositam todos os pensamentos; mesmo aqueles que não estudaram esse sistema conformam-se sem o saber com a disposição geral que ele inspira. Há quase cem anos, viu-se nascer e crescer na Europa uma espécie de ceticismo escarnecedor, cuja base é a filosofia que atribui todas as nossas ideias às nossas sensações. O primeiro princípio dessa filosofia é o de crer apenas no que pode ser provado como um fato ou um cálculo; a esse princípio acrescenta-se tanto o desprezo pelos sentimentos chamados exaltados quanto o apego aos gozos materiais. Esses três pontos da doutrina encerram todos os gêneros de ironia de que a religião, a sensibilidade e a moral podem ser o objeto.

Bayle,[1] cujo douto dicionário não é muito lido pela gente de sociedade, é contudo a fonte da qual foram extraídos todos os gracejos do ceticismo; Voltaire os tornou agudos com seu espírito e sua graça; mas o que sempre está na base disso tudo é que se deve colocar entre os devaneios tudo o que não é tão evidente quanto uma experiência física. Há destreza em fazer que a incapacidade de atenção passe por uma razão suprema que repudia

---

1 Pierre Bayle (1647-1706): protestante francês, viveu muito tempo refugiado na Holanda; enciclopedista, ficou mais conhecido por seu *Dictionnaire historique et critique* (1696-7). (N. T.)

tudo o que é obscuro e duvidoso; em consequência, ridicularizam-se os maiores pensamentos, caso se faça necessário refletir para compreendê-los, ou interrogar-se no fundo do coração para senti-los. Fala-se ainda com grande respeito de Pascal, Bossuet, J.-J. Rousseau etc., pois a autoridade os consagrou, e a autoridade de todo modo é uma coisa muito clara. Mas um grande número de leitores, estando convencidos de que a ignorância e a preguiça são os atributos de um gentil-homem em matéria de espírito, creem que o esforço não está à altura deles, e querem ler como um artigo de gazeta os escritos que têm por objeto o homem e a natureza.

Enfim, se por acaso tais escritos tivessem sido compostos por um alemão cujo nome não fosse francês, e que fosse tão trabalhoso pronunciar esse nome quanto o do barão no *Cândido*, quantos gracejos não poderiam ser extraídos disso? E todos esses gracejos querem dizer: "Tenho graça e leveza, ao passo que vós, que tendes a infelicidade de pensar em alguma coisa e de ter alguns sentimentos, não gracejais de modo algum com a mesma elegância e a mesma facilidade".

A filosofia das sensações é uma das principais causas dessa frivolidade. Desde que se considerou a alma como passiva, um grande número de trabalhos filosóficos foi desdenhado. No dia em que foi dito que não existiam mistérios neste mundo, ou ao menos que não era necessário ocupar-se deles, que todas as ideias vinham pelos olhos e ouvidos, e que a verdade estava apenas no palpável, os indivíduos que gozavam de perfeita saúde em todos os sentidos acreditaram-se verdadeiros filósofos. Ouvimos isso continuamente daqueles que têm muitas ideias para ganhar dinheiro quando são pobres e para gastá-lo quando são ricos, que têm a única filosofia razoável, e que apenas quem devaneia pode sonhar com outra coisa. Com efeito, as sensações não ensinam muito além dessa filosofia, e se não se pode conhecer nada senão por elas, é preciso dar o nome de loucura a tudo o que não está submetido à evidência material.

Se, ao contrário, se admitisse que a alma age por si mesma, que é preciso voltar-se para si a fim de encontrar ali a verdade, e que essa verdade pode ser apreendida apenas com a ajuda de uma meditação profunda, pois ela não está no círculo das experiências terrenas, a direção inteira dos espíritos seria mudada; não seriam rejeitados com desdém os mais altos pensamen-

Da Alemanha

tos, pois eles exigem uma atenção ponderada; mas o superficial e o comum é que seriam tidos por insuportáveis, pois o vazio torna-se com o tempo singularmente pesado.

Voltaire sentia tão bem a influência que os sistemas metafísicos exercem sobre a tendência geral dos espíritos que foi para combater Leibniz que compôs *Cândido*. Ele se imbuíra de um humor singular contra as causas finais, o otimismo, o livre-arbítrio, enfim, contra todas as opiniões filosóficas que ressaltam a dignidade do homem, e fizera *Cândido*, essa obra de uma jocosidade infernal; pois parece escrita por um ser de uma natureza diversa da nossa, indiferente à nossa sorte, contente com nossos sofrimentos, e sorridente como um demônio, ou como um macaco, em relação às misérias da espécie humana com a qual ele nada tem em comum. O maior poeta do século, autor de *Alzira*, *Tancredo*, *Mérope*, *Zaíra* e *Brutus*, ignorara naquele escrito todas as grandezas morais que havia tão dignamente celebrado.

Quando Voltaire, como autor trágico, sentia e pensava no papel de um outro, era admirável; mas quando permanece no seu próprio, é zombeteiro e cínico. A mesma versatilidade que fazia que adotasse o caráter das personagens que pretendia pintar apenas inspirou em demasia a linguagem que, em certos momentos, convinha a Voltaire.

Cândido coloca em ação essa filosofia zombeteira tão indulgente na aparência, tão feroz na realidade; ele apresenta a natureza humana sob o aspecto mais deplorável, e nos oferece como único consolo o riso sardônico que nos libera da piedade para com os outros, fazendo-nos renunciar a ela por nós mesmos.

É devido a esse sistema que, em sua *História universal*, Voltaire tem por objetivo atribuir as ações virtuosas, bem como os grandes crimes, a acontecimentos fortuitos que retiram de uns todo o mérito e de outros, todo o erro. Com efeito, se não há nada na alma senão o que é devido às sensações, apenas duas coisas reais e duráveis sobre a Terra devem ser reconhecidas, a força e o bem-estar, a tática e a gastronomia; mas, ainda que se fosse favorável ao *espírito* tal como a filosofia moderna o concebeu, ele logo seria levado a desejar que um pouco de natureza exaltada reaparecesse para ter ao menos contra o que se exercitar.

Os estoicos frequentemente repetiram que era preciso enfrentar todos os golpes da sorte, mas ocupar-se apenas daquilo que depende de nossa alma, nossos sentimentos e pensamentos. A filosofia das sensações teria um resultado totalmente inverso; ela nos desembaraçaria de nossos sentimentos e pensamentos a fim de volver todos os nossos esforços para o bem-estar material; e nos diria: "Apegai-vos ao momento presente, considerai como quimeras tudo o que escapa do círculo dos prazeres ou dos negócios deste mundo, e passai essa curta vida o melhor que puderdes, cuidando de vossa saúde que é a base da felicidade". Essas máximas foram conhecidas em todos os tempos; mas acreditava-se que estavam reservadas aos criados nas comédias, e em nossos dias fez-se a doutrina da razão, fundada na necessidade, doutrina bem diferente da resignação religiosa, pois uma é tão vulgar quanto a outra é nobre e elevada.

Aquilo que é singular é ter sabido extrair a teoria da elegância de uma filosofia tão comum; nossa pobre natureza é com frequência egoísta e vulgar, é preciso afligir-se com isso; mas vangloriar-se disso é que é novo. A indiferença e o desdém pelas coisas exaltadas tornaram-se o modelo da graça, e os gracejos foram dirigidos contra o interesse vivo que se pode colocar em tudo o que neste mundo não tem um resultado positivo.

O princípio racional da frivolidade do coração e do espírito é a metafísica que relaciona todas as nossas ideias com nossas sensações; pois não nos ocorre nada que não seja superficial externamente, e a vida séria está no fundo da alma. Se a fatalidade materialista, admitida como teoria do espírito humano, levasse a desgostar de tudo o que é exterior, bem como a descrer de tudo o que é íntimo, ainda haveria nesse sistema certa nobreza inativa, uma indolência oriental que poderia ter alguma grandeza; e alguns filósofos gregos encontraram um meio de quase conferir dignidade à apatia; mas o domínio das sensações, ao enfraquecer gradualmente o sentimento, deixou subsistir a atividade do interesse pessoal, e esse impulso das ações foi tão mais poderoso que chegou a destruir todos os outros.

À incredulidade do espírito, ao egoísmo do coração, é preciso ainda acrescentar a doutrina sobre a consciência desenvolvida por Helvétius, quando disse que as ações em si mesmas virtuosas tinham por objetivo obter os gozos físicos que podem ser apreciados aqui embaixo; como resul-

Da Alemanha

tado disso, foram considerados como uma espécie de tolice os sacrifícios que poderiam ser feitos ao culto ideal de qualquer opinião ou sentimento que fosse; e como nada parece mais temível aos homens do que passar por tolos, eles se apressavam a ridicularizar todos os entusiasmos que acabavam mal; pois aqueles que eram recompensados pelo sucesso escapavam da zombaria: a boa fortuna tem sempre razão junto dos materialistas.

A incredulidade dogmática, isto é, aquela que põe em dúvida tudo o que não é provado pelas sensações, é a origem da grande ironia do homem para consigo mesmo: toda a degradação moral provém daí. Essa filosofia certamente deve ser considerada como o efeito e ao mesmo tempo a causa da disposição atual dos espíritos; não obstante, trata-se de um mal do qual ela é o primeiro autor; ela deu à despreocupação da leviandade a aparência de um raciocínio refletido: ela fornece argumentos especiosos ao egoísmo, e faz que os sentimentos mais nobres sejam considerados como uma doença incidental cujas circunstâncias exteriores são a única causa.

Importa portanto examinar se a nação que se preservou constantemente da metafísica, da qual foram extraídas essas consequências, não tinha razão no princípio e mais ainda na aplicação que fez desse princípio ao desenvolvimento das faculdades e à conduta moral do homem.

Capítulo V
Observações gerais sobre a filosofia alemã

A filosofia especulativa sempre encontrou muitos partidários entre as nações germânicas, e a filosofia experimental entre as nações latinas. Os romanos, muito hábeis nos negócios da vida, não eram absolutamente metafísicos; não sabiam nada a esse respeito a não ser por suas relações com a Grécia, e as nações civilizadas por eles herdaram, em sua maioria, seus conhecimentos na política e sua indiferença pelos estudos que não podiam ser aplicados aos negócios deste mundo. Essa disposição mostra-se em sua maior força na França. Os italianos e os espanhóis também participaram dela; mas a imaginação do Sul da Europa desviou-se algumas vezes da razão prática, para ocupar-se das teorias puramente abstratas.

A grandeza de alma dos romanos conferia ao seu patriotismo e à sua moral um caráter sublime; mas isso se deve às instituições republicanas. Quando a liberdade deixou de existir em Roma, viu-se reinar ali quase exclusivamente um luxo egoísta e sensual, uma política hábil que devia levar todos os espíritos para a observação e a experiência. Do estudo que tinham feito da literatura e da filosofia dos gregos, os romanos guardaram apenas o gosto pelas artes, e mesmo esse gosto degenerara logo em prazeres grosseiros.

Roma não exercera influência sobre os povos setentrionais. Eles foram civilizados quase inteiramente pelo cristianismo, e sua antiga religião, que continha os princípios da cavalaria, não se assemelhava em nada com o paganismo do Sul da Europa. Havia entre eles um espírito de devotamento heroico e generoso, um entusiasmo pelas mulheres que fazia do amor um nobre culto; enfim, uma vez que o rigor do clima impedia o homem de lançar-se nas delícias da natureza, apreciavam-se muito mais os prazeres da alma.

Poder-se-ia objetar que os gregos tinham a mesma religião e o mesmo clima dos romanos, e que entretanto se entregavam mais do que qualquer outro povo à filosofia especulativa; mas não se pode atribuir aos hindus alguns dos sistemas intelectuais desenvolvidos entre os gregos? A filosofia idealista de Pitágoras e Platão não se concilia muito com o paganismo tal como o conhecemos; as tradições históricas também levam a crer que foi através do Egito que os povos da Europa mediterrânea receberam a influência do Oriente. A filosofia de Epicuro é a única realmente originária da Grécia.

Ainda que sejam conjecturas, é certo que a espiritualidade da alma e todos os pensamentos que derivam dela foram facilmente naturalizados entre as nações do Norte, e que dentre essas nações os alemães sempre se mostraram mais inclinados do que qualquer outro povo à filosofia contemplativa. Seu Bacon e seu Descartes é Leibniz. Encontram-se nesse belo gênio todas as qualidades de que os filósofos alemães geralmente se vangloriam de se aproximar: erudição imensa, boa-fé perfeita, entusiasmo ocultado sob formas severas. Ele tinha estudado profundamente a teologia, a jurisprudência, a história, as línguas, as matemáticas, a física, a química; pois estava convencido de que a universalidade dos conhecimentos é necessária para ser superior em alguma parte; enfim, tudo manifestava nele as virtudes que se mantêm à altura do pensamento, e que merecem ao mesmo tempo admiração e respeito.

Suas obras podem ser divididas em três ramos: as ciências exatas, a filosofia teológica e a filosofia da alma. Todos sabem que Leibniz era o rival de Newton na teoria do cálculo. O conhecimento das matemáticas serve muito para os estudos metafísicos; o raciocínio abstrato existe em sua perfeição apenas na álgebra e na geometria; buscaremos demonstrar, em outro momento, os inconvenientes desse raciocínio, quando se lhe quer submeter aquilo que de algum modo diz respeito à sensibilidade; mas ele confere ao espírito humano uma capacidade de atenção que o torna muito mais apto a analisar-se a si mesmo: é preciso também conhecer as leis e as forças do universo para estudar o homem sob todos os aspectos. Há uma tal analogia e uma tal diferença entre o mundo físico e o mundo moral, as semelhanças e as diversidades se valem de tantas luzes, que é impossível ser um erudito de primeira ordem sem a ajuda da filosofia especulativa, ou um filósofo especulativo sem ter estudado as ciências positivas.

Locke e Condillac não se ocuparam o bastante dessas ciências; mas Leibniz, sob esse aspecto, tinha uma superioridade incontestável. Descartes também era um grande matemático, e deve-se notar que a maior parte dos filósofos partidários do idealismo fez um imenso uso de suas faculdades intelectuais. O exercício do espírito, bem como o do coração, confere um sentimento da atividade interna, da qual raramente são capazes todos os seres que se entregam às impressões que vêm de fora.

O primeiro conjunto dos escritos de Leibniz contém o que poderíamos chamar de teologias, pois versam sobre as verdades que são do âmbito da religião, e a teoria do espírito humano está encerrada no segundo. No primeiro conjunto, trata-se da origem do bem e do mal, da presciência divina, enfim dessas questões primitivas que ultrapassam a inteligência humana; ao exprimir-me assim, não pretendo censurar os grandes homens que, desde Pitágoras e Platão até nós, foram impelidos às altas especulações filosóficas. O gênio apenas impõe limites a si mesmo depois de ter lutado por longo tempo contra essa dura necessidade. Quem pode ter a faculdade de pensar e não tentar conhecer a origem e o objetivo das coisas deste mundo?

Tudo o que tem vida na Terra, exceto o homem, parece ignorar a si mesmo. Somente ele sabe que morrerá, e essa terrível verdade lhe desperta o interesse por todos os grandes pensamentos atrelados a esse. Quando se tem a capacidade de refletir, resolve-se, ou antes, acredita-se resolver de modo próprio as questões filosóficas que podem explicar o destino humano, mas não foi concedido a ninguém compreendê-lo em seu conjunto. Cada um dá conta de um lado diferente, cada homem tem sua filosofia, bem como sua poética e seu amor. A filosofia está de acordo com a tendência particular do caráter e do espírito de cada um. Quando se sobe ao infinito, mil explicações podem ser igualmente verdadeiras, ainda que diversas, pois as questões sem limites têm milhares de faces, das quais uma já basta para ocupar a duração inteira da existência.

Se o mistério do universo está acima do alcance do homem, não obstante o estudo desse mistério confere mais amplidão ao espírito; ocorre na metafísica o mesmo que na alquimia: na busca da pedra filosofal, no empenho em descobrir o impossível, encontram-se verdades no caminho que nos teriam permanecido desconhecidas: ademais, não se pode impedir um ser meditativo de ocupar-se, ao menos por algum tempo, da filosofia transcendente; esse ímpeto da natureza espiritual não poderia ser combatido sem degradá-la.

Refutou-se com sucesso a harmonia preestabelecida de Leibniz, que a considerava uma grande descoberta; ele se vangloriava de explicar as relações da alma e da matéria, considerando-as como instrumentos afinados de antemão que se repetem, se respondem e se imitam mutuamente. Suas mônadas, das quais ele faz os elementos simples do universo, são apenas uma hipótese tão gratuita quanto todas as que são utilizadas para explicar a origem das coisas; não obstante, em que perplexidade singular não fica o espírito humano? Incessantemente atraído para o segredo de seu ser, sendo-lhe igualmente impossível descobri-lo e deixar de imaginá-lo.

Os persas dizem que Zoroastro interrogara a divindade e lhe perguntara como o mundo tinha começado, quando devia acabar, qual era a origem do bem e do mal? A divindade respondera a todas essas questões, "faze o bem e ganha a imortalidade". O que torna essa resposta admirável é, sobretudo, que não desencoraja o homem de buscar as meditações mais sublimes, somente lhe ensina que é pela consciência e pelo sentimento que ele pode elevar-se às mais profundas concepções da filosofia.

Leibniz era um idealista que baseava seu sistema apenas no raciocínio; e daí ocorre ter levado muito longe as abstrações e não ter defendido o bastante sua teoria sobre a persuasão íntima, única base verdadeira daquilo que é superior ao entendimento: com efeito, raciocinai sobre a liberdade do homem, e não acreditareis nela; colocai a mão na própria consciência, e não podereis duvidar dela. A consequência e a contradição, no sentido que conferimos a ambas, não existem na esfera das grandes questões sobre a liberdade do homem, sobre a origem do bem e do mal, sobre a presciência divina etc. Nessas questões, o sentimento está quase sempre em oposição ao raciocínio, a fim de que o homem perceba que aquilo que ele chama o inacreditável na ordem das coisas terrenas talvez seja a verdade suprema sob aspectos universais.

Dante exprimiu um grande pensamento filosófico por este verso:

A guisa del ver primo che l'uom crede.[1]

É preciso acreditar em certas verdades como na existência; é a alma que as revela a nós, e os raciocínios de todo gênero nunca passam de fracas derivações dessa origem.

A *Teodiceia* de Leibniz trata da presciência divina e da causa do bem e do mal; é uma das obras mais profundas e mais bem argumentadas sobre a teoria do infinito; todavia, o autor com muita frequência aplica, ao que é sem limites, uma lógica à qual somente os objetos circunscritos são suscetíveis. Leibniz era um homem muito religioso, mas por isso mesmo acreditava-se obrigado a fundamentar as verdades da fé sobre raciocínios matemáticos, a fim de apoiá-las em bases admitidas no domínio da experiência: esse erro deriva de um respeito não confessado pelos espíritos frios e áridos; deseja-se convencê-los ao modo deles; acredita-se que os argumentos na forma lógica ofereçam mais certeza do que uma prova de sentimento, mas não é assim.

Na região das verdades intelectuais e religiosas tratadas por Leibniz, precisamos nos servir de nossa consciência íntima como de uma demonstração. Leibniz, ao querer limitar-se aos raciocínios abstratos, exige dos espíritos um tipo de atenção de que a maioria é incapaz; obras metafísicas, que não se baseiam nem na experiência nem no sentimento, cansam singularmente o pensamento, e pode-se experimentar com isso um mal-estar físico e moral, de modo que se alguém se obstinasse a vencê-lo danificaria os órgãos da razão que estão na cabeça. Um poeta, Baggesen, faz da Vertigem uma divindade; é preciso encomendar-se a ela, quando se deseja estudar essas

---

1 É assim que o homem crê na verdade primitiva.

obras que nos colocam de tal modo do cume das ideias, que não temos mais condições de descer novamente à vida.

Os escritores ao mesmo tempo metafísicos e religiosos, eloquentes e sensíveis, tais como existem alguns, convêm bem mais à nossa natureza. Longe de exigir de nós que nossas faculdades sensíveis se calem, a fim de que nossa faculdade de abstração seja mais clara, eles nos pedem para pensar, sentir, querer, para que toda a força da alma nos ajude a penetrar nas profundezas dos céus; mas ater-se à abstração exige tamanho esforço que é bem simples saber por que a maior parte dos homens tenha renunciado a isso, e por que lhes tenha parecido mais fácil nada admitir além daquilo que é visível.

A filosofia experimental é completa em si mesma; ela é um todo bastante vulgar, mas compacto, limitado, consequente; e quando aderimos ao raciocínio aceito nos negócios deste mundo, devemos nos contentar com ela; o imortal e o infinito nos são sensíveis apenas pela alma; somente ela pode ampliar o interesse sobre a alta metafísica. Fica-se erroneamente persuadido de que quanto mais uma teoria é abstrata, mais deve evitar toda ilusão, pois é precisamente assim que ela pode induzir ao erro. Toma-se o encadeamento das ideias como sua prova, alinham-se quimeras com exatidão e imagina-se que se trata de uma armada. Só o gênio do sentimento está acima da filosofia experimental, bem como da filosofia especulativa; só ele pode levar a convicção para além dos limites da razão humana.

Parece-me pois que, admirando inteiramente a capacidade mental e a profundidade do gênio de Leibniz, seria de desejar mais imaginação e sensibilidade em seus escritos sobre as questões de teologia metafísica, a fim de descansar do pensamento pela emoção. Leibniz tinha um certo escrúpulo em recorrer a ela, temendo assim parecer seduzir em favor da verdade; ele estava enganado, pois o sentimento é a própria verdade, nos assuntos dessa natureza.

As objeções que me permiti sobre as obras de Leibniz, que visam questões insolúveis pelo raciocínio, não se aplicam aos seus escritos sobre a formação das ideias no espírito humano; esses são de uma clareza luminosa; versam sobre um mistério que o homem pode, até certo ponto, penetrar, pois ele sabe mais sobre si mesmo do que sobre o universo. As opiniões de Leibniz a esse respeito tendem sobretudo ao aperfeiçoamento moral, se é verdade, tal como os filósofos alemães empenharam-se em provar, que o livre-arbítrio assenta-se sobre a doutrina que liberta a alma dos objetos exteriores, e que a virtude não possa existir sem a perfeita independência do querer.

Leibniz combateu com um admirável vigor dialético o sistema de Locke, que atribui todas as nossas ideias às nossas sensações. Havia sido posto em ação aquele axioma bastante conhecido de que não havia nada na inteligência que não tivesse estado de início nas sensações, e Leibniz acrescentou a isso esta sublime restrição, "a não ser a própria inteligência".[2] Desse princípio deriva toda a nova filosofia que exerce tanta influência sobre os espíritos na Alemanha. Essa filosofia também é experimental, pois se empenha em conhecer o que se passa em nós. Ela apenas coloca a observação do sentimento íntimo no lugar das sensações exteriores.

Na Alemanha, a doutrina de Locke teve por partidários homens que, como Bonnet em Genebra, e vários filósofos na Inglaterra, buscaram conciliá-la com os sentimentos religiosos que o próprio Locke sempre professou. O gênio de Leibniz previu todas as consequências dessa metafísica; e aquilo que firma para sempre sua glória é ter sabido manter na Alemanha a filosofia da liberdade moral contra aquela da fatalidade sensual. Enquanto o resto da Europa adotava princípios que levam a considerar a alma como passiva, Leibniz fora o constante defensor esclarecido da filosofia idealista, tal como seu gênio a concebia. Ela não tinha nenhuma relação com o sistema de Berkeley[3] nem com os devaneios dos céticos gregos sobre a não existência da matéria, mas mantinha o ser moral em sua independência e em seus direitos.

---

2 *Nihil est in intellectu, quod non fuerit in sensu, nisi intellectus ipse.*

3 George Berkeley (1685-1753): com Locke e Hume, foi um dos três empiristas britânicos mais famosos. (N. T.)

Capítulo VI
Kant

Kant[1] viveu até uma idade bem avançada e jamais saiu de Königsberg; foi lá, em meio ao frio do Norte, que passou a vida inteira a meditar sobre as leis da inteligência humana. Um ardor infatigável pelo estudo fez que adquirisse inumeráveis conhecimentos. As ciências, as línguas, a literatura, tudo lhe era familiar; e sem buscar a glória, desfrutada já bem tarde, e ouvindo apenas na velhice o burburinho de seu renome, contentou-se com o prazer silencioso da reflexão. Solitário, ele contemplava sua alma com recolhimento; o exame do pensamento emprestava-lhe novas forças em apoio à virtude, e mesmo sem nunca ter se misturado com as paixões ardentes dos homens, soube forjar armas para aqueles que seriam chamados a combatê-las.

Não há muitos exemplos, a não ser entre os gregos, de uma vida tão rigorosamente filosófica, e já essa vida responde pela boa-fé do escritor. A essa mais pura boa-fé, deve-se acrescentar ainda um espírito penetrante e justo, que servia de censor ao gênio quando este se deixava ir muito longe. A meu ver, isso já basta para que os trabalhos perseverantes desse homem devam ser julgados ao menos com imparcialidade.

Kant publicara inicialmente diversos escritos sobre as ciências naturais, e demonstrara tanta sagacidade nesse gênero de estudo que fora o primeiro a

---

1 Immanuel Kant (1724-1804). (N. T.)

prever a existência do planeta Urano. O próprio Herschel,[2] depois de tê-lo descoberto, reconheceu que coube a Kant tê-lo anunciado. Seu tratado sobre a natureza do entendimento humano, intitulado *Crítica da razão pura*,[3] surgira havia quase trinta anos, e essa obra permanecera desconhecida durante algum tempo; mas, quando finalmente foram descobertos os tesouros de ideias que encerra, causara tamanha sensação na Alemanha que quase tudo o que se fez desde então, tanto na literatura como na filosofia, deve seu impulso a essa obra.

Ao tratado do entendimento humano sucedera a *Crítica da razão prática*, que abordava a moral, e a *Crítica da faculdade de julgar*, cujo objeto era a natureza do belo; a mesma teoria serve de base aos três tratados, os quais abarcam as leis da inteligência, os princípios da natureza e a contemplação das belezas da natureza e das artes.

Tratarei de dar um resumo das principais ideias contidas nessa doutrina; por mais cuidados que tome para expô-la com clareza, não dissimulo que será necessária uma atenção constante para compreendê-la. Um príncipe que aprendia as matemáticas impacientou-se com o trabalho exigido por esse estudo. "É absolutamente necessário", disse-lhe quem lhas ensinava, "que Vossa Alteza se dê ao trabalho de estudar para saber; pois não há nenhuma estrada régia nas matemáticas." O público francês, que tem tantas razões para crer-se um príncipe, certamente permitirá que se lhe diga que não há nenhuma estrada régia na metafísica, e que, para chegar à concepção de uma teoria qualquer, é preciso passar pelas intermediações que conduziram o próprio autor aos resultados que ele apresenta.

A filosofia materialista confiava o entendimento humano ao domínio dos objetos exteriores, a moral ao interesse pessoal, e reduzia o belo a ser apenas o agradável. Kant quisera restabelecer as verdades primitivas e a atividade espontânea na alma, a consciência na moral, e o ideal nas artes. Examinaremos agora de que maneira ele realizou esses diferentes objetivos.

---

2 William Herschel (1738-1822): astrônomo alemão. (N. T.)

3 *Kritik der reinen Vernunft*, 1781; e, mais abaixo, *Kritik der praktischen Vernunft*, 1788; *Kritik der Urteilskraft*, 1790. (N. T.)

Da Alemanha

Na época em que surgira a *Crítica da razão pura*, existiam apenas dois sistemas sobre o entendimento humano entre os pensadores: um deles, de Locke, atribuía todas as nossas ideias às nossas sensações; o outro, de Descartes e Leibniz, buscava demonstrar a espiritualidade e a atividade da alma, o livre-arbítrio, enfim, toda a doutrina idealista; mas esses dois filósofos apoiavam suas doutrinas sobre provas puramente especulativas. No capítulo precedente, expus os inconvenientes resultantes desses esforços de abstração que paralisam, por assim dizer, o sangue em nossas veias, a fim de que as faculdades intelectuais sejam as únicas a reinar em nós. O método algébrico aplicado a objetos que não podem ser apreendidos somente pelo raciocínio não deixa nenhum vestígio duradouro no espírito. Durante a leitura desses escritos sobre as altas concepções filosóficas, acredita-se compreendê-los, acredita-se crer neles, mas os argumentos que pareceram mais convincentes escapam logo da lembrança.

O homem cansado desses esforços limita-se a não conhecer nada senão pelos sentidos, e tudo trará dor para sua alma. Ele terá a ideia da imortalidade quando os arautos da destruição estiverem tão profundamente gravados no rosto dos mortais, e a natureza viva for transformada continuamente em pó? Quando todos os sentidos falam de morrer, que frágil esperança nos levaria a renascer? Se apenas as sensações fossem consultadas, que ideia teríamos da bondade suprema? Tantas dores atormentam nossa vida, tantos objetos hediondos desonram a natureza, que a criatura desafortunada amaldiçoa cem vezes a existência antes que uma última convulsão a arrebate. O homem que, ao contrário, rejeita o testemunho dos sentidos, como haverá de conduzir-se na Terra? Entretanto, se acreditasse apenas neles, que entusiasmo, que moral e que religião resistiriam aos reiterados ataques realizados sucessivamente pela dor e pelo prazer?

A reflexão vagava em meio a essa imensa incerteza, quando Kant tentara traçar os limites dos dois domínios: dos sentidos e da alma, da natureza exterior e da natureza intelectual. A capacidade meditativa e a sabedoria com que demarcara esses limites talvez não tivessem tido nenhum exemplo antes dele: ele não se perdera em novos sistemas sobre a criação do universo; ele reconhecera os limites que os mistérios eternos impõem ao espírito humano; e o que, talvez, será novo para os que somente ouviram falar de

Kant é que não houve nenhum filósofo mais oposto, sob vários aspectos, à metafísica; ele se aprofundou tanto nessa ciência apenas para empregar os próprios meios que ela provê a fim de demonstrar sua insuficiência. Dir-se-ia que, novo Curtius,[4] ele se lançou no abismo da abstração para cobri-lo.

Locke havia combatido vitoriosamente a doutrina das ideias inatas no homem, pois sempre representou as ideias como fazendo parte dos conhecimentos experimentais. O exame da razão pura, isto é, das faculdades primitivas que compõem a inteligência, não prendera sua atenção. Leibniz, como dissemos, pronunciara este axioma sublime: "Não há nada na inteligência que não venha pelos sentidos, a não ser a própria inteligência". Tal como Locke, Kant reconheceu que não existiam ideias inatas, mas propôs-se a penetrar o sentido do axioma de Leibniz ao investigar quais são as leis e os sentimentos que constituem a essência da alma humana, independentemente de toda experiência. A *Crítica da razão pura* dedica-se a mostrar em que consistem essas leis, e os objetos sobre os quais elas podem ser exercidas.

O ceticismo, a que o materialismo quase sempre conduz, foi levado tão longe que Hume acabou por abalar a própria base do raciocínio ao buscar argumentos contra o axioma de que não há nenhum efeito sem causa. E tanta é a instabilidade da natureza humana quando não se coloca no centro da alma o princípio de toda convicção que a incredulidade, que começa por atacar a existência do mundo moral, chega a desfazer também o mundo material de que ela a princípio se havia servido para derrotar o outro.

Kant desejava saber se a certeza absoluta era possível ao espírito humano, e a encontrara apenas nas noções necessárias, isto é, em todas as leis de nosso entendimento, que são de natureza a que não possamos conceber nada de outro modo além daquele que essas leis representam para nós.

No sumo grau das formas imperativas de nosso espírito estão o espaço e o tempo. Kant demonstra que todas as nossas percepções estão submetidas a essas duas formas; e conclui disso que elas estão em nós e não nos

---

4 Lendário cavaleiro romano do século IV a.C., Marcus Curtius lançou-se no abismo que se abrira no chão do Fórum, o qual, de acordo com os sacerdotes, só se fecharia caso um cidadão se precipitasse ali voluntariamente. (N. T.)

Da Alemanha

objetos, e que, sob esse aspecto, é nosso entendimento que proporciona leis à natureza exterior em lugar de recebê-las dela. A geometria, que mede o espaço, e a aritmética, que divide o tempo, são ciências de uma evidência completa, pois repousam sobre as noções necessárias de nosso espírito.

As verdades adquiridas pela experiência jamais trazem consigo a certeza absoluta; quando se diz: "o sol se levanta a cada dia, todos os homens são mortais" etc., a imaginação poderia conceber uma exceção a essas verdades que apenas a experiência faz considerar indubitáveis; mas nem a própria imaginação poderia supor algo fora do espaço e do tempo; e essas formas de nosso pensamento que impomos às coisas não podem ser consideradas como um resultado do hábito, isto é, da repetição constante dos mesmos fenômenos; as sensações podem ser duvidosas, mas o prisma através do qual as recebemos é imutável.

A essa intuição primitiva do espaço e do tempo é preciso acrescentar, ou melhor, dar por base os princípios do raciocínio, sem os quais nada podemos compreender, e que são as leis de nossa inteligência: o vínculo das causas e dos efeitos, a unidade, a pluralidade, a totalidade, a possibilidade, a realidade, a necessidade etc.[5] Kant os considera igualmente como noções necessárias, elevando ao nível de ciências apenas aquelas que são baseadas imediatamente nessas noções, pois somente nelas a certeza pode existir. As formas do raciocínio apenas obtêm resultado quando aplicadas ao julgamento dos objetos exteriores; e, nessa aplicação estão sujeitas a erro; mas elas não são menos necessárias em si mesmas, isto é, não podemos nos apartar delas em nenhum de nossos pensamentos; é impossível concebermos algo fora das relações de causas e efeitos, de possibilidade, de quantidade etc.; e essas noções são tão inerentes à nossa concepção quanto o espaço e o tempo. Não percebemos nada senão por meio das leis imutáveis de nossa maneira de raciocinar; portanto essas leis estão também em nós mesmos e não fora de nós.

Na filosofia alemã, denominam-se ideias *subjetivas* as que nascem da natureza de nossa inteligência e de suas faculdades, e ideias *objetivas* todas as

---

5 Kant dá o nome de *categorias* às diversas noções necessárias ao entendimento cujo quadro apresenta.

que são provocadas pelas sensações. Seja qual for a denominação adotada a esse respeito, parece-me que o exame de nosso espírito coaduna-se com o pensamento dominante de Kant, isto é, com a distinção que ele estabelece entre as formas de nosso entendimento e os objetos que conhecemos segundo essas formas; e seja atendo-se às concepções abstratas, seja invocando, na religião e na moral, os sentimentos que ele também considera como independentes da experiência, nada é mais luminoso do que a linha de demarcação que ele traça entre aquilo que nos vem pelas sensações e aquilo que deriva da ação espontânea de nossa alma.

Devido à má interpretação de algumas palavras da doutrina de Kant, afirmou-se que ele acreditava nos conhecimentos *a priori*, isto é, naqueles que estariam gravados em nosso espírito antes que os tivéssemos aprendido. Outros filósofos alemães, mais próximos do sistema de Platão, pensaram que o modelo do mundo estava de fato no espírito humano, e que o homem não poderia conceber o universo se não tivesse em si mesmo a imagem inata dele; mas não se trata dessa doutrina em Kant: ele reduz as ciências intelectuais a três, a lógica, a metafísica e as matemáticas. A lógica não ensina nada por ela mesma, mas, como repousa sobre as leis de nosso entendimento, é incontestável em seus princípios, abstratamente considerados; essa ciência não pode conduzir à verdade senão em sua aplicação às ideias e às coisas; seus princípios são inatos, sua aplicação é experimental. Quanto à metafísica, Kant nega sua existência, pois presume que o raciocínio pode ter lugar apenas na esfera da experiência. Apenas as matemáticas lhe parecem depender imediatamente da noção de espaço e tempo, isto é, das leis de nosso entendimento anteriores à experiência. Ele procura provar que as matemáticas não são uma simples análise, mas uma ciência sintética, positiva, criadora, e certa por si mesma, sem que se tenha necessidade de recorrer à experiência para assegurar-se de sua verdade. Podem ser estudados no livro de Kant os argumentos sobre os quais ele defende essa maneira de ver; mas ao menos é verdade que não há nenhum homem mais avesso à chamada filosofia dos sonhadores, tendo antes o pendor por um modo de pensar seco e didático, ainda que sua doutrina tenha por fim realçar a espécie humana degradada pela filosofia materialista.

Da Alemanha

Longe de rejeitar a experiência, Kant considera a obra da vida como não sendo outra coisa senão a ação de nossas faculdades inatas sobre os conhecimentos que nos chegam de fora. Ele crê que a experiência seria apenas um caos sem as leis do entendimento, mas que as leis do entendimento têm por objeto apenas os elementos dados pela experiência. Segue disso que, para além de seus limites, a própria metafísica não nos pode ensinar nada, devendo-se atribuir ao sentimento a presciência e a convicção de tudo aquilo que escapa do mundo visível.

Quando se deseja utilizar apenas o raciocínio para estabelecer as verdades religiosas, ele é um instrumento flexível em todos os sentidos, podendo igualmente defendê-las e atacá-las, pois, a esse respeito, não seria possível encontrar nenhum apoio na experiência. Kant situa em duas linhas paralelas os argumentos a favor e contra a liberdade do homem, a imortalidade da alma e a duração passageira ou eterna do mundo; e é o sentimento que invoca para fazer pender a balança, pois as provas metafísicas lhe parecem ter força igual de ambas as partes.[6] Talvez ele tenha errado em levar a tal ponto o ceticismo do raciocínio; mas foi para aniquilar mais seguramente esse ceticismo, afastando de certas questões as discussões arbitrárias que lhe deram origem.

Seria injusto suspeitar da piedade sincera de Kant, por ele ter defendido a existência de paridade entre os raciocínios favoráveis e contrários, nas grandes questões da metafísica transcendente. Parece-me, ao contrário, que há candura nesse testemunho. Um número muito reduzido de espíritos têm condições de compreender esses raciocínios, e os que são capazes têm tanta tendência a se combater que é prestar um grande serviço à fé religiosa banir a metafísica de todas as questões referentes à existência de Deus, ao livre-arbítrio, à origem do bem e do mal.

Algumas pessoas respeitáveis disseram que não se deveria desprezar nenhuma arma, e que os argumentos metafísicos também devem ser empregados para persuadir quem está subjugado a eles; mas esses argumentos levam à discussão, e a discussão à dúvida sobre qualquer tema que seja.

---

6 Esses argumentos opostos sobre as grandes questões metafísicas são chamados *antinomias* no livro de Kant.

Em todos os tempos, as belas épocas da espécie humana foram aquelas nas quais as verdades de certa ordem jamais eram contestadas nem por escritos nem por discursos. As paixões podiam acarretar atos culpáveis, mas não havia quem colocasse em dúvida a religião, ainda que não a obedecesse. Os sofismas de todo gênero, abuso de certa filosofia, destruíram, em diversos países e em diferentes séculos, a nobre firmeza de crença, origem do devotamento heroico. Portanto, para um filósofo, não é uma bela ideia proibir a entrada no santuário à própria ciência que ele professa, e empregar toda a força da abstração para provar que há regiões das quais deva ser banida?

Déspotas e fanáticos tentaram impedir a razão humana de investigar certos temas, e a razão sempre se livrou desses entraves injustos. Mas os limites que ela impõe a si mesma, longe de submetê-la, dão-lhe uma nova força, aquela que resulta sempre da autoridade das leis livremente consentidas por aqueles que a isso se submetem.

Um surdo-mudo, antes de ter sido educado pelo abade Sicard,[7] poderia ter uma certeza íntima da existência da divindade. Muitos homens estão tão longe dos pensamentos profundos quanto os surdos-mudos o estão de outros homens, e entretanto não são menos capazes de sentir, por assim dizer, neles mesmos as verdades primitivas, pois essas verdades são do âmbito do sentimento.

Os médicos, no estudo do corpo humano, reconhecem o princípio que o anima, e entretanto nenhum sabe o que é a vida, e caso alguém se pusesse a raciocinar, poderia muito bem, como o fizeram alguns filósofos gregos, provar aos homens que não estão vivos. Ocorre o mesmo com Deus, a consciência, o livre-arbítrio. Deve-se crer neles, pois são sentidos: todo argumento será sempre de uma ordem inferior a esse fato.

A anatomia não pode ser exercida sobre um corpo vivo sem destruí-lo; a análise, ao ser aplicada a verdades indivisíveis, vem a desnaturalizá-las justamente por ferir-lhes a unidade. É preciso dividir nossa alma em duas, para que uma metade de nós mesmos observe a outra. De qualquer maneira

---

7 Roch-Ambroise Cucurron Sicard (1742-1822) também foi diretor de escolas de surdos em Bordeaux (1786) e Paris (1789); autor de *Cours d'instruction d'un sourd-muet de naissance* (1800). (N. T.)

que se dê essa divisão, ela retira de nossa alma a identidade sublime sem a qual não temos a força necessária para crer naquilo que apenas a consciência pode afirmar.

Congregai um grande número de homens no teatro e em praça pública, e dizei a eles alguma verdade da razão, qualquer ideia geral que seja; imediatamente vereis manifestarem-se quase tantas opiniões diversas quantos forem os indivíduos ali reunidos. Mas, se alguns rasgos de grandeza de alma são relatados, se alguns acentos de generosidade se fazem ouvir, logo sabereis pela comoção geral que tivestes tocado nesse instinto da alma, tão vivo, tão poderoso em nosso ser, quanto o instinto conservador da existência.

Ao relacionar ao sentimento, que não admite a dúvida, o conhecimento das verdades transcendentes, ao buscar provar que o raciocínio é válido apenas na esfera das sensações, Kant está bem longe de considerar o poder do sentimento como uma ilusão; ele lhe assinala ao contrário a primeira posição na natureza humana; ele faz da consciência o princípio inato de nossa existência moral, e, a seu ver, o sentimento do justo e do injusto é a lei primitiva do coração, tal como o espaço e o tempo é a da inteligência.

O homem, com a ajuda do raciocínio, não negou o livre-arbítrio? Entretanto ele está tão convencido dele que se surpreende ao sentir estima ou desprezo pelos próprios animais, tanto crê na escolha espontânea do bem e do mal em todos os seres!

É o sentimento que nos dá a certeza de nossa liberdade, e essa liberdade é o fundamento da doutrina do dever; pois, se o homem é livre, ele deve criar para si mesmo os motivos todo-poderosos que combatem a ação dos objetos exteriores e libertam a vontade do domínio do egoísmo. O dever é a prova e a garantia da independência mística do homem.

Nos capítulos seguintes, examinaremos os argumentos de Kant contra a moral baseada no interesse pessoal, e a sublime teoria que ele coloca no lugar desse sofisma hipócrita, ou dessa doutrina perversa. A primeira obra de Kant, a *Crítica da razão pura*, pode ser considerada de dois modos; justamente por ter reconhecido o raciocínio como insuficiente e contraditório, era de se esperar que se servissem disso contra ele; mas parece-me impossível não ler com respeito sua *Crítica da razão prática*, e os diferentes escritos que compôs sobre a moral.

Os princípios da moral de Kant não só são austeros e puros, tal como se devia esperar da inflexibilidade filosófica; mas ele constantemente reúne a evidência do coração à do entendimento, e se compraz singularmente em fazer que sua teoria abstrata sobre a natureza da inteligência sirva de apoio aos mais simples e mais robustos sentimentos.

Uma consciência adquirida pelas sensações poderia ser sufocada por elas, e degrada-se a dignidade do dever ao fazê-lo provir dos objetos exteriores. Kant retorna sem trégua portanto a mostrar que o sentimento profundo dessa dignidade é a condição necessária de nosso ser moral, a lei pela qual ele existe. O domínio das sensações e as más ações que elas provocam não podem mais destruir em nós a noção do bem e do mal, tal como a do espaço e do tempo não pode ser alterada pelos erros de aplicação que podemos fazer dela. Seja qual for a situação, há sempre uma força nascida do fundo da alma que reage às circunstâncias; e sente-se corretamente que nem as leis do entendimento, nem a liberdade moral, nem a consciência, chegam até nós pela experiência.

Em seu tratado sobre o sublime e o belo, intitulado *Crítica da faculdade de julgar*, Kant aplica aos prazeres da imaginação o mesmo sistema do qual extraiu desdobramentos tão fecundos na esfera da inteligência e do sentimento, ou antes, é a própria alma que ele examina, e que se manifesta nas ciências, na moral e nas belas-artes. Kant sustenta que há na poesia, e nas artes dignas como ela de pintar os sentimentos por imagens, dois tipos de beleza: um que pode dizer respeito ao tempo e a esta vida; e outro, ao eterno e ao infinito.

E que não se diga que o infinito e o eterno são ininteligíveis; é o finito e o passageiro que com frequência estaríamos tentados a tomar por um sonho; pois o pensamento não pode ver termo em coisa alguma, e o ser não poderia conceber o nada. Não podemos aprofundar as próprias ciências exatas sem encontrar nelas o infinito e o eterno; e as coisas mais positivas, sob certos aspectos, pertencem tanto ao infinito e ao eterno quanto o sentimento e a imaginação.

Dessa aplicação do sentimento do infinito às belas-artes deve nascer o ideal, isto é, o belo, considerado não como a reunião e a imitação do que há de melhor na natureza, mas como a imagem realizada daquilo que nossa alma se representa. Os filósofos materialistas julgam o belo sob o aspecto da

Da Alemanha

impressão agradável que ele causa, e o colocam assim no domínio das sensações; os filósofos espiritualistas, que relacionam tudo com a razão, veem no belo o perfeito, e acham nele alguma analogia com o útil e o bom, que são os primeiros estágios do perfeito. Kant rejeitou ambas as explicações.

O belo, considerado apenas como o agradável, estaria contido na esfera das sensações, e submetido, consequentemente, à diferença dos gostos; ele não poderia merecer o assentimento universal que é o verdadeiro caráter da beleza. O belo, definido como a perfeição, exigiria um tipo de capacidade de julgar semelhante àquele que estabelece a estima: o entusiasmo que o belo deve inspirar não depende das sensações nem da capacidade de julgar; é uma disposição inata, como o sentimento do dever e as noções necessárias do entendimento, e reconhecemos a beleza quando a vemos, pois ela é a imagem exterior do ideal, cujo modelo está em nossa inteligência. A diversidade dos gostos pode ser aplicada ao que é agradável, pois as sensações são a origem desse gênero de prazer; mas todos os homens devem admirar o que é belo, seja nas artes, seja na natureza, pois têm na alma os sentimentos de origem celeste que a beleza revela e lhos faz fruir.

Kant passa da teoria do belo à do sublime, e essa segunda parte de sua *Crítica da faculdade de julgar* é ainda mais notável do que a primeira: ele concebe o sublime na liberdade moral em luta com o destino ou com a natureza. O poder sem limites nos atemoriza, a grandeza nos aflige, todavia, pelo vigor da vontade, escapamos do sentimento de nossa fraqueza física. O poder do destino e a imensidão da natureza estão em uma oposição infinita com a miserável dependência da criatura sobre a Terra; mas uma centelha do fogo sagrado em nosso peito triunfa sobre o universo, pois basta essa centelha para resistir àquilo a que todas as forças do mundo poderiam exigir de nós.

O primeiro efeito do sublime é o de abater o homem; e o segundo, o de reanimá-lo. Quando contemplamos a tempestade que ergue as ondas do mar, e parece ameaçar a Terra e o céu, o terror apodera-se de nós diante dessa visão, ainda que nenhum perigo pessoal possa então nos atingir; mas quando as nuvens se aproximam, quando todo o furor da natureza se manifesta, o homem sente uma energia interior que pode libertá-lo de todos os temores, pela vontade ou pela resignação, pelo exercício ou pela abdicação de sua liberdade moral; e essa consciência de si mesmo o reanima e o encoraja.

Quando nos relatam uma ação generosa, quando nos ensinam que alguns homens suportaram dores inauditas para permanecerem fiéis à própria opinião, até em suas menores nuanças, a princípio a imagem dos suplícios que sofreram confunde nosso pensamento; mas, gradualmente, retomamos as forças, e a simpatia que sentimos com a grandeza de alma nos faz esperar que também nós possamos triunfar sobre as miseráveis sensações desta vida, para permanecermos verdadeiros, nobres e altivos até nosso último dia.

De resto, ninguém poderia definir o que é, por assim dizer, o auge de nossa existência; "somos muito educados com respeito a nós mesmos para nos compreendermos", disse santo Agostinho. Seria bem pobre em imaginação aquele que acreditasse poder esgotar a contemplação da mais simples flor; como então chegaríamos a conhecer tudo o que encerra a ideia do sublime?

Por certo não tenho a pretensão de ter dado conta, em algumas páginas, de um sistema que, há vinte anos, ocupa todas as cabeças pensantes da Alemanha; mas espero ter dito o suficiente para indicar o espírito geral da filosofia de Kant, e para poder explicar nos capítulos seguintes a influência que ela exerceu sobre a literatura, as ciências e a moral.

Para bem conciliar a filosofia experimental com a filosofia idealista, Kant não submeteu uma à outra, mas soube dar a cada uma das duas em separado um novo impulso. A Alemanha estava ameaçada por essa doutrina árida, que considerava todo entusiasmo como um erro e enumerava entre os preconceitos os sentimentos reconfortantes da existência. Fora uma satisfação viva para os homens ao mesmo tempo tão filósofos e tão poetas, tão capazes de estudo e exaltação, ver todas as belas afeições da alma defendidas com o rigor dos raciocínios mais abstratos. A força do espírito jamais pode ser negativa por muito tempo, isto é, consistir principalmente no que não se acredita, no que não se compreende, no que se despreza. É preciso uma filosofia de crença, de entusiasmo; uma filosofia que confirme pela razão o que o sentimento nos revela.

Os adversários de Kant acusaram-no de ter apenas repetido os argumentos dos antigos idealistas; eles postularam que a doutrina do filósofo alemão não passava de um antigo sistema em uma linguagem nova. Essa reprovação não tem fundamento. Não somente há ideias novas, mas um caráter peculiar na doutrina de Kant.

Ela se ressente do efeito da filosofia do século XVIII, ainda que seja destinada a refutá-la, pois é da natureza do homem entrar sempre em composição com o espírito de seu tempo, mesmo quando quer combatê-lo. A filosofia de Platão é mais poética do que a de Kant, a filosofia de Malebranche, mais religiosa; mas o grande mérito do filósofo alemão foi destacar a dignidade moral, proporcionando como base a tudo o que há de belo no coração uma teoria muitíssimo arrazoada. A oposição que se quis estabelecer entre a razão e o sentimento conduz necessariamente a razão ao egoísmo e o sentimento à loucura; mas Kant, que parecia chamado a concluir todas as grandes alianças intelectuais, fez da alma um lugar central no qual todas as faculdades se conciliam.

A parte polêmica das obras de Kant, aquela na qual ele ataca a filosofia materialista, seria por si só uma obra-prima. Essa filosofia deitou raízes tão profundas nos espíritos, resultando disso tanta irreligião e egoísmo, que ainda deveriam ser vistos como benfeitores de seu país aqueles que não fizeram outra coisa senão combater esse sistema e reavivar os pensamentos de Platão, Descartes e Leibniz; mas a filosofia da nova escola alemã contém um grande número de ideias que lhe são próprias; ela está baseada em imensos conhecimentos científicos que aumentam a cada dia, e em um método de raciocínio singularmente abstrato e lógico; pois, ainda que Kant censure o emprego desses raciocínios no exame das verdades que estão fora da esfera da experiência, ele mostra em seus escritos uma grande capacidade mental em metafísica que o coloca, sob esse aspecto, entre os pensadores de primeira categoria.

Não seria possível negar que o estilo de Kant, em sua *Crítica da razão pura*, merece praticamente todas as reprovações feitas por seus adversários. Ele empregou uma terminologia de compreensão muito difícil, e o mais cansativo neologismo. Ele vivia sozinho com seus pensamentos, e persuadiu-se de que eram necessárias palavras novas para ideias novas, e no entanto há palavras para tudo.

Nos objetos por si mesmos mais claros, Kant com frequência toma por guia uma metafísica muito obscura, e apenas nas trevas do pensamento carrega uma tocha luminosa: ele lembra os israelitas, que tinham por guia uma coluna de fogo durante a noite e uma coluna de fumaça durante o dia.

Na França, ninguém se daria ao trabalho de estudar obras tão sobrecarregadas de dificuldades quanto as de Kant; mas ele lidava com leitores pacientes e perseverantes. Decerto, isso não era motivo para abuso; ele talvez não tivesse se aprofundado tanto na ciência do entendimento humano, se tivesse dado maior importância às expressões que utilizava para explicá-lo. Os filósofos antigos sempre dividiram sua doutrina em duas partes distintas, aquela que reservavam aos iniciados e aquela que professavam em público. A maneira de escrever de Kant é completamente diferente, quer se trate de sua teoria ou da aplicação dessa teoria.

Em seus tratados de metafísica, ele toma as palavras como cifras, e lhes confere o valor que quer, sem se preocupar com o que tinham usualmente. Isso me parece um grande erro; pois a atenção do leitor esgota-se em compreender a linguagem antes de chegar às ideias, e o que é conhecido nunca vem a servir de degrau para chegar ao desconhecido.

Não obstante, é preciso fazer a merecida justiça a Kant mesmo como escritor, quando renuncia à sua linguagem científica. Ao falar das artes, e sobretudo da moral, seu estilo é quase sempre perfeitamente claro, vigoroso e simples. O quanto sua doutrina parece então admirável! Como exprime o sentimento do belo e o amor ao dever! Com que força separa todos os dois de todo cálculo de interesse ou de utilidade! Como enobrece as ações por sua origem e não por seu sucesso! Enfim, que grandeza moral ele sabe dar ao homem, seja ao examiná-lo em si mesmo, seja ao considerá-lo em suas relações exteriores; o homem, esse exilado do céu, esse prisioneiro da Terra, tão grande como exilado, tão miserável como cativo!

Poder-se-ia extrair dos escritos de Kant um grande conjunto de ideias brilhantes sobre todos os assuntos, e talvez essa seja, hoje, a única doutrina da qual é possível extrair observações engenhosas e novas; pois o ponto de vista materialista em todas as coisas não oferece mais nada de interessante nem de original. A incisividade dos gracejos contra aquilo que é sério, nobre e divino está desgastada, e doravante não se restituirá qualquer juventude à raça humana senão com o retorno à religião pela filosofia, e ao sentimento pela razão.

Capítulo VII
Dos filósofos mais célebres
da Alemanha antes e depois de Kant

O espírito filosófico por sua natureza não poderia ser amplamente difundido em nenhum país. Entretanto, há na Alemanha tanta tendência para a reflexão que a nação alemã pode ser considerada como a nação metafísica por excelência. Ela comporta tantos homens em condições de compreender as questões mais abstratas que o próprio público interessa-se pelos argumentos empregados nesse gênero de discussões.

Cada homem de espírito tem seu modo próprio de considerar as questões filosóficas. Os escritores de segunda e terceira ordem na Alemanha têm ainda conhecimentos bastante aprofundados para ser tomados como de primeira ordem em outros lugares. Os rivais odeiam-se nesse país como em qualquer outro, mas nenhum ousaria apresentar-se ao combate sem ter provado, por estudos sólidos, o amor sincero pela ciência de que se ocupa. Não basta amar o sucesso, é preciso merecê-lo para ser admitido a disputá-lo. Os alemães, tão indulgentes quando se trata do que pode faltar à forma de uma obra, são impiedosos sobre seu valor real; e quando percebem algo de superficial no espírito, na alma ou no saber de escritor, tratam de tomar emprestado o próprio gracejo francês para ridicularizar o que é frívolo.

Neste capítulo, eu me propus a fazer uma breve exposição das principais opiniões dos filósofos célebres antes e depois de Kant; não seria possível fazer um julgamento certo do rumo seguido por seus sucessores sem recuar um pouco, a fim de representar o estado dos espíritos no momento em que a doutrina *kantiana* se difundira na Alemanha: ela combatia ao mesmo tempo o sistema de Locke, como tendente ao materialismo, e a escola de Leibniz, como tendo reduzido tudo à abstração.

Os pensamentos de Leibniz atingiam uma grande altura, mas seus discípulos, Wolff[1] à testa deles, os comentaram com formas lógicas e metafísicas. Leibniz tinha dito que as noções provenientes dos sentidos são confusas e que as pertencentes às percepções imediatas da alma são as únicas claras: sem dúvida ele queria indicar com isso que as verdades invisíveis são mais seguras e estão em maior harmonia com relação ao nosso ser moral do que tudo o que aprendemos pelo testemunho dos sentidos. Wolff e seus discípulos tiraram como consequência disso que era preciso reduzir a ideias abstratas tudo o que pode ocupar nosso espírito. Kant repusera o interesse e o calor a esse idealismo sem vida; ele conferira à experiência, bem como às faculdades inatas, uma justa parte, e a arte com que aplicara sua teoria a tudo o que é de interesse dos homens, à moral, à poesia e às belas-artes, estendera-lhe a influência.

Três homens principais, Lessing, Hemsterhuis[2] e Jacobi, precederam Kant na carreira filosófica. Eles não tinham uma escola, pois não haviam fundado um sistema; mas começaram o ataque contra a doutrina dos materialistas. Lessing foi aquele dos três cujas opiniões a esse respeito eram menos decididas; todavia ele tinha muita largueza de espírito para fechar-se no círculo limitado que se pode tão facilmente traçar, quando se renuncia às verdades mais altas. A extraordinária capacidade de Lessing para polemizar despertava a dúvida sobre as questões mais importantes e estimulava todo tipo de novas investigações. O próprio Lessing não pode ser considerado nem como materialista nem como idealista, mas a necessidade de examinar e estudar para conhecer era o móbil de sua existência. "Se o Todo-Poderoso", dizia ele, "segurasse em uma mão a verdade, e na outra a busca da verdade, é a busca que eu lhe pediria por preferência."

Lessing não era ortodoxo em matéria de religião. O cristianismo não lhe era necessário como sentimento, e todavia sabia admirá-lo filosofica-

---

1 Christian Freiherr von Wolff (1679-1754). (N. T.)
2 Frans Hemsterhuis (1721-1790). (N. T.)

Da Alemanha

mente. Ele compreendia suas relações com o coração humano, e é sempre de um ponto de vista universal que considerava todas as opiniões. Nada de intolerante, nada de exclusivo se encontra em seus escritos. Quando alguém se coloca no centro das ideias, tem sempre boa-fé, profundidade e amplitude. Aquilo que é injusto, vão e limitado vem da necessidade de tudo relacionar a algumas percepções parciais arrogadas das quais se forma um objeto de amor-próprio.

Lessing exprime com um estilo incisivo e positivo opiniões repletas de calor. Na metade do século XVIII, Hemsterhuis, filósofo holandês, foi o primeiro a indicar em seus escritos a maioria das ideias generosas sobre as quais a nova escola alemã é baseada. Suas obras são também muito notáveis pelo contraste existente entre o caráter de seu estilo e os pensamentos que ele enuncia. Lessing é entusiasta com formas irônicas; Hemsterhuis, com uma linguagem matemática. Encontra-se quase apenas entre as nações germânicas o fenômeno desses escritores que consagram a metafísica mais abstrata à defesa dos sistemas mais exaltados, e que ocultam uma imaginação viva sob uma lógica austera.

Os homens, que se colocam sempre em guarda contra a imaginação que não têm, confiam-se mais facilmente aos escritores que banem das discussões filosóficas o talento e a sensibilidade, como se não fosse ao menos tão fácil desarrazoar sobre tais temas com silogismos quanto com a eloquência. Pois o silogismo, ao estabelecer sempre como base que uma coisa é ou não é, reduz, em cada circunstância, a uma simples alternativa o imenso número de nossas impressões, ao passo que a eloquência abarca o conjunto delas. Não obstante, embora Hemsterhuis tenha com muita frequência exprimido as verdades filosóficas com formas algébricas, um sentimento moral, um amor puro pelo belo se faz admirar em seus escritos; ele foi um dos primeiros a pressentir a união existente entre o idealismo, ou, melhor dizendo, o livre-arbítrio do homem, e a moral estoica, e é sobretudo sob esse aspecto que a nova doutrina dos alemães adquire uma grande importância.

Antes mesmo que os escritos de Kant tivessem aparecido, Jacobi já havia combatido a filosofia das sensações e mais vitoriosamente ainda a moral baseada no interesse. Em sua filosofia, ele não se tinha restringido exclusivamente às formas abstratas do raciocínio. Sua análise da alma humana é repleta de eloquência e encanto. Nos capítulos seguintes examinarei a mais bela parte de suas obras, aquela que se refere à moral; mas, como filósofo, ele merece uma glória à parte. Mais instruído do que qualquer um na história da filosofia antiga e moderna, ele consagrou seus estudos ao apoio das verdades mais simples. O maior, entre os filósofos de seu tempo, ele fundamentou toda a nossa natureza intelectual sobre o sentimento religioso, e dir-se-ia que apenas aprendeu tão bem a língua dos metafísicos e dos doutos para prestar homenagem também nessa língua à virtude e à divindade.

Jacobi mostrou-se o adversário da filosofia de Kant; mas não o ataca como partidário da filosofia das sensações.[3] Ao contrário, ele o censura por não se ter apoiado o bastante na religião, considerada como a única filosofia possível nas verdades além da experiência.

A doutrina de Kant encontrou muitos outros adversários na Alemanha, mas não foi atacada sem ter sido conhecida, ou se lhe opondo como resposta apenas as opiniões de Locke e Condillac. Leibniz conservava ainda muita ascendência sobre os espíritos de seus compatriotas para que eles não mostrassem respeito por toda opinião análoga à dele. Durante dez anos, um grande número de escritores não cessou de comentar as obras de Kant. Mas hoje os filósofos alemães, de acordo com Kant sobre a atividade espontânea do pensamento, adotaram cada um, não obstante, um sistema particular a esse respeito. Com efeito, quem não tentou compreender a si mesmo segundo suas forças? Mas pelo fato de o homem ter dado uma diversidade inumerável de explicações sobre seu ser, decorre que esse exame filosófico seja inútil? Não, sem dúvida. Essa própria diversidade é a prova do interesse que tal exame deve inspirar.

Dir-se-ia em nossos dias que se gostaria de acabar com a natureza moral e saldar-lhe a conta de uma vez, para nunca mais ouvir falar dela. Uns declaram que a língua foi fixada em determinado dia de certo mês, e que desde esse momento a introdução de uma palavra nova seria uma barbárie. Outros afirmam que as regras dramáticas foram definitivamente decididas em determinado ano, e que o gênio que agora quisesse de algum modo

---

3 Essa filosofia recebeu geralmente o nome de *filosofia empírica* na Alemanha.

mudá-las errou ao não ter nascido antes desse ano irremediável, quando terminaram todas as discussões literárias passadas, presentes e futuras. Enfim, na metafísica sobretudo, decidiu-se que depois de Condillac não se pode dar um passo a mais sem se perder. Os progressos ainda são permitidos às ciências físicas, pois não podem ser negados; mas na carreira filosófica e literária haveria o desejo de obrigar o espírito humano a passar continuamente o anel da vaidade ao redor do mesmo círculo.

Simplifica-se o sistema do universo quando se fica preso a essa filosofia experimental, que apresenta um gênero de evidência falso no princípio, ainda que especioso na forma. Ao considerar como não existente tudo o que ultrapassa as luzes das sensações, pode-se estabelecer facilmente muita clareza em um sistema que traça a si mesmo os limites; é um trabalho que depende de quem o faz. Mas tudo o que está além desses limites existe menos por não ser levado em conta? A incompleta verdade da filosofia especulativa aproxima-se bem mais da própria essência das coisas, do que essa lucidez aparente que deriva da arte de afastar as dificuldades de certa ordem. Quando se leem nas obras filosóficas do último século estas frases tão frequentemente repetidas: "Apenas isso é verdadeiro, todo o resto é uma quimera", relembramos dessa história conhecida de um ator francês, que, devendo bater-se com um homem maior do que ele, propusera estirar sobre o corpo de seu adversário uma linha para além da qual os golpes não contariam mais. Além dessa linha, entretanto, como aquém, estava o mesmo ser que podia receber os golpes mortais. Mesmo os que colocam no final de seu horizonte as colunas de Hércules não poderiam impedir que houvesse uma natureza para além delas, na qual a existência é ainda mais viva que na esfera material à qual alguns nos querem confinar.

Fichte e Schelling,[4] os dois filósofos mais célebres que sucederam a Kant, também pretenderam simplificar-lhe o sistema; mas orgulharam-se de chegar a isso colocando em seu lugar uma filosofia ainda mais transcendente do que a dele.

---

4 Friedrich Wilhelm Joseph von Schelling (1775-1854) conheceu Hegel e o substituiu como professor em Berlim; foi amigo de Schlegel, Tieck, Novalis e Goethe. (N. T.)

Kant havia separado com mão firme os dois domínios da alma e das sensações; este *dualismo* filosófico era cansativo para os espíritos que apreciam repousar nas ideias absolutas. Desde os gregos até nossos dias repetiu-se com frequência este axioma, *tudo é uno*, e os esforços dos filósofos tenderam sempre a encontrar em um único princípio, na alma ou na natureza, a explicação do mundo. Entretanto, ousaria dizer que me parece um dos méritos da filosofia de Kant, à confiança dos homens esclarecidos, ter afirmado, tal como sentimos, que existe uma alma e uma natureza exterior, e que elas agem mutuamente uma sobre a outra por determinadas leis. Não sei por que se encontra maior altura filosófica na ideia de um só princípio, seja material, seja intelectual; um ou dois não torna o universo mais fácil de ser compreendido, e nosso sentimento concorda melhor com os sistemas que reconhecem como distintos os âmbitos físico e moral.

Fichte e Schelling compartilharam o domínio que Kant havia reconhecido como dividido, e cada um quis que sua metade fosse o todo. Ambos saíram da esfera de nós mesmos e quiseram elevar-se até chegar a conhecer o sistema do universo. Bem diferentes nisso de Kant, que colocou a mesma força de espírito para mostrar o que o espírito humano jamais chegará a compreender, bem como a desenvolver, o que ele pode saber.

Entretanto, nenhum filósofo, antes de Fichte, havia levado o sistema do idealismo a um rigor tão científico; ele faz da atividade da alma o universo inteiro. Tudo o que pode ser concebido, tudo o que pode ser imaginado vem dela; foi devido a esse sistema que Fichte tornou-se suspeito de incredulidade. Ouviram-no dizer que, na lição seguinte, ele iria criar DEUS, e, com razão, essa expressão causou um escândalo. O que ela significava é que ele iria mostrar como a ideia da divindade nascia e desenvolvia-se na alma do homem. O mérito principal da filosofia de Fichte é a força inacreditável de atenção que ela pressupõe. Pois ele não se contenta em relacionar tudo à existência interior do homem, ao EU que serve de base a tudo; mas distingue ainda neste EU o que é passageiro e o que é duradouro. Com efeito, quando se reflete sobre as operações do entendimento, acredita-se assistir em si mesmo seu pensamento, acredita-se vê-lo passar como as águas, ao passo que a porção de si que a contempla é imutável. Ocorre com frequência àqueles que reúnem um caráter apaixonado a um espírito observador de verem-se sofrer, e de sentir neles mesmos um ser superior à sua própria dor, que a vê e sucessivamente a censura ou a lamenta.

Operam-se mudanças contínuas em nós, pelas circunstâncias exteriores de nossa vida, e, não obstante, temos sempre o sentimento de nossa identidade. Portanto, o que atesta essa identidade senão o EU sempre o mesmo, que vê passar diante de seu tribunal o EU modificado pelas impressões exteriores?

É a essa alma inabalável, testemunha da alma móvel, que Fichte atribui o dom da imortalidade e a capacidade de criar, ou, para traduzir com mais exatidão, de *propagar nela mesma* a imagem do universo. Esse sistema que faz tudo repousar no cume de nossa existência, e coloca a pirâmide sobre sua ponta, é singularmente difícil de seguir. Ele despoja as ideias das cores que servem tão bem para torná-las compreensíveis; e as belas-artes, a poesia, a contemplação da natureza desaparecem nessas abstrações que não misturam nem imaginação nem sensibilidade.

Fichte considera o mundo exterior apenas como um limite de nossa existência, sobre o qual o pensamento opera. Em seu sistema, esse limite é criado pela própria alma, cuja atividade constante é exercida sobre o tecido que ela formou. Aquilo que Fichte escreveu sobre o EU metafísico parece um pouco com a revelação da estátua de Pigmalião, que, ao tocar alternadamente em si mesma e na pedra sobre a qual estava colocada, diz a cada vez: "Este sou eu, e este não sou eu". Mas quando, ao tomar a mão de Pigmalião, ela exclama: "Ainda sou eu!", trata-se já de um sentimento que ultrapassa muito a esfera das ideias abstratas. O idealismo destituído de sentimento tem, não obstante, a vantagem de excitar ao mais alto grau a atividade do espírito; mas a natureza e o amor perdem todo o encanto por esse sistema; pois se os objetos que vemos e os seres que amamos não passam de obra de nossas ideias, é o próprio homem que pode ser considerado então como *o grande celibatário do mundo*.[5]

Entretanto, é preciso reconhecer duas grandes vantagens da doutrina de Fichte: uma, sua moral estoica, que não admite nenhuma desculpa;

---

5 Nos termos de Ovídio, Pigmalião era um rei e escultor celibatário que vivia na ilha de Chipre. (N. T.)

pois quando tudo vem do EU, cabe apenas a esse EU responder pelo uso que faz de sua vontade: a outra, um exercício do pensamento, ao mesmo tempo tão vigoroso e sutil que alguém que bem entendesse esse sistema, mesmo que não o adotasse, teria adquirido uma capacidade de atenção e uma sagacidade de análise que poderia em seguida aplicar a qualquer outro gênero de estudo em que se arriscasse.

De qualquer maneira que se julgue a utilidade da metafísica, não se pode negar que ela não seja a ginástica do espírito. Impõem-se às crianças diversos gêneros de luta em seus primeiros anos, ainda que não sejam chamados a se baterem dessa maneira um dia. Pode-se dizer sem erro que o estudo da metafísica idealista é praticamente um meio seguro de desenvolver as faculdades morais daqueles que se entregam a ele. O pensamento, como tudo o que é precioso, reside no fundo de nós mesmos; pois, à superfície, não há nada além da tolice ou da insipidez. Mas quando os homens são obrigados desde cedo a se aprofundar em sua reflexão, a tudo ver em sua alma, extraem dela uma força e uma sinceridade de julgamento que jamais são perdidas.

Nas ideias abstratas, Fichte possui uma mente matemática como Euler ou Lagrange.[6] Ele despreza singularmente todas as expressões que possam remeter à ideia de substância: a existência já é uma palavra muito pronunciada para ele. O ser, o princípio e a essência são palavras algo muito etéreas para indicar as sutis nuanças de suas opiniões. Dir-se-ia que ele teme o contato com as coisas reais e que tende sempre a escapar delas. Ao ler seus escritos ou conversar com ele, perde-se a consciência deste mundo e tem-se a necessidade, como as sombras que Homero nos pinta,[7] de recordar as lembranças da vida.

O materialismo absorve a alma degradando-a; o idealismo de Fichte, por força de exaltá-la, separa-a da natureza. Em ambos os extremos, o sentimento, que é a verdadeira beleza da existência, não tem a posição merecida.

Schelling conhece bem mais a natureza e as belas-artes do que Fichte, e sua imaginação, cheia de vida, não se poderia contentar com ideias abstra-

---

6 Leonhard Paul Euler (1707-1783); Giuseppe Lodovivo Lagrange (1736-1813). (N. T.)

7 Cf. canto XI do Inferno. (N. T.)

Da Alemanha

tas; mas, tal como Fichte, ele tem por fim reduzir a existência a um único princípio. Ele trata com um profundo desdém todos os filósofos que admitem dois princípios, e apenas concede o nome de filosofia ao sistema no qual tudo se encadeia e pelo qual tudo é explicado. Certamente ele tem razão em afirmar que esse seria o melhor, mas onde ele está? Schelling afirma que nada é mais absurdo do que esta expressão comumente aceita: a filosofia de Platão, a filosofia de Aristóteles. Alguém diria a geometria de Euler, a geometria de Lagrange? Há apenas uma filosofia, segundo a opinião de Schelling, ou não há nenhuma. Por certo, se se entendesse por filosofia apenas a palavra-chave do enigma do universo, poder-se-ia realmente dizer que não há filosofia.

O sistema de Kant parecera insuficiente para Schelling, tal como para Fichte, pois ele reconhecia duas naturezas, duas origens de nossas ideias, os objetos exteriores e as faculdades da alma. Mas para chegar à unidade tão desejada, para se desembaraçar dessa dupla vida física e moral, que desagrada tanto aos partidários das ideias absolutas, Schelling relaciona tudo com a natureza, ao passo que Fichte faz tudo depender da alma. Fichte não vê na natureza senão o oposto da alma: aos seus olhos, ela é apenas um limite, ou apenas um grilhão, do qual é preciso infatigavelmente tentar se libertar. O sistema de Schelling conforta e encanta bastante a imaginação, não obstante entra necessariamente no de Espinosa,[8] mas, em lugar de fazer a alma descer até a matéria, como se praticou em nossos dias, Schelling trata de elevar a matéria até a alma; e ainda que sua teoria dependa inteiramente da natureza física, ela é entretanto muito idealista no conteúdo, e mais ainda na forma.

O ideal e o real, em sua linguagem, estão no lugar da inteligência e da matéria, da imaginação e da experiência; e é na reunião dessas duas potências em uma harmonia completa que consiste, segundo ele, o princípio único e absoluto do universo organizado. Essa harmonia, cuja imagem

---

8 Baruch Espinosa (1632-1777): filósofo de ascendência judaico-portuguesa; desenvolveu ideias controversas sobre a autenticidade da Bíblia Hebraica e a natureza divina; seus livros foram proibidos pelos católicos e queimados pelos protestantes holandeses. (N. T.)

está nos dois polos e no centro, e que está contida no número três, tão misterioso em todos os tempos, fornece a Schelling as aplicações mais engenhosas. Ele crê encontrá-la nas belas-artes bem como na natureza, e suas obras sobre as ciências físicas são estimadas até mesmo pelos doutos, que consideram apenas os fatos e seus resultados. Enfim, no exame da alma, ele busca demonstrar como as sensações e as concepções intelectuais confundem-se no sentimento que reúne o que há de involuntário e refletido em ambas, e contêm assim todo o mistério da vida.

O que mais interessa nesses sistemas são seus desenvolvimentos. A base primeira da pretensa explicação do mundo é igualmente verdadeira e igualmente falsa na maior parte das teorias; pois todas estão compreendidas no imenso pensamento que querem abarcar; mas na aplicação às coisas deste mundo, essas teorias são muito engenhosas, e com frequência lançam grandes luzes sobre vários objetos em particular.

Não se poderia negar que Schelling aproxima-se muito dos filósofos chamados panteístas, isto é, dos que concedem à natureza os atributos da divindade. Mas o que o distingue é a espantosa sagacidade com que soube aliar as ciências e as artes à sua doutrina; ele instrui, ele provoca o pensamento em cada uma de suas observações, e a profundidade de seu espírito surpreende, sobretudo quando não pretende aplicá-la ao segredo do universo; pois nenhum homem pode atingir algum gênero de superioridade que não possa existir entre os seres da mesma espécie, por mais distantes que estejam um do outro.

Para conservar essas ideias religiosas em meio à apoteose da natureza, a escola de Schelling supõe que o indivíduo perece em nós, mas que as qualidades íntimas que possuímos entram no grande todo da criação eterna. Essa imortalidade assemelha-se terrivelmente à morte; pois a própria morte física não é outra coisa senão a natureza universal que se ressarce dos dons que havia concedido ao indivíduo.

Schelling tira de seu sistema conclusões muito nobres sobre a necessidade de cultivar em nossa alma as qualidades imortais, aquelas que estão em relação com o universo, e de desprezar em nós mesmos tudo o que se limita apenas às nossas circunstâncias. Mas as afeições do coração e a própria consciência não estão ligadas às relações desta vida? Na maior parte das situações, experimentamos dois movimentos totalmente distintos, aquele que nos une à ordem geral e aquele que nos leva aos nossos interesses particulares; o sentimento do dever e a personalidade. O mais nobre desses dois movimentos é o universal. Mas é precisamente por termos um instinto conservador da existência que é belo sacrificá-lo; é por sermos seres concentrados em nós mesmos que nossa atração para o conjunto é generosa; enfim, é por subsistirmos individual e separadamente que podemos nos escolher e nos amar uns aos outros: o que seria, portanto, essa imortalidade abstrata que nos destituiria de nossas lembranças mais caras tal como de modificações acidentais?

"Vós quereis", dizem na Alemanha, "ressuscitar com todas as vossas circunstâncias atuais, renascer barão ou marquês?" Não, certamente; mas quem não gostaria de renascer filha e mãe, e como alguém seria se não desfrutasse mais das mesmas amizades! As vagas ideias de união com a natureza destroem com o tempo o domínio da religião sobre as almas, pois a religião se dirige a cada um de nós em particular. A Providência nos protege em todos os detalhes de nosso destino. O cristianismo acomoda-se a todos os espíritos e responde como um confidente às necessidades individuais de nosso coração. O panteísmo, ao contrário, isto é, a natureza divinizada, à força de inspirar religião por tudo, dispersa-a pelo universo e não a concentra em nós mesmos.

Esse sistema teve em todos os tempos muitos partidários entre os filósofos. O pensamento tende sempre a generalizar-se cada vez mais, e toma-se algumas vezes por uma ideia nova esse trabalho do espírito que caminha sempre além de seus limites. Acredita-se chegar a compreender o universo e o espaço, derrubando sempre as barreiras, recuando diante das dificuldades sem resolvê-las, e assim não há como se aproximar muito do infinito. Apenas o sentimento no-lo revela sem explicá-lo.

Aquilo que é realmente admirável na filosofia alemã é o exame que ela nos obriga a fazer de nós mesmos; ela remonta à origem da vontade, a essa origem desconhecida do rio de nossa vida; e é aí que, penetrando nos segredos mais íntimos da dor e da fé, ela nos esclarece e fortalece. Mas todos os sistemas que aspiram à explicação do universo não podem ser muito analisados claramente por nenhum discurso: as palavras não são próprias a esse gênero de ideias, e para fazê-las servir a isso, termina-se por lançar sobre todas as coisas a escuridão que precedera a criação, mas não a luz que a sucedeu. As expressões científicas prodigalizadas sobre um tema a que todos acreditam ter direitos revoltam o amor-próprio. Por mais sérios que sejam, esses escritos tão difíceis de compreender prestam-se ao gracejo, pois há sempre desprezo nas trevas. Muitos se comprazem em reduzir a algumas asserções principais e fáceis, e a combater esse grande número de nuanças e restrições que parecem todas sagradas para o autor delas, mas que logo os profanos esquecem ou confundem.

Os orientais foram em todos os tempos idealistas, e a Ásia não se assemelha em nada com o Sul da Europa. No Oriente, o calor excessivo leva à contemplação, tal como o frio excessivo no Norte europeu. Os sistemas religiosos da Índia são muito melancólicos e espiritualistas, ao passo que os povos do Sul da Europa sempre tenderam para um paganismo bastante material. Os doutos ingleses que viajaram à Índia fizeram profundas investigações sobre a Ásia; e os alemães, que não tinham, como os príncipes do mar, as ocasiões de instruir-se por seus próprios olhos, chegaram, apenas com o auxílio do estudo, a descobertas muito interessantes sobre a religião, a literatura e as línguas das nações asiáticas; eles foram levados a crer, depois de vários indícios, que, outrora, luzes sobrenaturais iluminaram os povos dessas regiões, deixando ali traços indeléveis. A filosofia dos hindus não pode ser compreendida senão pelos idealistas alemães; os relatos os ajudam a concebê-la.

Friedrich Schlegel, não satisfeito em saber quase todas as línguas da Europa, consagrou trabalhos inauditos ao conhecimento da Índia, berço do mundo. A obra que acaba de publicar sobre a língua e a filosofia dos hindus contém observações profundas e conhecimentos positivos que devem deter a atenção dos homens esclarecidos da Europa. Ele crê, e vários filósofos, entre os quais é preciso contar Bailly,[9] sustentaram a mesma opinião, que um povo primitivo ocupou algumas partes da Terra, e particularmente a Ásia, em uma época anterior a todos os documentos da história. Friedrich

---

9 Jean-Sylvain Bailly (1736-1793): astrônomo, matemático, literato e político francês, guilhotinado na época do terror (1793-1794). (N. T.)

Da Alemanha

Schlegel encontra traços desse povo na cultura intelectual das nações e na formação das línguas. Ele nota uma semelhança extraordinária entre as ideias principais e mesmo as palavras que as exprimem entre vários povos do mundo, ainda que, segundo o que sabemos da história, nunca tivessem mantido relações. Friedrich Schlegel não admite em seus escritos a suposição tão amplamente aceita de que os homens começaram pelo estado selvagem, e que as necessidades mútuas formaram gradativamente as línguas. Confere-se uma origem bem grosseira ao desenvolvimento do espírito e da alma ao atribuí-la assim à nossa natureza animal, e a razão combate essa hipótese que a imaginação repudia.

Não se concebe por qual gradação seria possível chegar do grito selvagem à perfeição da língua grega; dir-se-ia que nos progressos necessários para percorrer essa distância infinita seria preciso que cada passo vencesse um abismo; vemos em nossos dias que os selvagens nunca civilizam a si mesmos, e que são as nações vizinhas que lhes ensinam com grande dificuldade o que eles ignoram. Fica-se, portanto, muito tentado a crer que o povo primitivo foi o instrutor do gênero humano; e quem formou esse povo senão uma revelação? Todas as nações exprimiram em todos os tempos lamentos sobre a perda de uma condição feliz que precedia a época em que se encontravam: de onde vem essa ideia tão amplamente difundida? Alguém dirá que é um erro? Os erros universais são sempre fundados sobre algumas verdades alteradas, desfiguradas talvez, mas que tinham por base fatos ocultos na noite dos tempos, ou algumas forças misteriosas da natureza.

Aqueles que atribuem a civilização do gênero humano às necessidades físicas que levaram os homens a se agrupar dificilmente explicarão como ocorre que a cultura moral dos povos mais antigos seja mais poética, mais favorável às belas-artes, mais nobremente inútil enfim, sob os aspectos materiais, do que os refinamentos da civilização moderna. A filosofia dos hindus é idealista e sua religião, mística: certamente não há a necessidade de manter a ordem na sociedade que deu nascimento a essa filosofia ou a essa religião.

A poesia precedeu a prosa em quase todos os lugares, e a introdução dos metros, do ritmo e da harmonia é anterior à precisão rigorosa, e consequentemente ao emprego útil das línguas. A astronomia não foi estudada somente para servir à agricultura; mas os caldeus, os egípcios etc., levaram suas pesquisas muito além das vantagens práticas que podiam ser extraídas delas, e acredita-se ver o amor pelo céu e o culto do tempo nessas observações tão profundas e tão exatas sobre as divisões do ano, o curso dos astros e os períodos de sua conjunção.

Entre os chineses, os reis eram os primeiros astrônomos de seu país; eles passavam as noites a contemplar o percurso das estrelas, e sua dignidade régia consistia nesses belos conhecimentos, e nessas ocupações desinteressadas que os elevavam acima do vulgo. O magnífico sistema que confere a origem da civilização a uma revelação religiosa é apoiado por uma erudição de que os partidários das opiniões materialistas raramente são capazes; é praticamente ser um idealista aquele que se devota inteiramente ao estudo.

Os alemães, acostumados a refletir profunda e solitariamente, penetram tão intimamente na verdade que, a meu ver, é preciso ser um ignorante ou um arrogante para desdenhar algum de seus escritos antes de tê-los estudado por longo tempo. Havia outrora muitos erros e superstições devido à falta de conhecimentos; mas quando, com as luzes de nosso tempo e imensos trabalhos individuais, são enunciadas opiniões fora do círculo das experiências comuns, isso deve ser motivo de alegria para a espécie humana, pois seu tesouro atual é bastante pobre, ao menos se julgado pelo modo como ela o utiliza.

Lendo o resumo que acabo de fazer das principais ideias de alguns filósofos alemães, de um lado, seus partidários irão achar com razão que indiquei bem superficialmente investigações muito importantes, e, de outro, a gente das altas rodas perguntarão: De que serve tudo isso? Mas de que servem o Apolo de Belvedere, os quadros de Rafael, as tragédias de Racine? De que serve tudo o que é belo, senão à alma? Ocorre o mesmo com a filosofia, ela é a beleza do pensamento, ela atesta a dignidade do homem que pode ocupar-se do eterno e do invisível, ainda que tudo o que exista de grosseiro em sua natureza o distancie disso.

Poderia ainda citar muitos outros nomes justamente honrados na carreira da filosofia; mas, a meu ver, este esboço, por mais imperfeito que seja, basta para servir de introdução ao exame da influência que a filosofia transcendente dos alemães exerceu sobre o desenvolvimento do espírito, e sobre o caráter e a moralidade da nação onde reina essa filosofia; e aí está sobretudo o principal objetivo a que me propus.

Capítulo VIII
Influência da nova filosofia alemã sobre o desenvolvimento do espírito

De todas as faculdades do espírito humano, a atenção talvez seja a de maior poder, e não se poderia negar que a metafísica idealista fortalece-a de uma maneira espantosa. O sr. Buffon[1] afirmava que o gênio podia ser adquirido pela paciência, o que é um exagero; mas essa homenagem feita à atenção, sob o nome da paciência, honra muito um homem de uma imaginação tão brilhante. As ideias abstratas exigem já um grande esforço de meditação; mas ao acrescentar-se a elas a observação mais exata e mais perseverante dos atos interiores da vontade, emprega-se então toda a força da inteligência. A sutileza do espírito é um grande defeito nos assuntos deste mundo; mas certamente os alemães não são suspeitos disso. A sutileza filosófica, que nos faz desembaraçar os menores fios de nossos pensamentos, é precisamente o que deve levar mais longe o gênio, pois uma reflexão da qual resultariam talvez as mais sublimes invenções, as mais espantosas descobertas, passa despercebida em nós mesmos, se não tomássemos o hábito de examinar com sagacidade as consequências e as ligações das ideias aparentemente mais distantes.

Na Alemanha, um homem superior raramente limita-se a uma única carreira. Goethe faz descobertas nas ciências, Schelling é um excelente

---

1 Georges-Louis Leclerc, conde de Buffon (1707-1788): naturalista, matemático, cosmólogo e enciclopedista; autor de uma *Histoire naturelle*, de 1749-1788. (N. T.)

literato, Friedrich Schlegel, um poeta repleto de originalidade. Talvez não se pudesse reunir um grande número de talentos diversos, mas a visão do entendimento deve abarcar tudo.

A nova filosofia alemã é necessariamente mais favorável do que qualquer outra à largueza do espírito; pois, ao relacionar tudo ao cerne da alma, e considerar o mundo como regido por leis cujo modelo está em nós, ela não poderia admitir o preconceito que destina cada homem a determinado ramo de estudos de uma maneira exclusiva. Os filósofos idealistas acreditam que uma arte, que uma ciência, que qualquer assunto não poderia ser compreendido sem conhecimentos universais, e que do menor fenômeno ao maior nada pode ser sabiamente examinado ou poeticamente pintado sem essa elevação de espírito que faz ver o conjunto ao descrever os detalhes.

Montesquieu disse que "o espírito consiste em conhecer a semelhança das coisas diversas e a diferença das coisas semelhantes". Se pudesse existir uma teoria que ensinasse a se tornar um homem de espírito, seria a do entendimento tal como os alemães a concebem; não há entendimento mais favorável às aproximações engenhosas entre os objetos exteriores e as faculdades do espírito; trata-se dos diversos raios de um mesmo centro. A maior parte dos axiomas físicos corresponde a verdades morais, e a filosofia universal apresenta de mil maneiras a natureza sempre una e sempre variada, que se reflete inteiramente em cada uma de suas obras e carrega tanto na folha da relva quanto no cedro a marca do universo.

Essa filosofia proporciona um atrativo singular para todos os gêneros de estudo. As descobertas que alguém faz em si mesmo são sempre interessantes, mas se é verdade que elas nos devem esclarecer sobre os próprios mistérios do mundo criado à nossa imagem, que curiosidade não inspiram! A conversa de um filósofo alemão, tal como aqueles que nomeei, lembra os diálogos de Platão; e se interrogardes um desses homens sobre um tema qualquer, ele irá disseminar tantas luzes sobre a questão levantada que, ao escutá-lo, vós acreditareis pensar pela primeira vez, se pensar é, como disse Espinosa, "identificar-se com a natureza pela inteligência, e tornar-se um com ela".

Circula na Alemanha, há alguns anos, uma tal quantidade de ideias novas sobre os temas literários e filosóficos que um estrangeiro poderia muito bem tomar por um gênio superior alguém que apenas repetisse essas ideias. Ocorreu-me algumas vezes reputar um espírito prodigioso a alguns homens por sinal muito comuns, somente porque estavam familiarizados com os sistemas idealistas, aurora de uma nova vida.

As falhas comumente reprovadas nos alemães em matéria de conversação, a lentidão e o pedantismo, são infinitamente menores nos discípulos da escola moderna; as pessoas do primeiro escalão, na Alemanha, formaram-se em sua maioria segundo as boas maneiras francesas; mas estabelece-se agora entre os filósofos e literatos uma educação que é também de bom gosto, ainda que de outro gênero. Entre eles, considera-se a verdadeira elegância como inseparável da imaginação poética e do atrativo pelas belas-artes, e a polidez como fundada no conhecimento e na apreciação dos talentos e do mérito.

Entretanto, não se poderia negar que os novos sistemas filosóficos e literários tenham inspirado aos seus participantes um grande desprezo por aqueles que não os compreendem. O gracejo francês quer sempre humilhar pelo ridículo; sua tática é evitar a ideia para atacar a pessoa, e evitar o conteúdo para zombar da forma. Os alemães da nova escola consideram a ignorância e a frivolidade como as doenças de uma infância prolongada; eles não se limitam a combater os estrangeiros, atacam-se ainda uns aos outros com azedume, e dir-se-ia, ao ouvi-los, que um grau a mais em matéria de abstração ou profundidade confere o direito de tratar como espírito vulgar e limitado qualquer um que não quisesse ou pudesse atingi-lo.

Quando os obstáculos irritaram os espíritos, o exagero misturou-se a essa revolução filosófica aliás tão salutar. Os alemães da nova escola penetram com a tocha do gênio no interior da alma. Mas quando se trata de fazer que suas ideias entrem na cabeça dos outros, conhecem mal os meios para isso; eles passam a desdenhar, porque ignoram, não a verdade, mas a maneira de dizê-la. O desdém, exceto para o vício, indica quase sempre um espírito limitado, pois, com mais espírito ainda, seria possível fazer-se compreender até mesmo pelos espíritos vulgares, ou ao menos ter-se-ia feito essa tentativa de boa-fé.

O talento de exprimir-se com método e clareza é bastante raro na Alemanha: os estudos especulativos não o proporcionam. É preciso colocar-se,

Madame de Staël

por assim dizer, fora de seus próprios pensamentos para julgar a forma que se lhes deve dar. A filosofia dá a conhecer o homem mais do que os homens. É somente o hábito da sociedade que nos ensina quais são as relações de nosso espírito com o dos outros. A candura de início e o orgulho em seguida levam os filósofos sinceros e sérios a se indignarem contra aqueles que não pensam ou não sentem como eles. Os alemães investigam a verdade conscienciosamente; mas têm um espírito sectário muito ardente em favor da doutrina que adotam; pois tudo se transforma em paixão no coração do homem.

Entretanto, apesar das diversas opiniões que formam na Alemanha diferentes escolas opostas umas às outras, elas, na maior parte, tendem igualmente a desenvolver a atividade da alma: assim, não há país no qual cada homem tire mais proveito de si mesmo, ao menos sob o aspecto dos trabalhos intelectuais.

Capítulo IX
Influência da nova filosofia alemã sobre a literatura e as artes

O que acabo de dizer sobre o desenvolvimento do espírito aplica-se igualmente à literatura; entretanto, talvez seja interessante acrescentar algumas observações particulares a essas reflexões gerais.

Nos países onde se acredita que todas as ideias nos vêm pelos objetos exteriores, é natural estipular maior valor às conveniências cujo domínio é externo; mas quando, ao contrário, se está convencido das leis imutáveis da existência moral, a sociedade tem menos poder sobre cada homem: trata-se de tudo consigo mesmo; e o essencial, nas produções do pensamento, bem como nas ações da vida, é assegurar que elas partam de nossa convicção íntima e de nossas emoções espontâneas.

Há no estilo qualidades que dizem respeito à própria verdade do sentimento, há as que dependem da correção gramatical. Seria trabalhoso fazer que os alemães compreendessem que a primeira coisa a examinar em uma obra é a maneira como foi escrita, e que a execução deve ter mais importância do que a concepção. A filosofia experimental estima uma obra sobretudo pela forma engenhosa e brilhante sob a qual é apresentada; a filosofia idealista, ao contrário, sempre atraída para o abrigo da alma, admira apenas os escritores que se aproximam dela.

Também é preciso confessar, o hábito de adentrar nos mistérios mais ocultos de nosso ser produz uma inclinação pelo que há de mais profundo e por vezes de mais obscuro no pensamento. Assim os alemães misturam com muita frequência a metafísica à poesia.

A nova filosofia inspira a necessidade de elevar-se a pensamentos e sentimentos sem limites. Esse impulso pode ser favorável ao gênio, mas o é apenas a ele, e com frequência propicia àqueles que não o têm pretensões bastante ridículas. Na França, a mediocridade considera tudo muito forte e muito exaltado; na Alemanha, nada lhe parece à altura da nova doutrina. Na França, a mediocridade zomba do entusiasmo; na Alemanha, ela desdenha de certo gênero de razão. Um escritor jamais poderia fazer o bastante para convencer os leitores alemães de que não é superficial, de que se ocupa, em todas as coisas, do imortal e do infinito. Mas como as faculdades do espírito não correspondem sempre a tão vastos desejos, ocorre com frequência que esforços gigantescos conduzam apenas a resultados comuns. Não obstante, essa disposição geral secunda o impulso do pensamento; e é mais fácil, na literatura, colocar limites do que oferecer emulação.

O gosto que os alemães manifestam pelo gênero ingênuo, e do qual já tive ocasião de falar, parece em contradição com seu pendor para a metafísica, pendor que nasce da necessidade de conhecer e analisar a si mesmo; entretanto, é preciso relacionar esse gosto pelo ingênuo também com a influência de um sistema, pois há filosofia em tudo na Alemanha, mesmo na imaginação. Uma das primeiras características do ingênuo é a de exprimir o que sente ou pensa sem se voltar a nenhum resultado nem se inclinar a nenhum objetivo; e é nisso que ele se concilia com a teoria dos alemães sobre a literatura.

Ao separar o belo do útil, Kant prova claramente que não cabe de modo algum à natureza das belas-artes dar lições. Sem dúvida, tudo o que é belo deve fazer nascer sentimentos generosos, e dar assim estímulo à virtude; mas desde que se tenha por objetivo pôr em evidência um preceito moral, a livre impressão produzida pelas obras-primas da arte é necessariamente destruída; pois o fim, seja ele qual for, quando é conhecido, limita e embaraça a imaginação. Afirma-se que Luís XIV disse a um pregador que tinha dirigido seu sermão contra ele: "Decerto desejo fazer minha parte; mas não desejo que ela me seja imposta". Essas palavras podiam ser aplicadas às belas-artes em geral: elas devem elevar a alma, e não a doutrinar.

Da Alemanha

A natureza ostenta suas magnificências muitas vezes sem objetivo, muitas vezes com um luxo que os partidários da utilidade chamariam pródigo. Ela parece comprazer-se em dar mais brilho às flores, às árvores das florestas, do que aos vegetais que servem de alimento ao homem. Se a utilidade estivesse em primeiro lugar na natureza, esta não revestiria de mais encanto as plantas nutritivas do que as rosas, que são apenas belas? De onde vem entretanto que para ornar o altar da divindade busquem-se inúteis flores mais do que as produções necessárias? De onde vem que aquilo que serve para manter nossa vida tenha menos dignidade do que as belezas sem objetivo? É que o belo nos lembra uma existência imortal e divina, cuja lembrança e saudade vivem ao mesmo tempo em nosso coração.

Certamente não foi por desconhecer o valor moral do que é útil que Kant separou-o do belo; foi para fundar a admiração em todo o gênero sobre um absoluto desinteresse; foi para dar aos sentimentos que tornam o vício impossível a preferência sobre as lições que servem para corrigi-lo.

Raramente as fábulas mitológicas dos antigos foram voltadas às exortações morais ou aos exemplos edificantes, e certamente não se defende que os modernos tenham mais valor do que eles porque muitas vezes buscam dar às suas ficções um resultado útil. Isso ocorre antes porque têm menos imaginação, e transportam para a literatura o hábito, dado pelos negócios, de sempre tenderem a um fim. Os acontecimentos, tal como ocorrem na realidade, não são calculados como uma ficção cujo desenlace é moral. A própria vida é concebida de uma maneira inteiramente poética; pois comumente não é pelo fato de o culpado ser punido, e o homem virtuoso recompensado, que ela produz sobre nós uma impressão moral, é por desenvolver em nossa alma a indignação contra o culpado e o entusiasmo pelo homem virtuoso.

Os alemães não consideram, tal como habitualmente se faz, a imitação da natureza como o principal objeto da arte; é a beleza ideal que lhes parece o princípio de todas as obras-primas, e sua teoria poética a esse respeito está inteiramente de acordo com sua filosofia. A impressão que se recebe pelas belas-artes não tem a menor relação com o prazer provocado por uma imitação qualquer; o homem tem em sua alma sentimentos inatos que os objetos reais jamais irão satisfazer, e é a esses sentimentos que a imaginação dos pintores e dos poetas sabe dar uma forma e uma vida. A primeira das artes, a música, o que imita? Entretanto, de todos os dons da divindade, esse é o mais magnífico, pois parece por assim dizer supérfluo. O sol nos ilumina, respiramos o ar de um céu sereno, todas as belezas da natureza servem de algum modo ao homem; somente a música é de uma nobre inutilidade, e é por isso que nos comove tão profundamente; quanto mais ela está distante de qualquer objetivo, mais ela se aproxima da origem íntima de nossos pensamentos, que a aplicação a um objeto qualquer encerra em seu curso.

A teoria literária dos alemães difere de todas as outras, pois não submete os escritores a costumes nem a restrições tirânicas. Trata-se de uma teoria totalmente criadora, uma filosofia das belas-artes que, longe de constrangê-las, busca como Prometeu roubar o fogo do céu para presenteá-lo aos poetas. Homero, Dante e Shakespeare, alguém me dirá, sabiam alguma coisa disso tudo? Eles tiveram necessidade da metafísica para ser grandes escritores? Sem dúvida a natureza não esperou a filosofia, o que equivale a dizer que o fato precedeu a observação do fato; mas visto que chegamos à época das teorias, não é preciso ao menos preservar aquelas que podem instigar o talento?

Entretanto, é preciso confessar que com muita frequência resultam alguns inconvenientes essenciais desses sistemas de filosofia aplicados à literatura; os leitores alemães, acostumados a ler Kant, Fichte etc., consideram um grau menor de obscuridade como a própria clareza, e os escritores nem sempre dão às obras da arte a lucidez admirável que lhes é tão necessária. Pode-se, deve-se mesmo exigir uma atenção continuada, quando se trata de ideias abstratas; mas as emoções são involuntárias. Nos gozos das artes não há lugar para a complacência, nem para o esforço, nem para a reflexão: trata-se ali de prazer e não de raciocínio; o espírito filosófico pode reclamar o exame, mas o talento poético deve comandar o arrebatamento.

As ideias engenhosas que derivam das teorias produzem ilusões sobre a verdadeira natureza do talento. Prova-se sutilmente que determinada peça não devia agradar, e entretanto ela agrada, então passa-se a desprezar os que gostam dela. Prova-se também que certa peça, composta segundo certos princípios, deve interessar; entretanto, quando se quer que seja encenada, quando se lhe diz *levanta-te e anda*, a peça não caminha, e portanto é preciso ainda desprezar os que não se divertem com uma obra composta segundo as leis do ideal e do real. Erra quase sempre quem censura o julgamento do público nas artes, pois a impressão popular é mais filosófica ainda do que a própria filosofia, e quando as combinações do homem instruído não concordam com essa impressão, não é porque essas combinações sejam muito profundas, mas antes porque não o são o bastante.

Não obstante, parece-me que vale infinitamente mais, para a literatura de um país, que sua poética seja fundada sobre ideias filosóficas, mesmo que sejam um pouco abstratas, do que sobre simples regras exteriores; pois essas regras não passam de barreiras para impedir as crianças de caírem.

Entre os alemães, a imitação dos antigos tomou uma direção completamente diferente da do resto da Europa. O caráter consciencioso do qual nunca se apartam levou-os a não misturar o gênio moderno com o gênio antigo; em certos aspectos, eles tratam as ficções como verdade, pois acham o meio de prové-las de escrúpulos; eles também aplicam essa mesma disposição ao conhecimento exato e profundo dos monumentos que nos restam dos tempos passados. Na Alemanha, o estudo da Antiguidade, bem como o das ciências e da filosofia, reúne as várias ramificações do espírito humano.

Heyne[1] abarca tudo o que se refere à literatura, à história e às belas-artes com uma perspicácia surpreendente. Wolf[2] extrai das observações mais sutis as implicações mais ousadas, e não se submetendo minimamente à autoridade, ele julga por si mesmo a autenticidade e o valor dos escritos dos gregos. No último escrito do sr. Charles de Villers, a quem já citei com a alta estima que merece, podem-se ver que imensos trabalhos são publicados todos os anos na Alemanha, sobre os autores clássicos. Os alemães acreditam ter sido chamados em todas as coisas ao papel de contempladores, e dir-se-ia que não são de seu século, tanto suas reflexões e seu interesse se voltam para uma outra época do mundo.

---

1 Christian Gottlob Heyne (1729-1812): professor em Göttingen; produziu a mais significativa edição de Virgílio no século XVIII; admirado por Goethe. (N. T.)
2 Friedrich August Wolf (1759-1824): filólogo, estabeleceu a famosa questão homérica, questionando a autoria da *Ilíada* e da *Odisseia*. (N. T.)

Pode ser que a melhor época para a poesia tenha sido a da ignorância, e que a juventude do gênero humano tenha passado para sempre; entretanto, acredita-se sentir nos escritos dos alemães uma nova juventude, aquela que nasce da nobre escolha que se pode fazer depois de ter conhecido tudo. A idade das luzes tem sua inocência tanto quanto a idade do ouro, e se na infância do gênero humano acredita-se apenas na alma, quando tudo foi aprendido torna-se a confiar apenas nela.

Capítulo X
Influência da nova filosofia sobre as ciências

É certo que a filosofia idealista leva ao recolhimento e que, ao dispor o espírito a voltar-se sobre si mesmo, lhe aumenta a penetração e a persistência nos trabalhos intelectuais. Mas essa filosofia seria igualmente favorável às ciências que consistem na observação da natureza? As próximas reflexões são destinadas ao exame dessa questão.

No último século, o progresso das ciências fora geralmente atribuído à filosofia experimental, e como a observação serve de fato muito nessa carreira, acreditou-se tanto mais certo de estar atingindo as verdades científicas, quanto mais se concedia importância aos objetos exteriores; entretanto, não há como desdenhar a pátria de Kepler[1] e Leibniz no que diz respeito à ciência. As principais descobertas modernas, a pólvora, a impressão, foram feitas pelos alemães e, não obstante, a tendência dos espíritos, na Alemanha, sempre foi em direção ao idealismo.

Bacon comparou a filosofia especulativa à cotovia que sobe aos céus e desce sem nada trazer de seu voo, e a filosofia experimental ao falcão que sobe ainda mais alto, mas retorna com sua presa.

Talvez em nossos dias Bacon viesse a sentir os inconvenientes da filosofia puramente experimental; ela travestiu o pensamento em sensação, a moral em interesse pessoal e a natureza em mecanismo, pois tendia a rebaixar todas

---

1 Johannes Kepler (1571-1630). (N. T.)

as coisas. Os alemães combateram sua influência nas ciências físicas, bem como em uma ordem mais elevada, e submetendo completamente a natureza à observação, consideram seus fenômenos em geral de uma maneira ampla e animada; o império de uma opinião sobre a imaginação é sempre uma presunção em seu favor, pois tudo anuncia que o belo é também o verdadeiro na sublime concepção do universo.

A nova filosofia já exerceu sua influência sobre as ciências físicas na Alemanha sob vários aspectos; a princípio, o mesmo espírito de universalidade, que notei nos literatos e nos filósofos, encontra-se também nos doutos. Observador minucioso, Humboldt narra as viagens nas quais enfrentou os perigos como bravo cavaleiro, e seus escritos interessam igualmente aos físicos e aos poetas. Schelling, Baader, Schubert[2] etc., publicaram obras nas quais a ciências são apresentadas sob um ponto de vista que cativa a reflexão e a imaginação: e muito tempo antes que os metafísicos modernos tivessem existido, Kepler e Haller já sabiam ao mesmo tempo observar e adivinhar a natureza.

A atração da sociedade é tão grande na França que ela não permite a ninguém conceder muito tempo ao trabalho. É portanto natural que não se tenha confiança naqueles que querem reunir vários gêneros de estudos. Mas em um país onde a vida inteira de um homem pode ser entregue à meditação, é correto encorajar a multiplicidade dos conhecimentos, dedicando-se em seguida exclusivamente ao preferido; mas talvez seja impossível compreender a fundo uma ciência sem se ter ocupado de todas. Sir Humphry Davy,[3] hoje o maior químico da Inglaterra, cultiva as letras com tanto gosto quanto sucesso. A literatura lança luzes sobre as ciências, tal como as ciências sobre a literatura; e a conexão existente entre todos os objetos da natureza deve ter lugar também nas ideias do homem.

A universalidade dos conhecimentos leva necessariamente ao desejo de encontrar as leis gerais da ordem física. Os alemães descem da teoria à experiência, ao passo que os franceses ascendem da experiência à teoria. Os

---

2 Franz Xaver von Baader (1765-1841): viveu na Inglaterra de 1792 a 1796. Gotthilf Heinrich von Schubert (1780-1860): naturalista alemão. (N. T.)

3 Humphry Davy (1778-1829). (N. T.)

franceses, na literatura, reprovam os alemães por terem apenas belezas de detalhe e não entenderem a composição de uma obra. Os alemães reprovam os franceses por considerarem apenas os fatos particulares nas ciências sem os vincular a um sistema; eis aí a principal diferença entre os doutos alemães e os doutos franceses.

Com efeito, se fosse possível descobrir os princípios que regem o universo, certamente valeria mais partir da origem para estudar tudo o que deriva dela; mas apenas se conhece algo do conjunto em todas as coisas com a ajuda dos detalhes, e a natureza para o homem não passa das folhas esparsas da Sibila, da qual ninguém, até hoje, pôde fazer um livro. Não obstante, os doutos alemães, que são ao mesmo tempo filósofos, difundem um interesse prodigioso sobre a contemplação dos fenômenos deste mundo: eles não interrogam a natureza ao acaso, segundo o curso acidental das experiências; mas predizem pelo pensamento o que a observação deve confirmar.

Duas grandes proposições gerais lhes servem de guia no estudo das ciências: uma, de que o universo é feito sobre o modelo da alma humana; e a outra, de que a analogia de cada parte do universo com o conjunto é tal que a mesma ideia se reflete constantemente do todo em cada parte, e de cada parte no todo.

É uma bela concepção aquela que tende a encontrar a semelhança das leis do entendimento humano com as da natureza, e considera o mundo físico como a representação do mundo moral. Se o mesmo gênio fosse capaz de compor a *Ilíada* e de esculpir como Fídias, o Júpiter do escultor seria semelhante ao Júpiter do poeta; por que então a inteligência suprema, que formou a natureza e a alma, não teria feito de uma o emblema da outra? Não são um mero jogo da imaginação essas metáforas contínuas, que servem para comparar nossos sentimentos com os fenômenos exteriores: a tristeza com o céu coberto de nuvens, a calma com os raios prateados da lua, a cólera com as águas agitadas pelos ventos; é o próprio pensamento do criador que se traduz em duas linguagens diferentes, e uma pode servir de intérprete à outra. Quase todos os axiomas da física correspondem a máximas de moral. Essa espécie de percurso paralelo que se percebe entre o mundo e a inteligência é o indício de um grande mistério, e todos os espíritos ficariam impressionados com isso, caso se chegasse a extrair deles descobertas positivas; mas esse clarão ainda incerto leva bem longe os olhares.

As analogias dos diversos elementos da natureza física entre eles servem para constatar a suprema lei da criação, a variedade na unidade, e a unidade na variedade. O que há de mais espantoso, por exemplo, do que a relação dos sons e das formas, dos sons e das cores? Um alemão, Chladni,[4] fez recentemente a experiência na qual as vibrações dos sons põem em movimento grãos de areia colocados sobre um prato de vidro, de tal modo que, quando os tons são puros, os grãos de areia se reúnem em formas regulares, e quando os tons são discordantes, os grãos de areia traçam sobre o vidro figuras sem nenhuma simetria. O cego de nascença Saunderson[5] dizia que representava para si a cor escarlate como o som da trombeta, e um douto quis fazer um cravo para os olhos que pudesse imitar pela harmonia das cores o prazer causado pela música.[6] Comparamos continuamente a pintura à música, e a música à pintura, pois as emoções que experimentamos nos revelam analogias onde a observação fria veria apenas diferenças. Cada planta, cada flor contém o sistema inteiro do universo; um instante de vida encerra em seu seio a eternidade, o mais ínfimo átomo é um mundo, e o mundo talvez seja apenas um átomo. Cada porção do universo parece um espelho no qual a criação está inteiramente representada, e não se sabe o que inspira mais admiração, o pensamento, sempre o mesmo, ou a forma, sempre diversa.

Os doutos da Alemanha podem ser divididos em dois grupos, aqueles que se devotam inteiramente à observação e aqueles que pretendem a honra de pressentir os segredos da natureza. Entre os primeiros devem-se citar, inicialmente, Werner,[7] que extraiu da mineralogia o conhecimento da

---

4 Ernst Florens Friedrich Chladni (1756-1827): físico e músico, dito o "pai da acústica". (N. T.)

5 Referência ao cientista e matemático inglês Nicholas Saunderson (1682-1739). (N. T.)

6 Alusão a Louis Bertrand Castel (1688-1757), matemático francês, jesuíta, que em 1725 propôs um cravo ocular, com sessenta pequenos painéis de vidro colorido, cada um com uma cortina que se abria quando uma tecla era tocada; sua obra *Ótica das cores* é de 1740. (N. T.)

7 Abraham Gottlob Werner (1749-1817). (N. T.)

Da Alemanha

formação do globo e das épocas de sua história; Herschel e Schröter,[8] que continuamente fazem novas descobertas na região dos céus; astrônomos calculadores tais como Zach e Bode;[9] grandes químicos tais como Klaproth e Bucholz;[10] no grupo dos naturalistas filósofos é preciso contar Schelling, Ritter, Baader, Steffens[11] etc. Os espíritos mais destacados desses dois grupos aproximam-se e entendem-se, pois os naturalistas filósofos não poderiam desdenhar a experiência, e os observadores profundos não se furtam aos resultados possíveis das altas contemplações.

A atração e a impulsão já foram o objeto de um novo exame, e fez-se uma aplicação feliz disso nas afinidades químicas. A luz, considerada como um intermediário entre a matéria e o espírito, deu lugar a variadas observações muito filosóficas. Fala-se com estima de um trabalho de Goethe sobre as cores.[12] Enfim, de todas as partes na Alemanha a emulação é excitada pelo desejo e pela esperança de reunir a filosofia experimental e a filosofia especulativa, e de engrandecer assim a ciência do homem e a da natureza.

O idealismo intelectual faz da vontade, que é a alma, o centro de tudo: o princípio do idealismo físico é a vida. O homem chega pela química, bem como pelo raciocínio, ao mais alto grau da análise; mas a vida lhe escapa pela química, assim como o sentimento pelo raciocínio. Um escritor francês havia afirmado que o pensamento não era outra coisa senão "um produto material do cérebro".[13] Um outro douto disse que, quando a química estivesse mais avançada, chegaríamos a saber *como é feita a vida*; um ultrajava a natureza, assim como o outro ultrajava a alma.

---

8 Johann Hieronymus Schröter (1745-1816). (N. T.)

9 Franz Xaver Freiherr von Zach (1754-1832) viveu em Londres entre 1783 e 1786. Johann Elert Bode (1747-1826). (N. T.)

10 Martin Heinrich Klaproth (1743-1817). Christian Friedrich Bucholz (1770-1818). (N. T.)

11 Henrik Steffens (1773-1845): filósofo, poeta e físico norueguês; estudou teologia e ciência natural em Copenhague; em 1797 foi para Iena estudar filosofia natural; em Freiburg, em 1800, esteve sob a influência de Werner; suas aulas em Copenhague foram assistidas por Œhlenschläger. (N. T.)

12 *Teoria das cores*, de 1810. (N. T.)

13 Concepção atribuída pelo *Dictionnaire des sciences medicales* (t.51, Paris, Panckucke, 1821, p.55) ao fisiologista e filósofo materialista francês Pierre Jean George Cabanis (1757-1808). (N. T.)

Madame de Staël

"É preciso", dizia Fichte, "compreender o que é incompreensível como tal." Essa expressão singular encerra um sentido profundo: é preciso sentir e reconhecer o que deve permanecer inacessível à análise, e do qual apenas o voo do pensamento pode se aproximar.

Acreditou-se encontrar na natureza três modos de existência distintos: vegetação, irritabilidade e sensibilidade. As plantas, os animais e os homens encontram-se encerrados nessas três maneiras de viver, e se se quiser aplicar aos próprios indivíduos de nossa espécie essa divisão engenhosa, ver-se-á que ela pode ser igualmente encontrada entre os diferentes caracteres. Uns vegetam como plantas, outros se alegram ou se irritam ao modo dos animais, e os mais nobres enfim possuem e desenvolvem as qualidades que distinguem a natureza humana. Seja como for, a vontade, que é a vida, e a vida, que é também a vontade, encerram todo o segredo do universo e de nós mesmos, e esse segredo, assim como não pode ser negado nem explicado, deve ser alcançado necessariamente por uma espécie de adivinhação.

Quanta força não seria preciso para deslocar com uma alavanca feita segundo o modelo do braço os pesos que o braço ergue! Não vemos todos os dias a cólera, ou algum outro afeto da alma, aumentar como por milagre o poder do corpo humano? O que é pois essa força misteriosa da natureza que se manifesta pela vontade do homem? E como seria possível, sem estudar sua causa e seus efeitos, fazer alguma descoberta importante na teoria das faculdades físicas?

A doutrina do escocês Brown,[14] analisada com mais profundidade na Alemanha do que em qualquer outro lugar, é baseada nesse mesmo sistema de ação e de unidade central, tão fecundo em suas consequências. Brown acreditou que o estado de sofrimento ou o estado de saúde não se deviam a males parciais, mas à intensidade do princípio vital que se enfraquecia ou se exaltava segundo as diferentes vicissitudes da existência.

Entre os doutos ingleses, praticamente apenas Hartley[15] e seu discípulo Priestley tinham considerado a metafísica, bem como a física, sob um ponto de vista totalmente materialista. Dir-se-á que a física não pode ser

---

14 Thomas Brown (1778-1820). (N. T.)

15 David Hartley (1705-1757); Joseph Priestley (1733-1804). (N. T.)

senão materialista; ouso não ser dessa opinião; aqueles que fazem da própria alma um ser passivo têm mais razão para banir das ciências positivas a inexplicável ascendência da vontade do homem; e entretanto há várias circunstâncias nas quais essa vontade age sobre a intensidade da vida, e a vida sobre a matéria. O princípio da existência é como um intermediário entre o corpo e a alma, cuja força não poderia ser calculada, mas não pode ser negada sem desconhecer o que constitui a natureza animada, e sem reduzir suas leis puramente ao mecanismo.

O dr. Gall,[16] de qualquer maneira que seu sistema seja julgado, é respeitado por todos os doutos por seus estudos e descobertas na ciência da anatomia; e se os órgãos do pensamento forem considerados como diferentes dele próprio, isto é, como meios que ele emprega, parece-me possível admitir que a memória e o cálculo, a aptidão para determinada ciência, o talento para determinada arte, enfim, tudo o que serve de instrumento à inteligência, dependem de algum modo da estrutura do cérebro. Se existe uma escala gradativa desde a pedra até a vida humana, deve haver certas faculdades em nós que digam respeito ao mesmo tempo à alma e ao corpo; e nessa lista estão a memória e o cálculo, as mais físicas de nossas faculdades intelectuais, e as mais intelectuais de nossas faculdades físicas. Mas o erro começaria no momento em que se quisesse atribuir à estrutura do cérebro uma influência sobre as qualidades morais, pois a vontade é totalmente independente das faculdades físicas: é na ação puramente intelectual dessa vontade que consiste a consciência, e a consciência é e deve ser eximida da organização corporal. Tudo o que tendesse a nos furtar a responsabilidade de nossas ações seria falso e ruim.

Um jovem médico de grande talento, Koreff,[17] atraiu a atenção dos que o ouviram, por considerações totalmente novas sobre o princípio da vida, a ação da morte e as causas da loucura; todo esse movimento nos espíritos anuncia uma revolução qualquer, mesmo na maneira de considerar as ciências. É impossível prever ainda os resultados dessa mudança; mas o que se pode afirmar realmente é que, se os alemães se deixam guiar pela imaginação, eles não se poupam nenhum trabalho, nenhuma investigação,

---

16 Franz Joseph Gall (1758-1828): médico e anatomista austríaco. (N. T.)

17 David Ferdinand Koreff (1783-1851). (N. T.)

nenhum estudo, e reúnem ao mais alto grau duas qualidades que parecem se excluir, a paciência e o entusiasmo.

Alguns doutos alemães, levando ainda mais longe o idealismo físico, combatem o axioma *de que não há ação à distância*, e querem, ao contrário, restabelecer por toda parte um movimento espontâneo na natureza. Eles rejeitam a hipótese dos fluidos,[18] cujos efeitos sob alguns aspectos dependeriam das forças mecânicas que se atraem e se repelem sem ser guiadas por qualquer ordenamento independente.

Aqueles que consideram a natureza como uma inteligência não dão a essa palavra o mesmo sentido que se costuma atribuir-lhe; pois o pensamento do homem consiste na faculdade de voltar-se sobre si mesmo, e a inteligência da natureza segue para a frente, como o instinto dos animais. O pensamento possui a si mesmo pois se julga; a inteligência sem reflexão é uma força sempre atraída para o exterior. Quando a natureza produz cristalizações segundo as formas mais regulares, não decorre que saiba as matemáticas, ou ao menos ela não sabe que as sabe, carecendo da consciência de si mesma. Os doutos alemães atribuem às forças físicas certa originalidade individual, e de outro lado parecem admitir, em sua maneira de apresentar alguns fenômenos do magnetismo animal, que a vontade do homem, sem ato exterior, exerce uma influência muito grande sobre a matéria, e especialmente sobre os metais.

Pascal disse que "os astrólogos e os alquimistas têm alguns princípios, mas que abusam deles".[19] Talvez tenham existido na Antiguidade relações mais íntimas entre o homem e a natureza do que as existentes em nossos dias. Os mistérios de Elêusis, o culto dos egípcios, o sistema das emanações entre os hindus, a adoração dos elementos e do sol entre os persas, a harmonia dos números que fundara a doutrina de Pitágoras são vestígios de um atrativo singular que conjugava o homem com o universo.

O espiritualismo, ao fortalecer a capacidade da reflexão, separou ainda mais o homem das influências físicas, e a Reforma, ao levar ainda mais longe o pendor para a análise, colocou a razão em guarda contra as impres-

---

18 Teoria dos fluidos elétricos. (N. T.)
19 *Pensées* [Pensamentos], editado em 1670. (N. T.)

sões primitivas da imaginação: os alemães tendem para o verdadeiro aperfeiçoamento do espírito humano quando buscam despertar as inspirações da natureza pelas luzes do pensamento.

Todo dia a experiência leva os doutos a reconhecerem fenômenos nos quais não se acreditava mais, pois estavam misturados com superstições, sendo utilizados outrora para fazer presságios. Os antigos relataram acerca de pedras que haviam caído do céu, e em nossos dias constatou-se a exatidão desse fato cuja existência havia sido negada. Os antigos falaram de chuvas vermelhas como o sangue e dos raios da Terra; foi assegurada novamente a verdade de suas asserções sob esse aspecto.

A astronomia e a música são a ciência e a arte que os homens conheceram em toda Antiguidade: por que os sons e os astros não estariam unidos por conexões percebidas pelos antigos, e que viríamos a reencontrar? Pitágoras havia sustentado que os planetas estavam à mesma distância entre eles que as sete cordas da lira, e afirma-se que ele pressentiu os novos planetas que foram descobertos entre Marte e Júpiter.[20] Parece que ele não ignorava o verdadeiro sistema dos céus, a imobilidade do sol, pois, sob esse aspecto, Copérnico se apoia na opinião de Pitágoras citada por Cícero. De onde vinham então essas espantosas descobertas, sem o auxílio das experiências e das novas máquinas de que os modernos estão em posse? Isso ocorria porque os antigos davam seus passos ousadamente esclarecidos pelo gênio. Eles se serviam da razão, sobre a qual repousa a inteligência humana; mas também consultavam a imaginação, que é a sacerdotisa da natureza.

Aquilo que chamamos erros e superstições devia-se talvez a leis do universo que nos são ainda desconhecidas. As relações dos planetas com os metais, a influência dessas relações, até mesmo os oráculos, e os presságios, não poderiam ter como causa poderes ocultos de que não temos mais nenhuma ideia? E quem sabe se não há um germe de verdade oculto em todos os apólogos, em todas as crenças, que foram depreciadas sob o nome de loucura? Não decorre seguramente que seja preciso renunciar

---

20 O sr. Prévost, professor de filosofia em Genebra, publicou sob esse tema um caderno de grande interesse. Esse escritor filósofo é tão conhecido na Europa quanto estimado em sua pátria.

ao método experimental, tão necessário nas ciências. Mas por que não se consideraria como guia supremo a esse método uma filosofia mais ampla que abarcasse o universo em seu conjunto, e não desprezasse o *lado noturno da natureza*, esperando que se pudesse espalhar ali alguma luz?

"Toda essa maneira de considerar o mundo físico é poética", alguém responderá, "mas só se chega a conhecê-lo de uma maneira certa pela experiência; e tudo o que não é suscetível de provas pode ser um divertimento do espírito, mas nunca leva a progressos sólidos." Sem dúvida os franceses estão certos em recomendar aos alemães o respeito pela experiência; mas erram ao ridicularizar os pressentimentos da reflexão, que um dia talvez serão confirmados pelo conhecimento dos fatos. A maioria das grandes descobertas começou por parecer absurda, e o homem de gênio nunca fará nada se tiver medo dos gracejos; eles não têm força quando desdenhados, e tomam sempre mais ascendência quando temidos. Veem-se nos contos de fadas fantasmas que se opõem às empreitadas dos cavaleiros e os atormentam até que esses cavaleiros tenham passado para o além. Então todos os sortilégios se desvanecem, e o campo fecundo se oferece a seus olhares. A inveja e a mediocridade também têm seus sortilégios; mas é preciso caminhar para a verdade, sem se inquietar com obstáculos aparentes que se apresentam.

Quando Kepler veio a descobrir as leis harmônicas do movimento dos corpos celestes, ele exprimiu assim seu gozo: "Enfim, após dezoito meses, uma primeira claridade iluminou-me, e nesse dia memorável senti os puros raios das verdades sublimes. Nada no presente me detém; ouso entregar-me ao meu santo ardor, ouso insultar os mortais ao confessar-lhes que me servi da ciência mundana, que roubei os vasos do Egito para construir um templo para meu Deus. Se isso me for perdoado, alegrar-me-ei; se me for censurado, suportarei. A sorte está lançada, escrevo este livro: que seja lido por meus contemporâneos ou pela posteridade, não importa; ele bem pode esperar um leitor durante um século, pois o próprio Deus careceu, durante 6 mil anos, de um contemplador tal como eu".[21] Essa expressão ousada de um orgulhoso entusiasmo prova a força interior do gênio.

---

21 Passagem da obra *Harmonia do mundo*, livro V, editada pela primeira vez em latim sob o título *Harmonices mundi*, em 1619. (N. T.)

Goethe disse sobre a perfectibilidade do espírito humano uma frase repleta de sagacidade: "Ele avança sempre, mas em linha espiral". Essa comparação é tanto mais justa, porquanto em muitas épocas ele parece recuar e retornar em seguida sobre seus passos avançando ainda mais. Há momentos em que o ceticismo é necessário ao progresso das ciências; há outros em que, segundo Hemsterhuis, "o espírito maravilhoso deve sobrepor-se ao espírito geométrico".[22] Quando o homem é devorado, ou antes, reduzido a pó pela incredulidade, o espírito maravilhoso é o único que confere à alma uma capacidade de admiração sem a qual não se pode compreender a natureza.

A teoria das ciências na Alemanha deu aos espíritos um ímpeto semelhante ao que a metafísica havia imprimido no estudo da alma. A vida tem nos fenômenos físicos a mesma posição que a vontade na ordem moral. Se as relações desses dois sistemas fazem que ambos sejam banidos por certas pessoas, há aqueles que veriam nessas relações a dupla garantia da mesma verdade. O que é certo ao menos é que o interesse pelas ciências aumenta singularmente por essa maneira de uni-las inteiramente a algumas ideias principais. Os poetas poderiam encontrar nas ciências uma multidão de pensamentos para seu uso, se elas se comunicassem entre si pela filosofia do universo, e se essa filosofia do universo, em lugar de ser abstrata, fosse animada pela inesgotável fonte do sentimento. O universo se assemelha mais a um poema do que a uma máquina; e se fosse preciso, para concebê-lo, escolher entre a imaginação ou o espírito matemático, a imaginação se aproximaria muito mais da verdade. Mas ainda uma vez não é preciso escolher, pois é a totalidade de nosso ser moral que deve ser empregada em uma meditação tão importante.

O novo sistema de física geral, que serve de guia na Alemanha à física experimental, apenas pode ser julgado por seus resultados. É preciso ver se ele levará o espírito humano a descobertas novas e constatadas. Mas não podem ser negadas as relações que ele estabelece entre os diferentes ramos de estudos. As pessoas comumente fogem umas das outras, quando têm

---

22 Em sua *Lettre sur la sculpture* (La Haye, 1765, p.21), Hemsterhuis critica o espírito geométrico como prejudicial às artes. (N. T.)

ocupações diferentes, pois sentem um tédio recíproco. O erudito não tem nada a dizer ao poeta, o poeta ao físico, e mesmo, entre os doutos, aqueles que se ocupam de diversas ciências não se interessam muito pelos trabalhos mútuos: isso não pode ocorrer quando uma filosofia central estabelece uma relação de natureza sublime entre todos os pensamentos. Os doutos penetram a natureza com a ajuda da imaginação. Os poetas encontram nas ciências as verdadeiras belezas do universo. Os eruditos enriquecem os poetas pelas lembranças, e os doutos pelas analogias.

As ciências apresentadas isoladamente e como um domínio estranho à alma não atraem os espíritos exaltados. A maioria dos homens devotados a elas, com algumas poucas honrosas exceções, proveu ao nosso século essa tendência para o cálculo que serve tão bem para conhecer em todos os casos quem é o mais hábil. A filosofia alemã faz que as ciências físicas entrem na esfera universal das ideias, na qual as menores observações, assim como os maiores resultados, dizem respeito ao interesse geral.

Capítulo XI
Da influência da nova filosofia
sobre o caráter dos alemães

Pareceria que um sistema de filosofia que atribui ao que depende de nós, à nossa vontade, uma ação todo-poderosa deveria fortalecer o caráter e torná-lo independente das circunstâncias exteriores; mas há lugar para crer que somente as instituições políticas e religiosas podem formar o espírito público, e que nenhuma teoria abstrata é bastante eficaz para dar energia a uma nação; pois é preciso confessar, os alemães de nossos dias não têm o que se pode chamar de caráter. Eles são virtuosos, íntegros, como homens privados, como pais de família, como administradores; mas sua solicitude grácil e complacente em favor do poder causa embaraço, sobretudo por serem amados e considerados como os mais esclarecidos defensores especulativos da dignidade humana.

A sagacidade do espírito filosófico apenas lhes ensinou a conhecer em todas as circunstâncias a causa e as consequências daquilo que ocorre, e parece-lhes que basta encontrar uma teoria para um fato para justificá-lo. O espírito militar e o amor pela pátria levaram diversas nações ao mais alto grau possível de energia; hoje em dia, essas duas fontes de devotamento praticamente não existem entre os alemães tomados em conjunto. Eles entendem por espírito militar não muito mais do que uma tática pedantesca que os autoriza a ser vencidos segundo as regras, e por liberdade a subdivisão em pequenos países que, ao acostumar os cidadãos a sentirem-se fracos como nação, logo os leva a mostrarem-se fracos também como indivíduos.[1] O respeito pelas formas é muito favorável à manutenção das leis; mas esse respeito, tal como existe na Alemanha, leva ao hábito de um passo tão pontual e tão preciso que não se sabe abrir um novo caminho para chegar-se ao objetivo, mesmo que se esteja diante dele.

As especulações filosóficas convêm apenas a um pequeno número de pensadores, e, longe de servirem para congregar uma nação, elas estabelecem muita distância entre os ignorantes e os homens esclarecidos. Há na Alemanha demasiadas ideias novas e insuficientes ideias comuns em circulação, para conhecer os homens e as coisas. As ideias comuns são necessárias à condução da vida; os afazeres exigem antes o espírito de execução do que o de invenção: a estranheza existente nas diferentes maneiras de ver dos alemães tende a isolá-los uns dos outros, pois os pensamentos e os interesses que reúnem os homens entre si devem ser de uma natureza simples e de uma verdade evidente.

O desprezo pelo perigo, pelo sofrimento e pela morte não é bastante universal em todos grupos sociais da nação alemã. Decerto a vida tem mais valor para homens capazes de sentimentos e ideias do que para aqueles que não deixam depois deles nem vestígios nem lembranças; mas do mesmo modo que o entusiasmo poético pode ser renovado pelo mais alto grau das luzes, a firmeza ponderada deveria substituir o instinto da ignorância. Cabe à filosofia baseada na religião inspirar, em todas as ocasiões, uma coragem inalterável.

Se todavia a filosofia não se mostrou todo-poderosa sob esse aspecto na Alemanha, não é necessário por isso desdenhá-la; ela apoia, ela esclarece cada homem em particular; mas somente o governo pode estimular essa eletricidade moral que provoca o mesmo sentimento em todos. Fica-se mais irritado com os alemães ao vê-los carecer de energia do que com os italianos, cuja situação política há vários séculos enfraqueceu-lhes o caráter. Os italianos conservam em toda a sua vida, por sua graça e imaginação,

---

1 Peço que se observe que este capítulo, bem como todo o resto da obra, foi escrito à época da submissão completa da Alemanha – depois, as nações germânicas despertadas pela opressão deram aos seus governos a força que lhes faltava para resistir ao poder das armadas francesas, e viu-se pela conduta heroica dos soberanos e dos povos o que pode a opinião sobre o destino do mundo.

Da Alemanha

direitos prolongados da infância; mas as fisionomias e as maneiras rudes dos germânicos parecem anunciar uma alma firme, e fica-se desagradavelmente surpreso quando isso não é encontrado. Enfim, a fraqueza de caráter é perdoada quando confessada, e desse modo os italianos têm uma franqueza singular que inspira um certo interesse, ao passo que os alemães, não ousando confessar essa fraqueza que lhes cai tão mal, são aduladores com energia e vigorosamente submissos. Eles acentuam duramente as palavras para ocultar a flexibilidade dos sentimentos, e servem-se de raciocínios filosóficos para explicar o que há de menos filosófico no mundo: o respeito pela força, e o enternecimento pelo medo que transforma esse respeito em admiração.

É a tais contrastes que se deve atribuir a falta de graça alemã, cuja paródia agrada nas comédias de todos os países. É permitido ser pesado e rude, quando se permanece severo e firme; mas se essa rudeza natural se reveste do falso sorriso do servilismo, o que resta é ficar exposto então ao merecido ridículo. Enfim, há certa inépcia no caráter dos alemães, prejudicial até mesmo àqueles que teriam a maior boa vontade para sacrificar tudo ao interesse deles, e fica-se tanto mais impaciente para com eles quanto mais perdem as honras da virtude, sem chegar aos proveitos da habilidade.

Reconhecendo plenamente que a filosofia alemã não basta para formar uma nação, é preciso convir que os discípulos da nova escola estão muito mais próximos do que todos os outros de ter força no caráter; eles a imaginam, eles a desejam, eles a concebem; mas ela com frequência lhes falta. Há bem poucos homens na Alemanha que saibam escrever apenas sobre política. Aqueles que se dispõem a isso são em sua maior parte sistemáticos e com muita frequência ininteligíveis. Quando se trata da metafísica transcendente, quando se faz uma tentativa de se lançar nas trevas da natureza, todas as observações, por mais vagas que sejam, não devem ser desdenhadas, todos os pressentimentos podem guiar, todas as aproximações são ainda muito. Não ocorre assim com os assuntos deste mundo: é possível conhecê-los, portanto é preciso apresentá-los com clareza. A obscuridade no estilo, quando se trata dos pensamentos sem limites, é algumas vezes o indício da própria extensão do espírito; mas a obscuridade na análise das coisas da vida prova somente que não foram compreendidas.

Quando se faz intervir a metafísica nos assuntos mundanos, ela serve para confundir tudo a fim de tudo desculpar, e preparam-se assim névoas para abrigar a consciência. O emprego dessa metafísica requereria destreza, se em nossos dias tudo não estivesse reduzido a duas ideias muito simples e claras: o interesse ou o dever. Os homens enérgicos, não importa qual dessas duas direções tomem, vão diretamente ao objetivo sem se embaraçar com teorias, que não enganam nem persuadem mais ninguém.

"Eis pois", alguém dirá, "que voltais a vangloriar, como nós, a experiência e a observação." Jamais neguei que uma e outra não fossem necessárias para imiscuir-se nos interesses deste mundo; mas é na consciência do homem que deve estar o princípio ideal de uma conduta exteriormente dirigida por sábios cálculos. Os sentimentos divinos aqui embaixo estão expostos às coisas terrenas; essa é a condição da existência. O belo está em nossa alma e a luta fora. É preciso combater pela causa da eternidade, mas com as armas do tempo; nenhum indivíduo chega, nem apenas pela filosofia especulativa, nem apenas pelo conhecimento dos assuntos mundanos, a toda a dignidade do caráter do homem; e as instituições livres são as únicas que podem ter êxito no estabelecimento, junto às nações, de uma moral pública que venha a prover aos sentimentos exaltados a ocasião de adentrarem na conduta prática da vida.

Capítulo XII
Da moral baseada no interesse pessoal

Os escritores franceses estavam cobertos de razão ao considerarem a moral baseada no interesse como uma consequência da metafísica que atribuía todas as ideias às sensações. Se não há nada na alma senão aquilo que as sensações colocaram nela, o agradável ou o desagradável deve ser o único móbil de nossa vontade. Helvétius, Diderot e Saint-Lambert[1] não desviaram dessa linha e explicaram todas as ações, compreendido aí o devotamento dos mártires, pelo amor de si mesmo. Mesmo os ingleses, que, na maior parte, professam na metafísica a filosofia experimental, jamais puderam suportar a moral baseada no interesse. Shaftesbury, Hutcheson, Smith etc., proclamaram o sentido moral e a simpatia como a origem de todas as virtudes. O próprio Hume, o mais cético dos filósofos ingleses, não pôde ler sem desgosto essa teoria do amor de si, que enodoa a beleza da alma. Nada é mais oposto do que esse sistema ao conjunto das opiniões dos alemães: assim, seus escritores filosóficos e moralistas, à frente dos quais é preciso colocar Kant, Fichte e Jacobi, combateram-no vitoriosamente.

Uma vez que a tendência dos homens para a felicidade é a mais universal e a mais ativa de todas, acreditou-se fundamentar a moralidade da maneira mais sólida, ao dizer que consistia em um claro interesse pessoal. Essa ideia

---

1 Jean-François de Saint-Lambert (1716-1803): filósofo, escreveu poemas e contos. (N. T.)

seduziu os homens de boa-fé, e outros se propuseram a abusar dela, no que tiveram grande êxito. Sem dúvida, as leis gerais da natureza e da sociedade colocam em harmonia a felicidade e a virtude; mas essas leis estão sujeitas a exceções muito numerosas, as quais parecem mais numerosas do que realmente são.

Ao fazer a felicidade consistir na satisfação da consciência, escapa-se dos argumentos extraídos da prosperidade do vício e dos reveses da virtude; mas essa satisfação, de uma ordem inteiramente religiosa, não tem relação alguma com o que se designa aqui embaixo pela palavra felicidade. Denominar o devotamento ou o egoísmo, o crime ou a virtude, um interesse pessoal, bem ou mal entendido, é querer cobrir o abismo que separa o homem culpado do homem de bem, é destruir o respeito, é enfraquecer a indignação; pois se a moral é apenas um bom cálculo, quem carece disso deve ser acusado apenas de ter o espírito falso. Não seria possível experimentar o nobre sentimento da estima por alguém apenas porque calcula bem, nem o vigor do desprezo contra um outro porque calcula mal. Chegou-se, pois, por esse sistema, ao objetivo principal de todos os homens corrompidos, que querem colocar no mesmo nível o justo com o injusto, ou ao menos considerar ambos como uma partida bem ou mal jogada; por isso os filósofos dessa escola utilizam com mais frequência a palavra falta do que crime, pois, segundo sua maneira de ver, na condução da vida não há senão combinações hábeis ou desajeitadas.

Não se conceberia tampouco como o remorso poderia entrar em semelhante sistema; o criminoso, quando é punido, deve sentir o gênero de pesar causado por uma especulação malograda; pois se nossa própria felicidade é nossa principal meta, se somos o único objetivo de nós mesmos, a paz deve ser logo restabelecida entre esses dois aliados próximos, aquele que errou e aquele que sofre com isso. Que cada um é livre em tudo o que concerne apenas a si é quase um provérbio admitido por todos; ora, uma vez que na moral baseada no interesse trata-se apenas de si, não sei o que teria para responder a quem dissesse:

Vós considerais como motivo de minhas ações minha própria vantagem; muito obrigado; mas a maneira de conceber essa vantagem depende necessariamente do caráter de cada um. Tenho coragem, assim posso enfrentar me-

Da Alemanha

lhor do que um outro os perigos decorrentes da desobediência às leis aceitas; tenho espírito, assim acredito ter mais meios para evitar uma punição; enfim, se me der mal, tenho bastante firmeza para suportar as consequências de meu engano; e aprecio mais os prazeres e os acasos de um jogo de altas apostas do que a monotonia de uma existência regular.

Quantas obras francesas, no último século, não comentaram esses argumentos, que não poderiam ser inteiramente refutados; pois, em matéria de sorte, uma chance sobre mil pode bastar para excitar a imaginação a tudo fazer para obtê-la; e, certamente, há mais de um contra mil a apostar em favor do sucesso do vício. "Mas", dirão muitos honestos partidários da moral baseada no interesse, "essa moral não exclui a influência da religião sobre as almas." Que fraca e triste parte se lhe deixa! Quando todos os sistemas admitidos na filosofia e na moral são contrários à religião, quando a metafísica aniquila a crença no invisível e a moral, o sacrifício de si, a religião permanece nas ideias, assim como o rei permanecia na Constituição decretada pela Assembleia Constituinte. Havia uma república, mais um rei; digo igualmente que todos os sistemas de metafísica materialista e moralidade egoísta pertencem ao ateísmo, mais um Deus. Portanto é fácil prever o que será sacrificado no edifício dos pensamentos, quando nele se dá apenas um lugar supérfluo à ideia central do mundo e de nós mesmos.

A conduta de um homem é realmente moral apenas quando ele jamais calcula as consequências felizes ou infelizes de suas ações, quando essas ações são ditadas pelo dever. É preciso ter sempre em mente, na condução dos negócios deste mundo, o encadeamento das causas e dos efeitos, dos meios e do fim; mas essa prudência está para a virtude assim como o bom senso para o gênio; tudo o que é realmente belo é inspirado, tudo o que é desinteressado é religioso. O cálculo é o empregado do gênio, o servidor da alma; mas, quando se torna o senhor, não há mais nada de grande nem de nobre no homem. O cálculo, na conduta da vida, deve ser sempre admitido como guia, mas jamais como motivo de nossas ações. Trata-se de um bom meio de execução, mas é preciso que a origem da vontade seja de uma natureza mais elevada e que contenha em si mesma um sentimento interior que nos force aos sacrifícios de nossos interesses pessoais.

Quando se desejava impedir são Vicente de Paula[2] de expor-se aos maiores perigos para socorrer os infelizes, ele respondia: "Credes que sou tão covarde para preferir minha vida a mim?". Se os partidários da moral baseada no interesse quiserem suprimir desse interesse tudo o que concerne à existência terrena, então eles estarão de acordo com os homens mais religiosos; mas ainda poderão ser reprovadas as expressões errôneas de que se servem?

"Com efeito", alguém dirá, "trata-se apenas de uma disputa de palavras; nós chamamos útil o que vós chamais virtuoso, mas colocamos igualmente o interesse inconteste dos homens no sacrifício de suas paixões aos seus deveres." As disputas de palavras são sempre disputas de coisas; pois todas as pessoas de boa-fé irão convir que somente usam essa ou aquela palavra pela preferência por essa ou aquela ideia; como as expressões habitualmente empregadas nas relações mais vulgares poderiam inspirar sentimentos generosos? Ao pronunciar as palavras interesse e utilidade, serão despertados os mesmos pensamentos em nosso coração que quando adjuramos em nome do devotamento e da virtude?

Quando Thomas More[3] preferira morrer no cadafalso a atingir o auge da prosperidade por meio do sacrifício de um escrúpulo de consciência; quando, depois de um ano de prisão, enfraquecido pelo sofrimento, recusara encontrar sua mulher e seus filhos queridos, e entregar-se novamente a essas ocupações do espírito que dão ao mesmo tempo tanta calma e atividade à existência; quando apenas a honra, essa religião mundana, fizera que um velho rei da França retornasse para as prisões da Inglaterra, pois seu filho não havia mantido as promessas em nome das quais ele havia obtido sua liberdade; quando os cristãos viviam nas catacumbas, renunciando à luz do dia e sentindo o céu apenas na alma; se alguém tivesse dito que certamente entendia o interesse que tinham, que frio glacial correria pelas veias ao escutar isso, e o quanto um olhar enternecido nos teria revelado melhor tudo o que há de sublime em tais homens!

---

2 São Vicente de Paula (1581-1660): um dos protagonistas da Reforma Católica na França. (N. T.)

3 Thomas More (1478-1535): diplomata, escritor e advogado; foi chanceler de Henrique VIII. (N. T.)

Não, certamente a vida não é tão árida quanto o egoísmo no-la fez; nem tudo nela é prudência, nem tudo é cálculo; e quando uma ação sublime agita todas as forças de nosso ser, não pensamos que o homem generoso que se sacrifica tenha bem considerado, bem calculado seu interesse pessoal: pensamos que ele imola todos os prazeres, todas as vantagens deste mundo, mas que um raio divino desce em seu coração, para causar-lhe um gênero de felicidade que não se assemelha mais a tudo aquilo que recobrimos com esse nome, tal como a imortalidade à vida.

Entretanto, não é sem motivo que se dá tanta importância em basear a moral no interesse pessoal: tem-se o ar de sustentar apenas uma teoria, mas no fundo é uma combinação muito engenhosa para estabelecer o jugo de todos os gêneros de autoridade. Nenhum homem, por mais depravado que seja, dirá que não há necessidade de moral; pois mesmo o mais decidido a abster-se dela ainda gostaria de lidar com parvos que a conservassem. Mas que habilidade ter dado a prudência por base à moral! Que acesso aberto à ascendência do poder, às transações da consciência, a todos os móveis conselhos dos acontecimentos!

Se o cálculo deve presidir a tudo, as ações dos homens serão julgadas segundo o sucesso; o homem cujos bons sentimentos causaram a infelicidade será justamente censurado; o homem perverso mas hábil será justamente aplaudido. Enfim, considerando-se apenas como obstáculos ou instrumentos, os indivíduos irão odiar-se como obstáculos, e não se estimarão mais do que como meios. O crime tem mais grandeza quando provém da desordem das paixões inflamadas do que quando tem por objeto o interesse pessoal; como pois seria possível dar por princípio à virtude o que desonraria até mesmo o crime![4]

---

4 Na obra de Bentham sobre a legislação, publicada, ou antes, ilustrada pelo sr. Dumont, há diversos argumentos sobre o princípio da utilidade de acordo, sob vários aspectos, com o sistema que baseia a moral no interesse pessoal. A anedota conhecida de Aristides, que fizera que um projeto de Temístocles fosse rejeitado apenas dizendo aos atenienses que "o projeto era vantajoso, mas injusto", é citado pelo sr. Dumont; mas ele relaciona as consequências que se podem ter dessa tirada, bem como de várias outras, à utilidade geral admitida por Bentham como a base de todos os deveres. A utilidade de cada um, diz ele, deve ser sacrificada

Madame de Staël

à utilidade de todos, e a do momento presente à do futuro, dando um passo à frente; poder-se-ia convir que a virtude consiste no sacrifício do tempo à eternidade, e esse gênero de cálculo não seria seguramente censurado pelos partidários do entusiasmo; mas, por mais esforço que um homem tão superior quanto o sr. Dumont faça para estender o sentido da utilidade, ele jamais poderá fazer que essa palavra seja sinônimo de devotamento. Ele diz que o primeiro móbil das ações dos homens são o prazer e a dor, e supõe então que o prazer das almas nobres consiste em expor-se de bom grado aos sofrimentos materiais para adquirir satisfações de uma ordem mais elevada. Sem dúvida é fácil fazer de cada palavra um espelho a refletir todas as ideias; mas, se quisermos nos ater ao significado natural de cada termo, veremos que o homem a quem é dito que sua própria felicidade deve ser o objetivo de todas as suas ações não pode ser dissuadido de fazer o mal que lhe convém, senão pelo temor ou perigo de ser punido — temor que a paixão leva a enfrentar, perigo de que um espírito hábil pode vangloriar-se de escapar; sobre o que fundais a ideia do justo ou do injusto, alguém dirá, senão no que é útil ou prejudicial ao maior número? A justiça para os indivíduos consiste no sacrifício deles mesmos à própria família; para a família, no sacrifício dela mesma ao Estado; e para o Estado, no respeito a certos princípios inalteráveis que fazem a felicidade e a saúde da espécie humana. Sem dúvida a maioria das gerações ao longo dos séculos se achará bem por ter seguido o caminho da justiça, mas para ser real e religiosamente honesto é preciso ter sempre em vista o culto da beleza moral independente de todas as circunstâncias que podem resultar dela — a utilidade é necessariamente modificada pelas circunstâncias, a virtude não o deve ser jamais. [Cf. *Introdução aos princípios de moral e legislação*, de 1780; as obras de Bentham (1748-1832) foram editadas na França pelo genebrino Pierre Étienne Louis Dumont (1759-1829). (N. T.)]

Capítulo XIII
Da moral baseada no interesse nacional

A moral baseada no interesse pessoal não somente coloca cálculos de prudência e egoísmo nas relações entre os indivíduos, os quais banem delas a simpatia, a confiança e a generosidade; mas a moral dos homens públicos, daqueles que negociam em nome das nações, deve ser necessariamente pervertida por esse sistema. Se é verdade que a moral dos indivíduos possa ser baseada em seu interesse, é porque a sociedade inteira tende à ordem, e pune aquele que quer distanciar-se dela; mas uma nação, e sobretudo um Estado poderoso, é como um ser isolado que as leis da reciprocidade não atingem. Em verdade, pode-se dizer que, ao cabo de certo número de anos, as nações injustas sucumbem ao ódio inspirado por suas injustiças; mas várias gerações podem passar antes que tão vastas faltas sejam punidas; e não sei como seria possível provar a um homem de Estado, em qualquer circunstância, que uma resolução, condenável em si mesma, não é útil, e que a moral e a política estão sempre de acordo; isso não está provado, e o fato de que não podem ser unidas é praticamente um axioma aceito.

Entretanto, o que viria a ser do gênero humano, se a moral não passasse de um conto da carochinha feito para consolar os fracos, na esperança de que se tornem mais fortes? Como ela poderia permanecer em voga nas relações privadas, se fosse permitido que o governo, o objeto das considerações de todos, poderia abrir mão dela? E como isso não seria permitido, se o interesse é a base da moral? Ninguém pode negar que há circunstâncias nas quais essas grandes massas chamadas impérios, essas grandes massas em estado natural uma para com a outra, encontraram uma vantagem momentânea ao cometerem uma injustiça; mas a geração seguinte quase sempre sofreu com isso.

Kant, em seus escritos sobre a moral política, mostra com a maior força que nenhuma exceção pode ser admitida no código do dever. Com efeito, quando alguém se apoia nas circunstâncias para justificar uma ação imoral, sobre qual princípio seria possível se basear para deter-se em determinado limite? As paixões naturais mais impetuosas não seriam ainda mais facilmente justificáveis pelos cálculos da razão, se se admitisse o interesse público ou particular como uma desculpa para a injustiça?

Quando, na época mais sangrenta da Revolução, desejou-se autorizar todos os crimes, nomeou-se o governo de *Comitê de Saúde Pública*;[1] ilustrava-se assim a máxima aceita de que a saúde do povo é a suprema lei. "A suprema lei é a justiça." Se fosse provado que os interesses terrenos de um povo dependeriam de uma baixeza ou de uma injustiça, ainda seria igualmente vil ou criminoso quem as cometesse; pois a integridade dos princípios da moral importa mais do que os interesses dos povos. O indivíduo e a sociedade são responsáveis, antes de tudo, pela herança celeste que deve ser transmitida às gerações sucessivas da raça humana. É preciso que a altivez, a generosidade, a equidade, todos os sentimentos magnânimos enfim sejam salvos à nossa custa a princípio, e mesmo à custa dos outros, visto que os outros devem, como nós, imolar-se a esses sentimentos.

A injustiça sacrifica sempre uma parcela qualquer da sociedade à outra. Baseado em qual cálculo aritmético esse sacrifício é ordenado? A maioria pode dispor da minoria, se uma se sobrepõe à outra ao custo de algumas vozes? Os membros de uma mesma família, uma companhia de mercadores, os nobres, os eclesiásticos, por mais numerosos que sejam, não têm o direito de dizer que tudo deve ceder ao seu interesse: mas quando uma união qualquer, fosse ele tão pouco considerável quanto o dos romanos em sua origem; quando essa união, repito, chama-se uma nação, tudo lhe seria permitido para que o bem fosse feito! A palavra nação seria então

---

1 *Comité de Salut Publique* (1793-1795). (N. T.)

sinônimo da palavra *legião*, que o demônio se atribui no evangelho;[2] não obstante, não há mais motivo para sacrificar o dever a uma nação do que a qualquer outro conjunto de homens.

Não é o número dos indivíduos que constitui sua importância na moral. Quando um inocente morre no cadafalso, gerações inteiras se ocupam de seu infortúnio, ao passo que milhares de homens perecem em uma batalha sem que ninguém indague sobre sua sorte. De onde vem essa prodigiosa diferença que todos os homens colocam entre a injustiça cometida para contra apenas um só e a morte de vários? Isso se deve à importância que todos dão à lei moral; ela é mil vezes mais que a vida física no universo e na alma de cada um de nós que também é um universo.

Quando se faz da moral apenas um cálculo de prudência e sabedoria, uma economia doméstica, há uma certa energia quando não é desejada. Atribui-se uma espécie de ridículo aos homens de Estado que ainda conservam as chamadas máximas romanescas, a fidelidade nos compromissos, o respeito pelos direitos individuais etc. Perdoam-se esses escrúpulos aos particulares que são certamente mestres em ser parvos à própria custa; mas quando se trata daqueles que dispõem do destino dos povos, existiriam circunstâncias nas quais seria possível censurá-los por serem justos e considerá-los culpados pela lealdade; pois se a moral privada é baseada no interesse pessoal, com mais forte razão a moral pública deve sê-lo no interesse nacional, e essa moral, segundo a ocasião, poderia fazer dos maiores crimes um dever, tanto é fácil levar ao absurdo aquilo que se distancia das simples bases da verdade. Rousseau disse que "não era permitido a uma nação pagar a revolução mais desejável com o sangue de um inocente"; essas palavras simples encerram o que há de verdadeiro, de sagrado, de divino no destino do homem.

Seguramente, a consciência e a religião não nos foram dadas para as vantagens desta vida, para assegurar alguns gozos a mais a alguns dias de existência, e retardar um pouco a morte de alguns moribundos. Mas para que criaturas em posse do livre-arbítrio escolhessem o que é justo, sacrificando o que é útil, preferindo o futuro ao presente, o invisível ao

---

2 Evangelho de São Marcos, 5:1-20. (N. T.)

visível, e até mesmo a dignidade da espécie humana à própria conservação dos indivíduos.

Os indivíduos são virtuosos quando sacrificam seu interesse particular ao interesse geral; mas os governos são por sua vez indivíduos que devem imolar suas vantagens pessoais à lei do dever; se a moral dos homens de Estado fosse baseada apenas no bem público, ela poderia levá-los ao crime, se é que isso não ocorre sempre, ou ao menos algumas vezes, e basta uma única exceção justificada para que não haja mais moral no mundo; pois todos os princípios verdadeiros são absolutos: se dois e dois não fazem quatro, os mais profundos cálculos da álgebra são absurdos; se há na teoria um único caso em que o homem deve faltar ao seu dever, todas as máximas filosóficas e religiosas caem por terra, e o que resta não passa de prudência ou hipocrisia.

Que me seja permitido citar o exemplo de meu pai, visto que se aplica diretamente à questão tratada. Repetiu-se muito que o sr. Necker não conhecia os homens, pois em várias circunstâncias havia recusado os meios da corrupção ou da violência que lhe obteriam vantagens certas. Ouso dizer que ninguém pode ler as obras do sr. Necker, *A história da Revolução de França, O poder executivo nos grandes Estados*[3] etc., sem encontrar nelas visões esclarecedoras sobre o coração humano; e não serei desmentida por todos aqueles que viveram na intimidade do sr. Necker, ao dizer que ele tinha de precaver-se, apesar de sua admirável bondade, de um pendor bastante vivo para a zombaria, e de um modo um pouco severo de julgar a mediocridade do espírito ou da alma: a meu ver, o que ele escreveu sobre a *Felicidade dos tolos*[4] basta para provar isso. Enfim, como juntava a todas as suas outras qualidades a de ser eminentemente um homem de espírito, ninguém o sobrepujava no conhecimento fino e profundo daqueles com quem ele mantinha alguma relação; mas ele estava decidido, por um ato de sua consciência, a jamais recuar diante das consequências, quaisquer que fossem, de uma revolução ordenada pelo dever. Os acontecimentos da Revolução Francesa podem ser julgados de diversos modos; mas creio ser impossível

---

3 *Du pouvoir exécutif dans les grands États*, 1792; *De la Révolution française*, 1796. (N. T.)

4 *De la Morale naturelle, suivie du Bonheur des sots*, 1788. (N. T.)

a um observador imparcial negar que tal princípio, se amplamente adotado, teria salvado a França dos males de que padeceu, e, o que é pior ainda, do exemplo que deu.

Durante as épocas mais funestas do Terror, muita gente de bem aceitou empregos na administração, e mesmo nos tribunais criminais, seja para fazer o bem, seja para diminuir o mal que ali se cometia; e todos se apoiavam em um raciocínio muito amplamente aceito, o de impedir que um celerado ocupasse o lugar que eles ocupavam, prestando assim serviço aos oprimidos. Permitir-se recorrer a maus meios para um fim que se acredita bom é uma máxima de conduta singularmente viciosa em seu princípio. Os homens não sabem nada do futuro, nada deles mesmos para o amanhã; o dever é imperativo em cada circunstância e em todos os instantes, os cálculos do espírito sobre as consequências que se podem prever não devem entrar nisso de modo algum.

Com que direito alguns homens que eram os instrumentos de uma autoridade facciosa conservavam o título de gente de bem, porque faziam com docilidade uma coisa injusta? Teria sido muito mais válido se esta tivesse sido feita rudemente, pois teria sido mais difícil suportá-la, e a mais corruptora de todas as uniões é a de um decreto sanguinário e um executor benigno.

O bem que se pode fazer no varejo não compensa o mal causado quando se dá o apoio do próprio nome ao partido que o utiliza. É preciso professar o culto da virtude na Terra, a fim de que não apenas os homens de nosso tempo, mas os dos séculos futuros sintam sua influência. A ascendência de um corajoso exemplo subsiste ainda mil anos depois que os objetos de uma caridade passageira já não existem mais. A lição que mais importa dar aos homens neste mundo, e sobretudo na carreira pública, é a de não fazer concessão a nenhuma consideração quando se trata do dever.

Quando alguém se põe a negociar com as circunstâncias, tudo está perdido, pois não há quem que não esteja submetido às circunstâncias. Uns têm mulher, filhos, ou sobrinhos, para os quais são necessários proventos; outros, uma necessidade de atividade, de ocupação, o que mais posso dizer, pretextos virtuosos que levem igualmente à necessidade de ter um posto que traga dinheiro e poder. Já não cansaram esses subterfúgios, cujos exemplos a Revolução não cessou de oferecer? Não se encontravam senão pessoas que se lamentavam de ter sido forçadas a deixar o repouso que preferiam a tudo, a vida doméstica, à qual estavam impacientes para retomar, e sabia-se que essas pessoas haviam empregado dias e noites a suplicar que fossem obrigadas a devotar-se à coisa pública, que se passava perfeitamente sem elas.[5]

Os legisladores antigos obrigavam os cidadãos a se imiscuírem nos interesses políticos. A religião cristã veio a inspirar uma disposição de uma natureza totalmente diversa, a de obedecer à autoridade, mas de manter-se distante dos negócios do Estado, quando eles podem comprometer a consciência. A diferença existente entre os governos antigos e os modernos explica essa oposição na maneira de considerar as relações dos homens para com sua pátria.

A ciência política dos antigos estava intimamente unida à religião e à moral; o estado social era um corpo repleto de vida. Cada indivíduo se considerava como um de seus membros. A pequenez dos Estados, o número dos escravos ainda muito menor do que o dos cidadãos, tudo fazia que fosse um dever agir para uma pátria que tinha necessidade de cada um de seus filhos. Os magistrados, os guerreiros, os artistas, os filósofos e talvez até os deuses se misturavam na praça pública, e os próprios homens sucessivamente ganhavam uma batalha, expunham uma obra-prima, proviam leis a seu país ou buscavam descobrir as do universo.

Com exceção do restrito número dos governos livres, a grandeza dos Estados entre os modernos e a concentração do poder dos monarcas tornaram a política, por assim dizer, totalmente negativa. A questão é evitar que uma pessoa não prejudique a outra, e o governo é encarregado dessa alta política que deve permitir a cada um gozar das vantagens da paz e da ordem social, adquirindo essa segurança por sacrifícios justos. O divino legislador dos homens ordenava, portanto, a moral mais adaptada à situação do mundo sob o império romano, quando fazia uma lei de pagamento

---

5 Essa passagem provocou o maior tumulto junto à censura. Ter-se-ia dito que essas observações podiam impedir de obter e sobretudo de pedir postos.

Da Alemanha

dos tributos e de submissão ao governo em tudo o que não é vetado ao dever; mas também recomendava com o máximo empenho a vida privada.

Os homens que querem sempre colocar na teoria seus pendores individuais confundem habilmente a moral antiga e a cristã. "É preciso", dizem eles, "tal como os antigos, servir sua pátria, não ser um cidadão inútil no Estado. "É preciso", dizem eles, "tal como os cristãos, submeter-se ao poder estabelecido pela vontade de Deus." É assim que a mistura do sistema da inércia com o da ação produz uma dupla imoralidade, ao passo que, tomados separadamente, ambos tinham direito ao respeito. A atividade dos cidadãos gregos e romanos, tal como podia ser exercida em uma república, era uma nobre virtude. A força de inércia cristã é também uma virtude, e de uma grande força; pois o cristianismo acusado de fraqueza é invencível segundo seu espírito, isto é, na energia da recusa. Mas o egoísmo insinuante dos homens ambiciosos lhes ensina a arte de combinar os raciocínios opostos, a fim de imiscuir-se em tudo como um pagão, e de submeter-se a tudo como um cristão.

O universo, meu amigo, não pensa em ti,[6]

é o que se pode dizer hoje a todo o universo, excetuados os fenômenos. Seria uma vaidade bem ridícula motivar em todos os casos a atividade política sob pretexto da utilidade de que se pode ter ao seu país. Essa utilidade praticamente nunca passa de um nome pomposo que reveste o interesse pessoal.

A arte dos sofistas sempre foi a de opor os deveres uns aos outros. Imaginam-se incessantemente circunstâncias nas quais essa medonha perplexidade poderia existir. A maior parte das ficções dramáticas se baseia nisso. Todavia a vida real é mais simples, veem-se nela muitas vezes as virtudes em combate com os interesses; mas talvez seja verdade que jamais o homem honrado em nenhuma ocasião pôde duvidar daquilo que o dever o ordenava. A voz da consciência é tão delicada que é fácil sufocá-la, mas é tão pura que é impossível ignorá-la.

---

6 Extraído do conto em versos de Voltaire, *La Vanité* [A vaidade], de 1760. (N. T.)

Uma máxima conhecida contém sob uma forma simples toda a teoria da moral: "Faze o que deves, aconteça o que for". Quando se estabelece, ao contrário, que a probidade de um homem público consiste em sacrificar tudo às vantagens temporais de sua nação, então podem ser encontradas muitas ocasiões nas quais por moralidade se seria imoral. Esse sofisma é tão contraditório no conteúdo quanto na forma: seria tratar a virtude como uma ciência conjectural e totalmente submetida às circunstâncias em sua aplicação. Que Deus proteja o coração humano de tal responsabilidade! As luzes de nosso espírito são muito incertas para que tenhamos condições de julgar o momento em que as eternas leis do dever poderiam ser suspensas; ou, antes, esse momento não existe.

Se alguma vez fosse amplamente reconhecido que o próprio interesse nacional deve estar subordinado aos mais altos pensamentos de que a virtude é composta, o quanto o homem consciencioso estaria à vontade! Como tudo lhe pareceria claro na política, ao passo que outrora uma hesitação contínua o fazia estremecer a cada passo! Foi essa mesma hesitação que fez que as pessoas de bem fossem vistas como incapazes para os negócios de Estado, sendo acusadas de pusilanimidade, timidez e temor, e os que sacrificavam levianamente o fraco ao poderoso, e os escrúpulos aos interesses, eram chamados homens de *uma natureza enérgica*. Entretanto, é uma energia fácil aquela que tende à nossa própria vantagem, ou mesmo à de uma facção dominante: pois tudo o que se faz no sentido da multidão é sempre fraqueza, por mais violento que pareça.

A espécie humana pede em voz alta que se sacrifique tudo ao interesse, e acaba por comprometer esse interesse por força de querer tudo imolar a ele; mas seria tempo de dizer-lhe que sua própria felicidade, tão utilizada como pretexto, é sagrada apenas em suas relações com a moral; pois sem ela o que importariam todos a cada um? Quando uma vez foi dito que é preciso sacrificar a moral ao interesse nacional, fica-se bem perto de restringir a cada dia o sentido da palavra nação e de fazer dela primeiro seus partidários, depois seus amigos, depois sua família, que é apenas um termo decente para designar a si mesmo.

Capítulo XIV
Do princípio da moral na nova filosofia alemã

A filosofia idealista tende por sua natureza a refutar a moral baseada no interesse particular ou nacional; ela não admite que a felicidade temporal seja o objetivo de nossa existência, e, ao remeter tudo à vida da alma, é ao exercício da vontade e da virtude que ela relaciona nossas ações e nossos pensamentos. As obras que Kant escreveu sobre a moral têm uma reputação ao menos igual àquelas que compôs sobre a metafísica.

Duas tendências distintas, diz ele, se manifestam no homem: o interesse pessoal que lhe vem do atrativo das sensações, e a justiça universal que diz respeito às suas relações com o gênero humano e a divindade; entre esses dois movimentos, a consciência decide; ela é como Minerva, que fazia pender a balança quando as vozes estavam divididas no areópago. As opiniões mais opostas não têm fatos por apoio? O pró e o contra não seriam igualmente verdadeiros se a consciência não trouxesse em si mesma a suprema certeza?

O homem situado entre argumentos visíveis e praticamente iguais que as circunstâncias da vida lhe dirigem em favor do bem e do mal, o homem recebeu do céu o sentimento do dever para tomar decisões. Kant busca demonstrar que esse sentimento é a condição necessária de nosso ser moral, a verdade que precedeu todas aquelas cujo conhecimento se adquire pela vida. Pode-se negar que a consciência não tenha bem mais dignidade quando se acredita que é uma capacidade inata, do que quando se vê nela uma faculdade adquirida como todas as outras pela experiência e pelo hábito? E é sobretudo nisto que a metafísica idealista exerce uma grande influência sobre a conduta moral do homem: ela atribui a mesma força primitiva à noção do dever que às noções de espaço e tempo e, ao considerar todas as duas como inerentes à nossa natureza, não admite mais dúvida sobre uma do que sobre a outra.

Toda estima por si mesmo e pelos outros deve estar baseada nas relações existentes entre as ações e a lei do dever; essa lei não diz respeito em nada à necessidade de felicidade; ao contrário, ela é muitas vezes chamada a combatê-la. Kant vai ainda mais longe, afirmando que o primeiro efeito do poder da virtude é causar um nobre sofrimento pelos sacrifícios que ela exige.

O destino do homem na Terra não é a felicidade, mas o aperfeiçoamento. É em vão que, por um jogo pueril, se diria que o aperfeiçoamento é a felicidade; sentimos claramente a diferença existente entre os gozos e os sacrifícios; e se a linguagem quisesse adotar os mesmos termos para ideias tão pouco semelhantes, o julgamento natural não se deixaria enganar com isso.

Falou-se muito que a natureza humana tendia à felicidade: eis seu instinto involuntário; mas a virtude é seu instinto racionalizado. Ao dar ao homem bem pouca influência sobre sua própria felicidade, e incontáveis meios para aperfeiçoar-se, a intenção do Criador decerto não foi a de que o objeto de nossa vida fosse um fim quase impossível. "Consagrai todas as vossas forças para vos tornar felizes, moderai vosso caráter, se puderdes, de modo a que não venhais a sentir os vagos desejos aos quais nada pode satisfazer; e, apesar de toda essa sábia combinação do egoísmo, ireis ficar doente, ireis ficar arruinado, ireis ficar aprisionado, e todo o edifício de vossos cuidados será derrubado por vós mesmos."

Responde-se a isso: "Serei tão circunspecto que não terei inimigos". Muito bem; não tereis de vos censurar por generosas imprudências; mas algumas vezes os menos corajosos viram-se perseguidos. "Cuidarei tão bem de minha fortuna, que a conservarei." Creio nisso; mas há desastres universais que não poupam nem mesmo os que tiveram por princípio jamais se expor aos outros, e a doença e os acidentes de toda espécie dispõem de nossa sorte, apesar de nós. Como, portanto, o objetivo de nossa liberdade moral seria a felicidade dessa curta vida, que o acaso, o sofrimento, a velhice e a morte colocam fora de nosso poder? Não ocorre o mesmo com o aperfeiçoamento; cada dia, cada hora, cada minuto pode contribuir para ele; todos os acontecimentos felizes e infelizes lhe servem igualmente, e essa obra depende inteiramente de nós, seja qual for nossa situação sobre a Terra.

A moral de Kant e Fichte é muito análoga à dos estoicos; entretanto os estoicos concediam muito mais ao domínio das qualidades naturais; o orgulho romano é encontrado em sua maneira de julgar o homem. Os *kantianos* creem na ação necessária e contínua da vontade contra as tendências más. Eles não toleram as exceções na obediência ao dever, e rejeitam todas as desculpas que as poderiam motivar.

A opinião de Kant sobre a veracidade é um exemplo disso; ele a considera com razão como a base de toda moral. Quando o filho de Deus foi chamado de Verbo ou palavra, talvez se quisesse honrar assim na linguagem a admirável faculdade de revelar o que se pensa. Kant levou o respeito pela verdade ao ponto de não permitir que fosse traída, mesmo que um celerado viesse vos perguntar se vosso amigo, que ele persegue, está escondido em vossa casa. Ele afirma que jamais é preciso permitir-se em qualquer circunstância particular o que não poderia ser admitido como lei geral; mas, nessa ocasião, esquece que se poderia fazer uma lei geral para se sacrificar a verdade apenas a outra virtude; pois, quando o interesse pessoal é afastado de uma questão, os sofismas não devem mais ser temidos, e a consciência se pronuncia sobre todas as coisas com equidade.

A teoria moral de Kant é severa e algumas vezes seca, pois exclui a sensibilidade. Ele a vê como um reflexo das sensações, devendo conduzir às paixões nas quais sempre entra o egoísmo; por isso não admite a sensibilidade como guia, e coloca a moral sob a salvaguarda de princípios imutáveis. Não há nada mais severo do que essa doutrina; mas há uma severidade que enternece mesmo quando os movimentos do coração lhe são suspeitos, e que ela tenta bani-los inteiramente: por mais rigoroso que seja um moralista, ele está seguro de nos comover quando se dirige à consciência. Aquele que diz ao homem: "Encontrai tudo em vós" faz sempre nascer na alma algo de grande que depende ainda da própria sensibilidade da qual ele exige o sacrifício. Ao estudar a filosofia de Kant, é preciso distinguir o sentimento da sensibilidade; ele admite um como juiz das verdades filosóficas, e considera o outro como devendo estar submetido à consciência. O sentimento e a consciência são empregados em seus escritos como termos praticamente sinônimos; mas a sensibilidade se aproxima muito mais da esfera das emoções, e por consequência das paixões que elas despertam.

Não há como se cansar de admirar os escritos de Kant nos quais a suprema lei do dever é consagrada; que calor verdadeiro, que eloquência animada em um tema a respeito do qual comumente se trata apenas de reprimir! Sentimo-nos penetrados por um profundo respeito pela austeridade de um velho filósofo, constantemente submetido a esse invisível poder da virtude, sem outro domínio além da consciência, sem outras armas além dos remorsos, sem outros tesouros a distribuir além dos gozos interiores da alma; gozos aos quais não se pode nem mesmo dar a esperança por motivo, uma vez que apenas são compreendidos após terem sido experimentados.

Entre os filósofos alemães, homens não menos virtuosos do que Kant, e que se aproximam muito mais da religião por seus pendores, atribuíram ao sentimento religioso a origem da lei moral. Esse sentimento não poderia ser da natureza daqueles que podem tornar-se uma paixão. Sêneca pintou a calma e a profundidade, quando disse: "No peito do homem virtuoso, não sei qual Deus, mas habita um Deus".

Kant pretendeu que era alterar a pureza desinteressada da moral dar a perspectiva de uma vida futura como objetivo às nossas ações; vários escritores alemães refutaram-no perfeitamente sob esse aspecto; com efeito, a imortalidade celeste não tem nenhuma relação com as penas e recompensas recebidas na Terra; o sentimento que nos faz aspirar à imortalidade é tão desinteressado quanto aquele que nos faria encontrar nossa felicidade em nosso devotamento à felicidade alheia; pois as premissas da felicidade religiosa estão no sacrifício de nós mesmos; assim ela afasta necessariamente toda espécie de egoísmo.

Por mais esforço que se faça, é preciso tornar a reconhecer que a religião é o verdadeiro fundamento da moral; é o objeto sensível e real dentro de nós que por si só pode desviar nossos olhares dos objetos exteriores. Se a piedade não causasse emoções sublimes, quem sacrificaria até mesmo os prazeres mais vulgares à fria dignidade da razão? É preciso começar a história do homem pela religião ou pela sensação, pois apenas há vida em uma ou em outra. A moral baseada no interesse pessoal, mesmo que fosse tão evidente quanto uma verdade matemática, não exerceria maior domínio sobre as paixões que pisoteiam todos os cálculos; apenas um sentimento pode triunfar sobre um sentimento, a natureza violenta apenas poderia ser dominada pela natureza exaltada. O raciocínio, em semelhantes casos, se assemelha ao mestre-escola de La Fontaine, ninguém o escuta, e todos gritam por socorro.[1]

Jacobi, tal como mostrarei na análise de suas obras, combateu os argumentos de que Kant se serve para não admitir o sentimento religioso como fundamento da moral. Ele crê, ao contrário, que a divindade se revela a cada homem em particular tal como se revelou ao gênero humano, quando as orações e as obras prepararam o coração para compreendê-la. Um outro filósofo afirma que a imortalidade começa já na Terra para aquele que deseja e sente em si mesmo o gosto pelas coisas eternas; um outro, que a natureza faz ouvir a vontade de Deus ao homem e que há no universo uma voz gemente e cativa que o convida a libertar o mundo e a si mesmo combatendo o princípio do mal sob todas as suas aparências funestas. Esses sistemas diversos dependem da imaginação de cada escritor e são adotados por aqueles que simpatizam com ele, mas a direção geral dessas opiniões é sempre a mesma. Libertar a alma da influência dos objetos exteriores, colocar o domínio de nós em nós mesmos, e dar a esse domínio o dever por lei, e por esperança uma outra vida.

Sem dúvida os verdadeiros cristãos ensinaram em todos os tempos a mesma doutrina: mas o que distingue a nova escola alemã é reunir todos esses sentimentos supostamente herdados pelos simples e ignorantes à mais alta filosofia e aos conhecimentos mais positivos. O século orgulhoso viera nos dizer que o raciocínio e as ciências destruíam todas as perspectivas da imaginação, todos os temores da consciência, todas as crenças do coração, e seria possível enrubescer pela metade de seu ser declarada fraca e quase insensata; mas chegaram esses homens que, pela força de pensar, encontraram a teoria de todas as impressões naturais, e, longe de querer

---

1 "O menino e o mestre-escola", fábula XIX. (N. T.)

Madame de Staël

sufocá-las, fizeram-nos descobrir a nobre origem da qual provêm. Os moralistas alemães reabilitaram o sentimento e o entusiasmo dos desdéns de uma razão tirânica, que contava como riquezas tudo o que ela havia aniquilado, e colocava no leito de Procrustes[2] o homem e a natureza, a fim de cortar o que a filosofia materialista não podia compreender!

---

2 Mítico bandido grego que roubava os visitantes em sua casa e em seguida os deitava em sua cama de ferro, cortando-lhe os pés se fossem maiores que a cama ou esticando-os com cordas se menores. (N. T.)

Capítulo XV
Da moral científica

Desde que o gosto pelas ciências exatas se apoderou dos espíritos desejou-se demonstrar tudo; e uma vez que o cálculo das probabilidades permitiu submeter até mesmo o incerto às regras, é motivo de orgulho resolver matematicamente todas as dificuldades apresentadas pelas questões mais delicadas, e de fazer assim que a álgebra reine sobre o universo. Alguns filósofos, na Alemanha, também pretenderam dar à moral as vantagens de uma ciência rigorosamente provada em seus princípios bem como em suas consequências, e que não admite nem objeção nem exceção desde que se adote dela a primeira base. Kant e Fichte tentaram esse trabalho metafísico, e Schleiermacher,[1] o tradutor de Platão e autor de vários discursos sobre a religião, de que falaremos na seção seguinte, publicou um livro muito profundo sobre o exame dos diversos sistemas morais considerados como ciência. Ele gostaria de encontrar um no qual todos os raciocínios estivessem perfeitamente encadeados, cujo princípio contivesse todas as consequências, e que cada consequência fizesse reaparecer o princípio; mas, até o presente, não parece que esse objetivo possa ser atingido.

Os antigos também quiseram fazer da moral uma ciência, mas compreendiam nessa ciência as leis e o governo: com efeito, é impossível fixar

---

1 Friedrich Daniel Ernst Schleiermacher (1768-1834). (N. T.)

de antemão todos os deveres da vida, quando se ignora aquilo que pode ser exigido pela legislação e pelos costumes do país onde se está; é segundo esse ponto de vista que Platão imaginou sua república. Nela, o homem inteiro é considerado sob o aspecto da religião, da política e da moral; mas de que modo essa república poderia existir? Não há como conceber que, em meio aos abusos da sociedade humana, um código de moral, qualquer que fosse, pudesse abrir mão da interpretação habitual da consciência. Os filósofos buscam a forma científica em todas as coisas; dir-se-ia que se lisonjeiam de encadear assim o futuro, e de se furtar inteiramente do jugo das circunstâncias; mas o que nos liberta dele é nossa alma, é a sinceridade de nosso amor íntimo pela virtude. A ciência da moral não ensina a ser um homem de bem, em toda a magnificência dessa expressão, mais do que a geometria a desenhar, ou a arte poética a encontrar ficções exitosas.

Kant, que havia reconhecido a necessidade do sentimento nas verdades metafísicas, quis abrir mão delas na moral, e jamais pôde estabelecer, de uma maneira incontestável, senão um grande fato do coração humano, o de que a moral tem por base o dever e não o interesse; mas, para conhecer o dever, é preciso chamá-lo à sua consciência e à religião. Kant, ao afastar a religião dos motivos da moral, não podia ver na consciência senão um juiz e não uma voz divina, também não deixou de apresentar questões espinhosas a esse juiz; as soluções que proveu a elas, e que acreditava evidentes, não foram menos atacadas de mil maneiras; pois é apenas pelo sentimento que se chega à unanimidade de opinião entre os homens.

Alguns filósofos alemães, tendo reconhecido a impossibilidade de redigir em leis todas as afeições que compõem nosso ser, e de fazer, por assim dizer, uma ciência de todos os movimentos do coração, contentaram-se em afirmar que a moral consistia na harmonia consigo mesmo. Sem dúvida, quando alguém não sente remorsos, é provável que não seja criminoso, e mesmo quando cometesse faltas segundo a opinião dos outros, se segundo a dele cumpriu seu dever, não é culpado; mas é preciso precaver-se desse contentamento de si, que parece dever ser a melhor prova da virtude. Há homens que chegaram a tomar seu orgulho por consciência; o fanatismo, para outros, é um móbil desinteressado que justifica tudo aos seus próprios olhos: enfim, o hábito do crime proporciona a certos caracteres um

Da Alemanha

gênero de força que os libera do arrependimento, ao menos enquanto não são atingidos pelo infortúnio.

Não decorre dessa impossibilidade de encontrar uma ciência da moral, ou sinais universais nos quais se possa reconhecer se seus preceitos são observados, que não existam deveres positivos que nos devam servir de guias; mas como no destino do homem há necessidade e liberdade, é preciso que em sua conduta também exista a inspiração e a regra; nada do que diz respeito à virtude pode ser totalmente arbitrário nem totalmente fixo: assim, uma das maravilhas da religião é reunir no mesmo nível o ímpeto do amor e a submissão à lei; desse modo o coração do homem fica ao mesmo tempo satisfeito e orientado.

Não darei conta aqui de todos os sistemas de moral científica que foram publicados na Alemanha; há alguns tão sutis que, ainda que tratem de nossa própria natureza, não se sabe no que se apoiar para concebê-los. Os filósofos franceses tornaram a moral singularmente árida, ao relacionar tudo ao interesse pessoal. Alguns metafísicos alemães chegaram ao mesmo resultado, não obstante terem fundado toda a sua doutrina sobre os sacrifícios. Nem os sistemas materialistas, nem os sistemas abstratos, podem dar uma ideia completa da virtude.

Capítulo XVI
Jacobi

É difícil encontrar, em qualquer país, um homem de letras de uma natureza mais notável do que a de Jacobi; com todas as vantagens da aparência pessoal e da fortuna, ele se devotou desde a juventude, há quarenta anos, à meditação. A filosofia é comumente uma consolação ou um abrigo, mas aquele que a escolhe, quando todas as circunstâncias lhe prometem grande sucesso na sociedade, não é senão mais merecedor de respeito. Levado por seu caráter a reconhecer a força do sentimento, Jacobi se ocupou das ideias abstratas, sobretudo para mostrar-lhes a insuficiência. Seus escritos sobre a metafísica são muito estimados na Alemanha; mas é sobretudo como grande moralista que sua reputação é universal.

Ele foi o primeiro a combater a moral baseada no interesse, e, ao dar por princípio à dele o sentimento religioso, considerado filosoficamente, construiu uma doutrina distinta da de Kant, que relaciona tudo à inflexível lei do dever, e da dos novos metafísicos, que, como acabo de dizer, buscam o meio de aplicar o rigor científico à teoria da virtude.

Schiller, em um epigrama contra o sistema moral de Kant, disse: "Tenho prazer em servir meus amigos; agrada-me cumprir meus deveres; isso me inquieta, pois então não sou virtuoso". Esse gracejo carrega consigo um sentido profundo, pois, ainda que a felicidade não deva nunca ser o objetivo da realização do dever, não obstante, a satisfação interior que nos causa é precisamente o que se pode chamar a beatitude da virtude: a palavra beatitude perdeu algo de sua dignidade; mas é preciso contudo tornar a utilizá-la, pois deve-se exprimir o gênero de impressões que faz sacrificar a felicidade, ou ao menos o prazer, a um estado de alma mais doce e mais puro.

Com efeito, se o sentimento não secunda a moral, como ela se faria obedecer? Como unir, senão pelo sentimento, a razão e a vontade, quando esta vontade tem o dever de dobrar nossas paixões? Um pensador alemão disse que "não havia outra filosofia além da religião cristã", e certamente não foi para excluir a filosofia que ele se exprimiu assim, mas por estar convencido de que as ideias mais altas e profundas levavam a descobrir o acordo singular dessa religião com a natureza do homem. Entre esses dois grupos de moralistas, aquele que, como Kant e outros mais abstratos ainda, quer relacionar todas as ações da moral a preceitos imutáveis, e aquele que, como Jacobi, proclama que é preciso abandonar tudo à decisão do sentimento; o cristianismo parece indicar o ponto maravilhoso no qual a lei positiva não exclui a inspiração do coração, nem a inspiração a lei positiva.

Jacobi, que tem tantas razões para confiar na pureza de sua consciência, errou ao estabelecer como princípio a necessidade de se remeter inteiramente àquilo que o movimento da alma nos pode aconselhar; a rispidez de alguns escritores intolerantes, que não admitem nem modificação nem indulgência na aplicação de alguns preceitos, lançou Jacobi no excesso contrário.

Quando são severos, os moralistas franceses chegam a um grau que mata o caráter individual no homem; está no espírito da nação amar completamente a autoridade. Os filósofos alemães, e Jacobi principalmente, respeitam aquilo que constitui a existência particular de cada ser, e julgam as ações em sua origem, isto é, segundo o impulso bom ou mau que as causou. Há mil meios de ser um homem muito mau sem ferir nenhuma lei aceita, assim como se pode fazer uma tragédia detestável observando todas as regras e conveniências teatrais. Quando a alma não tem um ímpeto natural, busca saber o que se deveria dizer e o que se deveria fazer em cada circunstância, a fim de estar quites consigo mesma e com os outros, submetendo-se ao que é ordenado. Entretanto, no tocante à moral, bem como à poesia, a lei apenas pode ensinar o que não deve ser feito; em todas as coisas, apenas a divindade de nosso coração nos revelou o que é bom e sublime.

Da Alemanha

A utilidade pública, tal como a desenvolvi nos capítulos precedentes, poderia levar à imoralidade pela moralidade. Nas relações privadas, ao contrário, pode ocorrer algumas vezes que uma conduta perfeita segundo a sociedade provenha de um mau princípio, isto é, que diga respeito a algo de árido, odioso e impiedoso. As paixões naturais e os talentos superiores desagradam às pessoas que se orgulham com demasiada facilidade do nome de severas: elas se arvoram em sua moralidade, que dizem provir de Deus, assim como um inimigo tomaria a espada do pai para atacar seus filhos.

Entretanto, a aversão de Jacobi contra o inflexível rigor da lei faz que ele vá muito longe para libertar-se dela. "Sim", diz ele,

eu mentiria como Desdêmona agonizante;[1] enganaria como Orestes quando desejou morrer em lugar de Pílade;[2] mataria como Timoleão;[3] perjuraria como Epaminondas[4] e Johan de Witt;[5] eu me determinaria o suicídio como Catão;[6] seria sacrílego como Davi;[7] pois tenho a certeza em mim mesmo de que ao perdoar essas faltas segundo a letra, o homem exerce o direito soberano que a majestade de seu ser lhe confere; ele apõe o selo de sua dignidade, o selo de sua divina natureza sobre o perdão que concede.

Se desejais estabelecer um sistema universal e rigorosamente científico, deveis submeter a consciência a esse sistema que petrificou a vida: a consciência deve tornar-se surda, muda e insensível; é preciso arrancar até os menores

---

1 Desdêmona, a fim de salvar seu esposo da vergonha e do perigo pelo crime que ele havia acabado de cometer, declara ao agonizar que havia cometido suicídio.

2 Referência à tragédia *Ifigênia em Táuris* de Ésquilo. (N. T.)

3 Timoleão (século IV a.C.) teria matado seu irmão Timófanes, então tirano de Siracusa, instaurando em seguida a liberdade dos gregos de Siracusa em relação aos cartagineses. (N. T.)

4 Epaminondas (*c.* 418-*c.* 362 a.C.): general grego responsável por transformar Tebas em potência hegemônica da Grécia, substituindo Esparta. (N. T.)

5 Johan de Witt (1653-1772): líder político dos Países-Baixos. (N. T.)

6 Marcus Porcius Cato (95-46 a.C.), ou Catão, o Jovem, apoiou Pompeu contra César e cometeu suicídio após a vitória deste. (N. T.)

7 Davi, monarca conhecido pela imparcialidade de seus julgamentos, mas que decaiu nas ações com a prosperidade e o poder irrestrito; teve várias esposas e amantes; desposou Batsabá, cujo marido, Uriah, ele havia enviado para a fronteira a fim de que morresse, pelo que Deus teria feito com que o filho deles morresse. (N. T.)

restos de sua raiz, isto é, do coração do homem. Sim, tão verdadeiro quanto vossas fórmulas metafísicas que vos fazem as vezes de Apolo e das Musas, é apenas ao fazer calar vosso coração que podereis vos conformar implicitamente às leis sem exceção, e que adotareis a obediência rude e servil que elas pedem: então a consciência servirá apenas para vos ensinar, como um professor na cadeira, o que é verdadeiro fora de vós; e esse fanal interior logo não passará de uma mão de madeira que, nas estradas, indica a rota aos viajantes.[8]

Jacobi é tão bem guiado por seus próprios sentimentos que talvez não tenha refletido o bastante sobre as consequências dessa moral para o comum dos homens. Pois o que responder àqueles que, ao se afastarem do dever, acreditassem obedecer aos movimentos de sua consciência? Sem dúvida podemos descobrir que são hipócritas ao falarem assim; mas lhes foi fornecido o argumento que pode servir para justificá-los, não importa o que façam; e é uma grande coisa para os homens terem frases a dizer em favor de sua conduta: eles se servem disso, a princípio, para enganar os outros, e terminam por enganar a si mesmos.

Haverá quem diga que essa doutrina independente não pode convir senão aos caracteres realmente virtuosos? Não deve haver privilégios nem mesmo para a virtude; pois no momento em que ela os desejar, é provável que não os mereça mais. Uma igualdade sublime reina no domínio do dever, e algo se passa no fundo do coração humano, que dá a cada homem, quando deseja sinceramente, os meios de realizar tudo o que o entusiasmo inspira, sem sair dos limites da lei cristã, que também é obra de um santo entusiasmo.

A doutrina de Kant com efeito pode ser considerada como muito seca, pois nela não se dá bastante influência à religião; mas não é preciso se espantar por ele ter sido levado a não fazer do sentimento a base de sua moral, em uma época na qual se havia difundido, sobretudo na Alemanha, uma afetação de sensibilidade que necessariamente enfraquecia o ímpeto dos espíritos e dos caracteres. Um gênio tal como o de Kant devia ter por objetivo dar nova têmpera às almas.

---

8 *Sendschreiben an Fichte* [Carta a Fichte], de 1799. (N. T.)

Da Alemanha

Os moralistas alemães da nova escola, tão puros em seus sentimentos, não importa a quais sistemas abstratos se entreguem, podem ser divididos em três grupos: aqueles que, como Kant e Fichte, quiseram dar à lei do dever uma teoria científica e uma aplicação inflexível; aqueles, à frente dos quais se deve colocar Jacobi, que tomam o sentimento religioso e a consciência natural como guias; e aqueles que, fazendo da revelação a base de sua crença, querem reunir o sentimento e o dever, e buscam ligá-los por uma interpretação filosófica. Todos esses três grupos de moralistas atacam igualmente a moral baseada no interesse pessoal. Ela praticamente já não tem mais partidários na Alemanha: pode-se fazer o mal ali, mas ao menos deixa-se intacta a teoria do bem.

Capítulo XVII
Woldemar

O romance *Woldemar*[1] é a obra do mesmo filósofo Jacobi de que falei no capítulo precedente. Essa obra contém discussões filosóficas nas quais os sistemas de moral professados pelos escritores franceses são vivamente atacados; a doutrina de Jacobi é desenvolvida ali com uma admirável eloquência. Sob esse aspecto, *Woldemar* é um livro muito belo; mas, como romance, não gosto nem do andamento nem do fim.

O autor, que, como filósofo, relaciona todo o destino humano ao sentimento, a meu ver, retrata em sua obra a sensibilidade diversamente do que é de fato. Uma delicadeza exagerada, ou antes, um modo estranho de conceber o coração humano, pode interessar como teoria, mas não quando colocada em ação, querendo-se assim fazer dela algo real.

Woldemar sente uma amizade viva por uma pessoa que não quer desposá-lo embora ela partilhe seu sentimento. Ele se casa com uma mulher a quem não ama, pois acredita que nela encontrará um caráter submisso e doce, adequado ao casamento. Tão logo a desposou, está prestes a entregar-se ao amor que sente pela outra. Aquela que não quis unir-se a ele ainda o ama, mas fica revoltada com a ideia de que seja possível que ele lhe tenha amor; e, entretanto, quer viver perto dele, cuidar de seus filhos, tratar sua mulher como irmã e conhecer as afeições da natureza apenas pela simpatia da amizade. É assim que termina

---

1 *Woldemar* foi editado em 1794. (N. T.)

uma peça de Goethe, bastante louvada, *Stella*,[2] com a resolução tomada pelas duas mulheres, que têm laços sagrados com o mesmo homem, de ambas viverem junto dele em bom entendimento. Tais invenções têm êxito apenas na Alemanha, pois nesse país há com frequência mais imaginação do que sensibilidade. As almas do Sul da Europa não entenderiam nada desse heroísmo de sentimento: a paixão é devotada, mas ciumenta; e a pretendida delicadeza que sacrifica o amor à amizade, sem que o dever ordene, não passa de frieza amaneirada.

Toda essa generosidade à custa do amor é um sistema inteiramente factício. Não se deve admitir nem tolerância nem partilha em um sentimento que não é sublime senão por ser, tal como a maternidade, tal como a ternura filial, exclusivo e todo-poderoso. Ninguém deve colocar-se por escolha própria em uma situação na qual a moral e a sensibilidade não estejam de acordo; pois o que é involuntário é tão belo que é horrível ser condenado a ordenar todas as suas ações, e a viver consigo mesmo como que com sua própria vítima.

Seguramente, não é por hipocrisia nem por aridez da alma que um gênio bom e verdadeiro imaginou no romance *Woldemar* situações nas quais cada personagem imola o sentimento pelo sentimento, e busca com cuidado uma razão para não amar a quem ama. Mas Jacobi, tendo sentido desde sua juventude um vivo pendor por todos os gêneros de entusiasmo, buscou nos laços do coração um misticismo romanesco muito engenhosamente exprimido, mas pouco natural.

Parece-me que Jacobi não entende tão bem o amor quanto a religião, pois deseja confundi-los muito; não é verdade que o amor possa, tal como a religião, encontrar toda a sua felicidade na abnegação da própria felicidade. Altera-se a ideia que se deve ter da virtude, quando se faz que ela consista em uma exaltação sem objetivo e em sacrifícios sem necessidade. Todas as personagens do romance de Jacobi rivalizam continuamente em generosidade à custa do amor; não somente isso é raro na vida, mas não é nem mesmo belo, quando a virtude não o exige; pois os sentimentos fortes e apaixonados honram a natureza humana, e a religião é tão importante justamente porque pode triunfar sobre tais sentimentos. Teria sido preciso que o próprio Deus se dignasse a falar ao nosso coração, se nele existissem apenas afeições indulgentes às quais fosse tão fácil renunciar?

---

2 Tragédia em cinco atos, de 1775. (N. T.)

Capítulo XVIII
Da disposição romanesca nas afeições do coração

Como já dissemos, os filósofos ingleses fundaram a virtude no sentimento, ou antes no sentido moral; mas esse sistema não tem nenhuma relação com a moralidade *sentimental* mencionada aqui; essa moralidade, cujo nome e cuja ideia praticamente existem apenas na Alemanha, não tem nada de filosófica, ela somente faz da sensibilidade um dever, e leva a subestimar aqueles que não a têm.

Sem dúvida a capacidade de amar diz respeito muito intimamente à moral e à religião; é possível pois que nossa repugnância pelas almas frias e duras seja um instinto sublime, um instinto que nos adverte que tais seres, mesmo quando sua conduta é estimável, agem mecanicamente ou por cálculo, mas sem que alguma vez possa existir entre eles e nós alguma simpatia. Na Alemanha, onde se deseja reduzir em preceitos todas as impressões, considerou-se como imoral aquilo que não era sensível e mesmo romanesco. *Werther* havia de tal modo posto em voga os sentimentos exaltados que quase ninguém teria ousado mostrar-se seco e frio, mesmo que tivesse esse caráter naturalmente. Daí o *entusiasmo forçado* pela lua, pelas florestas, pelo campo e pela solidão; daí os males dos nervos, os sons de voz amaneirados, os olhares que querem ser vistos, todo esse aparato, enfim, da sensibilidade, desdenhado pelas almas fortes e sinceras.

O autor de *Werther* foi o primeiro a zombar dessas afetações; não obstante, tendo em vista que há necessariamente ridículos em todos os países, talvez valha mais que consistam no exagero um pouco ingênuo daquilo que é bom do que na elegante pretensão àquilo que é mau. Uma vez que o desejo de sucesso é invencível nos homens, e ainda mais nas mulheres, as pretensões da mediocridade são um sinal certo do gosto dominante em certa época e em certa sociedade; as mesmas pessoas que se faziam *sentimentais* na Alemanha se mostrariam, em outros lugares, levianas e desdenhosas.

A extrema suscetibilidade do caráter dos alemães é uma das grandes causas da importância que eles conferem às menores nuanças do sentimento, e essa suscetibilidade provém com frequência da verdade das afeições. É fácil ser firme quando não se é sensível: a única qualidade necessária então é a coragem; pois é preciso que *a severidade bem ordenada comece por nós mesmos*: mas, quando as provas de interesse que os outros nos recusam ou nos dão influem poderosamente sobre a felicidade, é impossível que não tenhamos mil vezes mais irritabilidade no coração do que aqueles que exploram seus amigos como um domínio, buscando apenas torná-los aproveitáveis.

Todavia é preciso prevenir-se desses códigos de sentimentos tão sutis e tão nuançados que muitos escritores alemães multiplicaram de tantas maneiras, e que povoam seus romances. Deve-se convir que os alemães não são sempre perfeitamente naturais. Certos de sua lealdade, de sua sinceridade em todos os aspectos reais da vida, eles são tentados a olhar a afetação do belo como um culto ao bem, e a permitir-se algumas vezes nesse gênero exageros que estragam tudo.

Essa emulação de sensibilidade entre algumas mulheres e alguns escritores da Alemanha seria no fundo bastante inocente, se o ridículo que se dá à afetação não lançasse sempre uma espécie de desfavor sobre a própria sinceridade. Os homens frios e egoístas encontram um prazer particular em zombar das uniões apaixonadas, e gostariam de fazer passar por factício tudo aquilo que não sentem. Há até mesmo pessoas realmente sensíveis cujas impressões tornam-se insípidas devido ao exagero melífluo, e que ficam apáticas diante do sentimento tal como se poderia fazer que ficassem diante da religião, pelos sermões tediosos e pelas práticas supersticiosas.

É um erro aplicar as ideias positivas que temos sobre o bem e o mal às delicadezas da sensibilidade. Acusar determinado caráter daquilo que lhe falta sob esse aspecto é como tornar um crime não ser poeta. A suscetibilidade

Da Alemanha

natural àqueles que pensam mais do que agem pode torná-los injustos para com as pessoas de outra natureza. É preciso imaginação para adivinhar tudo o que o coração pode nos levar a sofrer, e as melhores pessoas do mundo são com frequência grosseiras e estúpidas a esse respeito: elas seguem em meio aos sentimentos como se andassem sobre flores, espantando-se por estragá-las. Não há homens que não admiram Rafael, que ouvem música sem emoção, a quem o oceano e os céus parecem monótonos? Como portanto compreenderiam as tempestades da alma?

Mesmo os caracteres mais sensíveis não são algumas vezes desencorajados em suas esperanças? Não podem estar tomados por uma espécie de aridez interior, como se a divindade se retirasse deles? Eles não permanecem menos fiéis às suas afeições; mas não há mais perfume no templo, música no santuário, emoção no coração. Com frequência também a infelicidade nos obriga a calar em nós mesmos essa voz do sentimento, harmoniosa ou dilacerante, segundo ela se concilie ou não com o destino. Portanto é impossível fazer da sensibilidade um dever, pois os que a possuem sofrem o suficiente para terem com frequência o direito e o desejo de reprimi-la.

As nações ardentes não falam da sensibilidade senão com terror; as nações pacíficas e sonhadoras acreditam poder encorajá-la sem medo. De resto, jamais se escreveu sobre esse tema com uma verdade perfeita, pois cada um quer ter um reconhecimento público pelo que sente ou inspira. As mulheres buscam comportar-se como em um romance, e os homens como em uma história; mas o coração humano está ainda bem longe de ser penetrado em suas relações mais íntimas. Em algum momento talvez, alguém dirá sinceramente tudo o que sentiu, e ficaremos completamente surpresos de saber que a maior parte das máximas e das observações são errôneas, e que há uma alma desconhecida no fundo daquela que é retratada.

Capítulo XIX
Do amor no casamento

É no casamento que a sensibilidade é um dever: em qualquer outra relação, a virtude pode bastar; mas naquela em que os destinos estão entrelaçados, ou o mesmo impulso serve por assim dizer às batidas de dois corações, parece que uma afeição profunda é praticamente um laço necessário. A leviandade dos costumes introduziu tantos sofrimentos entre os esposos que os moralistas do último século estavam acostumados a relacionar todos os gozos do coração ao amor paternal e maternal, e praticamente acabavam por considerar o casamento apenas como a condição requerida para o prazer de ter filhos. Isso é falso na moral, e mais falso ainda na felicidade.

É tão fácil ser bom para os próprios filhos, que não se deve fazer disso um grande mérito. Em seus primeiros anos, eles não podem seguir a própria vontade, mas apenas a de seus pais; quando chegam à juventude, existem por si mesmos. Justiça e bondade compõem os principais deveres de uma relação que a natureza torna tão fácil. Não se dá assim nas relações com essa metade de nós, que pode encontrar felicidade ou infelicidade em nossas menores ações, em nossos olhares e em nossos pensamentos. Somente aí a moralidade pode ser completamente exercida: aí também reside a verdadeira origem da felicidade.

Um amigo da mesma idade, junto do qual deveis viver e morrer; um amigo cujos interesses são inteiramente os vossos, tendo perspectivas inteiramente em comum com as vossas, compreendido aí a do túmulo:

eis o sentimento que contém todo o destino. Algumas vezes, é verdade, vossos filhos, e com mais frequência ainda vossos pais, tornam-se vossos companheiros na vida; mas esse raro e sublime gozo é combatido pelas leis da natureza, ao passo que a associação do casamento está em acordo com toda a existência humana.

Portanto, de onde vem que essa associação tão santa seja com tanta frequência profanada? Ousaria dizer que isso se deve à desigualdade singular que a opinião da sociedade coloca entre os deveres dos dois esposos. O cristianismo tirou as mulheres de uma condição semelhante à escravidão. A igualdade diante de Deus sendo a base dessa admirável religião, ela tende a manter a igualdade dos direitos sobre a Terra; a justiça divina, a única perfeita, não admite nenhum gênero de privilégios, e o da força ainda menos do que qualquer outro. Entretanto a escravidão das mulheres permaneceu pelos preconceitos que, combinando-se com a grande liberdade que a sociedade lhes deixa, trouxeram muitos males.

É certo excluir as mulheres dos assuntos políticos e civis; nada é mais oposto à sua vocação natural do que tudo aquilo que lhes daria relações de rivalidade com os homens, e a própria glória poderia ser para uma mulher apenas um esplêndido luto de felicidade. Mas se o destino das mulheres deve consistir em um ato contínuo de devotamento ao amor conjugal, a recompensa desse devotamento é a escrupulosa fidelidade daquele que lhe é seu objeto.

A religião não faz nenhuma diferença entre os deveres dos dois esposos, mas o mundo estabelece uma grande; e dessa diferença nasce o ardil nas mulheres, e o ressentimento nos homens. Qual coração pode dar-se por inteiro sem querer um outro coração também por inteiro? Quem pois aceita de boa-fé a amizade por prêmio do amor? Quem promete sinceramente a constância a quem não quer ser fiel? Decerto, a religião pode exigi-lo, pois somente ela tem o segredo dessa região misteriosa na qual os sacrifícios são gozos; mas como é injusta a troca que o homem pretende impor à sua companheira!

"Eu vos amarei", diz ele, "com paixão dois ou três anos, e depois, ao final desse tempo, vos falarei racionalmente." E aquilo que chamam razão é o desencantamento da vida.

Da Alemanha

Mostrarei em minha casa frieza e tédio; tratarei de agradar em outros lugares: mas vós que tendes comumente mais imaginação e sensibilidade que eu, vós que não tendes nem carreira nem distração, ao passo que essas ocupações me são fartamente oferecidas pelo mundo; vós que só existis para mim, ao passo que tenho milhares de outros pensamentos, vós ficareis satisfeita com a afeição subordinada, fria, partilhada, que me convém vos conceder, e desdenhareis todas as homenagens que exprimiriam sentimentos mais exaltados e mais ternos.

Que trato injusto! Todos os sentimentos humanos recusam-se a isso. Há um contraste singular entre as formas de respeito para com as mulheres que o espírito cavaleiresco introduziu na Europa, e a tirânica liberdade que os homens se adjudicaram. Esse contraste produz todas as infelicidades do sentimento, as ligações ilegítimas, a perfídia, o abandono e o desespero. As nações germânicas foram menos atingidas do que as outras por esses efeitos funestos; mas, sob esse aspecto, elas devem temer a influência exercida com o tempo pela civilização moderna. Vale mais encarcerar as mulheres como escravas, não estimular nelas o espírito e a imaginação, do que as lançar em meio à sociedade, e desenvolver todas as suas faculdades, para recusar-lhes em seguida a felicidade que essas faculdades lhes tornam necessária.

O sofrimento de um casamento infeliz é tanto que ultrapassa todas as outras penas deste mundo. A alma inteira de uma mulher repousa sobre a ligação conjugal: lutar solitariamente contra o destino, avançar para o caixão sem que um amigo vos ampare, sem que um amigo vos lamente, é um isolamento de que os desertos da Arábia dão somente uma vaga ideia; e quando todo o tesouro de vossos jovens anos foi dado em vão, quando não esperais mais para o fim da vida o reflexo dos primeiros raios, quando o crepúsculo não tem mais nada que recorde a aurora, sendo pálido e descolorido como um espectro lívido, no avançado da noite, vosso coração se revolta, parecendo-vos ter sido privada dos dons de Deus sobre a Terra; e ainda que ameis aquele que vos trata como escrava, visto que ele não vos pertence e que dispõe de vós, o desespero apodera-se de todas as faculdades, e a própria consciência é perturbada por tantas infelicidades.

Madame de Staël

As mulheres poderiam dirigir ao esposo que trata levianamente seu destino estes dois versos de uma fábula:

Sim, é um jogo para vós,
mas é a morte para nós.

E enquanto não se fizer nas ideias uma revolução qualquer, que mude a opinião dos homens sobre a constância que lhes impõe o laço do casamento, sempre haverá guerra entre os dois sexos, guerra secreta, eterna, ardilosa, pérfida, pelo que a moralidade de todos os dois sofrerá.

Na Alemanha, não há quase desigualdade entre os dois sexos no casamento; mas assim se dá porque as mulheres rompem os laços mais santos com tanta frequência quanto os homens. A facilidade do divórcio introduz nas relações de família uma espécie de anarquia que não deixa nada subsistir em sua verdade nem em sua força. Para manter algo de sagrado sobre a Terra, vale mais ter uma escrava no casamento do que dois espíritos fortes.

A pureza da alma e da conduta é a primeira glória de uma mulher. Que ser degradado ela não seria sem uma e sem a outra! Mas a felicidade geral e a dignidade da espécie humana talvez não deixassem de ganhar com a fidelidade do homem no casamento. Com efeito, o que há de mais belo na ordem moral do que um rapaz que respeite esse augusto laço? A opinião não o exige dele, a sociedade deixa-o livre; uma espécie de gracejo bárbaro iria encarregar-se de frustrar até os lamentos do coração que ele tivesse partido, pois a censura volta-se facilmente contra as vítimas. Ele é portanto o senhor, mas tem deveres; nenhum inconveniente lhe ocorrerá por suas faltas; mas ele teme o mal que pode fazer àquela que se confiou ao seu coração, e a generosidade o aprisiona muito mais do que a vida em sociedade o liberta.

A fidelidade é imposta às mulheres por mil considerações diversas; elas podem temer os perigos e as humilhações, consequências inevitáveis de um erro; a voz da consciência é a única a se fazer ouvir ao homem; ele sabe que faz sofrer, sabe que pela inconstância destrói um sentimento que deve prolongar-se até a morte e renovar-se no céu; sozinho consigo mesmo, sozinho em meio às seduções de todos os gêneros, ele permanece puro como

Da Alemanha

um anjo; pois, se os anjos não foram representados sob traços de mulher, é porque a união da força com a pureza é mais bela e mais celestial ainda do que a modéstia mais perfeita em um ser fraco.

Quando não tem a memória como freio, a imaginação se desapega do que se possui, embeleza o que se teme não obter e faz do sentimento uma dificuldade vencida. Mas do mesmo modo que nas artes as dificuldades vencidas não exigem verdadeiro gênio, no sentimento é preciso segurança para sentir essas afeições, penhor da eternidade, pois elas bastam para nos dar a ideia daquilo que não poderia acabar.

O rapaz fiel parece cada dia preferir de novo aquela que ele ama; a natureza lhe deu uma independência sem limites, e ao menos com muita antecedência ele não poderia prever os dias ruins da vida: seu cavalo pode levá-lo ao fim do mundo; a guerra, pela qual é arrebatado, liberta-o ao menos momentaneamente das relações domésticas, e parece reduzir todo o interesse da existência à vitória ou à morte. A Terra lhe pertence, todos os prazeres lhe são oferecidos, nenhuma fadiga o assusta, nenhuma associação íntima lhe é necessária; ele aperta a mão de um companheiro de armas e o laço de que precisa está formado. Sem dúvida, virá um tempo em que o destino revelará seus terríveis segredos; mas ele ainda não pode desconfiar disso. Cada vez que uma nova geração entra em posse de seu domínio, ela não crê que todos os infortúnios de seus antecessores decorreram de sua fraqueza? Ela não se persuade de que nasceram trêmulos e débeis, como são vistos agora? E então! Do seio mesmo de tantas ilusões, como é virtuoso e sensível aquele que quer devotar-se ao longo amor, laço desta vida com a outra! Ah! Como um olhar altivo e másculo é belo, quando ao mesmo tempo é modesto e puro! Vê-se passar nele um raio desse pudor, que pode emanar da coroa das virgens santas para ornar até mesmo uma fronte guerreira.

Se o rapaz quer partilhar com um único objeto os dias resplandecentes de sua juventude, decerto entre seus contemporâneos encontrará trocistas que irão pronunciar a sentença *parvoíce*, o terror dos filhos do século. Mas é parvo o único a ser realmente amado?, posto que as angústias ou os gozos do amor-próprio formam todo o tecido das afeições frívolas e mentirosas. É parvo aquele que não se diverte em enganar para ser por sua vez mais

Madame de Staël

enganado, mais dilacerado talvez do que sua vítima? É parvo enfim aquele que não buscou a felicidade nas miseráveis combinações da vaidade, mas nas eternas belezas da natureza, que falam todas de constância, duração e profundidade?

Não, Deus criou primeiro o homem como a mais nobre das criaturas, e a mais nobre é aquela que tem mais deveres. É um abuso singular da prerrogativa de uma superioridade natural fazê-la servir para livrar-se dos laços mais sagrados, ao passo que a verdadeira superioridade consiste na força da alma; e a força da alma é a virtude.

Capítulo XX
Dos escritores moralistas
da velha escola na Alemanha

Antes que a nova escola, na Alemanha, tivesse originado duas tendências que parecem se excluir, a metafísica e a poesia, o método científico e o entusiasmo, existiam escritores que mereceriam um lugar honroso ao lado dos moralistas ingleses. Mendelssohn, Garve, Sulzer, Engel[1] e outros escreveram sobre os sentimentos e os deveres com sensibilidade, religião e candura. Não se encontra em suas obras o engenhoso conhecimento das altas rodas que caracteriza os autores franceses, La Rochefoucauld, La Bruyère[2] etc. Os moralistas alemães pintam a sociedade com certa ignorância, interessante a princípio, mas monótona ao fim.

De todos os escritores, foi Garve quem mais deu importância a falar bem da boa companhia, da moda, da polidez etc. Há em toda a sua maneira de exprimir-se a esse respeito um desejo muito grande de parecer um homem mundano, de saber a razão de tudo, de ser perspicaz como um francês e

---

1 Moses Mendelssohn (1729-1786), por sua tradução do *Pentateuco* para o alemão, em 1783, foi hostilizado por alguns rabinos que consideraram seu trabalho antirreligioso e herético. Christian Garve (1742-1798): um dos filósofos mais populares do Iluminismo alemão, traduziu e anotou obras morais e políticas de Aristóteles, bem como o *De officis* de Cícero. Johann Georg Sulzer (1720-1779), autor de uma *Teoria geral das belas-artes,* publicada em dois volumes em 1771 e 1774. Johann Jakob Engel (1741-1802), crítico e dramaturgo alemão. (N. T.)

2 Jean de la Bruyère (1645-1696). (N. T.)

de julgar com benevolência a corte e a cidade; mas as ideias comuns que proclama em seus escritos sobre esses diversos assuntos atestam que ele não sabe nada sobre isso senão por ouvir dizer, e jamais observou bem tudo o que as relações da sociedade podem oferecer de considerações refinadas e delicadas.

Quando fala da virtude, Garve mostra luzes puras e um espírito sereno; ele é interessante e original sobretudo em seu tratado *Sobre a paciência*.[3] Acometido por uma doença cruel, soubera suportá-la com uma coragem admirável; e tudo aquilo que sentimos em nós mesmos inspira pensamentos novos.

Mendelssohn, judeu de nascença, tinha se devotado, em meio ao comércio, ao estudo das belas-letras e da filosofia, sem renunciar em nada à crença ou aos ritos de sua religião; admirador sincero do *Fédon*,[4] que traduzira, tinha persistido nas ideias e nos sentimentos precursores de Jesus Cristo; alimentados pelos *Salmos* e pela *Bíblia*, seus escritos conservam o caráter da simplicidade hebraica. Ele se comprazia em tornar a moral sensível por apólogos à maneira oriental; e essa forma é seguramente a que mais agrada, afastando dos preceitos o tom da reprimenda.

Dentre esses apólogos, vou traduzir um que me parece notável.

Sob o governo tirânico dos gregos, os israelitas foram proibidos, sob pena de morte, de ler entre eles as leis divinas. Rabbi Akiba, apesar da proibição, mantinha assembleias nas quais fazia a leitura dessa lei. Pappus soubera disso e lhe falara: "Akiba, não temes as ameaças desses cruéis?". "Quero contar-te uma fábula", respondera Rabbi. "Uma raposa passeava às margens de um riacho, e vira os peixes que se agrupavam com medo no fundo desse riacho. 'De onde vem o terror que vos agita?', perguntara a raposa. 'As crianças dos homens', responderam os peixes, 'lançam suas redes nas águas, a fim de nos pegar e tratamos de escapar delas.' 'Sabeis o que é preciso fazer?', dissera a raposa; 'ide ali, sobre a rocha onde os homens não vos poderiam alcançar.' 'Como é possível',

---

3 "Ueber die geduld", em *Versuche über verschiedene Gegenstände aus der Moral*, 1792. (N. T.)

4 Obra de Platão na qual ele defende a imortalidade da alma. (N. T.)

exclamaram os peixes, 'que tu sejas a raposa, estimada a mais prudente entre os animais? Tu serias o mais ignorante de todos se nos desse seriamente tal conselho. A água é para nós o elemento da vida; e é-nos impossível renunciar a ela pelos perigos que nos ameaçam!'" Pappus, a aplicação dessa fábula é fácil; a doutrina religiosa é para nós a origem de todo bem; é por ela, é apenas por ela que existimos; temos de prosseguir em seu seio, não queremos nos subtrair ao perigo, refugiando-nos na morte.

A maior parte das pessoas das altas rodas não aconselha melhor do que a raposa: quando avistam as almas sensíveis agitadas pelos sofrimentos do coração, propõem-lhes sempre que saiam do ar onde está a tempestade, para entrar no vazio que mata.

Engel, tal como Mendelssohn, ensina a moral de uma maneira dramática. Suas ficções não são grande coisa; mas sua relação com a alma é íntima. Em uma delas, ele retrata um velho que se torna louco pela ingratidão de seu filho, e o sorriso do velho durante a narração de seu infortúnio é descrito com uma verdade dilacerante. O homem que não tem mais consciência de si mesmo causa o mesmo temor que um corpo que caminhasse sem vida. "É uma árvore", diz Engel, "cujos ramos estão secos; suas raízes ainda estão presas ao chão, mas seu cume já foi atingido pela morte." Um rapaz, de aspecto infeliz, pergunta a seu pai se há aqui embaixo um destino mais doloroso do que o desse pobre louco? Todos os sofrimentos que matam, todos aqueles que nossa própria razão testemunha, não parecem nada ao lado dessa deplorável ignorância de si mesmo. O pai deixa seu filho expressar-se sobre tudo o que essa situação tem de horrível; depois, subitamente lhe pergunta se a do criminoso que a causou não é ainda mil vezes mais temível. A gradação dos pensamentos é muito bem sustentada nessa narrativa, e o quadro das angústias da alma é representado com bastante eloquência para redobrar o medo que deve causar a mais terrível de todas: o remorso.

Citei em outra parte a passagem de *A messíada*, na qual o poeta supõe que em um planeta distante, cujos habitantes eram imortais, um anjo vinha trazer a novidade de que existia uma terra onde as criaturas humanas estavam sujeitas à morte. Klopstock faz uma pintura admirável do espanto desses seres que ignoravam a dor de perder os objetos de seu amor: Engel desenvolve com talento uma ideia não menos impressionante.

Um homem viu perecer aquilo que teve de mais querido, sua mulher e sua filha. Um sentimento de amargura e revolta contra a Providência apoderou-se dele: um velho amigo busca purgar seu coração dessa dor profunda, mas resignada que se derrama no seio de Deus; ele quer mostrar-lhe que a morte é a origem de todos os gozos morais do homem.

Haveria afeto entre pais e filhos se a existência dos homens não fosse ao mesmo tempo duradoura e passageira, mantida pelo sentimento, arrebatada pelo tempo? Se não houvesse mais decadência no mundo, não haveria progresso: como, portanto, o temor e a esperança seriam sentidos? Enfim, em cada ação, em cada sentimento, em cada pensamento, há a parte da morte. E não somente no fato, mas também na própria imaginação, os gozos e as tristezas que dizem respeito à instabilidade da vida são inseparáveis. A existência consiste inteiramente nesses sentimentos de confiança e ansiedade, que compõem a alma errante entre o céu e a Terra, *e o viver não tem outro móbil senão o morrer.*

Uma mulher aterrorizada pelas tempestades do Sul da Europa desejava ir para a zona gelada, onde jamais se ouve o trovão, onde jamais se veem clarões: "Nossos lamentos para com o destino são um pouco do mesmo gênero", diz Engel.

> Com efeito, é preciso desencantar a natureza, para afastar seus perigos. O encanto do mundo parece dizer respeito tanto à dor quanto ao prazer, tanto ao temor quanto à esperança; e dir-se-ia que o destino humano é ordenado como um drama, no qual o terror e a piedade são necessários.

Sem dúvida, não há pensamentos suficientes para cicatrizar as feridas do coração; tudo o que ele sente parece-lhe um transtorno da natureza, e ninguém sofreu sem crer que uma grande desordem existia no universo. Mas quando um longo espaço de tempo permitiu a reflexão, achamos algum repouso nas considerações gerais e, ao nos unirmos às leis do universo, separamo-nos de nós mesmos.

Os moralistas alemães da antiga escola são, em sua maior parte, religiosos e sensíveis; sua teoria da virtude é desinteressada; eles não admitem a

Da Alemanha

doutrina da utilidade, que levaria, tal como na China, a lançar as crianças ao rio, caso a população se tornasse muito numerosa. Suas obras estão cheias de ideias filosóficas e afetos melancólicos e ternos; mas isso não bastava para lutar contra a moral egoísta, armada da ironia desdenhosa. Isso não bastava para refutar os sofismas utilizados contra os melhores e mais verdadeiros princípios. A sensibilidade doce, e algumas vezes mesmo tímida dos antigos moralistas alemães, não era suficiente para combater com sucesso a dialética hábil e a zombaria elegante, que, como todos os maus sentimentos, não respeitam senão a força. São necessárias armas mais afiadas para combater aquelas que o vício forjou: foi pois com razão que os filósofos da nova escola pensaram que era preciso uma doutrina mais severa, mais enérgica, mais cerrada em seus argumentos, para vencer a depravação do século.

Certamente tudo o que é simples é suficiente a tudo o que é bom; mas quando se vive em um tempo no qual a agudeza foi colocada do lado da imoralidade, é preciso tratar de ter o gênio por defensor da virtude. Sem dúvida, pouco importa ser acusado de ter dito uma tolice, quando se exprime aquilo que se sente; mas essa palavra *tolice* provoca tanto medo às pessoas medíocres que, se possível, devem ser preservadas de seu golpe.

Os alemães, temendo que sua lealdade seja ridicularizada, querem algumas vezes, ainda que muito a contragosto, aventurar-se na imoralidade, para parecerem brilhantes e desembaraçados. Os novos filósofos, ao elevarem seu estilo e suas concepções a uma grande altura, adularam habilmente o amor-próprio de seus adeptos, e devem ser louvados por essa arte inocente; pois os alemães têm necessidade de desdenhar para se tornarem os mais fortes. Há demasiada bonomia em seu caráter, assim como em seu espírito; e eles talvez sejam os únicos homens para os quais se poderia aconselhar o orgulho como um meio de se tornarem melhores. Não se poderia negar que os discípulos da nova escola não tenham seguido um pouco excessivamente esse conselho; mas, com algumas poucas exceções, eles não deixam de ser os escritores mais esclarecidos e corajosos de seu país.

"Que descoberta fizeram?", alguém dirá. Ninguém duvida de que o que era verdadeiro em termos de moral, há 2 mil anos, não o seja ainda; mas, após 2 mil anos, os argumentos da baixeza e da corrupção multiplicaram-se de tal modo que o filósofo homem de bem deve proporcionar seus esforços a essa progressão funesta. As ideias comuns não poderiam lutar contra a imoralidade sistemática; deve-se cavar mais profundamente, quando os veios exteriores dos metais preciosos estão esgotados. Viu-se com tanta frequência, em nossos dias, a fraqueza unida a muita virtude, que se criou o costume de crer que havia energia na imoralidade. Os filósofos alemães, e glória lhes seja dada, foram os primeiros, no século XVIII, a ter colocado o espírito forte ao lado da fé, o gênio ao lado da moral, e o caráter ao lado do dever.

Capítulo XXI
Da ignorância e da frivolidade de espírito em suas relações com a moral

A ignorância, tal como existia há alguns séculos, respeitava as luzes e desejava adquiri-las; a ignorância de nossos dias é desdenhosa, e busca ridicularizar os trabalhos e as meditações dos homens esclarecidos. O espírito filosófico difundiu em quase todas as classes uma certa facilidade de raciocínio, que serve para desacreditar tudo o que há de grande e sério na natureza humana, e estamos nessa época da civilização na qual todas as belas coisas da alma são reduzidas a pó.

Quando os bárbaros do Norte se apoderaram das mais férteis regiões da Europa, eles levaram para lá virtudes ferozes e viris; e na tentativa de se aperfeiçoarem, pediam ao Sul o sol, as artes e as ciências. Mas os bárbaros civilizados não estimam senão a habilidade nos negócios deste mundo, e não se instruem senão o suficiente para ridicularizar, por meio de algumas frases, a meditações de toda uma vida.

Aqueles que negam a perfectibilidade do espírito humano postulam que, em todas as coisas, os progressos e a decadência sigam-se alternadamente, e que a roda do pensamento gire como a da fortuna. Que triste espetáculo o dessas gerações que se ocupam na Terra, tal como Sísifo[1] nos infernos,

---

[1] Personagem da mitologia grega que por sua astúcia foi condenado pelos deuses a empurrar uma enorme pedra até o alto de uma montanha, a qual tornaria a rolar para baixo, repetindo sua ação eternamente. (N. T.)

de trabalhos constantemente inúteis! E qual seria pois o destino da raça humana, se ela se parecesse com o suplício mais cruel já concebido pela imaginação dos poetas? Mas não ocorre assim, e pode-se perceber um desígnio sempre o mesmo, sempre sequencial, sempre progressivo na história do homem.

A luta entre os interesses desse mundo e os sentimentos elevados existiu em todos os tempos nas nações, bem como nos indivíduos. Algumas vezes a superstição coloca os homens esclarecidos do lado da incredulidade, e outras vezes, ao contrário, são as próprias luzes que despertam todas as crenças do coração. Neste momento, os filósofos refugiam-se na religião para encontrar nela a origem das altas concepções e dos sentimentos desinteressados; nesta época, preparada pelos séculos, a aliança da filosofia e da religião pode ser íntima e sincera. Os ignorantes não são mais, como outrora, homens inimigos da dúvida e decididos a repudiar todos os falsos clarões que podiam perturbar suas esperanças religiosas e seu devotamento cavaleiresco; os ignorantes de nossos dias são incrédulos, levianos, superficiais; sabem tudo o que o egoísmo tem necessidade de saber, e sua ignorância volta-se apenas aos estudos sublimes que fazem nascer na alma um sentimento de admiração pela natureza e pela divindade.

As ocupações guerreiras outrora preenchiam a vida dos nobres e formavam seu espírito pela ação; mas quando, em nossos dias, os homens do primeiro escalão não têm nenhuma função no Estado e não estudam profundamente nenhuma ciência, toda a atividade de seu espírito, que deveria ser empregada no círculo dos assuntos ou dos trabalhos intelectuais, dirige-se para a observação das belas maneiras e o conhecimento das anedotas.

Os rapazes, tão logo saem da escola, apressam-se em tomar posse tanto da ociosidade quanto da roupa masculina; os homens e as mulheres esquadrinham-se mutuamente nos menores detalhes, não precisamente por maldade, mas para terem algo a dizer quando não têm nada para pensar. Esse gênero de causticidade diária destrói a benevolência e a lealdade. Não se fica satisfeito consigo mesmo quando se abusa da hospitalidade dada ou recebida criticando aqueles com quem se passa a vida, e impede-se assim toda afeição profunda de nascer ou subsistir; pois, ao escutar zombarias sobre aqueles que nos são caros, enfraquece-se o que aquela afeição tem

Da Alemanha

de pura e exaltada: os sentimentos nos quais não há uma verdade perfeita provocam mais mal do que a indiferença.

Cada um tem em si um lado ridículo; apenas de longe um caráter parece perfeito; mas visto que o que faz a existência individual é sempre uma singularidade qualquer, essa singularidade presta-se ao gracejo: assim o homem que o teme busca antes de tudo, tanto quanto possível, remover nele o que poderia marcá-lo de algum modo, fosse algo de bom ou de ruim. Essa natureza apagada, por mais que pareça de bom gosto, tem também seus ridículos; mas pouca gente tem o espírito bastante refinado para percebê-los.

A zombaria tem essa particularidade, ela prejudica essencialmente o que é bom, mas não o que é forte. O poder tem algo de áspero e triunfante que mata o ridículo; ademais, os espíritos frívolos respeitam *a prudência da carne*, segundo a expressão de um moralista do século XVI; e ficamos espantados por encontrar toda a profundidade do interesse pessoal em homens que pareciam incapazes de buscar uma ideia ou um sentimento senão quando isso pudesse resultar em algo vantajoso para seus cálculos de fortuna ou vaidade.

A frivolidade do entendimento não leva a negligenciar os negócios deste mundo. Encontra-se, ao contrário, uma despreocupação bem mais nobre a esse respeito nos caracteres sérios do que nos homens de uma natureza leviana; pois a leviandade destes consiste, o mais das vezes, apenas em desdenhar as ideias gerais para melhor ocupar-se do que somente concerne a eles mesmos.

Algumas vezes há maldade nas pessoas de espírito; mas o gênio é quase sempre repleto de bondade. A maldade advém não do excesso de espírito, mas porque não se lhe tem o bastante. Aquele que conseguisse falar sobre as ideias deixaria as pessoas em paz; aquele que tivesse bastante segurança de se sobrepor aos outros pelos talentos naturais não buscaria baixar o nível do que quer dominar. Há mediocridades de alma disfarçadas de espírito agudo e malicioso, mas a verdadeira superioridade irradia bons sentimentos e altos pensamentos.

O hábito das ocupações intelectuais inspira uma benevolência esclarecida com respeito aos homens e às coisas; não há muito como se julgar um ser privilegiado: quando se sabe muito sobre o destino humano, não se fica mais irritado com cada circunstância como se fosse algo inusitado; e visto que a justiça é apenas o hábito de considerar as relações dos seres entre si de um ponto de vista geral, a extensão do entendimento serve para nos desprender dos cálculos pessoais. Pairamos sobre a própria existência assim como sobre a dos outros, quando nos entregamos à contemplação do universo.

Outro grande inconveniente da ignorância, dos tempos atuais, é que ela provoca uma total incapacidade de ter uma opinião própria sobre a maior parte dos objetos que exigem reflexão; em consequência, quando determinada maneira de ver é colocada em destaque pela influência das circunstâncias, a maior parte dos homens acredita que estas palavras, "todo mundo pensa ou faz assim", devem unir a todos por um laço de razão e consciência.

No grupo ocioso da sociedade é quase impossível ter alma sem que o espírito seja cultivado. Outrora bastava a natureza para instruir o homem e desenvolver sua imaginação; mas desde que o pensamento, essa sombra apagada do sentimento, transformou tudo em abstrações, é preciso saber muito para ter um bom sentimento. Não se trata mais de escolher entre os ímpetos da alma entregue a si mesma, ou os estudos filosóficos, mas entre o murmúrio inoportuno de uma sociedade trivial e frívola, e a linguagem que os belos gênios mantiveram pelos séculos até nossos dias.

Sem o conhecimento das línguas, sem o hábito da leitura, como seria possível estabelecer comunicação com esses homens que já não mais existem, e que muito estimamos como nossos amigos, nossos concidadãos, nossos aliados? É preciso ser medíocre de coração para se recusar a tão nobres prazeres. Somente quem cumula a própria vida de boas obras pode abrir mão do estudo: a ignorância nos homens ociosos atesta tanto a aridez da alma quanto a leviandade do espírito.

Enfim, resta ainda uma coisa realmente bela e moral que não pode ser fruída pela ignorância e pela frivolidade: trata-se da associação de todos os homens que pensam, de uma ponta à outra da Europa. Com frequência, eles não têm entre si nenhuma relação; com frequência, estão separados por grandes distâncias uns dos outros; mas quando se encontram, basta uma palavra para que se reconheçam. Não se trata de certa religião, de certa opinião, de certo gênero de estudo, é o culto da verdade que os reúne. Ora escavam até as profundezas da Terra, tal como os mineiros, para penetrarem, no seio da eterna noite, os mistérios do mundo tenebroso; ora elevam-se ao cume do Chimborazo[2] para descobrirem, no ponto mais elevado do globo, alguns fenômenos desconhecidos; ora estudam as línguas do Oriente, para investigarem a história primitiva do homem; ora vão a Jerusalém para extraírem das ruínas santas uma centelha que reanime a religião e a poesia; enfim, trata-se realmente do povo de Deus, esses homens que ainda não perderam a esperança na espécie humana, e querem conservar-lhe o domínio do pensamento.

Sob esse aspecto, os alemães merecem um reconhecimento particular; a ignorância e a indiferença são entre eles vergonhosas, sobretudo no que diz respeito à literatura e às belas-artes, e seu exemplo prova que, em nossos dias, o cultivo do espírito conserva sentimentos e princípios nos grupos sociais independentes.

A literatura e a filosofia não tomaram um bom rumo na França na última parte do século XVIII; mas, se se pode falar assim, o rumo da ignorância é ainda mais temível: pois nenhum livro faz mal àquele que lê todos. Se, ao contrário, os ociosos das altas rodas ocupam-se deles apenas por uns instantes, a obra que encontram provoca um acontecimento em seu espírito, como a chegada de um estrangeiro em um deserto; e quando essa obra contém sofismas perigosos, não têm argumentos para se lhes opor. A descoberta da impressão é realmente funesta para aqueles que leem somente pela metade ou por acaso; pois o saber, como a lança de Argail,[3] deve curar as feridas que provocou.

A ignorância em meio aos refinamentos da sociedade é a mais odiosa de todas as misturas: sob alguns aspectos, ela leva a se assemelhar às pessoas do povo, que estimam apenas a habilidade e o ardil; ela leva a buscar apenas

---

2 Vulcão situado no Equador, considerado à época a montanha mais alta do mundo. (N. T.)

3 A lança encantada de Argail faz parte da mitologia céltica, aparecendo nas histórias de cavalaria, e reaparecendo nos poemas de Boiardo e Ariosto. (N. T.)

o bem-estar e os gozos físicos, a se servir de um pouco de entendimento para matar a grandeza da alma; a aplaudir o que não se sabe, a vangloriar-se do que não se sente; enfim, a combinar os limites da inteligência com a dureza do coração, de modo a não ter mais nada a fazer com esse olhar voltado para o céu, que Ovídio celebrou como o mais nobre atributo da natureza humana:

> *Os homini sublime dedit: coelumque tueri*
> *Jussit, et erectos ad sidera tollere vultus.*[4]

---

4 [Deus] deu ao homem uma cabeça que gira para cima:/ exortou-o a olhar o céu, e voltar o rosto para as estrelas. *Metamorfoses*, I, 85. (N. T.)

Quarta parte
A religião e o entusiasmo

Capítulo I
Considerações gerais sobre a religião na Alemanha

As nações de raça germânica são todas naturalmente religiosas; e o zelo desse sentimento deu origem a várias guerras em seu seio. Entretanto, sobretudo na Alemanha, há um maior apelo ao entusiasmo do que ao fanatismo. O espírito de seita deve manifestar-se sob diversas formas em um país no qual a atividade do pensamento vem em primeiro lugar: mas lá as discussões teológicas comumente não se misturam às paixões humanas; e as diversas opiniões, em matéria de religião, não saem do mundo ideal em que reina uma paz sublime.

Como mostrarei no capítulo seguinte, o exame dos dogmas do cristianismo predominou por longo tempo; mas, há vinte anos, desde que os escritos de Kant influenciaram fortemente os espíritos, estabeleceu-se na maneira de conceber a religião uma liberdade e uma grandeza que não exigem nem rejeitam nenhuma forma de culto em particular, mas que fazem das coisas celestes o princípio dominante da existência.

Várias pessoas acham que a religião dos alemães é muito vaga, e que vale mais agrupar-se sob o estandarte de um culto mais positivo e severo. Lessing diz, em seu *Ensaio sobre a educação do gênero humano*,[1] que as revelações religiosas sempre foram proporcionais às luzes que existiam na época em que essas revelações surgiram. O Antigo Testamento, o Evangelho, e, sob

---

1 *Die Erziehung des Menschengeschlechts*, 1780. (N. T.)

vários aspectos, a Reforma, de acordo com sua época, estavam em perfeita harmonia com os progressos dos espíritos; e talvez estejamos às vésperas de um desenvolvimento do cristianismo que reunirá em um mesmo feixe todos os raios esparsos, e que nos fará encontrar na religião mais do que a moral, mais do que a felicidade, mais do que a filosofia, mais do que o próprio sentimento, pois cada um desses bens será multiplicado por sua união com os outros.

Seja como for, talvez fosse interessante conhecer sob qual ponto de vista a religião é considerada na Alemanha, e como se encontrou o meio de reunir ali todo o sistema literário e filosófico que delineei. Trata-se de algo imponente esse conjunto de pensamentos que desenvolve aos nossos olhos a ordem moral por inteira, e provê a esse edifício sublime o devotamento como base, e a divindade como pináculo.

A maior parte dos escritores alemães relaciona todas as ideias religiosas ao sentimento do infinito. Mas pode-se questionar se é possível conceber o infinito; entretanto, ele não é concebido, ao menos de uma maneira negativa, quando nas matemáticas não se pode supor termo à duração nem à extensão? Esse infinito consiste na ausência dos limites; mas o sentimento do infinito, tal como a imaginação e o coração o experimentam, é positivo e criador.

O entusiasmo que o belo ideal nos faz experimentar, essa emoção repleta igualmente de perturbação e pureza, é o sentimento do infinito que o estimula. Nós nos sentimos como que desvencilhados, por meio da admiração, dos entraves do destino humano, e nos parece que nos são revelados segredos maravilhosos, para libertar a alma para sempre do langor e do declínio. Quando contemplamos o céu estrelado, onde centelhas de luz são universos como o nosso, onde a poeira brilhante da via láctea traça com os mundos uma rota no firmamento, nosso pensamento se perde no infinito, nosso coração bate pelo desconhecido, pelo imenso, e sentimos que é apenas além das experiências terrenas que nossa verdadeira vida deve começar. Enfim, as emoções religiosas, mais ainda do que todas as outras, despertam em nós o sentimento do infinito; mas ao despertá-lo elas o satisfazem; e é por isso certamente que um homem de grande engenho dizia: "que a criatura pensante somente era feliz quando a ideia do infinito tivesse se tornado para ela um gozo, em lugar de ser um peso".

Com efeito, quando nós nos entregamos por inteiro às reflexões, às imagens, aos desejos que ultrapassam os limites da experiência, só então respiramos. Quando há o desejo de se prender aos interesses, às conveniências, às leis deste mundo, o gênio, a sensibilidade e o entusiasmo agitam dolorosamente nossa alma; mas eles a inundam de delícias quando são consagrados à lembrança, a essa espera do infinito que se apresenta na metafísica sob a forma das disposições inatas, na virtude sob a do devotamento, nas artes sob a do ideal, e na própria religião sob a do amor divino.

O sentimento do infinito é o verdadeiro atributo da alma: tudo o que é belo em todos os gêneros provoca em nós a esperança e o desejo de um futuro eterno e de uma existência sublime; não se pode ouvir o vento na floresta nem os acordes deliciosos das vozes humanas; não se pode provar o encantamento da eloquência ou da poesia; sobretudo, enfim, não se pode amar com inocência, com profundidade, quando não se foi penetrado pela religião e pela imortalidade.

Todos os sacrifícios do interesse pessoal provêm da necessidade de se colocar em harmonia com o sentimento do infinito do qual se experimenta todo o encanto, embora não se possa exprimi-lo. Se o poder do dever estivesse encerrado no curto espaço desta vida, como ele teria mais domínio do que as paixões sobre nossa alma? Quem sacrificaria limites a limites? "Tudo o que termina é tão curto!", disse Santo Agostinho. Os instantes de gozo que as inclinações terrenas podem valer, e os dias de paz assegurados por uma conduta moral, diferiram bem pouco, se emoções sem limite e sem termo não se erguessem no fundo do coração do homem que se devota à virtude.

Muitas pessoas irão negar esse sentimento do infinito, e certamente elas estão em um excelente terreno para negá-lo, pois não há como explicá-lo; não são algumas palavras a mais que lhes farão compreender o que o universo não lhes disse. A natureza revestiu o infinito com diversos símbolos que podem fazê-lo chegar até nós: a luz e as trevas, a tempestade e o silêncio, o prazer e a dor, tudo inspira no homem a religião universal cujo santuário é seu coração.

Um homem sobre quem já tive a ocasião de falar, o sr. Ancillon, acaba de publicar uma obra sobre a nova filosofia da Alemanha, que reúne a lucidez do espírito francês à profundidade do gênio alemão. O sr. Ancillon já adquiriu um nome célebre como historiador; ele tem incontestavelmente o que se costuma chamar na França uma boa cabeça; seu espírito é positivo e metódico, e é por sua alma que apreendeu tudo o que o pensamento do infinito pode apresentar de mais vasto e elevado. Aquilo que ele escreveu sobre esse tema possui um caráter totalmente original; é, por assim dizer, o sublime colocado ao alcance da lógica: ele traça com precisão o limite dos conhecimentos experimentais, seja nas artes, seja na filosofia, seja na religião; ele mostra que o sentimento vai muito mais longe do que os conhecimentos, e que, para além das provas demonstrativas, há a evidência natural; para além da análise, a inspiração; para além das palavras, as ideias; para além das ideias, as emoções; e que o sentimento do infinito é um fato da alma, um fato primitivo sem o qual não haveria nada no homem além do instinto físico e do cálculo.

É difícil ser religioso à maneira introduzida pelos espíritos áridos, ou pelos homens de boa vontade, que gostariam de fazer que a religião chegasse às raias da demonstração científica. Aquilo que toca tão intimamente ao mistério da existência não pode ser exprimido pelas formas regulares da palavra. O raciocínio em tais temas serve para mostrar onde acaba o raciocínio; e ali onde ele acaba começa a verdadeira certeza; pois as verdades do sentimento têm uma força de intensidade que chama todo o nosso ser ao seu apoio. O infinito age sobre a alma para erguê-la e desvencilhá-la do tempo. A obra da vida é sacrificar os interesses de nossa existência passageira a essa imortalidade que começa para nós desde o presente, se já somos dignos dela; e não somente a maior parte das religiões tem esse mesmo objetivo, mas as belas-artes, a poesia, a glória e o amor são religiões nas quais ele entra mais ou menos como liga.

Essa expressão *é divino*, que passou ao uso para glorificar as belezas da natureza e da arte, essa expressão é uma crença entre os alemães; não é por indiferença que eles são tolerantes, mas pela universalidade na maneira de sentir e conceber a religião. Com efeito, cada homem pode encontrar em uma das maravilhas do universo aquela que fala mais poderosamente à sua alma: um admira a divindade nos traços de um pai, outro na inocência de uma criança, outro no olhar celestial das virgens de Rafael, na música, na poesia, na natureza, não importa; pois todos se entendem quando todos são animados pelo princípio religioso, gênio do mundo e de cada homem.

Alguns espíritos superiores levantaram dúvidas sobre este ou aquele dogma; e foi um grande infortúnio que a sutileza da dialética ou as pretensões do amor-próprio pudessem perturbar ou arrefecer o sentimento da fé. Com muita frequência, também a reflexão se achava cerceada nessas religiões intolerantes nas quais havia por assim dizer um código penal, e que davam à teologia todas as formas de um governo despótico; mas como é sublime o culto que nos faz pressentir um gozo celestial na inspiração do gênio e na virtude mais obscura; nas afeições mais ternas e nos sofrimentos mais amargos; na tempestade e nos belos dias; na flor e no carvalho; em tudo, sem o cálculo, sem o frio mortal do egoísmo que nos separa da natureza benfazeja e nos dá apenas a vaidade como móbil, a vaidade cuja raiz é sempre venenosa! Como é bela a religião que consagra o mundo inteiro ao seu autor e serve-se de todas as nossas faculdades para celebrar os ritos santos do maravilhoso universo.

Longe de proibir as letras, ou as ciências, cabe a essa crença a teoria de todas as ideias e o segredo de todos os talentos; seria preciso que a natureza e a divindade estivessem em contradição, que a piedade sincera impedisse os homens de recorrer às suas faculdades e apreciar os prazeres que elas propiciam. Há religião em todas as obras do gênio; há gênio em todos os pensamentos religiosos. O espírito tem uma origem menos ilustre, ele serve para contestar; mas o gênio é criador. A fonte inesgotável dos talentos e das virtudes está no sentimento do infinito, que tem sua parte em todas as ações generosas e em todas as concepções profundas.

A religião não é nada se não for tudo, se a existência não for preenchida por ela, se não se mantiver incessantemente na alma a fé no invisível, o devotamento, a elevação de desejos que devem triunfar sobre as inclinações vulgares a que somos expostos por nossa natureza.

Não obstante, como a religião poderia estar continuamente presente entre nós se não a atrelássemos a tudo aquilo que deve ocupar uma bela vida, as afeições devotadas, as meditações filosóficas e os prazeres da ima-

Madame de Staël

ginação? Um grande número de práticas são recomendadas aos fiéis, a fim de que em todos os momentos do dia a religião lhes seja lembrada pelas obrigações que ela impõe; mas se a vida inteira pudesse ser naturalmente e sem esforço um culto de todos os instantes, não seria ainda melhor? Uma vez que a admiração pelo belo relaciona-se sempre com a divindade e que o próprio ímpeto dos pensamentos fortes nos faz remontar à nossa origem, por que então a capacidade de amar, a poesia, a filosofia, não seriam as colunas do templo da fé?

Capítulo II
Do protestantismo

Uma revolução operada pelas ideias certamente devia ter lugar entre os alemães; pois o traço marcante dessa nação meditativa é a energia da convicção interior. Quando uma opinião se apodera das mentes dos alemães, a paciência e a perseverança que têm para defendê-la honram singularmente a força da vontade no homem.

Ao ler os detalhes da morte de Jan Huss e de Jerônimo de Praga, os precursores da Reforma, vê-se um exemplo marcante do que caracteriza os principais representantes do protestantismo na Alemanha, a união de uma fé viva com o espírito de livre exame. Sua razão não foi prejudicial à sua crença, nem sua crença à sua razão; e suas faculdades morais sempre agiram juntas.

Encontram-se na Alemanha, por toda parte, vestígios das diversas lutas religiosas que, durante vários séculos, ocuparam a nação inteira. Na catedral de Praga ainda podem ser vistos baixos-relevos nos quais estão representadas as atrocidades cometidas pelos hussitas; e a parte da igreja que os suecos incendiaram na Guerra dos Trinta Anos ainda não foi reconstruída. Não longe dali, sobre a ponte, está colocada a estátua de São João Nepomuceno,[1] que preferira morrer nas águas a revelar as fraquezas que uma rainha desafortunada lhe havia confessado. Os monumentos, e mesmo as ruínas que

---

1 João Nepomuceno (1340-1393). (N. T.)

atestam a influência da religião sobre os homens, interessam vivamente nossa alma; pois as guerras de opinião, por mais cruéis que sejam, conferem maior honra às nações do que as guerras de interesse.

De todos os grandes homens que a Alemanha produziu, Lutero foi aquele cujo caráter era mais alemão: sua firmeza tinha algo de rude; sua convicção chegava à obstinação; a coragem do espírito era-lhe o princípio da coragem da ação; aquilo que tinha de apaixonado na alma não o desviava dos estudos abstratos; e embora atacasse certos abusos e certos dogmas como preconceitos, não o fazia por incredulidade filosófica, mas por um fanatismo que o inspirava.

Não obstante, a Reforma introduziu no mundo o livre exame em matéria de religião. Disso resultou para uns o ceticismo, mas para outros uma convicção mais firme das verdades religiosas: o espírito humano havia chegado a uma época em que devia necessariamente examinar para crer. A descoberta da impressão, a multiplicidade dos conhecimentos e a investigação filosófica da verdade não permitiam mais a fé cega que outrora bastava. O entusiasmo religioso podia renascer apenas pelo livre exame e pela meditação. Foi Lutero que colocou a Bíblia e o evangelho nas mãos de todos; foi ele quem deu o impulso ao estudo da Antiguidade; pois ao aprender o hebraico para ler a Bíblia, e o grego para ler o Novo Testamento, as línguas antigas foram cultivadas e os espíritos voltaram-se para as investigações históricas.

O livre exame pode enfraquecer a fé habitual que os homens fazem bem em conservar tanto quanto puderem; mas quando o homem sai do livre exame mais religioso do que quando havia entrado, aí então a religião assenta-se em bases invariáveis, aí então há paz entre ela e as luzes, e ambas se servem mutuamente.

Alguns escritores lançaram muitas invectivas contra o sistema da perfectibilidade, e, ao ouvi-los, ter-se-ia dito que era uma verdadeira atrocidade crer na perfectibilidade de nossa espécie. Na França, basta que um homem de determinado partido tenha defendido certa opinião para que não seja mais de bom gosto adotá-la; e todos os carneiros do mesmo rebanho vêm, um depois do outro, dar cabeçadas nas ideias, que não deixam de permanecer como são.

Da Alemanha

É muito provável que o gênero humano seja suscetível de educação, assim como cada homem, e que existam épocas marcadas pelos progressos do pensamento no caminho eterno do tempo. A Reforma fora a época do livre exame e da convicção esclarecida que a sucede. O cristianismo foi inicialmente fundado, depois alterado, depois examinado, depois compreendido, e esses diversos períodos foram necessários ao seu desenvolvimento; eles duraram algumas vezes cem anos, algumas vezes mil anos. O Ser Supremo que se vale da eternidade não dispõe do tempo à nossa maneira.

Quando Lutero apareceu, a religião não passava de um poder político, atacado ou defendido como um interesse deste mundo. Lutero a reclamou para o terreno do pensamento. Sob esse aspecto, a marcha histórica do espírito humano, na Alemanha, é digna de nota. Quando as guerras causadas pela Reforma foram apaziguadas, e os refugiados protestantes foram naturalizados nos diversos Estados do Norte do Império Germânico, os estudos filosóficos, que tinham sempre por objeto o interior da alma, dirigiram-se naturalmente para a religião; e não existe, no século XVIII, literatura na qual se encontre, sob esse tema, tanta quantidade de livros quanto na literatura alemã.

Lessing, um dos espíritos mais vigorosos da Alemanha, não cessou de atacar, com toda a força de sua lógica, essa máxima tão comumente repetida, *que há verdades perigosas*. Com efeito, alguns indivíduos têm uma singular presunção de acreditarem-se no direito de esconder a verdade de seus semelhantes, e, tal como Alexandre diante de Diógenes,[2] de atribuir-se a prerrogativa de se colocarem em posição de nos roubar os raios desse sol que pertencem igualmente a todos; essa pretensa prudência não é senão a teoria do charlatanismo; deseja-se escamotear as ideias para melhor sujeitar os homens. A verdade é a obra de Deus; as mentiras são a obra do homem. Se forem estudadas as épocas da história nas quais se temeu a verdade, ver-se-á sempre que é quando o interesse particular lutava de algum modo contra a tendência universal.

---

2 Diógenes de Sinope, ou ainda Diógenes o cínico (*c.* 412-*c.* 323 a.C.): filósofo que teria sido contrário às convenções e concepções político-morais de sua época. (N. T.)

A busca pela verdade é a mais nobre das ocupações, e sua divulgação é um dever. Quando essa busca é sincera, a religião e a sociedade nada têm a temer; quando não é, então não se trata mais da verdade, mas da mentira que faz mal. Não há um sentimento no homem do qual não se possa encontrar a razão filosófica; nem uma opinião, nem mesmo um preconceito amplamente difundido que não tenha sua raiz na natureza. Portanto, é preciso examinar, não com o objetivo de destruir, mas para fundar a crença sobre a convicção íntima, não sobre a convicção roubada.

Veem-se erros que duram por longo tempo; mas eles causam sempre uma inquietude dolorosa. Ao contemplar a torre de Pisa que pende sobre sua base, imagina-se que ela vá cair, ainda que tenha subsistido durante séculos; e a imaginação repousa apenas na presença dos edifícios firmes e regulares. Ocorre o mesmo com a crença em certos princípios: aquilo que se baseia nos preconceitos inquieta, e aprecia-se ver a razão apoiar com todo o seu poder as concepções elevadas da alma.

A inteligência contém nela mesma o princípio de tudo o que ela adquire pela experiência; Fontenelle[3] dizia, com justeza, que "acreditávamos reconhecer uma verdade à primeira vez que nos era anunciada". Como portanto seria possível imaginar que cedo ou tarde as ideias justas e a persuasão íntima à qual elas dão origem não se reencontrarão? Há uma harmonia preestabelecida entre a verdade e a razão humana que acaba sempre por aproximá-las uma da outra.

Propor aos homens que não digam mutuamente o que pensam é o que se chama vulgarmente guardar o segredo da comédia. Continua-se a ignorar apenas por não se saber que se ignora; mas no momento em que se ordenou o silêncio, é porque alguém falou; e para sufocar os pensamentos que essas palavras excitaram é preciso degradar a razão. Há homens cheios de energia e boa-fé que jamais suspeitaram de determinadas verdades filosóficas; mas aqueles que as conhecem e as dissimulam são hipócritas, ou ao menos seres bem arrogantes e bem irreligiosos. Bem arrogantes, pois com que direito imaginam que pertencem ao grupo dos iniciados, e que o resto do mundo

---

3 Bernard le Bovier de Fontenelle (1657-1757): dramaturgo francês, sobrinho de Corneille, foi educado no colégio jesuíta de Rouen. (N. T.)

não pertence? Bem irreligiosos, pois se houvesse uma verdade filosófica ou natural, uma verdade, enfim, que combatesse a religião, essa religião não seria o que é, a luz das luzes.

É preciso conhecer muito mal o cristianismo, isto é, a revelação das leis morais do homem e do universo, para recomendar a ignorância, o segredo e as trevas aos que querem acreditar nelas. Abri as portas do templo; convocai conjuntamente em vosso socorro o gênio, as belas-artes, as ciências, a filosofia; reuni-os em um mesmo feixe para honrar e compreender o Autor da criação; e se o amor disse que o nome da pessoa amada parece gravado nas folhas de cada flor, como a marca de Deus não estaria em todas as ideias que se ligam ao encadeamento eterno?

O direito de examinar aquilo que se deve acreditar é o fundamento do protestantismo. Os primeiros reformadores não o entendiam assim: eles acreditavam poder colocar as colunas de Hércules[4] do espírito humano nos termos de suas próprias luzes; mas estavam errados ao esperar que as pessoas se submetessem às suas decisões como infalíveis, eles que rejeitavam toda autoridade desse gênero na religião católica. O protestantismo devia pois seguir o desenvolvimento e o progresso das luzes, ao passo que o catolicismo vangloriava-se de ser imutável em meio às ondas do tempo.

Entre os escritores alemães da religião protestante, existiram diversas maneiras de ver, que ocuparam sucessivamente a atenção. Vários doutos fizeram pesquisas inauditas sobre o Velho e o Novo testamento. Michaëlis[5] estudou as línguas, a Antiguidade e a história natural da Ásia para interpretar a Bíblia: e enquanto na França o espírito filosófico gracejava do cristianismo, fazia-se deste um objeto de erudição na Alemanha. Embora esse gênero de trabalho pudesse sob alguns aspectos ferir as almas religiosas, que imenso respeito não pressupõe para com o livro, objeto de um exame tão sério! Esses doutos não atacaram nem o dogma, nem as profecias, nem os milagres; mas, depois deles, muitos chegaram a querer dar uma explicação totalmente natural à Bíblia e ao Novo Testamento, considerando ambos

---

4 Nome romano do deus grego Héracles, filho de Zeus com a humana Alcmena; as colunas referem-se ao estreito de Gibraltar que teria sido aberto por ele. (N. T.)

5 Johann David Michaëlis (1717-1791). (N. T.)

simplesmente como bons escritos de uma leitura instrutiva, e vendo nos mistérios apenas metáforas orientais.

Esses teólogos denominavam-se racionalistas, pois acreditavam dissipar todos os gêneros de obscuridades; mas guiava-se mal o espírito de livre exame ao querer aplicá-lo às verdades que podem ser pressentidas apenas pela elevação e pelo recolhimento da alma. O espírito de livre exame deve servir para reconhecer o que é superior à razão, assim como um astrônomo marca as alturas que a visão do homem não atinge: desse modo, portanto, assinalar as regiões incompreensíveis, sem pretender negá-las ou submetê--las à linguagem, é servir-se do espírito de livre exame segundo sua medida e segundo seu objetivo.

A interpretação douta não satisfaz mais do que a autoridade dogmática. A imaginação e a sensibilidade dos alemães não podiam ser contentadas com esse tipo de religião prosaica, que concedia um respeito racional ao cristianismo. Herder foi o primeiro a fazer renascer a fé pela poesia: profundamente instruído nas línguas orientais, ele tinha pela Bíblia um tipo de admiração semelhante àquele que um Homero santificado poderia inspirar. A tendência natural dos espíritos, na Alemanha, é considerar a poesia como um tipo de dom profético, precursor dos dons divinos; assim, não foi uma profanação unir à crença religiosa o entusiasmo que ela inspira.

Herder não era escrupulosamente ortodoxo; entretanto ele rejeitava, assim como seus partidários, os comentários eruditos que tinham por objetivo simplificar a Bíblia, e que a aniquilavam ao simplificá-la. Uma espécie de teologia poética, vaga mas animada, livre mas sensível, tomara o lugar dessa escola pedantesca que acreditava caminhar para a razão subtraindo alguns milagres do universo, e entretanto sob alguns aspectos talvez seja ainda mais fácil conceber o maravilhoso do que aquilo que se convencionou chamar o natural.

Schleiermacher, o tradutor de Platão, escreveu sobre a religião discursos de uma rara eloquência; ele combate a indiferença que era chamada *tolerância* e o trabalho destruidor que se fazia passar por um exame imparcial. Schleiermacher não é tampouco um teólogo ortodoxo; mas, nos dogmas religiosos que adota, ele mostra a força da crença e uma concepção metafísica vigorosa. Ele desenvolveu com muito ardor e clareza o sentimento

Da Alemanha

do infinito de que falei no capítulo precedente. As opiniões religiosas de Schleiermacher e de seus discípulos podem ser denominadas uma teologia filosófica.

Enfim Lavater[6] e vários homens de talento aderiram às opiniões místicas, tal como Fénelon na França, e diversos escritores de todos os países as conceberam.

Lavater precedeu alguns dos homens que citei; não obstante, foi sobretudo há poucos anos que a doutrina que professava, e da qual ele pode ser considerado como um dos principais representantes, passou a ser bem favorecida na Alemanha. A obra de Lavater sobre a fisionomia é mais célebre do que seus escritos religiosos; mas o que o tornava notável era sobretudo seu caráter pessoal; havia nele uma rara mistura de penetração e entusiasmo; ele observava os homens com um singular refinamento de espírito, e entregava-se com uma confiança absoluta às ideias que poderiam ser denominadas supersticiosas; ele tinha amor-próprio, e talvez esse amor-próprio tenha sido a causa de suas opiniões estranhas sobre si mesmo e sobre sua vocação miraculosa: entretanto, nada igualava a simplicidade religiosa e a candura de sua alma; não se podia ver sem espanto, em um salão de nossos dias, um ministro do santo Evangelho inspirado como os apóstolos e espirituoso como um homem mundano. A garantia da sinceridade de Lavater eram suas boas ações e seu belo olhar, que trazia a marca de uma inimitável verdade.

Os escritores religiosos da Alemanha de hoje estão divididos em dois grupos muito distintos, os defensores da Reforma e os partidários do catolicismo. Examinarei à parte os escritores dessas diversas opiniões; mas o que importa afirmar antes de tudo é que se o Norte da Alemanha é a região onde as questões teológicas foram as mais tumultuadas, ela é ao mesmo tempo aquela na qual os sentimentos religiosos são mais universais; o caráter nacional é marcado ali, e o gênio das artes e da literatura extrai dele toda a sua inspiração. Enfim, entre as pessoas do povo ao Norte da Alemanha, a religião tem um caráter ideal e terno que surpreende singularmente em um país onde se está acostumado a crer nos costumes como muito rudes.

---

6 Johann Kaspar Lavater (1741-1801). (N. T.)

Uma vez, ao viajar de Dresden a Leipzig, fiz uma parada à noite em Meissen, pequena cidade situada em uma elevação que margeia o rio e cuja igreja encerra túmulos consagrados a ilustres lembranças. Eu passeava pela esplanada e me deixava guiar pelo devaneio que o pôr do sol, o aspecto longínquo da paisagem e o rumor das águas que correm no fundo do vale provocam tão facilmente em nossa alma; ouvira então as vozes de alguns homens do povo, e temera escutar palavras vulgares, tais como as que são cantadas pelas ruas. Qual fora meu espanto quando compreendera o refrão da canção: "Eles se amaram e morreram com a esperança de se reencontrarem um dia"! Feliz terra aquela onde tais sentimentos são populares e espalham até pelo ar que se respira não sei qual fraternidade religiosa, cujo laço tocante está no amor pelo céu e na piedade pelo homem!

Capítulo III
Do culto dos irmãos morávios

Talvez exista muita liberdade no protestantismo para contentar certa austeridade religiosa que pode apoderar-se do homem afligido por grandes infortúnios; algumas vezes, no curso habitual da vida, a realidade deste mundo desaparece repentinamente, e sente-se em meio aos seus interesses como que em um baile no qual não se ouvisse a música. O movimento que se veria ali pareceria insensato, uma espécie de apatia sonhadora apodera-se igualmente do brâmane e do selvagem, quando um, por força de pensar, e outro, por força de ignorar, passam horas inteiras na contemplação muda do destino. A única atividade a que se fica suscetível então é a que tem o culto divino por objeto. Aprecia-se fazer a cada instante algo pelo céu; e é essa disposição que inspira a atração pelos monastérios, ainda que, por outro lado, eles tenham inconvenientes muito graves.

Os estabelecimentos morávios são os conventos dos protestantes, e foi o entusiasmo religioso do Norte da Alemanha que os trouxe à luz, há cem anos. Mas embora essa associação seja tão severa quanto um monastério católico, é mais liberal nos princípios; não se toma o voto ali, tudo ali é voluntário; os homens e as mulheres não são separados, e o casamento não é proibido. Não obstante, a sociedade inteira é eclesiástica, isto é, tudo ali se faz pela religião e para ela; é a autoridade da Igreja que rege essa comunidade de fiéis, mas essa Igreja não tem padres, e o sacerdócio nela é exercido alternadamente pelas pessoas mais religiosas e mais veneráveis.

Os homens e as mulheres, antes de estarem unidos pelo casamento, vivem separados uns dos outros em agrupamentos nos quais reina a mais perfeita igualdade. Toda a jornada é preenchida por trabalhos, os mesmos para todas as condições; a ideia da Providência, constantemente presente, dirige todas as ações da vida dos morávios.

Quando um rapaz quer obter uma companheira, ele se dirige à decana das solteiras ou das viúvas e pede-lhe aquela com quem gostaria de casar--se. Tira-se a sorte na igreja para saber se ele deve ou não se unir à mulher preferida; e se a sorte lhe é contrária, ele renuncia ao seu pedido. Os morávios têm de tal modo o hábito de se resignarem que não resistem a essa decisão; e como só veem as mulheres na igreja, custa-lhes menos renunciar à escolha feita. Essa maneira de pronunciar-se sobre o casamento, e sobre muitas outras circunstâncias da vida, indica o espírito geral do culto dos morávios. Em lugar de manterem-se submissos à vontade do céu, eles imaginam que podem conhecê-la por inspirações ou, o que é mais estranho ainda, interrogando o acaso. O dever e os acontecimentos manifestam ao homem os caminhos de Deus na Terra; como ele pode vangloriar-se de penetrá-los por outros meios?

Em geral, entre os morávios, observam-se por toda parte os costumes evangélicos tais como deviam existir no tempo dos apóstolos, nas comunidades cristãs. Nem os dogmas extraordinários nem as práticas escrupulosas proveem o laço dessa associação: o Evangelho é interpretado ali da maneira mais natural e clara; mas permanece-se fiel às consequências dessa doutrina, e coloca-se, sob todos os aspectos, sua conduta em harmonia com os princípios religiosos. As comunidades morávias servem sobretudo para provar que o protestantismo, em sua simplicidade, pode levar ao gênero de vida mais austero, e à religião mais entusiasta; a morte e a imortalidade bem compreendidas bastam para ocupar e dirigir toda a existência.

Estive há algum tempo em Dietendorf, vilarejo próximo de Erfurt, onde se encontra uma comunidade de morávios. Esse vilarejo fica a três léguas de qualquer grande estrada; ele está situado entre duas montanhas, às margens de um riacho; salgueiros e choupos crescidos o cercam; o aspecto da região apresenta algo de calmo e suave que prepara a alma para escapar das agitações da vida. As casas e as ruas são de um asseio perfeito; as mulheres, todas vestidas do mesmo modo, escondem os cabelos e cingem a cabeça com um turbante cujas cores indicam se são casadas, solteiras ou viúvas; os homens vestem-se de castanho-escuro, mais ou menos como os quakers.[1] Uma indústria mercantil emprega quase todos; mas não se ouve o menor ruído na vila. Cada um trabalha com regularidade e tranquilidade; e a ação interior dos sentimentos religiosos apazigua qualquer outro movimento.

As solteiras e as viúvas habitam juntas em um grande dormitório e, durante a noite, cada uma delas alternadamente fica acordada para rezar ou cuidar das que poderiam adoecer. Os homens não casados vivem da mesma maneira. Assim, há uma grande família para aquele que não tem a sua, e o nome de irmão e irmã é comum a todos os cristãos.

Em lugar de sinos, instrumentos de sopro de uma harmonia muito bela convidam ao serviço divino. A caminho da igreja, ao som dessa música imponente, é possível se sentir arrebatado da Terra; acredita-se ouvir as trombetas do último julgamento, não como as que o remorso nos faz temer, mas tal como uma piedosa confiança nos faz esperar; parecia que a misericórdia divina manifestava-se nesse apelo, e pronunciava de antemão um perdão regenerador.

A igreja estava decorada com rosas brancas e flores de espinheiro; os quadros não estavam banidos do templo, e a música era cultivada ali como parte do culto; eram cantados apenas salmos; não havia nem sermão, nem missa, nem arrazoado, nem discussão teológica; tratava-se do culto de Deus, em espírito e em verdade. As mulheres, todas de branco, ficavam alinhadas lado a lado sem qualquer distinção; elas pareciam sombras inocentes, que acabam de comparecer diante do tribunal da divindade.

O cemitério dos morávios é um jardim cujas aleias são marcadas por pedras funerárias, ao lado das quais se plantou um arbusto florido. Todas essas pedras são iguais; nenhum desses arbustos ergue-se acima do outro, e o mesmo epitáfio serve para todos os mortos: *Ele nasceu em tal dia, e em tal outro retornou para sua pátria*. Admirável expressão para designar o término de nossa vida! Os antigos diziam, "ele viveu"; e lançavam então um véu

---

1 Corrente protestante britânica iniciada no século XVII, caracterizada pela simplicidade e pelo pacifismo. (N. T.)

sobre o túmulo para ocultar essa ideia. Os cristãos colocam acima dele a estrela da esperança.

No dia de Páscoa, o serviço divino é celebrado no cemitério situado ao lado da igreja, e a ressurreição é anunciada em meio aos túmulos. Todos aqueles que estão presentes a esse ato do culto sabem qual é a lápide que deve ser colocada sobre seu caixão, e já respiram o perfume da jovem árvore cujas folhas e flores penderão sobre seus túmulos. Assim foi vista, nos tempos modernos, uma armada inteira, assistindo a seus próprios funerais, dizer a si mesmo o serviço dos mortos, decidida que estava em conquistar a imortalidade.[2]

A comunhão dos morávios não pode ser adaptada à condição social tal como as circunstâncias no-la ordenam; mas, assim como já se disse há algum tempo que apenas o catolicismo falava à imaginação, importa observar que o que realmente comove a alma, na religião, é comum a todas as igrejas cristãs. Um sepulcro e uma prece alimentam todo o poder do enternecimento; e quanto mais a crença é simples, mais o culto causa emoção.

---

2 A admirável cena a que aludi, sem ousar designá-la mais claramente, teve lugar em Zaragoza. Um ajudante de campo do general francês viera propor a rendição à guarnição da cidade, e o comandante das tropas espanholas conduzira-o à praça pública; nessa praça, ele vira na igreja em luto soldados e oficiais ajoelhados, ouvindo o serviço dos mortos. Com efeito, bem poucos desses guerreiros ainda vivem, e os habitantes da cidade também partilharam o destino de seus defensores.

Capítulo IV
Do catolicismo

A religião católica é mais tolerante na Alemanha do que em qualquer outro país. Uma vez que a paz de Westfália fixou os direitos das diferentes religiões, elas não temem mais invasões mútuas; ademais, a mistura dos cultos, em um grande número de cidades, propiciou necessariamente a ocasião para se verem e se julgarem. Tanto nas opiniões religiosas quanto nas opiniões políticas, os adversários são transformados em um fantasma que quase sempre desaparece quando se apresentam; a simpatia nos mostra um semelhante naquele que acreditávamos ser um inimigo.

Uma vez que o protestantismo é muito mais favorável às luzes do que o catolicismo, os católicos, na Alemanha, colocaram-se em uma espécie de defensiva que prejudica muito o progresso das ideias. Nos países nos quais a religião católica reinava soberana tais como a França e a Itália, soube-se uni-la à literatura e às belas-artes; mas na Alemanha, onde os protestantes são amparados pelas universidades e pela tendência natural em tudo o que diz respeito aos estudos literários e filosóficos, os católicos acreditaram-se obrigados a opor-lhes um certo gênero de reserva que extingue quase todo meio de distinguir-se na carreira da imaginação e do pensamento. A música é a única das belas-artes que ao Sul da Alemanha foi levada a um grau mais alto de perfeição do que ao Norte, a menos que não se considere como uma das belas-artes um certo gênero de vida cômoda, cujos gozos coadunam tão bem com o repouso do espírito.

Há entre os católicos, na Alemanha, uma piedade sincera, tranquila e caridosa, mas não há pregadores célebres nem escritores religiosos a citar; nada ali excita o movimento da alma; a religião é considerada como um fato consumado no qual o entusiasmo não tem lugar, e dir-se-ia que, em um culto tão bem consolidado, até mesmo a outra vida torna-se uma verdade positiva sobre a qual o pensamento não é mais exercido.

A revolução feita nos espíritos filosóficos na Alemanha, há trinta anos, levou-os quase todos aos sentimentos religiosos. Eles ficaram um pouco afastados desses sentimentos, quando o impulso necessário para propagar a tolerância tinha ultrapassado seu objetivo; mas ao lembrar o idealismo na metafísica, a inspiração na poesia, a contemplação nas ciências, renovou-se o império da religião, e a correção da Reforma, ou antes, a direção filosófica da liberdade que ela deu, baniu para sempre, ao menos na teoria, o materialismo e todas as suas aplicações funestas. Em meio a essa revolução intelectual, tão fecunda em nobres resultados, alguns homens foram muito longe, como sempre ocorre nas oscilações do pensamento.

Dir-se-ia que o espírito humano se precipita sempre de um extremo ao outro, como se as opiniões que ele acaba de deixar se transformassem em remorso para persegui-lo. A Reforma, dizem alguns escritores da nova escola, foi a causa de várias guerras de religião; ela separou o Norte do Sul da Alemanha; ela deu aos alemães o funesto hábito de se combaterem mutuamente, e essas divisões lhes subtraíram o direito de proclamarem-se uma nação. Enfim, a Reforma, ao introduzir o espírito de livre exame, tornou a imaginação árida e colocou a dúvida no lugar da fé; é preciso portanto, repetem esses mesmos homens, retomar a unidade da Igreja retornando ao catolicismo.

A princípio, se Carlos V tivesse adotado o luteranismo, teria ocorrido uniformidade na Alemanha, e o país inteiro seria, tal como a parte do Norte, o abrigo das ciências e das letras. Talvez esse acordo tivesse dado origem a instituições livres, combinadas com uma força real; e talvez tivesse sido evitada a triste separação do caráter e das luzes, que submeteu o Norte ao devaneio e manteve o Sul na ignorância. Mas, sem se perder em conjecturas sobre o que deveria ter acontecido, cálculo sempre muito incerto, não se poderia negar que a época da Reforma não seja aquela na qual as letras e a filosofia foram introduzidas na Alemanha. Esse país talvez não tenha chegado ao primeiro posto nem na guerra, nem nas artes, nem na liberdade política: é de suas luzes que a Alemanha tem o direito de orgulhar-se, e sua influência sobre a Europa pensante data do protestantismo. Tais revoluções não são operadas nem destruídas por argumentações, elas pertencem à marcha histórica do espírito humano; e os homens que parecem ser seus autores jamais passam de suas consequências.

O catolicismo, hoje desarmado, tem a majestade de um velho leão que outrora fazia tremer o universo; mas quando os abusos de seu poder trouxeram a Reforma, ele colocara entraves ao espírito humano; e longe de ter sido por aridez de coração que se fazia oposição à sua ascendência, era para fazer uso de todas as faculdades do espírito e da imaginação que se reivindicava com força a liberdade de pensar. Se circunstâncias totalmente divinas, e nas quais a mão dos homens não se fizesse sentir em nada, levassem um dia a uma aproximação entre as duas Igrejas, orar-se-ia a Deus, parece-me, com uma nova emoção, ao lado dos veneráveis padres que, nos últimos anos do século passado, tanto sofreram por sua consciência. Mas, seguramente, não é a mudança de religião de alguns homens, nem sobretudo o injusto desfavor que seus escritos tendem a lançar sobre a religião reformada, que poderia levar à unidade das opiniões religiosas.

Há no espírito humano duas forças muito distintas, uma inspira a necessidade de crer, a outra a de examinar. Uma dessas faculdades não deve ser satisfeita à custa da outra: o protestantismo e o catolicismo não decorrem de que existiram papas e um Lutero; é uma maneira pobre de considerar a história atribuí-la aos acasos. O protestantismo e o catolicismo existem no coração humano; são forças morais que se desenvolvem nas nações, pois existem em cada homem. Se na religião, como em outras afeições humanas, pode-se reunir o que a imaginação e a razão desejam, há paz no homem; mas nele, assim como no universo, o poder de criar e destruir, a fé e o livre exame, se sucedem e se combatem.

Foi para reunir essas duas inclinações que se quis penetrar mais profundamente na alma; daí decorreram as opiniões místicas de que falaremos no capítulo seguinte; mas o pequeno número de pessoas que abjurou o protestantismo fez apenas renovar ódios. As velhas denominações reanimam as velhas querelas; a magia serve-se de certas palavras para evocar os fantasmas; dir-se-ia que sobre todos os temas há palavras que exercem esse poder: são aquelas que serviram de adesão ao espírito de facção; elas não podem ser pronunciadas sem agitar novamente as chamas da discórdia. Os católicos alemães mostraram-se até o presente muito alheios ao que se passava a esse respeito no Norte. As opiniões literárias parecem ser a causa do pequeno número de mudanças de religião que tiveram lugar, e a antiga e velha Igreja não se ocupou muito disso.

O conde Friedrich Stolberg,[1] homem muito respeitável por seu caráter e seus talentos, célebre, desde a juventude, como poeta, como admirador apaixonado da Antiguidade e como tradutor de Homero, foi, na Alemanha, o primeiro a dar o sinal dessas novas conversões, que posteriormente tiveram imitadores. Os mais ilustres amigos do conde Stolberg, Klopstock, Voss e Jacobi, afastaram-se dele por essa abjuração que parece desconhecer os infortúnios e os combates que os reformados mantiveram durante três séculos. Entretanto, o sr. Stolberg acaba de publicar uma história da religião de Jesus Cristo feita para merecer a aprovação de todas as comunidades cristãs. É a primeira vez que se viu as opiniões católicas defendidas dessa maneira; e se o conde de Stolberg não tivesse sido educado no protestantismo, talvez não tivesse tido a independência de espírito que lhe serve para impressionar os homens esclarecidos.

Encontra-se nesse livro um conhecimento perfeito dos Santos Escritos, e investigações muito interessantes sobre as diferentes religiões da Ásia, em relação com o cristianismo. Os alemães do Norte, mesmo quando se submetem aos dogmas mais positivos, sabem sempre lhes dar a marca de sua filosofia.

Em sua obra, o conde de Stolberg atribui ao Velho Testamento uma parte muito maior do que os escritores protestantes costumeiramente lhe concedem. Ele considera o sacrifício como a base de toda religião, e a morte de Abel como o primeiro tipo desse sacrifício que funda o cristianismo. De

---

1 Friedrich Leopold Stolberg (1750-1819): dinamarquês, estudou na Universidade de Halle em 1770, depois foi para Göttingen, onde entrou em uma sociedade de jovens que cultivavam a poesia germânica. (N. T.)

606

qualquer maneira que se julgue essa opinião, ela dá muito o que pensar. A maior parte das religiões antigas instituiu sacrifícios humanos; mas nessa barbárie havia algo de notável: o desejo de uma expiação solene. Com efeito, nada pode apagar da alma a convicção de que há algo muito misterioso no sangue do inocente, e que a Terra e o céu comovem-se com ele. Os homens sempre acreditaram que os justos podiam obter, nesta vida ou na outra, o perdão para os criminosos. Há no gênero humano ideias primitivas que reaparecem mais ou menos desfiguradas em todos os tempos e em todos os povos. São as ideias sobre as quais não há como se cansar de meditar; pois elas seguramente encerram alguns traços das honras perdidas da raça humana.

A convicção de que as preces e o devotamento do justo podem salvar os culpados é certamente extraída dos sentimentos que experimentamos nas relações da vida, mas nada obriga, em matéria de crença religiosa, a rejeitar essas induções: o que sabemos além de nossos sentimentos, e por que afirmaríamos que eles não devem ser aplicados às verdades da fé? O que pode haver no homem além dele mesmo, e por que, sob pretexto de antropomorfismo, impedi-lo de formar uma imagem da divindade de acordo com sua alma? Nenhum outro mensageiro poderia, penso eu, dar-lhe novas disso.

O conde de Stolberg aferra-se em demonstrar que a tradição da queda do homem existiu entre todos os povos da Terra, e particularmente no Oriente, e que todos os homens tiveram no coração a lembrança de uma felicidade de que tinham sido privados. Com efeito, há no espírito humano duas tendências tão distintas quanto a gravitação e a impulsão no mundo físico; trata-se das ideias de uma decadência e de um aperfeiçoamento. Dir-se-ia que sentimos ao mesmo tempo a saudade de alguns belos dons que nos eram concedidos gratuitamente, e a esperança de alguns bens que podemos adquirir por nossos esforços; de modo que a doutrina da perfectibilidade e a da idade do ouro reunidas e confundidas provocam no homem ao mesmo tempo a infelicidade de ter perdido e a emulação de recuperar. O sentimento é melancólico, e o espírito audacioso: um olha para trás, o outro para a frente; desse devaneio e desse ímpeto nasce a verdadeira superioridade do homem, a mistura de contemplação e atividade, de resignação e vontade que lhe permite reatar com o céu sua vida neste mundo.

Stolberg denomina cristãos apenas aqueles que recebem, com a simplicidade das crianças, as palavras dos Santos Escritos; mas ele coloca na interpretação dessas palavras um espírito de filosofia que subtrai das opiniões católicas aquilo que elas têm de dogmático e intolerante. Portanto, em que diferem entre si esses homens religiosos de que a Alemanha se honra, e por que os nomes de católico ou protestante os separariam? Por que seriam infiéis aos túmulos de seus ancestrais por deixar esses nomes ou por retomá-los? Klopstock não consagrou sua vida inteira para fazer de um belo poema o templo do Evangelho? Herder não é, como Stolberg, adorador da Bíblia? Ele não penetra todas as belezas da língua primitiva e dos sentimentos de origem celeste nela exprimidos? Jacobi não reconhecia a divindade em todos os grandes pensamentos do homem? Algum desses homens recomendaria a religião unicamente como um freio para o povo, como um meio de segurança pública, como uma garantia a mais nos contratos deste mundo? Todos eles não sabem que os espíritos superiores têm ainda mais necessidade de piedade do que os homens do povo? Pois o trabalho mantido pela autoridade social pode ocupar e guiar a classe dos trabalhadores em todos os instantes de sua vida, ao passo que os homens ociosos são continuamente vítimas das paixões e dos sofismas que agitam a existência, e colocam tudo em xeque.

Pretendeu-se que os escritores alemães eram algo frívolos por nos apresentarem como um dos méritos da religião cristã a influência favorável que ela exercia sobre as artes, a imaginação e a poesia; e sob esse aspecto a mesma reprovação foi feita à bela obra do sr. Chateaubriand, sobre *O gênio do cristianismo*. Os espíritos realmente frívolos são aqueles que tomam visões limitadas por visões profundas, e persuadem-se de que é possível proceder com a natureza humana pela via da exclusão, e suprimir a maior parte dos desejos e das necessidades da alma. Uma das grandes provas da divindade da religião cristã é sua analogia perfeita com todas as nossas faculdades morais; somente não me parece que se possa considerar a poesia do cristianismo sob o mesmo aspecto que a poesia do paganismo.

Uma vez que tudo era exterior no culto pagão, a pompa das imagens é pródiga nele; o santuário do cristianismo estando no fundo do coração, a poesia que ele inspira deve sempre nascer do enternecimento. Não é o esplendor do céu cristão que se pode opor ao Olimpo, mas a dor e a inocência, a velhice e a morte que tomam um caráter de elevação e repouso ao abrigo dessas esperanças religiosas cujas asas se abrem sobre as misérias da vida. Portanto, não me parece ser verdade que a religião protestante seja desprovida de poesia, porque as práticas de seu culto têm menos brilho do que as da religião católica. Cerimônias mais ou menos bem executadas, segundo a riqueza das cidades e a magnificência dos edifícios não poderiam ser a causa principal da impressão produzida pelo serviço divino; são suas relações com nossos sentimentos interiores que nos comovem, relações que podem existir tanto na simplicidade como na pompa.

Já faz algum tempo, estive em uma igreja campesina despojada de todo ornamento; nenhum quadro decorava suas paredes brancas; ela tinha sido reconstruída, e nenhuma lembrança de um passado remoto a tornava venerável: a própria música, que os santos mais austeros colocaram no céu como o gozo dos bem-aventurados, a custo se fazia ouvir, e os salmos eram cantados por vozes sem harmonia, que os trabalhos da Terra e o peso dos anos tornavam roucas e confusas; mas em meio a essa reunião rústica, na qual faltavam todos os esplendores humanos, via-se um homem piedoso cujo coração estava profundamente comovido pela missão que cumpria.[2] Seu olhar, sua fisionomia podiam servir de modelo a alguns dos quadros de que outros templos eram ornados; suas entonações respondiam ao concerto dos anjos. Havia ali diante de nós uma criatura mortal, convencida de nossa imortalidade, daquela dos amigos que perdemos, daquela dos filhos que sobreviverão a nós tão brevemente no percurso do tempo! E a persuasão íntima de uma alma pura parecia uma revelação nova.

Ele descera de seu púlpito para dar a comunhão aos fiéis que vivem ao abrigo de seu exemplo. Seu filho era ministro da Igreja como ele, e sob traços mais jovens, ele tinha, assim como o pai, uma expressão piedosa e recolhida. Então, segundo o costume, o pai e o filho deram-se mutuamente o pão e a taça que servem entre os protestantes de comemoração ao mais tocante dos mistérios; o filho via no pai apenas um pastor mais adiantado na carreira religiosa que ele queria seguir; o pai respeitava no filho a santa

---

2 Sr. Célérier, pastor de Satigny, cidade próxima de Genebra.

vocação que ele havia abraçado. Um falava ao outro, comungando juntos, as passagens do Evangelho feitas para unir em um mesmo laço os estranhos e os amigos; e, encerrando nos corações sentimentos mais íntimos, ambos pareciam esquecer suas relações pessoais na presença da divindade, para quem os pais e os filhos são todos igualmente servidores do túmulo e filhos da esperança.

Que poesia, que emoção, origem de toda poesia, podia faltar ao serviço divino em um momento como esse!

Os homens cujas afeições são desinteressadas, e os pensamentos religiosos; os homens que vivem no santuário de sua consciência, e sabem concentrar ali, como em um espelho ardente, todos os raios do universo; esses homens, repito, são os sacerdotes do culto da alma, e nada jamais deve desuni-los. Um abismo separa aqueles que se conduzem pelo cálculo e aqueles que são guiados pelo sentimento; todas as outras diferenças de opiniões não são nada, apenas essa é radical. Pode ser que um dia erga-se um grito de união, e que a universalidade dos cristãos aspire a professar a mesma religião teológica, política e moral; mas antes que esse milagre seja realizado, todos os homens que têm um coração e que lhe obedecem devem respeitar-se mutuamente.

Capítulo V
Da disposição religiosa chamada misticismo

A disposição religiosa chamada *misticismo* não é senão uma maneira mais íntima de sentir e conceber o cristianismo. Uma vez que na palavra misticismo está contida a palavra mistério, acreditou-se que os místicos professavam dogmas extraordinários e faziam uma seita à parte. Não há mistérios entre eles senão os do sentimento aplicados à religião, e o sentimento é ao mesmo tempo o que há de mais claro, de mais simples e de mais inexplicável: entretanto é preciso distinguir os *teósofos*, isto é, aqueles que se ocupam da teologia filosófica, tais como Jakob Böhme, Saint-Martin[1] etc., dos simples místicos; os primeiros querem penetrar no segredo da criação, os segundos dedicam-se aos do próprio coração. Vários padres da igreja, Tomás de Kempis, Fénelon, São Francisco de Sales[2] etc., e entre os protestantes um grande número de escritores ingleses e alemães, foram místicos,

---

1 Jakob Böhme (1575-1624): sapateiro e escritor místico protestante, apelidado *philosophus teutonicus*. Louis Claude de Saint-Martin (1743-1803), filósofo franco-maçom, contribuiu para difundir na França o misticismo e o iluminismo de Swedenborg. (N. T.)

2 Tomás de Kempis (*c.* 1380-1471): monge católico, provável autor da obra *Imitação de Cristo*. François de Salignac de la Mothe-Fénelon (1651-1715), teólogo católico e poeta. São Francisco de Sales (1567-1622): nascido no ducado de Saboia, sudeste da França, foi bispo de Genebra. (N. T.)

isto é, homens que faziam da religião um amor e a misturavam a todos os pensamentos, bem como a todas as ações.

O sentimento religioso, que é a base de toda a doutrina dos místicos, consiste em uma paz interior repleta de vida. As agitações das paixões não trazem calma: a tranquilidade da aridez e da mediocridade de espírito aniquila a vida da alma; apenas no sentimento religioso encontra-se uma união perfeita de movimento e repouso. Creio que essa disposição não possa ser contínua em nenhum homem, por mais piedoso que possa ser; mas a lembrança e a esperança dessas santas emoções respondem pela conduta daqueles que as sentiram.

Quando as dores e os prazeres da vida são considerados efeitos do acaso ou do blefe, então o desespero e o gozo devem ser, por assim dizer, movimentos convulsivos. Pois que acaso é esse que dispõe de nossa existência? Que orgulho ou que pesar não se deve sentir, quando se trata de um passo que pôde influenciar todo o nosso destino? A que tormentos de incerteza não ficaríamos entregues se unicamente nossa razão dispusesse de nosso destino neste mundo? Mas se se acreditasse, ao contrário, que não há senão duas coisas importantes para a felicidade, a pureza da intenção e a resignação ao acontecimento, seja ele qual for, quando não depende mais de nós, sem dúvida muitas circunstâncias ainda nos farão sofrer cruelmente, mas nenhuma romperá nossos laços com o céu. Lutar contra o impossível é o que engendra em nós os sentimentos mais amargos; e a cólera de Satã não é outra coisa senão a liberdade em luta com a necessidade, não podendo nem domá-la nem submetê-la.

A opinião dominante entre os cristãos místicos é a de que a única homenagem que pode vir a agradar a Deus é a da vontade, dom dado por ele ao homem: com efeito, que oferenda mais desinteressada podemos apresentar à divindade? O culto, o incenso, os hinos quase sempre têm por objetivo obter as prosperidades da Terra, e é assim que a adulação deste mundo cerca os monarcas: mas resignar-se à vontade de Deus, não querer nada senão o que ele quer, é o ato religioso mais puro de que a alma humana pode ser capaz. Três exigências são feitas ao homem para obter dele essa resignação, a juventude, a idade madura e a velhice: felizes aqueles que se submetem à primeira!

Da Alemanha

É o orgulho em todas as coisas que arruína a ferida: a alma revoltada acusa o céu, o homem religioso deixa a dor agir sobre ele segundo a intenção daquele que a envia; ele utiliza todos os meios que estão em seu poder para evitá-la ou para aliviá-la: mas quando o acontecimento é irremediável, os caracteres sagrados da vontade suprema estão impressos ali.

Que infortúnio acidental pode ser comparado com a velhice e a morte? E entretanto quase todos os homens resignam-se a isso, pois não há armas para combatê-las: de onde vem então que cada um se revolte contra os infortúnios particulares, ao passo que todos se vergam ao infortúnio universal? Isso decorre de o destino ser tratado como um governo ao qual é permitido fazer que todos sofram, à condição de não conceder privilégios a ninguém. Os infortúnios que temos em comum com nossos semelhantes são tão severos e nos causam tanto sofrimento quanto nossos infortúnios particulares; e entretanto eles raramente provocam em nós a mesma rebelião. Por que os homens não dizem uns aos outros que é preciso suportar o que lhes concerne pessoalmente, tal como suportam a condição da humanidade em geral? Assim ocorre pela crença que se tem de encontrar injustiça na herança individual. Singular orgulho do homem, querer julgar a divindade com o instrumento que recebeu dela! O que ele sabe daquilo que um outro sente? O que ele sabe dele mesmo? Do que ele pode saber, a não ser do próprio sentimento interior? E esse sentimento, quanto mais íntimo for, mais contém o segredo de nossa felicidade; pois não é no fundo de nós mesmos que sentimos a felicidade ou o infortúnio? O amor religioso ou o amor-próprio são os únicos a penetrarem até a origem de nossos pensamentos mais ocultos. Sob o nome de amor religioso compreendem-se todas as afeições desinteressadas, e sob o de amor-próprio todas as inclinações egoístas: de qualquer maneira que o destino nos secunde ou nos contrarie, é sempre da ascendência de um desses amores sobre o outro que depende o gozo calmo ou o mal-estar inquieto.

A meu ver, é faltar inteiramente ao respeito pela Providência supor que somos vítimas desses fantasmas chamados acontecimentos: a realidade destes consiste no que produzem na alma, e há uma igualdade perfeita entre todas as situações e todos os destinos, não quando vistos exteriormente, mas quando julgados segundo sua influência sobre o aperfeiçoamento religioso. Se cada um de nós quiser examinar atentamente a trama de sua própria vida verá dois tecidos perfeitamente distintos, um que parece inteiramente submetido às causas e aos efeitos naturais, o outro cuja tendência totalmente misteriosa não se compreende senão com o tempo. São como as tapeçarias de ponto alto, nas quais se trabalham os desenhos no avesso, até que, colocadas no lugar, seja possível julgar seu efeito. Acaba-se por perceber ainda nesta vida a razão de sofrer, a razão de não ter obtido o que se desejava. O melhoramento de nosso próprio coração nos revela a intenção benfazeja de nos sujeitar à punição; pois as prosperidades da Terra chegariam a ter algo de temível se recaíssem sobre nós depois de nos tornarmos culpados de grandes faltas: acreditaríamos então termos sido abandonados pela mão daquele que nos entregaria à felicidade terrena como ao nosso único futuro.

Ou tudo é acaso ou não há tal coisa neste mundo, e se não há, o sentimento religioso consiste em colocar-se em harmonia com a ordem universal, apesar do espírito de rebelião ou de usurpação que o egoísmo inspira a cada um de nós em particular. Todos os dogmas e todos os cultos são as formas diversas de que o sentimento religioso se revestiu segundo as épocas e os países; ele pode degradar-se pelo terror, ainda que esteja baseado na confiança; mas consiste sempre na convicção de que não há nada de acidental nos acontecimentos, e que nossa única maneira de influir sobre o destino é agindo sobre nós mesmos. A razão não deixa de reinar em tudo o que diz respeito à conduta da vida; mas mesmo quando essa governanta da existência a arranjou da melhor maneira possível, o fundo de nosso coração sempre pertence ao amor, e o chamado misticismo é o amor em sua pureza mais perfeita.

A elevação da alma na direção de seu Criador é o culto supremo dos cristãos místicos; mas eles não se dirigem a Deus para pedir essa ou aquela prosperidade terrena. Um escritor francês que tem vislumbres sublimes, o sr. Saint-Martin, disse que "a oração era a respiração da alma". A maior parte dos místicos está convencida de que há resposta a essa oração, e de que a grande revelação do cristianismo pode ser renovada na alma, de algum modo, cada vez que ela se eleva com ardor para o céu. Quando se crê que não existe mais comunicação imediata entre o Ser Supremo e o homem, a

Da Alemanha

oração é, por assim dizer, apenas um monólogo; mas ela se torna um ato bem mais compassivo quando estamos persuadidos de que a divindade se faz sentir no fundo de nosso coração. Com efeito, a meu ver, não seria possível negar que não ocorre em nós movimentos que não provenham de fora, e que nos acalmam ou nos mantêm, sem que possam ser atribuídos à ligação comum dos acontecimentos da vida.

Alguns homens que colocaram amor-próprio em uma doutrina inteiramente baseada na abnegação do amor-próprio tiraram proveito desses auxílios inesperados para criar todo tipo de ilusões: acreditaram-se eleitos ou profetas; imaginaram que tinham visões; enfim, tornaram-se supersticiosos com relação a si mesmos. O que pode o orgulho humano, quando este se insinua no coração até mesmo sob a forma da humildade! Mas não é menos verdade que nada é mais simples e mais puro do que as relações da alma com Deus, tais como são concebidas por aqueles aos quais temos o costume de chamar de místicos, isto é, os cristãos que colocam o amor na religião.

Ao ler as obras espirituais de Fénélon, quem conseguirá permanecer impassível!? Onde encontrar tantas luzes, tanto alento, tanta indulgência? Não há nelas nem fanatismo, nem austeridades outras que as da virtude, nem intolerância, nem exclusão. As diversidades das comunhões cristãs não podem ser sentidas nessa altura que está acima de todas as formas acidentais que o tempo cria e destrói.

Certamente seria bem temerário aquele que se arriscasse a prever aquilo que diz respeito a tão grandes coisas: não obstante, ousaria dizer que tudo tende a fazer triunfar os sentimentos religiosos nas almas. O cálculo tomou tamanha ascendência sobre os negócios deste mundo que os caracteres que não se prestam a isso são naturalmente rejeitados no extremo oposto. É por isso que todos os pensadores solitários, de um lado ao outro do mundo, buscam reunir, em um mesmo feixe, os raios esparsos da literatura, da filosofia e da religião.

Em geral teme-se que a doutrina da resignação religiosa, chamada no último século de quietismo, leve à aversão pela atividade necessária nesta vida. Mas a natureza encarrega-se suficientemente de despertar em nós as paixões individuais para que não se tenha que temer muito um sentimento que as acalme.

Nós não dispomos de nosso nascimento, nem de nossa morte, e mais de três quartos de nosso destino são decididos por esses dois acontecimentos. Ninguém pode mudar os dados primitivos de seu nascimento, país, século etc. Ninguém pode adquirir a figura ou o gênio que não recebeu da natureza; e de quantas outras circunstâncias imperiosas ainda a vida não é composta? Se nossa sorte consiste em cem venturas diversas, há 99 que não dependem de nós; e todo o furor de nossa vontade volta-se para a pequena parte que ainda parece estar em nosso poder. Ora, a ação da própria vontade sobre essa pequena parte é singularmente incompleta. O único ato da liberdade do homem que atinge sempre seu objetivo é a realização do dever: a origem de todas as outras resoluções depende inteiramente dos acidentes sobre os quais mesmo a prudência não tem nenhum poder. A maior parte dos homens não consegue o que realmente quer: e mesmo a prosperidade, quando a conseguem, com frequência decorre de uma via inesperada.

A doutrina do misticismo passa por severa, pois ela ordena o desprendimento de si, e isso parece com razão muito difícil: mas de fato ela é a mais terna de todas; ela consiste neste provérbio, "fazer da necessidade uma virtude": fazer da necessidade uma virtude, no sentido religioso, é atribuir à Providência o governo deste mundo, e encontrar nesse pensamento um alento íntimo. Os escritores místicos não exigem nada além da regra do dever, tal como todos os homens honrados a traçaram; não ordenam a ninguém que imponha sofrimentos a si mesmo; eles pensam que o homem não deve invocar para si o sofrimento, nem se irritar contra ele quando ocorre.

Que mal poderia portanto resultar dessa crença, que reúne a calma do estoicismo com a sensibilidade dos cristãos? Ela impede de amar, alguém dirá. Ah! Não é a exaltação religiosa que arrefece a alma: um único interesse de vaidade aniquilou mais afeições que qualquer gênero de opiniões austeras: até os desertos da Tebaida[3] não enfraquecem a força do sentimento, e nada impede de amar senão a miséria do coração.

Atribui-se falsamente um inconveniente muito grave ao misticismo. Apesar da severidade de seus princípios, afirma-se que ele torna os homens

---

3 Antigo nome dado pelos romanos à região que se estendia da Líbia ao Egito. (N. T.)

muito indulgentes no tocante às obras, por força de reconduzir a religião às impressões interiores da alma, e que os leva a resignarem-se às suas próprias falhas tal como aos acontecimentos inevitáveis. Seguramente nada seria mais contrário ao espírito do Evangelho do que essa maneira de interpretar a submissão à vontade de Deus. Se se admitisse que o sentimento religioso em nada dispensa as ações, resultaria disso não somente uma massa de hipócritas que afirmariam que não podem ser julgados pelas provas comuns de religião chamadas de obras, e que suas comunicações secretas com a divindade são de uma ordem bem superior à realização dos deveres; mas também existiriam hipócritas consigo mesmos, e se aniquilaria desse modo a força dos remorsos. Com efeito, quem com um pouco de imaginação não tem momentos de enternecimento religioso? Quem alguma vez não rezou com ardor? E se isso bastasse para ser dispensado da estrita observância dos deveres, a maioria dos poetas poderia crer-se mais religioso do que são Vicente de Paula.

Mas foi devido a um erro que os místicos foram acusados por essa maneira de ver; suas obras e sua vida atestam que são tão regulares em sua conduta moral quanto os homens submetidos às práticas do culto mais severo: aquilo que neles se chama indulgência é a penetração que faz analisar a natureza do homem, em lugar de limitar-se a ordenar-lhe a obediência. Os místicos, ocupando-se sempre do fundo coração, aparentam perdoar seus desvios por estudarem suas causas.

Os místicos, e mesmo quase todos os cristãos, foram com frequência acusados de terem sido levados à obediência passiva para com qualquer autoridade que fosse, e afirmou-se que a submissão à vontade de Deus, mal compreendida, levava com demasiada frequência à submissão aos quereres dos homens. Todavia, nada se parece menos com a condescendência ao poder do que a resignação religiosa. Decerto ela pode alentar na escravidão, mas assim é porque ela dá à alma todas as virtudes da independência. Ser indiferente pela religião à liberdade ou à opressão do gênero humano seria tomar a fraqueza do caráter pela humildade cristã, e nada difere tanto disso. A humildade cristã prosterna-se diante dos pobres e dos infelizes, e a fraqueza de caráter lida sempre com o crime pois este tem força neste mundo.

Nos tempos da cavalaria, quando o cristianismo tinha mais ascendência, ele jamais pediu o sacrifício da honra: ora, para os cidadãos, a justiça e a liberdade são também a honra. Deus confunde o orgulho humano, mas não a dignidade da espécie humana, pois esse orgulho consiste na opinião que se tem de si, e essa dignidade no respeito pelos direitos dos outros. Os homens religiosos devem tender a não se misturar com as coisas deste mundo sem serem chamados a isso por um dever manifesto, e é preciso convir que tantas paixões são agitadas pelos interesses políticos que é raro não se misturar a elas sem ter censuras a se fazer: mas quando a coragem da consciência é evocada, não há nada que possa rivalizar com ela.

De todas as nações, a que tem maior pendor para o misticismo é a nação alemã. Antes de Lutero, vários autores, entre os quais é preciso citar Tauler,[4] tinham escrito sobre a religião nesse sentido. Depois de Lutero, os morávios manifestaram essa disposição, mais do que qualquer outra seita. Próximo ao final do século XVIII, Lavater combateu com uma grande força o cristianismo racionalizado que os teólogos berlinenses tinham defendido, e, sob muitos aspectos, sua maneira de sentir a religião é semelhante à de Fénélon. Vários poetas líricos, de Klopstock até hoje, têm em seus escritos laivos de misticismo. Visto que a religião protestante, que reina no Norte, não basta para a imaginação dos alemães, e que o catolicismo opõe-se, por sua natureza, às investigações filosóficas, os religiosos e pensadores alemães devem necessariamente voltar-se para uma maneira de sentir a religião que possa ser aplicada a todos os cultos. Ademais, o idealismo na filosofia tem muita analogia com o misticismo na religião: um coloca toda a realidade das coisas deste mundo no pensamento, e o outro toda a realidade das coisas do céu no sentimento.

Os místicos penetram com uma sagacidade inconcebível tudo o que faz nascer em nós o temor ou a esperança, o sofrimento ou a felicidade: e ninguém remonta como eles à origem dos movimentos da alma. Há tanto interesse nesse exame que mesmo homens muito medíocres, quando têm no coração a menor disposição mística, interessam e cativam por sua conversa, como se fossem dotados de um gênio transcendente. O que torna a sociedade tão sujeita ao tédio é que a maior parte daqueles com quem

---

4 Johann ou Johannes Tauler (1300-1361): frade dominicano, famoso por seus sermões em língua alemã. (N. T.)

Da Alemanha

convivemos ali não fala senão dos objetos exteriores; e nesse gênero a necessidade do espírito de conversação é muito perceptível. Mas o misticismo religioso traz consigo uma luz tão ampla que ela dá uma superioridade moral muito marcada mesmo àqueles que não a tinham recebido pela natureza: eles se aplicam ao estudo do coração humano, que é a primeira das ciências, e dão-se tanto ao trabalho de conhecer as paixões a fim de apaziguá-las quanto os homens de sociedade para se servirem delas.

Sem dúvida é possível encontrar ainda grandes falhas no caráter daqueles cuja doutrina é a mais pura: mas é à sua doutrina que essas falhas se devem? Presta-se à religião uma singular homenagem pela exigência manifestada em relação a todos os homens religiosos, a partir do momento em que são reconhecidos como tais. Eles são vistos como inconsequentes se têm erros e fraquezas; e entretanto nada pode mudar inteiramente a condição humana: se a religião propiciasse sempre a perfeição moral, e se a virtude conduzisse sempre à felicidade, a escolha da vontade não seria mais livre, pois os motivos que agiriam sobre ela seriam muito poderosos.

A religião dogmática é um mandamento; a religião mística baseia-se na experiência íntima de nosso coração; a pregação deve necessariamente ser influenciada pelo efeito da direção que os ministros do Evangelho seguem a esse respeito, e talvez seria de desejar que se percebesse mais em sua maneira de pregar a influência dos sentimentos que começam a penetrar todos os corações. Na Alemanha, onde cada gênero é abundante, Zollikofer, Jerusalem[5] e vários outros adquiriram uma justa reputação pela eloquência do púlpito, e pode-se ler sobre todos os assuntos uma multidão de sermões que contêm excelentes coisas; não obstante, embora seja muito sábio ensinar a moral, importa ainda mais dar os meios de segui-la, e esses meios consistem antes de tudo na emoção religiosa. Quase todos os homens sabem mais ou menos o mesmo sobre os inconvenientes e as vantagens do vício e da virtude; mas o que todos têm necessidade é daquilo que fortalece a disposição interior com a qual se pode lutar contra as inclinações tempestuosas de nossa natureza.

---

5 George Joachim Zollikofer (1730-1788). Wilhelm Jerusalem (1709-1789). (N. T.)

Se não fosse questão senão de bem argumentar com os homens, por que as partes do culto, que são compostas apenas de cantos e cerimônias, levariam ainda mais do que os sermões ao recolhimento da piedade? A maior parte dos pregadores limita-se a lançar invectivas contra as más inclinações, em lugar de mostrar como se sucumbe e como se resiste a elas; a maior parte dos pregadores são juízes que instruem o processo do homem; mas os sacerdotes de Deus devem nos falar de seu sofrimento e de suas esperanças, de como modificaram seu caráter por certos pensamentos; enfim, esperamos deles as memórias secretas da alma em suas relações com a divindade.

As leis proibitivas não são mais suficientes no governo de cada indivíduo do que no dos Estados. A arte social tem a necessidade de pôr em movimento interesses animados para alimentar a vida humana; ocorre o mesmo com os instrutores religiosos do homem; eles não podem preservá-lo das paixões senão estimulando em seu coração um êxtase vivo e puro: as paixões valem ainda mais, sob muitos aspectos, do que uma apatia servil, e nada pode domá-las a não ser um sentimento profundo, cujos gozos devem ser pintados, se possível, com tanta força e verdade quanto o que se colocou para descrever o encanto das afeições terrenas.

Seja o que for que as pessoas de espírito tenham dito, existe uma aliança natural entre a religião e o gênio. Quase todos os místicos têm atração pela poesia e pelas belas-artes; suas ideias estão em acordo com a verdadeira superioridade em todos os gêneros, ao passo que a incrédula mediocridade mundana é-lhes o inimigo; ela não pode suportar aqueles que querem penetrar na alma; e uma vez que colocou o que tinha de melhor externamente, tocar no fundo é descobrir sua miséria.

A filosofia idealista, o cristianismo místico e a verdadeira poesia têm, sob muitos aspectos, o mesmo objetivo e a mesma origem; os filósofos, os cristãos e os poetas reúnem-se todos sob um desejo comum. Eles desejariam substituir ao factício da sociedade, não a ignorância dos tempos bárbaros, mas uma cultura intelectual que leva à simplicidade pela perfeição até mesmo das luzes; eles desejariam enfim fazer homens enérgicos e ponderados, sinceros e generosos, de todos esses caracteres sem elevação, de todos esses espíritos sem ideias, de todos esses zombeteiros sem festividade, de todos esses epicuristas sem imaginação, que na falta de algo melhor são chamados de espécie humana.

Capítulo VI
Da dor

Criticou-se muito este axioma dos místicos, que "a dor é um bem"; alguns filósofos da Antiguidade afirmaram que ela não era um mal; contudo é bem mais difícil considerá-la com indiferença do que com esperança.[1] Com efeito, se não estivéssemos persuadidos de que a infelicidade é um meio de aperfeiçoamento, a que excesso de irritação não seríamos levados? Por que então nos chamar à vida para nos fazer ser devorados por ela? Por que concentrar todos os tormentos e todas as maravilhas do universo em um frágil coração que teme e que deseja? Por que nos dar o poder de amar, e nos arrancar em seguida tudo o que temos de caro? Enfim, por que a morte, a terrível morte? Quando a ilusão da Terra nos leva a esquecê-la, como ela torna a voltar à nossa mente! É em meio a todos os esplendores deste mundo que ela desfralda sua bandeira funesta.

> *Così trapassa al trapassar d'un giorno*
> *Della vita mortal il fiore e'l verde;*
> *Ne perchè faccia indietro April ritorno,*
> *Si rinfiora ella mai ne si rinverde.*[2]

---

1 O chanceler Bacon disse que as prosperidades são as bênçãos do Velho Testamento, e as adversidades as do Novo.

2 "Assim passam em um dia/ o verdor e a flor da vida mortal;/ é em vão que o mês da primavera por sua vez retorna,/ ela jamais retoma seu verdor ou suas flores." Versos de Tasso, cantados nos jardins de Armida.

Viu-se em uma festa uma princesa[3] que, mãe de oito filhos, reunia ainda o encanto de uma beleza perfeita a toda a dignidade das virtudes maternais. Ela abrira o baile, e os sons melodiosos da música assinalaram esses momentos consagrados ao gozo. Algumas flores ornavam sua encantadora figura, e o ornamento e a dança deviam recordá-la dos primeiros dias de sua juventude; entretanto ela parecia já temer os próprios prazeres aos quais tanto sucesso poderia tê-la aprisionado. Ai! De que modo esse vago pressentimento se realizou! De repente, os incontáveis archotes que substituíam o brilho do dia tornaram-se chamas devoradoras, e os mais terríveis sofrimentos tomaram o lugar do luxo esplendoroso de uma festa.[4] Que contraste! E quem poderia cansar-se de refletir sobre isso? Nunca as grandezas e as misérias humanas foram tão intimamente aproximadas; e nosso pensamento inconstante, tão facilmente distraído das sombrias ameaças do futuro, foi atingido na mesma hora por todas as imagens brilhantes e terríveis que o destino semeia comumente à distância na trilha do tempo.

Não obstante, nenhum acidente havia atingido aquela que devia morrer apenas por sua escolha; ela estava em segurança; podia retomar o fio da vida tão virtuosa que levava havia quinze anos; mas uma de suas filhas ainda estava em perigo, e o ser mais delicado e mais tímido precipitou-se em meio às chamas que fariam guerreiros recuarem. Todas as mães teriam sentido o que ela deve ter sentido! Mas quem poderia acreditar ter bastante força para imitá-la? Quem poderia contar com sua alma o bastante para não temer os frêmitos que a natureza faz nascer com a visão de uma morte atroz? Uma mulher os enfrentou; e ainda que tenha sido atingida por um golpe funesto, seu último ato fora maternal; naquele instante sublime, ela apareceu diante de Deus; e pôde-se reconhecer o que restava dela sobre a Terra apenas pela marca que seus filhos haviam deixado no lugar onde esse anjo havia perecido. Ah! Tudo o que há de horrível nesse quadro é suavizado pelos raios

---

3 A princesa Paulina de Schwarzenberg. [Mme. de Staël havia dirigido em Viena as perfomances teatrais de Paulina. (N. T.)]

4 Paulina veio a falecer em um ataque à embaixada austríaca em Paris em julho de 1810, quando se dava um baile por ocasião do casamento de Napoleão I e Marie-Louise. (N. T.)

da glória celeste. Essa generosa Paulina será doravante a santa das mães, e se seus olhares ainda ousarem erguer-se ao céu, repousarão em sua doce figura, pedindo-lhe para implorar a bênção de Deus para suas crianças.

Se a fonte da religião na Terra viesse a secar, o que se diria àqueles que veem sucumbir a mais pura das vítimas? O que se diria àqueles que a amaram? E de que desespero, e de que temor do destino e de suas perfídias secretas a alma não estaria repleta?

Não somente o que se vê, mas também o que se imagina aterrorizaria o pensamento se não houvesse nada em nós que fizesse frente ao poder do acaso. Não nos sentiríamos em um escuro calabouço onde cada minuto seria uma dor, onde só haveria o ar necessário para recomeçarmos a sofrer? A morte, para os incrédulos, deve libertar de tudo; mas eles sabem o que ela é? Sabem se essa morte é o nada? E para qual labirinto de terror a reflexão sem guia nos pode arrastar?

Se um homem de bem (e as circunstâncias de uma vida apaixonada podem levar a essa infelicidade), se um homem de bem, repito, tivesse feito um mal irreparável a um ser inocente, como ele iria consolar-se sem o auxílio da expiação religiosa? Quando a vítima está no caixão, a quem iria dirigir-se se não há comunicação com ela, se o próprio Deus não faz que os mortos ouçam os lamentos dos vivos, se o soberano mediador dos homens não diz à dor: "Basta"; ao arrependimento: "Estais perdoado?". Acredita-se que a principal vantagem da religião é a de despertar os remorsos, mas com muita frequência, ela também serve para apaziguá-los. Há almas nas quais reina o passado; há aquelas que os lamentos dilaceram como uma morte ativa, e sobre as quais a lembrança se encarniça como um abutre; a religião para elas é um alívio do remorso.

Uma ideia sempre a mesma, e revestindo entretanto mil formas diversas, cansa ao mesmo tempo pela agitação e pela monotonia. As belas-artes, que redobram o poder da imaginação, aumentam com ela a vivacidade e a dor. A própria natureza importuna quando a alma não está mais em harmonia com ela: sua calma, tida como terna, irrita como a indiferença; as maravilhas do universo ficam obscurecidas ao nosso olhar; tudo se assemelha a uma aparição mesmo em meio à claridade do dia. A noite inquieta como se a escuridão escondesse algum segredo de nossos males, e o sol resplandecente parece insultar o luto do coração. Por onde escapar de tantos sofrimentos? Pela morte? Mas a ansiedade do infortúnio faz duvidar de que o repouso esteja no túmulo, e o desespero para os próprios ateus é como uma revelação tenebrosa da eternidade das punições. O que faríamos então, o que faríamos, meu Deus! Se não pudéssemos nos lançar em vosso peito paternal? Aquele que primeiro chamara Deus nosso pai sabia mais sobre o coração humano do que os mais profundos pensadores do século.

Não é verdade que a religião estreite o espírito; é ainda menos verdade que a severidade dos princípios religiosos deva ser temida. Não conheço senão uma severidade temível para as almas sensíveis: a das pessoas mundanas; são elas que não concebem nada, que não desculpam nada do que é involuntário; elas se fizeram um coração humano ao seu bel-prazer, para julgá-lo facilmente. Seria possível lhes dizer o mesmo que se dizia aos senhores de Port-Royal, que, aliás, mereciam muita admiração: "É fácil para vós compreender o homem que haveis criado; mas aquele que existe, vós não o conheceis".

A maior parte das pessoas mundanas acostumou-se a promover certos dilemas sobre todas as situações infelizes da vida, a fim de desembaraçarem-se o mais cedo possível da piedade que estas exigem deles. "Há apenas dois partidos a tomar", dizem eles, "é preciso que seja um ou outro; é preciso suportar o que não se pode impedir; é preciso consolar-se em relação àquilo que é irremediável." Ou então, "quem deseja o fim, deseja os meios; é preciso fazer tudo para conservar aquilo de que não se pode abrir mão" etc. etc., e mil outros axiomas desse gênero que têm todos a forma de provérbios, e que são de fato o código da sabedoria vulgar. Mas, que relação há entre esses axiomas e as angústias do coração? Tudo isso serve muito bem nos negócios comuns da vida; mas como aplicar tais conselhos aos sofrimentos morais? Todos eles variam segundo os indivíduos, e compõem-se de mil circunstâncias diversas, desconhecidas de qualquer outro exceto de nosso amigo mais íntimo, se houver um que saiba identificar-se conosco. Cada caráter é quase um mundo novo para quem sabe observar com delicadeza, e não conheço na ciência do coração humano nenhuma ideia geral que se aplique completamente aos exemplos particulares.

Da Alemanha

Apenas a linguagem da religião pode convir a todas as situações e a todas as maneiras de sentir! Ao ler os *Devaneios*[5] de J.-J. Rousseau, esse eloquente quadro de um ser vítima de uma imaginação mais forte do que ele, perguntei-me como um homem de espírito, formado pela sociedade, e um solitário religioso teriam tentado consolar Rousseau. Ele iria queixar-se de ser odiado e perseguido, iria dizer-se o objeto da inveja universal, e a vítima de uma conjuração que se estendia do povo aos reis; ele teria afirmado que fora traído por todos os seus amigos, e que os próprios serviços que se lhe prestavam eram engodos: o que teria então respondido a todos esses lamentos o homem de espírito formado pela sociedade?

"Vós exagerais singularmente o efeito que credes produzir", ele diria,

decerto sois um homem muito distinto, mas como cada um de nós tem assuntos e mesmo ideias próprias, um livro não dá conta de todos os espíritos; o acontecimento da guerra ou da paz, e mesmo interesses menores, mas que nos concernem pessoalmente, ocupam-nos muito mais do que um escritor, por mais célebre que possa ser. Fostes exilado, é verdade, mas todos os países devem ser iguais para um filósofo como vós; e de que serviriam portanto a moral e a religião, que desenvolveis tão bem em vossos escritos, se não soubésseis suportar os reveses que vos atingiram? Sem dúvida, algumas pessoas vos invejam, entre vossos confrades os homens de letras; mas isso não pode ser estendido aos grupos da sociedade que se incomodam muito pouco com a literatura; ademais, se a celebridade vos importuna realmente, nada mais fácil do que escapar dela. Se não escreverdes mais, ao cabo de poucos anos sereis esquecido, e estareis tão tranquilo como se nunca tivésseis publicado nada. Dizeis que vossos amigos vos enganam parecendo vos prestar serviço. A princípio, não é possível que exista uma leve nuança de exaltação romanesca em vossa maneira de julgar vossas relações pessoais? Foi preciso vossa bela imaginação para compor a *Nova Heloísa*;[6] mas é preciso um pouco de razão nos

---

5 *Les Rêveries du promeneur solitaire* [Devaneios do caminhante solitário], obra inacabada de Rousseau escrita entre 1776 e 1778, publicação póstuma em 1782. (N. T.)

6 *Julie, ou la nouvelle Héloïse*, romance epistolar editado pela primeira vez em 1761, em Amsterdã. (N. T.)

assuntos daqui de baixo, e, quando se deseja muito, veem-se as coisas tais como são. Se, contudo, vossos amigos vos enganam, é preciso romper com eles; pois, das duas uma, ou eles são dignos de vossa estima, e nesse caso estaríeis errado em duvidar deles, ou, se vossas dúvidas são bem fundadas, não deveis lamentar tais amizades.

Após ter escutado esse dilema, J.-J. Rousseau poderia muito bem ter tomado um terceiro partido, o de lançar-se no rio; mas o que lhe teria dito o solitário religioso?

Meu filho, não conheço a sociedade e ignoro se é verdade que se lhe deseje mal ali; mas se assim for, teríeis isso em comum com todos os bons que entretanto perdoaram seus inimigos, pois Jesus Cristo e Sócrates, o Deus e o homem deram o exemplo disso. É preciso que as paixões odiosas existam aqui embaixo para que a prova dos justos seja realizada. Santa Teresa[7] disse dos malfeitores: "Os infelizes, eles não amam!", e entretanto vivem também para que tenham tempo de arrependerem-se.

Vós haveis recebido do céu dons admiráveis; se eles vos serviram para fazer amar o que é bom, já não tivestes gozado por ter sido um soldado da verdade sobre a Terra? Se vierdes a enternecer alguns corações por uma eloquência arrebatadora, obtereis para vós algumas das lágrimas que tiverdes feito correr. Vós tendes inimigos junto de vós, mas amigos ao longe entre os solitários que vos leem, e tendes consolado desafortunados melhor do que podemos vos consolar. Se eu tivesse vosso talento para me fazer entender como vós! O talento é uma bela coisa, meu filho; os homens buscam com frequência denegri-lo; eles vos dizem erroneamente que o condenamos em nome de Deus; isso não é verdade. A eloquência é inspirada por uma emoção divina, e se não tiverdes abusado dela, ireis saber suportar a inveja, pois tal superioridade vale as dores que provoca.

Não obstante, meu filho, temo que o orgulho esteja a misturar-se com vossos sofrimentos, e eis o que lhes dá azedume; pois todas as dores que

---

7 Santa Teresa d'Ávila, também conhecida como Santa Teresa de Jesus (1515-1582): freira carmelita e escritora espanhola, famosa por suas obras místicas. (N. T.)

permaneceram humildes fazem escorrer suavemente nossas lágrimas; mas há veneno no orgulho, e o homem torna-se insensato quando se entrega a ele: trata-se de um inimigo que se faz seu cavaleiro, para melhor perdê-lo.

O gênio não deve servir senão para manifestar a bondade suprema da alma. Há muitas pessoas que têm essa bondade sem o talento de exprimi-la; agradecei a Deus de quem recebeis o encanto dessas palavras feitas para fascinar a imaginação dos homens. Mas não tenhais orgulho senão do sentimento que as dita a vós. Tudo se apaziguará para vós na vida, se permanecerdes sempre religiosamente bom; mesmo os malfeitores se cansam de fazer mal, o próprio veneno os esgota; afinal Deus não está aí para cuidar do pássaro que cai, e do coração do homem que sofre?

Vós dizeis que vossos amigos vos desejam trair; evitai acusá-los injustamente: infeliz aquele que tiver repudiado uma afeição verdadeira, pois são os anjos do céu que as enviam a nós; eles se reservaram essa parte no destino do homem! Não permitais que vossa imaginação vos engane; é preciso deixá-la pairar nas regiões das nuvens; mas apenas o coração pode julgar um outro coração; e seríeis bem culpado se desconhecêsseis uma amizade sincera: pois a beleza da alma consiste em sua generosa confiança, e a prudência humana é figurada por uma serpente.

Todavia, é possível que, em expiação por alguns desvios cuja causa foram as vossas grandes faculdades, sejais condenado a beber a taça envenenada pela traição de um amigo. Se assim for, pranteio-vos, mesmo a divindade vos pranteou ao vos punir: mas não vos revolteis contra seus golpes; amai ainda, mesmo que o amor tenha dilacerado vosso coração. Na solidão mais profunda, no isolamento mais cruel, não é preciso calar em si a fonte das afeições devotadas. Durante longo tempo não se acreditou que Deus pudesse ser amado como são amados seus semelhantes. Uma voz que nos responde, olhares que se confundem com os nossos, parecem cheios de vida, ao passo que o céu imenso se cala: mas gradativamente a alma se eleva até sentir seu Deus junto dela como um amigo.

Meu filho, é preciso rezar como se ama, misturando a oração a todos os nossos pensamentos: é preciso rezar, pois então não se está mais só; e quando a resignação descer suavemente sobre vós, voltai vossos olhares para a natureza: dir-se-ia que cada um encontra nela o passado de sua vida, quando não existem mais traços dela entre os homens. Pensai em vossas infelicidades e em vossos prazeres, contemplando essas nuvens ora sombrias ora brilhantes, que o vento desfaz; e seja porque a morte vos tenha arrancado vossos amigos, seja porque a vida mais cruel tenha ainda desfeito vossos laços com eles, percebereis nas estrelas a imagem divinizada deles; eles vos aparecerão tais como ireis revê-los um dia.

Capítulo VII
Dos filósofos religiosos chamados teósofos

Quando tratei da filosofia moderna dos alemães, tentei traçar uma linha de demarcação entre aquela que se obstina a penetrar os segredos do universo e aquela que se limita ao exame da natureza de nossa alma. A mesma distinção se faz notar entre os escritores religiosos: alguns, dos quais já falei nos capítulos precedentes, se ativeram à influência da religião sobre nosso coração: outros, tais como Jakob Böhme na Alemanha, Saint-Martin na França, e muitos outros ainda, acreditaram encontrar na revelação do cristianismo palavras misteriosas que podiam servir para desvendar as leis da criação. Deve-se convir que é difícil parar de pensar quando se começa; e seja porque a reflexão conduza ao ceticismo, seja porque leve ao mesmo tempo à fé mais universal, ficamos frequentemente tentados a passar horas inteiras, como os faquires, a nos perguntarmos o que é a vida. Longe de desdenhar aqueles que são assim devorados pela contemplação, nada impede que sejam considerados como os verdadeiros senhores da espécie humana, junto aos quais aqueles que existem sem refletir são apenas servos presos à gleba. Mas como é possível se vangloriar de dar alguma consistência aos pensamentos, que, semelhantes aos clarões, somem nas trevas, após terem por um momento lançado uma luminosidade incerta sobre os objetos?

Todavia, pode ser interessante indicar a direção principal dos sistemas teosóficos, isto é, dos filósofos religiosos que não cessaram de existir na Alemanha desde o estabelecimento do cristianismo, e sobretudo desde o renascimento das letras. A maior parte dos filósofos gregos baseou o sistema do mundo na ação dos elementos; e com exceção de Pitágoras e Platão, que deviam ao Oriente sua tendência ao idealismo, todos os pensadores da Antiguidade explicam a organização do universo por leis físicas. O cristianismo, ao acender a vida interior no peito do homem, devia estimular os espíritos a exagerar o poder da alma sobre o corpo; os abusos a que as doutrinas mais puras estão sujeitas trouxeram as visões, a magia branca (isto é, aquela que atribui à vontade do homem, sem a intervenção dos espíritos infernais, a possibilidade de agir sobre os elementos), todos os bizarros devaneios, enfim, que nascem da convicção de que a alma é mais forte do que a natureza. Quase todos os segredos de alquimistas, magnetizadores e iluminados se apoiam sobre essa ascendência da vontade que eles levam muito longe, mas que, não obstante, de algum modo diz respeito à grandeza moral do homem.

Ao afirmar a espiritualidade da alma, o cristianismo não somente levou os espíritos a crerem na capacidade ilimitada da fé religiosa ou filosófica, mas a revelação pareceu a alguns homens um milagre contínuo que podia se renovar para cada um deles, e alguns acreditaram sinceramente que uma adivinhação sobrenatural lhes era concedida, e que se manifestavam neles verdades das quais eram antes as testemunhas do que os inventores. O mais famoso desses filósofos religiosos foi Jakob Böhme, um sapateiro alemão que viveu no início do século XVII; ele provocou tanto alvoroço em sua época que Carlos I enviou um homem expressamente a Görlitz, lugar onde morava, para estudar seu livro e levá-lo à Inglaterra. Alguns de seus escritos foram traduzidos em francês pelo sr. Saint-Martin: eles são muito difíceis de ser compreendidos; entretanto não há como evitar o espanto pelo fato de que um homem sem cultivo do espírito tenha ido tão longe na contemplação da natureza. Em geral, ele a considera como um emblema dos principais dogmas do cristianismo; por toda a parte, ele crê ver nos fenômenos do mundo os vestígios da queda do homem e de sua regeneração, os efeitos do princípio da cólera e do princípio da misericórdia; e enquanto os filósofos gregos tentavam explicar o mundo pela mistura dos elementos do ar, da água e do fogo, Jakob Böhme admite apenas a combinação das forças morais, e se apoia sobre passagens do Evangelho para interpretar o universo.

Da Alemanha

De qualquer maneira que sejam considerados esses escritos singulares que, há duzentos anos, sempre encontraram leitores, ou antes, adeptos, não há como deixar de notar as duas vias opostas, seguidas pelos filósofos espiritualistas e pelos filósofos materialistas, para chegar à verdade. Uns creem que é furtando-se a todas as impressões exteriores, e lançando-se no êxtase do pensamento, que se pode adivinhar a natureza: outros pretendem que não haveria muito como evitar o entusiasmo e a imaginação, no exame dos fenômenos do universo; dir-se-ia que o espírito humano tem necessidade de libertar-se do corpo ou da alma para compreender a natureza, ao passo que o segredo da existência consiste na misteriosa união dos dois.

Alguns doutos, na Alemanha, afirmam que as obras de Jakob Böhme apresentam visões muito profundas sobre o mundo físico; pode-se dizer ao menos que há tanta originalidade nas hipóteses dos filósofos religiosos sobre a criação quanto nas de Tales, Xenófanes, Aristóteles, Descartes e Leibniz. Os teósofos declaram que aquilo que pensam lhes ter sido revelado, ao passo que os filósofos em geral acreditam-se conduzidos unicamente por sua própria razão; mas, uma vez que ambos aspiram a conhecer o mistério dos mistérios, qual o significado a essa altura das palavras razão e loucura? E por que desonrar com a denominação de insensatos, aqueles que creem encontrar grandes luzes na exaltação? Trata-se de um movimento da alma de uma natureza muito notável, e que seguramente não lhe foi dado somente para ser combatido.

Capítulo VIII
Do espírito de seita na Alemanha

O hábito da meditação leva a devaneios de todo gênero sobre o destino humano. Apenas a vida ativa pode desviar nosso interesse da origem das coisas, mas tudo o que há de grande ou de absurdo em matéria de ideias é o resultado do movimento interior que não se pode dissipar externamente. Muitas pessoas ficam bastante irritadas com as seitas religiosas ou filosóficas, dando-lhes o nome de loucuras, e de loucuras perigosas. Parece-me que os próprios desvios do pensamento devem ser bem menos temidos para o repouso e a moralidade dos homens do que a ausência do pensamento. Quando não se tem em si essa capacidade de reflexão que supre a atividade material, tem-se necessidade de agir sem cessar e frequentemente ao acaso.

É verdade que o fanatismo das ideias conduziu algumas vezes a ações violentas, mas isso se deu quase sempre por ter-se buscado as vantagens deste mundo com a ajuda das opiniões abstratas. Os sistemas metafísicos são em si mesmos pouco temíveis, e só se tornam assim quando são unidos a interesses de ambição, e é desses interesses que se faz necessário se ocupar, caso se deseje modificar os sistemas; mas os homens capazes de prenderem--se vivamente a uma opinião, independentemente dos resultados que ela pode ter, são sempre de uma natureza nobre.

As seitas filosóficas e religiosas que, sob diversos nomes, existiram na Alemanha, praticamente não tiveram relação com os assuntos políticos; e o gênero de talento necessário para levar os homens a resoluções vigorosas manifestou-se raramente nesse país. Pode-se debater sobre a filosofia de Kant, sobre as questões teológicas, sobre o idealismo ou o *empirismo*, sem que jamais resulte disso algo além de livros.

O espírito de seita e o espírito de partido diferem sob muitos aspectos; o espírito de partido apresenta as opiniões pelo que têm de proeminentes, para fazer que sejam compreendidas pelo vulgo; e o espírito de seita, sobretudo na Alemanha, tende sempre para o que há de mais abstrato: no espírito de partido, deve-se apreender o ponto de vista da multidão para se colocar nele; os alemães pensam apenas na teoria, e eles a seguiriam mesmo ao custo de perderem-se nas nuvens. O espírito de partido estimula nos homens certas paixões comuns que os unem em bloco. Os alemães subdividem tudo por força de explicar, distinguir e comentar. Eles têm uma sinceridade filosófica singularmente própria à busca da verdade, mas de modo algum à arte de colocá-la em obra. O espírito de seita não aspira senão a convencer; o espírito de partido quer agrupar. O espírito de seita disputa no âmbito das ideias; o espírito de partido quer poder sobre os homens. Há disciplina no espírito de partido, e anarquia no espírito de seita. A autoridade, seja ela qual for, não tem quase nada a temer do espírito de seita; este se satisfaz deixando uma grande amplitude ao pensamento; mas o espírito de partido não se contenta tão facilmente, e não se limita a essas conquistas intelectuais nas quais cada indivíduo pode criar um império sem destituir um possuidor.

Na França, as pessoas são mais suscetíveis ao espírito de partido do que ao espírito de seita: todos entendem muito bem a realidade da vida para não transformarem em ação aquilo que desejam, e em prática aquilo que pensam; mas talvez sejam muito alheios ao espírito de seita: não estão bastante presos às ideias abstratas para colocar o calor em sua defesa; ademais, ninguém deseja estar preso a nenhum gênero de opiniões, a fim de poder avançar mais livremente à frente de todas as circunstâncias. Há mais boa-fé no espírito de seita do que no espírito de partido, assim os alemães devem ser bem mais adequados a um do que ao outro.

É preciso distinguir três espécies de seitas religiosas e filosóficas na Alemanha: primeiro, as diferentes comunhões cristãs que existiram, sobretudo na época da Reforma, quando todos os espíritos se voltaram para as questões teológicas; segundo, as associações secretas; e, por fim, os

Da Alemanha

adeptos de alguns sistemas particulares, cujo principal representante é um homem. É preciso colocar no primeiro grupo os anabatistas e os morávios; no segundo, a mais antiga das associações secretas, os franco-maçons; e no terceiro, os diferentes gêneros de iluminados.

Os anabatistas eram mais uma seita revolucionária do que religiosa; e assim como deveram sua existência às paixões políticas e não às opiniões, passaram com as circunstâncias. Os morávios, inteiramente alheios aos interesses deste mundo, são, como já disse, uma comunhão cristã da maior pureza. Os quakers levam ao meio da sociedade os princípios dos morávios: estes se retiram do mundo, para estarem mais seguros de permanecer fiéis a esses princípios.

A franco-maçonaria é uma instituição muito mais séria na Escócia e na Alemanha do que na França. Ela existiu em todos os países; todavia, parece que essa associação é oriunda sobretudo da Alemanha, tendo sido transportada em seguida para a Inglaterra pelos anglo-saxões, e renovada, na ocasião da morte de Carlos I, pelos partidários da Restauração, que se reuniram próximo da igreja de São Paulo, para reclamar a volta de Carlos II ao trono. Acredita-se também que os franco-maçons, sobretudo na Escócia, estão de algum modo ligados à Ordem dos Templários. Lessing escreveu sobre a franco-maçonaria um diálogo no qual seu gênio luminoso se faz notar de modo eminente. Ele afirma que essa associação tem por objetivo reunir os homens, apesar das barreiras estabelecidas pela sociedade; pois se, sob alguns aspectos, o estado social forma um laço entre os homens submetendo-os ao império das leis, ele os separa pelas diferenças de nível e governo: essa fraternidade, verdadeira imagem da Idade de Ouro, foi misturada na franco-maçonaria a muitas outras ideias que também são boas e morais. Entretanto, não seria possível dissimular que é da nature-za das associações secretas levar os espíritos à independência; mas essas associações são muito favoráveis ao desenvolvimento das luzes; pois tudo o que os homens fazem por si mesmos e espontaneamente confere ao seu julgamento mais força e amplitude.

É possível ainda que os princípios da igualdade democrática se propa-guem por esse gênero de instituições, que coloca os homens em evidência segundo seu valor real, e não segundo sua posição na sociedade. As associações secretas demonstram a força da quantidade e da união, ao passo que os cidadãos isolados são, por assim dizer, seres abstratos uns para os outros. Sob esse aspecto, essas associações poderiam ter uma grande influência no Estado; mas é justo, entretanto, reconhecer que em geral a franco-maçonaria não se ocupa senão dos interesses religiosos e filosóficos.

Seus membros se dividem entre si em dois grupos: a franco-maçonaria filosófica e a franco-maçonaria hermética ou egípcia. A primeira tem por objeto a igreja interior, ou o desenvolvimento da espiritualidade da alma. A segunda diz respeito às ciências que são voltadas aos segredos da natureza. Os irmãos rosa-cruz, entre outros, são um dos graus da franco-maçonaria, e os irmãos rosa-cruz na origem eram alquimistas.

Em todos os tempos, e em todos os países, existiram associações secretas, cujos membros tinham por objetivo fortalecerem-se mutuamente na crença da espiritualidade da alma; os mistérios de Elêusis, entre os pagãos, e as seitas dos essênios, entre os hebreus, eram baseadas nessa doutrina que não se desejava profanar entregando-a aos gracejos do vulgo. Há quase trinta anos, em Wilhelms-Bad, houve uma assembleia de franco-maçons presidida pelo duque de Brunswick. Essa assembleia tinha por objeto a reforma dos franco-maçons da Alemanha, e parece que as opiniões místicas em geral, e as de Saint-Martin em particular, influíram muito sobre essa reunião. As instituições políticas, as relações sociais, e, com muita frequência, as de família, não tomam senão o exterior da vida: portanto, é natural que em todas as épocas tenha se buscado algum modo íntimo de reconhecimento e entendimento; e todos aqueles cujo caráter tem alguma profundidade acreditam-se iniciados, e buscam distinguir-se por alguns sinais do resto dos homens. As associações secretas degeneram com o tempo; mas seu princípio é quase sempre um sentimento de entusiasmo restringido pela sociedade.

Há três grupos de iluminados: os místicos, os visionários e os políticos. O primeiro grupo, do qual Jakob Böhme e, no último século, Pasqualis[1] e Saint-Martin podem ser considerados como os principais representantes, relaciona-se por diversos vínculos com a igreja interior, que é o santuário

---

1 Martinez Pasqualis (*c.* 1727-1779). (N. T.)

de união para todos os filósofos religiosos; esses iluminados se ocupam unicamente da religião e da natureza interpretada pelos dogmas da religião.

Os iluminados visionários, à frente dos quais se deve colocar o sueco Swedenborg,[2] acreditam que pela força da vontade podem fazer os mortos aparecerem, bem como operar milagres. O último rei da Prússia, Frederico Guilherme, foi induzido a erro pela credulidade desses homens ou por seus ardis, que tinham a aparência da credulidade. Os iluminados idealistas desdenham os visionários como empíricos; eles desprezam seus pretensos prodígios e pensam que a maravilha dos sentimentos da alma deve por si só sobrepor-se a todas as outras.

Enfim, homens que não tinham por objetivo senão se apoderar da autoridade em todos os Estados, e conseguirem postos, tomaram o nome de iluminados; seu principal representante era um bávaro, Weishaupt,[3] homem de um espírito superior, e que tinha sentido muito bem o poder que se podia adquirir ao se reunir as forças dispersas dos indivíduos e dirigi-las inteiramente para um mesmo objetivo. Um segredo, seja ele qual for, adula o amor-próprio dos homens; e quando se lhes diz que têm algo que seus semelhantes não têm, adquire-se sempre ascendência sobre eles. O amor-próprio se ressente de parecer com a multidão; e quando se escolhe dar marcas de distinção conhecidas ou ocultas, fica-se seguro de colocar em movimento a imaginação da vaidade, a mais ativa de todas.

Os iluminados políticos não tinham ensinado a outros iluminados senão alguns sinais para se reconhecerem; mas os interesses, e não as opiniões, serviam-lhes de ponto de união. É verdade que tinham por objetivo reformar a ordem social sob novos princípios; todavia, ao esperar a realização dessa grande obra, o que desejavam, inicialmente, era apoderarem-se dos empregos públicos. Essa seita tem, por todos os países, muitos adeptos que se iniciam por si mesmos nesses segredos: na Alemanha, entretanto, essa seita talvez seja a única a ter sido baseada em um cálculo político; todas as outras nasceram de um entusiasmo qualquer, e não tiveram senão a busca da verdade por objetivo.

---

2 Emmanuel Swedenborg (1688-1772). (N. T.)
3 Adam Weishaupt (1748-1811). (N. T.)

Entre os homens que se esforçam para penetrar os segredos da natureza, devem-se contar os alquimistas, os magnetizadores etc.; é provável que exista muita loucura nessas pretensas descobertas; mas o que pode existir aí de temível? Se fosse possível chegar a reconhecer nos fenômenos físicos aquilo que se chama maravilhoso! Isso com razão seria motivo de gozo. Há momentos nos quais a natureza parece uma máquina que se move constantemente pelos mesmos impulsos, e é aí então que sua inflexível regularidade causa medo; mas quando se crê entrever nela algo de espontâneo como o pensamento, uma esperança confusa apodera-se da alma e nos furta do olhar fixo da necessidade.

Na base de todas essas tentativas e de todos esses sistemas científicos e filosóficos, há sempre uma tendência muito marcada para a espiritualidade da alma. Aqueles que querem adivinhar os segredos da natureza são muito opostos aos materialistas; pois é sempre no pensamento que buscam a solução do enigma do mundo físico. Decerto esse movimento nos espíritos poderia levar a grandes erros; mas ocorre assim com tudo o que é animado; desde que exista vida, existe perigo.

Os esforços individuais acabariam por ser proibidos se fossem submetidos ao método que regrasse os movimentos do espírito, tal como a disciplina ordena os do corpo. O problema consiste, pois, em guiar as faculdades sem restringi-las; e desejar-se-ia que fosse possível adaptar à imaginação dos homens a arte ainda desconhecida de elevar-se com asas, e de dirigir o voo pelo ar.

Capítulo IX
Da contemplação da natureza

Ao falar da influência da nova filosofia sobre as ciências, mencionei alguns novos princípios adotados na Alemanha, relativos ao estudo da natureza; mas como a religião e o entusiasmo têm grande parte na contemplação do universo, indicarei de uma maneira geral as ideias políticas e religiosas que podem ser colhidas a esse respeito nas obras alemãs.

Vários naturalistas, guiados por um sentimento de piedade, acreditaram que deviam dedicar-se ao exame das causas finais; eles tentaram provar que tudo no mundo tende à conservação e ao bem-estar físico dos indivíduos e das espécies. A meu ver, objeções muito fortes podem ser feitas a esse sistema. Sem dúvida é fácil ver que na ordem das coisas os meios respondem admiravelmente a seus fins; mas nesse encadeamento universal no qual se fixam causas que são efeitos, e efeitos que são causas, deseja-se relacionar tudo à conservação do homem; e será difícil conceber o que ela tem em comum com a maior parte dos seres: ademais, concede-se muito valor à existência material ao tomá-la como o objetivo último da criação.

Aqueles que apesar do imenso número das desgraças particulares atribuem uma espécie de bondade à natureza, consideram-na um especulador em grande[1] que recupera seu lucro pela quantidade. Esse sistema não

---

1 Os especuladores "acidentalmente armazenam em grande e vendem em diferentes epochas do ano". Cf. *Colecção oficial de legislação portuguesa*, ano de 1860, Lisboa, Imprensa Nacional, 1861, p.265. (N. T.)

Madame de Staël

convém nem mesmo a um governo, tendo sido combatido por escritores escrupulosos em economia política. Como seria, portanto, quando se tratasse das intenções da divindade? Um homem considerado religiosamente vale tanto quanto a raça humana inteira; e desde que a ideia de uma alma imortal foi concebida, não deve ser possível admitir a maior ou menor importância de um indivíduo em relação a todos. Cada ser inteligente tem um valor infinito; pois deve durar para sempre. Portanto, é segundo um ponto de vista mais elevado que os filósofos alemães consideraram o universo.

Há os que acreditam ver em tudo dois princípios, o do bem e o do mal, combatendo-se continuamente; e seja por se atribuir esse combate a uma força infernal, seja, o que é mais simples de pensar, pela possibilidade de o mundo físico ser a imagem das boas e das más inclinações do homem, sempre é verdade que este mundo oferece duas faces absolutamente contrárias à observação.

Há, não se poderia negá-lo, um lado terrível na natureza, assim como no coração humano, e sente-se nele o temível poder da cólera. Por melhor que seja a boa intenção dos partidários do otimismo, nota-se maior profundidade, parece-me, naqueles que não negam o mal, mas que compreendem a conexão do mal com a liberdade do homem, com a imortalidade que ela lhe pode valer.

Os escritores místicos, de que falei nos capítulos precedentes, veem no homem o compêndio do mundo, e no mundo o emblema dos dogmas do cristianismo. A natureza lhes parece a imagem corporal da divindade, e eles mergulham cada vez mais na significação profunda das coisas e dos seres.

Entre os escritores alemães que se ocuparam da contemplação da natureza sob o aspecto religioso, dois merecem uma atenção particular: Novalis[2] como poeta, e Schubert[3] como físico. Novalis, homem de berço ilustre, foi iniciado ainda jovem nos estudos de todos os gêneros desenvolvidos pela nova escola na Alemanha; mas sua alma piedosa deu um grande caráter de simplicidade às suas poesias. Ele morreu aos 26 anos; e foi quando não mais vivia que os cantos religiosos que compôs adquiriram uma celebridade to-

---

2 Georg Philipp Friedrich von Hardenberg (1772-1801). (N. T.)
3 Cf. terceira parte, cap. X. (N. T.)

cante na Alemanha. O pai desse rapaz era morávio; e algum tempo depois da morte do filho ele fora visitar uma comunidade de seus irmãos de religião, e na igreja deles ouvira-os cantar algumas das poesias de seu filho, que os morávios tinham escolhido para se edificar, sem saberem quem era o autor.

Dentre as obras de Novalis, distinguem-se os *Hinos à noite*,[4] que pintam com grande força o recolhimento que a noite faz brotar na alma. A claridade do dia pode convir à alegre doutrina do paganismo; mas o céu estrelado parece o verdadeiro templo do culto mais puro. Foi na escuridão das noites, disse um poeta alemão, que a imortalidade se revelou ao homem; a luz do sol ofusca os olhos que acreditam ver. Algumas estâncias de Novalis sobre a vida dos mineiros encerram uma poesia animada, de um extraordinário efeito; ele interroga a Terra encontrada nas profundezas, pois ela fora a testemunha das diversas revoluções sofridas pela natureza; e ele exprime um desejo enérgico de penetrar cada vez mais ao centro do globo. O contraste dessa imensa curiosidade com a vida tão frágil, que deve expor-se para satisfazê-la, causa uma emoção sublime. O homem situado na Terra está entre o infinito dos céus e o infinito dos abismos; e sua vida, no tempo, também se coloca entre duas eternidades. Cercado por toda parte de ideias e objetos sem limites, inumeráveis pensamentos lhe aparecem como milhares de luzes que se embaralham e o ofuscam.

Novalis escreveu muito sobre a natureza em geral; ele denomina a si mesmo, com razão, discípulo de Saïs, pois o templo de Ísis foi fundado nessa cidade; e as tradições que nos restam dos mistérios dos egípcios levam a crer que seus sacerdotes tinham um conhecimento profundo das leis do universo.

"O homem", disse Novalis,

tem com a natureza relações quase tão variadas, quase tão inconcebíveis quanto as que ele mantém com seus semelhantes, e assim como ela se coloca ao alcance das crianças e se compraz com seus corações simples, ela também se mostra sublime aos espíritos elevados e divina aos seres divinos. O amor pela natureza toma diversas formas, e enquanto excita em uns apenas gozo e volúpia, inspira

---

4 Publicados em 1800. (N. T.)

em outros a religião mais piedosa, aquela que dá uma direção e um apoio a toda a vida. Já entre os povos antigos existiam almas sérias para as quais o universo era a imagem da divindade, e outras que se acreditavam somente convidadas ao banquete que ela oferece: para esses convivas da existência, o ar era apenas uma bebida refrescante, as estrelas apenas tochas que presidiam as danças durante a noite, e as plantas e os animais apenas magníficos condimentos de uma esplêndida refeição; a natureza não se oferecia a seus olhos como um templo majestoso e tranquilo, mas como o palco reluzente de festas sempre novas.

Nessa mesma época, contudo, espíritos mais profundos se ocupavam sem descanso em reconstruir o mundo ideal, cujos vestígios já haviam desaparecido; eles partilhavam como irmãos os trabalhos mais sagrados; uns buscavam reproduzir, pela música, as vozes da floresta e do ar; outros imprimiam a imagem e o pressentimento de uma raça mais nobre sobre a pedra e o bronze, transformavam rochedos em edifícios, e traziam à luz os tesouros ocultos na Terra. A natureza, civilizada pelo homem, parecera responder aos seus desejos: a imaginação do artista ousara interrogá-la, e a Idade de Ouro parecera renascer com a ajuda do pensamento.

Para conhecer a natureza, é preciso confundir-se com ela. Uma vida poética e recolhida, uma alma santa e religiosa, toda a força e toda a flor da existência humana são necessárias para compreendê-la, e o verdadeiro observador é aquele que sabe descobrir a analogia da natureza com o homem, e a do homem com o céu.

Schubert compôs um livro sobre a natureza[5] que ninguém se cansaria de ler, tanto é repleto de ideias que excitam a meditação; ele apresenta o quadro de fatos novos, cujo encadeamento é concebido sob novas relações. Duas ideias principais permanecem de sua obra; os hindus creem na metempsicose descendente, isto é, naquela que condena a alma do homem a passar aos animais e às plantas, a fim de puni-lo por ter feito um mau uso da vida. Dificilmente pode ser figurado um sistema de mais profunda tristeza, e as obras dos hindus carregam essa dolorosa marca. Acredita-se ver por toda

---

5 *Visões do lado obscuro da ciência da natureza*, de 1808. (N. T.)

parte, nos animais e nas plantas, o pensamento cativo e o sentimento confinado se esforçarem em vão para se desvencilharem das formas grosseiras e mudas às quais estão acorrentados. O sistema de Schubert é mais alentador; ele imagina a natureza como uma metempsicose ascendente, na qual, desde a pedra até a existência humana, há uma promoção contínua que faz o princípio vital avançar gradualmente, até o aperfeiçoamento mais completo.

Schubert crê também que existiram épocas nas quais o homem tinha um sentimento tão vivo e tão delicado dos fenômenos existentes que adivinhava por suas próprias impressões os segredos mais ocultos da natureza. Essas faculdades primitivas enfraqueceram-se, e é frequente a irritabilidade doentia dos nervos que, no embotamento do poder de raciocínio, dá ao homem o instinto que este devia outrora à própria plenitude de suas forças. Os trabalhos dos filósofos, dos doutos e dos poetas na Alemanha têm por objetivo diminuir a árida capacidade de raciocínio, sem obscurecer em nada as luzes. É assim que a imaginação do mundo antigo pode renascer de todos os erros, tal como a fênix das cinzas.

Tal como já disse, a maior parte dos físicos quis explicar a natureza como um bom governo no qual tudo é conduzido segundo sábios princípios administrativos, mas é inútil querer transportar esse sistema prosaico para a criação. O terrível e o belo não poderiam ser explicados por essa teoria circunscrita, e a natureza é sucessivamente cruel demais e magnífica demais para que possa ser submetida ao gênero de cálculo admitido no julgamento das coisas deste mundo.

Há objetos por si só hediondos, cuja impressão sobre nós é inexplicável; certas figuras de animais, certas formas de plantas, certas combinações de cores revoltam nossos sentidos, ainda que não possamos dar conta das causas dessa repugnância; dir-se-ia que essas figuras deselegantes, essas imagens repulsivas, lembram a baixeza e a perfídia, ainda que nada nas analogias do raciocínio possa explicar essa associação de ideias. A fisionomia do homem não se limita unicamente, como pretenderam alguns escritores, ao desenho mais ou menos marcado dos traços; passa-se no olhar e nos movimentos do rosto não sei qual expressão da alma impossível de ignorar, e é sobretudo na figura humana que se aprende o que há de extraordinário e desconhecido nas harmonias do espírito e do corpo.

Madame de Staël

Os acidentes e os infortúnios, na ordem física, têm algo de tão rápido, de tão impiedoso, de tão inesperado que parecem ser da ordem do prodígio; a doença e seus furores são como uma vida infame que subitamente se apodera da vida pacífica. As afeições do coração nos fazem sentir a barbárie da natureza que alguns querem representar para nós de modo tão doce. Quantos perigos ameaçam um rosto querido! Sob quantas metamorfoses a morte não se disfarça em torno de nós! Não há um belo dia que não possa esconder o relâmpago, nem uma flor cuja seiva não possa envenenar, nem um sopro de ar que não possa trazer consigo um contágio funesto, e a natureza parece uma amante ciumenta pronta a golpear o peito do homem, no momento em que este se embriaga com seus dons.

Como compreender o objetivo de todos esses fenômenos se for mantido o procedimento comum de nossas maneiras de julgar? Como é possível considerar os animais sem se lançar no assombro originado por sua misteriosa existência? Um poeta os nomeou "sonhos da natureza, dos quais o homem é o despertar". Com que objetivo foram criados? O que significam esses olhares que parecem cobertos por uma nuvem escura, atrás da qual uma ideia gostaria de despontar? Quais relações têm conosco? Qual é a parte de vida de que gozam? Um pássaro sobrevive ao homem de gênio, e uma espécie de estranho desespero toma o coração quando, perdido o que se ama, ainda se vê o sopro da existência animar um inseto que se move na Terra, de onde o mais nobre objeto desapareceu.

A contemplação da natureza aflige o pensamento; sente-se com ela relações que não dizem respeito nem ao bem nem ao mal que ela nos possa fazer; mas sua alma visível vem buscar a nossa para junto de seu seio, e conversa conosco. Quando as trevas nos aterrorizam, não são os perigos a que estamos expostos que tememos, mas a simpatia da noite para com todos os gêneros de privações e dores de que somos penetrados. O sol, ao contrário, é como uma emanação da divindade; como o resplandecente mensageiro de uma prece atendida; seus raios descem sobre a Terra não somente para guiar os trabalhos do homem, mas para exprimir o amor à natureza.

As flores se voltam para a luz, a fim de acolhê-la; elas se fecham durante a noite, e pela manhã e ao entardecer parecem exalar seus hinos de louvor

Da Alemanha

feito perfumes. Quando as flores são cultivadas na penumbra, pálidas, elas não se revestem mais de suas costumeiras cores; mas quando são devolvidas à claridade, o sol reflete nelas seus variados raios como no arco-íris, e dir-se-ia que ele se mira com orgulho na beleza com que as ornou. O sono dos vegetais, durante certas horas e certas estações do ano, está em harmonia com o movimento da Terra; esta carrega ao longo das regiões que abarca a metade das plantas, dos animais e dos homens adormecidos. Os passageiros desse grande barco chamado mundo se deixam embalar pelo círculo descrito por sua viajante morada.

A paz e a discórdia, a harmonia e a dissonância, unidas por um laço secreto, formam as primeiras leis da natureza, e ainda que se mostre temível ou encantadora, a unidade sublime que a caracteriza sempre se faz reconhecer. A chama se precipita em vagas como as torrentes; as nuvens que percorrem os ares tomam algumas vezes a forma de montanhas e vales, e parecem imitá-los representando a imagem da terra. Está dito no Gênesis "que o Todo-Poderoso separara as águas da Terra das águas do céu, e as suspendera nos ares". Com efeito, o céu é um nobre aliado do oceano; o azul do firmamento se faz ver nas águas, e as ondas estão pintadas nas nuvens. Algumas vezes, quando a tempestade se prepara na atmosfera, o mar estremece ao longe, e dir-se-ia que ele responde pela agitação das ondas ao misterioso sinal que recebeu da tempestade.

Em suas considerações científicas e poéticas sobre a América Meridional, o sr. Humboldt disse que foi testemunha de um fenômeno observado no Egito, o qual é chamado *miragem*. Subitamente, nos desertos mais áridos, a reverberação do ar toma a aparência dos lagos ou do mar, e os próprios animais, ofegantes de sede, lançam-se na direção dessas imagens enganosas, na esperança de se saciarem. As diversas figuras que a geada forma no vidro oferecem ainda um novo exemplo dessas maravilhosas analogias; os vapores condensados pelo frio desenham paisagens semelhantes àquelas que se fazem notar nessas regiões setentrionais; florestas de pinheiros, montanhas forradas de árvores reaparecem sob a cor branca, e a natureza congelada se compraz em contrafazer o que a natureza animada produziu.

Não somente a natureza se repete, mas ela parece querer imitar as obras dos homens, e lhes dar assim um testemunho singular de sua correspondência com eles. Conta-se que, nas ilhas vizinhas ao Japão, as nuvens apresentam aos olhares o aspecto de construções regulares. As belas-artes também têm seu tipo na natureza, e esse luxo da existência é ainda mais bem cuidado por ela do que a própria existência: a simetria das formas no reino vegetal e mineral serviu de modelo aos arquitetos, e o reflexo dos objetos e das cores nas águas dá a ideia das ilusões da pintura; o vento, cujo murmúrio se prolonga sob as folhas trêmulas, revela-nos a música; e chega-se mesmo a dizer que nas costas da Ásia, onde a atmosfera é mais pura, ouve-se algumas vezes ao anoitecer uma harmonia lamentosa e doce, que a natureza parece dirigir ao homem, a fim de comunicar-lhe que ela respira, ama e sofre.

Com frequência, ao avistarmos uma bela região somos tentados a acreditar que ela tem por único objetivo provocar em nós sentimentos nobres e elevados. Não sei qual a relação existente entre os céus e a altivez do coração, entre os raios da lua que repousam sobre a montanha e a calma da consciência, mas esses objetos nos falam em uma bela linguagem, e se for possível abandonar-se ao frêmito que causam, a alma ficará bem. Quando, à noite, na extremidade da paisagem, o céu de tão perto parece tocar a Terra, a imaginação cria para além do horizonte um abrigo da esperança, uma pátria do amor, e a natureza parece repetir silenciosamente que o homem é imortal.

A sucessão contínua de morte e nascimento, cujo teatro é o mundo físico, produziria a mais dolorosa impressão, se não se acreditasse ver nisso a marca da ressurreição de todas as coisas; e essa maneira de considerar é o verdadeiro ponto de vista religioso da contemplação da natureza. Terminar-se-ia por morrer de piedade ao limitar-se em tudo à terrível ideia do irreparável: nenhum animal perece sem que se possa lamentá-lo, nenhuma árvore cai sem que a ideia de não mais revê-la em sua beleza não provoque em nós uma reflexão dolorosa. Enfim, os próprios objetos inanimados nos fazem sofrer, quando sua decadência nos obriga a nos separarmos deles: a casa, os móveis que serviram aos que amamos, nos interessam, e algumas vezes esses mesmos objetos provocam em nós uma espécie de simpatia independente das lembranças resgatadas; emocionamo-nos com a forma pela qual foram conhecidos, como se essa forma se transformasse nos seres que vimos viver, e que deviam nos ver morrer. Se o tempo não tivesse por antídoto a eternidade, ficaríamos apegados a cada momento para retê-lo, a cada som para fixá-lo, a cada olhar para prolongar-lhe o brilho, e os gozos não existiriam senão no instante necessário para sentir que passam, e para banhar de lágrimas seus vestígios, que o abismo dos dias também deve devorar.

Uma nova reflexão me surpreendeu nos escritos que me foram comunicados por um homem cuja imaginação é pensativa e profunda; ele compara conjuntamente as ruínas da natureza, as da arte e as da humanidade. "As primeiras", diz ele, "são filosóficas, as segundas poéticas e as últimas misteriosas." Com efeito, uma coisa bem digna de nota é a ação tão diferente dos anos sobre a natureza, sobre as obras do gênio e sobre as criaturas vivas. O tempo não ultraja senão o homem: quando os rochedos desmoronam, quando as montanhas se precipitam nos vales, a Terra muda somente de face; um aspecto novo provoca novos pensamentos em nosso espírito, e a força vivificante sofre uma metamorfose, mas não um depauperamento; as ruínas das belas-artes falam à imaginação, esta reconstrói o que o tempo fez desaparecer e, talvez, jamais uma obra-prima em todo o seu brilho tenha conseguido dar a ideia da grandeza quanto as próprias ruínas dessa obra-prima. Os monumentos se apresentam meio destruídos, revestidos de todas as belezas que sempre supomos ao lamentá-las: mas como estão longe de ser assim os estragos da velhice!

Dificilmente se pode crer que a juventude embelezasse o rosto de quem a morte já tomou posse: algumas fisionomias escapam da degradação pelo esplendor da alma; mas a figura humana em sua decadência toma frequentemente uma expressão vulgar que mal permite a compaixão! É verdade que os animais, com os anos, perdem sua força e sua agilidade, mas para eles o encarnado da vida não se transforma em cores lívidas, e seus olhos apagados não parecem lâmpadas funerárias que lançam pálidas claridades sobre um rosto abatido.

Mesmo quando à flor da idade a vida se retira do peito do homem, nem a admiração nascida das catástrofes da natureza nem o interesse provocado pelas ruínas dos monumentos podem ser aplicados ao corpo inanimado da mais bela das criaturas. O amor que afeiçoava essa figura encantadora, o amor não pode suportar seus restos, e não há nada do homem que permaneça depois dele na Terra que não provoque arrepios, mesmo aos seus amigos.

Ah!, que ensinamento dão os horrores da destruição assim encarniçada sobre a raça humana! Não é para anunciar ao homem que sua vida está em outro lugar? A natureza o humilharia a esse ponto se a divindade não quisesse reerguê-lo?

As relações com nossa alma e nosso destino imortal são as verdadeiras causas finais da natureza; os próprios objetos físicos têm um destino que não se limita à curta existência do homem aqui embaixo; eles estão aqui para concorrer para o desenvolvimento de nossos pensamentos, para a obra de nossa vida moral. Os fenômenos da natureza não devem ser compreendidos somente segundo as leis da matéria, por mais bem combinadas que elas sejam; eles têm um sentido filosófico e um objetivo religioso que a contemplação mais atenta jamais poderá conhecer em toda a extensão.

Capítulo X
O entusiasmo

Muitas pessoas têm prevenção em relação ao entusiasmo; elas o confundem com o fanatismo, e isso é um grande erro. O fanatismo é uma paixão exclusiva que tem como objeto uma opinião; o entusiasmo está ligado à harmonia universal: é o amor ao belo, a elevação da alma, o gozo do devotamento, reunidos em um mesmo sentimento que tem grandeza e calma. O sentido dessa palavra, entre os gregos, é sua mais nobre definição: o entusiasmo significa *Deus em nós.* Com efeito, quando a existência do homem é expansiva, ela tem algo de divino.

Tudo o que nos leva a sacrificar nosso próprio bem-estar ou nossa própria vida é quase sempre da ordem do entusiasmo; pois o reto caminho da razão egoísta deve ser o de tomar a si mesma por objetivo de todos os seus esforços, e de não prezar neste mundo senão a saúde, o dinheiro e o poder. Sem dúvida, a consciência basta para conduzir o caráter mais frio no caminho da virtude, mas o entusiasmo é para a consciência o que a honra é para o dever: há em nós um supérfluo da alma que é doce consagrar ao que é belo, quando o que é bom é realizado. O gênio e a imaginação também têm necessidade de que se cuide um pouco de sua felicidade neste mundo; e a lei do dever, por mais sublime que seja, não basta para fazer apreciar todas as maravilhas do coração e do pensamento.

Não se poderia negar que os interesses da personalidade pressionam o homem por todas as partes; mesmo naquilo que é vulgar, existe um certo gozo de que muitas pessoas são suscetíveis, e com frequência são encontrados traços de inclinações ignóbeis sob a aparência das maneiras mais distintas. Os talentos superiores não estão sempre protegidos da natureza degradada, que dispõe surdamente da existência dos homens e lhes faz colocar a felicidade abaixo deles mesmos. Apenas o entusiasmo pode contrabalançar a tendência ao egoísmo, e é por esse sinal divino que devem ser reconhecidas as criaturas imortais. Ao falar com alguém sobre temas dignos de um santo respeito, vós podeis perceber logo se ele sente um nobre tremor, se seu coração bate pelos sentimentos elevados, se ele fez aliança com a outra vida, ou então se somente tem um pouco de espírito que lhe serve para dirigir o mecanismo da existência. E o que é pois o ser humano, quando não se vê nele senão uma prudência cujo objeto é sua própria vantagem? O instinto dos animais vale mais, pois é algumas vezes generoso e altivo; mas o cálculo, que parece o atributo da razão, acaba por levar à incapacidade da primeira das virtudes, o devotamento.

Entre os que tentam ridicularizar os sentimentos exaltados, vários contudo são suscetíveis deles sem o saber. A guerra, ainda que empreendida por intenções pessoais, sempre produz alguns dos gozos do entusiasmo; a embriaguez de um dia de batalha, o prazer singular de expor-se à morte, quando toda a nossa natureza nos ordena a amar a vida, é ainda ao entusiasmo que deve ser atribuído. A música militar, o relincho dos cavalos, a explosão da pólvora, a multidão de soldados vestidos das mesmas cores, movidos pelo mesmo desejo, alinhando-se em torno dos mesmos estandartes, causam uma emoção que sobrepuja o instinto de conservação da existência; e esse gozo é tão forte que nem as fadigas, nem os sofrimentos, nem os perigos podem demovê-lo das almas. Quem viveu essa vida não ama outra. O objetivo alcançado jamais satisfaz; é a ação de arriscar-se que se faz necessária, é ela que faz o entusiasmo correr no sangue; e embora o entusiasmo seja mais puro no fundo da alma, ele é ainda de uma nobre natureza até mesmo quando veio a se tornar um impulso quase físico.

Acusa-se com frequência o entusiasmo sincero daquilo que só pode ser reprovado no entusiasmo afetado; quanto mais um sentimento é belo, mais a falsa imitação desse sentimento é odiosa. Subtrair a capacidade de admiração dos homens é o que há de mais culpável, pois esgota-se neles a fonte dos bons movimentos fazendo-os enrubescer por tê-los experimentado. Além disso, nada é mais penoso do que os sons falsos que parecem sair do próprio santuário da alma; a vaidade pode apoderar-se de tudo o que é exterior, não resultando disso outro mal além da pretensão e da falta de graça; mas quando ela se põe a contrafazer os sentimentos mais íntimos parece que viola o último abrigo que se esperava que lhe escapasse. Entretanto é fácil reconhecer a sinceridade do entusiasmo; é uma melodia tão pura, que a menor dissonância destrói-lhe todo o encanto; uma palavra, um acento, um olhar, exprimem a emoção concentrada que responde a toda uma vida. As pessoas tidas por severas no mundo têm com muita frequência algo de exaltado. A força que submete os outros só pode ser um cálculo frio. A força que sobrepuja a si mesma é sempre inspirada por um sentimento generoso.

Longe de que se possa temer os excessos do entusiasmo, ele em geral talvez leve à tendência contemplativa que prejudica a capacidade de agir: os alemães são uma prova disso; nenhuma nação é mais capaz de sentir e pensar; mas quando o momento de tomar um partido é chegado, a própria extensão das concepções prejudica a decisão do caráter. O caráter e o entusiasmo diferem sob muitos aspectos; é preciso escolher o objetivo pelo entusiasmo, mas deve-se caminhar para ele pelo caráter: o pensamento não é nada sem o entusiasmo, nem a ação sem o caráter; o entusiasmo é tudo para as nações literárias; o caráter é tudo para as nações que agem: as nações livres necessitam de ambos.

O egoísmo se compraz em falar continuamente dos perigos do entusiasmo; essa calma afetada é um verdadeiro escárnio; se os habilidosos deste mundo quisessem ser sinceros, eles diriam que nada lhes convém mais do que tratar com essas pessoas para as quais tantos meios são impossíveis, e que podem muito facilmente renunciar ao que ocupa a maior parte dos homens.

Essa disposição da alma tem força apesar de sua suavidade, e aquele que a sente sabe extrair dela uma nobre constância. As tempestades das paixões se acalmam, os prazeres do amor-próprio esmaecem, somente o entusiasmo é inalterável; a própria alma se rebaixaria na existência física, se algo de altivo e animado não a arrancasse da vulgar ascendência do egoísmo: essa dignidade moral, a que nada poderia prejudicar, é o que há de mais admirável no dom da existência; é por ela que nos sofrimentos mais amargos é ainda belo ter vivido, como seria belo morrer.

Examinemos agora a influência do entusiasmo sobre as Luzes e a felicidade. Estas últimas reflexões terminarão o percurso dos pensamentos a que os diferentes temas que eu devia percorrer me conduziram.

Capítulo XI
Da influência do entusiasmo sobre as Luzes

Este capítulo é, sob alguns aspectos, o resumo de toda a minha obra, pois o entusiasmo sendo a qualidade realmente distintiva da nação alemã, pode-se julgar a influência que ele exerce sobre as Luzes segundo os progressos do espírito humano na Alemanha. O entusiasmo atribui vida àquilo que é invisível, e interesse àquilo que não tem ação imediata sobre nosso bem-estar neste mundo; não há pois sentimento mais adequado à busca das verdades abstratas, sendo assim cultivadas na Alemanha com um ardor e uma lealdade notáveis.

Os filósofos inspirados pelo entusiasmo são talvez aqueles que têm mais exatidão e paciência em seus trabalhos; são ao mesmo tempo aqueles que sonham menos em brilhar; eles amam a ciência por ela mesma, e não se importam com mais nada além do objeto de seu culto: a natureza física segue sua marcha invariável através da destruição dos indivíduos; o pensamento do homem adquire um caráter sublime, quando ele chega a considerar a si mesmo de um ponto de vista universal; ele serve então em silêncio aos triunfos da verdade, e a verdade é, como a natureza, uma força que age apenas por um desenvolvimento progressivo e regular.

Pode-se dizer com alguma razão que o entusiasmo leva ao espírito de sistema; quando se está muito preso às suas ideias, haveria o desejo de tudo ligar a elas; mas em geral é mais fácil tratar com as opiniões sinceras do que com as opiniões adotadas pela vaidade. Se nas relações com os homens se levasse em conta apenas o que eles realmente pensam poderia haver facilmente um entendimento mútuo; é aquilo que aparentam pensar que leva à discórdia.

O entusiasmo foi com frequência acusado de induzir ao erro, mas talvez um interesse superficial engane bem mais; pois, para penetrar a essência das coisas, é preciso um impulso que nos estimule a nos ocupar delas com ardor. Ademais, ao considerar o destino humano em geral, creio que se pode afirmar que jamais encontraremos a verdade senão pela elevação da alma; tudo o que tende a nos rebaixar é mentira, e é, não importa o que se diga, do lado dos sentimentos vulgares que está o erro.

O entusiasmo, repito, não se assemelha em nada ao fanatismo, e não pode conduzir ao caminho errado como ele. O entusiasmo é tolerante, não por indiferença, mas porque nos faz sentir o interesse e a beleza de todas as coisas. A razão não dá felicidade em troca do que tira; o entusiasmo encontra no devaneio do coração e na amplitude do pensamento o que o fanatismo e a paixão encerram em uma só ideia ou em um só objeto. Por sua própria universalidade, esse sentimento é muito favorável ao pensamento e à imaginação.

A sociedade desenvolve o espírito, mas apenas a contemplação forma o gênio. O amor-próprio é o móbil dos países onde a sociedade domina, e o amor-próprio conduz necessariamente à zombaria que destrói todo entusiasmo.

Não se poderia negar que é bastante divertido perceber o ridículo e pintá-lo com graça e jocosidade; talvez valesse mais recusar esse prazer, mas não é esse o tipo de zombaria cujas consequências são o que mais se deve temer: aquele que se atém às ideias e aos sentimentos sim é o mais funesto de todos, pois se insinua na origem das afeições fortes e devotadas. O homem tem um grande império sobre o homem, e, de todos os males que pode fazer ao seu semelhante, o maior talvez seja o de colocar o fantasma do ridículo entre os movimentos generosos e as ações que eles podem inspirar.

O amor, o gênio, o talento, a própria dor, todas essas coisas santas estão expostas à ironia, e não se poderia calcular até que ponto o império dessa ironia pode ser estendido. Há algo de estimulante na maldade; há algo de fraco na bondade. A admiração pelas grandes coisas pode ser frustrada pelo gracejo; e aquele que não dá importância a nada tem o ar de estar acima de tudo: se, portanto, o entusiasmo não defende nosso coração e nosso espírito, eles se deixam atacar de todos os lados por essa infâmia contra a beleza que reúne a insolência à jocosidade.

O espírito social é composto de maneira que com frequência as pessoas sejam obrigadas a rir, e que com mais frequência ainda tenham vergonha de chorar; de onde vem isso? Do fato de o amor-próprio acreditar-se em maior segurança no gracejo do que na emoção; é preciso ter boa conta de seu espírito para ousar ser sério contra uma zombaria; é necessário ter muita força para mostrar sentimentos que podem ser transformados em ridículo. Fontenelle dizia: "Tenho 24 anos, sou francês, e em toda minha vida jamais empreguei o menor ridículo à menor virtude". Essa frase supunha um profundo conhecimento da sociedade. Fontenelle não era um homem sensível, mas tinha muito espírito; e sempre que se é dotado de uma superioridade qualquer, sente-se a necessidade de seriedade na natureza humana. Apenas as pessoas medíocres gostariam que tudo estivesse alicerçado na areia, a fim de que nenhum homem deixasse sobre a Terra um vestígio mais durável do que o delas.

Os alemães não têm de lutar entre eles contra os inimigos do entusiasmo, e isso é um grande obstáculo a menos para os homens notáveis. O espírito se torna agudo no combate; mas o talento tem necessidade de confiança. É preciso crer na admiração, na glória, na imortalidade, para sentir a inspiração do gênio; e o que faz a diferença dos séculos entre eles não é a natureza, sempre pródiga dos mesmos dons, mas a opinião dominante à época em que se vive: se a tendência da opinião segue na direção do entusiasmo, grandes homens se erguem de todas as partes; se o desencorajamento fosse proclamado, tal como de outro lado se estimulam nobres esforços, nada mais restaria na literatura do que juízes do passado.

Os acontecimentos terríveis que testemunhamos embotaram as almas, e tudo o que se refere ao pensamento parece opaco ao lado da onipotência da ação. A diversidade das circunstâncias levou os espíritos a defenderem todos os lados das mesmas questões, resultando disso que as pessoas não creem mais nas ideias, ou que estas sejam consideradas quando muito como meios. A convicção parece não pertencer à nossa época, e quando um homem diz ter determinada opinião, toma-se isso por uma maneira delicada de indicar que ele tem determinado interesse.

Os homens mais honrados criam então para si um sistema que transforma sua preguiça em dignidade: eles dizem que não se pode fazer nada; repetem, com o eremita de Praga em Shakespeare, "o que é, é",[1] e que as teorias não têm influência sobre o mundo. Esses homens acabam por tornar verdade o que dizem; pois com essa maneira de pensar não haveria como agir sobre os outros; e se o espírito consistisse em ver somente o pró e o contra de tudo, ele faria girar os objetos ao nosso redor de tal maneira que não poderíamos jamais caminhar com um passo firme sobre um terreno tão incerto.

Observam-se também alguns jovens, ambiciosos por parecerem desenganados de todo entusiasmo, afetarem um desprezo premeditado pelos sentimentos exaltados; eles acreditam mostrar assim uma força precoce da razão; mas é de uma decadência prematura que se vangloriam. Eles são para o talento como o velho que pedia que "se lhe tivesse ainda amor". O espírito desprovido de imaginação desdenharia de bom grado até mesmo da natureza, se ela não fosse mais forte do que ele.

Sem dúvida, prejudica-se muito a quem ainda cultiva nobres desejos, ao se lhe opor continuamente todos os argumentos que deveriam perturbar a esperança mais confiante; não obstante, a boa-fé não pode ficar cansada, pois não é o que as coisas aparentam, mas o que são que a ocupa. Seja qual for o ambiente em que se está, jamais uma palavra sincera foi completamente perdida; se existe apenas um dia para o sucesso, existem séculos para o bem que a verdade pode fazer.

Quando passam pela grande estrada, os habitantes do México levam uma pequena pedra à grande pirâmide que erguem em meio ao seu território. Nenhum deles dará seu nome a ela: mas todos terão contribuído para o monumento que deve sobreviver a todos.

---

1 "What is, is", em *Twelfh night*, ato 4, cena 2. (N. T.)

Capítulo XII
Influência do entusiasmo sobre a felicidade

É hora de falar de felicidade! Cuidei com extremo cuidado de manter essa palavra afastada, pois sobretudo há quase um século ela foi aplicada a prazeres tão grosseiros, a uma vida tão egoísta, a cálculos tão mesquinhos, que sua própria imagem foi profanada. Mas pode-se dizê-lo com confiança, de todos os sentimentos, o entusiasmo é o que mais propicia a felicidade, o único a realmente propiciá-la, o único capaz de nos fazer suportar o destino humano em todas as situações nas quais o acaso nos pode colocar.

É inútil querer reduzir-se aos gozos materiais; a alma retorna de todas as partes; o orgulho, a ambição, o amor-próprio, tudo isso também pertence à alma, mesmo que misture a ela um sopro envenenado. Entretanto, que miserável existência a de tantos homens os quais, praticamente tão ardilosos consigo mesmos quanto o são para com os outros, repudiam os movimentos generosos que renascem em seu coração como uma doença da imaginação que o ar livre deve dissipar! Que pobre existência também a de muitos homens que se contentam em não fazer mal, e tratam como loucura a fonte de onde derivam as belas ações e os grandes pensamentos! Eles se restringem por vaidade a uma mediocridade tenaz, quando poderiam ter-se tornado acessíveis às luzes que os circundam; eles se condenam à monotonia de ideias, à frieza de sentimento que deixa passar os dias sem extrair deles nem frutos, nem progresso, nem lembranças; e se o tempo não sulcasse seus traços, que vestígios teriam guardado de sua passagem? Se não fosse preciso envelhecer e morrer, que reflexão séria lhes entraria algum dia na cabeça?

Alguns pensadores afirmam que o entusiasmo afasta da vida comum, e que, não podendo permanecer sempre nessa disposição, vale mais nunca experimentá-la: e por que pois aceitaram ser jovens, até mesmo viver, uma vez que isso não devia durar para sempre? Por que pois amaram, se é que alguma vez isso já lhes tenha ocorrido, uma vez que a morte podia separá--los dos objetos de sua afeição? Que triste economia a da alma! Ela nos foi dada para ser desenvolvida, aperfeiçoada, até mesmo prodigalizada em um nobre objetivo.

Quanto mais embotados os sentimentos, mais próximo se fica da existência material, e mais diminuta, alguém dirá, será a força do sofrimento. Esse argumento seduz um grande número de homens; ele consiste em tratar de existir o menos possível. Entretanto, na degradação há sempre uma dor não percebida, e que persegue continuamente em segredo: o tédio, a vergonha e a fadiga que ela causa são revestidos pela vaidade com as formas da impertinência e do desdém; mas é bem raro ficar em paz nesse modo de ser seco e limitado, que deixa sem recursos em si mesmo quando a prosperidade exterior nos abandona. O homem tem a consciência do belo e do bem, e a privação de um leva-o a sentir o vazio, assim como o desvio do outro, o remorso.

Acusa-se o entusiasmo de ser passageiro; a existência seria muito feliz se fosse possível reter emoções tão belas; mas é justamente por se dissiparem com facilidade que se deve cuidar de conservá-las. A poesia e as belas-artes servem para desenvolver no homem essa felicidade de origem ilustre que reergue os corações abatidos e coloca, no lugar da inquieta saciedade da vida, o sentimento habitual da harmonia divina da qual nós e a natureza fazemos parte. Não há nenhum dever, nenhum prazer, nenhum sentimento que não tome emprestado do entusiasmo não sei qual prestígio adequado ao puro encanto da verdade.

Todos os homens seguem em socorro de seu país quando as circunstâncias o exigem; mas se são inspirados pelo entusiasmo por sua pátria, de que belo movimento não se sentem tomados! O solo que os viu nascer, a

Da Alemanha

Terra de seus antepassados, o *mar que banha os rochedos*,[1] distantes lembranças, uma grande esperança, tudo se ergue ao redor deles como um apelo ao combate; cada batida do coração é um pensamento de amor e altivez. Deus deu a pátria aos homens que podem defendê-la, às mulheres que por ela consentem nos perigos de seus irmãos, esposos e filhos. Na proximidade dos perigos que a ameaçam, uma febre sem tremores, e também sem delírio, faz o sangue correr mais rápido nas veias; cada esforço nessa luta vem do recolhimento interior mais profundo. A princípio, percebe-se apenas calma no rosto desses generosos cidadãos; há demasiada dignidade em suas emoções para que eles as exteriorizem; mas basta que o sinal se faça ouvir, que a bandeira nacional flutue nos ares, e vereis olhares outrora tão ternos, tão prontos a voltar a sê-lo pela visão do infortúnio, imediatamente animados por uma vontade santa e terrível! Nem as feridas, nem mesmo o sangue, farão mais estremecer; não há mais dor, não há mais morte, há uma oferenda ao Deus das armadas; nenhuma saudade ou incerteza se misturam então às resoluções mais desesperadas; e quando o coração se volta inteiramente para aquilo que deseja, goza-se admiravelmente da existência. Quando o homem está dividido interiormente, ele sente a vida apenas como um mal; e se, de todos os sentimentos, o entusiasmo é aquele que proporciona mais felicidade, é porque ele reúne, mais do que qualquer outro, todas as forças da alma em um mesmo feixe.

Para muitos escritores, os trabalhos do espírito parecem apenas uma ocupação quase mecânica, e que lhes preenche a vida como qualquer outra profissão poderia fazer; é ainda alguma coisa preferir isso; mas tais homens têm a ideia da sublime felicidade do pensamento, quando o entusiasmo o anima? Eles sabem de que esperança nos sentimos invadidos quando cremos manifestar pelo dom da eloquência uma verdade profunda, uma verdade que forma um generoso laço entre nós e todas as almas em simpatia com a nossa?

Os escritores sem entusiasmo não conhecem, da carreira literária, senão as críticas, as rivalidades, as invejas, tudo o que deve ameaçar a tranquili-

---

1 É fácil perceber que tratei por essa frase e pelas seguintes de designar a Inglaterra; com efeito, não conseguiria falar da guerra com entusiasmo, sem representá-la para mim como a de uma nação livre combatendo por sua independência.

dade quando misturada às paixões dos homens; esses ataques e essas injustiças prejudicam algumas vezes; mas a verdade, o íntimo gozo do talento, pode ser alterada? Quando um livro aparece, que momentos felizes já não valeram àquele que o escrevera segundo seu coração, e como um ato de seu culto! Quantas lágrimas repletas de ternura seu autor não derramou na solidão sobre as maravilhas da vida, o amor, a glória, a religião? Enfim, em seus devaneios, ele não gozou do ar como o pássaro; das águas como um caçador sedento; das flores como um amante que crê respirar ainda os perfumes que cercaram sua amada? Nas rodas sociais sentimos que somos oprimidos por nossas próprias faculdades, e com frequência sofremos por notarmos que somos os únicos a termos essa natureza em meio a tantos seres que vivem de modo tão fácil; mas o talento criador basta, por alguns instantes ao menos, para todos os nossos votos; ele tem suas riquezas e coroas, ele oferece aos nossos olhares as imagens luminosas e puras de um mundo ideal, e seu poder estende-se algumas vezes até nos fazer ouvir em nosso coração a voz de um ente querido.

Creem conhecer a Terra, creem ter viajado aqueles que não são dotados de uma imaginação entusiasta? O coração deles bate com o eco das montanhas? O ar do Sul da Europa os embriagou com sua suave languidez? Eles compreendem a diversidade dos países, o sotaque e o caráter dos idiomas estrangeiros? Os cantos populares e as danças nacionais desvendam-lhes os costumes e o gênio de uma região? Basta uma única sensação para despertar neles uma multidão de lembranças?

A natureza pode ser sentida por homens sem entusiasmo? Eles puderam lhe falar de seus frios interesses, de seus miseráveis desejos? O que responderiam o mar e as estrelas às mesquinhas vaidades cotidianas de cada homem? Mas se nossa alma é comovida, se busca um Deus no universo, se até mesmo quer ainda glória e amor, há nuvens que lhe falam, rios que se deixam interrogar, e o vento nas urzes parece dignar-se a nos dizer algo do que amamos.

Os homens sem entusiasmo acreditam experimentar alguns gozos pelas artes; eles amam a elegância do luxo, e querem entender de música e pintura, a fim de falar disso com graça, com gosto, e mesmo com esse tom de superioridade que convém ao homem mundano, quando se trata da ima-

Da Alemanha

ginação ou da natureza; mas todos esses áridos prazeres, o que são ao lado do verdadeiro entusiasmo? Ao contemplar o olhar de Níobe,[2] a dor calma e terrível que parece acusar os deuses de terem tido inveja da felicidade de uma mãe, que movimento se ergue em nosso peito! Que alento a visão da beleza não faz sentir?, pois a beleza é igualmente da alma, e a admiração que inspira é nobre e pura. Para admirar Apolo, não é preciso sentir em si mesmo o gênero de altivez que esmaga sob os pés todas as serpentes da Terra? Não é preciso ser cristão para penetrar a fisionomia das Virgens de Rafael e do São Jerônimo de Domenichino?,[3] para encontrar a mesma expressão na graça encantadora e no rosto abatido, na juventude radiante e nos traços desfigurados?, a mesma expressão que parte da alma e atravessa, como um raio celeste, a aurora da vida, ou as trevas da idade avançada?

Há música para aqueles que não são capazes de entusiasmo? Um certo hábito torna-lhes necessários os sons harmoniosos, eles gozam disso tal como do sabor das frutas ou do ornamento das cores; mas quando, em meio à noite, o silêncio foi subitamente perturbado por cantos ou por instrumentos semelhantes à voz humana, todo o ser deles ressoou como uma lira? Eles então sentiram o mistério da existência nesse enternecimento que reúne nossas duas naturezas, e confunde em um mesmo gozo as sensações e a alma? As palpitações de seus corações seguiram o ritmo da música? Uma emoção cheia de encanto levou-os às lágrimas que nada têm de pessoal, essas lágrimas que não pedem por piedade, mas que nos libertam de um sofrimento inquieto provocado pela necessidade de admirar e amar?

O gosto pelos espetáculos é universal, pois a maior parte dos homens tem mais imaginação do que acreditam, e o que consideram como o atrativo do prazer, como uma espécie de fraqueza que se atém ainda à infância, é com frequência o que há de melhor neles: na presença das ficções, eles são verdadeiros, naturais, comovidos, ao passo que, na vida em sociedade, a dissimulação, o cálculo e a vaidade dispõem de suas palavras, de seus sentimentos e de suas ações. Mas esses homens para os quais a pintura das

---

2 Punida com a morte dos filhos depois de rebelar-se contra o culto à deusa Leto. (N. T.)

3 Domenico Zampieri, chamado Domenichino (1581-1641). (N. T.)

afeições mais profundas é apenas uma distração divertida, eles acreditam ter sentido tudo o que inspira uma tragédia verdadeiramente bela?, eles podem imaginar a perturbação deliciosa provocada pelas paixões purificadas pela poesia? Ah! O quanto as ficções nos dão prazer! Elas nos interessam sem fazer nascer em nós nem remorsos nem temor, e a sensibilidade que desenvolvem não tem a aspereza dolorosa de que as afeições verdadeiras raramente estão isentas.

Qual magia a linguagem do amor não toma emprestado da poesia e das belas-artes! Como é belo amar pelo coração e pelo pensamento! Variar assim de mil maneiras um sentimento que uma única palavra pode exprimir, mas para o qual todas as palavras do mundo não passam de miséria! Impregnar-se das obras-primas da imaginação que são devidas inteiramente ao amor, e encontrar, nas maravilhas da natureza e do gênio, algumas expressões a mais para revelar seu próprio coração!

O que sentiram aqueles que não admiraram a mulher que amavam, aqueles nos quais o sentimento não é um hino do coração, e para os quais a graça e a beleza não são a imagem celeste das afeições mais tocantes? O que sentiu aquela que não viu no objeto de sua escolha um protetor sublime, um guia forte e terno cujo olhar ordena e suplica, e que recebe de joelhos o direito de dispor de nosso destino? Quais delícias inexprimíveis os pensamentos sérios não misturam às mais vivas impressões! A ternura deste amigo, depositário de nossa felicidade, deve abençoar-nos às portas do túmulo, como nos belos dias da juventude; e tudo o que há de solene na existência se transforma em emoções deliciosas, quando o amor é encarregado, tal como entre os antigos, de acender e apagar a chama da vida.

Se o entusiasmo inebria a alma de felicidade, por um prestígio singular ele a sustenta ainda no infortúnio; ele deixa atrás de si não sei qual traço luminoso e profundo, que não nos permite esquecer do coração de nossos amigos ainda que ausentes. Ele nos serve também de abrigo para nós mesmos contra as dores mais amargas, e é o único sentimento que pode acalmar sem arrefecer.

As afeições mais simples, aquelas que todos os corações se acreditam capazes de sentir, o amor maternal, o amor filial, é possível que alguém se vanglorie de tê-las conhecido em sua plenitude, quando não misturou a

Da Alemanha

elas o entusiasmo? Como amar seu filho sem se vangloriar de que ele será nobre e altivo, sem desejar-lhe a glória que multiplicaria sua vida, que nos faria ouvir de todas as partes o nome que nosso coração repete? Por que não se gozaria com enlevo dos talentos de seu filho, do encanto de sua filha? Que singular ingratidão para com a divindade a indiferença por seus dons! Eles não são celestiais justamente por tornarem mais fácil agradar a quem amamos?

Entretanto, se alguma infelicidade arrebatasse essas vantagens de nosso filho, o mesmo sentimento tomaria então outra forma: ele exaltaria em nós a piedade, a simpatia, a felicidade de ser necessário. Em todas as circuns-tâncias, o entusiasmo anima ou consola; e quando o golpe mais cruel nos atinge, quando perdemos aquele que nos deu a vida, aquele que amamos como um anjo tutelar, e que nos inspirava ao mesmo tempo um respeito sem temor e uma confiança sem limites, o entusiasmo vem ainda em nosso socorro; ele reúne em nosso seio algumas centelhas da alma que voou para o céu; vivemos em sua presença, e nos comprometemos a transmitir um dia a história de sua vida. Acreditamos que jamais, jamais sua mão paternal nos abandonará inteiramente neste mundo, e sua imagem enternecida se inclinará para nós a fim de nos sustentar antes de nos chamar.

Enfim, quando chega a grande luta, quando é preciso por sua vez apre-sentar-se ao combate com a morte, decerto o enfraquecimento de nossas faculdades, a perda de nossas esperanças, esta vida tão forte que se obscu-rece, a multidão de sentimentos e ideias que habitavam em nosso peito, e que as trevas do túmulo envolvem, os interesses, as afeições, a existência que se transforma em fantasma antes de desvanecer-se, tudo isso causa tris-teza, e o homem comum parece, quando expira, sofrer menos pela morte! Entretanto, Deus seja bendito pelo socorro que nos prepara ainda nesse instante; nossas palavras serão incertas, nossos olhos não verão mais a luz, nossas reflexões que se encadeavam com clareza errarão isoladas sobre ves-tígios confusos; mas o entusiasmo não nos abandonará, suas asas brilhantes irão pairar sobre nosso leito fúnebre, ele erguerá os véus da morte, ele nos recordará os momentos nos quais, repletos de energia, havíamos sentido que nosso coração era imperecível, e nossos últimos suspiros serão talvez como um nobre pensamento que remonta para o céu.

Madame de Staël

Oh, França! Terra de glória e de amor! Se o entusiasmo algum dia se extinguisse de vosso solo, se o cálculo dispusesse de tudo, e até mesmo o desprezo pelos perigos fosse inspirado apenas pelo raciocínio, de que vos serviriam vosso belo céu, vossos espíritos tão esplêndidos e vossa natureza tão fecunda? Uma inteligência ativa, uma impetuosidade sábia vos tornaria os senhores do mundo; mas deixaríeis nele apenas o vestígio das tempestades de areia, terríveis como as ondas do mar, áridas como o deserto![4]

---

4 Esta última frase foi a que mais provocou a indignação da polícia para com meu livro; parece-me entretanto que ela não teria como desagradar aos franceses.

Índice onomástico

A

Abade Prévost, 521

Abade Sicard, 482

Agostinho de Hipona, 486, 587

Alighieri, Dante, 136, 147, 314, 426, 473, 510

Ancillon, Frédéric, 98, 444, 588

Aranda, Pedro de Urrea (conde de), 242

Ariosto, Ludovico, 51, 61, 141, 176, 186

Aristófanes, 331, 362

Aristóteles, 455, 497, 571, 631

Arquimedes, 310

B

Baader, Franz, 514, 517

Bacon, Francis, 68, 442-3, 445, 454, 468, 513, 621

Baggesen, Jens Immanuel, 353, 471

Bailly, Jean-Sylvain, 500

Bayle, Pierre, 396, 461

Beaumarchais, Pierre-Augustin Caron de, 341

Benjamin Constant, 228, 252

Bentham, Jeremy, 533-4

Berkeley, George, 473

Berlepsch, Emilie von, 120

Bernardin de Saint-Pierre, Jacques-Henri, 128

Bernini, Gian Lorenzo, 418

Bezenval, Pierre-Victor-Joseph de Brunstadt (barão de), 36

Boccaccio, Giovanni, 236

Bode, Johann Elert, 517

Bodmer, Johann Jakob, 138

Boerhaave, Herman, 96

Böhme, Jakob, 611, 629-31, 636

Boileau, Nicolas, 138, 178

Bonnet, Charles, 453, 473

Bossuet, Jacques-Bénigne, 172, 453, 462

Boucher, François, 418

Brand, Sebastian, 136

Brown, Thomas, 518

Brun, Ida, 427

Bucholz, Christian, 517

Buffon, Georges-Louis Leclerc, 172, 503

Bürger, Gottfried August, 201, 209-12

C

Calderón de la Barca, Pedro, 184, 269, 415

Camões, Luis Vaz de, 184

Canova, Antonio, 427

Casperle, 358

Cervantes, Miguel de, 138, 415

Chateaubriand, François-René de, 128, 608

Chladni, Ernest Florens Friedrich, 516

Christian, Friedrich Ludwig, 100

Cícero, 384, 521, 571

Clarke, Samuel, 456

Claudius, Matthias, 392

Collin, Heinrich Joseph von, 352-3

Condillac, Étienne Bonnot de, 453, 457-8, 469, 492-3

Copérnico, Nicolau, 521, 443

Corneille, Pierre, 230, 272, 379, 418, 594

Correggio, Antonio Allegri da, 423, 426

Coypel, Charles-Antoine, 418

Cranach, Lucas, 422

Crébillon, Claude, 46, 186, 230

D

D'Ávila, Teresa (santa), 626

Da Vinci, Leonardo, 422

Davy, Humphry, 514

Descartes, René, 453-4, 468-9, 477, 487, 631

De Villers, Charles, 102, 501

Diderot, Denis, 160, 162, 233, 242, 249, 529

Diógenes de Sínope, 593

Dorat, Claude, 196

Dryden, John, 133

Dubelloy, Pierre Laurent Buyrette, 226, 376

Ducis, Jean-François, 369, 376-8

Dumont, Pierre Étienne Louis, 533-4

Dürer, Albrecht, 390, 422

E

Ekhof, Konrad, 370-1

Engel, Johann, 571, 573-4

Epicuro, 468

Ercilla y Zuniga, Alonso de, 415

Espinosa, Baruch, 497, 504

Euler, Leonhard Paul, 496-7

Eurípedes, 281

F

Fellenberg, Philipp Emanuel von, 107, 113

Fénelon, François de Salignac de la Mothe-, 172, 453, 597, 611, 615, 618

Fichte, Johann Gottlieb, 98, 112, 437, 493-7, 510, 518, 529, 545, 549, 556-7

Fídias, 135, 158, 515

Fontenelle, Bernard le Bovier de, 594, 655

Friedel, Adrien, 349

G

Galilei, Galileu, 12

Gall, Franz, 519

Garcilaso de la Veja, Inca, 415

Garrick, David, 369

Garve, Christian, 571-2

Gatterer, Johann, 400

Gellert, Christian, 137

Gérard, François, 426

Gerstenberg, Heinrich, 350

Gessner, Salomon, 145, 196

Gleim, Johann, 145

Gluck, Christoph, 429

Goethe, Johann Wolfgang von, 77, 84, 88-9, 149, 159-62, 199, 201, 204-8, 212, 215, 234, 247, 291-2, 294-5, 301-6, 308-10, 313-4, 318, 323, 331-2, 333, 349, 365, 384-90, 412, 424-5, 427, 493, 503, 511, 517, 523, 542

Görres, Johann, 424

Gottsched, Johann, 137-8

Gresset, Jean-Baptiste, 215, 314

H

Hagedorn, Friedrich von, 137

Haller, Albrecht, 138, 145, 171, 196, 353, 514

Da Alemanha

Hartley, David, 518
Hartmann, Christian, 426
Haydn, Franz Joseph, 430
Heeren, Arnold, 400-1
Helvétius, Claude Adrien, 457-8, 464, 529
Hemsterhuis, Franz, 490-1, 523
Herder, Johann Gottfried von, 88, 215, 407-9, 427, 596, 608
Herschel, William, 476, 517
Heyne, Christian Gottlob, 511
Hobbes, Thomas, 445-6
Holbach, Paul Heinrich Dietrich, 458
Holbein, Hans, 422
Holberg, Ludwig, 359
Homero, 103, 138, 146, 170, 175, 196-7, 199, 209, 388, 426, 496, 510, 596
Horácio, 135, 148
Humboldt, Alexander von, 98, 199, 514, 645
Humboldt, Wilhelm von, 98, 199
Hume, David, 446, 473, 478, 529
Hutcheson, Francis, 450, 529

I
Iffland (ou Hufeland), 98, 359, 368-71

J
Jacobi, Friedrich Heinrich, 215, 490-1, 529, 547, 553-4, 556-7, 559-60, 608

K
Kant, Immanuel, 407, 412, 456, 475-81, 483-94, 497, 508-10, 529, 536, 543-7, 549-50, 553, 556-7, 585, 634
Kempis, Tomás de, 611
Kepler, Johannes, 513-4, 522
Klaproth, Martin Heinrich, 517
Klinger, Friedrich Maximillian von, 351
Klopstock, Friedrich Gottlieb, 95, 98, 138, 145, 147-51, 159, 169, 171-2, 188-91, 194-6, 573, 606, 608, 618

Koreff, Joseph, 519
Kotzebue, August Friedrich Ferdinand von, 84, 345-9, 359-60

L
La Bruyère, Jean de, 571
Laclos, Pierre-Ambroise-François Choderlos de, 36
Lacretelle, Jean Charles, 35
La Fontaine, August Heinrich Julius, 398
La Fontaine, Jean de, 129, 176, 208, 362, 567
Lagrange, Joseph Louis, 496-7
Lambert, Anne-Thérèse de Marguenat Courcelles (senhora de), 393
La Rochefoucauld, François (duque de), 571
La Vallière, Françoise Louise de la Baume le Blanc (duquesa de), 37
Lavater, Johann Kaspar, 597, 618
Le Cain, Henri Louis, 375
Leibniz, Gottfried Wilhelm von, 76, 436, 450, 456, 463, 468-73, 477-8, 490, 513, 631
Lemercier, Népomucène, 230
Lessing, Gotthold Ephraim, 137-8, 153-4, 169, 233-5, 238, 249, 313, 349, 372, 412, 419, 490-1, 593, 635
Locke, John, 96, 445-7, 449, 457-8, 473, 477-8, 490, 492
Lope de Vega, Félix, 415
Luciano de Samósata, 186
Lulli, Giovanni Battista, 418
Lutero, Martinho, 22, 137, 333-7, 443, 592-3, 605, 618

M
Malebranche, Nicolas, 455-6, 487
Mantegna, Andrea, 422
Maquiavel, Nicolau, 399
Mascou, Johann, 400
Matthisson, Friedrich von, 215
Melanchthon, Felipe, 336

Madame de Staël

Mendelssohn, Moses, 571-3
Mengs, Anton Raphael, 423
Michaëlis, Johann, 595
Michelangelo, 135, 294, 314, 422
Milton, John, 133, 138, 145, 147, 314, 444
Molière, 135, 359, 366, 379, 418
Montespan, Françoise de Mortemart (marquesa de), 37, 61
Montesquieu, Charles-Louis de Secondat, 20, 46, 127, 407, 457, 504
More, Thomas, 532
Mozart, Wolfgang Amadeus, 429, 431
Müller, Johannes, 98, 399-404, 412, 427
Murillo, Bartolomé Estebán, 392

N
Necker, Jacques, 220, 538
Newton, Isaac, 103, 449, 456, 468
Novalis, Friedrich, 352, 493, 640-1

O
Œhlenschläger, Adam Gottlob, 353-4, 517
Otway, Thomas, 379
Ovídio, 135, 148, 304, 495, 582

P
Pascal, Blaise, 103, 172, 426, 453, 456, 462, 520
Pasqualis, Martinez, 636
Perugino, Pietro di Cristoforo Vanucci (conhecido como), 422
Pestalozzi, Johann Heinrich, 107-13
Picard, Louis, 84
Pitágoras, 468-9, 520-1, 630
Platão, 156, 409, 437, 445, 454, 468-9, 480, 487, 497, 504, 549-50, 572, 596, 630
Pope, Alexander, 133, 135, 178
Poussin, Nicolas, 429
Priestley, Joseph, 518
Propércio, 205

R
Racine, Jean, 5, 12, 172, 176, 228, 230, 252, 272, 281, 295, 309, 376, 379, 381, 416, 502
Rafael, 135, 340, 390, 422, 425-6, 502, 563, 589, 661
Rameau, Jean Philippe, 418
Ramler, Karl, 145
Raynal, Guillaume, 457
Raynouard, François, 226
Reid, Thomas, 450
Richter, Johann Paul, 21, 393-4
Ritter, Johann, 517
Rousseau, Jean Baptiste, 176
Rousseau, Jean-Jacques, 12, 128, 168, 308, 462, 625-6

S
Sabran (conde de), 189
Sachs, Hans, 136
Saint-Lambert, 529
Saint-Martin, 611, 614, 629-30, 636
Salis, Johann Gaudenz Freiherr von, 215
Salústio, 404
Saunderson, Nicholas, 516
Schelling, Friedrich Wilhelm Joseph von, 426, 437, 493-4, 496-8, 514, 517
Schick, Christian, 426-7
Schiller, Johann Christoph Friedrich von, 45, 88, 136, 139, 163-5, 201-3, 234, 239-41, 243-4, 247, 249-51, 258, 269, 271-2, 275-6, 280-282, 285-5, 290, 292, 333, 349, 370, 400-1, 412-4, 427, 553
Schimidt, Michael, 400
Schlegel, August Wilhelm, 84, 170, 215, 352, 357, 371, 408, 414-9, 426-7, 437
Schlegel, Friedrich, 84, 243, 352, 411, 416-8, 426, 437, 500-1, 504
Schleiermacher, Friedrich Daniel Ernest, 437, 549, 596-7

Da Alemanha

Schlözer, August, 400

Schöpflin, Johann, 400

Schröder, Fritz, 372

Schröter, Johann, 517

Schubert, Gotthilf von, 514, 642-3

Sêneca, 546

Shaftesbury, Anthony Ashley Cooper, 450, 529

Shakespeare, William, 12, 133, 138, 154, 184, 187, 208, 229-30, 242-3, 247, 249, 255, 271, 275, 292, 295, 301, 331, 360, 369, 372, 376-7, 381, 415, 510, 656

Sheridan, Richard Brinsley, 348

Sismondi, Jean Charles Léonard de, 399

Smith, Adam, 444, 450, 529

Sófocles, 158, 303

Southey, Robert, 6

Spencer, William Robert, 210

Steffens, Henrik, 517

Sterne, Laurence, 247, 392-4

Stolberg, Friedrich Leopold, 606-8

Stuart, Dugald, 450

Sulzer, Johann Georg, 571

Swedenborg, Emmanuel, 611, 637

Swift, Jonathan, 135, 392

T

Tácito, 16, 339, 376, 404

Talbot, John, 259-60, 273, 276

Tales de Mileto, 631

Talma, François-Joseph, 347, 369, 374-81

Tasso, Torquato, 51, 184, 243, 306-9, 311, 621

Tauler, Jean, 618

Terêncio, 360

Thomasius, Christian Thomas, 96

Thorvaldsen, Karl Albert Bertel, 427

Tieck, Johann Ludwig, 352, 362-3, 365, 390-1, 426, 437, 493

Tiedge, Christoph August, 215

Tressan, Louis de la Vergne (conde de), 187

U

Unzelmann, Friederike, 348

V

Voght, Caspar, 114

Volney, Constantin François de Chassebœuf, 65

Voltaire, François Marie Arouet (conhecido como), 12, 20, 87, 127, 141-2, 154, 176, 186, 201, 204, 226-7, 230, 242-3, 271, 314, 374-5, 378, 386, 457, 461, 463, 541

Voss, Johann Heinrich, 169-70, 196-7, 606

X

Xenófanes, 631

W

Weishaupt, Johann Adam, 637

Weiss, Christian, 137

Werner, Abraham, 516

Werner, Zacharias, 333-7, 341-2, 344, 371

Wieland, Christoph Martin, 88, 138, 141-3, 186-8, 215

Winckelmann, Johann Joachim, 138, 153-8, 416, 423-4

Wolff, Christian, 490

Wolf, Friedrich, 511

Wolzogen, Karoline von Lengefeld (baronesa de), 165

Y

Young, Edward, 145, 190

Z

Zach, Franz Xaver Freiherr von, 517

Zelter, Karl Friedrich, 206

Zollikofer, Georg Joachim, 619

SOBRE O LIVRO

Formato: 16 x 23 cm
Mancha: 27,8 x 48 paicas
Tipologia: Venetian 301 12,5/16
Papel: Off-white 80 g/m² (miolo)
Cartão Supremo 250 g/m² (capa)

1ª edição Editora Unesp: 2016

EQUIPE DE REALIZAÇÃO

Edição de texto
Silvia Massimini Felix (Copidesque)
Mauricio Santana (Revisão)

Capa
Andrea Yanaguita

Editoração eletrônica
Eduardo Seiji Seki

Assistência editorial
Alberto Bononi
Jennifer Rangel de França

IMPRESSÃO E ACABAMENTO
Hawaií Gráfica e Editora